第6回DPI世界会議札幌大会報告集

世界の障害者 われら自身の声

DPI日本会議＋
2002年第6回DPI世界会議
札幌大会組織委員会 編

DISABLED PEOPLES' INTERNATIONAL
NOSTRA

現代書館

〔分科会〕

分科会会場では，日本語字幕（右スクリーン）と英語字幕（左スクリーン），日本語手話の通訳が配置された．

この他，英語，フランス語，スペイン語，韓国語，日本語の通訳が行われた．

《韓国デスク》

札幌の在日韓国·朝鮮人が中心になって会場内に「韓国デスク」を設置し,
100人近い韓国からの参加者の支援を行った.

《メインアリーナ》

開会式・閉会式は北海道立総合体育センター「きたえーる」の
メインアリーナで行われた．

《移送サービス》

札幌のみならず，全国の移動サービス事業者が集まり，
会場とホテルや空港間の移送サービスを実施した．

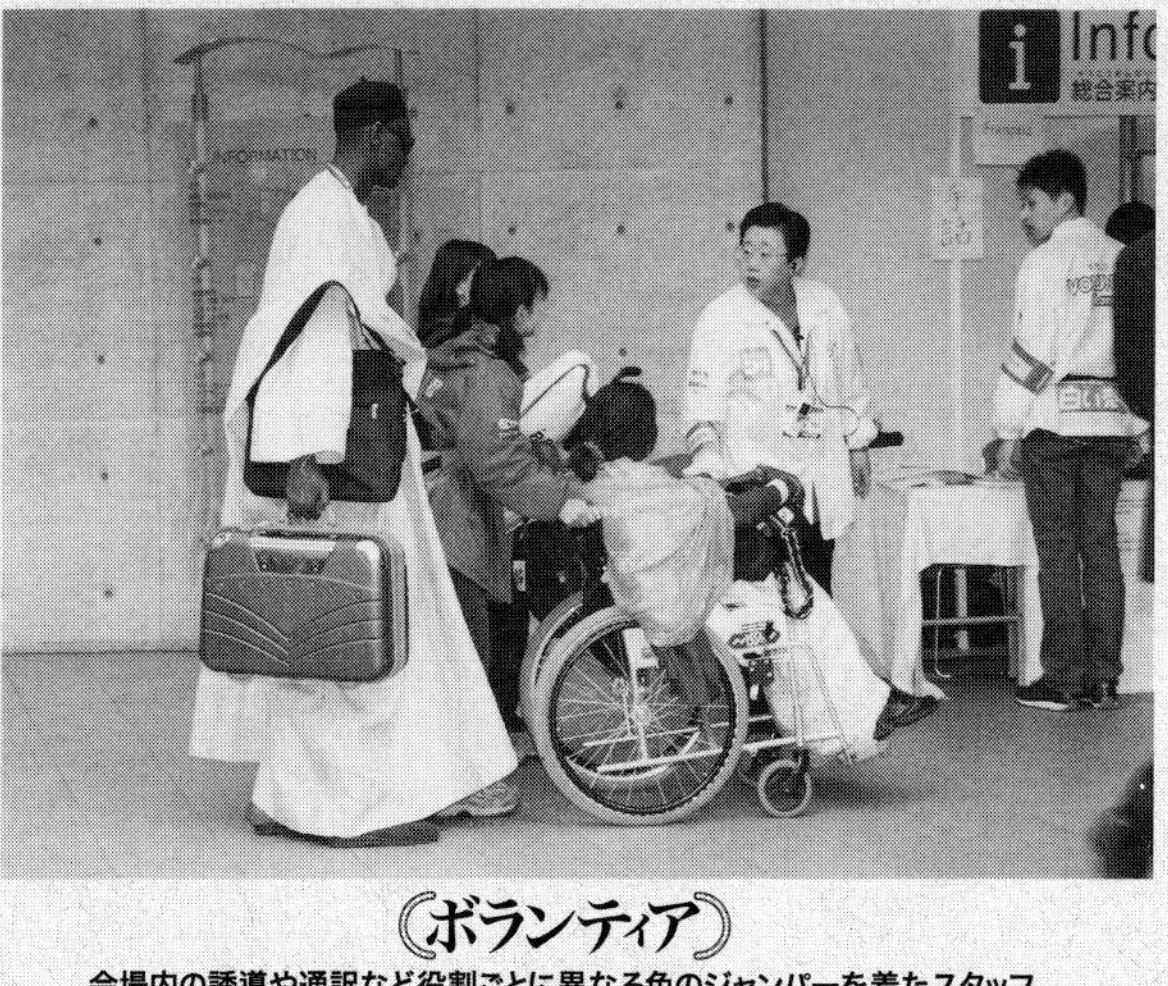

《ボランティア》

会場内の誘導や通訳など役割ごとに異なる色のジャンパーを着たスタッフ，
ボランティアが参加者に対応した．

《ポスター展示》

サブアリーナでは，ポスター発表やビデオ発表が行われた．

《メッセージボード》

大会期間中に，参加者から寄せられたメッセージ．

皆様へ

ＤＰＩ世界議長　ビーナス・イラガン

ＤＰＩ（障害者インターナショナル、以下同様）の役員と評議員を代表し、二〇〇二年十月十五日から十八日まで日本の札幌で開催されました第六回ＤＰＩ世界会議札幌大会の成功を祝し、感謝の意を表します。

先の世界会議は、旧交を温め、新しい仲間との出会いの場になったことは言うまでもありませんが、国際的な障害コミュニティにとって、先進的な取り組みや経験を共有する機会を提供できたと確信しております。つまり、世界中で取り組まれている協同的な努力とそれを実行している個々人を支援する貴重な英知、また、様々な挑戦的な取り組みをしている障害をもつ人々の完全参加に向けた戦略をより有効にするための知識や経験を共有できる場となりました。

一一二の国と地域から三千人を超える参加者が世界会議に参加したという事実を大変光栄に思っています。この膨大な参加人数によって、私たち障害者が世界に対して、国や地域において対等な市民として同等の権利が認められるように、私たちが真剣に取り組むという固い決意を世界に表明することができたからです。私たちが対等な市民として同等な権利をもっているということは、世界会議で開催された分科会で、何度も何度も明確な事実として確認されました。

会議に参加した膨大な数の障害をもつ人を含むすべての方に感謝しています。ＤＰＩは、世界中の障害をもつ人々の生活が変わるように、今後も努力をたゆまず続けていくつもりです。皆様に神の祝福を。

すべての障壁を取り除き、違いと権利を祝おう！

DPI世界会議札幌大会報告書の出版にあたり

DPI日本会議議長　山田昭義

二〇〇二年十月。「すべての障壁を取り除き、違いと権利を祝おう！」をテーマに、一一二の国と地域から三千人以上が札幌に集まったDPI世界会議札幌大会。あの熱気につつまれた四日間からすでに半年が過ぎようとしています。大会は各方面より高い評価をいただきました。地元北海道の自治体や道民の皆さんの多大なるご協力と、全国および世界中の障害をもつ仲間の熱意が、こうした大きな成果を生み出したのです。主催団体を代表し、心より御礼申し上げます。そして、その成果をようやくご報告できる運びとなりました。

初日に行われた「障害者の権利条約」をテーマにしたシンポジウムでは、会場との活発な質疑応答もあって、大変貴重な話を聞くことができましたが、その詳しい内容をここでご確認できると思います。四日間の会議で交された多岐にわたる論議は、現在の障害者運動の主要なテーマである障害者権利条約、障害者差別禁止法、生命倫理の問題などがすべて網羅されております。

皆さん。マリンガ前DPI世界議長は、これからも私たちの差別をなくす闘いは続くと言っていました。世界六億とも言われる障害者が、人として当然の権利と尊厳を保障され、生き生きと地域で生活できる社会を共に創っていこうではありませんか。

この報告書から、世界の障害者運動の大きな動きをつかむことができることでしょう。これを障害者の権利の確立をめざす運動にお役立てください。差別をなくし、障害者の権利を確実に広げてきた世界の運動から多くのことを学ぶことができると信じます。また、障害者問題を研究し、学ぶための参考書としても有効に役立つものであると考えます。ぜひお手に取り、ご一読いただければ幸いです。

社会に必要な課題を提唱して

二〇〇二年第六回DPI世界会議札幌大会組織委員会
会長　神田直也

国内外一一二の国と地域から三千名以上が集まった第六回DPI世界会議札幌大会は、大成功のうちに終了することができました。

これも、開催に向けて頂戴した、多くの皆様のご支援、ご協力、ご指導と参加していただいた全国並びに世界中の障害をもつ仲間たちをはじめとする皆様の熱意のおかげだと思っています。

これまで、ご支援、ご協力、ご指導をいただきました行政、団体、企業、そして多くの道民、市民の皆様と大会開催中やその前後にわたり、陰で支えていただいた、延べ三三〇〇名に及ぶボランティアの皆様にも心から感謝申し上げます。

DPI札幌大会の参加者からは、「大会に参加してよかった」「札幌へ来てよかった」「札幌は親切な街」と多くの声が寄せられました。

本来ならば、大会を支えていただいたすべての皆様お一人お一人に、お礼を申し上げなければならないところですが、誠に恐縮ですが、書面をお借りしてお礼を申し上げます。

人は生きていく限りだれもが年を取り、ほとんどの人々は、その生活に多くの制限と制約をやがて受ける立場になります。少子高齢社会を迎える二十一世紀は、障害者や高齢者の視点から「まちづくり」「地域づくり」「社会づくり」を考えなければならない時代だと思います。そんななかで、「なくそうバリアふやそう心のバリアフリー」をスローガンとして開催したDPI世界会議札幌大会は、正に、これからの時代に必要な課題を大きく提唱する大会であったと言えるでしょう。

世界の障害者　われら自身の声＊目次

資料

装幀　杉本和秀

2002年
10月15日

I

開会式

追悼式

基調講演……………………すべての障壁を取り除き，権利をわれらに!
ジュディ・ヒューマン

シンポジウム……………………DPIと権利擁護活動〜権利条約への道
ビーナス・イラガン，ロン・チャンドラン・ダッドレイ，
カッレ・キョンキョラ，ジョシュア・マリンガ，ベンクト・リンクビスト

開会式

司会：平野みどり（ＤＰＩ日本会議副議長）
三浦正春（二〇〇二年第六回ＤＰＩ世界会議札幌大会組織委員会）

平野　ご来場の皆様。四年に一度開かれるＤＰＩ世界会議が、いよいよここ札幌で開幕の時を迎えました。世界各国から、国内、道内、そして札幌からご来場いただきました皆様、ご参加いただき本当にありがとうございます。私は本日の司会進行を務めさせていただきます、ＤＰＩ日本会議副議長・平野みどりと申します。

三浦　同じく、本日の司会進行を務めさせていただきます、二〇〇二年第六回ＤＰＩ世界会議札幌大会組織委員会実行委員・三浦正春と申します。

本日より始まります大会期間は、「すべての障壁を取り除き、違いと権利を祝おう！」をテーマにシンポジウム、分科会、そしてパーティなど、多彩な交流の場がもたれます。この札幌大会が皆様にとって有意義で、共に新しい一歩を踏み出せる、素晴らしい機会となりますことを、一同心から願っております。

平野　それではまず初めに、歓迎の挨拶をＤＰＩ日本会議議長・山田昭義より述べさせていただきます。

山田　第六回ＤＰＩ世界会議札幌大会の開会に当たり、ＤＰＩ日本会議議長として、国内外からご参加いただいた皆さんに歓迎のご挨拶を申し上げます。

ＤＰＩ日本会議では四年前から今日を迎えるために、会員一丸となって何度も会議を重ねながら準備をしてまいりました。日本政府、国際協力事業団（ＪＩＣＡ）、「アジア太平洋障害者の十年」最終年記念フォーラム組織委員会、そして北海道・札幌市をはじめ、北海道全体でＤＰＩ日本会議を支えていただきました。心より御礼申し上げます。また、来賓の皆様にはお忙しいなか、ご出席をいただき感謝を申し上げます。ありがとうございます。

　ＤＰＩ日本会議は一九八六年に発足し、初代の八代英太議長以来、どんなに重い障害をもっていても一人の人間としての尊厳が守られる社会づくりを目指して活動してきました。また、ＤＰＩのネットワークの一翼を担い、中でもアジア太平洋ブロックの一員としての役割と責任を果たしてきました。去る十月八日から十二日には中国障害者連合会・鄧樸方《デンプーファン》氏のリーダーシップのもとに、アジア太平洋ブロック会議が開催されました。この会議において、ブロック議長がビーナス・イラガンさんからわが国の中西正司へと引き継がれ、これまで以上の責任を果たしていくことを約束しました。

　第六回ＤＰＩ世界会議札幌大会には、三千人以上のご参加をいただき、ＤＰＩが世界の障害者問題の中で、大きな役割と期待を担っていることを真剣に受け止めております。世界には、六億といわれる障害者がおり、今日ここに参加できなかった障害者も多くおります。ですから、多くの人々の熱い思いが反映されるように、準備段階から努力してまいりました。最も弱い立場に置かれた障害者こそが地球市民として尊厳が十分に尊重され、生きがいのある豊かな人生を送るべきなのです。

　しかし現実には、今日このときも世界の多くの地域で争いが起きています。戦争こそがきわめて多くの人命を奪い、すべての破壊と貧困・飢餓を招き、多くの困難を抱えた人たちを生み出します。私たちＤＰＩ日本会議は、世界六億の障害者と共に、そして、さらに様々な困難に直面している人たちと一緒になって、世界の平和こそがすべての人の願いであることを世界の指導者に訴えてきました。

　今日のこの日を迎えるために、日本の全国六〇カ所を超える地域において集会を開催し、世界会議に向けた運動を積み重ねてきました。特に、国内の障害者は、現在障害者福祉の構造改革の重要な時期に直面しています。我々を取り巻く現状は現在でも厳しく、教育と所得、介助と移動の権利が十分に保障されていません。全国自立生活センター協議会と連携し、自己決定の機会を奪われ悶々としている仲間たちが、地域社会でゆとりある楽しい生活を享受できるように運動に取り組んでまいりました。これからも、一度しかない人生を豊かに生きるために、ＤＰＩ日本会議はチャレンジしていくことを約束します。

　最後になりましたが、今日を迎えるために不眠不休で準備に携わっていただいた神田会長をはじめ、裏方で働いている三三〇〇人にも及ぶボランティアの方々に心よりお礼を申し上げ、開会の言葉とさせていただきます。

三浦　ありがとうございました。続きまして、主催者を代表いたしましてジョシュア・マリンガDPI世界議長より挨拶申し上げます。

ジョシュア　ご出席の皆様。共に障害者運動をしてきた仲間が亡くなりました。ジャスティン・ダートさん、ヘンリー・エンズさん、マリア・ラントさんを追悼するために、一分間の黙祷をしたいと思います。（黙祷）ありがとうございます。逝去した方々に心から哀悼の意を表します。

世界会議にご参加いただきました皆さんを心より歓迎いたし、障害者運動に取り組んでいる皆さんに、ご挨拶を申し上げたいと思います。

DPIは組織として、今や非常に重要な段階にさしかかっています。つまり、団体としての活動範囲や能力を超える課題に挑んでいかなければならない時期にあり、アイデンティティの危機すら生じかねません。私たちは、障害者の人権団体として、政治活動に参加し、全世界の障害者の生活の質を改善する努力をしてきました。

一九八一年以降、世界会議は四年に一回開かれております。DPIは一九八〇年には概念にすぎませんでしたが、現在、世界のすべての大陸に、一二〇カ国を超える国と地域で活動をしています。障害者運動を担う一人として、私は、二十一世紀こそが障害者の世紀であると自信をもって言うことができます。国連の人権文書、特に障害者の権利条約は、我々の日常生活を改善する重要な道具になると思っています。今こそ、人権の時代であると言えます。

それでは、最も重要な問いかけをいたしましょう。私たち障害者は、人間として扱われているでしょうか。私たちは生存権、衣食住の権利をもっています。しかし、私たちの権利は、毎日、毎日、侵害されているではありませんか。障害者の権利が全く尊重されていないという事実は、世界のどの国においても同じです。また、あらゆる国において、貧困を障害者の特徴としてあげることができます。障害者は日々、死んでいます。障害の原因や死に追い込まれる障害者の社会状況は改善できるにもかかわらず、真剣に取り組まれていません。皆さん、我々がなすべきことに取り組むべき時がきています。私たちには、それをする責任があります。

また、障害者の仲間に対する責任や地域社会に対する責任もあるでしょう。意味のない何も成果をもたらさないような討議をするために、延々と時間を費やすべきではありません。そして、障害者の生活が主流となるように、特別な法律がすべての国々で制定されるように要求していこうではありませんか。この法律には、障害者の実生活に関わるすべての事項が網羅されていなければなりません。具体的には何があるでしょうか。暴力です。戦争によって障害をもつ人々がいます。また、日常の生活には、多くの争いごとがあります。人種差別主義、宗教不寛容、隔離主義……これらの争点を避けては、障害者運動は成立しないのです。私たちは、人種差別やその他の差別、戦争、災害がなかったというふりなどできないのです。また、これらの争点について、全く無知であってはなりません。私たちは、挑んでいかなければならないと思います。障害者運動というのは、まず、私たち自身が問題解決に身を投じていかなければならないのです。この世界で殺された人たちの中で、三人に一人が障害者です。この現実に目を背けてはいけないのです。私が、申し上げたことをぜひこの会議中に討議していただきたいと思います。

居心地のよい家の中から外に出ましょう。そして、世界で起きている本当のことを理解しましょう。意味のない解決策を押しつけたりせずに、生じている問題点について話し合いましょう。短いですが、私からのメッセージです。

最後に、日本政府、ＤＰＩ日本会議に対して感謝を申し上げたいと思います。またこの会議の組織にあたり、たくさんの人たちが努力をしてくださったと思います。一人ひとりのお名前を読み上げることはできませんけれども、皆さんにお礼を申し上げたいと思います。世界中いろいろな所からおいでくださった方々のご参加にも感謝いたします。

これからも、私たちの闘いは続きます。共に取り組んでいきましょう。

平野　ここで、ご来賓の皆様を代表いたしまして、ご挨拶を賜りたいと存じます。初めに、内閣総理大臣・小泉純一郎様に賜りたいと存じます。

大前　皆さんおはようございます。私の名前は大前と申します。本日は内閣総理大臣、小泉総理大臣が出席できませんので、代わりに私が総理大臣のメッセージを読み上げさせていただきます。

第六回ＤＰＩ世界会議札幌大会の開催にあたり、障害者のための世界組織として、障害のある人の社会参加に大きな役割を果たしてこられたＤＰＩのこれまでの活動に敬意を表します。

本年は一九九三年から始まった「アジア太平洋障害者の十年」の最終年であり、わが国において、本大会を皮切りにＮＧＯによる三つの国際会議が開催されます。この一連の会議において、世界各地から参加される皆様の熱意ある討議により、「障害者が障害者を助ける」というＤＰＩの趣旨にかなった高い成果が達成されることが望まれます。

「アジア太平洋障害者の十年」については、先般のＥＳＣＡ

Ｐ（国連アジア太平洋経済社会委員会）総会において、さらに一〇年延長する決議が採択されました。来週わが国において開催されるＥＳＣＡＰのハイレベル政府間会合で、次の一〇年の行動課題について議論されることになっております。

今後も、日本政府は障害者の福祉向上に一層力を尽くします。本大会を契機に、障害のある人もない人も等しく参加できる社会の実現に向けて、皆様方の一層のご尽力とご活躍をお祈りいたします。

平成十四年十月十五日　内閣総理大臣小泉純一郎　代読。本日は、まことにおめでとうございました。

三浦　続きまして、厚生労働副大臣・鴨下一郎様にご挨拶を賜りたいと存じます。

鴨下　皆様おはようございます。第六回ＤＰＩ世界会議札幌大会が開催されるにあたり、一言ご挨拶を申し上げます。

ＤＰＩは、障害当事者の国際組織として、障害者の自立と社会参加を実現していくため、多くの課題について積極的に活動してこられました。これまで、世界各国において大きな役割を果たしてこられましたことに、心から敬意を表する次第でございます。

さて、わが国におきましては、一九九二年に採択された「アジア太平洋障害者の十年行動課題」を踏まえ、一九九三年には「障害者対策に関する新長期計画」が策定されるとともに、障害者の自立と社会参加の促進などを目的とする「障害者基本法」が制定されました。これらに基づき、障害者の自立を支えるサービスに関する基盤の整備や、障害者の職業能力の開発による雇用機会の拡大など、各分野で大きな成果を上げることができたと考えております。「アジア太平洋障害者の十年」は、さらに一〇年、延長することが決定されたところであり、その行動の枠組みが設定されようとしている今、このような会議が日本で開催され、障害をもつ方々が自ら主体となって活発かつ広範囲に意見交換を行われますことは、わが国にとりましても、まことに有意義な機会であります。

この会議を機として、障害者福祉を進展させるための国際協力が一層進むとともに、国境を越えて多くの関係者の交流がさらに深まり、世界の障害者福祉に実りある発展が得られますことを、心から祈念いたしております。本会議が成功を収められ、ご参集されました皆様の活動が、それぞれの地域において確実な前進をもたらすことを心から祈念いたしまして、私のご挨拶とさせていただきます。

平野　ありがとうございました。続きまして、外務大臣政務官・土屋品子様にご挨拶を賜りたいと存じます。

土屋　ご列席の皆様、第六回ＤＰＩ世界会議札幌大会の開催にあたり、外務省を代表して、まず初めに、世界中からここ札幌の地に集われた参加者の皆様を心から歓迎申し上げたいと思います。そして、ESCAP「アジア太平洋障害者の十年」の最終年という区切りの年にあたる本年、日本においては、本日の会合をはじめとして、三つの非政府組織（NGO）主催の会議が開催されますが、これらの会合の開催準備にあたってこられた「アジア・太平洋障害者の十年」最終年記念フォーラム組織委員会、DPI本部、DPI日本会議並びに関係者の皆様のご尽力に対し、心より敬意を表したいと思います。

皆様、「国連障害者の十年（一九八三年～一九九二年）」に始まり、「アジア太平洋障害者の十年（一九九三年～二〇〇二年）」を経て、国際社会は、障害者の権利と尊厳の促進のために積極的に取り組んでまいりました。二〇〇二年五月、ESCAPの第五八回会期において、日本政府は、障害者の権利と尊厳の促進・保護の分野におけるコミットメントを更新し、期待された進展が達成できなかった分野における努力を継続するため、新たな障害者の十年を宣言する旨の決議案を提案し、この分野での更なる貢献についての意図を表明しました。

また、去る七月には、ニューヨークにおいて、障害者の権利と尊厳の保護および促進のための包括的かつ統一的な国際条約に関する提案を検討するために設立された特別委員会が開催され、政府・国際機関に加え、NGOの参加を得た形で活発な議論が行われました。日本政府は、障害者の権利と尊厳の促進と保護の分野において、市民社会が果たす役割が極めて重要であるとの考えから、同委員会へのNGOの参加資格及び参加に関する国連決議の共同提案国となりました。

本日の会合には、世界中から、障害者の権利と尊厳の促進と保護のために、今後何をなすべきかについての議論を深めるために、多くの方々が参集されました。これから数日間にわたって行われる議論の結果、国際社会に対して発信されるメッセージは、この分野における今後の国際社会の取り組みにとって、重要な貢献となるものと確信しております。

本大会の円満な成功を祈念しつつ、私のご挨拶とさせていただきます。ありがとうございました。

三浦　ありがとうございました。なお、国土交通大臣・扇千景様の代理といたしましてご出席されておりますのは、北海道運輸局長・影山幹雄様でございます。本日はお名前のみのご紹介とさせていただきます。

平野　続きまして、障害者国際会議推進議員連盟会長・橋本龍太郎様にご依頼しておりましたが、外遊のため、障害者国際会議推進議員連盟会長代行・横路孝弘様にご挨拶を賜りたいと存じます。

横路　皆さん、こんにちは。ジョシュア・マリンガDPI世界議長をはじめ、世界各国から、また全国各地から札幌へおいでいただきました。心から歓迎を申し上げ、本大会の開催をお祝い申し上げたいと思います。

今お話がありましたが、私は二百名を超える超党派の国会議員でつくっております障害者国際会議推進議員連盟の会長代行をしております。会長の橋本龍太郎元総理大臣が公務で海外出張中でございますので、代わって私からご挨拶を申し上げたいと思います。

まず初めに、この大会の開催と成功に向けて、本当に長い間、大会の準備を進めてこられたＤＰＩ日本会議の皆さん、並びに組織委員会の皆さん、スタッフの皆さん、そしてこれを支えてきた大勢のボランティア活動をなさってくださったスタッフの皆さんに心から敬意を表したいと思います。

私たち議員連盟は、「アジア・太平洋障害者の十年」最終年記念フォーラム、リハビリテーション・インターナショナルアジア太平洋地域会議、そしてこの第六回ＤＰＩ世界会議札幌大会をバックアップするために二年前に結成されました。

皆さんもご承知のように、日本では、ここ数年のうちに交通バリアフリー法、ハートビル法などを成立させ、交通手段や建物のバリアフリーとアクセシビリティを進めてまいりました。またチャレンジするすべての人々に平等なチャンスをと、いわゆる欠格条項の見直しも着手されております。

しかしまだ、教育、経済あるいは社会生活など、すべての分野で差別や不自由が存在するわけでございますので、障害をもつ人々の社会参加を本当に実質的に保障していくうえで障害者差別禁止法の制定は今、基本的な課題になっているというように考えております。

また、国際的にも障害者権利条約が一日も早く国連で正式に決定され、世界各国がそれを批准し、その内容の具体的実現に向かってそれぞれ努力する日のくることを皆が待ち望んでいます。議員連盟に所属する国会議員として、政府レベルにおいて、国内外でこれらの課題に対してリーダーシップをとるよう働きかけていきたいと考えております。

先ほど議長からも話がありましたように、これまで世界は、戦争と貧困によっておびただしい人々の命を奪い、新たな障害者を生み出してきました。私たちは戦争と貧困、そしてさまざまな環境破壊が、障害者問題と密接な関係にあることを深く強く認識し、その根本的解決に向けても力を合わせていかなければならないと考えております。世界では現在も残念なことに、そうした危機的状況が存在し、拡大しようとしています。平和が何より大切だということをベースに、人間としての基本的権利、完全参加と平等の実現に向けて、お互いに、それぞれの場で努力することを誓い合い、今大会の成功と実り多いことをお祈りしてご挨拶といたします。

ありがとうございます。おめでとうございます。

三浦　ありがとうございました。続きまして、北海道知事・

堀達也様よりご挨拶を賜りたいと存じます。

堀　皆さん、おはようございます。北海道知事の堀でございます。

世界各国、地域から、そして日本全国各地から多くの皆様をお迎えして、第六回ＤＰＩ世界会議札幌大会がこのように盛大に開催されますことを心からお喜び申し上げますとともに、皆様方のご来道を心からご歓迎申し上げたいと思います。

人と人とが支え合い、心豊かに暮らすことができる地域社会をつくることは、二十一世紀に生きる私たちの最大の課題であります。二十一世紀最初のＤＰＩ世界会議がここ北海道札幌市で開催されますことは、私たち五七〇万道民にとって大きな喜びであり、誇りでもあります。

この大会開催を契機として、北海道内では、交通機関などのバリアフリー化が進むとともに、障害のある方々への理解が深まり、支援の輪が広がってきております。今回の大会の貴重な経験と成果が、道民の間に一層浸透することを期待するとともに、今後も道民と共に、地域社会の中に生かしてまいりたいと考えております。

また、この大会の成功とともに、「なくそうバリアふやそう心のバリアフリー」というスローガンのもとに、皆様の真剣な議論を通じて、完全参加と平等を実現するための様々な取り組みに対する理解の輪が、この北海道から、世界に向けて発信され、大きく広がっていくことを期待しております。

来道された皆様におかれましては、大会を支援する多くのボランティアの方々をはじめ、道民との交流を深められ、お互いの心にいつまでも残る素晴らしい出会いの機会となることを望んでおります。

今、北海道は、すがすがしい気候と実りの秋を迎えております。ご来道いただいた皆様には、色鮮やかに彩られた風景と豊かな季節の味覚を堪能していただければ幸いであります。

終わりになりますが、この大会の開催に向けて大変なご努力をいただきました関係者の皆様に心から敬意を表しますとともに、ここにお集まりの皆様のご活躍と大会の成功を心からご祈念申し上げまして、挨拶といたします。ありがとうございました。

平野　ありがとうございました。続きまして、札幌市長・桂信雄様よりご挨拶を賜りたいと存じます。

桂　皆さんこんにちは。ただいまご紹介をいただきました札幌市長の桂でございます。

世界の国と地域、そして日本国内の各地域から参加をされました障害者の皆様方、ならびにＤＰＩ関係者の皆様方、ようこそこの札幌にお越しくださいました。札幌市民をあげて皆様方を歓迎申し上げます。長い間心待ちにしておりました第六回ＤＰＩ世界会議札幌大会が、このように本日盛大に開催されますことを、私としても大変うれしく思っております。

国際障害者年にあたりました一九八一年に、シンガポールでスタートいたしましたこの大会は、着実に成果をあげながら回を重ね、このたび、第六回目を迎えられたと伺っております。この間、二十年以上にわたり大会の運営を支えてこられました関係者の皆様方のご努力に対して、深く敬意を表します。

また、この札幌大会が決定してから今日までの長期間にわたって、大会の準備を進めてこられたDPI日本会議、ならびに札幌大会組織委員会の皆様方には、無事、本日の会議を迎えられましたことに心からお祝いを申し上げるものでございます。

さて、世界と結ぶ北の理想都市を目指す札幌市では、文化やスポーツの大会をはじめ、学会やシンポジウムといった様々なイベントを積極的に誘致いたして、世界の人々との交流を進めてまいりました。そのような中でこのたび、国の内外から、大勢の皆様方をお迎えして、障害当事者による世界最大の組織でありますDPIの世界会議を、本市で開催できますことは、私ども札幌市民にとりましても大きな誇りでもあり、また喜びでもございます。

本市では、皆様方をお迎えするために、市内中心部の歩道のバリアフリー化や、地下鉄駅のエレベーターの設置、またノンステップバスの導入など、様々な環境整備を進めてまいりました。また、この会場に隣接する豊平公園におきましても、障害者の方々が、散策などを自由に楽しんでいただけるような整備を行ったところでありますので、ぜひ足を運んでいただきたいと思います。その他、会場内には大会期間中、地元商店街の皆様の協力をいただいて、市民との交流コーナーが設置されます。このコーナーでは、日本の伝統文化の紹介から、庶民的な遊びのコーナーまで、いろいろ用意されておりますので、お忙しい中ではあろうとは思いますが、皆様方にはぜひ時間を見つけて日本の文化や伝統について理解を深めていただければ幸いでございます。

さて、DPI札幌大会のスローガンは「なくそうバリアふやそう心のバリアフリー」であります。本市では二〇〇一年に札幌市福祉のまちづくり推進指針を策定して、日常生活における物理的な障壁の解消と合わせて、障害者や高齢者に対する意識的な障壁を解消するための取り組みを進めてまいりました。しかしながら、市民生活において、一般の健常者が障害者とともに、過ごす機会が限られているということもありまして、意識的な障壁がなかなかなくならないというのも事実であります。そういった意味でこの大会を通して多くの札幌市民が障害者と共に学び、触れ合うことによって、障害者に対する知識の習得や意識の改革といった心のバリアフリーがいっそう進んでいくものと心から期待しているものであります。どうか、お集まりの皆様方にはＤＰＩの目指す、世界の障害者の完全参加と平等の実現に向けて、活発で建設的な議論が交されて、今回のＤＰＩ世界会議札幌大会が、健常者も含めたすべての人々にとって意義のある大会となりますよう、心からお祈り申し上げます。

最後になりますが、大会の開催にご尽力くださいましたＤＰＩ日本会議ならびに札幌大会組織委員会の皆様、また、最後まで障害者と健常者の共同作業によって準備を進めてこられた組織委員会事務局の皆様方、そして大会運営にかかわる多くのボランティアスタッフの皆様方にとりまして、今後ますますのご健勝、ご活躍とＤＰＩのさらなるご発展を心から祈念申し上げまして、私からの挨拶と申し上げます。ありがとうございました。

三浦　ありがとうございました。次に、鄧樸方《デンプーファン》中国障害者連合会会長よりご挨拶を賜りたいと存じます。

鄧　ジョシュア・マリンガ世界議長、八代英太衆議院議員、堀達也北海道知事、桂信雄札幌市長、そして、ご出席の皆様。

人間の歴史と社会文明の進歩と発展の過程において、ＤＰＩが様々な障害をもった人々を代表する世界的な組織として、シンガポールで産声をあげたのは二〇年前でした。

今新しい世紀に入りこの二〇年間を振り返ってみたとき、社会的そして経済的な発展を見い出すことができます。障害者運動の力強い発展が文明の進歩の原動力となったのだと思います。八〇年代以降の国際社会は、障害をもつ人たちの地位向上に非常に大きな役割を果たした一連の運動や法律を受け入れてきました。このような国際社会の協調行動によって、今や障害者運動に市民権が与えられ、この傾向は後戻りをすることはありません。

今日の国際社会が障害者の権利条約の必要性を理解し、そして条約を制定し実施するという共通の認識を得ていることをうれしく思います。条約は障害をもつ人たちの生命を守り権利を保護する手段として効果的に利用されることでしょう。中国は、このような障害者権利条約の制定に向けて活発に活動し、支援もしてまいりました。条約が制定されることによって、障害者の地位や権利を守るために、国際社会の責任と責務が課せられるようになるでしょう。また各国政府も、もっと効果的な措置をとることが要求されるでしょう。障害者の権利条約によって、特に社会的に弱い立場に立たされている人々の国際的な人権擁護システムが完全に整備されるようになるでしょう。

障害者の権利条約は、障害の分野で行われた過去の業績に基づいて制定されるべきであり、また、既存の人権条約を補完するべきでしょう。人権擁護と社会発展の二つの事項のバランスを十分考慮するべきです。つまり、条約は障害をもつ人たちのすべての権利の基準を網羅し、そして行政の責務を特定するべきでしょう。特に、途上国の障害をもつ人たちのニーズが考慮されるように働きかけるべきでしょう。そのために、実際的で実現可能な原則、課題が条約に反映されるように要求するべきでしょう。

障害をもつ人たちの団体こそが、これまで国際社会において、我々自身の権利条約を求めて実際に闘ってまいりました。したがって、障害をもつ人々の国際的な団体が、この条約制定へのプロセスに積極的にかつ具体的に関与しております。このように、様々な団体がこれまでないほどに連帯し、共通の目標のための努力をしていることは、私たちにとって最も強力な力となるのです。組織としてのＤＰＩは、異なる障害をもつ人たちを結集させて、大きなインパクトをもち結束しています。国際社会が、もはや無視することができない力をＤＰＩはもっているのです。今、我々が緊急にしなければならないことは、国際社会に働きかけて、条約を早く制定させることです。この条約に、我々の利益とニーズを反映させるべきなのです。中国において障害をもつ人たちは、ＤＰＩが条約の起草・制定の全過程に重要な役割を果たすように期待しています。これは、人類の進歩のためにも重要なことです。

世界の障害者運動において中国は、大変大きな役割を果たしております。中国の改革開放政策、また経済が発展したために、この障害者運動も大きな可能性と機会をもつようになりました。中国障害者連合会は、ＤＰＩの加盟団体として六千万の障害者の地位向上と障害者の完全参加と平等を求めて努力をしております。また国際社会と協力し、世界中の障害者がよりよい生活ができるように努力をしてまいります。

中国の障害者六千万人を代表して、ＤＰＩの将来の永続的発展と、私たちのあらゆる努力が結実することを期待し、私の挨拶を述べさせていただきました。

第六回ＤＰＩ世界会議札幌大会の成功を期待しております。ありがとうございました。

平野　ありがとうございました。それではここで、「アジア太平洋障害者の十年」最終年記念フォーラム組織委員会・八代英太委員長より開会宣言を申し上げます。

八代　ご出席の皆様。第六回ＤＰＩ世界会議札幌大会にようこそいらっしゃいました。まさに札幌は美しい秋を迎えております。主催者の皆様、本日は誠におめでとうございます。皆様にとってこの会議が実りあるものになりますことを心より希望しています。

私は今をさかのぼること一九八一年に、シンガポールでＤＰＩが誕生したその時のことを懐かしく思い起こしております。あれから二〇年が過ぎました。以来、二〇年もの長い間、

りました。そして今、障害者の障害者による障害者のためのあらゆる決定が私たち障害者自身で行われるようになったのです。私たちＤＰＩのスローガンは、“Voice of Our Own!”（われら自身の声）です。なんとすばらしいスローガンでしょう。私たちのこの積極的な活動は全世界に広がっていきました。ヨーロッパ、アフリカ、南北アメリカ、アジア太平洋へと仲間の輪は大きく広がり、そしてついに「尊厳」とともに、自らの声を発することができる人間に私たちはなったのです。

お集まりの皆様。私たちは二十年以上にわたり、多くのことを共に学んでまいりました。様々な困難も共に乗り越えてきました。今、私たちは二〇年前の初心に戻り、当時と同じ情熱とパワーで、私たちの更なる目標達成のために、これからも残された道を進んでいかなくてはなりません。私たちは私たちの人生を自ら切り開いていける強い人間であることを自覚していきましょう。健全な精神をもち、私たちの活動に邁進していきましょう。積極的に行動し、私たちの声を発していきましょう。人権を主張し、尊厳を尊重しましょう。私たちはやり遂げることができるのです。

しかし、忘れてはならないことがあります。私たちが行動を起こさなければ何もものごとは変わらないのです。私たちは前に進んでいかなければならないのです。私たちはバリアを取り除き、差別を排除するために、私たち自身が全力を尽くさなければならないのです。私たちの姿は、バリアによって覆い隠されてしまうこともあります。しかし、私たちは勇気をもってバリアを打ち砕いていくのです。誰かがバリアを取り除くのを待っていてはいけません。さぁ皆さん、一緒に行動しましょう。

仲間の皆様。今日、私たちはこの会場に集まり、歴史的瞬間を共有しています。私たちは生き、そして命の最後の瞬間まで、充実した人生を送る責任があります。この札幌で行われる世界会議は、すべての人にアクセスが保障されるように私たちが取り組む新世紀、二十一世紀の幕開けともいうべき会議になるでしょう。私は皆様とともに命が続く限りその目標のために努力いたします。これが車いすからの私のメッセージです。さぁ、皆様。札幌と日本を存分に楽しんで下さい。ここに第六回ＤＰＩ世界会議札幌大会の開会を宣言いたします。

追悼式

ジャスティン・ダート・ジュニア

ブッシュ共和党政権下での障害をもつアメリカ人法(Americans with Disabilities Act=ADA) 成立に貢献し、ADAの父として知られる。元アメリカ合衆国大統領障害者雇用委員会議長および元連邦リハビリテーション・サービス庁長官を歴任。2002年6月22日に逝去。

マリア・ラント

南アフリカ共和国の女性初の障害者議員として障害者に関する政策推進に貢献（1994～1999年）。また、DPI世界副議長、汎アフリカ障害者連合（Pan African Federation of Disabled Persons =PAFOD）副議長を歴任。2002年7月12日に逝去。

ヘンリー・エンズ

DPIの設立のために尽力し、初代副議長に就任した。その後、議長を務め、1990～1995年まで世界事務局長を歴任。2002年8月13日に仕事で訪れていたスリランカのコロンボで逝去。

基調講演

ジュディ・ヒューマン

すべての障壁を取り除き、権利をわれらに！

We shall overcome!

ジュディ・ヒューマン：初の自立生活センターであるバークレー自立生活センターで副所長、その後WID（World Institute on Disability、世界障害研究所）代表となった。クリントン政権下の教育省事務次官等を歴任し（九三年〜二〇〇一年）、二〇〇二年六月より現在の世界銀行障害プロジェクトの顧問に就任する。国際的な障害者の自立生活、権利運動のリーダーとして活躍し、彼女との出会いがきっかけで、自立生活運動に参加し始めた活動家も数多く存在する。

語り合おう、学び合おう

おはようございます。皆様とお会いできて、本当にうれしく思います。

今日の大会のテーマは、「すべての障壁を取り除き、違いと権利を祝おう！」です。本日この会場に来て、このように多くの方々が参加をしているのを知り、本当にうれしく思っています。少なくとも百カ国以上、全世界からの人たちがこの会場に結集しています。皆さん、人とじっくりと話をしましょう。そして、その人が取り組んでいることに耳を傾けてみましょう。お互いに学び合うということ、このことによって私たちは新たな活力を得て、それぞれの国へ、職場へと戻ることができます。

私たち障害者は、どのような障害をもっていても、地域社会や国、世界に対して意義ある貢献をすることができるということを学んできました。そのための必要条件として、機会平等があります。したがって、もしこのことが否定されるようなことがあれば、すべての人々の権利と尊厳を保障するために、政治的闘いをしなければなりません。

私自身は、ニューヨークのブルックリンで子ども時代を過ごしました。五歳のとき、母が車いすに乗せて学校へ連れて行ってくれました。一九四九年にポリオにかかったためですが、近所の学校の校長先生は母に、「お嬢さんは入学することはできません」と告げました。

現在でも、数百万の障害をもつ子どもたちが、同じ問題に直面しているでしょう。学校へ連れて行ってもらえない子どもたちがいます。障害児が学校に行っても、学習などできないと思われることもあるからです。もしくは、障害児を連れて行くことをみっともないと思っているのかもしれません。または、授業料を払う国もありますので、貧しいために、払えないのかもしれません。学校に障害児を入学させないようにする学校長や教師たちに対して、家族が争う準備ができていないのかもしれません。

貧しい国では、教育を受ける権利が少女たちに保障されていませんが、この状況に加えて、障害児は就学年齢に達しても三%しか教育を受けていないと言われています。視覚障害、聴覚障害をもつ子どもたちは、学校へ行っても必要な教育を受けていません。点字を活用すれば読めるようになるにもかかわらず使われていません。また、多くの聴覚障害児には、学校で手話を教えていません。知的障害者や精神障害者についても考えてみましょう。学校に通っているでしょうか？　経済的に自立する機会が奪われていないでしょうか？

私たち障害者の多様性と新しい仲間たちの新しいニーズ

「すべての障壁を取り除き、違いと権利を祝おう」というテーマによって、障害者が様々なニーズをもつことがわかるのです。私たち障害者は、様々な人がいて一括りにすることはできないのです。多種多様なのです。国が異なり、社会経済背景、文化、宗教も違うのです。したがって、私たち自身の多様性について学び合わなければなりません。

障害者人口は、日々変化します。例えば、戦争や地雷によって、障害をもつ人が増えます。また非人道的な取り扱いによって、障害者になる人もいます。私たちは、障害者の権利擁護運動のリーダーとして多種多様な障害者のニーズを理解しなければ、力強い運動は展開できないのです。

例えば、ＨＩＶ、エイズの問題は、残念なことに全世界で大きな問題となっています。エイズ患者は、私たち障害者の仲間であるにもかかわらず、それに気付いていない人もいます。エイズ患者が障害者運動の中で居心地良いと感じるようにすることは、私たちの責務であると言えます。

私のこの人生で最も興奮したことは、四五以上の国において障害者差別禁止法が制定されたことにつきます。みなさんの国で障害者差別禁止法が制定されていますか？　手を挙げて下さい。この法律の制定に向けて、一生懸命に闘ってきたと思います。日本では、現在も闘いが続いています。四年後の会議で、世界中すべての国において障害者差別禁止法が制定されたと言えるようになるでしょうか。また、国連の障害者権利条約についてはどうでしょうか。私たちが今、国連の条約が制定されるように取り組むことは非常に重要なことです。もちろん、その理由はたくさんあります。世界には、六億人以上の人々が障害をもち、その少なくとも四億人以上の人々が貧困にあえいでいます。障害者は、差別されることなく、平等な社会で生活をする権利があります。ですから、条約策定は非常に重要です。国内では、法律が制定されるだけではなく、きちんと履行されるように闘わなければなりません。法律制定のために闘ったことのある多くの人々はご存じでしょうが、法律が制定されるだけでは意味がありません。私たちの実生活で実効力をもってこそ、法律は使えるようになるのです。

私はつい先日、フィリピンに行ってきました。ビーナス・イラガンさんが実践している素晴らしい活動を見学してきました。彼女が力を入れている活動の一つに、障害児の教育があります。私たちは障害児の教育問題について、ともすると忘れてしまうことがあるので、大変感銘を受けました。障害児の親と子どもの小さなある団体を訪問しました。ビーナスさんは、子どもたちが学校教育を受けられるように学校側と闘ったそうです。さらに、子どもたちが適切なサービスを受けることができるように日常的に監視しているので、サービスを適切に利用できるようになり、新たな発達の可能性が生まれてきました。私にとって最も重要だと思ったことは、ビーナスさんと彼女の仲間の活動によって、子どもたちの親がエンパワーされているということでした。

政策への参画、We shall overcome!（勝利をわれらに！）

最近、ベトナムのハノイで多くの障害者に会うことができました。ベトナムの障害者は、多くの問題と格闘していました。道路建設をするときには、様々なニーズに配慮し、多くの人々が行き来できるようにしなければなりません。そこで、私たち障害者が集まり、それぞれの成功を共有するべきなのです。例えば、ユニバーサルデザインのバスが様々な国で造られています。リフト付きの低床バスが整備されつつあります。政府や金融機関や助成財団は、世界各地で起きている新しい取り組みについて情報収集し、先進的な実践を支援するべきでしょう。

私たち一人ひとりは、地域の人々や政治家の考えを変えた経験をおもちだと思います。重要なことは、私たち障害者が物事の決定される過程に参画することだと思います。ですから、選挙に出馬した障害者を支援したり、様々な経歴をもった人々が政治に関わるように要求するべきです。ドアをたたかなければ入ることできません。私たちが直面している生活上の問題に関して、私たち自身の解決策を提示するべきなのです。政策立案者は、私たち障害者を無視しているので、当事者の意見を考慮しないのですから。

彼らは、「なぜバスを誰でも使えるようにしなければいけないの？　だって、バスに乗っている障害者なんか見たことないけど」と言うのです。もちろん、彼らは障害者と出会ったことはないでしょう。障害者は、家から外に出られないのです。または、街に出ても、道の向こう側に渡ることができないのです。バスにも乗ることができないのです。しかし、地域社会を詳細に見れば、障害者がどのような障壁に直面して家から出られず、バスに乗ることができないのかを知ることができるでしょう。そして、驚くほど多種多様な障害をもつ人々がいることに気付くでしょう。したがって、すべての人々に必要なサービスが提供されるようになれば、現在よりもより多くの聴覚障害者、視覚障害者、精神障害者や学習障害をもつ人など、地域で生活している障害者が地域社会の構成員になることができるのです。

ベトナムのハノイに、新しく国の委員会（State Committee）が設置されたそうです。この委員会の仕事の一つに、ベトナム全国の障害者に対する理解や態度を変える活動があります。この活動の特筆すべきこととして、障害者自身とその家族が恥ずかしく思う必要はないこと、もはや障害者は隠れている必要がないということを伝えていることがあげられます。さらに、メディアと協力し、地域の障害者やその障害者のための組織が、どんな活動をしているかということを伝えるようになりました。

障害者の権利運動は、直面している障壁についてまず私たち自身が理解しなければならないと思います。そして、お互いの力を信用しながら、この障壁を変えることができるということを話し合わなければならないのです。私たちの目標は、何億という障害者がいようとも、その障害者の解放なのです。そして、障害者が排除されないようにすることなのです。今後四年間のうちに、私たち自身が住む地域や市町村、その周辺の地域や国がどうあるべきなのか、ビジョンを各自がもつべきです。

私たち障害者は、公民権獲得のためだけに闘ってきたのではなく、社会の片隅に追いやられ、権利を剥奪されている人々の人権が保障されるために共に闘ってきました。

「We shall overcome!（勝利をわれらに！）」

シンポジウム

「DPIと権利擁護活動〜権利条約への道」

DPI and Advocacy —The Road to Convention on Human Rights

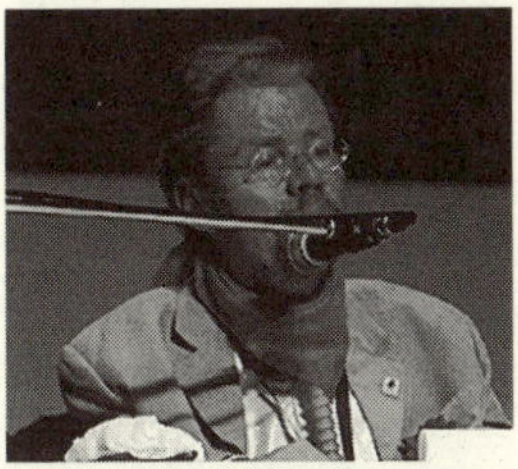

カッレ・キョンキョラ

ジョシュア・マリンガ

ビーナス・イラガン

ロン・チャンドラン・ダッドレイ

ベンクト・リンクビスト

コーディネーター

ビーナス・イラガン………1958年、フィリピン生まれ。カガヤン・バレー・セントポール大学公共行政学修士。1995年〜2001年までKAMPI（フィリピンDPI）会長で現理事長。DPI情報担当世界役員、DPIアジア太平洋ブロック評議会議長（2000年〜2002年）などを務め、2002年10月よりDPI世界議長に就任。1992年の自立生活研修をはじめとして、来日歴多数。

パネリスト

ジョシュア・マリンガ………1944年ジンバブエ生まれ。1981年のDPI設立に参加。ジンバブエ障害者協議会議長などを歴任。DPI世界議長を2期務める（1991年〜94年、98年〜2002年）。IDA（国際障害同盟）初代会長、国連「障害者の機会均等化に関する基準規則」パネル委員など歴任。ジンバブエ第２の都市ブラワヨ市の市長を２年務めた。

カッレ・キョンキョラ………1950年フィンランドのヘルシンキ生まれ。1974年ヘルシンキ大学卒業。1983年〜87年国会議員。85年からヘルシンキ市議会議員。1989年〜95年までDPIヨーロッパブロック議長、94年〜98年までDPI世界議長。

ロン・チャンドラン・ダッドレイ………ロンドン大学スクール・オブ・エコノミクス卒業。初代DPI世界議長。現在、DPIアジア太平洋ブロック評議会アドバイザー。

ベンクト・リンクビスト………1936年、スウェーデン生まれ。十代で視力を失う。1981年、DPIの創設に参加、初代役員（書記）を務める。85年〜91年、スウェーデン社会大臣（Minister for Social Services and Family Policy）。1982年と93年〜95年、国会議員（社会民主党）。94年より、国連「障害者の機会均等化に関する基準規則」履行状況のモニタリングのための社会開発委員会特別報告者。

ビーナス　本日は、障害者運動において国際的に重要な四人のパネリストがいらしています。

パネリストの方々には「条約とは何か」についてお話ししていただきますが、特に「なぜ条約が必要なのか」「どのようにすれば条約を策定することができるか」「条約策定過程に障害者団体はどのように関与できるのか」という点について、お話をしていただきたいと思います。

それでは、最初の世界議長であり、現在はDPIアジア太平洋ブロック評議会アドバイザーのロン・チャンドラン・ダッドレイさん、お願いします。

権利の確立を目ざして

ロン　国連障害者の十年が一九八三年に始まったとき、当時のDPI議長は、「障害者がバリアを打ち砕く機会が与えられた」と言いました。そして、障害者や家族、その他の人々の人権を主張する機会として、国連障害者の十年に期待していましたが、スムーズにことが進められたわけではありません。この「十年」が始まった一九八〇年代の初め、アメリカでは、希望が砕かれ、信頼は裏切られたと言われ、「十年」が終わった後も、非常にわずかな成果しか見つけることができませんでしたが、いくつかの良い効果もありました。私たちのニードを理解してくれた人々もいたからです。このように、障害者の尊厳と権利を擁護するための現在に続く道は、小さな細い道から始まったのです。

一九八三年に、私はポーランドに行きました。その時、草の根運動を行っている人々から、昔、市民権が保障されていなかったとき、“Nothing about us without us”（我々なくして我々のことを決めることはできない）というスローガンを使ったという話を聞き、大変心を動かされました。これこそ、障害者が目指すべき哲学であると思ったのです。後に、DPIもこのスローガンを使うようになりました。これは、条約策定への道で基礎となると思います。

次に、条約の重要性です。多くの人々は、障害者の要求していることが世界人権宣言にほとんど網羅されていると考えていると思います。しかし、そうではありません。障害者の権利について、実際に関与できる機会が初めて訪れたのは、一九八三年六月です。その当時の議長だったヘンリー・エンズさん、スウェーデンのヤン・ヨンソンさんは、ジュネーブで開催されたILO（国際労働機関）の会議に参加しました。一九五五年に「障害者の職業リハビリテーション・雇用に関する勧告」が出されていましたが、条約として採択されるその一九八三年までに、二八年もかかったわけです。この実現のために、DPIだけではなくその他の障害者組織と公式、非公式に会議をもち、議論を積み重ねた結果、第六九回IL

O総会で「職業リハビリテーション・雇用（障害者）に関する条約」（一九八三年、第一五九号条約）、「勧告」（一九八三年、第一六八号勧告）の制定に至ったわけです。多くの困難に直面するとは思いますが、障害者の権利条約策定に向けて運動していくべきだと思います。

一九八三年には、DPIの評議員は障害者は人権をもつという確認をしました。そして、レアンドロ・デスポイさんをコンサルタントとして迎えました。彼は非常に真面目に文書づくりに取り組み、ジム・ドナルドさんやその他の人たちが支援しました。そして一九九三年に文書をまとめました[1]。また同じ時期に、アメリカからの運動の影響を受けました。活動家であるブルース・カーティスさんと仲間は非常に大きな役割を果たし、ジム・ドナルドさんやその他の人々に支持されました。このような名前は、私たちの記憶に焼き付けておかなければなりません。

ブルース・カーティスさんとその他の人々がジュネーブに行ったとき、彼らは我々自身の条約が必要であると人々に伝え、障害者自身の声が聞き入れられ、我々自身のルール「我々なくしては我々のことを決めることはできない」を要求したのです。

一九八七年にスウェーデンで、国連障害者の十年の中間年の評価が行われました。この時には、評議員は最終年の一九九二年までに条約が策定されるだろうと楽観していました。その後、イタリアとスウェーデンから条約案が提案されましたが、それも実際にはまとまりませんでした。一九九〇年に経済社会理事会がこれまでとは異なる手段が必要であると議論し、特別委員会がつくられ、一九九三年に「障害者の機会均等化に関する基準規則」が採択されました。

それから一〇年経つわけですが、どんな戦略をとれば、条約は制定されるのでしょうか。最高のものが今できなくとも、条約をまずつくることを優先するべきでしょうか。私は条約制定の道はイバラの道だと思いますが、条約は必要です。条約によって法律的な基盤ができるからです。

条約については神話があります。各国の政府の責任は重くなり、条約を実際に実施するためにはお金がかかりすぎるという意見です。しかしやってみなければ、何もわからないのです。この二〇年間私たちは、各国の政府やあらゆる人たちに対して、地域社会において障害者が市民と平等に生きるためには、条約を必要としていることを伝えてきたのです。

子どもの権利条約や女性に対する差別撤廃を要求する条約もありますが、これらの条約は、障害者のニーズを網羅していないのです。ですから、障害者のための条約が必要なのです。障害をもつ人は、子ども、女性、大人にいたるまで差別されます。私たちは障害者の権利条約への道を歩んでいかなければなりません。

ビーナス　ここで「条約というのは何なのか」を簡単に説明してみたいと思います。条約とは、国際法によって政府間で批准されるものです。二国間で批准することもありますし、多くの国の間で批准されることもあります。障害者権利条約は、国連に加盟しているすべての国々が批准することができるものになります。

次は、「条約とは何か」ということと「何を条約に盛り込むべきか」について、カッレ・キョンキョラ前ＤＰＩ世界議長にお願いしたいと思います。

障害者の権利を求めるための五つのポイント

カッレ　国連の「障害者の権利宣言」が採択された一九七〇年代、私は大学生で、人権に関する会議を開催しました。今、この宣言を見直してみると問題があり、理想とは言えないことがわかります。

今から五〇年前、世界人権宣言が採択されています。これは、人々の心に強く訴えかける最も美しい宣言であり、「すべての人間は平等である」と言っています。宣言が採択された当時、人権を語るときに、障害者は含まれていなかったと思いますが、本来人権はすべての人間がもっており、すべての人間は平等であるはずです。

障害者・障害をもつ人という言葉が使われるようになりました。それでは、なぜ障害者の権利条約が必要なのか、考えてみたいと思います。それは、障害者は、孤立させられ、隔離され、侮辱されているからです。これはどこの社会においても同じです。ですから、私たちは闘ってきました。障害者は、孤立せずに社会の一員となりたいのです。侮辱されるのではなく、尊厳をもった市民になりたいのです。

それでは、五つの点について話します。そして、将来を展望したいと思います。

私たちには二つの対象があると思います。私たちは政府と政治家に対して、障害者のニーズ、人権について説明しなければなりませんが、同時に、自身の行為を確認し、人権とは私たちにどのような意味があるのか考えていくべきでしょう。つまり、第一の点は、私たち自身が、人権、差別とは何かについて学ばなければならないということです。人権とは何なのか、どういう道具を既にもっているのか、条約はどうあるべきかについて理解しなければなりません。

ところで、差別とは何でしょうか。差別というのは、正当な理由がなく、ある人を他の人たちと違う状況に置くことです。われわれが何か特別なサービスを利用しても、これは差別にはなりません。それは正当化するだけの理由があるからです。例えば、車いす利用者が使う広いトイレを用意することは、これは決して差別ではありません。しかし、逆にそのようなトイレがなければ、これは差別になります。これは、非常に重要な点です。

また、障害者があらゆる意思決定の過程に参加し、必要なニーズが決定されるすべての場面に参画することが重要です。

二点目に、歴史的に差別が何を意味してきたのかということを見極めなければなりません。自分自身がいつ差別を受けたのか自覚していないことがよくあります。例えば、買い物に行っても店の中に入れないとき、誰かがわざわざ外に出てきてくれて私を助けてくれれば、私は差別を受けたとは感じません。助けてもらえれば、差別されていないように思うからです。同じような状況によく遭遇するのです。つまり、障害者の生活は違うということを受け入れてしまう。他の人たちと同じような生活ができるという発想をもたないのです。手話が存在しない国では、聴覚障害者は、他の人たちとコミュニケーションする手段がなく、それは仕方ないと思われていましたが、これは本来、人権侵害です。すべての人に言語が与えられるべきです。自分たちが置かれている状況を理解することが必要です。

次に三点目ですが、自分自身について語らなければ、人々は障害者の生活について理解できません。障害をもつ人間として生活することがこの社会でどういうことなのか、私たちは語る義務があります。

それから四番目の点として、国内において差別禁止法を制定するように運動することです。既存の条約を理解し、いかに障害者の視点を盛り込んでいくのかを考えなければいけません。政治的また社会的にみて権利とは何であるかを、障害者の立場から語りかけていかなければならないのです。この際、仲間を見つけ出し、一緒になって活動しなくてはなりません。多くの国で、特別な人権団体をつくり、障害者が自らについて語り、理解する機会をつくっています。

国際的なレベルで、障害者の権利条約について活動することが、五つ目のポイントです。これは決して容易なことではありません。まず、政府に影響力をもたなければなりません。そして、条約策定後に、どのような効果があるのか説得しなければなりません。国連が条約を採択しても、各国が批准しなければ、単なる文章で終わってしまいますので、こういった努力は継続的に行わなければなりません。皆さん、国に帰った際、ぜひあなたの政府との対話を始めてください。

ビーナス それでは、ＤＰＩ世界議長のジョシュア・マリンガさん、お話し下さい。

公民権でなく人権の条約を

ジョシュア　最初にこの運動を始めたとき、「公民権運動だ」と言っていたと思います。ところがあるとき、「公民権運動では、市民としての権利は法律で与えられるものであって、奪われることもあるんだよ」と言う人がいました。アメリカの黒人の公民権運動や女性の運動が、完全に差別を撤廃できない理由がわかった気がしました。

さて、人間はなぜ権利をもっているのでしょうか。人間だから、人権をもっているのです。借りることも、貸すことも、奪われることもできないはずです。

次に、国連でさまざまな人権に関する文書が作成されていますが、その中にどうやら私たち障害者が入っていないし、障害者はそれを利用できないのです。ベンクトさんは特別報告者として、条約に障害者を含め、モニタリングに参加できるよう努力していらっしゃいますが、私たちの権利は、毎日侵害され続けています。国連でどんな条約があろうと、国内で法律が制定されようと、私たちは未だに差別を受けているのです。女性の権利に関する条約も「子どもの権利条約」もありますが、障害者には役立たないのです。ですから、障害者のための条約が必要なのです。国連の「障害者の機会均等化に関する基準規則」は、政治的にも信条的にも支持されていますが、私たちには、拘束力があり、我々障害者のもつ具体的な権利がきちんと書かれた条約が必要なのです。

なぜ、国際条約が必要なのでしょうか。国連は、条約を批准したそれぞれの国に弁務官を送り、何が行われているか、どこまで条約の内容の実施が進んでいるかということを定期的に調査することになっていますので、条約は、障害者運動に取り組む人々にとって、良い点があるわけです。また、国連の弁務官は、あなたのところにもやってきて聞き取り調査をします。その後、報告書を送ってくれます。それによると、それぞれの国が正しい報告をしているか嘘の報告をしているかがわかります。

また、私たちがめざすものは、差別を禁止するための条約ではなく、人権を規定している条約をつくることです。差別禁止というのは、国内の法律で対応することができます。しかし、人権ということになると、具体的に、我々が人類の一員であることをきちんと認め、明示した条約が必要になります。

どのような問題をこの条約の中で取りあげ、政府にどのような働きかけをしていくべきでしょうか。また、国連での取り組みについて、我々のほうから政府に働きかけていかなくてはならないと思います。

私たちは、権利があると主張し続けなければならない、これは非常に重要です。私たちの障害をもった子どもが、他の子どもたちと同じように生活を楽しめるような社会にしなければなりません。現在の私たちの闘いは、民主主義の実現とも関わることだと思っています。そして、どの人々にも同じ権利を与えなければなりません。また、不当に死ぬ人や、貧困にあえぐ人が数多くいる国では、民主主義は実現できません。DPIは、IDA（国際障害同盟）や他の障害者団体と共にこれからも活動し、条約を成立させたいと思います。

ビーナス　それでは最後となる四番目のパネリストですが、国連社会開発委員会特別報告者のベンクト・リンクビストさんです。

条約策定の背景と基本的な考え方

ベンクト　私は国連の特別報告者だけをしているのではなく、DPIの創設メンバーの一人です。このことを忘れないでいただきたいと思います。

さて、去年（二〇〇一年）の国連総会におけるメキシコの素晴らしいリーダーシップのおかげで、障害者の権利を擁護するために、国家間で法的拘束力をもつ合意書をつくる過程に参加できるという非常に重要な時期に私たちはおります。メキシコの提案をもとに長い間討議を行い、決議五六／一六八（「障害者の権利および尊厳の保護および促進に関する包括的かつ総合的な国際条約」）が採択されました。そして、この決議に基づいて、条約を検討する特別委員会[2]の設置を決めました。ここで皆さん、この検討するという言葉を忘れてはなりません。この特別委員会は、代表団の中でも条約をつくるのに躊躇している人たちとつくりたい人たち、この二つのグループを折衷させるために設置されたのです。したがって、この特別委員会の機能は、あらかじめ起草された提案を検討することであって、条文そのものを練り上げるということではありません。少なくとも、今までの段階ではそうなってはいません。条約の名称は、包括的かつ総合的……と大変長いものですが、これも特別委員会の検討課題に入る重要なものです。

メキシコの草案は、今年（二〇〇二年）初めに完成しました。メキシコ政府は国連の事務局の協力を得て、国際レベルで障害者施策に従事している三五人の専門家を集め、専門家会議を今年の六月にメキシコシティーで開催しました。この会議の目的は、メキシコからの草案を紹介し、討議するということでした。専門家は、この条約に入れるべき原則と条約の中に入るべき内容のリストに最初の段階で合意をしました。この専門家委員会を通じ、二つの明確なメッセージが打ち出されました。専門家は、人権を基本とした条約を策定すること。また、障害者団体の代表が、この起草のプロセスの最初から参加するべきであるということになりました。

さて、会議では、メキシコの草案は人権に対するアプローチが十分でなく、草案をもとにした条約づくりは困難であるということになりました。しかし、メキシコの草案に対して、様々な分野の提案やコメントをしました。メキシコ政府は、専門家委員会の提案をもとにして改定案を特別委員会へ提出しました。改定草案は、人権モデルではなく、障害分野の社会開発に関する一般的合意をモデル化するという特徴を依然として維持していました。

特別委員会は、今年の七月から八月にかけてニューヨークで開催されました。会議には、六〇カ国の政府代表者と障害分野の国際団体も多数参加しました。この委員会は、国連の総会に次のような内容の勧告を提出しました。二〇〇三年の国連総会に先立って少なくとも一回は、特別委員会を開催するべきであること、国連事務総長は条約に対する提案を各国政府に求め、そしてNGOにも聞き取りをするべきであること、さらに、その結果をまとめ、国連総会と特別委員会にその内容を報告するべきであること、各国政府は、特別委員会の作業に貢献するために、障害者の団体やその他の専門家と会議を開催し、活発に活動している国際団体が次回の委員会に参加できるようにする、などです。この特別委員会の報告書は、条約に向けての取り組みを継続させていくことで、特別委員会が国連総会による権威付けを求めていることを意味しています。

次に、どのような内容の条約をつくるのかという問題が生じます。実は、特別委員会の報告書は、この点について指針を全く示していません。実際に、障害者権利条約の内容についての議論をしていないのです。メキシコから提出された条約草案は存在しますが、これについての議論は行われていません。

条約の基本的な指針がないということは、問題でもあり、また逆に、可能性があるとも言えます。基本的なガイドラインを策定しなくては、前に進むことはできません。これは問題です。しかし、一方で、条約に必要なものを反映させ、影響を与えるチャンスがあるとも言えるのです。現在、国連総会第三委員会は条約に関する議論をしています。したがって、皆さんからの明快なメッセージがあれば、国連総会の決議に大きな影響を与えることでしょう。現在、決議は特別委員会の報告書に応えるかたちで起草されようとしているのです。

今、私たちは岐路に立っています。どのような条約にするのか、決定しなければならないのです。国際的な人権に関する規範を定めている条約を選びますか。または、障害者の日常生活を改善するための指標が定められているより一般的な条約がよいでしょうか。この二つの違いは、何でしょうか。

まず、人権モデルです。人権はすべての人たちのためにあるのですから、すべての条項は障害者に対しても完全に対応しているのです。しかし、これまで問題になっているように、障害に関しては人権の完全な享受を侵害する障壁が存在し、その障壁の存在が無視されてきました。最近、障害に関する人権侵害が、国連の人権システムと重要な関係があるとの歴史的な承認を得ました。さらに、国連の人権システムが関与するべきだとの考え方は拡大しています。

障害者の権利を擁護し促進するためには、二つのやり方があると思います。一つは、現在ある既存の条約やモニタリング活動の中に、障害に関する取り組みを組み込んでいくということです。もう一つは、障害者の権利に関する特別な条約をつくることです。前者については、既存の条約のモニタリングにおいて、障害の要素を十分に確立できないのではないか、自問してみるべきです。既存の条約に、障害に関する要素を組み込むことによって、確かに人権が擁護されるようになるでしょう。しかし、女性や子どもの権利の分野での経験が明らかに示しているように、障害者権利条約は、人権監視システム全体において、障害を取りまく問題への注目度を高めると思います。

特別委員会で私は、特別に条約を策定するべき三点の理由を主張しました。まず、既存の条約は、障害者の視点に立ってつくられていないため、特別な条約を策定すれば、障害者の特別なニーズに合わせて権利の内容を規定することができます。第二に、特別な条約は、人権の障害側面を照らし出します。三点目は、特別な条約は、障害者の人権についてのモニタリングを効果的に実施する唯一の方法です。

もう一つの選択肢、それは、人権モデルに対する社会開発モデルです。もちろん、条約の中で、障害者の生活条件を改善するための基準を定めることができます。つまり、障害者の権利として、または国家の責任として、リハビリテーションを提供し、福祉機器を利用できるようにし、建築基準を設けるようにすることができます。この場合、モニタリングが非常に有効に実施されるでしょう。しかし、この社会開発モデルでは、人権規範が必ずしも必要になるわけではありません。この二つのモデルは、両方とも策定可能です。

人権モデルは二つの利点があります。まず、障害をもつ人々の生活上の問題や制約を、一連の合意されている人権規範に関連づけて考えることができます。人権侵害は正されるべき行為として、重大な問題提起になります。二つ目は、既存の国際的な法的枠組みに障害関連の問題を位置づけることになるでしょう。

一方、社会開発モデルはどうでしょうか。こちらは、政府がテーマの設定や障害者の生活を改善するための基準や政策を自由に選ぶことができます。必ずしも、国際的な基準に適合しなくともよいため、多くの政府は自分たちで選べるというこのアプローチを好むのではないでしょうか。このモデルを突きつめていくと、行動計画または政策の国際的な合意文書として起草できるでしょう。

以上のように、両方のモデルには、長所と短所があります。この二つのモデルをなるべく区別して話しました。もちろん、この両方の折衷モデルもつくりだすことができます。どちらにせよ、どちらのモデルをベースにするのかを決めるべきですが、既存の人権に関する規約よりも低い基準は絶対に受け入れてはいけません。

条約に反対する議論の一つに、多大なお金が必要になるという指摘があります。この点ですが、障害者と一般の市民の間では、生活条件に既に大きな差が存在しています。障害をもつ人たちの教育権や、経済的な保障を実施するためには、確かに財源が必要になるのですが、人々の無知と偏見が障害者を疎外する原因になっています。例えば、全世界で投票する権利が侵害されています。平等な財産権も多くの障害者に対して保障されていません。結婚する権利、公正な裁判を受ける権利、これらの基本的な領域での差別は、お金の問題というよりは人々の態度の変化でなくすことができるのです。

さて、財源的な問題ですが、これは他の条約でも議論されてきました。二つある人権規約の一つ、「経済的、社会的、文化的権利に関する国際規約（社会権規約）」においても討議が行われました。例えば、一般的意見の三というのは、それぞれの締約国の義務の性格について規定しています。特に、一〇～一四段落で資源の最大限の活用、適切な処遇、国際協力などが謳われております。

さらにもう一つ、私たちはこの点について二〇年間も闘ってきました。障害にかかわる問題は、国連で人権の問題であると認められ、文書化されましたが、権利の実現は非常に難しいのです。ですから、私の言葉で言えばツイン・トラック・アプローチ（twin track approach）――二つのアプローチを同時並行していくこと――が必要だと思います。つまり、既存の条約のモニタリングに障害者の視点を入れていくこと、もう一つは、特別な条約をつくって、障害者の人権を守っていくことです。

最後に、専門家会議そして特別委員会の両方で、討議のあらゆるレベルで障害者の代表の参加が必要だと呼びかけております。参加のチャンスは三つあります。最初のチャンスは、例えばＤＰＩも含めたＩＤＡに加盟している七つの団体や国際的な障害者団体が、明確なメッセージを国連総会に送ることです。現在、国連総会は次の特別委員会の準備をしているところなのです。次のチャンスは、国連事務総長が各国政府に対し、意見を求めるときです。皆さん、障害者運動の側から政府に影響を与え、私たちの権利を守る意見を提出しましょう。三回目のチャンスは、特別委員会のときです。これは、来年（二〇〇三年）五月か六月[3]に開かれます。すぐに仕事を始めましょう。私は、皆さんがこの条約の策定過程に積極的に関与するチャンスを得られるように期待しています。障害者の権利条約策定のために力を尽くしましょう。

質疑応答

会場　提案があります。今日の参加者が、自分の国に戻って政府に働きかけるために、今日の内容について、小さな冊子を作っていただければと思います。インドのような大きな国では、中央政府以外にも地方政府がたくさんあります。冊子があれば、それぞれの地方自治体に働きかけ、意見を言うことが容易になると思います。

ジョシュア　とても重要な提案をいただきました。ぜひ、考えてみたいと思います。

ビーナス　モーリタニアの男性の方どうぞ。

会場　障害者の権利条約策定の準備に際し、きちんと練られた条文を作成しなければなりません。それはどの国も、障害者の権利について真面目に取り組んでいないように思うからです。そのためには、各国での成功例について情報交換していくべきだと思います。

ビーナス　バングラデシュの方どうぞ。

会場　それぞれの国には、異なる法律があります。条約は各国の法律やその法律の実施とどのように連動するのでしょうか。また、モニタリングは、どの機関が責任をもち実施されるのでしょうか。

ビーナス　ベンクトさん、お願いします。

ベンクト　大変重要な質問だと思います。政府は、条約を確実に履行し、モニタリングにも責任をもたなければなりません。条約を批准した国は、政府から独立した機関がモニタリングを行わなければなりませんので、そのための機関を設置する義務が生じます。その際に、障害者団体がきちんと関与していく必要があります。

もう一つ、百以上の国に国内の人権委員会が設置されており、多くの場合、政府・議会から独立した機関として、法律がきちんと守られているかどうかを監視しています。これが一つのモデルになるかもしれませんし、場合によっては、多少修正をすれば、国内のモニタリングをすることができるでしょう。

国際レベルにおいては、すべての条約においてモニタリングをする委員会が設けられています。この委員会は、国際的に認められた専門家で構成されています。当然、このメンバーに障害当事者、障害者団体の代表が入るべきだと思います。
カッレ　補足ですが、条約を批准した国は、その国にあるどんな法律もその条約と矛盾なく整合させなければならなくなるのです。
ビーナス　その他に質問したい方は。そちらの男性どうぞ。
会場　先程のベンクトさんのお話に、各国政府に対して質問状を出すということがありました。この質問状は、どのようにして送られるのでしょうか。その際に、障害者団体、特にＤＰＩはどのような役割を果たすでしょうか。ＤＰＩに対しても、別途質問状が届くのでしょうか。もし、そうでないならば、どのようにして国連は、この取り組みに障害者団体の関与が確実に行われるようにすることができるのでしょうか。政府によっては、障害者団体を排除してしまうかもしれません。
ベンクト　素晴らしい質問です。国連の事務局に、私どもが過去三度行ったモニタリングの手法を利用していただきたいと伝えています。つまり、私たちは、各国政府に送付すると同時に、ＩＤＡに所属している団体にも送付し、国際組織から国内組織へと行き渡るようにしました。このように、障害者の声が反映されるようにしてきました。

人権モデルの権利条約を

ビーナス　テレジア・デゲナーさんどうぞ。

会場（テレジア・デゲナー）　最初にコメントをして、その後質問したいと思います。

　会場から、政府に対する説得をどのようにすべきかという質問がありましたが、クィン教授と私が行った調査を参考にしていただきたいと思います。私たちは、現在の人権に関する条約のシステムについて評価し、新しい条約の導入の良い点と問題点を紹介しています。報告書[4]は三〇〇ページほどですが、一〇ページに要約されているものがあります。この要約は、国連のホームページの人権コーナーで見つけることができると思います。この情報は、複数の言語に翻訳されており、読んでいただくと、今のシステムの問題点が明らかになると思います。

　次に質問です。ベンクトさんは、人権モデルか、社会開発モデルをとるのか、二者択一しなければいけないとおっしゃいました。ＤＰＩは人権団体なので、この条約は人権モデルの道を選ばざるをえないのではないでしょうか。女性や子どもは人権を保障する条約をもっていますが、障害者には条約がないのです。「基準規則」は国連の人権システムを規定する条約ではありません。ですから、人権を規定した国際的な条約である障害者人権条約が必要なのです。DPIが人権擁護団体であるならば、二者択一の道などありません。唯一、人人権に基盤をおいた条約のみが選ぶべき道だと思いますが。

ベンクト クィン教授とデゲナー教授の重要な研究は、DPIに非常に明確な指針を示していると思います。私は、テレジアさんの意見に全面的に賛成します。この研究に沿ってDPIからのメッセージが出されることを希望しています。

しかし、特別委員会や政府代表の中では、人権をベースにした条約が策定された後に起こることを懸念し[5]、できれば別の方法を選択したいという雰囲気であるのが実情です。したがって、私たちは人権ベースの条約以外はだめだという非常に明確なメッセージを発していかなければならないと思います。DPIのこの会議では、敢えてお聞きしたわけです。

会場 条約についてコメントします。移民やその他の社会的弱者と言われるグループに所属する障害者は、非常に貧しい環境で生活し、様々な差別の犠牲になっています。ですから、国際条約は、このような状況におかれている障害をもつ人々を考慮しなければならないと思います。私たちが求めるのは、形式的な平等ではなく、実質的な平等の保障です。このような問題も考慮しなければ、障害者の権利を否定する問題を解決することができません。

ビーナス　次の方、そちら女性の方だと思いますが。

会場　私はケニアの視覚障害者です。ベンクトさんにお聞きします。メキシコ政府から提出された条約案があり、この草案は特別委員会では議論されなかったということでした。ベンクトさんは、それぞれの国の政府に対して影響力を行使して、国連事務総長が報告をする前までに、反応してくださいとおっしゃいました。メキシコの条約草案のコピーをいただけますか。そうすれば、私たちは、それを使ってアイデアを加えることができますし、それぞれの国、地域に対して働きかけることができます。私たちはメキシコの草案を尊重しなければならないと思うのです。

ベンクト　それはインターネットからダウンロードすることができます[6]。また、この会議にもメキシコからの参加者がいらっしゃると思います。草案をお持ちかもしれません。

　メキシコ草案は、基準規則や行動計画の理念に敬意を払い、発展させています。しかし、起草当初から、人権の枠組みを適用していない点が弱点になっていると思います。また、世界各国の障害者団体と共同して策定されたものでもありません。しかし、良いところもたくさんありますので、利用することはできます。

会場　アメリカから来た参加者の一人です。私は、知的障害者や精神障害者自身も次の総会までに意見をまとめ、次の特別委員会に参加するべきだと思います。

会場　第一回の特別委員会に出た感触では、今抵抗勢力となっているのは、米国、そして私の所属するアジア太平洋では、具体的に言うと、インド、オーストラリア、パキスタン、マレーシア、そして日本です。次のステップといたしまして、各地域ブロックでのコンサルテーションというのも求められていると思いますけれども、パネリストの皆さんの中で、どの地域で、来年の総会や次回の特別委員会に向けて、地域でのコンサルテーション、または、会合を開く予定があるのか、また、ない地域があれば、どういったかたちでＤＰＩが各地域での働きかけを進めていこうとしているのか、教えていただければ幸いです。

ビーナス　今後、ワークショップや会議を開く予定はありますか。ジョシュアさんどうぞ。

ジョシュア　ＤＰＩがどのように条約に関与していくのかを表明するために、二ページ程度の意見を書きたいと思います。それを条約の内容の吟味に使いたいと思います。そして、それぞれのブロックに情報提供を行いたいと思います。また、世界評議会に図り、国内組織にも情報提供を行っていきたいと思います。もちろん、皆さんからも情報、ご意見をお願いしたいと思います。他の組織とも協力するべきだと思います。

例えば、IDAなどを通じて連帯したいと思います。

ロン　メキシコ政府が提出した草案を各国のDPIも入手し、できるだけ早急に内容を吟味してコメントを出すべきだと思います。

ビーナス　質問を二つだけ受け付けましょう。後ろの方どうぞ。お願いします。

会場　ジンバブエからまいりました。社会開発アプローチは、各国政府にとって魅力的であるという議論に、非常に興味をもちました。この点について、もう少しお話を伺いたいと思います。次に、条約策定というのは、みんなで取り組まなければならない問題です。しかし、IDA内で合意ができていないことが今後、問題となるのではないかと思います。

ベンクト　そうですね。社会開発に基づく合意には、障害者の状況を改善するものは何でも含めることができるのです。その時、基準を設定する必要がないのです。また、いろいろな形態をもちいることができます。制約であるとか希望であるとか、その国の約束の表明というかたちもとることができるでしょう。また、リハビリテーションの実施、福祉機器、介助派遣等を含めることができますし、アクセスに関する法律もこの枠組みに入れることができると思います。しかし、人権の基準とは関係がなくなってしまうところが問題です。さらに、政府は、勝手に対象範囲や基準を選ぶことができます。介入の度合いについても、政府の自由裁量になります。

この件について、専門家委員会で非常に興味深い議論がありました。障害の予防についてです。障害の初期予防は、障害者の人権に含まれるのかという問いかけについて、私は人権に含まれないと考えていますが、社会開発モデルでは、政府によっては、障害の予防の優先順位を高くするかもしれません。私は、このような影響を心配しています。

ジョシュア　IDAに関する質問については、IDA内では、条約についての意見の対立がないということです。この点は、非常に幸いだと思います。

ビーナス　キキ・ノルドストローム[7]さんどうぞ。

会場（キキ・ノルドストローム）　IDAは、DPI、インクルージョン・インターナショナル、世界ろうあ連盟、世界盲人連合、世界盲ろう者連盟、世界精神医療ユーザー・サバイバーネットワーク、そしてRI（リハビリテーション・インターナショナル）の七つの組織によるネットワークとして一緒になって活動しています。この七つの組織が共通してもつ課題については、共通の解決策で対応しようとしているわけです。国連に関する共通課題としては、現在、条約を中心に考えております。

ビーナス　ありがとうございました。後ろのほうの男性に最後の意見をお願いします。

会場　ナイジェリアから来ました。まず、国連の特別報告者がいらしていますので伺いたいのですが、すべての国々がこの条約について論議し、批准するために、国際障害者年を設けることはできないのでしょうか。

次に、モニタリングシステムについてですが、各国にモニタリング機関を設置するということを伺いました。しかし、政府が資金を出しているのであれば、本当の目的は達成されるのでしょうか。むしろ、NGOや別の機関が、政府が本当に実施しているか監視することはできないのでしょうか。実施していない場合には、どのような制裁が考えられるのでしょうか。

ベンクト　NGOが条約のモニタリングを行うことは、いつでも可能です。また、条約ができ、その中でモニタリングを行う場合には、各国政府が直接資金を出すのではなく、国連の予算が使われます。しかし、国連は、なかなか資金繰りが苦しいため、それぞれの国が資金提供を行っている場合があり、この影響が全くないとは言えません。しかし、委員会[8]については、国連から任命されてメンバーになるので、弁護士や判事が任命され、独立した立場を守り、各国政府の圧力に屈することはないと信じています。

次に、国際年を設けることができるかという質問については、時々議題にあがります。しかし、条約実現のためにある年を国際障害者年とするよりも、長期的な視点で考えるべきだと思います。一〇年は必要ないでしょうが、数年間、集中して懸命に仕事をしないと条約は実現しないと思います。

まとめ

ビーナス　最後に、パネリストからまとめをお願いしたいと思います。

ロン　私は、条約実現に向けて前進しつつあるということがわかり、大変勇気づけられた思いです。ただ、一部の国々が条約を支持していないという状況で進めていくために、ILO的なアプローチを取ることが可能であることを提案します。そうすれば、条約批准について恐れや懸念を抱いている国も、前向きな姿勢で議論に加わることができると思います。

それから、提案があります。この世界会議の最後に出される宣言は、条約策定を後押しするような宣言となるべきでしょう。特に、この第六回世界会議にはこのように多くの方々が参加しているので、この参加者が協力して動き出せば巨大な組織になります。そして、こちらのベンクトさんの活動を支援しましょう。また、DPIは内部に条約に関する特別チームをつくれば、特別委員会やその他の委員会に関与していけるようになるでしょう。

カッレ　このシンポジウムから、三点の結論を導き出したいと思います。

まず、ＤＰＩが現在行っている活動をさらに強化し、そしてＤＰＩが本当の意味で人権擁護団体となるように努力が必要だと思います。特に、条約について、それぞれの国において努力を進めなくてはならないと思います。次に、自分たちの能力を高め、世界で起きていることを監視し、障害者に生じる問題を人権問題として報告できるようにならなければいけません。三番目は、他の団体との連携を継続的に続けることです。私たちは、必ず世界を変えることができると思います。

ジョシュア　私たちがこの障害者権利条約について、一致団結できていることを大変うれしく思っております。ＩＤＡの一員としてともに活動していきたいと思います。

常に聞かれる質問に、障害者として一番大切なことは何かということがありますが、それは、私たち自身が組織をつくり、強力な当事者組織を育て上げていくことだと思います。障害者の組織化なくしては、何も変えることができないのです。

ベンクト　一九八一年に私たちは、「完全参加と平等」というテーマを採択しました。障害者はどの人とも変わらない同じ権利をもち、自由を享受する人間であるということを実現するためには、条約を制定する以外の道はありません。

ＤＰＩからの明確なメッセージが、今必要なのです。また、条約についてグループを組織することを提案します。条約実現のためには非常に多くの労力が必要になるからです。ＤＰＩの皆さんの成功を祈りたいと思います。

ビーナス　最後に、「なぜ条約が必要か」という問いかけを今日のシンポジウムの議論を基にして考えてみたいと思います。

条約はなぜ必要なのでしょうか。それは、条約によって、障害者の人権について明確なメッセージを伝えることができるからです。障害の問題を単に医学的な問題にすぎないとする政府に対して、権利条約なくしては、人権の問題であることを説得することはできないのです。もちろん、これだけで問題解決になりませんが、私たち障害者の立場を明確にし、目的を実現するために大きな変化をもたらすことになるでしょう。

私たちには、条約が必要です。現在ある人権に関する条約は、ほんのわずかな場合にのみ障害者に適用されますが、世界の様々な状況で生活しているすべての障害者の人権を擁護することはできません。

私たちには、条約が必要です。条約がなければ、女性や子どもなど、社会的弱者と言われる人々と同じ権利が保障されずに取り残されてしまうのです。

皆さん、本当に最後まで辛抱強くお聞きくださり、ありがとうございました。もちろん、それだけの価値ある内容でした。素晴らしいパネリストの皆さん、本当にありがとうございました。

注

1　レアンドロ・デスポイの文書は『人権と障害者』として国連人権高等弁務官事務所より一九九三年に刊行された。

2　正式名称は"Ad Hoc Committee on a Comprehensive and Integral International Convention on Protection and Promotion of the Rights and Dignity of Persons with Disabilities"「障害者の権利および尊厳の保護および促進に関する包括的かつ総合的な国際条約」に関する提案を検討するために設立された特別委員会。

3　二〇〇三年六月十六日から二十七日の間、ニューヨークの国連本部で開催予定。

4　テレジア・デゲナー教授とジェラルド・クィン教授が行った調査報告の一部は、二〇〇〇年十月、ワシントンDCで行われた「障害に関する法制と政策の国際シンポジウム」の発表原稿を基に、「障害に関する国際法、比較法、地域法改革概観」と題して、秋山愛子訳で『当事者がつくる障害者差別禁止法』(「障害者差別禁止法制定」作業チーム編、現代書館、二〇〇二年)に掲載。

5　履行義務が生じることで、各国が批准したがらない事態などが考えられる。

6　メキシコ草案の邦訳は『日本も必要! 差別禁止法』解放出版社、一三六～一四九頁を参照。

7　スウェーデン。世界盲人連合会長、IDA議長。第一回特別委員会に参加。

8　国連経済社会理事会内部の条約実施機関のこと。

分科会

障害者の権利条約……「何を我々は求めるか」
「どのようにつくられるべきなのか，そしてDPIの役割」
「国連機関における条約の促進と障害者組織との協力」
「国際障害同盟（IDA）等との連携」

人権……「国連文書とその活用」
「事例の収集」
「モニタリング」
「国レベルでの行動」
「世界規模，域内のネットワークづくり」

自立生活……「人権としての自立生活」
「介助サービスなどの支援サービス」
「途上国では」

生命倫理……「遺伝学と差別」
「生命倫理と障害」
「QOL（生活の質）の評価」
「誰が決定するのか」

開発……「世界銀行，関係機関との連携」
「障害者に及ぼす貧困の影響」
「資金調達」
「農村部と組織の発展」

アクセス……「情報・コミュニケーション」
「ユニバーサルデザイン」
「発展途上国でのアクセス」
「ITとデジタルデバイド」

アジア太平洋障害者の十年……「どのように働いたか」
「成果と教訓」

アフリカ障害者の十年……「誰にとっての十年か」
「その結果」

女性障害者……「人権」
「虐待」

障害児……「生存と発達の権利」
「インクルーシブ教育」

労働と社会保障……「所得創出」
「労働へのアクセス」

能力構築……「リーダーシップトレーニング」
「未来のリーダー」

障害種別や社会状況を乗り越えた連帯……「戦争被害者，虐待被害者，被災者」
「DPIで活発に取り組んでいない障害をもつ人のグループ」

英連邦
仏語圏

夜・小グループによる自由討議……「自立生活」
「女性」
「家の中・家族の中の障害者」
「精神障害者」
「障害学生」

II

2002年
10月16日→17日

10月16日午前

障害者の権利条約

何を我々は求めるか

司会者：ベンクト・リンクビスト（スウェーデン）
発表者：金《キム》　政玉《ジョンオク》（日本）
デイビッド・リューベン（リチャード・ライト代理、英国）
メアリー・ルー・ブレスリン（米国）
スティーブン・エスティ（カナダ）

日本の現状と権利条約の必要性……………金　政玉

私はDPI日本会議の事務局次長と障害者権利擁護センターの所長を務めております。これから、DPI日本会議の既存の人権条約に関する活動に基づいて、障害者の権利条約が必要であると考えている理由についてお話ししたいと思います。

さて、DPI日本会議の国際人権規約の下での活動は一九九八年に始められました。この年、政府報告制度がある市民的及び政治的権利に関する国際規約（以下、自由権規約）について、DPI日本会議は、ジュネーブの規約人権委員会にカウンターレポートを提出しました。また、昨年（二〇〇一年）の八月、もう一つの人権規約である経済的、社会的および文化的権利に関する国際規約（以下、社会権規約）の政府報告審査がジュネーブで行われ、日本政府の政府報告に対し、カウンターレポートを提出しました。

これらを踏まえて、問題点をお話しします。まず、一九九八年の自由権規約の政府報告に対し、人間の生命や倫理に関する権利、障害を理由に中絶する問題、居住、交通アクセスの利用などについて、障害者の視点から、DPI日本会議としてレポートを提出しました。そのレポートと日本政府の政府報告について委員会で審査が行われ、その結果、一点だけですが日本政府への勧告が出される結果となりました。これは女性障害者の強制不妊手術に関するものです。以前、優生保護法があり、障害をもつ子どもが生まれないために、必要な場合、不妊手術が法的に認められていました。その結果、女性障害者への強制不妊手術や、男性に対する断種手術の事例がありました。そうした過去の行為に対して日本政府が実態を調査し、被害者に対して謝罪し、補償するようＤＰＩ日本会議がレポートしたのです。その結果、規約人権委員会より、日本政府は調査を行い、強制的に不妊処置を施された女性犠牲者等に謝罪し、補償を行うべきであるとの勧告がなされました。この勧告書に対して、日本政府は委員会に回答する義務があるのです。これに対し日本政府は、過去に優生保護法があり、当事者の同意がなくとも、両親などの保護責任者が同意すれば不妊処置を行うことが可能だった、と回答しました。強制的不妊処置を実施することには違法性はなかったと、日本政府は述べたのです。しかしその後日本政府が実施した調査については、私たちは、現時点で報告を受けていません。これは問題として提起したい例の一つです。

社会権規約のジュネーブ審査でＤＰＩ日本会議は、一〇万人の無年金障害者の存在など所得保障の問題、会社側は障害者の法定雇用率を満たしていないという雇用の問題などを取り上げ、障害者差別禁止法の必要性を述べました。ジュネーブの規約委員会は、これを受けて、日本は障害者差別禁止法を採択する必要があると勧告しました。この勧告書は、ジュネーブの委員会から日本政府へ提出され、これに応えて、今年日本の国会で審議が行われました。

しかし、日本政府は、人権擁護法案が出されており、人権救済機関設置を規定するこの新法だけで十分である、つまり、日本政府は障害者に焦点を当てた新しい法律は必要ないと言っているのです。日本の実態を考えると、例えば、社会権規約などは、あらゆる種類の様々な人権問題を網羅していると思います。また、日本での新しい人権擁護法案は、あらゆる人権侵害に対する人権を救済するものです。

一般には、あらゆる人権について包括的な取り組みを行うことは理想的です。しかし、障害者自身の立場から見ますと、障害者への差別禁止など、独自のニーズがあります。障害問題をこの全体像の単なる一要素として位置付け、すべての人権問題の中に含めることで、私たちの問題は薄められる傾向があるでしょう。

既存の社会権規約と自由権規約、子どもの権利条約や女子差別撤廃条約においてカウンターレポートの提出など、これからも取り組みは必要ですが、それだけでは限界があります。障害があるために差別を受け、尊厳が傷付けられる場合、障害を特定した障害者の権利条約を導入する必要があるのです。

当然、そのような新しい条約はモニタリング制度を備えた報告制度を導入しなければならなくなります。そのような報告制度ができれば、障害者およびその家族、障害者団体は日本政府の政策のどこに問題があるか明確にでき、人権侵害が生じた場合に、どのような解決策が必要か説明を受けることができるようになるのです。新しい国連の条約が採択され、日本政府が批准した場合には、そうした改善が実現できるだろうと思います。

私たち自身が完全に条約策定プロセスに関わらなければならない……………デイビッド・リューベン

私は英国で教育および障害者法関係の弁護士をしております。今日ここで発表する予定でしたリチャード・ライト氏に代わり、彼の発表を代読いたします。リチャード氏は、英国のロンドンに本部があり、世界中の障害者の権利を促進する国際的な組織であるDAA（Disability Awareness in Action）の機関誌の編集長です。では、始めます。

皆さんと共に、DPI世界会議札幌大会に参加できないのが非常に残念です。

今年の七月、私はニューヨークの国連で行われた、障害者の権利および尊厳の保護および促進に関する包括的かつ総合的な国際条約を検討する特別委員会[1]（以下、特別委員会）の第一回会議に出席いたしました。

まず最初に、ＩＤＡ（国際障害同盟、以下、ＩＤＡ）の仲間の支援に感謝したいと思います。特に、世界盲人連合および世界ろう連盟の友人であるキキ・ノルドストロームさんとリサ・カウピネンさんは、かけがえのない協力者です。条約策定プロセスの全体にわたって、ＤＰＩがそれらの方々と緊密に協力し続けてほしいと願っています。

障害者の人権をより適切に擁護する条約が国連内で提案されてから、一四年になります。一九八八年に、スウェーデンとイタリアは、条約草案を作成するところまで進みましたが、無に帰しました。人権問題として障害をとらえることが認められなかったからです。条約への支持はありませんでしたが、五年以内に同様のものが必要になるというコンセンサスがありました。一九九三年に国連は障害者の機会均等化に関する基準規則を制定しました。それは条約とは違って法的拘束力のないものですが、同時に、障害者に関する特別報告者という地位を確立しました。ＤＰＩなど障害者を代表する団体は、障害者問題は人権問題であるべきで、既存の制度の下では自分たちの人権の擁護は不十分であると主張し続けてきました。

私が関わっているＤＡＡという団体は、そのような努力を支援し、障害者に対する知識と関心を高めること、ジュネーブにある国連人権高等弁務官事務所内部における条約支持に特に力を注いできました。また、最近引退した高等弁務官、メアリー・ロビンソン氏との会合にこぎつけました。

条約を勝ち取るための新たな努力は、二〇〇〇年の国連人権委員会でアイルランドが決議案の草案を提案したことで、開始されました。

人権委員会は二年ごとに障害に関する決議案を承認していましたが、アイルランド政府は、実質的内容をもつ条約草案を策定するよう国連に求める条文を含む決議案の制定を切望していました。しかし、スウェーデンとオランダが草案の条文に反対していることが明らかになり、結局廃案になりました。アイルランド政府は努力を続け、ジェラルド・クィン教授とテレジア・デゲナー教授に国連人権高等弁務官事務所のために、障害分野での国連人権文書の活用の現状と可能性に関して研究を行うよう依頼しました。DAAなど多くの障害者団体の支援を受けて完成した調査結果が二〇〇一年の初めに発表され、条約制定に向かう力となりました。

同年の十一月、メキシコ政府は国連社会開発委員会で、障害に関連する決議案の支持をとりつけました。メキシコの決議案は満場一致で採択されましたが、それは障害者条約の提案を検討するための特別委員会の設立を呼びかけたものであって、条約草案の作成そのものは要請していなかったのです。障害者の多くがメキシコのイニシアティブに警戒感を抱きました。ジュネーブの人権委員会ではなく社会開発委員会で始動したためで、国連の人権委員会こそが条約の草案を作成すべき機関だと、私たちは考えていたからでした。

国連の多くの加盟国にとっては、障害者問題は依然としてあまり興味のないテーマです。現在の国連の加盟国一九〇カ国以上のうち、七〇カ国が特別委員会に参加していたことがわかったのは幸運でした。気がかりだったのは、多くの代表が、自分の全然知らないテーマについて発言するよりは身を隠そうとするのではないかということでした。

特別委員会は混乱のうちに一週目で閉会するのではないかという恐れが生じました。特別委員会の早期閉会へ向けた動きのなかで、特に心配だった点は、そのプロセスにおけるニューヨークの国連職員の役割でした。早期閉会から救ったのは、政府代表との率直な対話と、草の根の障害者団体へ送られた迅速で効果的なアピールだったと確信しております。

このことから、私たちは教訓を得ました。私たちは活動家で、外交官ではないのです。障害者問題を政治的議題にのせるのが活動家で、この行動が実質的な結果を生むのならば、私たちが活動家としての自分たちの根本に忠実であり続けることが不可欠だと思います。

明らかに、政府代表の大多数は下級職員で、自国政府からほとんど何の指導も受けていない人々であり、人権あるいは障害に関する法律文書を理解していないか、事前の知識がなく、公開の会議の席で、気遅れして黙り込んでしまいました。しかし、それは各国代表共通だったのではなく、南アフリカとデンマークは、障害者を含む代表団によって非常に積極的な貢献を行いました。特別委員会の本質的な仕事は正式な会議の外で行われていることが、すぐにわかりました。どの国が友人で、どの国が反対かをはっきりさせようとしたため、DPIは代表団の間で有名になりました。更に、私たちは、正式会議で取り上げるべき情報や主張を参加国に提供することに成功しました。これは、これからもDPIが継続して果たすべき役割であると思います。

国連は、障害者の権利を擁護するための国際的な法律文書を策定する必要性を検討しているところですが、長く、険しい道であることを知るべきです。他の人々によって提供される福祉サービスの受動的な受給者として、障害者を「障害者の場所」に留めておくことは、障害者に依存する産業をさらに保護することになるのです。条約、あるいは、条約への政治運動と社会運動は、私たちの生命および運動についての専門家の見解であると主張することで自らの地位と実績を築いた人々にとって、本当の脅威となるということも認識する必要があります。今後の会議が、障害者に関係する様々な既得権者の関心を引くことは疑いありません。私たちは、条約策定プロセスが人権擁護という基本線から離れるものではないことを確認して、運動を協力しながら効果的に進める必要があるでしょう。つまり、あらゆるかたちの人権侵害から私たちを守るための条約をめざす、強靭で協力的な障害者運動の思想は、何人かの「偉い人々」に大いに警戒心をもたせるものです。

話は変わりますが、障害者がリーダーというわけでもない米国に本拠地を置く組織が、特別委員会を主催して、いとも簡単に条約策定プロセスに対し大きな影響を与えていたのは残念でした。

次に良かった点についてお話ししたいと思います。

まず、特別委員会へのNGOの参加のレベルは、前例のないものでした。代表的な障害者団体はすべて、当事者が条約策定の中心的な役割を果たすことを期待していると表明しました。この要求のお陰で、通常の場合よりはるかに多く、委員会の正式会議へ参加できました。これらは、国連経済社会理事会（ECOSOC）との協議資格のないNGOの参加を許可する決定によって、非常に助かったのです。一年以上かかることがあるプロセスですが、お陰で、全国規模と地域規模のNGOの参加が増えることになりました。特別委員会の報告書は、障害者が条約策定プロセスの全体にわたって中心的な役割を果たし続けなければならない、と明記しています。最初の会合における前例の結果、私たちが特別委員会の会議自体へ参加することは完全に認められました。更に、政府代表団に障害者を含めるよう各国に申し入れ、また自国の障害者組織に幅広く諮問するように申し入れました。

障害者問題は今では国際的な議題となったのです。しかし、すべての国々がこのプロセスに好意的に応えるだろうと思うことは愚かでしょう。今の段階では、米国とオーストラリアは条約を妨ぐためあらゆる手を打ってくるだろうと思われますが、私たちは政治的見解と世論の両方に影響を及ぼす新たな機会を手にしたのです。

私は、国連の条約策定を通じて、共通の目的を達成するために、障害の種別、地域、国籍を越えた連帯を築き上げることれまでにない絶好の機会が、私たちの運動に与えられたと心から感じています。条約作成プロセスは、策定された条約と全く同じくらい重要だと申し上げたいのです。条約策定まで五年かかるかもしれませんが、その五年は私たちに新しい、貴重な機会を与えてくれます。

私たちは、他の人々が私たちのニーズを定義するようなことを、再びさせてはなりません。皆さんや友達や同僚が、条約策定プロセスに完全に関わらなければなりません。障害者の権利条約はとっくにできていなければならないはずで、これ以上遅らせることなく、プロセスを前進させるのが私たちの義務です。

最後に、この条約が私たちの人権を守るものでなければなりません。国連内には、福祉および社会開発に専念したい人もいるということは疑う余地がありません。これは決して私たちが国連に望んでいるものではありません。新しい優生学とコスト優先の医療の両方によって、私たちの生命はますます危機に瀕しています。きわめて多数の保健医療の専門家が、依然として「障害者になるくらいなら死んだほうがまし」と考えているのです。

一九八八年以来、ＤＡＡの人権基礎資料によれば、人権侵害の結果、五千人以上の障害者が死んでいます。その資料には、現在、人権侵害を受けているという報告が一五〇〇件以上あり、人権侵害を受けている障害者の数は少なくとも二五〇万人に及んでいます。記録されている事例の約三分の一は、世界人権宣言第五条の「何人も拷問又は残虐な、非人道的な若しくは屈辱的な取扱い若しくは刑罰を受けることはない」という規定違反に関したものです。

これが二十一世紀に生きる障害者の現実です。国際的な運動として、条約に対する私たちの要求リストは当然、非常に膨大なものです。社会開発、市民的権利や福祉ではなく、人権に専念するようぜひともお願いします。社会参加および平等な尊敬を勝ち取るための運動は、まだまだ先は長いのです。なすべきことはまだまだ多くありますが、私たちの最優先事項は、障害者の人権擁護でなければなりません。特に、私たちの存在がまさに脅威にさらされているときはそうです。私たちの人権を守るための国際条約を実現する時が来ました。多様なコミュニティのあらゆる場所から上げる声が、有効に、確実に、聞き届けられるように、一致団結して活動する限り、条約策定を止めるものは何もありえません。

条約は人権志向でなければばらない……………メアリー・ルー・ブレスリン

私は、一九七九年以来、障害者の権利に関する法律と政策改革のために活動しているNGOを代表しています。

最初に、条約の人権志向性の必要性に関してお話ししたいと思います。これは、今日、この会議でなすべき最も重要な論点だと思われます。私たちは条約のプロセスに、人権の観点からの取り組みをしなければなりません。

問題となる基本としては、尊厳、自治、平等、連帯などが挙げられるでしょう。さて、国際条約に盛り込むべきいくつかの重要な問題についてお話ししたいと思います。まず、無意識に行う差別もしくは不注意から出た差別、不平等な扱い、およびあからさまな差別を含む強い差別禁止法です。また、障壁を除去する強い権限と障害者への配慮規定を含まなくてはなりません。条約を構想する際には、批准した国々を十分にモニタリングすることのできる、特定のモニタリング機構を備えた条約とする必要があります。現状報告書および個人または集団的な苦情メカニズムにより、障害者問題を人権問題としてより広く知らしめることになるでしょう。特に大切なのは、国内の障害者のNGOが、条約への対応をまとめるプロセスへ参加することです。

条約に対する米国の姿勢について少し述べてみたいと思います。世界中の障害者への抑圧に対して条約を促進することは、アメリカの障害者コミュニティ、NGOの責任であると思います。アメリカからこの会議に参加している方は皆、障害者の人権を明記する条約の実現に向けての活動に力を注いでいると思います。政府の立場にかかわらず、アメリカの障害者運動に携わる私たちは、皆さんと共に強力な人権条約の制定を支持し、促進し、擁護します。この後、特に条約に含むべきことがらに関して、皆さんと話し合うことができればいいと思っています。そうすれば、私たちはこの分科会の終わりにそれらについての勧告を出すことができますから。

条約策定プロセスにいかに当事者の声を反映させるか……………スティーブン・エスティ

私はカナダ障害者協議会（the Council of Canadians with Disabilities=CCD）国際開発委員会の委員長で、DPI世界評議員でもあります。ＣＣＤは、カナダのＤＰＩ組織です。それらの活動に関わるなかで、私は過去数カ月間、国連の条約プロセスに関わる機会を得ました。そこで、それらの活動から得た考えを少し皆さんにお話ししたいと思います。

特別委員会で私たちの声を実際に聞いてもらうには、特別委員会のメンバーで、条約の草案作成自体に責任をもつ政府代表団に、わたしたちの考えを伝えるメカニズムを見い出すことが非常に重要です。

条約に私が最初に関わったのは今年（二〇〇二年）の六月で、ワシントンで行われたアメリカの草の根障害者団体の会議に参加したときでした。その会議では、障害者コミュニティのメンバーが集まり、条約や、それがどのような価値があるものになるかなどについて話し合いました。それが有益なのは、私たちが自分たちの活動や特別委員会自体に焦点を当てているためだと思います。特別委員会は国連のプロセスの一部分としての二週間の単なる委員会です。しかし、障害者組織は、その特別委員会に影響力を行使するために、実際の特別委員会のずっと前から準備しておく必要がありますし、政府に対して全国レベルで準備しておく必要があります。政府代表があまり準備せずに来るような状況を繰り返さないためです。そこで、条約関連の報告書を作成するプロセスや、条約の重要性について話し合うために当事者組織のメンバーに会って、条約実現のために草の根組織の支援を得ようとすることは、非常に重要で有益であり、また私たちが世界各国のＤＰＩ国内会議のメンバーとして、ここでの数日間、そして帰国してからも考えるべき大事なことであると思います。

皆さんは、私たちが世界中の草の根障害者団体のメンバーと実際にはどのようにして意思疎通をはかっているのか、興味があるのではないかと思います。

特別委員会の会議に参加していたＩＤＡのメンバーや他のＮＧＯは、特別委員会で毎日出すニュースレターをまとめる仕事を非常に熱心に行っていました。そのニュースレターで、私たちは委員会の会議のときに、自分たちの見解や懸念を発表することができました。そのため、私たちは、たとえ議場で介入できない場合でも、このニュースレターを利用して見解を知らせることができました。その戦略は皆さんの検討に値するかと思います。

最後にもう一つあります。それは二〇〇三年に、恐らく五月か六月[2]に、次の特別委員会がニューヨークで開かれるということですが、昨日の話では、世界中の五つの各地域の国連組織で、条約に関する地域会議を開催するという提案があるということです。今ちょうど、条約検討会議を来年（二〇〇三年）の十月にエクアドルで開催する計画がありますので、ニューヨークで開かれた特別委員会の他にも、条約づくりに力を注ぐ機会があるわけです。皆さんの地域でもそうした会議があるでしょう。各国のＤＰＩは自国の外務省と連絡を取り、それらの会議の情報を得、自国から障害者を地域会議に、さらに特別委員会にも参加させるために、ロビー活動を行って下さい。重要なのは、私たちが特別委員会に参加し続け、私たちを見てもらい、私たちの意見を聞いてもらうことですが、自国政府と連携し、自国政府が地域会議および国際会議に参加する際に十分な準備を行い、議題に精通してもらうことも重要です。そうでなければ、不勉強な政府が参加することになり、リンクビスト氏がおっしゃったように、拙速なプロセスとなって、あまり有効ではない条約ができてしまう恐れがあります。世界中からＮＧＯメンバーがニューヨークに集まった際、自分たちのニーズを満たしていない条約はないほうがましだという意見で一致しました。

　私たちは、自国政府と連携し、十分な準備を行い、知識を得、私たち自身のコミュニティや自国の障害者を確実に理解し、政府がその情報を伝えることができ、地域会議および特別委員会に効果的に参加することができるように、ＤＰＩの国内組織として行わなければならない仕事が多くあるのです。

参加者（マリア・ファールジア）　私は、メキシコＤＰＩの代表の一人で基準規則のパネリストを務めました。ご存じのように二〇〇一年十一月に私たちがイニシアティブを取り、この条約づくりを始めました。人々の異なる利益を反映する条約を多くの人々が必要としていますが、メキシコ政府内では、障害者と共にこのプロセスを始めました。どのようにこれが始まったか、私たちの経験をお話ししたいと思います。

　メアリー・ロビンソン氏やメキシコ大統領など、障害者ばかりでなく非障害者も国連に手紙を出し、この新しい条約には何が含まれなければならないかについて意見を述べました。メキシコのフォックス大統領は史上初めて、国連総会で障害者に関する問題について発言しました。これがまさに新しい条約づくりの始まりであり、それ以来、国連で取り上げられるようになったのです。

　もちろん、条約は人権問題を考察する必要があります。それは、異なる文化的背景をもった様々な国々があり、いくつかの国々は、経済水準や教育水準が非常に低く、雇用もないという、社会への統合化が非常に困難な国々が数多くあるからです。このため、すべての意見、苦情および利益をこの新しい条約に反映させる必要があります。

参加者（高田英一）　基準規則のパネリストで、全日本ろうあ連盟の者です。金さんがモニタリングのシステムについてふれました。国内の差別状況を国連の委員会に報告し判定する制度です。しかし、国内で起こることすべてを国連に報告するというのは、実現性はないと思います。すべてを翻訳する必要があり、郵送やインターネットによって情報を交換する必要があるわけです。障害者が判断を下してもらうためにそのような手続きを踏まなければならないとしたら、それは費用と時間がかかり過ぎ、非現実的です。

私は金さんを批判しているわけではありませんが、国連の報告制度のそうした問題を指摘しておきたいのです。従って、新しい条約の下では、そのような報告メカニズムを国連内に確立しようとするだけでなく、各国国内においても政府から独立したモニタリング機構を確立する必要があります。そうすることで、障害者に関する国内問題に対処することができるようになります。

もう一つ、別の問題があります。メキシコ政府とメキシコの障害者の努力は大いに感謝しますが、少し残念なのは、この障害者の権利条約に関する一連のメキシコ政府の取り組みについて、仲間のメキシコのろう者の組織から、自分たちがその作業に参画したという報告を受けていないことです。私たちが障害者と言う場合、それは様々な人々からなる集団のことです。もしすべての障害者の声を反映していないのならば、私は新しい条約は不十分なものになると思います。ですから、メキシコ政府はメキシコのすべての障害者が組織されるよう配慮すべきだと思います。メキシコ内で、すべての障害者の声を結集する必要があると思います。

参加者 バングラデシュから来ました。国連の基準規則の下での行動計画など、非常に多くの文書もあり、さらに、国レベルのものを含めますと、法律、政策など様々なものがあります。問題は、私の国の政府が国連の勧告に従わず、国連がこれらの文書を規定した際、政府はこうした文書を検討しなかったことでした。この点に関し、私たちはいかにして、国連に積極的に関与させるようにするか、またこれらの文書を検討するよう注意を向けさせるか、考慮する必要があると思います。

私たちは会議後に、この条約への決議を採択しますが、それは政府が果たすべき責任です。そのために、この条約が政府レベルで検討されているかどうかを追跡調査する責任を、第三者に与えるか国連が引き受ける必要があると思います。もう一点は、障害者団体がこの条約の履行をチェックする役割を果たすべきだということを検討すべきだということです。そして、そうした障害者団体の関与なしには何も達成することはできないと確信しています。もう一点、ほとんどの障害者は、財産の所有権を考慮されていないのです。ふつう財産は共有となり、時として息子の名義になりますが、障害者にはその資格がありません。ですので、この種の所有権、つまり財産の所有権や権限も条約で考慮する必要があると思います。

参加者（キキ・ノルドストローム）　まず初めに、国際的なレベルでの異なる組織間の協力は既に存在しています。昨日話題に上ったＩＤＡ（国際障害同盟）は、こうしたネットワークをもっています。また私たちは、条約の義務を大変重く考えており、現在のトピックです。国際的な分野で私たちは協力しており、コンセンサスを得ようとしています。また、私たちは、メキシコの草案に加えて、障害者運動側からの別の草案が提示されることを希望します。

私たちは、自分たち自身の条約を作成するうえで、グループ内で互いに交渉しなければなりません。障害者の分野でも利害の対立が非常に多いため、私たちは誰もが納得する草案を作成する必要があります。また、結局は政府だけがこの草案を承認できるので、皆さんができる一番いい仕事は、自国政府に対しロビー活動をすることです。手紙を書き、外務大臣と会談すること、政府に皆さんのニーズを伝えること、そして皆さんの国の他の障害者組織と協力してそれを行うことです。それが唯一の方法です。国際的な分野では、私たちは各国政府を説得することはできないのですから。皆さんがそれを行わなければならないのです。皆さんはこの点で重い負担を担い、それを引き受けなければなりません。

第二に、皆さんが専門家として次回の特別委員会の自国代表団の一員になるよう努力してみて下さい。外交官、大臣、あるいは人権の専門家がいるでしょう。人権の専門家は確かにけっこうですが、私たちには、私たちの毎日の生活において障害とはどんなものかを知っている私たち自身の専門家が必要なのです。私たちの仲間を自国代表団メンバーに任命するように、政府に圧力をかけなければなりません。

また、政府の意識を向上させる必要があります。国連に加盟している一九〇カ国のうち、特別委員会に参加したのは六〇カ国だけでした。また、これらの国々の知識レベルは非常に低かったのです。この条約を受け入れてもらうためには、皆さんは自国の政府と議員、そして市民社会を啓発する必要があります。

一番いい仕事は草の根で行うものであり、皆さんはその中の重要な一環であることを忘れないで下さい。皆さんの国内組織同士で協力するとともに、その組織の国際的組織をお手本とするようにして下さい。当然のことながら、私たちは他国の社会・政府を説得することはできません。お互いの意見が違うのならば、一緒に答えを見つけるために、共に活動しなければなりません。その闘いを、外部でではなくグループ内でしましょう。

ベンクト・リンクビスト　これまでのところ、私たちに必要なのは、障害者のニーズおよび特有の状況をもとにつくられ、普遍的な宣言および既存の条約を支持する共通の価値観のもとでつくられる人権条約である、ということに強い支持があると私は理解しています。

さらに、条約の内容については、差別禁止のための、また政府の差別禁止法制定を促進するための足場を確保するものであるべきだとの発言もありました。そして、それとはコインの裏表の関係にある機会均等および権利志向の法律も、支持を得るべきです。また、社会のあらゆる面における障壁の認知や除去、障害者への合理的配慮は、将来の条約の内容に入り得るし、入れるべきです。

モニタリング活動では、これまでの現状報告をすべきであると強調してきました。それによって障害者の現状分析が議題に上がることになり、これは大変重要です。定期的な現状報告や個人・集団からの苦情もモニタリング活動の仕組みに盛り込むべきです。いったん条約ができたら、各団体が各国での状況を活発にモニタリング活動し、解釈できるように、全国レベルで条約が遵守されているかについてのNGOの対応を保障する機構が必要だという要求も検討されるべきだ、ということです。

参加者　既にバングラデシュでの現状を仲間がお話ししましたが、たとえ、条約が批准されたにしても、その条約がどの程度守られているかモニターする必要があります。そして、すべての国が、この条約に署名するべきであるという条項を入れるべきだと思います。そうでなければ、この条約に従わない国が何カ国か出ると思われます。

また、条約は、障害者をつくり出す原因をそのままにしていること、つまり障害を重くし、障害を発生させやすくしている原因に関して、もっと言及するべきだと思います。私たちは今テロリズムとの戦いの中にあり、同時に、多くの戦争を始めようとしているのです。どのようにすれば私たちの世界から、あらゆる武器もなくなり、武器や爆弾の生産・販売・利益・流通をなくせるかが、問われています。武器によって今後、より多くの人々が被害を受け、より多くの障害者がつくり出されるのですから、そのことに関して条約は注意を向けるべきだと思います。

ベンクト・リンクビスト　まず、批准のプロセスに関して説明させてください。条約の草案ができたら、最初に「署名」の決定がされます。従って、第一は、草案・文案に賛成して、次に国連が署名の採択をし、その後、署名に同意する政府があれば、署名します。また、発効のための必要最低数がありますが、それはケースバイケースで決定することができます。たしか子どもの権利条約の場合、条約の発効のためには二〇カ国の署名が必要であったと思います。

署名国が行う次のステップは「批准」です。つまり、条約を実際に自国の法律にすることですが、自国の国会か議会によって採択されなければなりません。それが終わると直ちに、条約は国の法律と同等のものになります。

国連は、署名や批准を各国に強制することはできません。署名する意志があれば署名するというわけで、そこが条約策定後の欠点です。そのため、障害者の立場から好ましいと思われる条約を作成し、「これは国連で批准すべきだ」とは言えません。批准するかどうかは、各国が独自に決定するということを忘れてはなりません。

もちろん、国連が承認したにもかかわらず最低数の署名しか得られない場合、非署名国に対する風当たりは強くなり、条約を批准し、国際的な規範に同意するようになるでしょう。国連が批准し、各国に批准を強制すべきであるとの発言がありましたが、メカニズムは残念ながらないのが事実です。

私たちが必要とする人権条約の中に盛り込むべき新しい面が出されました。興味深い側面ですが、それに対しての別な見解がありましたら、ぜひ聞かせていただきたいです。戦争や紛争、それに貧困、栄養失調などが障害の原因ですが、人権条約の中でどのような役割を担わなければならないか。鋭い質問になりますが、障害者にならないようにすることは人間の権利なのか、ということになります。

参加者 計画段階に話を戻すことをお許し下さい。私は、この条約がほとんど知られていない南アフリカから来ました。条約に関するすべての情報が、草の根レベルに確実に通知されるようにする責任は、それぞれの障害者団体やその連盟がもつべきです。草の根の活動は、この問題に多少責任をもって、連絡をとり、諮問し、それぞれの政府と交渉することになります。

私たちが同じ言葉を話していることを確認し、あらゆるレベルで自国政府に影響を与えていることを確認するために、外部と同様に内部を見る必要があると思います。特に、私の出身地域では、この会議のお陰で、多くの人が条約のことを初めて耳にしています。私たちはこの条約の議論に加わりたいのです。しかし、情報がなければ、参加は制限され、自分たちの政府に対して行うロビー活動の効果はなくなるでしょう。私たち自身の団体の中で、議題に関してよく知っている人々だけが参加しているような差別があってはならないと思います。また、様々な障害者グループの内部に違いがあるので、私たちは参加したいのです。条約について、それぞれの国に、ニーズや盛り込みたいものの違いがあるのです。

ベンクト・リンクビスト　もちろん、このDPI世界会議のような機会では、参加者の方々は多くの情報を得、資料を手に入れることができます。こうした世界会議に参加する特権をもつ方々は、非常に大切なことですが、知識や情報をそれぞれの国に持ち帰ることができます。

また、国際的な障害者団体が抱える困難や、それらの団体の資源が限られていることについて話していただきました。しかし国際的な障害者団体は、何が起こっているか国内の系列団体に知らせたいと思っていて、団体の有する資源を利用して実行するだろうと私は確信しています。あなたが情報を要求し、運動に参加させてほしいと要請されたことは、大変妥当なものであり、非常に重要なことだと私は思います。

参加者　日本の参加者です。今年七月終わりから八月の初め、たまたまオブザーバーとしてニューヨークの国連の特別委員会を傍聴する機会を得ました。この条約に向けての基本的な考え方が理解できたと思います。

特別委員会の傍聴から帰ってきた直後に外務大臣にお会いしました。私たちは大臣に、この新しい条約の実現のために政府は真剣に取り組んでいただきたいと伝えました。政府内には障害者がいません。ですから、障害者を政府代表団に加えるか、少なくとも、障害関連の問題を熟知した人を日本政府の代表にするべきだと、大臣に伝えました。

もう一つ重要な点は、アジア太平洋、ヨーロッパなどDPIブロックでは、関係団体が集まって、この新しい条約と条約に盛り込まなければならないことについて話し合う必要があるということです。例えば、八月にニューヨークで開催された特別委員会の場合には、ヨーロッパの代表団が非常にまとまっていました。問題があった場合には、それらの国々の政府代表が集まり、EUメンバーを代表する意見を提出しました。各国が自分の考えをもちより、地域レベルで集まり、考えをまとめるべきです。そのようにしなくては、私たちは草の根レベルで条約を実現することはできないでしょう。当然、相違はありますが、誰も、何も省かないように努力する必要があります。最後に、新しい条約が採択されて誰もが喜んでいると言えるようにしなければなりません。ADA（障害をもつアメリカ人法）から学び、新しい条約に何を盛り込まなければならないか検討する必要があるので、アメリカの方々には、ADAの経験に基づいた考えや、欠点などが何かあるようでしたらお話しいただきたいと思います。

私たちは、障害の種別を超えた運動を地域の中で行わなければならないと思います。

参加者　中国障害者連合会を代表して発言いたします。二点ほど強調しておきたいと思います。第一点は、少なくとも、障害者の権利を擁護する国際条約が必要だということは疑問の余地がありませんが、国連の既存の人権文書に制定された役割および原理を、条約は再確認するべきだと確信します。条約は、人権および障害に関する既存のメカニズムを積極的に支えるべきですし、支えることができるのです。

第二点は、社会開発に言及された方がいらっしゃいませんでした。障害者問題は人権問題であることは全面的に同意します。ですが、それは社会開発の問題でもあります。従って、将来の条約のために、私たちは即時に、平等な資格のある社会の一員として障害者に与えられる基本的人権を明確、明瞭に規定する必要があります。一方、これらの障害者の人権を実現するために不可欠な条件として、社会開発を強調する必要があります。障害者に対する国際社会の責任と義務は明確にされなければなりません。

私たちは、人権と社会開発の両方をバランスよく考慮し、美辞麗句を列ねた空虚な文書を作成しないように注意しなければなりません。実践的な手引書となるようにしなければなりません。

参加者（シャーロット・マクリーン）　南アフリカから来ました。幸運にも、七月と八月にニューヨークの特別委員会に出席することができました。人権の観点を基本とする条約の利点を強調したいと思います。社会開発は人権の観点からも見ることができることを、理解する必要があると思います。この二つは排除したり切り離してはいけないのです。権利に基づいたアプローチを用いる際の利点は、ある国際的・法的な基準が各国に設けられ、提案されている条約の批准国には法的な義務が生じるということです。そのような人権に基づいた条約をつくることの重要な点は、いったん、法的な義務が生じれば、違反や侵害があった場合、法的な拠り所があるということです。それは障害者にとって特に重要だと思います。またこの条約は障害者の権利を擁護するばかりでなく、教育の道具としても役に立つと思います。私たちは、それを障害関連の問題に関してロビー活動を行う際の道具として使用することができるのです。

最後に、そうした条約で基準を設定できるということがあります。法的な義務によって、五年前に基準や目標ができたら、五年の間に何をしたかということを報告するのです。今までどれくらい達成できたのかということです。ですから、権利に基づいた条約の利点は、不利な点より大きいと思います。また、最も重要な点は、恐らく、各国に説明責任が生じることだと思います。ですから、私たちにはプロセスに参加する責任があり、内容が確実に私たちの望むものになるようにする責任があると思います。

ベンクト・リンクビスト　非常に明瞭なご発言でした。お二人のお話で、人権と社会開発の扱い方が十分におわかりになったと思います。人権に基づいたものも、もちろん、社会的対策を人権のかたちにして盛り込むことができるということでした。話をさらに発展させると、法律論ではなくて、語義論になってしまうかもしれません。というのも、第二の規約、社会権規約では、人権に関する文脈の中で社会権についてふれているからです。ですから、その二つを切り離してはならないのです。ただし、一緒にすることはできますが、第一は基本的人権だと思います。

参加者（ジュディ・チェンバレン）　米国から参りました。世界精神医療ユーザー・サバイバーネットワーク（WNUSP）の共同議長を務めております。多くの国の法律が、非自発的拘留・処置などを許す特別の条項をもっているため、世界のほとんどの国で、精神障害者の地位が社会的にも法律上でも不利な立場に立たされています。そのため、私たちは団体として、また障害者集団として、権利に基づいた条約という考えを心から支持しています。

さらに指摘したいのですが、他の障害者にとっては、基準規則は進歩的なステップであり、条約は論理的な進歩であると考えられていますが、その一方で、精神障害者である私たちにとっては、国連の「精神疾患を有する者の保護およびメンタルヘルスケアの改善のための諸原則（一九九一年十二月十七日国連総会決議四六／一一九、以下、精神疾患原則）」は進歩的ではなく、大変後退したものであると見なされています。というのも、国連の精神疾患原則は、世界のほとんどの国々で、私たちの法律上不利な立場をより強固なものとするからです。精神保健法の典型的なものとして、国連の精神疾患原則は片方の手で与えておいて、他方の手で直ちに取り返すのです。例えば、精神障害者は地域社会での居住権があるとなっていますが、精神科医がそうでないと判断した場合は地域社会での居住権はなく、精神障害者は自己の処置に関して自分で選択する権利があるとなっていますが、精神科医がそうでないという見解の場合は、その限りではないのです。従って、条約に精神障害者を含める過程で、精神疾患原則が絶対に組み込まれないようにして、それが完全に否定されること、私たちが統合的なかたちで他のすべての障害者グループと同等に扱われること、皆が尊重されるべき権利をもっていることが、非常に重要です。

参加者　IDAについての話が出ましたが、どんな活動が行われ、会議はいつ開催され、どんな提案がなされているか情報がありません。ですから、私たちはＩＤＡでの活動を活発なものとしたいですし、国連へのロビー活動も行いたいと思っています。私たちは特定の提案をまとめ、具体的な運動を展開する準備をしなければなりません。

参加者　二つ質問があります。一つは、国連総会ではどんな困難があるかということです。私たちの発言内容が正確にわかる場合、私たちは支持を得ることはわかっています。ですから、私たちは、どのような困難に直面するのでしょうか。困難に直面した場合、この条約のロビー活動についてどのような戦略を用いて活動を続けますか。

ベンクト・リンクビスト　正しく理解できたかわかりませんが、手短にお答えします。私たちが直面している主な困難は、新たな条約を周到に作成しようとする意欲の不足です。この新しい条約は、国連の主要な条約の第七の条約になるわけですが、国連の中に一種の「条約疲労（convention fatigue）」があるというだけの理由で、条約の制定を回避したがっている国々が多いのです。既存の条約に本気で応える方法不足のせいで生じる、資源不足、不十分なモニタリング活動、あらゆる委員会での長い列、高まるフラストレーション、こういったことが政府があまり乗り気でない理由の一つなのです。

もう一つの困難な点は、障害者に対する伝統的な見方と闘うことです。それは人権問題ではなく医療の問題だとするものです。医学モデルの考え方はまだ非常に強いのです。世界中で、政府に対して教育するロビー活動を積極的に行わなければなりません。特に、私たちが政府に代わって拘束力のある規則について議論している分野に関わる場合はなおさらです。

参加者　人権に基づいた条約に関して既にされている点を強調したいと思います。既存の条約の資源の問題に関して、ニューヨークの特別委員会でインドなどがかなり強硬でした。ですから、私たちがその議論を始める場合、開発途上国のニーズを考えなければなりません。

ニューヨークの障害者のコーカス（幹部会）で提起したように、ＩＤＡが出した声明は非常に弱いと思います。ですからＩＤＡは、自らの意見表明をもっと強力なものにするメカニズムをつくる必要があると思います。少々感傷的で、単に障害者の感情の表明というだけで、専門家の声明ではありませんでした。

また、昨日と今日の討論で欠けているのは、自分たちの障害者運動の問題は何かということです。内容に関して議論を始め、入念な作成の段階になっていなければならないはずですが、未だに、私がニューヨークで聞いたのと同じように、障害者問題に無知な政府の審議について話し合っています。

従って、提案ですが、特にDPIとIDAの他のメンバーからなるプロジェクトチームを設立し、条約をプロジェクトとして取り組み、入念な作成および内容の問題、差異の問題、他団体との協力の問題などに対処するようにしてはどうでしょうか。私たちは、セクター内に技術的なメカニズムを形成しなければなりません。

第二点は、来年、地域フォーラムまたは地域会議か、コンサルテーションを開催するべきであると勧告されているとのことです。国連の地域区分を通じて各大陸がこれについて議論する機会をもつべきであり、また、それは任意拠出基金でまかなう必要があると述べています。お読みになってみて下さい。それも勧告の内容でした。皆さんが属する大陸へ条約を詳しく説明するということに取り組むようになるでしょう。

デイビッド・リューベン　今はリチャード・ライトさんの代理としてではなく、私個人として発言します。

少々論争の的になるかもしれませんが、戦争、貧困、疾病を終結させることで新たな障害者をつくり出さないようにする必要性について議論することは重要なことですが、この条約においては有益ではないと思われます。戦争が悪いものであるということについては、ほぼ満場一致で合意が得られることには疑問の余地はないと思います。病気は悪いものです。また貧困は悪いものです。しかし、もし私たちが条約にそのことを入れれば、そのことによって、障害者が平等な人間であることに意義を唱えない人々が、障害者は悪いものから産み出された産物であるという考え方にとらわれてしまうでしょう。

私たちは、私たちの生活がより困難となり、迫害され貧しくなっている（障害の）社会モデルが暗に意味していることに、焦点を当てるべきです。私たちは迫害に対抗したいのです。戦争や疾病が重要ではないと言うことは不可能です。世界中の誰もが、必ずしも社会モデルに精通しているわけではなく、障害者は完全に平等な人間であるという概念を理解するようになるわけではないと思います。障害を引き起こす原因ではなく、平等の問題や迫害を終わらせることに、私たちは焦点を当てるべきだと思います。

ベンクト・リンクビスト　まず、多くの方がプロセスに関して話してくださいました。それは主題ではありませんが、私たちが強い関与、あらゆるレベルにおける障害者自身や障害者団体の建設的な関与に関して考えるのは全く当然なことです。私たちはそのためのメカニズムを見い出さなければなりません。何をなすべきか、何が必要なのかについて、参加者の皆さんから具体的な提案が多く出されました。取り組み方としては、各団体がプロジェクトの形で実施すべきだということです。また、主な出来事に関して情報を絶えず得ていることが重要です。地域活動について質問がありましたが、これらすべてのことは条約制定プロセスの一環です。

人権に基づいた条約が必要なことは全く明らかです。それは、障害者の人権です。その権利を享受する方法や手段の存在は、他の様々な分野にいきわたるでしょうし、多くは社会開発の問題となることでしょう。

条約草案が作成される際には、すべての障害者グループを考慮する必要があります。人権に基づく条約であるからには、開発途上国のニーズや各国特有の視点を考慮に入れる必要があり、それは絶対に必要なことです。

その後、私たちは、人権の価値に基づいた条約があるべきだということを付け加えました。自立、尊厳、平等、連帯という人権の価値。また、条約には、差別禁止、機会均等の権利、参加を妨げるありとあらゆる障壁の除去に取り組むためのメカニズムが含まれること。

強力なモニタリング・施行体制がなければなりません。説明するだけでは不十分ですが、国際的なレベルでそのような体制について説明することが重要です。しかし、各国レベルでの強力な施行・モニタリング体制の必要性に関する文言も条約に含む必要があります。また、個人や集団の苦情も手順に含まれます。

注

1 正式名称は"Ad Hoc Committee on a Comprehensive and Integral International Convention on Protection and Promotion of the Rights and Dignity of Persons with Disabilities"「障害者の権利および尊厳の保護および促進に関する包括的かつ総合的な国際条約」に関する提案を検討するために設立された特別委員会。

2 二〇〇三年六月十六日から二十七日の間、ニューヨークの国連本部で開催予定。

10月16日午後

障害者の権利条約

どのようにつくられるべきなのか、そしてDPIの役割

司会者：ビーナス・イラガン（フィリピン）
発言者：ケン・ラサフォード（米国）
高田英一（日本）
モーゼス・アセメネ（レソト）
ロドリゴ・ジメンツ（コスタリカ）
マリア・ファールジア（メキシコ）

条約制定の全プロセスに当事者の参画を………

ケン・ラサフォード

ワシントン市に本部のある地雷サバイバーネットワークの共同創立者です。現在、地雷の被害の大きい国々に六つの事務所があります。私は一九九三年にソマリアで活動中に地雷で両脚を失くしました。障害者の権利条約はどのようにして策定されるべきか、その手続きについて話したいと思います。

既存の国際的人権保障の枠組みは障害者にとって二つの点で不十分です。第一に、中核となっている人権関連条約の内容は、障害者の特殊事情や障害者の人権侵害に結びつく慣行に適切に対応しておらず、第二に、障害者の人権擁護にほとんど利用されていないということです。ですから、障害者の基本的人権および自由を確実に保護し、障害者の正当な権利および国際的な人権システムへの参加を認める新しい人権条約を策定するということが、大変重要です。

私は、障害者の人権条約の策定の上で配慮しなければならない点をいくつか詳しくお話し、それにはどのようなメリットがあるのか、ひいては障害者の完全参加と平等にどのようにつながるかを話そうと思います。

まずは、他でもない、「Nothing about us without us（我々なくして我々のことを決めてはならない）」ということ

です。これは条約策定プロセス全体にわたって、障害者を参加させるという意味です。なぜなのか、例を挙げてみましょう。私たちには、障害をもって生きるとはどういうことかについて、独自の視点があります。障害者の人権状況に影響を及ぼしている社会的・政治的・文化的状況に対処する法的保護を実現するためには、条約にこの視点を具体的で明確な文言で盛り込まなければなりません。例えば、私たち地雷サバイバーネットワークには、地雷の被害を受けた身体障害者のための文言が盛り込まれた、世界の歴史上初の武器条約である地雷禁止条約を策定した経験があります。つまり、地雷禁止条約には、世界中の三〇万人以上の障害者の社会的・経済的再統合のための法律上の文言が盛り込まれているのです。武器禁止条約または軍縮協定で、武器が原因で障害者となった人々のための文言が盛り込まれているものは、他にはありません。私たちは、地雷生存者である自分たち自身を利用して、この文言を条約に盛り込むように政府に働きかけたのです。

国連総会に提出された特別委員会報告決議案[1]は、特別委員会の作業に積極的に貢献する者として、障害者と障害者団体を参加させる必要性を明確に認めています。次に、国連の障害者の機会均等化に関する基準規則（以下、基準規則）の規則一四は、意思決定プロセスにおいて障害者団体が中心的役割を果たすことを承認しています。その他、配慮について三点ほどふれておきたいと思います。

第一点は、「他の関係者も加えなければならない」ということです。障害者の利害関係者も、草案作成プロセスに参加するべきです。これには、ＩＬＯ（国際労働機関）、ＵＮＨＣＲ（国連難民高等弁務官事務所）、およびアムネスティ・インターナショナル、ヒューマンライツ・ウォッチなど人権関連ＮＧＯが含まれます。

第二は「透明性」です。プロセスの透明度が高いことで、障害者の幅広い参加が促進されるでしょうし、また、その結果でき上がる条約は、正当な法文書として見なされるようになるでしょう。

第三は「時間」です。条約の草案作成プロセスでは、迅速に行動し、国連において必要な勢いを維持し、プロセスが停滞したり、停止しないようにする必要があります。また、その一方で、慎重に行動し、障害者の参加がもたらす利点を実現させるための周到さが必要です。

さて、条約プロセスへの障害者の参加によりもたらされるいくつかの利点について、お話ししましょう。

第一に、特別委員会の作業への直接参加です。障害者が会議に出席して、その委員会の仕事に直接貢献することができるように、障害者団体はできるだけ、委員会への障害者の派遣を求めなければなりません。まず、発展途上国からの障害者の参加を支援することです。第一回特別委員会では、発展途上国、特にアフリカからの障害者の参加が非常に少なかったことが目立ちました。現在、地雷禁止条約において、地雷サバイバーネットワークでは、「声を上げよう」というプログラムがあります。私たちはアフリカ、アジア、中央アメリカから、交渉が行われているウィーンや他の都市へ参加者を連れて行きます。常に地雷犠牲者の援助について議論する際に、地雷が原因で障害者になった人々へ声を上げる場を与えたいのです。これは非常に効果を上げてきました。

第二は、障害種別を超えた代表制の実現です。特別委員会にあらゆる声を反映する必要があり、ここには、社会の主流から取り残された障害者グループ全員の声が入っていなければなりません。障害者の集団は、障害者のための条約に向かって、一つの傘の下で共に活動し、前進しなければなりません。

第三は、国連自体のアクセスです。特別委員会報告書は、障害者の国連の設備および文書記録へのアクセスについて、改善すべき点が多いことを認めました。この目標を達成するために、障害者は国連と協力する必要があります。例えば、一九九五年のウィーンでの国連会議では、車いすの私たちは、ステージに上がるためのスロープがなかったため、ステージでスピーチができませんでした。障害者が参加できるように国連が責任を果たすよう、働きかけなければいけません。

条約の草案作成プロセスに建設的に関わる間接的な方法もいくつかあります。一つ目は地域会議です。五つの地域会議が二〇〇三年六月の特別委員会前に開催されることになっています。政府と専門家が集まり、条約について広範囲に議論し、また草案の可能性を検討し、次の特別委員会で主張する政策的立場を採択するでしょう。障害者団体は、これらの会議に出席するためにあらゆる努力をしなければなりません。二つ目として、私たちは、地域会議以外の場で自国の政府や機関に働きかけるべきです。全国レベルと地域レベルで、障害者問題に対して注意を喚起し、政府や機関を条約づくりに参加させなくてはなりません。三つ目として、地域的な団体を国際的な政府組織に組み入れることです。ＥＵなどの地域統合体、また、ＷＨＯ（世界保健機関）のような他の国際組織にも、障害者のための文言を確実に盛り込むように、地域的な団体および政府組織と緊密に協力し、働きかけなければなりません。四つ目は、人権条約のモニタリング機関を関与させることです。既存の人権条約のモニタリング機関に条約草案作成プロセスの期間中に助言を求め、新しい条約が既存の条約とどのように調和するのか、どのようにすれば現在の活動をうまく主流化できるか、見解を求めます。条約を支持する建設的な介入が確実に行われるよう、これらの機関を関与させなければなりません。五つ目は、障害者の人権に対する現状の把握です。条約に障害者の人権の現状を示す情報を組み込めば、その内容は非常に強化されるでしょう。六つ目は、人権擁護団体を関与させることです。人権擁護団体の多くは、障害者の人権侵害に取り組んできませんでした。これらの団体が、人権活動として障害者の置かれた状況に意識を向けるように努力しなければなりません。最後は公教育です。市民に対し人権一般に関する教育を行い、障害者の権利を特に擁護する必要性を教育するために、努力しなければなりません。策定された条約を各国が批准するためには、障害者団体は、障害者団体のメンバーや一般市民の間で、条約の支持を拡大するために行動する必要があります。

障害者のための条約がもたらす有効な点には、制度上の変更があります。障害者を参加させることにより、条約の草案作成プロセスに注目が向けられ、しっかりした内容が保障されるだけでなく、制度上の有益な変化を促進します。障害は人権問題として、次の三つの分野で主流となるでしょう。第一に、人権システムがあります。主要な国連の人権条約のモニタリング機関は、障害者の権利を保障する素晴らしい方法になるでしょう。第二に、アムネスティ・インターナショナル、ヒューマンライツ・ウォッチなどの主な人権擁護団体も、障害者問題に取り組むようになるでしょう。第三に、各国政府は、障害者の国内での権利伸張のため、国際的な義務を遂行するようになるでしょう。さらに、障害者が正式にプロセスに参加することにより、より広範に、障害者の連帯と国境を越えた市民社会の同盟を促進することでしょう。人権モニタリングを自ら行うことで、障害者団体の能力が向上し、障害者の人権に関する教育と訓練ができるようになるでしょう。また、市民の、障害者一般に対する意識と、障害者問題が人権問題であるという意識を高めることになるでしょう。

私たちは、そのような包括的なプロセスを通じて、障害者の人権を擁護・促進し、将来の条約履行を促進することができる国際的な人権システムをつくり変え、強力な条約を確保するための一番よい道につながっていくのです。

万人の権利を保障する条約に……………………高田英一

私は全日本ろうあ連盟副理事長と世界ろう連盟理事をしており、国際障害同盟（ＩＤＡ）の一員として参加しています。

国連の基準規則は、政府が障害者の権利の擁護に必要な手段を講じるためのガイドラインですので、非常に重要ではありますが、政府に実行を担保させるものではありません。そこに障害者の権利を実際に担保させるものとして、新しい障害者の権利条約は意義があると思います。

検討中の条約は包括的なものであると同時に、権利規定は基本的な事柄に限定したものになると思います。新条約は、国際人権規約、世界人権宣言、女性の権利や人権に関する他の条約、基準規則とＩＣＦ（国際生活機能分類）とマルチ・トラック・アプローチ（既存のものと同時に推進する多面的なアプローチ）によって、効果的に運用されることが必要です。新しい障害者の権利条約ですべてがまかなえるというものにはならないと思います。

次に条約の策定過程ですが、障害者の権利条約を実際に導入する権限があるのは国連総会です。国連では、加盟国が一票を持っているので、条約が導入されるかどうか決定するのは、政府の姿勢次第です。ですから、私たちは自国政府に働きかける努力をする必要があります。ＩＤＡが中核となる国連へのロビー活動も重要ですが、障害者団体は、条約の導入へ向けて各国政府に働きかけを行い、圧力をかける必要があります。しかし、障害者団体の意見の違いがこうした力を相殺することもあり、大きな力を発揮するために国内で障害者団体を統一させるべきです。そのためには、障害者団体の統治能力が重要です。盲、ろう、肢体など分野別の障害者団体には、障害者統一団体が必要ですが、その過程では、団体の大きさや力にかかわらず、それらの団体の事業や意見を調整しまとめる能力が必要です。そうすれば、障害者は声を合わせて、効果的に自国政府に障害者の権利について伝えることができるようになります。

しかし、これに関しては、特に発展途上国で問題になります。そこでは、盲、ろう、肢体などの分野別障害者団体が、国内的に統一されていないだけでなく、全部を網羅した組織がないに等しいからです。国連や政府の国際条約のプロセスにおいて、それぞれの分野別の全国的障害者団体をつくり、国内的な障害者統一団体にまとめることが重要だと思います。そして、これは私たちが日本でも行おうとしていることです。統一的な団体をつくり、大きな運動にしていきたいと思います。

国内外のロビー活動には、多くの資金が必要になります。先進国の障害者団体は、政府から補助金を得るだけでなく、仲間や一般の人、またいろいろな組織から財源確保に努力し、発展途上国の団体を援助しなければなりません。先進国だけでなく、途上国の代表も派遣するように支援することが大切だと思います。

次に、拘束力のある国際条約が制定された場合でも、国民世論の支持がなければ、条約は有効に履行されないだろうと思います。条約の批准に基づき、国内法の整備などが必要になるからです。国際条約を制定することは非常に重要ですが、条約が制定された後で条約を実効性のあるものにするほうが、より重要になるでしょう。

前の国連人権高等弁務官のメアリー・ロビンソンさんは、この権利条約について次のように述べています。「障害者の権利条約は、人権に関する条約において実現が求められている最後のものです。この条約を最後にするためには、万人の権利を保障する条項を含めなければならない。障害者の権利のためだけでなく、人類全体の権利のためであるという方向性が必要です。障害者の権利擁護を通じて国民すべての人々の人権を守るための条約でなければなりません」。こうした視点から、企画し運動していくことが大切です。

現実的に、運動には資金が必要です。もし財政的保障がなければ、なにもできません。政府の財政援助を当てにするのは非常に難しい。まず、障害者自身が資金を出していかなければならないでしょう。そして、様々な収益事業から資金調達すべきです。それだけではなく、一般市民が理解して、援助や財政支援をしてくれるよう、努力する必要があると思います。それによって国民の支持と条約の効果的な運用につながるからです。ですから、運動計画の初めから、障害者の人権を通じて万人の権利を保障していく、そしてこの条約を最後の国際人権条約として見るべきです。

新しい条約ができ、国内法ができたとしましょう。それは人権擁護の面とともに社会開発に結びつくだろうと思います。条約は人権擁護を基本にすべきですが、社会開発と結びつかなければなりません。それは障害者の権利とは観念的なものではなく、多くの物理的な問題を含んでいるからです。例えば、車いすの人が実際にどこにでも行けるようにするには、交通手段あるいは道路の整備が必要ですし、建物へのアクセスを確保するためには、エレベーターなどが必要となります。ですから、単に人権の問題だけでなく社会開発に結びつかなければ、実際のプラス効果がないと思います。

また、先進国、民間の対外援助の活用やアジア開発銀行などの国際金融機関の活用についても学ぶ必要があります。世界銀行では障害問題のアドバイザーとして、ジュディ・ヒューマンさんを採用しました。また、フィリピンのマニラで開催されたアジア開発銀行の会議では、これまでの経済援助一辺倒でなく、障害者問題にも支援すると決めたそうです。国際的な金融機関や他の国際的な組織から、途上国の障害者団体が財政援助を受けることができるグローバルメカニズムが重要です。

過去の例から、障害者権利条約ができた後には、国連レベルでモニタリング制度がつくられるでしょう。けれども、一つひとつの国内の問題すべてを国連のモニタリング機関へ送るか、報告する必要があるとしたら、それは非常に難しいでしょう。報告書を英語に翻訳しなければなりません。それには資金、時間、エネルギーがかかり、特に発展途上国の団体にとっては非常に難しいことでしょう。また、すんなりと報告書が受理されるとは限りません。不十分であるとか、稚拙であるとして、送り返されて来るかもしれません。ですから、国連だけでなく、各国にモニタリング機関が必要であり、お互いが連携することが必要です。国内モニタリング機関が自国民のニーズに応えることができ、その国内の障害者の問題を改善しようとすることができます。また、その後、国内モニタリング機関が、国連レベルのモニタリング機関に情報を送ることができます。こうしたフィードバックを通じて、条約は実行力を発揮することになります。

そして、モニタリング機関は政府の下部組織にしてはならず、権威ある機関としなければなりません。どのようなモニタリング機関が必要かは、私たち自身の間でさらに議論を深めたほうがいいと思います。

障害者の権利条約が、障害者の権利擁護を通じて全人類の権利擁護に貢献する最高にして最後の国際条約になることを期待します。私は皆さんと共に、立ち向かうべき多くの困難を克服するために活動を続けていきたいと思います。課題を一つひとつ克服していくのも人生です。本当の意味で人生を楽しむために、課題に挑戦し、人類の権利擁護に役立つ条約に向かってがんばりたいと思います。

条約は人権と社会開発の統合されたものに………モーゼス・アセメネ

私の仕事は障害者の権利に関する国連条約の構成要素を分析することです。

なぜ私たちには条約およびそれが規定することが必要なのでしょうか。法律は人間の行動を規制する道具であり、また、どのような違反に対しても制裁があります。条約は、批准国が自国の管轄区域内で「あること」を行うように拘束力をもち、そうしない場合には、制裁や罰を科す一つの国際的な法です。

しかし、私たちが障害者として、自国政府にロビー活動を行うためには、まず力をもたねばなりません。また、どうやって政府と協力して条約策定を進めるか知るために、政府や国連内の仕組みを熟知し、分析しなければなりません。

長い期間、国際人権規約が二つに分かれていました。国によって履行状況は様々なまま、放置されていました。しかし、一九九五年の人権に関するウィーン会議で、国連は、今や人権を分類する必要はないという結論に達しました。ですから、障害者の人権の基礎は人権の第二世代にできたことがわかります。一九九五年は、人権が統合された新時代なのです。人権を区切ったり、分類したりする余地はなく、もはや人権問題を分析している段階ではないのです。

さて、私たちが障害者として今なすべきことは、人権に関する条約の内容を特定することです。検討しなければならない問題を挙げてみますと、条約の名称を考えなければなりません。障害者差別禁止条約とするにせよ、障害者に関する条約とするにせよ、意見を一致させなければなりません。

また、条件が三つあります。盛り込まなければならない条文があり、障害者の人権により、どんな障害者も国際的なレベルでその恩恵が享受できるようにしなければならないという前提条件があります。また、国だけでなく障害者個人が人権の恩恵を享受できなければなりません。従って、人権条約には、その前提条件として、意識、公共教育、医療、リハビリテーションなどについての規定が必要です。これらは条約を成功させるための重要な構成要素です。そうすれば、障害者が実際に恩恵に浴することができるようになります。また、それらは核でもあります。障害者の権利をすべて網羅したものでなければなりません。教育の権利、雇用の権利、さらに、社会保障および収入の権利、家庭生活の権利および個人の完全性も含まれなければなりません。それらの権利の内容すべてが完全に一つひとつ明記されなければなりませんし、各国レベルで個人一人ひとりがその恩恵を受けられるようにしなければなりません。

従って、この運動に直面する仕事は、重要な構成要素、あるいは、そのような人権の内容を、二つの部分からなるアプローチ（ツイン・トラック・アプローチ）ではなく、統合的なアプローチを用いて特定することだと思います。それによって、社会開発と人権の問題が、人権や知識、経済的権利のように、国連レベルで統合されるのです。従って、障害者の権利条約は、障害をもつ男性、女性、子ども、若者および大人のための努力が終局的に結集したものであるべきでしょう。

グローバル化時代の支配―被支配に対応した人権パラダイム……………ロドリゴ・ジメンツ

私は、この新しい条約の必要性については、どなたも賛成していらっしゃると確信してますので、いわゆる第三世代の権利がどのように新しい条約に盛り込むことができるかについて話したいと思います。

ここでの問題は、支配される人々と支配する人々の関係です。また、これは、障害者の人権に対する人々の見方に、影響を及ぼしています。

当初の人権のパラダイムは障害者を不具者であるとか、法的能力ですら劣ると見なしていました。けれども、運動などによって、新しい時代に、新しいパラダイムが人権を擁護するために導入されるのを目にし始めています。世界行動計画、および機会均等化に関する基準規則、あらゆる差別を撤廃する米州条約がその例です。

言葉や表現が変化し、人々は権利、多様性の評価、および障害者について話題にします。それは単に表現の変化だけではありません。最も重要なことは内容の変化であり、確かに障害者に対する人々の考え方を反映しています。人権に関する国際的文書を見れば、自立生活、権利の相互依存性、アクセス、平等などの言葉を目にします。これは、障害者は人権を享受し自己決定権および自己の責任を果たすという今日の社会の基本原則です。例えば、障害者に様々な特権を与えている多くの国策があり、また、政府機関に障害者を受け入れるために取られている措置があります。

また、権利には既存の人権理論化で開発された原則があります。権利の侵害は相互依存による一定の相互侵害なのです。

最後に平等ですが、私たちがお互いの差異を認識することです。ある人が何かの面で完全でなくても、その人々に必要な情報は何でも提供する必要があります。すべての人々が同じだとは限らないので、単に同じ方法で人々を扱うことだけでは、差別に結びつくことになりかねません。こうした障害者団体が提示した原則は人権の解釈などに反映されています。

現在、障害者の多くは仕事がありません。障害者の非識字率は、非障害者の二、三倍になっており、その分、障害者の権利が侵害されていることがわかります。市民社会において、哀れみの対象であり、差別されています。その状況を変えるために、障害者自らが闘い続けてきました。幸運にも、過去数年の間、私たちは様々な成果を目にしています。障害者に関しては、人権に対する考え方に大きな進展があったのです。例えば、障害者の機会均等化に関する基準規則や米州差別撤廃条約など、人権に対する考え方の変化を反映しています。障害者の権利を擁護する様々な国内法が制定されていますが、いくつか、第三世代の人権の考え方が取り入れられています。

しかしながら、経済の新自由主義によって、私たちは価値観の転換を目の当たりにしています。経済力のある人々に支配する力があるということが明らかになってきています。その結果、発展途上国の負債は一層増加し、先進国と発展途上国との間の不均衡はより拡大しました。経済活動における効率と競争力が至上のものとなり、これを高めるために、コストを最適化する必要があります。個々人すべては、生計を立てるために、同様のことをしなければなりません。それ以外のことに価値は置かれず、経済成長は経済開発を伴い、伝統的に差別されてきた人々の生活水準を向上させることができるというものです。

しかし、競争について重大な問題があるのです。先進国と途上国、障害者と非障害者は同じ条件で競うことができません。社会的に構築された差別と不平等の中での機会の欠如によって、それは不可能です。そして、最も大きな不平等とは、型にはめた障害者に対する考え方なのです。障害者は、哀れみや同情の目で見られ、社会で不必要な人だと言われています。

経済成長は常に発展を伴うと見られています。経済成長は社会的な財とサービスによって得られるGDPの持続的な増加ですが、発展途上国の障害者の九〇%は失業中で、残りの人々は半ば失業中です。経済成長が発展を伴わない例として、アルゼンチンやチリ、ベネズエラでは、高齢者や障害者は貧困にあえぎ続けているため、その人たちによってデモが行われています。

次は需要と供給の問題です。障害者の特別な需要については、消費とそれに必要な財、それを支える経済人口の不足から供給されないのです。その結果、障害者は技術的に必要なサポートを受けていません。これは、発展とは逆に作用しています。つまり、グローバル化の結果、不平等が拡大し、人々は機会を失っています。社会的な公正および平等が実現されるまで、このパラダイムの転換を図ることができないのです。

以上から新しい条約は次の原則に基づくべきです。尊厳、自己決定、平等・非差別の権利、社会活動に完全に参加する権利、個人の発達と人生のステップを享受する権利、障害者の多様性を認め、対等な異なる人間として扱われる権利などです。

さて、この新しい条約では、包括的に、障害者に対する組織的暴力や人権侵害を撤廃する必要があります。また、障害の原因となる農薬使用および他の形態の汚染を禁止し、途上国への輸出を多国籍企業に禁止する必要がありますし、使用した場合の罰則も設けなければなりません。

また、戦争に結びつく先進国の兵器産業に終止符を打つ必要があります。

そして、平和の権利です。依然として戦争や紛争が続いており、その結果地雷が非常に多くの人命を奪っている発展途上国の多くの地域において、平和の権利を保障する必要があります。また、紛争または戦争を経験した人々の健康を守るための特別の措置が必要です。

第四は、開発の権利です。発展途上国と先進国の障害者の間に貧富の差が見られます。発展途上国の障害者の問題は、先進国の障害者にとって理解するのが非常に難しいでしょう。発展途上国の障害者は、食べ物がなく、眠る所がなく、技術的な援助がなく、医療も受けられません。教育も受けられません。交通手段がなく、そのため外出することさえできません。すべての障害者が権利を享受できるよう、強制しなければなりません。

すべての障害者が、新しい条約の下で確立される権利を保障されるように先進国と途上国は連帯しなければなりません。また、援助の受益者である国々は、自分たちが国際社会の一員であることを認識しなければなりません。国連や世界銀行、米州開発銀行は、任務を遂行する際に障害者の観点から様々な話し合いを行う必要があります。達成すべき目標がありま す。また、世界の数多くの障害者の質を高める必要があります。

条約制定に関するメキシコの取り組み……………マリア・ファールジア

私はメキシコのイニシアティブについてお話ししたいと思います。私は約四年間、基準規則のパネリストの一人でした。

メキシコでは大統領府に障害者社会促進オフィスを設置しました。わが国のフォックス大統領は肢体障害者であるヴィクトル・フローリス氏を大臣待遇で任命しました。オフィスは私たちが障害者に関する問題について議論するための公的な場となっています。フォックス大統領は障害者条約の策定のために力を注いでいます。大統領は、拘束力のある国際条約を国連総会で制定するように提案したのです。ここでフォックス大統領は、我々は最弱者の権利を否定することにより社会を形成することはできないと言い、特別委員会の設立を提案しました。この委員会は、障害者の権利に関する制定可能な国際条約を研究する権限が与えられています。そして障害者のための条約をめざしており、何百万もの障害をもったすべての人々が、この条約の恩恵が受けられるようにしなければならない、と国連総会で発言しました。

二〇〇一年に、国連の加盟国および大統領は、メキシコ政府案について話し合う機会がありました。大統領は、国連の国々の協力および支持を求めようとしましたが、EU、米国、オーストラリア、その他の数カ国が条約を制定するこの考えに反対しました。メキシコの国連大使は、EU代表の大使に接触を試みましたが、できませんでした。ブラジル、コロンビア、エクアドル、エルサルバドル、ジャマイカ、ドミニカ共和国、コンゴ民主共和国、イラン、シエラレオネ、南アフリカなどに支持を要請し、非公式会合を二回開きました。非公式会合は、国連総会の開かれる十月十日以前に行われ、それらの国々とコンセンサスを形成しようとしました。また、同じ時期、DPIは条約の導入を支持する手紙を出す活動を行っています。手紙は、国連の事務総長や国連人権高等弁務官のメアリー・ロビンソン氏やリンクビスト氏などにも送りました。

メキシコがこの提案をした後、EUが、新しい条約について決議五六／五一〇（特別委員会へのNGOの参加について）を出して、新しいプロセスを提案しました。これは、DPIなどの国連との協議資格をもつ団体は独自に特別委員会に代表を出す要請ができ、協議資格をもたない団体は、別の申請プロセスを通じ、特別委員会への参加を要請することができるというものです。さらに私たちは、ＮＧＯに予算面で特別の配慮をするようにとの提案を行いました。

七月二十九日から八月九日まで、特別委員会が開かれました。私たちは、社会開発委員会と緊密に連絡を取り合って、二〇〇三年の夏までに新しいプロセスの交渉を始めるつもりです。そして、国際的な組織と連携し、南北格差をなくしたいと思っています。

はじめてメキシコ政府の代表と話したとき、彼らは障害者に関する情報も知識も持ち合わせていないことがわかりました。私たちが一致協力して、自分たちのメッセージを各国政府へも、世界へも伝える努力を続けることが重要です。一九九八年以来、私は専門家グループの一員として基準規則に関する作業に関わってきました。ここでモニタリングにかける資金はますます減っています。しかし、国際条約の設立へ向けて前進するために、利用できる道具はすべて利用しなければなりません。障害者の人権に関わる大きな問題なので、自国の政府に熱心に働きかけるようにお願いしたいと思います。

参加者　最初の発言者への質問ですが、地雷禁止条約ができ、地雷が禁止されているわけですが、これまでのところ、世界が地雷生産を続けていることはわかっていますし、障害者や障害者の苦難を減らそうと話し合っていますが、私たち障害者の数は毎年、ますます多くなっています。それに関してＤＰＩは世界に対してどのような役割を果たすことができるのですか。

二番目の質問は、誰がこの条約を守るのでしょうか。誰がこの条約を尊重するのでしょうか。

ケン・ラサフォード　障害者のための条約を策定する際に、ＤＰＩが果たすことができる役割は、国際的な地雷禁止の提唱のためにＮＧＯが果たした役割に似ています。五年前、地雷禁止活動を行ったＮＧＯ団体がノーベル平和賞を受賞しました。歴史上初めて、ノーベル平和賞がＮＧＯに贈られたのです。

地雷の問題に関してＮＧＯが行ったことは、まず第一に、国際社会の注目を障害者問題に集めることです。第二は、自分の国の政府に対し圧力をかけることです。最近、障害者問題に関して、政府は何をしてくれていますか。圧力をかけ続けることによって、障害者問題を最優先の問題にしておくのです。最後に、非常に重要なのは情報です。政府は障害者のコミュニティに関する情報を必要としています。世界の団体でＤＰＩより障害者問題に関して詳しく知っている団体が他にあるでしょうか。ですから、ＤＰＩがこの問題について黙っていれば、ほとんどの国の政府は何もしません。ＤＰＩが今まさに、具体的にできることは、私たちは障害者のための条約の進展が見たいのだという強いメッセージを、世界と自国政府へ送ることです。

参加者　日本の参加者です。私たちが話し合っているのは非常に重要な新しい条約についてですが、同時に、障害者に対する差別を禁止する法的拘束力のある法律をまだ制定していない国々が数多くあり、どちらを優先事項としなければならないのか悩んでいます。今日が自分に何ができるか考える出発点になるだろうと思います。

参加者　日本の参加者です。マリアさんに質問があります。メキシコ政府が提出した草案の名称は「包括的かつ総合的な」となっていますがどういう意味ですか。また、障害者に関する米州条約がありますが、現状はどうなっているのか、この法律または条約に関する現在の状況はどうなっているのか、知りたいのですが。

マリア・ファールジア　「包括的かつ総合的な」とは、この条約は障害者に関するあらゆる分野および法律文書をすべて網羅するかたちで行われるべきであるということです。この表現は、メキシコ政府の障害者社会促進オフィスによって考えられ、人権の経済的、社会的な観点からこの名称を付けられました。

また、ロドリゴ氏が米州の条約についてお話し下さいました。米州条約は、あらゆる差別を撤廃することを目指しており、一九九九年にグアテマラで採択され、米州機構（ＯＡＳ）のうち、メキシコ、グアテマラ、コスタリカ、パナマ、ジャマイカ、ブラジル、アルゼンチン、パラグアイなど九カ国が既に条約を批准しました。既に発効しており、六カ国が条約の批准を待っている状態です。この条約はモニタリング・システムも権利として実施することを要求しています。

参加者　コスタリカの発言者が、第三世代の権利の形で、条約に特定事項を詳細に規定する必要があるとおっしゃっていました。アクセスの問題を挙げたいと思います。条約の中に、障害者の権利としてアクセスを入れる必要があります。また、アクセスを包括主義の観点から定義できるようにするべきです。あらゆる障害の観点から、この条約は、アクセスを障害者の権利とすることを強く主張する必要があると思います。

もう一つの点は、設立された人権団体を通じて、政府に説明責任をもたせる問題です。そうすれば、私たちはメカニズムの一部として、政府ばかりでなく、国連に報告を行う独立した人権委員会あるいは人権組織を国際レベルでもつことができます。しかし、それらの独立している人権委員会や人権組織は、明らかにＮＧＯと協力するもので、モニタリング・

メカニズムを保障するための一部となるべきです。

参加者　バハマ諸島から来ました。わが国の、そして地域のグローバル化で、政府はグローバル化の現実、たとえば、米州自由貿易協定、および世界貿易機関に関して懸念をもっています。わが国の経済の主要な二つの柱は、観光と金融サービスです。確かに、関税は私たちの収入に非常に重要な役割を果たしています。政府はグローバル・イニシアティブに呼応することに夢中なのですが、障害者の権利に関する国連条約のイニシアティブを支持するように、政府にロビー活動をするには、私たちには何ができるのでしょうか。わが国での話題は、米州諸国との自由貿易協定とグローバル化、それに貿易自由化ばかりで、それが障害者の生活にどのような影響を及ぼすかに関しては何も言及されていません。政府の関心は、持続可能な開発やこれらのグローバル化に呼応するには何ができるかに関してばかりなのです。

ケン・ラサフォード　一九九〇年代の初めには、世界のすべての軍隊が地雷を所有し、使用していました。地雷を禁止することはNGOの夢でした。一九九五年に、ベルギーは地雷を禁止した最初の国になり、一九九七年までに一三〇カ国以上が地雷を禁止しました。一九九五年には地雷が必要だと言っていた外交官が、一九九七年には地雷は要らないと言っていました。障害者のための条約を制定するために、DPIと障害者のコミュニティが利用できるアイディアを四つ提案しましょう。

一つ目は、「ネットワークづくり」です。私たちは皆、このコミュニティ内で共に活動しなければなりません。私たちは団結すれば強くなれます。DPIの傘の下で、共に活動しなければなりません。これは障害の種別を超えた活動です。医者も、障害者も、他の人たちも、一緒に活動しなければなりません。

二つ目は「焦点化」です。障害者の条約のためのメッセージを出し続けて下さい。地雷廃絶キャンペーンでは、禁止に焦点を絞ることに決めました。戦争の禁止ではなく、対戦車地雷の禁止ではなく、これらのすべてのものを達成しようとするのではなく、一つの問題に焦点を絞るのです。

三つ目は「テクノロジー」です。情報技術の影響力を活用するのです。インターネットを利用し、統計の研究などを行い、その最重要点を皆さんの政府へ伝えるのです。世界で六億人が障害者であり、だれも背を向けることなどできません。

四つ目、最後は、「協議事項の設定」です。何について話し合うかを私たちが決めるということです。だからこそ、障害者コミュニティが話し合いに参加しなければならないと、ここで強調されているのです。

政府間で障害関係の会議があり、NGOがそれに出席していない場合、誰が私たちの言うことに耳を傾けるのでしょうか。私たちはこれらの会議のプロセス全体にわたって参加しなければなりません。このようにして、地雷問題の場合は、五年以内に成果が達成されたと理解しています。

ロドリゴ・ジメンツ　グローバル化の問題に関して、プラス面とマイナス面があります。プラス面は、コミュニケーションを強化することができ、権利を更に発展させることができます。また、様々な基準および規則をつくることができます。しかし、経済のグローバル化の結果、私たちが考慮に入れなければならないことも多くあります。グローバル化政策の背景には、利権があります。例えば、武器、兵器の開発はその一つです。これらに関係する人々にとって、戦争に関わることは必要です。戦争がなければ、武器の開発は行われないでしょう。ですから、注意をしなくてはいけません。

また、競争力も重要な問題です。食物などのような基本的品目がない国々があり、同時に、先進諸国は多くの面で満たされているのです。「貧困が障害を産みだし、新たな貧困を産み出す」と国連で言われました。人権の侵害は、貧困の循環の中でつくり出され、グローバル化の中でこの悪循環から逃げることができない多くの人々が生まれます。そして、その人々は貧しい人々の中でもさらに貧しくなるのです。

したがって、世界銀行および他の国際的な金融機関がそれらの政策に障害問題を反映する必要があることを、理解する必要があります。また、同じことがグローバル化にも言えます。私たちには開発の権利、開発の恩恵を受ける権利があり、これが私たちの明確な目標になるべきです。そして、これを新しい条約に反映させる必要があります。

さて、私たちは、どのようにしてこれを行えばいいのでしょうか。先進国と発展途上国は共に、同じ問題に直面しています。資源という点では非常に豊富な先進国でも、これらの権利の擁護には、わずかな金額しか使われていません。障害者の権利を獲得するためには、資金が必要です。一般の開発に投資されている資源がありますが、この投資は障害者の発展のために投資すべきなのです。

参加者　私はネットワークをつくる点の重要性を強調したいと思います。この分科会からDPIとその役員への主な提案として今この時点から、どのようにネットワークをつくったらよいか戦略を立て始めるべきだと思います。私は、DPIおよび他の団体は、その声が世界のすべての国々に十分強くは届いていてはいないと思うからです。条約を制定するかどうか決定するのは各国政府であるので、各国政府に影響を及ぼさなければなりません。各国政府が特別委員会に現れず、意見を表明しなければ、私たちは条約を手に入れることができないのですから、地雷関係者の方々から学んで、それを実現して下さい。

注

1　国連総会に設置された「障害者の権利および尊厳の保護および促進に関する包括的かつ総合的な国際条約を検討する特別委員会」。

10月17日午前

障害者の権利条約

国連機関における条約の促進と障害者組織との協力

司会者：大濱　真（日本）

発表者：ベンクト・リンクビスト（スウェーデン）

モーゼス・アセメネ（レソト）

ティナ・ミンコヴィッツ（米国）

堀　利和（日本）

ロザンジェラ・バルマン・ビエラー（ブラジル／アメリカ）

条約策定プロセスにおける国連の役割と私たちの課題

……………………ベンクト・リンクビスト

障害者の権利条約策定のプロセスにおける国連の役割について、手短に説明します。国連機関に対し、どのような要求をするかについて基本になるからです。

まず、国連の最高機関は国連総会です。各国が一票ずつ持っています。国連総会は、特別委員会（Ad Hoc Committee）を設立し、条約策定プロセスの開始を決定しました。その際に与えられた任務は、長い重要な名称がついている条約「障害者の権利および尊厳の保護および促進に関する包括的で総合的な国際条約」の提案を検討することなのです。委員会は公開で、国連加盟国すべてが参加できます。六〇から七〇の政府代表団が、第一回特別委員会に参加しました。

では、国連機関の役割は何でしょうか。ここで国連機関とは、国連および国連事務局と、国連を取りまく一種のネットワークを形成する国連の関連機関・機構、両方を指しています。

第一に、国連総会がプロセスを開始する決定を行った場合、このプロセスに「設備」を割り当てるようにとの指示が事務局に伝えられます。国連の用語では、これは特別の指示がない限り会議室と通訳を提供するという意味です。もちろん、そのプロセスにはそれ以上のものが必要ですが、それについては国連の任務にも、特別委員会の任務に関する規則にも何も書かれていません。国連は会議の設備および会議のための通訳を用意します。

特別の作業グループ、今回は特別委員会と呼ばれていますが、これは、国連総会によって選ばれた一つの形式です。国連総会はその課題、任務を、常設の国連の委員会の一つに与えることもできたのです。これにふさわしい委員会は人権委員会だったと思います。しかし、国連は独自の委員会を創設するほうを選びました。特別委員会では、国連総会の規則が適応されます。国連総会の規則は常設委員会の規則とは異なり、多少厳格なものとなっています。ですから、特別委員会に任務を与えたことで、私たちが参加するうえでいくつか問題が出てきたわけです。発言する資格があるのは誰か、投票権があるのは誰か、などについて厳しい規則があるためです。

さて、最初の特別委員会の事務局の問題は、非常に重要です。国連は、特別委員会の事務局をニューヨークの国連事務局に置くことにしました。それは意識的な決定であり、その意図を見抜かなくてはなりません。国連は、特別委員会に国連の人権機関であるジュネーブの事務局設備を使用させることができました。しかし、国連は、ニューヨークでは、仕事全体においてすべての委員会に独立性を与えており、その仕事が国連内の人権機関から独立していることに、注目する必要があります。それから、事務局の専門知識の問題がありま す。私の考えでは、ジュネーブのほうがニューヨークよりも条約の草案作成のための法律関係の専門知識が多くあると思います。また、ニューヨークが選ばれたという事実は、この件に関して、人権にあまりに深入りしないようにしたかったためだと思われます。

さて、国連の関連機関や機構はどのような役割を果たしているのでしょうか。それぞれの機関・機構には、もちろん自分たちの関連分野の専門知識があります。例えば、ILO（国際労働機関）は障害者に関する世界的な条約をもつ唯一の国際機関です。それは、一九八三年からのILO第一五九号条約「障害者の職業リハビリテーションおよび雇用に関する条約」です。ですから、雇用および職業リハビリテーションの分野で障害者に関する条約を施行しているILOの経験は役に立つと思います。ILOはさらに、障害者および障害者関連の立法の専門家を提供することができます。もう一つは、WHO（世界保健機関）でしょう。当然、WHOには医療・保健面、技術的援助・補助装置の供給面における専門知識があります。ユネスコを例にとれば、国連の教育の専門機関です。ですから、国連の組織は、各々の専門知識を特別委員会や政府代表団、条約に向けて活動しているNGOに提供し、それぞれの活動に活用できるようにするべきです。国連の関連機関は、これらの団体を積極的に支援するべきです。

また、特別委員会の設立決議にもあった、委員会の任務についての資金の話があります。条約策定プロセスに意見を盛り込むための地域準備会議を開かなければなりません。しかし、実は、政府や他の誰かから寄付されない限り、これら地域活動用資金はほとんどないので、特別基金を設けようと提案しているわけです。国連総会が、今会期中にこの特別基金を創設する決定を行うことを希望します。これは、中央の委員会と地域会議の両方の活動と、カウンセリング等の活動を対象とした任意拠出金（voluntary fund）です。

資金についてもう一つの非常に重要な面は、採択勧告がなされている条文の中に、障害分野のＮＧＯの参加を支援するために、また、発展途上国の代表が特別委員会の仕事に参加できるよう支援するために資金を使うべきであるという記述があることです。

では、国連の地域の枠組みに関して少しお話ししたいと思います。ご存じのように、地域委員会があり、各国には国連のコーディネーターもいます。条約策定の作業に盛り込む意見を準備する際に、これらの力を利用できますし、すべきです。これに対する支持も決議案の中に盛り込まれており、国連総会でそれが採択されることを希望します。そして、ＮＧＯの活動や各国政府による地域会議や活動のために、利用できることを期待します。

恐らく、条約の起草をめぐる意思の疎通を容易にするために、国連のインターネット・ベースを使用することになるでしょう。ですから、条文や条文策定の進み具合、また提出された提案がどうなっているかを見守ることが可能です。それらはインターネット上で公開されるでしょう。皆さんがそのプロセスに参加する場合は、国連のホームページを見て、そこから情報を得ることが大事です。

まとめると、国連の組織は、特別委員会の作業や条約の作成プロセスを促進し、ある程度組織化する手助けをしています。そして、私たちの立場を文書に記録し、このプロセスに関する情報を広めるためにあるのです。また、国連関連機関が有する専門知識はすべて、そのプロセスのために利用できるようにすべきです。

条約制定の促進に向けて……………モーゼス・アセメネ

私は、いくつかの事柄を概念化することから始めます。まず、「促進」とは、運動を行うことであり、それは、条約の問題をどのように前進させることができるか討議と対話を行うことです。次に「包括的」とは何でしょうか。それは、わかりやすく、しかも全体として整合性がとれているということであり、バラバラであってはならないということです。既存の条約とも関連性がなければならず、それらを補足するものでもあります。また、条約は強制力をもちます。

さらに、障害があるということは、人より劣っていることでも、優れていることでもないという事実を強調しなければなりません。障害者の数が、政策のあり方や民主主義の内容を左右するわけではありません。長い間、民主主義という概念を考える場合、多数が支配するという問題がありました。今日、透明性と代表能力が問われていますので、障害者団体は透明性を高め、説明責任を果たし、組織の良き統治を実施しなくてはなりません。

条約自体の促進に関しては、私たちは障害者として、条約へ自分たちの意見を盛り込む手立てを確保しなければなりません。障害者のニーズは私たちが一番わかっているのですから、私たちのニーズに適した、利用者に使いやすいものにしなければなりません。

一方で、国連の専門機関の価値を検討する必要があります。各国には、国連の一組織である国連開発計画（ＵＮＤＰ）があり、それがカギです。開発に完全な形で平等な立場で参加できるように活動していくことは、私たちの取り組みの一つなのですから。ＵＮＤＰは障害者のための資金の一部を受け取っていますので、それを最大限に利用すべきです。若者や子どもも新条約

国連機関にはユニセフもあります。若者や子どもも新条約の重要部分となります。条約を普及させるためにユニセフが自分たちの国々で行っていることを、最大限に活かしましょう。私たちはＩＬＯのパートナーとして、毎年開催される総会を通じて、その恩恵を受けることができます。ＷＨＯもあります。障害を医療モデルとしてとらえる考え方から変わってきました。医療モデルは、障害者を非障害者に近づけることを目指してきました。しかし今は、すべての障害者が、医療を受けられるようにすることについて話しているのです。また、ユネスコもあります。教育の問題がありました。

今日の世界が直面する新しい挑戦により、障害者問題に対する社会の関心が低下しないようにする必要があります。基準規則は技術的後退だったので、条約を国連において討議に付したメキシコの努力に感謝します。基準規則のもとでの社会開発のおかげで、行動するためのきっかけが生まれました。これはもう一つの好機だと思います。将来、条約の実施に関し、基準規則のもとで行動の機会を最大限に活かさなければならないと思います。

精神医療のユーザー・サバイバーが条約に望むこと……

ティナ・ミンコヴィッツ

私は世界精神医療ユーザー・サバイバーネットワーク（ＷＮＵＳＰ）の者です。今年の夏に、その代表の一人として、国連

の特別委員会に出席しました。そこで、条約に盛り込む必要のある私たちの問題にはどのようなものがあるかについて、精神医療のユーザー・サバイバー（利用者・生還者）の観点からお話ししようと思います。私たちは、すべての障害者問題のために闘うつもりであり、障害の種別を超えた運動を理解していただき、私たちの問題のために闘ってほしいと思います。

まず、障害の予防を障害者の条約に入れるべきかどうかという問題についてです。ここにいる方々は、障害者の人権条約に予防を盛り込むという考えは、障害者の価値を本当は認めていないということにもとれる、障害者には存在する権利があり、私たちはありのままでいる権利、障害と共に生きていく権利があるということを促進していくという点から、予防は条約に入れるべきでない、と述べています。精神医療ユーザー・サバイバーにとって、それは、自分の意志に反して診断され、治療される問題に似ています。私たちにとっては、「いかなる種類のものであれ、治療を拒絶する権利がすべての障害者に保障されなければならない」ということです。その人に能力があるかどうかをテストするべきではなく、自己決定がすべての人に認められる必要があります。これは世界中で私たちが直面する最も大きな問題です。ほとんどの国では、法律によって、あるいは法律もなしに、私たちの意志に反して精神医療の治療を受けさせることができます。ある人たちは、私たちのところに来て、治すためには別人のように変えてもよいのだと言っています。精神障害者が、ありのままの状態でいることはよくないのです。

また、施設収容が最も大きな問題の一つです。ここで、生存権は基本的なものだということを申し上げます。施設に入れられることは、社会的に死ぬことと等しいのです。施設に入れられると、人生を取り上げられてしまいます。あたかも世界には皆さんの居場所が、もはや全く存在しないかのようになってしまうのです。ですから、そのことを非常に強く申し上げたいです。というのも、これらの権利の間にはつながりがあるからです。生存権、自由に生きる権利と社会から排除されない権利、すなわちありのままの自分で、他人が自分を変えようとすることなく、世界に自分の居場所と人生をもつ権利です。ですから、それが、精神医療のユーザー・サバイバーの観点から、条約に盛り込んでほしいもう一つの点です。

施設への強制収容や治療によって私たちが受けた被害に対して、損害賠償を要求したいと思います。施設収容や強制治療は、解決策ではない、社会的・法的問題だと認めるべきです。短期間施設に入れられることでさえ、私たちには苦痛なのであり、その後の人生にいつまでも影響することがあるのです。この問題は、私たちにとっての人権問題の中核です。

また、政府からの抵抗があるので、私案を紹介したいと思います。ご承知のように、世界のほとんどの国には、私たちの意志に反して私たちを施設に入れることを許可している法律があります。ですから、これらの慣行を禁止するには、任意の議定書の形式をとってはどうかということです。それは、国連人権規約（自由権規約）の第二選択議定書で死刑に対処した方法[1]です。障害者を施設に収容することを禁止する用意がまだできていない政府もあるのなら、「わかりました。これは私たちが闘って勝ち取るものとして認めますが、今はそうする用意がまだできていない政府もあるかもしれません」という選択肢を何かつくりましょうと言うこともできるわけです。これは、政府の抵抗を前提に、この問題に柔軟に対応するための私が考え始めた案にすぎません。

また、私は、障害に基づいて人を法的に区別するものはどのようなかたちのものでも、差別禁止条項に盛り込む必要があると思います。というのも、このような法的区別が、いわゆる精神保健法によって、法律で主として施設に入れられ、意に反して治療され、差別を受けてきた主な手段だからです。ですから、条約の中で障害者に対するすべての法的な区別を禁止することは、私たちにとって重要なことです。

最後に、私たちは、自由、平等、尊厳、社会的連帯といった普遍的な価値に関しては、降参や妥協をしてはいけない、ということです。また、この条約は、策定プロセスと内容自体が、すべての障害者に包括的なものであることが重要です。条約で私たちの関心事がすべて取り上げられるようにするには、他の障害者グループと、またあらゆる地域の人々と協力することが重要なことだと理解しています。皆さんと一緒に活動するのを楽しみにしています。

日本の障害者が日本政府にどう立ち向かうか …堀　利和

この障害者の権利条約というテーマは、二十一世紀の障害者の生活や生存権を決定するということでとても重要です。その意味からもこの会議を通して、各国、世界に対して、新しい条約がいかに重要であるか強い意志を示すことが非常に重要だと思います。私は、日本の国会議員として、また日本の障害者の一人として、障害者権利条約策定に対して日本政府がとってきた態度について厳しく批判し、また、政府の姿勢を変えられなかったことについて、おわびしなければなりません。

国連において新しい条約を策定することは、すべての障害者の人権擁護と生存権が促進されることであると同時に、ここ日本の障害者の生き方、自己決定、差別禁止にも高めていくことです。これまでにも、障害者以外の女性と子どものための条約が採択されています。そして、遂に、障害者の番が回ってきたのです。障害者の生存権および人権は、すべての人々の生存権と人権にかかわると思っています。これは、私たち障害者の利己主義で言っているのではありません。男性の中にも、もちろん障害者はいます。女性の中にも障害者がいます。子どもの中にも障害児がいます。どの宗教にも、どの人種にも障害者がいます。つまりそれぞれの属性をもった社会、グループに障害者がいます。それぞれの属性のグループの中で、障害者は相対的に生活や人権について低い位置に押し込められていると言えます。従って、障害者の生存権や人権を高めていくことは、単に障害者に関する問題だけにとどまらず、すべての国や地方のすべての人の生存権および人権を高めていくと信じています。この意味で二十一世紀初頭の権利条約の制定は非常に重要であり、この大会の重要な課題だろうと思います。

次の問題は、新しい条約に対し、私たちはどのように取り組むつもりか、ということです。これは、この札幌会議で取り上げられている最も重要な問題、テーマの一つであると思います。さて、日本で開催されているこの会議にひきつけて言えば、日本の国会に席をもつ者として、私は、日本政府のこれまでの対応を厳しく批判しなければなりません。

一九八七年のイタリア、一九八九年のスウェーデンの新しい条約の提案、また、一九九三年に障害者の機会均等化に関する基準規則ができましたが、日本政府は、そのような動きに対して、常に否定的、消極的な対応をしてきています。例えば、一九九三年の基準規則の策定に当たっていたとき、障害児・者教育の問題に関して、日本政府、文部省（当時）は多くのクレームを申し立てたと聞いています。基準規則の解釈が、あるべき姿から日本の教育事情に合うように、いく分ねじまげられたとも聞いています。

従って、この日本でのDPI世界会議を通じて、国連の権利条約について、まず、自分たちの政府がどのような姿勢をとっているのか、政府にはどのような政策があるのかきちんと点検すべきであり、日本の障害者が政府にどのようにアプローチするかが重要です。それぞれの政府の対応や政策のあり方を横において、いきなり地域や国連に働きかけるというのは弱点をもつものなのです。日本の障害者がまず行う必要があるのは、日本政府の姿勢を改めることです。昨年のメキシコ提案にしても日本政府は、とても冷ややかで、まるで他人ごとのような対応でした。さらに、日本政府は、このメキシコ提案が特別委員会として実を結ばないようにとさえ願っている感じを受けたわけです。従って、日本の障害者にとって政府の考え方をまず変えることが重要な課題であり、そしてその後に、地方や国連に、働きかけていかなければ、自分たちの責任を果たせないのです。

さて、国連ではニューヨークに特別委員会が置かれました。

そして、この活動を支える資金調達の問題があります。これに必要な資金を確保する方法についても、日本政府はこの問題に対してきわめて消極的です。

次に、アジア太平洋地域に目を向けてみますと、第一弾のアジア太平洋障害者の十年が終わろうとしています。そして、第二次の「十年」が来年から始まります。一九九三年から二〇〇二年までアジア太平洋障害者の十年を実施しなければならなかった理由ですが、国連・障害者の十年世界行動計画が自国の言語に訳されていなかった国もあり、社会への「完全参加と平等」をうたった文章を理解することができませんでした。そういう状況で、草の根障害者運動、あるいは障害者の人権や自己決定が実現するわけはありません。従って、アジア太平洋の国々において、世界行動計画を自国でしっかりやるためというのが、アジア太平洋障害者の十年の一つの理由だったのです。それぞれの国の障害者運動を通じて政府を動かし、さらに地域においてネットワークを推し進める必要があります。アジア太平洋においては、日本と日本政府には大きな責任があります。日本が行うべきことがまだたくさんありますが、十分それが果たされていません。また、このプロセスで、障害当事者が運動を行い、自己決定して、あらゆる政策を決定する主体であるのは間違いありませんが、それだけでは十分ではありません。障害者ばかりではなく、その他の関係者や団体とも大きなネットワークを確立し、国連に結集することです。私たちは、国連においても、いかにして私たちの政府に影響を及ぼすように努めるか考える必要があります。その点で、DPIや他の関係者は、それぞれの政府に強く申し入れていく必要があります。

日本政府は、新しい権利条約がなくても、障害者の社会参加はかなり進んでおり、障害者が社会に参加することは可能だと考えています。しかし、この新しい条約の必要性は単に一国だけの問題ではありません。すべての社会、すべてのグループに属する人々の人権であり、生存権に関係するものであり、各国の生存権と人権の水準を上げていくものなのです。最後に、私たち日本の障害者が日本政府にどう立ち向かうかが重要であり、影響を及ぼす必要がありますし、国際的に見ても他の国々の人々に、迷惑をかけないようにしなければなりません。また、このDPI世界会議札幌大会において、日本の障害者が明確にしなければならないことであると思います。

条約への関心をいかに高めるか……………………ロザンジェラ・バルマン・ビエラー

私は、条約へのこの勢いと、私たちの国際的障害者運動、あらゆる国や都市における運動すべてを、どのように利用できるかということを話したいと思います。そして、この条約への勢いを利用して、草の根団体を動員し、世界中の人々が共通の認識をふまえ、条約策定プロセスに自分たちの声が反映されるようにするべきです。このプロセスへの参加については、特別委員会への出席やＮＧＯの参加ということだけでなく、いろいろなレベルで参加することが必要です。内容も重要なことです。どういう形で参加をするかは、今の勢いを利用して、どのように教育すべきかによると思います。

世界中の人々に、未だ新しいパラダイムは理解されていません。情報を得ることがそれほど容易でない立場もありますし、言語も障壁でありえます。コミュニケーションの不足もあります。そのため、世界の多くの地域では、障害についていまだに医療モデルが考えられています。私たちはその考え方に明確に反対しており、社会開発モデルではなく人権モデルでなければならないと言っています。新しい条約の新しい概念を生み出す努力をしていくべきです。一方で、発展途上国や世界中の国々にいる私たちの仲間の多くは、情報・教育を受けていませんし、今まさに行われている私たちの条約を要求する国際的な運動に参加する機会さえもないのです。

私はブラジルの出身ですが、現在は米国に住んでいて、米国の障害者団体、人権団体、政府機関、議会に対する人権教育に従事しています。米国では、市民権の観点を理解することは容易ですが、障害者の権利は人権であるといったように、通常、人権の観点を結び付けはしません。

条約策定のプロセスについて、私たちのグループは、地域社会を教育し、条約に人権の観点を入れるよう努力してきました。今回の大会も非常によい経験だったと思います。様々な経験のある多くの団体から実際に協力を得ることができますし、発展途上国の観点から、私の場合はラテンアメリカ出身ですが、どのように途上国に対し情報を提供するべきか考えています。ラテンアメリカの場合には、資料をスペイン語に翻訳しています。また人々に対して、私たちが何について話しているのか、条約とはどのような意味があるのか、何を求めているのか、理解する機会を提供しようとしています。

特別委員会が設立され、ニューヨークで開かれ、次の会議は来年に予定されています。また地域会議がありますが、ラテンアメリカの場合には、エクアドルで来年の三月に地域会議を開きます。ラテンアメリカの団体はこのプロセスにどのように参加できるでしょうか。私は各国のリーダーと一緒にこのテーマについて協議し、一つの声にまとめることが重要だと思います。実際に条約の文言を起草しなくても、文化的・地域的な問題を提起することは非常に大切です。障害分野の草の根レベルで、条約に関与し、意見をいう機会を提供していくことができるのです。

私たちは文書や資料を作成しており、翻訳しているものがあります。地域会議でこれらを配布し、個人で行動していても、条約の策定プロセスにおいて、自分には力があり、貢献することができるのだと感じてもらおうとしています。そして、エンパワメントのために条約策定の全プロセスを利用すべきであり、自国の障害者について考え直し、新たなパラダイムを入念につくるべきです。一九八一年にブラジルで、国際障害者年の準備をしていたときのことを覚えていますが、私たちが国際社会から得た情報は私たちの人生に大きな影響を及ぼしました。

私たちが行っているいくつかの提案は、知識を得、条約に関する強い主張と堅固な行動基盤をつくるのに必要な道具である情報を見つけることです。国際人権法文書、特に、世界人権宣言、社会権規約、自由権規約、基準規則、国際的な運動および特別委員会の情報、条約に関連する国連の活動などです。

一般市民の意識を高めるために、次にいくつかのテーマを挙げます。

一つ目は、自分の権利を知り、自国の障害者関連法でその権利がどのように表現されているかを知ることでしょう。皆さんが関心をもっている問題だということを、自国の議員に知らせて下さい。条約に共鳴するあらゆる種類の障害者を代表する個人、グループ等の協力者を見つけて下さい。人権運動または社会的公正運動の協力団体の人々や団体からの支援を利用して下さい。女性団体、子どもの権利団体等です。国際的団体やキャンペーンとの連帯を築いて下さい。これが皆さんの影響力や合法性を高め、権力をもつ人たちの注意を引きつける手助けとなるのです。皆さんの連合が、確かに幅広い層を代表するものであるようにして下さい。

もう一つの重要なことは、ネットワークです。通信システムを構築して下さい。ホームページを作り、リストを作成し、地域や国レベルで会議を開催して下さい。定期的に情報交換を行う方法を見つけて下さい。戦略としては、優先事項を決めて、重要な問題から解決して下さい。皆さん全員が声を一つにして発言することができ、幅広い参加を保障する核となる関心事項を見つけて下さい。簡単なメッセージのほうが多くの聴衆に伝えやすいものです。

モニタリングとその報告をするために、学校、病院、刑務所、家庭など、コミュニティでの障害者に対する処遇や状況に関する証拠を集めて下さい。国際人権法や国内法での障害者の権利と、現実との間に大きなギャップがあるということを裏付けるために、情報をまとめて下さい。そして集会やデモを組織して下さい。十二月十日に祝っている人権デーなどで、徹夜の集会またはイベントを行って下さい。

もう一つのテーマは影響力を及ぼすことができるように工夫することです。私たちは、自国の国連特別委員会への参加の調整を担当している外務省など政府機関の職員を特定しました。皆さんの政府が条約の作成に関し、どのような立場をとってきたかを調べ、その立場を支持するメールや手紙か、またはより積極的で、より建設的なアプローチを促すメールや手紙を書いて下さい。国連の代表団に障害者を入れるように、政府に働きかけて下さい。差別を防ぐために法律の改正を求めて下さい。公共の建物のアクセス拡大を、学校での差別廃止を、よりよい設備および機関を求めて下さい。

最後は、メディアの利用も重要です。

障害者団体、人権擁護団体などの間で、条約支持の請願を回覧して下さい。条約支持の署名数の最新情報を、皆さんの政府代表のもとへ定期的に送って下さい。署名は個人でも、団体でもかまいません。

参加者　日本の大阪からきました。視覚障害者です。質問があります。自由権規約と社会権規約で規定される人権には矛盾があるのですか。例えば、検討されている条約では、アクセスは非常に重要だと考えられている問題の一つです。それには、私たちが提案したりここで配布した情報や、特定の文章へのアクセスが含まれています。そして、障害者に情報を提供するために、様々なメッセージ伝達方法の利用が可能です。私たちは情報を違う形式に変換する必要があります。一方、著作権の問題がほとんどいつでもついて回ります。著作権は条約や国際協定で保護されています。

これらの二つの権利、著作権と情報にアクセスする権利について、世界人権宣言の二七条で述べられていますが、二つの権利の間には、矛盾があるように思われます。このようなことに関して、私たちは何を行う必要があるのでしょうか。

ベンクト・リンクビスト　この分野で利害の衝突があるかもしれないというのは、的を得たものだと思います。

アクセスの問題は人権に関連する非常に面白い問題であると言えると思います。問題は、アクセス自体が人間の権利であるのか、アクセスが皆さんの権利を行使することができる状況での手段かどうかです。例えば、総選挙での投票を見てみましょう。投票する権利が行使できるためには、アクセスがなければなりません。

条約で私たちが挑戦することの一つは、アクセスの問題にどのように対処するかになるでしょう。アメリカ人は、「障害をもつアメリカ人法（ＡＤＡ）」で、自分たちの望みを手に入れました。他の差別禁止法では異なる方法でそれに対処しています。また、ちょうど今、差別問題としてどのようにアクセスを取り上げるかを議論している国々があり、そのこと自体、問題なわけです。
もちろん、アクセスするために、私たちは、時として他の権利を侵害することがあります。著作権との問題は視覚障害の分野で非常に頻繁に対立が起きています。この対立は、スウェーデンで、私たちがトーキングブック（録音本）を作り始めた五〇年代以来ずっと続いています。それが解決できたのは、私たち視覚障害者が、自分たちにはそのメディアを手にする資格があるそのメディアを通じて文学と情報を手にする資格がある、と思っていたからでした。ですから、私たちは交渉し、国と著作権の所有者、大半は作家や著者などの関係者と視覚障害者から成る三者間の合意を得ました。そうした対立は、このケースのように、対立する利害関係者間の合意によって解決されなければならないと思います。

堀　利和　ご質問に対し、日本の状況に関する情報を少々提供したいと思います。

情報アクセスの問題に関しては、解決すべき難問がありますす。私たち視覚障害者は、情報にアクセスするのが常に難しいと考えられています。私たちには特別な手段が必要です。例えば、点字や音声情報形式が必要です。これまで多くの場合、点字を使ってきました。それは視覚障害者だけが使用する情報アクセスの手段であり、他の人々は使用しませんでした。ですから、私たちがそれに対処することは容易でした。

しかし、今日では、情報革命の中で、様々な形式のデータがアクセス可能になり、利用することができます。もちろん、それは私たち視覚障害者にとって非常に便利で、あると非常によいものですが、視覚障害者だけが使えるものではなく、誰もが使えるものです。それが問題になっています。日本では、昨年著作権法が改正されました。もちろん、この問題は法律の修正の過程で出されました。点字図書館では、点字の本とテープに録音した本があります。それらは、視覚障害者が自由に利用できるようになっています。この問題は、視覚障害者と非障害者との人権のぶつかり合いという前に、情報へのアクセスができる障害者の人権と著者の権利がぶつかったのです。どういう法的決着をつけたかというと、視覚障害者および限られた人、機関、団体だけに、データを利用する権利が与えられました。つまり、提供されるデータや著作については、限られたグループの人々のみが利用する場合には、著作権は放棄されます。

これからの情報社会の中で、問題解決の方法になると思います。誰もがアクセスできるツールとしてのデータは、限られた機関・人の間でのみ許されるという方法しかないと思います。今後、一般化された情報のツールのこうした問題は増えるでしょうが、当分の間、こうした利益の衝突を解決できる唯一の方法は、このようなものしかないと思います。

参加者　私はＩＬＯの世界の障害者プログラムを担当しています。まず、ＩＬＯは障害者の権利に関する国連の条約を設立するための動きを、たいへん歓迎しています。ＩＬＯは、条約に盛り込まれるものが何であろうと、既にあるものからの後退ではなく、進歩であることを確実にするために、この条約の職業訓練および雇用に関して積極的に活動を行います。その点で、ＩＬＯには障害者の訓練および雇用の権利を擁護するいくつかの国際基準があることをお知らせしたいと思います。

一つは、一九八三年に導入された「障害者の職業リハビリテーションおよび雇用に関するＩＬＯ条約」です。これは障害者のリハビリテーションと雇用の権利を擁護する拘束力のある国際条約で、現在、世界七三カ国が批准しています。その条約には、勧告第一六八号が附帯されていて、それは、条約の効果が障害者に及ぶように、条約で保障されている権利を、現場で実践的な措置に変える方法に関する明確なガイドラインを各国に示しています。ですから、皆さんがこの国連条約のためにロビー活動を行う際、一九八三年からのＩＬＯ条約と勧告の両方をご覧になって下さい。新しい条約に盛り込まれる必要があり、基礎にする必要のある、あらゆる種類のものが載っております。また一九五五年のＩＬＯの勧告も、ほぼ五〇年前に導入された、障害者の訓練と雇用とリハビリテーションの権利を促進するもので、依然として有効です。これは一九八三年の条約と勧告によって補足されています。

また、二〇〇一年にＩＬＯ理事会によって満場一致で採択された「職場における障害問題の管理のための実施要綱」があります。これには、障害者が一般の雇用に場所を確保しようと思うのならば、考慮に入れる必要のある事項が含まれています。実施要綱は、既に一〇の言語に翻訳され、世界中の障害者団体の協力で、さらに多くの言語へ翻訳したいと願っております。

ＩＬＯの障害者へのアプローチは、国連の条約に反映するべきだと私たちが感じている、四つの主要な柱に基づいています。それは、「障害者の機会均等」「男性障害者と女性障害者に対する平等な処遇」、「障害者の機会の主流化」、そして、可能な場合は、「これらの価値観が確実に現場で効果をもたらすようにするコミュニティの関与」です。これは最も重要です。世界中の障害者の五人に四人が、都市ではなく地方に住んでいるからで、そのため、政府だけでなく、雇用者団体、労働組合、障害者団体およびあらゆる種類のコミュニティグループから、あらゆる種類の障害者が参加する過程において援助を受けることが最も重要です。

最後になりますが、条約作成への貢献として、ＩＬＯは、障害者の働く権利に関する論文を作成しています。この論文では、働く権利を対象とする国際基準、条約、協定をすべて集めており、新しいＩＬＯ条約で基礎となる必要のあるものです。この職業上の地位の権利に関する論文は、十一月末頃に、興味のある方はだれでもご覧いただけるようになるでしょう。それは、皆さんが自国の政府にロビー活動をする際に、非常に有用な道具になるだろうと思います。既に意見が一致していることは何かを確かめるために皆さんがご自分で探し回らなくてよくなるからです。新条約は、既に意見が一致したことからの前進であり、一歩後退するものではないことを確かめる必要があります。

参加者　ティナさんと、堀さんにそれぞれ質問があります。

まず、ニューヨークでの特別委員会の会期中、精神医療サバイバーのコミュニティの方々がなさった大きな貢献に、私は感銘を受けました。九〇年代の初めの基準規則作成のプロセスでは、ティナさんたち精神障害者のコミュニティは、不十分にしか取り上げられていませんでしたが、今回は、存在感が強く感じられ、あなたのリーダーシップを高く評価しております。治療を拒否する権利という発言について一つ質問があります。これは非常に重要な主張だと思います。あなたの声明と、ＷＮＵＳＰからの声明の中にも再三、取り上げられています。

私は、自分自身もそうですが、自分を制御できなくなることがあるかもしれない、と思っています。日本では、実際に、精神障害者による殺人の犠牲者の大半は家族です。もちろん、普段は他人に危害を加えるようなことはないと思いますが、自分自身を制御できなくなった状況では、第三者が介入し、治療を強要することが必要なこともあるのではないかと思っています。人が自制を失う恐れのある状況もあると思いますので、なぜこの治療を拒否する権利が必要かについて、もう少しお話し下されば、ありがたいのですが。それが最初の質問です。

堀さんへの質問です。新条約の策定過程のなかに、日本政府が協力できる方法が多くあると思うのです。堀さんが前におっしゃった特別基金に資金を拠出することもそうですが、日本から国連事務局へスタッフを派遣することも、日本政府に検討していただきたいと思います。私自身、二年間、外務省のＪＰＯ（Junior Professional Officer）としてウィーンの事務局に派遣されました。この特別委員会の事務局はニューヨークの国連本部が担うことになりましたので、日本から事務局に人を派遣して、権利条約の策定に参加するように検討していただきたいと思います。

また、南アフリカ政府は、特別委員会の政府代表団の一部として、障害議員を参加させています。国会会期中は難しいでしょうが、次の特別委員会の会議には、堀議員自ら日本からの代表団に参加することを検討して下さるようにお願いいたします。今年はアジア太平洋障害者の十年の最終年に向けての議員連盟があると聞いていますが、そこで権利条約に対して日本政府の態度について何か議論がされているのでしょうか。

堀　利和　日本政府が条約に消極的ということで、スタッフをニューヨークに派遣するなり、議員、関係者が会議に参加するなど、動きを起こす必要があるというのは同意見です。議員連盟では、この新しい条約の採択を促進しようとする積極的な動きは今の時点でまだ何も始まっていません。これからだと思います。

ティナ・ミンコヴィッツ　私の理解するところでは、精神医療は拷問と等しいものです。社会統制の名の下に、どのような人にも押し付けられるべきものではありません。自分の経験から少しお話ししたいと思います。私自身は制御のきかない者ではありませんでしたが、大変なうつ状態を経験していました。そして、私のまわりの人々は、多分そのことに対してどう対処していいかわからなかったのでしょう。薬を強制的に服用させられることは、恐ろしいことだと知っていましたが、いずれにせよ、強制的に服用させられました。精神医療で使用する薬は、私の経験では文字どおり、人格そのものを攻撃して、私が私であることを破壊しました。同じ薬を使用しても全く違った経験をする人がいるかもしれませんが、薬が人にとって良いものであるにせよ、悪いものであるにせよ、薬を服用することに合意するかどうかは、自分で決めなければならないことなのです。

制御できない人々に対して、そうした状況に取り組むにはどうするのが一番良いのか十分な知識はないとは思っていますが、治療と社会統制をはっきりと区別してほしいと思います。自分を制御できなくなった場合、自分から強制的に精神医療の薬物治療を受けるようにしてほしいと望む人々もでてくるでしょう。実際、私は自分からそう言っている人を知っています。万一そういうことが起こったら、そのようにしてほしいと、自分の友達や家族に伝えるのに利用できるメカニズムがあるべきです。

また、誰も傷つけないように社会統制を実施する最良の方法は何かという問題を、もっと掘り下げる方法を見つけてほしいと思います。しかし、人々が全く強制的に薬を服用させられるのは普通のことではないと思います。

参加者　日本の参加者で精神障害者です。社会的にコントロールする方法についてお話しなさっていましたが、自制心を失う人々は精神障害者だけでなく、自制心を失い、自分の子ども、大人、家族を殺す健常者もたくさんいるのです。人が自制心を失うことや、その人が他の人に害を与える危険があるかについて話をする場合、私たちは一般的に何をすべきか考えるべきで、精神障害者にのみ焦点を当てるべきではありません。精神障害者と言われる人が自制心を失うと、特別に、縛られ、注射を打たれることの合理的根拠を、今もこれからも見つけられないと思います。

ですから、ティナさんが言いたいのは、精神障害者が自制できない場合、私たちはどうすればいいのかということではなく、誰もが自制心を失って犯罪を犯す可能性がある場合、我々は何ができるのか、ということだと思います。「精神障害者が」と特定すること自体が差別なのです。

参加者　オランダから来ました。特に西洋諸国で、人々の自由を再三制限する立法が策定されていることが、私には少し心配です。同時に、製薬産業の影響が拡大しているのがわかります。私たちには薬が必要ですが、法律をつくることで自由を制限されてしまい、結局は人々の回復を制限するかたちで進んでいます。パネリストの皆さんは、この問題を取り上げることができるのでしょうか。

ベンクト・リンクビスト　ご指摘なさったように、そうした方向へ進むには危険があると思います。それに対する一つの明白な手段は、これによって影響を受ける人々、特に、精神医療のユーザーおよびサバイバーの声を強めていくことだと思います。特にその声を、基準規則をモニターする専門家パネルの中に加えることができて、うれしく思います。パネルが一九九四年につくられたとき、パネルを創設した他の五つの組織が精神障害者の小さく弱い声を招き入れたことは、非常に賢明な決定でした。その時以来、その声はかなり強くなりました。多くの人が国際的な経験を積むようになってきました。これが声を強くする一つの方法だと思います。

最後の発言として、人間の基本的な権利として、その自己決定を強調するつもりでした。自治とか自立、あるいは自己決定とも言うことができます。私は、一人ひとりが自分の生き方に関して決定を下す人間の権利を強化することが、非常に重要であると思います。

そのことは、薬物治療および急性の重症の精神障害者に関して、最も重要な点ではないでしょうか。精神障害者の治療に関する分野では、非常に多くの偏見と無知、資源不足と資源の誤った使用がとても多いのです。私たちは、精神障害者が自分のために決定する権利の擁護・支援をしなければなりません。この非常に重要な面に注意を向けなければならないと思います。これは、精神障害者にとっては、人生を左右する重要な問題なのです。

ティナ・ミンコヴィッツ　リンクビスト氏がおっしゃったように、自己決定は基本的な人間の権利であり強化するべきです。一言付け加えたいのですが、私たちは、自己決定について、手続き上の問題としてだけでなく、自己決定権をもつべきなのであるという見地から見なければなりません。しかし、それが取り上げられてしまう場合、このような自己決定という状況下でのみ、取り上げられるべきです。私は経験したことがあるのですが、きっと他の方々も他の国々で経験なさっていると思いますが、権利を取り上げられることによって、権利を剥奪されてしまうのです。特に障害者に対して既に偏見を抱いている裁判官やシステムによって、手続きが乱用されるのは確実です。ですから、その点の注意をお願いしたいのです。

参加者　日本の新潟から来ました。条約に盛り込むべき内容として、様々な権利と同様に、条約をモニタリングする委員会が必要だと思います。そこで、モニタリング委員会の構成員について、すべての種別の障害者が加わる必要があると思います。また、国際条約の実施状況の場合、各国ごとにもモニタリングのシステムが必要だと思います。国内人権機関に関してパリ原則という国連の原則がありますが、それにのっとったものが必要であると思います。メキシコの草案はそれに言及しています。

　また、条約の実施措置について、個人の通報制度も盛り込むべきではないかと思います。札幌宣言にそのような個人通報制度を盛り込む余地があると思いますが、いかがでしょうか。リンクビスト氏にお願いしたいと思います。

ベンクト・リンクビスト　つくるべきだと思います。そして、国ごとの条約の実施を評価し、働きかける国内モニタリング機関があるべきで、その機関、あるいは委員会、何と呼んでもいいのですが、それに障害者が加わるべきです。国際的レベルと国内レベル両方のモニタリングにおいて障害者自身の声そのものを反映させることは、新しい条約の非常に重要な特徴であると思います。

参加者　大阪から参りました。日本の場合、障害者施策について、障害当事者も参加して議論したそうですが、決定段階で、知的障害児の施設への待機者が多いという親の声によって、来年は六八〇〇人の入所施設をつくると発表され、私はとても驚きました。政府などは知的障害者のためにはよい施設をつくればいいと考えているようなので心配です。知的障害者に関して条約に明記してほしいと思いますが、知的障害者の自立に関する条項を含めることに関して、皆さんの見解を伺いたいと思います。

モーゼス・アセメネ　知的障害者は施設へ入所させられることにより、社会生活を奪われてしまうため、施設へ入所させることに反対します。親も団体を組織することができますが、子どもの利益を最優先させなければなりません。知的障害、特に重度の方は自分だけで意思表示のできない障害者です。自己決定および自己表現の権利と、親が自分の子どもを代弁することの間のバランスを保たなければなりません。私たちは、親が自分の子どもを施設に入れることに反対です。しかし、親も組織されなければ、親には多くの負担が課せられます。皆さんに重度の知的障害の子どもがいたとすれば、その子どもには、家族と一緒に暮らす権利があります。その子どもには医療面での支援を受ける権利があります。他の国々では、その支援を提供する法律があり、例えば、南アフリカでは今、そうした権利を規定する社会保障法制があります。条約の内容は、誰も疎外されることがないようにすべきであると思います。

楠　敏雄　ＤＰＩ日本会議の副議長です。突然、議論を要約する機会をいただきました。今日の午前中の分科会からは、障害者のための国際条約を促進する前提条件の一つとして、遅れていると思われる精神障害と知的障害の分野で、権利を確立しなければならないと思います。隔離を拒否する権利、

自分の受けたくない治療を拒否する権利などを有するべきだと思いました。条約は、一部の限られた障害をもつ人だけのものではなく、あらゆる種類の障害をもつあらゆる人のためのものでなければなりません。条約を促進し監視するために、三つのプロセスが必要であると、リンクビスト氏や他の多くの方々がそのことについてお話し下さいました。

第一に、特別委員会の置かれるニューヨークと、国連人権委員会のあるジュネーブとの間で十分に連携しなければならないことは、非常に重要なことの一つです。障害者のための国際条約は、社会開発の段階は考慮されるべきですが、基本的に人権条約として位置づける必要があるためです。

第二の点は、国際支援などによって、世界各地の障害当事者のNGO・団体の特別委員会や他の国連機関への参加と発言を確立させることです。DPIも含めた国際的な同盟であるIDA（国際障害同盟）が、いっそう障害当事者の力を結集して、権利条約策定の過程で決定的な役割を果たすべきです。

同時に三点目として、各国の障害者団体に対し、こうした国際的な情報を流して、各国政府に働きかけを強め、チェックするという関係をつくらなければなりません。各国内の障害者団体が、地域での連携を強めることが権利条約策定と監視に重要です。

注

1　死刑の廃止を目的とする市民的・政治的権利に関する国際規約（自由権規約）の第二選択議定書で取られた方式。

10月17日午後

障害者の権利条約

国際障害同盟（IDA）等との連携

司会者：ジョシュア・マリンガ（ジンバブエ）
発表者：キキ・ノルドストローム（スウェーデン）
ジュディ・チェンバレン（米国）
楠　敏雄（日本）

条約策定におけるIDAの役割…キキ・ノルドストローム

私は、協力問題に大変関心を抱いており、国際障害同盟（IDA）に関する不明点を解決できるように、少しでもお役に立てればと思っております。IDAは一九九九年に南アフリカで設立されました。それは「アフリカ障害者の十年」が採択され、アフリカの障害者団体がそれに賛成したのと同じ頃でした。ケープタウンでのこの会合は、アフリカ障害者の十年とIDAの設立に関して、両面で成功しました。

当時、私たちは、障害者分野での五大団体を、〝ビッグファイブ〟と呼んでいました。IDAの創立団体は、そのビッグファイブであるDPI、世界ろう連盟（WFD）、世界盲人連合（WUB）、インクルージョン・インターナショナル（II）、そして世界精神医療ユーザー・サバイバーネットワーク（WNUSP）でした。当時、五つの障害者団体の中に、高いレベルでの協力が必要だとの強い気持ちがありました。つまり、これらの五団体の議長および会長全員が団結して、お互いの共通の関心事や利益を分かち合い、共通の問題について議論し、解決策を見い出し、声を一つにしなければならないと考えたわけです。

私たちのほとんど全員が、国連障害者の機会均等化に関する基準規則（以下、基準規則）の特別報告者であるベンクト・リンクビスト氏の専門家パネルのメンバーでもありました。私たち全員が小さな部屋で、自分たちが共に協力するべきであると合意し、主として人権分野で目標を設定しました。これは、条約について考えることなどできなかった頃のことでした。私たちは資金をなんとか見つけました。実際、生まれたばかりのこの小さな赤ちゃんを支援すると約束したのは、スウェーデンのシーダ（Sida）でした。そして、一回目の会合を、ニューヨークだったでしょうか、開きました。

それから、私たちは、世界盲ろう者連盟（ＷＦＤｂ）という名称の団体を新しいメンバーに選出し、加盟団体は六つになりました。また、ＲＩ（リハビリテーション・インターナショナル）も加盟を希望していましたので、私たちは名称を変更しなければなりませんでした。これについては、いくつか問題を抱えていたことも認めなければなりません。さて、私たちは名称を変更し、国際障害団体会長同盟とすることで意見が一致しました。しかし、ＤＰＩなどでは、団体の代表を会長ではなく議長としているので、後に団体会長という言葉をとって、国際障害同盟（International Disability Alliance）、略してＩＤＡ《アイダ》にしました。結成してから三年になりますが、私たちの取り組みは、より明瞭に、より充実してきたと思います。

ＩＤＡの会合には、各団体から代表が二名ずつ出席することになっています。一名は団体の会長または議長で、もう一名は各団体が独自に任命します。また、意思決定の際は、出席者の全員一致が必要であると合意しました。ある団体が躊躇したり、または会合に出席できない場合、決定を下すことができません。これは協力を始めるのに非常によい方法だと思います。国連では、ある国が欠席しても、残りの国々で決定を行っていますが、私たちの場合は七つの代表が全員そろわないと、意思決定できないことになっているのです。最近の決定には、障害者に関する条約に向けての取り組みがあります。ここでは私たちに意見の対立はなく問題はありません。グループ内の違いは多様性に富むため、もう少し後になってから、条約の草案をどのように作成するかの段階で問題が出てくるかもしれませんが、条約は人権に焦点を当てて、権利を中心にしたものにするべきだという意見で一致しています。

そして恐らく、メキシコが特別委員会に提出した条約案の他に、独自の条約案を作成し、提出するべきかどうか決めなければならないでしょう。通常、異なる草案が少なくとも二つか三つあり、政府が審議することができるのですが、現在、条約草案はメキシコ草案一つしかありません。

ですから、次の六カ月間で一生懸命取り組まなければならないことがたくさんあります。私たちは緊密に協力して、合意可能な文言を見つける努力をしなければなりません。それは、ある「空気」が感じられるからです。実際にはまだ議論されていないのですが、もしかしたら、長々とした条約にしないほうがよい、ということです。言葉の多い条約よりも、強く鋭く、明確な条約になるほうがよいでしょう。これらの言葉や力を形にすることが私たちの責任です。そうでなければ、どのような教育を私たちが望んでいるか、アクセスとは何か、といった対立に気を取られてしまうでしょう。そして、政府に対して、私たちは団結して、自分たちが望むのはこれだと言うことができます。ＩＤＡではあまりこうした文章を作成していませんが、共同文書はいくつかあります。ＩＤＡから大阪フォーラムに提出された声明が一つあります。もう一つは障害児の権利に関する声明であり、教育を受ける権利と公平な処遇を受ける権利に関するものです。五月に国連が子どもサミットを開催した際に提出されました。今後、そのような文書がもっと出されるでしょう。

次に、懸案事項について少々触れておきたいと思います。障害分野以外の団体や、障害分野の他の多くの団体が、自分たちの団体の様々なプロジェクトを支持してくれるようにと、私たちに近づいてきました。私たちは、その依頼に関して、非常に慎重に議論を行うため、そのようなプロジェクトを支持するか、関与するかについて意見が一致するまで、長い時間がかかることがあります。

今のところ、ＩＤＡは非常に小さく弱い機構です。現在、資金も不足しています。従って、もし誰かが「あなた方が来て、私たちのプロジェクトに賛成してくれれば、お金を出しますよ」と言えば、問題になるでしょう。これは少し微妙な問題です。私たちは自分たちが何を望むのかについて、極めて慎重になる必要があります。私たちの影響がそのプロジェクトに対してどれほど啓発的になりえるか、また私たちの影響自体を考慮する必要があります。これが私たちの現状です。また、ＩＤＡが好ましいプロジェクトを後押しし、そのプロジェクトを支援し、私たちには労働力を提供する余裕がないので、自分たちの側からは労働力を出さずに、それに関与することができればいいと思う場合もきっとあるでしょう。

私たちは団体として機能することができないのです。組織ではなく、ネットワークであり、その構造を継続させたいのです。私たちは何の規約もつくりませんし、選挙もしません。共同議長制度は交代制です。ですから、一年間はある組織がＩＤＡの議長を務め、次の年は別の団体がＩＤＡの議長を務めるのです。そして来年は、スウェーデンかノルウェーなど、どこの国の政府でもかまわないのですが、より多くの資金を提供してくれるように願っています。独立を保てるように、他からの資金ではなく、政府からの資金のほうが好ましいのです。独立性もグループにとって非常に重要です。

さて、去る七月と八月のニューヨークでの特別委員会でＩ

DAは強い立場をとりました。私たちが行ったことは、出席者は誰でも介入し議論することができるコーカス（幹部会）をつくることでした。それに加えて、IDAのメンバーは、会合を開き、進展状況を評価しました。コーカスは、午前中に会合を開き、前日に起こったことおよび対処すべきことや、その日の議題の事前説明が行われるように、組織化されました。私たちは、コーカスにおいて、誰もが発言する機会を得、異なる団体の代表がスピーカーに会うことができるようにリストの調整を行って、そのリストを特別委員会に見せると約束しました。私たちはいい雰囲気の中で、政府に取り組んでもらいたい様々な仕事や視点を分かち合いました。私たちはうまく処理したと思いますし、政府も、私たちのやり方にかなり満足していたと思います。

IDAを代表して発言する場合、自分の団体を代表して発言する権利を放棄しなければなりません。言い忘れていましたが、これら七つの団体全部が、もうすぐ国連経済社会理事会の協議資格をもつ予定ですので、私たちは本会議で発言することができるようになります。現在、私がIDAを代表して発言する場合は、IDAの代表としてではなく世界盲人連合の会長として届け出を出さなければなりません。IDAはネットワークなので、国連の本会議で発言することができないのです。IDAのために、自分自身の声明は放棄しなければならないのです。ですから、代表者は時としてIDAの代表の立場で発言することもあれば、時として自分の所属団体の代表の立場で発言することもあります。後になってわかったのですが、各国政府の間では多少混乱があったようでした。IDAがどのように組織されているのかを各国政府に説明すべきでした。国際的な障害分野において、こうしたネットワークの形はわかりにくいようです。

皆さん、この会議後、帰国してから、IDAが行っているように、他の団体と連合を組むようぜひとも努力して下さい。条約について皆さんがどのようにしたいかを話し合い、皆さんの政府に強く圧力を加え、私たちの結束を保って下さい。起こり得る対立はすべて障害分野でも起こりますが、それは自分たちの間だけに留めておいて、政府の前では結束するよう努力して下さい。それは、皆さんと皆さんの団体のためになるばかりでなく、他の個人のためにもなるのです。対立はすべてグループ内で解決し、団結して立ち向かいましょう。その場から私たちを動かすことは誰にもできません。

障害種別を超えて……………ジュディ・チェンバレン

私たち障害者の権利条約を策定するプロセスを前進させるために、障害者や障害者団体がどういう方法で協力しているか、皆さんにご紹介したいと思います。

障害者の権利の概念を基本的人権として推し進めているのは障害者運動です。ほとんどの国々の法律では、私たちを社会問題あるいは医学の問題として扱っており、完全に社会に参加する権利を有する完全な人間・市民として見ていないように思われるからです。だから国内的・国際的に、広範に障害者団体があるのです。私たちは、自分たちのニーズは何か、自分たちが何を望んでいるか、自分たちの権利が何なのかについて、遠慮なく発言しなければなりません。

私は世界精神医療ユーザー・サバイバーネットワーク（WNUSP）の共同代表ですが、IDAの最も若い構成団体です。このネットワークは比較的新しく、世界には精神障害者または精神医療のサバイバー（生還者）が自分の独立した声を獲得していない国々が、まだまだ数多くあります。ですから、私たちの団体がまだない世界のそれらの国々に働きかけようとしています。

障害者を組織する歴史は、もともとはある特定の障害の周囲でグループが生じたことが始まりだったと思います。並列ではあるが全く別個の種類の運動ができました。そして、私たちが障害の種別を超えた団体や連合を組織し始めていることは、私たちが成熟したことを表していると思います。それは、ある障害に特有の問題は数多くありますが、私たちが直面する差別はどのような障害であっても、私たち全員に影響を及ぼすからです。

「条約」という発想は、国際法の基本問題として、私たちの権利を擁護することに非常に大きな価値を置くと思われるので、障害者運動に携わる多くの人々を本当に興奮させたと思います。そして障害者団体からの意見を大幅に盛り込んだ条約を、国連を通じて策定することが大きな目標になったのです。

国連の協議資格をもつ様々な障害者団体は、今年（二〇〇二年）の夏の特別委員会の間、きわめて緊密に協力しました。実際、各国代表団の多くは障害者に関してあまり知識がなく、正式に任命されたのではありませんでしたが、障害に関する専門家としての私たちのところに、実際に足を運んだのです。代表団が実際に私たちの言うことに耳を傾けたのを目にしたのは、とても胸が躍ることです。

私は精神障害者の代表として、条約で確立される人権の枠組みに精神障害者が含まれるように活動することに、特に関心があります。というのも、世界のほとんどの国で、精神障害者の法的な状況や人権の状況が極端に不利な状態に置かれており、私たちにはこの異なった種類の障害があるからというだけで、他の障害者が強要されていない多くの特別措置を受けているからです。自分の意志に反して施設に収容され、意志に反して薬の服用を強いられ、社会の様々な面すべてにおいて、本当に低い地位に置かれることがあるのです。私たちは、障害者に関する人権条約を、世界のほとんどの国々で強いられている第二級市民としての立場に挑戦する手段であると見なしています。

現在、基準規則によって障害者の権利を擁護する有効な条項がいくつかあります。しかし残念なことに、国連は「精神疾患を有する者の保護およびメンタルヘルスケアの改善のための諸原則」（一九九一年、以下精神疾患原則）と称するものも採択しました。それは、精神障害者の人権を擁護するものとはとても見ることのできないものです。私たちはその原則を排除するか、広範な人権条約に置き換えるべき障害物として見ています。というのも精神疾患原則は、世界の大部分の国のほとんどの精神保健法と同様に、一方では私たちに権利を与え、もう一方では、その権利を取り上げているからです。例えば、典型的な法律では、「精神障害者には地域社会に住む権利を有する」としていますが、その後続けて、「例外として、精神障害者がそうすることができないと精神科医が判断した場合はその限りでない」となっています。つまり、精神科医の判断に基づいて権利を奪うことができる場合には、権利があることにはなりません。ですから精神疾患原則を廃止して、条約を策定し、その文言はあらゆる障害者に当てはまり、私たちが特別な別のカテゴリーに入れられないということを明確にすることが重要なのです。

私は今年の夏、条約の起草プロセスに参加して大変感激しました。条約策定の過程のなかで助言を与える同盟に加わり、その障害者の連合の中で精神障害者がそのプロセスにうまく組み込まれており、私たちの問題が非常に真剣に受けとめられていたのです。そして私たちが本当に障害の種別を超えた連合の活発なメンバーでありえることがわかりました。私たちは条約の起草プロセスへの参加を通して、障害者の権利に関する史上最も重要な発展に対して、影響を及ぼす機会をもっていると考えています。この条約は障害者の権利を基本的人権として認めているからなのです。

日本の障害者運動の課題……………楠　敏雄

私はＤＰＩ日本会議の副議長であり、主に西日本の大阪という都市で活動しています。今日は、主に三つのことについてお話ししたいと思います。

一つは日本の法律や制度の現状の紹介です。それは、障害者権利条約の策定を求める際に、非常に重要な視点を含んでいるからです。二点目に、日本の障害者運動の経過と現状について紹介したいと思います。その上で、三点目に、権利条約をめざすうえで基本的な原則と課題を話したいと思います。

まず第一に、障害者に関する日本の法律についてですが、一九四九年に身体障害者福祉法が初めて制定され、次いで一九六〇年に精神薄弱者福祉法、さらに身体障害者の雇用促進のための法律が制定されました。この法律は現在名称を変更して、「障害者の雇用の促進等に関する法律」になっています。そして、一九九三年に、障害者基本法が制定されました。これらが障害者に関する事項を網羅する日本の主な法律ですが、これらの法律には共通の特徴がいくつかあります。

一つは、これらの法律すべてが、障害者をやや否定的な考えで見ているということです。つまり、障害は否定されるべきものであり、そうした面を取り除くために一定の努力が必要であるということです。こういう見方は、未だに残っています。

第二に、家族に過度に依存しています。障害者の家族は障害者をできるだけ世話しなければならないということです。それが、これらの法律が制定された当時の基本的な考え方で、そのような考え方は今でもまだ残っています。

第三の特徴は、施設収容です。ノーマライゼーションの考え方は、まだあまり根づいていません。多くの人々が、良い世話と設備の整った施設の提供が障害者のために最良のことだと未だに信じているのです。

四つ目の特徴は、権利や人権の視点がないことです。障害者は恩恵を受けるべき人々だと考えられています。例えば、障害者基本法には進歩の跡も見られますが、第三条は、「障害者は独立する機会を与えられるべきである」と言っています。つまり、障害者には、ある種類の特権、援助、あるいは何かを行う機会が「与えられる」べきであるという考え方が残っていて、この「与えられる」という表現は障害者基本法では結局、削除されませんでした。この条項に見られるように、日本では、身体障害者、知的障害者、またはその他の障害者は、他の人と同じように一定のものを与えられるべき人々であるという考えが、まだあるのです。

さて二番目として、日本の障害者団体についてお話ししましょう。最も古い団体の一つは一九五八年に設立された日本身体障害者団体連合会（日身連）です。この団体は連合体としては最も古く、最も大きな障害者団体です。また、一九五二年に、知的障害者の家族や関係者によって精神薄弱児育成会（現・全日本手をつなぐ育成会）が、精神障害者に関しても一九六五年に全国精神障害者家族会連合会（全家連）が結成されました。この三つの団体は日本政府の補助の窓口として認められてきました。しかし、一九七〇年代には、差別と闘うことをめざす障害者自身の団体の誕生が見られました。例えば脳性麻痺の人々の団体などです。そして、社会は障害者の基本的人権を否定していましたが、障害者がそれに対して異議を唱え始め、社会的な隔離と闘い始めたのです。また、福祉作業所や授産施設で働く障害者のための活動も行いましたが、一九八〇年代になって、この運動は一層推進されました。こうした草の根活動やキャンペーンをネットワーク化したのは、DPIであり、全国自立生活センター協議会（JIL）でした。

このように、日本では障害者自身による新しい種類の草の根運動があり、障害者の家族による運動と、リハビリテーションの専門家や教師による運動が行われてきたのです。問題は、どのようにすれば、これらすべての異なる種類の団体が主導する様々な種類の運動をうまく組織化し、調整できるかということです。そこで、私たちが最低限合意しなければならない原則があります。

障害者の人権の重要性ということについては、明確な意見の一致を見なければなりません。これに関しては妥協の余地はありません。もう一つは自己決定の原則です。また、障害者団体と政府との間のいい意味での緊張感と調整は、非常に重要です。日本では、官僚が非常に強く、私たち障害者にとって独立性を保つことは少々難しいので、私たちと政府の間には、良い意味での一定レベルの緊張が必要です。そうすることによって、私たちは政府と協力できることもあります。これらが原則です。当分の間、日本では、障害者に対する差別を禁止する法律の制定に向けて力を結集する必要があります。

そして、私たちは国内法に、明確な「障害」の定義を盛り込まなければなりません。そしてこの定義が障害者の権利条約に盛り込まれるように要求しなければなりません。ですからIDAのメンバーの間でも、目的を実現するために、共に協力したいと思います。

参加者　ガーナから来ました。障害者に関連するあらゆる問題を、一つの団体で調整する国際的レベルでの動きがあるということに、非常に元気づけられました。

私の質問は、ジュディ・チェンバレンさんに対してです。精神障害者に人権があるという概念を本当に興味深くうかがいました。私の祖国では、精神医学上の問題のある人々、またはは精神障害者は大部分が無視され、眉をひそめられています。精神医学上の問題のある人々が享受すべき人権に関して、完全な知識不足や無知からきていると思いますが、どのような人権であるべきかについて、もう少し詳しく説明していただけないかと思います。精神医学上の問題のある人々は時々凶暴になり、彼らから性的虐待を受け、妊娠する人もいます。私たちには、精神医学上の問題のある人々の権利と責任は何か、他の障害を含む一般社会の権利と責任は何かを理解する必要があるのです。

ジュディ・チェンバレン　私は、ガーナの女性からの非常に率直な質問を評価します。お答えするよう努力いたしますが、私たちがどのような人権を望んでいるかという質問に、少し当惑していると申し上げなければなりません。あなたもご自身の活動から、障害者の人権がどういうものであるかは、きっとご存じだと思います。私たち精神障害者は、それと違うものは望んではおりません。私たちは、地域社会に住む権利、社会に参加する権利を望んでいます。私たちは教育の権利を、結婚し子どもをもつ権利を望んでいます。責任に関しては、私たちは、他の市民と同様の責任を望んでいます。私たちは違わないのです。何も特別のことを望んでいるのではないのです。

ガーナでの状況は、残念なことですが、非常によくあることです。精神障害者が無視され、路上生活を余儀なくされているという事実は、世界の発展途上地域だけでなく、先進国の大半でも起こっていることです。またそれは、精神障害に着せられたとてつもない社会的汚名に関係しており、奇妙に、意味がないように、あるいは普通とは違うように見える振舞いに関係しています。私たちの文化にある精神障害者を暴力と結び付ける考え方は、非常に根強いものですが、事実は、精神障害者は、実際には非障害者よりも暴力的だということはありません。私たちは、今日ここで話し合っている強力で広範な障害者の連合で、他の障害をもつ人とネットワークをつくりたいと思っております。

参加者　バングラデシュから参りました。キキさんへ質問です。ＩＤＡはどのようにして国レベルでの団体間協力の組織化を援助してくれますか。また、もし私たちが国レベルでこの条約を支持し、自分たちの政府を説得するために活動する場合、特に情報入手という点で、どのような支援を受けられるでしょうか。それから、国レベルでのＩＤＡの責任はどのようなものですか。

キキ・ノルドストローム　ＩＤＡは国際的な場でのみ、活動を行うことを決定しました。しかし、私たちはＩＤＡの活動と同様の、国レベルおよび地方レベルの取り組みを大いに評価します。すべての情報は皆さんの所属団体を通じて入手する必要があります。それが世界盲人連合であっても、世界ろう連盟であっても、あるいは、ＤＰＩであっても、所属団体を通して、地方団体あるいは国際的な団体と連絡をとる必要があります。皆さんの中で視覚障害者の方々は、世界盲人連合がどのように機能しているかご存知でしょう。国際的な団体と連絡をとることは簡単なのです。

また私たちは、全く新しい組織で、まだ組織内の仕組みがきちんとできていないため、いくつかの問題を抱えていると思います。会合はあまり多く開かれていませんが、それでも、各々のニュースレターを通して、発信していると思います。

現段階では、世界盲人連合とＤＰＩの両方とも、事務面で問題があるとわかっています。私たちは情報ニーズをあまり満たすことができていません。

障害同盟の組織化には、たくさんのエネルギーが要ります。皆さん自身の大きな意志、取り組み、リーダーシップが、要求されるのです。ですから、私たちと連絡をとって情報を求めてください。私たちは、皆さんが全国連合、全国同盟を組織して行う様々なロビー活動に対し、支援を必ず行います。

しかし、国内あるいは地域問題への干渉はしません。それは、皆さんが行うべき仕事です。私たちは介入して、何かを引き継いだりはしません。責任があるのは皆さんたちです。逆なのです。ＩＤＡに皆さんの国の状況を伝えましたか。皆さんの国の政府が国連の会議に出席した際に、政府に対して何を伝えてほしいと皆さんは思っていますか。

このように、私たちが情報を行き渡らせなければならないのです。情報を国際的な団体、そして各国の機関へ、また、様々な障害者団体から私たちへ、双方向で流さなければなりません。大変な仕事ですが、私たちが利益を手に入れ、力を手に入れようと思うならそうするべきなのです。

参加者　キキさんに質問があります。ＩＤＡの創設に言及なさったとき、ＲＩの加盟でいくつか問題があったとおっしゃいました。その点についてもう少し詳しくご説明いただければありがたいのですが。お話し下さったように、連合や団体の結成の原則は非常に重要です。また、私はＲＩに対して何の反対意見もありませんし、その専門家団体に敬意を抱いております。ですが、その一方で、ＤＰＩの元スタッフとして、私にはそれとは別の一種の偏見があると言わざるを得ません。

キキ・ノルドストローム　ＩＤＡへのＲＩ加入問題は多少、微妙な質問です。ＩＤＡは障害者を代表したいと思っています。私たちは障害者の団体であり、障害者であることがどういうことか知っています。障害者の日常の生活がどういうものかわかっています。そして、医者や専門家や理学療法士や教師を、私たちの中にあまり多く入れたくはありません。障害者問題には私たち自身で取り組みたいのです。私たちは当初、非常に強硬な立場をとりました。

しかし、ＲＩは規約を変更し、活発化するようにもなりました。新しい規約が実施されたのは二年前だったと思います。そして今では多少なりとも、障害者がＲＩを運営しており、もはや、団体を運営するのは専門家と医者ではありません。そこで、ＲＩを加盟させることに決めました。今のところ、非常にうまくいっています。そして、投票をするような場合、全員の意見が一致しないと決定はしないのですが、私たちが多数派になるのです。

時には、異なるグループ、異なる団体を入れる必要があると思います。様々な国々での教育や状況がどのようなものかに応じ、私たち自身のニーズに従って、異なるグループや団体に活動させる必要があると思います。けれども、共通の問題に関しては、協力が妨げられてはなりません。私たちは共通の利益があります。私たちは自分の所属団体に戻り、毎日の活動や研修を行ったり、あるいは所属団体のメンバーをエンパワーしますが、今、私たちが集まり、席に着き、重大な問題について議論するための機は十分に熟していると思います。今から一〇年後には、別の体制ができているかもしれません。けれども、今、私たちは周囲の社会からの要求に対して、柔軟でなければなりません。姿勢や状況を変えなければなりません。私たちは今、障害者運動の次の段階に到達したと思います。

参加者　オーストラリアから参りました。ＩＤＡについて障害の種別を超えた組織として、大きな試みであると思います。私が申し上げたかった点は、一つの分類に入らない人々が非常に多くいるということです。私たちには、様々な種類の障害をもつ、あるいは重複障害をもつメンバーが非常に大勢います。そして、重複障害をもっていることで受ける影響は、多くの場合、政府やサービスを提供する人たちには特に、理解してもらうことが難しく、彼らの主張を伝えるには力強い声が必要だと思います。オーストラリアは、全国的にはあまり障害者団体が発展していませんが、より強い組織をつくり、条約づくりに携わるよい刺激になります。

参加者（ベンクト・リンクビスト）　発表者の皆さんに、質問が二、三あります。最初の質問は、誰かが、恐らく政府であるべきでしょうが、条約策定のプロセスでＩＤＡがより活発に、より強力になるように、資源を与えたいという優れた考えをもった場合、皆さんはどのようにそれに対処なさるのでしょうか。政府が、今以上にうまく機能するための資源を皆さんに与えることに関心があるということもありえると思います。

第二に、私は、人権擁護団体と交渉を始めることが非常に賢明だろうと思います。私たちは、国際的な人権団体は、障害者の人権に関しては全く無知であることは知っていますが。国際的な人権団体は変わらなければなりません。例えば、関係者が皆そろう人権委員会に関係のある会議かセミナーの予定がございますか。私は、障害者が人権団体のシステムに入っていくことが必要であると思います。そうすれば、瞬く間に、人権団体はきっと皆さんを支援することでしょう。

そして、最後の三番目の質問は、皆さんは今では、強力なネットワークですが、今、端に押しやられている団体が成熟し、ＩＤＡに加盟するのが妥当だと考えられる状態に発展する団体となり、皆さんに接近してきたら、どのような仕組みになるでしょうか。どのようにそれを見なすのですか。

キキ・ノルドストローム　ＩＤＡが今よりもより活発に活動し続けるように、政府が私たちに接近してきた場合、ＩＤＡはどこかの団体に事務局のようなものをつくってもらうようにするか、あるいは自由に使わせてもらうように依頼してもよいと思います。それが現実になる場合、新しい情報や考えを提供するうえで、はるかに容易になり、うまくいくだろうと思います。ですから、それを大きな機会としてとらえ、検討する必要があります。今、私たちがこうしたことを実行するのをためらったり、ＩＤＡの基礎的な仕事を行うように所属団体に依頼するのを躊躇する唯一の理由は、財源不足のためです。

第二の質問、人権団体との会議についても、慎重に検討してきたことで、私たちが財源を得るまで延期してきたことでもあります。会議を現在開く場所は、多くの場合無料です。私たちが利用していたホテルから、一種のチャリティとして会場を提供されました。そこは非常に安いホテルで、半分アクセス可能と言ったところなのです。もし私たちのほとんどの者が利用可能で、専用の会議室があって、その代金を払えるなら、人権擁護団体ともっと協力するでしょう。人権擁護団体が専門に長けていることを承知していますし、私たちは私たちの専門に長けております。この二人の巨人は、いつか、出会い、話し合い、同じ言葉を話そうと努め、共通の解決策・理解を見出すために、話し合うようにしなければなりません。そして、私たちは多くの支持と支援を得ることができるでしょう。

最後に加盟についてでしたね。ＩＤＡへ加盟申請がされた場合、ＩＤＡの昨年結成された二つの最も新しい団体、ＷＮＵＳＰと世界盲ろう者連盟と同様に扱うことになるでしょう。団体が申請の受理を待ち、国連経済社会理事会の協議資格を申請している間、それらの団体について、この種の団体が国際的に活動しているか、地域・全国組織があるかどうか、それを証明できるかを議論します。これが経済社会理事会の資格取得の条件の一つだからです。これは私たちに関しても同様で、国連と議論することができなければなりません。

ジュディ・チェンバレン　人権擁護団体の障害者に対する知識不足のことをできるだけ紳士的に話題にしていただいて、非常にうれしく思います。これら二つの動きを合わせる非常に重要な機会だと思うからです。私は、米国で障害者団体と人権擁護団体が顔を合わせる会議に何度か参加しましたが、いずれも、私たちは実際には同じ言葉で話してはいないことがわかっただけでした。私たち障害者は市民であり、権利があり、また私たちの人権は慣例的に無視されていることは悲劇であるという事実について、人権擁護団体を教育しなければなりません。それが顕著に表れているのは、国際的人権擁護団体の精神障害者に対する処遇の仕方です。国際的人権擁護団体は、調査官が施設に入って行き、閉じ込められている何百人もの人々の脇を、身体を抑制されている人々の脇を、自分の意志に反して薬を飲まされている人々の脇を通り過ぎ、一人を選び出して、「この人は、不当にここに収容されている。この人を救い出すために支援を動員するべきだ」と言うのです。その種の発言で暗にほのめかしていることは、実際、精神医学上正当な診断であろうとなかろうと、何と診断されていようとも、薬を飲まされ、抑制され、自由を奪われることは同じように苦痛なのに、その他の全員はそこに正当に収容されていると言っていることです。

ですから、国際的な人権団体を教育して、障害者の権利は人権であることを、国際的人権団体に示さなければなりません。

楠　敏雄　恐らく世界の他の多くの国々では、非常に多くの障害者団体があると思いますが、必ずしもそれらの団体が、うまく連携していないのではないかと思います。すべての団体が協力することが私たちすべてにとって非常に重要であると信じています。団体の大きさや能力や力を比べ合い、ヘゲモニーを競ってはならないと思います。障害種別ごとにもそういったことがあります。人々が適切なリーダーシップを発揮することができるよう、各組織の指導部を交代するとか、システムを変えたりして、連携ができるようにしていかなければなりません。

10月16日午前

人　権

国連文書とその活用

司会者：テレジア・デゲナー（ドイツ）
発表者：ロドリゴ・ジメンツ（コスタリカ）
　　　　東　俊裕（日本）

国連の人権システムの現状分析──どこまで活用できるか
……………テレジア・デゲナー

私は弁護士で、ドイツの大学で法律の教授をしております。

国連の中の人権に関する組織は非常に複雑です。国連の人権組織は、大まかに言って国連憲章に基づく組織と条約に基づく組織の二つがあります。

国連憲章に基づく組織には、人権委員会、女性委員会、社会開発委員会があります。この中の人権委員会が、主要に人権を扱う組織です。条約に基づく組織には、自由権規約委員会、社会権規約委員会、人種差別撤廃委員会があります。また、女性差別撤廃委員会や拷問禁止委員会があり、また子どもの権利に関する委員会も設けられています。これらの委員会は、国連が制定した人権条約の監視を行う機関です。核となる人権条約は全部で六つあり、条約を批准した国々はその履行義務が生じます。

人権を一般的に規定した法と特別な人権を保障する法律があり、この二つは区別されなければなりません。障害の有無にかかわらず、すべての人を対象としたものが人権一般を規定している法律です。一方、特別な人権法とは、特に障害者を対象としています。

また、拘束力をもった法律（ハード・ロー）ともたない法律

（ソフト・ロー）についても、区別する必要があります。私が言及した条約のほとんどが、国連加盟諸国に対して拘束力をもった法律です。拘束力をもたない法としては宣言があり、国連加盟諸国に対して拘束力をもちません。

国連文書および法には、障害者を特に対象としたものがあります。非常に有名なものに、例えば、障害者の機会均等化に関する基準規則（以下、基準規則）があります。また、障害者に関する世界行動計画についてお聞きになったことがあるでしょう。まだ他にもあります。これらの国連文書はすべてソフト・ローで、国連の加盟諸国に対して拘束力をもちません。知的障害者の権利宣言（一九七一年）、障害者の権利宣言（一九七五年）、ならびに精神疾患を有する者の保護およびメンタルヘルス改善のための諸原則（一九九一年）は、人権委員会が作成したものではないので、この委員会が監視していません。実際、障害者にとって現在最も重要な人権文書である基準規則は、人権委員会ではなく、社会開発委員会の組織下にあります。基準規則の特別報告者であるベンクト・リンクビスト氏が報告義務をもつのは、社会開発委員会に対してであり、人権委員会ではありません。要求された場合のみ、人権委員に対して報告を行います。私たち障害者組織は、基準規則を人権文書だと言っていますが、国連の人権機構に含まれていないのです。

私がアイルランドのジェラルド・クィン教授と一緒に行った研究についてお話ししたいと思います。現行の障害者のための人権の法律文書を評価し、二〇〇二年一月、ジュネーブの人権高等弁務官に対して発表しました。この研究の目的は、人権と障害に関する参考文献を提供することでした。そして、第二に障害に関する人権機構を評価すること。第三には、改善するためにできることとすべきことの将来の筋道を示すことを目標にしました。

最も重要な発見として、いくつかのプラスの事実が明らかになりました。つまり、障害と人権に関する望ましい法律があることがわかったのです。しかしこれらはすべてソフト・ローで、国連の人権機構には含まれていません。条約監視組織に提出された多くの報告によると、大多数の国は、今でも障害を医療あるいは福祉の問題だと見なしています。興味深いことに、自由権規約を監視する委員会でさえ、障害を医療あるいは福祉の問題だと考えています。

もう一つの発見は、条約監視機関が障害について一貫した取り組みをしていないということです。例えば、特別施設に入っている障害者の状況について「弁護士に会う権利がありますか」「障害をもつ女性に対する性的暴力にどう対処していますか」と質問をしても、多くの場合、フォローアップはなされませんでした。条約監視機関は、ＮＧＯから強く要請された場合のみ、障害者の実情について聞き取り調査を行い、NGOに結果を報告し、障害者問題を話し合ってきました。

また、NGOの関与が非常に低いことがわかりました。明らかに、障害者組織の多くはこの制度をどのように使えばよいかわからず、また使うための手段をもっていません。一方、子どもと女性の分野に携わるNGOは、これよりもはるかに活発に行動しています。

では、未来への展望としてどのようなことがありえるでしょうか。私たちは、障害分野に携わるNGOが人権組織として、より積極的に活動すべきだと考えます。障害者は、人権について研修を受ける必要があります。すべての障害者組織に人権委員会を置き、人権分野の専門家が配置されるべきです。この専門家は、弁護士である必要はありません。

私たちの第二の提案は、国の機関はもっと頻繁に、障害者問題を取り上げるべきだということです。障害者組織と連絡を取り合い、組織内に障害問題専門のスタッフや障害専門部会を設ける必要があります。

私たちも、条約監視機関に積極的に関わっていくべきです。国が条約監視機関に報告を行う時期、NGOは、独自のカウンターレポートを作成し、条約監視機関に送ることができます。これは非常に有益です。カウンターレポートがないと、条約監視機関がその国の本当の状況を知ることができません。

しかし、障害についてのカウンターレポートが作られることは、滅多にありません。また条約監視機関の中には、個人で苦情申し立てを行うことができる機関があります。

最後に、人権組織として活動しようとする団体に、非常に役に立つNGOを推薦したいと思います。「国際人権サービス」といって、ジュネーブに本部があります。このNGOは他のNGOに対して人権についての研修を行っています。また、この組織の利用方法についても指導を行っています。インターネットでもご覧いただけます（http://www.ishr.ch/）。参考にしてください。

障害者の権利擁護には法的枠組みが必要……………ロドリゴ・ジメンツ

私はコスタリカ大学教授のロドリゴ・ジメンツと申します。米州会議（Inter-American Conference）の人権専門家でもあります。

現在、様々な人権に関する条約がありますが、障害者の人権について使えるものがありません。いかに障害者の人権が侵害されているか、その一つの例が、強制的な施設収容です。知的障害をもつ人は、本人の同意なく施設に収容される場合があります。車いすの人が使うスロープがないこともまた、障害者は自由に移動したり動き回ったりすることができないという人権侵害になるでしょう。また、テレビ番組の視聴です。例えば、手話通訳付きの番組はきわめてまれです。ここでも、権利は侵害されています。しかし、多くの条約において、こうした問題は取り上げられていないのです。もちろん、手話通訳付きでないことを、権利の侵害と考えない人がいるかもしれません。しかし、私たち障害者は、私たちの人権が保障されるようにしなければなりません。そして、私たちの権利を擁護するための文書が必要なのです。

さらに、現行制度では、訴訟や苦情申し立てには様々な条件が設けられています。多くの場合、司法制度に問題があるのです。障害者は、差別を受けずに司法サービスを公平・確実に受けることができないのです。残念なことに、障害者にはこうした権利が保障されていません。経済的な負担が大きいことも障壁になっています。障害者が証人席に立った場合、その証言は正確に伝わらなくてはなりません。私はこの権利が擁護されなければならないと信じています。また、障害者の見地から、適切な司法手順が取られなければなりません。障害者が被害者である場合には、再び危険にさらされることがあってはなりません。司法制度は、障害者の権利擁護のために整備される必要があります。重複障害をもつ人であっても、司法制度への積極的な参加が保障されるべきです。関係する裁判官、当事者、検察官なども、障害者の権利について認識を深め、訴訟手続きにおける障害者の見地ならびに問題について理解する必要があります。

そして、障害者もまた、自分がどのような権利を有しているかについて理解する必要があります。そのような理解なしには、私たちがもつ教育権や公平な取り扱いの権利を行使できないからです。また、この認識を、社会一般に広く普及させる必要があります。これらの活動を通じて、私たち障害者は、自国そして国際社会において利用可能な司法組織や制度を改善することができます。

例えば、強制的不妊手術があります。こうした手術は、個人の意志に反して、精神病院で行われていました。しかし強制的不妊手術の問題は、国際人権裁判にかける前に、まず国内の裁判所で審議されることが義務付けられています。しかし、これらの事例が国際人権裁判所で審議される事例はまれです。

チリ航空という航空会社が、同伴者のいない障害者の搭乗を禁じています。航空会社に対して、弁護士や法律の専門家らが、チリ国内の裁判所で訴訟を起こしましたが、却下されました。つまり、障害者の人権そのものが否定されたということです。この問題は、ラテンアメリカ人権委員会に提議されました。

もう一つは、コスタリカ公共交通機関の例です。障害のあるなしにかかわらず利用できる交通手段が提供されなければなりません。しかし現状はそうではありません。このためコスタリカ公共交通関係当局は訴えられています。

従って、障害者の人権擁護は、社会的枠組みではなく、法的枠組みの中でまず追求される必要があります。そのためには、どのような仕組みが現在あるか、あるいは私たちはどのような要求を行うことができるのか、ということを、まず理解しなければなりません。法的枠組みの中で、私たちはどのように障害者の人権を擁護できるか、という問題に取り組む必要があります。

なぜ条約が必要か、国内法との関連……………東　俊裕

条約とか国連とかいう話は、私たちの日常生活から見るとかけ離れたところにあって、非常にわかりにくいなという感じをもっております。僕自身は弁護士ですけれども、弁護士にとっても非常に遠い存在です。いろんな詳しいことを言われると、もう訳がわかりません。それで少し簡略化して説明し、「問題点が何なのか」このあたりをあぶり出すことができればと思っています。

なぜ条約が必要なのかということを皆さん、まず最初に考えて下さい。世界的な人権の状況を見てみると、人権がかなり高く保障されているところと、低く保障されているところとあります。人権格差が世界各国の中であるわけです。だからこそ条約というものをつくって、それで低いレベルのところをレベルアップするというのが条約の基本的な目的です。

しかし、条約というのは国と国との約束ごとです。国内の人権については、本来は条約の対象外でした。少なくとも戦前までは。ところが、第二次世界大戦が起き、「戦争と人権抑圧は密接な関係がある」「国連は人権を取り上げて、レベルアップしなければ戦争は防げない」という反省に立って、人権というものを国連の仕事として考えてきたわけです。そういう意味で人権侵害、特に差別を条約の対象としなければならないわけです。しかし、人権条約ができただけでは即座に国内法としての力がありません。それをどうやって国内にもってくるか、それが一番の問題です。それで、条約には国内的実施と国際的実施と、実施方法として、国内の問題と国際的な問題と二つに分けられるわけです。

先ほどデゲナーさんが説明してくれた条約とか規約の中の、国際人権規約の中には、通称「A規約」と呼ばれているものがあります。それは、経済的、社会的および文化的権利に関する国際規約（社会権規約）です。また通常「B規約」と呼ばれている市民的および政治的権利に関する国際規約（自由権規約）、この二つがあります。一番大事なことは、自由権に関する規約は条約を批准した国は守らなければいけない遵守義務

があるということです。ところが社会権に関する規約は、努力義務でしかない。例えば、どんな社会保障をするのか、これは条約ができたからといって、すぐに年金をもらえるということにはならないんです。国が年金に関する法律をつくって初めて障害者は年金をもらえる、そういう関係になるわけです。

昨日シンポジウムの中で、我々の権利条約を社会開発モデルでやるのか、人権モデルでやるのか、そういう議論がありました。しかし社会開発モデルでやれば、それは基本的には社会権に属するものということになります。そうすると、条約自体が努力義務でしかない。何も効力のない実効性のないものになる恐れがあります。

ですから昨日の議論については、社会開発モデルという形で考えることには絶対に反対します。我々が求めているのは、人権条約です。自由権に基づく差別を禁止する条約、これが基本でなければならないと考えています。

それでは、仮にB規約、自由権規約を前提にして考えると国内法的にどう実施されるのか。まず、国内法の体制がどうなっているのかが問題です。一番上に憲法があります。憲法があって、その下に法律がありますが、日本ではその真ん中に条約があります。自由権に関する条約は、批准すれば国内法にも効力が生じます。しかし他の国では、国内法に効力を即もたないところもあると思います。そういう国では、国内法で条約と同じような法律をつくらないと我々の権利にはなりません。だから自分の国がどうなっているのか、憲法がどうなっているのか、それを調べる必要があります。

また、条約を適用するときに問題となるのは、条約があまりにも抽象的で裁判所がそれを使わないことがあります。日本でも人権条約を裁判で使うこともありますが、抽象的すぎるために身近な事件でそれを利用することが難しいのです。条約をこれからつくる際には、明確で具体的な条約をつくらないと、それぞれの国の障害者が使えるものにはなりません。特に僕は日本人ですから問題を感じるのですが、条約はほとんど英語ないしはフランス語です。日本語ではつくられないので、直訳すると非常にわかりにくいです。ですから、日本というところから見ると特に、条約をきちっと具体的に細かく書いてほしい。しかし国連としては、幅広く条約を締結させたいという気持ちもありますから、当たり障りのないかたちで条約をつくろうとします。どっちがいいと思いますか。

僕は、具体的で明確で、例えば日本がそういう条約なら批准しないと言っても、そっちのほうがいいと思います。日本政府は認めないけれど、世界のレベルではこれだけ具体的に書いてあると、障害者自身の運動の目標になるからです。

次に、国内の問題ではなくて国際的な関係で言うと、国連への報告については、日本政府としてはあまり変なことは書けない、日本国政府はあまりに恥ずかしい報告はできないから、この条約をもう少し国内に入れ込もうと努力します。政府の報告にはそういう効果があります。また、これはあまり利用されていませんが、国家間報告というのがあります。あの国は何もやっていないというふうに。しかしこれはなかなかありません。

三つ目は、個人通報制度、救済を求める制度。これはB規約の中にあり、この通報制度を利用するかどうかは、各国の自由に任せると選択議定書の中に入っています。日本はこの通報制度を批准していません。ですから、制度としての個人通報制度は利用できない。しかし批准している国は、救済を申し立てることができます。ただし、その救済の条件はいろいろな厳しい条件があります。では日本みたいなところはどうなのか。何も利用できないのか。国連には、年間三万通くらいの通報が届いています。それはもちろん締結していない国からも行っています。国連の人権小委員会というところがあって、非公開でやる手続きがあるそうです。例えば、日本の精神障害に関する法律が変わったということもあります。あまりにひどい人権侵害がある場合には、国連自体が人権調査団をつくって調査をして、勧告を出すというようなこともあります。

昨年（二〇〇一年）日本は、障害をもつ人のための包括的な人権法がないので勧告を受けています[1]。そういう効果があるのですが、一番大事な点はこの中で果たすNGOの役割です。国連は膨大な問題を抱えています。どこで何が起きているのか、調査能力には限界があります。ですから、問題があることを国連に報告するには、NGOの存在なくしては語り得ないわけです。

一番大事なことは、DPIが行動する組織として国連に働きかけるために、特別のチームを編成する必要があると思います。もう国連では、すでに始まっているんです。今から考えてるという時期じゃないんです。即行動に立ち上がらなければいけない時期です。早急に特別チームを編成して、行動できる組織をつくる、そしてアクションプランをつくるということが、今のDPIに問われていることだと思います。

参加者　カウンターレポートに関して、もっとたくさんの報告が必要だと思います。インド東海岸でサイクロンが発生し、たくさんの犠牲者が出ました。ある村では、五千人の身元が確認されましたが、そのうち障害者は五〇人が確認されただけでした。これは大きな間違いだと思い、私たちはチームを派遣しました。障害者は総計でこの村に三〇〇人以上いるので、この障害者に対する聞き取り調査を始めました。

私たちはまた、インド障害法のコピーを作成しました。二〇〇人以上の人々がこの法を知っている、あるいは見たことがある、あるいはコピーを持っていると答えました。しかし、彼らが利用できる特権や施設、すなわち障害者年金や障害者施設は、全く利用されていませんでした。彼らに、「あなたにとってとても重要な障害者法が制定されたのです。なぜそれを利用しないのですか」と聞きました。彼らは、法の中で用いられている専門用語や法律上の言い回しが非常に複雑なため、使うことができないと答えました。

ここで私が提案したいことは、数多くの国連文書がありますが、言葉遣いを平易にして、障害者を含めたすべての人々が、権利の侵害を受けたとき、これらの文書を利用できるようにしなければならないと思います。

参加者　バングラデシュから来ました。発表された報告では、各国の憲法では、誰もが平等な権利をもっていることになります。しかし、教育や就職その他の分野における障害者の平等な人権擁護に関して、政府当局は憲法を遵守していません。その場合、人権委員会は国に対して何をするのでしょうか。もし、何も行われない場合には、どのような手続きをすればよいのでしょうか。特にＤＰＩの場合は、何らかの法的資格があるのでしょうか。

参加者　私たちは、日本国内で運動を起こす必要があります。それによって障害者に対する差別を禁止する法律を制定するためです。日本ではまだ障害者法が制定されていません。

参加者　知的障害をもつ子の親です。身体障害のことだけでなく、知的障害のことも考えていただきたいと思います。ノーマライゼーションなどという言葉は市民のレベルでは理解できなくて、作業所ができるとか、そういう人が近くに来るとかということに対して、非常に差別・偏見があり、自分と同じ人間として正当な権利をもつ人間としては見ていません。彼らは知的障害であっても、傷ついてます。本当にノーマライゼーションが行き渡った状態の中で、グループホームなり街に出てくるようにしないと、彼らは非常に危険だと思います。

参加者　東京から来ました。精神障害当事者です。各国の憲法その他では人は皆平等だということが書いてあると思いますが、往々にして、精神障害者の場合は、障害者の中でも差別されていると思います。日本ではそういう状況にあります。日本には、障害者差別禁止法がありませんが、障害者差別禁止法をつくって精神障害者と他の障害者を差別するのも禁止してほしいと思います。

できるのです。

現在、日本ではいわゆる犯罪を犯した精神障害者に対する法律（心神喪失者等医療観察法案）が審議されていますけど、日本の憲法の法の下の平等に反していると思います。それをきちっと規制するような具体的な文言の入った条約はぜひとも必要だと思います。そういうことがない限り、法の下の平等と言いながら、精神障害者は危険であるという形でもって世界的に精神障害者の立場が弱まっていくような立法がどんどんつくられていくという傾向があるので。

参加者　フランスから来ました。私は、人権と社会権を区別すべきではないと思います。区別するのではなく、社会権を人権の一部として考えるべきだと思います。質問は、いかに社会権を人権に含めて考えることができるのか、ということです。そうすることで、この二種類の権利の問題を、過去のもの、もはや無用のものとすることができます。この点は、障害者のみならず、例えばホームレスなどのその他の集団にとっても重要です。そして、私たちだけでなく、すべての人々の解決策となるものを見つける必要があると思います。なぜなら、他の人にも有益な解決策を見つけることで、私たち障害者も社会を構成する一員であり、私たち自身のためだけに闘っているのではなく、その他あらゆる集団のすべての人々に有効な真理を見つけるために、闘っていることを証明できるのです。

参加者　インドなどの法律を見ると、経済的な支出を伴う条項は必ずありますが、期限が設定されていないことに気付きます。公共の建物へのアクセスを整備したいとすれば、それは簡単なことではありません。しかしそれは、いつ実行されるのでしょうか。期限というものが定められていないのです。

参加者　権利は、必ず義務と責任を伴います。今日まで、権利は無視されてきました。そして今、私たちは義務と責任も果たせずに知的障害者を看過ごしてきたと思うんですね。でも、義務を果たせる人間なんだということを、もうちょっと表に出せば権利も認められるんじゃないかなって思ってます。

侵害されているということを自覚するということ、先ほどからずっと言われてますけども、自覚するということがすごく大切だと思います。自覚するということは、侵害されているから義務が果たせないということに気が付くことだと思います。

参加者　聴覚障害者に関わる訴訟について、私の考えをお話したいと思います。例えば、裁判所に手話通訳者をお願いして来てもらいます。ろう者の場合、裁判所は非常に使いにくい面があります。初めから手話通訳の保障を理解していただきたい。そういった制度をつくってほしいと思います。

それと人権というものは人の命を重んじることだと思います。みんなが真剣に人権について考えることにより、戦争も学校でのいじめもなくすことができます。従って、世界中で人権教育を実施すべきだと思います。

参加者　大阪から来ました。社会における人権の具体的内容は、その社会にいる人がいかに訴えるかということによって確定してきます。そして訴える力の非常に強い方の権利が、やはりよく通る傾向にあります。そういう状況から考えて、我々の社会には訴えること自体にハンディキャップ、不利益をもっている方がたくさんいます。重い知的障害をもっている方、精神障害をもっている方、それから経済的に不利な立場にある方は、例えば弁護士を雇えないとか、訴えることそのものに不利益があります。この内容を改善していかなければ、強者による平等の内容になります。

国際条約として規定する人権の中に、訴えることの実質的平等を保障する条項を入れるべきなのか、あるいはそれは別立てで、いわゆる先ほどの社会権のような形で保障していくという形でもっていくのがよいのでしょうか。また具体的な訴訟での実質的平等を規定して人権を確立している事例があるのか、そういうことをお教えいただきたいです。

参加者　私は、国連レベルにおける文書の適用について知りたいと思います。適用のための一定の手順がないため、その結果として、これらの文書が私たちの国で適用されていないように思えるのです。昨日も、各国レベルでの適用が遅れているという報告がありました。つまり、私たちは国の支援を受けていないということになります。これらの文書およびその他障害者に関する法律に関して、財政的援助を提供すべきだと思います。それをせずに、前進は難しいと考えます。

テレジア・デゲナー　では、順番に答えていただきましょう。

ロドリゴ・ジメンツ　質問をいくつかに分類して、最も重要だと思われる点からお話ししていきます。まず、私たちは差別のある社会、あるいは地域社会に住んでいる、という点を前提にしたとき、条約、法的枠組み、そして社会的側面の見直しが必要なのです。市民グループとして、私たちが取り組まねばならない問題が数多くあります。

例えば、同じ地域住民でも、その一部の人あるいは集団が、より多くの権利と恩恵を享受している場合があります。差別されるのは、主として女性や子どもであるなど。年齢による差別もあります。例えば、若者が高齢者より優遇される場合があります。そしてもちろん、障害者に対する差別があります。

これらの問題について、訴えるための法的な枠組みがあります。私たちは障害者に関する司法制度に注目しなければなりません。また、人々を啓蒙し、差別を止めさせるため、教育制度を整えなければなりません。そしてまた、司法当局および司法制度の利用に関しても、国、地方および個人による違いがあります。イギリス・アングロサクソン式（英米法系）、ドイツ・フランス式（大陸法系）に区分され、それぞれが異なる文化的背景をもっています。

これら三種類の体系における人権問題の取り扱いについて、検証する必要があります。イギリス・アングロサクソンの体系では、義務について文書化されています。その文書を批准した国々は、義務に関する規定を遵守する必要があります。

次にドイツの司法体系は、条約で定めていることが国の法律の一部になっているのです。しかしこのドイツの体系には序列があります。例えば国内法と国際法は、違ったレベルの法と見なされます。条約が憲法より優先される場合もあれば、憲法が条約に優越する場合もあります。

また最近、新しい権利も生じています。それは、平和、開発、環境に関する権利です。途上国では、こうした新しい権利を諸制度に採り入れていかなければなりません。そして、私たちが人権を考えるとき考慮しなければならないことは、人権を尊重するための、どのような仕組みがあるか、ということ、そして、人権に関する必要条件を、どうしたら満たすことができるか、ということです。そうした仕組みを利用することができるようにしなければなりません。国によって、政府によって方法は異なります。私たちは同盟を組まなければなりません。また五年ないし一〇年計画を策定してもいいでしょう。そして、この明確な目標を掲げ、その目標に沿って行動を起こす必要があります。


東 俊裕　フランスの方が、人権モデルと社会開発モデルに言及されていました。私の側から言うと、日本の悪い事例を国連の舞台で再度くり返してほしくないという気持ちがあります。日本では戦後、社会開発モデル的な形で社会福祉に大いに力を入れて予算をつぎ込んできました。それで例えば年金の問題に関して言えば、日本は世界的にそんなに引けを取らない。そういうレベルには達していると思います。

しかし、一般の人々が考える社会福祉とはなんでしょうか。施設入所者が六〇万人もいます。彼らは社会から隔絶されているのです。そして、彼らの入所を一般は歓迎しているのです。ノーマライゼーションについて、これほど多くの議論がなされているにもかかわらずです。

そういう人権のない自由権のない社会福祉というのは、ある意味で人権を侵害するようなシステムを生むのです。日本は戦後、憲法ができて、社会権と自由権が同時に制定されました。しかし全部、社会開発モデルが適用されてきたのです。その結果が今現在の日本です。現在私たちは、人権侵害の多い、そういう状況に直面しているのです。私は社会保障が必要でないという議論をしているわけではないのです。基本に自由権をおかなければいけない。その自由権で足りない部分を社会権で補わねばなりません。

それはアメリカの人権の歴史でもあるわけです。国家がすべきこと、我々がすべきこと、そういう問題は少なくともその前提として自由権がなければ要求できません。そういう意味で、当然社会開発的な要素をこの条約に入れ込む必要はありますけど、それだけだったら結局哀れみの法律にすぎないでしょう。各国は適当な社会政策措置をとってお茶を濁すだけです。そういう点を僕は非常に危惧しております。

テレジア・デゲナー　障害者権利条約は、社会開発と人権のどちらのアプローチを取るべきか、という点について、述べさせてください。そして、なぜ私たちはこの二つを区別するのか、という点について考えてみます。社会権は、人権に含まれないのでしょうか。これら二つの異なる側面について、理解しておく必要があります。まずは、条約の基盤、そして条約の組織をどこに置くべきなのか、ということです。国連の組織のどこに条約を位置づけるべきでしょうか。

もう一つの質問は、どの権利を条約に盛り込むべきかということです。権利について言えば、社会権は当然人権です。私たちの国際人権法案には、市民的および政治的権利と、社会的、経済的、文化的権利の両方が含まれています。障害者がこのすべての権利を行使すべきであることは、誰でも知っています。従って、国際条約、協定、あるいはどのような名称でも、障害者に関するこの新しい文書に、これらすべての権利――市民的、政治的、社会的、経済的、文化的権利が、漏れなく確実に採り入れられるようにしなければなりません。

別の質問は、この条約をどこに位置づけるべきか。それをどこで監視すべきかです。国連内の組織には、人権委員会、女性委員会、そして社会委員会があります。一番重要なのは人権委員会だと申し上げました。ここは国連の中で核となる人権法を作成しているところですが、障害のことは組み入れられていません。障害者に関することは未だに社会開発委員会でモニタリングも含めて扱われています。社会開発のための条約なのか、それとも人権のための条約なのか、という議論は、ここに端を発しています。

今の段階で重要なことは、条約を制定することです。障害問題を社会開発部門から人権部門に移すためには、まず、核となる人権条約を制定しなければなりません。これが基本です。ほとんどの国で、障害は医学の問題か、それとも社会問題か、という論議が行われてきたと思います。これと同じ問題ではないでしょうか。つまり、社会開発の問題なのか、それとも人権問題なのか。人権の問題だと思います。

参加者　インドで活動を始めて三年になります。私たちが条約および権利について話し合うとき、多くの場合国連文書を用います。なぜなら、障害者は、自分の権利についての認識が低いからです。

障害者同士でも、自分と異なる種類の障害をもつ人々に対しては、意識が非常に低いのです。身体障害者は、視覚障害者についての知識がほとんどなく、また視覚障害者や聴覚障害者のニーズについて、ほとんどなんの知識ももたないのです。

私たちは他の障害者のニーズに敏感になることが大切です。そうすることで、私たちは力強い声をもち、その声を一つにすることができ、そして、権利を効果的に実現することができるでしょう。

参加者　私は、福祉と平和のための活動、そして文化的な活動を三八年行っています。二〇〇〇年八月二十三日、私が家に一人でいたとき、ほおに傷のある男が侵入してきました。私のテーブルと緊急電話帳を落として、車いすをけりました。そして男は威嚇するようなことを言っていました。また障害者を侮辱する内容のことを口走っていました。私は電子メールを使って、友達に助けを求めました。

二〇〇一年一月十四日、私が一人で仕事をしていたとき、またその男がやってきて、車いすをけりました。私は受話器をつかんで、警察を呼びましたが、途中で電話を切られました。その時の驚きは言葉で言い表せないくらいです。しかもその時はけった勢いが強かったので、私の車いすのテーブルは曲がってしまいました。そのテーブルは、二〇分後、私が電子メールで助けを求めた友達が到着するまで、腹部を圧迫したままでした。

警察に通報したにもかかわらず、助けに来てくれなかったのです。私は県議会議員の所に行きました。そしてようやく、警察は調査に乗り出したのです。事情調査の結果、未だに暴行事件は被害届が受理されていません。人権擁護委員会でも取り上げられました。しかし、調査の結論はまだ出ていません。怖かったので新聞記者に言い、そうしたら近畿地区や時事通信とかでも流してくれました。

このような行動は、許されていいわけがありません。その後八カ月間、弁護士会などを通して調べてみると、全国の障害者の小さな事件を含めた約三割強について、警察が障害者の訴えに対応していないということがわかりました。こういった現状を放っといたら、日本は大変なことになると思います。

東　俊裕　刑事法については、障害をもつ人に対してちゃんとした扱いをしないという事例がたくさんあります。彼の場合もそうだと思います。だから司法参加、司法へのアクセスや公平な取り扱いなどについては議題になりにくい部分もありますけども、条約の内容として入れ込むにあたっても、非常に重要な点だと思います。

テレジア・デゲナー　それでは、決議文についてのご意見、あるいはDPIが人権の分野で取るべき行動について、何か提案がありますか。

参加者　障害者問題を国連の社会開発委員会から人権委員会に移行するために、国内での議論を高めること、国際的な運動と連動させること。第二には、国連文書を簡単でわかりやすい言語により成文化し、障害者の誰もが使えるようにすること。

参加者　ジャマイカから来ました。私は、条約が人権委員会で取り扱われるようになることを希望します。DPIが委員会を設立し、人権委員会が作成した条約について、他の条約と同様に監視するのがいいと思います。

第二の点は、DPIが、障害者が条約の内容を意識し、これに敏感になるような計画を条約の草案に盛り込んでほしいという点です。

参加者　国際会議に何度も参加してきて、発展途上国の代表が少ないことに気付きました。ですから、私は身体障害者、精神障害者、また女性や子どもを含めたすべての障害者が、そして特に発展途上国の障害者が、人権条約に含まれるようにすることを提案します。それによって、アフリカ、南アジア、そしてアジア全体の障害者の声が、世界にこだますようになるのです。

参加者　情報保障の問題についてですが、例えばアメリカのテレビは字幕が必ず付いています。いろいろな国で情報保障がきちっと保障される権利を確立していってほしいと考えています。それともう一つ、音声で話すと、字幕や文字に変換できる機械を開発することも大事ではないでしょうか。特に盲人の方にとっては大変便利だと思います。障害者にとって便利な機械をこれから開発していくということが必要であると思うし、そういったことを条約の中にも盛り込めないでしょうか。

参加者　オランダから来ました。現在、オランダで、精神障害者に関する法律を策定し制定している例は稀です。多くの場合、人権に関する法規として扱われていません。従ってDPIでは、この問題に取り組み、精神障害者に関する法律が人権に関する法律として扱われているかどうかを監視していただきたいのです。

参加者　私の考える、そして私の経験に基づく、社会開発に関して申し上げます。途上国では、障害者問題を社会開発から人権の問題へと移行することによって、社会開発はそこで止まってしまうかもしれません。しかし、人権が擁護される場合だけ、社会開発による快適な住空間が保障されるのです。

第二の点は、国連機関である人権委員会は、障害者を主流に含めなければならないという点です。そうでなければ、私たち自身も疎外されることになります。

参加者　例えば、身体障害者のためには、スロープやエレベーターを整備したり、補助装置を付けることができます。そのため様々な努力が行われてきました。しかし、精神障害者の場合には、明らかに、精神障害者のバリアフリー状況を実現するための手段はまだ講じられていません。従って、インフラを整備し、精神障害者が社会に心を開くことができるように、支援していく必要があります。ノーマライゼーションのための教育を、広く社会に普及させていくことが重要です。

テレジア・デゲナー　障害者権利条約に関して、それをどのような内容にすべきか、という多くの意見が出されました。例えば、聴覚障害者の権利を保障するために、テレビ番組にキャプションを付けるなど、コミュニケーションや情報提供方法について条約に含める、という提案がありました。また、女性や子どもを含めた、発展途上国の障害者のニーズを条約の内容に加える、という提案でした。

そして、DPIが、この条約の草案作成および採択方法についての計画と行動チームを設立すること、この条約を人権条約とすること、また国連の人権機構の主流において策定させること、という提案がありました。そしてまたDPIは、条約や特別委員会、あるいは特別委員会との協力の方法に焦点を合わせたプログラム、すなわち各国政府への人権教育計画を策定すること、という提案がありました。

注

1　二〇〇一年八月、社会権規約委員会から日本政府に対して勧告が行われた。「委員会は、締約国が、障害のある人々に対する差別的な法規定を廃止し、かつ障害のある人々に対するあらゆる種類の差別を禁止する法律を採択するよう勧告する」という内容。

10月16日午後

人　　権

事例の収集

司会者：ポーリン・カヴァダ（チリ）
発表者：スティーブン・エスティ（カナダ）
土本秋夫（日本）

すべての人々のための人権…………ポーリン・カヴァダ

まず、申し上げたいことがあります。人権を守るためには、人権の大切さを理解しなければならないと思います。自国で、私たちは人権侵害を被っています。民主主義が実現された今でも、人権侵害は過去のものとは言えません。障害者の場合も、健常者の場合も、人権侵害の事例が数多くあります。人権はすべての人がもつべきものです。従って私たちは、すべての人々の人権のために、常に闘わなくてはなりません。

チリにおける障害者の人権の推進について考えてみると、すべての人に与えられている人権が、障害者の場合は必ずしも保障されていないことがわかります。社会は、人々をその所属する集団ごとにまとめようとしています。しかし、これは様々な重要な問題を示唆しています。そこで、障害者に現在適用されているパラダイムを打破する必要があります。このパラダイムは、慈善や支援の対象としてしか障害者を見ないというものです。

障害者の置かれている状況はだんだん悪くなっています。状況をよりよい方向に導くために、障害者の自活あるいは自立生活のパラダイムをうちたてなければなりません。私たち障害者自身も物理的な障壁を克服することができるのです。その意味で障害者は、一市民として、この過程における主導的役割を担うべきだと思います。私たちは、この消費者としての障害者の権利というものを考えていきたいと思います。外に出て行くことで、障害者は、サービスの利用者として、そして商品の消費者としての立場を獲得するのです。私たちは、障害者がこのような立場を獲得するのを支援するため、日々努力しています。

障害者への人権侵害監視システム、情報収集………スティーブン・エスティ

私はカナダ障害者協議会（CCD）、これはDPIカナダのことですが、この団体の国際開発委員会の代表です。また、DPIの世界評議員でもあります。

まず、一般的な三つの分野について、皆さんと一緒に考えていこうと思います。

私たちの置かれている状況は様々です。また、人間の身体的、精神的、そして感覚機能は、決して一様ではありません。それなのに、身体的・精神的機能の制約、あるいは障害をもつ人々は、排除されるリスクを常に負っています。私たちは、障害をもつ人が一人もいないかのような社会、つまり、そのすべての構成員が、目が見えて耳が聞こえ、歩き回ることができて、理解し反応することができる錯覚に陥っていました。この錯覚、つまり人間の本質に関する思い違いと社会発展過程にすべての市民のニーズが採り入れられなかった結果によって、障害者は社会から排除され疎外されてしまいました。そしてそのような現象は、形や程度の差こそあれ、世界中で見られるのです。

国連障害者の機会均等化に関する基準規則（以下、基準規則）特別報告者の委託を受けて一九九七年に行われた障害者に関する世界的な調査では、人権に関する問題が数多く明らかにされました。情報を収集した一二六カ国のうち、大多数の国が、親権、財産権、裁判所へのアクセス権、政治などの分野で、障害者に関する制約がかなり多く存在すると報告しました。多くの場合、これらの権利侵害は、その法律に如実に表れています。また、不正な慣行の結果生じた場合もありました。また別の研究では、多くの国で、障害をもつ子どもが義務教育を受ける割合は、障害をもたない子どもに比べて極端に低いことがわかりました。最後に、虐待、暴力および生活の困窮といった事例が、何百万もの障害者がその生涯を送る施設の多くで見られたことも、付け加えておきます。

このように類似している事例の多くは、障害をもつ少年少女、そして成人男女の基本的人権の深刻な侵害に相当するという事実にもかかわらず、これらの問題に何の対処もなされませんでした。そしてこれらの問題は、人権侵害というよりは社会発展の問題としてとらえられてきました。

一九九七年の調査研究により、世界各地で確認された人権侵害の総数が明らかにされました。この研究結果をもとに、特別報告者は、二〇〇〇年十一月、スウェーデンにおいてセミナーを開催しました。このセミナーには、世界各地から二七人の専門家が参加しました。その中には、世界中の主だった障害者組織の代表者がいました。これらの組織には、ここ数日間に名前が上がった、世界盲人連合、世界ろうあ連盟、そしてもちろんＤＰＩも含まれていました。また、国連人権高等弁務官事務所の代表、国連書記官、その他世界中の人権活動家ならびに人権専門家も参加しました。

このセミナーの目的は、人権侵害を確認し、ガイドラインを具体化することでした。このセミナーでは、人権侵害に関して監視すべき五分野が明らかになりました。すなわち、個々人の人権侵害、各国の法律、訴訟、行政施策およびサービス、そしてマスコミにおける障害者の扱いです。

セミナーでは、「証拠」は何を意味するかという質問が出されました。「証拠」は、様々な情報を包括するという意味です。また、それぞれの情報の違いを理解することは重要です。種類によって、その使い方も異なるからです。証拠には、制定法、および法的な決定、そして準法的な決定などが含まれます。その他の種類の証拠として明らかになったものに証明書があります。また、個人から報告された人権侵害のエピソード、第三者からの証拠などがあります。この良い例が、イギリスの障害啓発行動（ＤＡＡ）による人権監視です。さらに、調査もあります。これは、証言、法定の調査、そして必要に応じて、調査チームの派遣などがされる場合もあるでしょう。

この種類の情報について、情報収集あるいは人権侵害の監視の基本的な手順として明らかにされたのは、次の五種類です。まず、研修を受けた研究者の利用です。こうした研究者は標準的な枠組みを用いて人権侵害に関する具体的な情報を集めます。研修を受けていなくとも、その他の人権侵害の分野における専門知識をもち、情報を集めることのできる研究者を使うこともできます。もう一つの主要な情報は、統計です。これには国連の年間統計調査などを利用できます。

事例収集のためのもう一つの方法は、政府諸機関と連絡を取り合うことです。これにより、自国の人権ならびに障害者に関わる制定法を、政府と市民で共有することができます。そして、最後に自己申告アプローチがあるでしょう。これは、前に触れたイギリスのＤＡＡがとっている方法です。

以上、どのような手段で証拠を集めるか、どのような種類の証拠を集めるか、など、証拠収集に関して考慮すべき点、疑問となる点についてお話ししてきました。

最後に、カナダで始められたプロジェクトについて、簡単に触れたいと思います。これは、人権侵害について情報を集めるため、障害者組織の機能を向上させることを目指したものので、障害者の権利モニタリングプロジェクトと呼ばれます。このプロジェクトの核となる長期的テーマは、国際社会における障害者の差別問題に対する人権モニタリングシステムを確立することです。このシステムは、障害に関する人権侵害を認識し、報告するための基盤となることが期待されています。

その目的は、既存の国際人権組織、および国内組織の内部機能を充実させること、障害者の権利に関する諸問題をモニタリングするために必要な体制を整えることにあります。プロジェクトの主要な五分野は、個人の苦情、マスコミ、法と政策、訴訟、行政政策とその実施です。

障害者の権利モニタリングプロジェクトは、三段階に分かれています。第一段階は、既に実施されており、既存の資源ならびに障害者の権利侵害、その他、モニタリングに携わる諸団体の評価です。研修マニュアル、計画、人権侵害報告機構、差別状況をモニタリングするための機構など、現在利用可能な手段の一覧表が作成されています。ニーズの査定作業も間もなく終了する予定です。

この第一段階において、三つの論文が発表されました。その各論文において、先に述べた五分野が採用されました。三つの論文が扱う内容は、第一の論文が、障害者の権利モニタリングに利用されている人権文書に関する研究の概括。第二の論文は、モニタリング、報告および国際人権文書適用のために現在利用されている教育訓練モデルおよび方法論の概要。第三の論文は、人権の国際的なモニタリングに現在利用されている文書および手段の総括です。

この第一段階の結果に基づき、プロジェクトの第二段階が実施されます。この段階では、障害者の権利侵害に関する国際的な状況の報告・実証に用いられる実際の文書、ならびに手段の開発、そして試験的な実施が行われる予定です。

これらの文書と手段は、四～六カ国で試験的に適用される予定です。第三段階では、試行段階で開発された文書と手段の改善が行われ、プロジェクトを拡大し、人権および障害者のモニタリングに、できるだけ多くの国と地域を含めていくことになります。プロジェクトの第一段階は、二〇〇三年二月に終了する予定です。

プロジェクトの第二段階は、四年を費やして実施されます。第三段階では、現在も行われている世界各地の障害者の人権モニタリングも含まれる予定です。

以上、障害者の人権に関する問題をモニタリングし、情報を収集する試みの一例をご紹介しました。

知的障害者への差別事件から……………土本秋夫

私は、知的障害です。本日は「北風の会」代表としてここに参りました。

まず、知的障害について、それから人権についてお話ししたいと思います。自分は、ハンディをもっているから、いろいろ聞かれると答えるのが難しくなるときがあります。そんなときには他の人に補佐を頼んでいます。それで、自分の生活を送っています。これからも支援や援助を求めていきます。

DPIに出席するのは今回初めてです。どのようにして参加したらよいかわかりませんでしたが、開催日が近づくにつれて、DPIのことがわかってきました。知的障害者は、ここに来られている方々も私と一緒だと思いますが、ハンディがなくなるとは思えません。ですから、これからも引き続き支援と援助を受けながら生活し、いきいきのびのびと生活していきたいと思います。

誰であっても権利があるということを主張しています。もう二年ぐらい、自分たちの当事者活動をやってきました。そこで、自分たちの権利を全国に全世界に向けていきたいと思います。自分のことを決めることを自己決定と言います。これから伝えたいのは、自分のことを自分で決めるということをきちっと言っていきたい。

私たちは必要な福祉サービスを受ける必要があります。自分も困難をかかえています。自分も将来的にホームヘルパーを使いながら生活をしていきたいと思います。その中での体験を、どんどん言っていきたいです。自分のことを決定して、学習をしていきたいです。多くの仲間がよりよく生活できるために、自分には権利があることを言っていきたいと思います。自分のハンディを知ること、たとえば自分が知的障害者であれば、むずかしいことをきちんと相手に伝えて教えてもらうことです。そこで自分が立ち止まってはいけないと思います。自分のハンディをみんなに知ってほしいと思います。

小学校三年のとき、特殊学級に行きました。知らされないで、ただ、特殊学級に行けと言われれば、どうすればいいのかわからなくなります。そこで説明をしてほしかったし、明日から特殊学級に行ってねとか、きちんと説明してもらえばよかったです。

自分は地域生活をしています。親から独立して五、六年になります。本来、自分の住み慣れたところで住むというのが、権利だと思います。誰でも与えられている権利だと思います。入所施設にいる人は、地域生活もままならないし、自分のお金も職員に管理されています。その中で、全国の仲間たちが、入所施設はいらないと声を上げてきました。自分も、もう入所施設はいらないと思います。入所施設での人権侵害が次々とあがっています。しかし、職員は少しの罰則ですんでしまいます。例えば、障害者が差別されたりいじめられたりしても、二週間で職場復帰してくる。それは許せないと、仲間も言っています。体罰をやったときには、もう少し厳しいものがあってもいいと思います。北海道でも、そうした事件が数々あります。知的障害者はわからないから、体罰してもいいのではないかと思われているのです。年金をとって当事者に返さない、給料も払わなかった。そうした人権侵害の裁判を今やっています。ほんの一例ですが、浅草事件[1]と金谷事件[2]、障害者の社会的な孤立を放置していくことが、なぜ起こるのか。知的障害者はわからないと思っているのだろうと思います。それは絶対に許されない。

多少知的障害者の法律がありますが、あまり役に立たない。ちゃんとした法律で守れたら、自分たちの福祉サービスがよくなるのではないかと思います。差別禁止法に向けて、さかんに声を上げていかなければならないです。差別をなくしていきたいし、自分たちのことをもっともっと知ってほしいです。日本国内だけじゃなくて、世界中に知的障害者がいるだろうし、大勢の仲間がまだまだいる。差別禁止法のことをきちんとやっていかなければなりません。大勢の仲間が差別禁止法に取り組んだほうがいいし、障害種別を超えて、同じ仲間としてやっていきたいと思います。

スティーブン・エスティ　補足します。先ほどお話ししたカナダ大学とヨーク大学で実施している全三段階のプロジェクトは、ヨーク大学の関係者と国際障害同盟（ＩＤＡ）と連携をとっている諮問機関、それと国連特別報告者ベンクト・リンクビスト氏が深く関わっていることをお知らせしておきます。

参加者　私は茨城で人権侵害をされました。ここに茨城から来た人がいるかもしれません。給料をもらえず、休みももらえず、働かされました。農場だから朝は四時に起きるのは当然、夜中の十二時に仕事が終わります。夏と正月に、五千円しかもらえない。ご飯はコンビニ弁当の三日たったやつを毎日食わされました。それでいやで、茨城から東京に出て来ました。ここで私はとても幸せに暮らしています。人権侵害は本当に困ります。

参加者　札幌に住んでいます。土本さんのお話、あるいは今の発言を伺って、日本における障害者の人権が軽く認識されていることを、改めて痛感しました。人権侵害について、土本さんがおっしゃったことと少し異なる内容ですが、皆さんにお話ししたいと思います。

現在、日本の社会では、障害者にとって生活するための所得保障が大切です。障害者にとって、あらゆる社会的な活動に制約があると思っています。日本では、障害者の所得保障について、障害年金があります。重度の障害者は就労して所得を得るということはほとんど不可能です。それでも生活を可能にするために、年金が支給されることになっています。しかし、ある一定の条件に置かれた人には支給されていません。この件に関して、各国の人々に訴えるため、私たちは、英語、日本語、フランス語、韓国語のリーフレットを作成しました。サブアリーナまでお越しいただければ、リーフレットがあります。日本には約一〇万人、あるいは一二万人の無年金障害者がいます。そして、裁判が現在起こされています。

参加者　名古屋から来ました。土本氏は、知的障害のある方がホームヘルパーを使って地域で暮らしていくためにいろいろ支援がほしいと言いました。どういう支援が必要だと思いますか。ホームヘルパーがどんなことをすればいいのでしょうか。

土本秋夫　私は一人暮らしです。仕事から戻ったとき、例えば料理は、私一人でやっています。掃除、後片付けをしてもらえれば楽かなと思います。行政から説明されても自分ではわからないときに、それをわかりやすく説明をしてくれる人。生活をしていくときに、例えば訪問販売が来たときに、どうすればいいのかといったアドバイスを受けたいと思います。まだまだありますが、一つの例をあげてみました。

参加者　精神病院についてお話ししたいと思います。精神病院では、数多くの人権侵害が起きています。一番私が辛く思ったのは保護室です。窓は柵付きで、床はコンクリートです。ベッドが一つと、隣りにむき出しの便器が置かれています。私たちは、この便器のすぐ横で、食事をしなければなりません。まるで、動物園の檻の中にいるようです。

私も精神病ですが、このような人権侵害をなくすために、がんばっていきたいと思います。

参加者　私が精神病になったとき、父から差別を受けました。私は二九歳のときに病気になって、「お前の人生は終わりだ」と言われました。これは耐え難いことでした。私は五歳のとき、熊本から北海道へ引っ越し、北海道で育ちました。就職して一〇年勤めて、具合が悪くなって入院しました。地域の中でも、ひどい差別がありました。精神障害者でも胸を張っていきたいのですが、社会から精神障害者だという目で見られます。それは報道でもあります。前に精神病院に入っていたというレッテルを貼られてつかまっている、犯罪を犯している人もいます。私たちは人間であるのかないのかということもつきつけられます。人間でないんだと言われるのだったら、どうすればいいのですか。私はすごく腹が立ちます。

がんばって運動を進めています。交渉もやっています。一〇割助成も勝ち取りました。まだまだ問題はたくさんあります。差別の中で生きていかなければならないことは悲しいです。

参加者　私は札幌で障害者の方々の社会復帰支援活動をしています。弟が精神分裂病で苦しんでいますが、ずいぶんよくなりました。家族会に属しています。

たくさんの精神障害者の方々が、社会復帰しようとしてがんばっています。しかし、あきらめて閉じこもっている人もずいぶん多いです。むしろ、閉じこもっている人のほうが多いのではないでしょうか。それは、誤解や偏見を怖れて、家族が閉じ込めてしまうのです。あるいは、本人が、力を出せないで引きこもっていることもあると思います。精神病院での社会復帰の支援がもっと基本的なところで行われるようにならなければと思います。病院では医療を専門的にやりますが、社会に出たときの支援についてはそこまでやっていないというか、社会の支援と手をつないでやっていこうとしていないのが、問題だと思います。日本では三三万人の人が入院しています。その中の三割は退院できる人です。何とか退院して社会生活ができるようにしなければならないということが日本でも出てきました。政策に結びついていくことが重要になっています。

参加者　今の人の意見は責任をごまかしている。きれいごとばかり言っていて、そのためにどのくらい多くの人が困っているか、今、札幌の医療がどうなっているか……。

ポーリン・カヴァダ　何人かの方々から、障害者の置かれている状況についてご意見を伺い、人権侵害の現状を説明していただきました。皆さん一人ひとりからご意見を伺えば、何日も、何週間も必要です。まず大事なことは、自分自身を尊敬すること、その上で人権を尊重することです。誰か他の人を責めたりするためにこの場にいるわけではありません。そうではなく、これらの問題を解決し、それを克服し、国連その他の現存する組織が人権擁護に取り組むための方策を話し合うために、私たちはここに集まったのです。

誰かを非難しても、問題は解決できません。私たちは、人権擁護の方策を考えるためにここにいます。この点どうかご協力下さい。どうして人権侵害が行われるのかを、そして、どうやったら人権侵害を防ぐことができるのか、考えて下さい。誰に責任があるのかを追及する場ではありません。もちろん、責任を取らなければならない人もいます。でも私たちは、これらの問題を解決する方法について話し合い、人権擁護に関する意見を交わしたいのです。ご意見を述べていただく時間はありますが、でも、私たちに何ができるかという点を、一緒に考えていきましょう。

様々なご意見を伺いましたが、先に進みましょう。ＤＰＩ

として、どのような提案をすべきでしょうか。私たちに、何ができるでしょう。私たちは国連に対して、ＤＰＩとして、現状を踏まえた主張を行っていく必要があります。前向きな勧告についてご意見のある方は、どうぞお聞かせください。

参加者　司会者の方が言うように、今日は糾弾会ではありません。ＤＰＩとしてどういう提案を今後していくのか答えを導き出そうとしています。

参加者　札幌から来ました。ろう者です。私は大きな会社に勤務しています。その会社は以前、若い知的障害者を採用しました。彼らの仕事は、洗いもの、掃除というものです。その若い知的障害者は、入りたての頃はミスしていましたが、今では後片付け、洗いものなどをこなせるようになりました。最近では、健常者の仕事のできない方がどんどん増えてきています。私たちが後片付けや洗いものを頼んでも、多くの知的障害者は、一緒にきちっと働くことができています。会社では、その他の研究会や健康相談会などを行っています。そして若い知的障害者の社員たちは、この健康相談を受けています。

私はろう者なので、そのような制度を利用する資格はありません。発表にあったように、日本の社会というのは、障害者は無視されています。この意見を支持します。手話のできる人がいれば、私は一緒に働くことができるでしょう。ろう者のみならず、知的障害者ともよりよい協力を行うことができると思います。

ポーリン・カヴァダ　皆さんから様々な意見を伺いました。私たちの闘いは今後も続きます。

注

1　二〇〇一年、東京・浅草で起きた女子短大生殺人事件。知的障害をもつ被疑者に、逮捕・懲役歴があったことから、「異常な犯罪」を行う可能性のある者に対する保安処分が一部の精神科医から出された。知的障害をもつ人への司法手続き上、服役中、社会復帰後の支援のなさが事件をくり返させている背景としてあることが提起されている。

2　二〇〇〇年、静岡県金谷町で起きた自宅放火で母親を死なせた（放火殺人）と知的障害をもつ長男が逮捕された事件。自宅に火をつけるまでに追いつめられた状況、放火の意志の有無、母親の死亡との因果関係、訴訟手続き自体を理解しているかが問われている。

10月17日午前

人　権

モニタリング

司会者：ナワフ・カバラ（レバノン）
発表者：ラジョス・ヘゲダス（ハンガリー）
マウラニ・エティンスル（インドネシア）
瓦屋慎吾（日本）
モハメッド・アブデラヒ（マリ）

中欧・東欧における基準規則の実施状況……………ラジョス・ヘゲダス

中央・東ヨーロッパ諸国は、開発および社会的、政治的、経済的状況について、多くの共通点を見い出すことができます。人権と社会権に対する関心が高まりを見せたのは、一九八〇年代後半以降です。それまでは共産党が支配権を握り、障害者の境遇やその社会権は軽視されていました。つまり、障害者の人権をもつという視点が欠落していました。

民主主義が衰退しても、また逆に民主主義が復興しても、人権に対する考え方が変わるわけではなく、障害者に対する差別とパターナリズム（保護主義）が見られます。国の障害者対策は非常にレベルの低い、隔離主義的なものでした。国家予算は、すべての予算を確保して余った分が障害者政策の予算として使われていました。

二〇〇一年にDPI後援の会議が開催され、国連障害者の機会均等化に関する基準規則（以下、基準規則）の特別報告者ベンクト・リンクビスト氏が参加しました。会議の目的は、障害者の市民団体が参加し、転換期にある国々における基準規則の実施状況を評価することでした。

評価の第一段階は、アンケートの回答に基づいて行われました。各国から寄せられた回答によれば、良い効果が上がった国もあれば、逆に後退した国もありました。また、変化が全く起こらなかったケースもありました。

アンケートを集計してみると、各国の法律に良い影響があることがわかりました。しかし、基準規則の適用状況は、経済的背景や社会的態度によって大きな開きが見られました。また、法律の不適切な適用や実施が行われていました。

アンケートの回答を踏まえて、各国で基準規則の継続的な取り組みが開始されました。法律上の規則が変わっても、経済的背景や社会的態度、条件が十分に整っていなければ、その適用には時間がかかります。しかし、これは障害者に関する施策に限ったことではありません。経済と同様、人々の態度が変化するスピードは、思ったより遅いのです。各国では、障害者運動が活発に組織されるようになり、活動が徐々に拡大しつつあります。

この運動の主要な担い手は、障害者自身です。障害者の両親や家族の参加は、私たちの地域ではあまり目立ちません。精神障害者の両親や家族についてのみ、状況が異なります。障害者運動の目的は、差別禁止法の制定と確実な履行です。共産圏の衰退と消滅によって生まれた新たな国家は、障害者の社会への統合とその法制度の確立が必要であるということを理解しています。域内のほとんどの国では、複雑なリハビリ制度、特に社会リハビリテーションのためのシステムが全体的に整っていません。時代遅れの医療機器を使ったリハビリが未だに利用されており、障害者自身も前向きに取り組んでいません。障害者のリハビリテーションに必要な条件および資金などを確保しなければなりません。

ハンガリーの例をお話ししましょう。一九九八年、差別禁止法「障害とともに生きる人の権利と機会均等条項に関する一九九八年二六号法」が制定されました。また、この法律の適用を促進するための計画も策定され、議会で承認されました。政府はこの計画の目標値を策定し、年度ごとに基準を満たすこととなっています。また、この計画の実施運営には、障害者が関与することが法で義務付けられました。

差別禁止法とその実施の理論上の基礎となっているのが、基準規則です。残念なことに、この実施状況を見ると、期待されたレベルには達していません。建物や公共交通機関へのアクセス権、サービスや商品を利用する平等な権利は、計画よりはるかに遅れています。また、統合教育を実現するために法律を制定するためには、まだまだ大きな問題が残されています。政府は、この差別禁止法が有効に活用されるために必要な財政確保を十分に行っていません。共通の基準を用いてコーディネートを行う障害者担当行政機関が、国内にないのです。

私たちの団体(ハンガリー障害者団体連合、National

Federation of Disabled Associations, Hungary）では、この計画を推進し、障害者の置かれている状況を改善するためにあらゆる努力をしています。私たちが政治活動で常に採用する手法は、マスコミの支援を得ながら活動を組織していくことです。この計画の実現を目指し、平等な権利を実現するために特別な政府の委員会が組織されました。

私たちは、私たちの価値を社会全体に知らせるための努力を重ねています。私たちは、国の厄介者ではなく、国にとって有益な存在であることを証明したいのです。私たちが参加しなければ、その社会の価値は低いものになります。各種の障害者団体が協力し合う体制づくりが進み、障害者団体協議会が結成されました。差別禁止法に基づいて、国の障害者委員会が始動しました。この委員会は、政府の諮問機関として、政府組織および一連の障害者団体間の対話を推進すべく活動しています。

参加者　精神障害者は、その他の障害者と異なり両親や家族がその活動に参加しているということですが、もう少し詳しくお聞かせ下さい。

ラジョス・ヘゲダス　障害者は、自身の問題についてより強い認識をもつようになりました。しかし、精神障害者の団体だけは、親が代表を務めています。身体障害者の場合は自分たちで組織を運営し、自らその陣頭指揮をとるのが普通です。これは聴覚障害者や視覚障害者の場合も同様です。

参加者　アンケート調査についてですが、障害者団体が計画・実施し、政府に情報提供したのでしょうか？

ラジョス・ヘゲダス　これは、国の主導で行われた調査でした。私たち障害者団体の目標は、政府機関ではなく民間団体によるモニタリングを実現することでした。そして、政府の行った調査結果と民間団体のそれを比較しました。私たちの団体が資金を出して、この取り組みが行われました。

参加者　現状では、ハンガリー政府は、どの程度障害者を市民に含める義務を果たしていると思いますか。

ラジョス・ヘゲダス　ハンガリーには、差別禁止法があります。この法により政府は、障害者に対して責任を負うことになります。この法律によって、障害者計画が策定されなければならなくなりました。また、差別禁止法を実施するための中間報告を法律は義務付けています。さらに、この法そのものの実施と計画の履行については、それぞれ期限が設けられています。政府は、法の実施状況を毎年報告する義務があります。前年度の法の実施状況について、促進した点、遅れている点について報告します。

もちろん、市民団体もこの評価に参加します。障害者評議会があり、八名の大臣と民間団体からの九名の代表、計一七名の評議員で構成されています。

参加者　私は札幌に住むろう者です。ハンガリーの差別禁止法についてですが、ろう者の言語である手話についての規定はありますか？

ラジョス・ヘゲダス　私たちはちょうど今、独立の言語としての手話を導入するための努力を懸命にしています。現行法では、手話は独立の言語であると述べていません。差別禁止法に明記されているのは、公共の機関や法廷でろう者は手話を使う権利をもち、政府がその機会を保障しなければならないということです。また、この法律によって、一部のテレビ番組が字幕付きで放映しなければならなくなりました。

私たちは、政府の資金援助を得て、手話訓練コースを開講することができました。現在、手話通訳は、ろう者の民間団体にしかいません。そこで、初級・中級・上級の手話コースを設け、ろう者自身がこれらのコースの指導にあたっています。この手話通訳の役割は、聴覚障害者に付き添って登校したり、先生とのやりとりを助けたり、公共の施設に行く際の同行です。このプロの通訳者の他に、基本的な手話の知識をもつ「手話通訳アシスタント」もいます。

ナワフ・カバラ　今のコメントは、非常に貴重な意見です。というのは、障害者運動の中でさえも不平等な取り扱いがあるからです。ろう者のコミュニケーションや情報アクセスの権利について十分な取り組みをせずに、運動の課題を移動制約者のニーズにしぼってしまうので不平等な結果が生じることがあります。ですから、ろう者やその他のグループと一緒になって運動を組織していくべきでしょう。

参加者　日本から参加してます。ハンガリーでは、特に統合教育について遅れているとおっしゃいましたが、どの程度でしょうか。

ラジョス・ヘゲダス　差別禁止法が制定された一九九八年以降、学校は基本的に統合教育にすべきであるということになりました。しかし問題は、大部分の学校では未だにそれが実現できていないということです。というのは、学校のアクセスが保障されておらず、介助者を保障しなければならないと法律では定めているにもかかわらず、介助者が不足しています。障害児学級については、教員が複数の学校を回って子どもたちに特別な訓練（special training）を行うというシステムをとっています。

現在、統合教育を提供できる学校は、全体の二割にすぎません。しかし本年度、高校と大学教育において、大きな進展があったことを報告いたします。新しい法律が制定されました。これによって、大学は学生に特別な配慮をする義務が生じました。これは、障害をもつ生徒の試験を簡単にするという類のものではなく、例えば聴覚障害者の場合、口頭の語学試験ではなく答えを紙に書く試験を受けることができます。また、身体障害をもつ生徒が障害のため記述することが困難な場合、筆記試験ではなく口頭試験を受けることができます。回答に時間のかかる学生は、試験時間を長くしてもらうこともできます。

ナワフ・カバラ　選挙、という言葉を聞いたことがありますか？　では、質問します。この会場の皆さんの中で、これまで投票した経験のある方は、何人くらいいますか？　手を上げて下さい。たったそれだけですか。投票したことのない方が、たくさんいらっしゃるようです。では、投票した方は、障害者の権利を考えて候補者を選びましたか？　障害者は、選挙で投票結果に影響を与えることができる一つの勢力であることを、政治家によく理解させる必要があります。政策決定するときに、政治家は障害者の声を聞かなければならないのです。障害者運動の弱点の一つは、私たちの運動や取り組み、そして闘争そのものを投票に反映させられないことにあるのかもしれません。

インドネシアにおける参政権保障の取り組み……………マウラニ・エティンスル

国連アジア太平洋障害者の十年の間に、インドネシアでは二つの主要な国内運動が展開されました。一つは、アクセスに関する運動として一九九二年から二〇〇四年までのプログラムが実施されています。もう一つは、二〇〇四年に行われる選挙を目標に、政治的権利のための全国運動があります。今日は、この選挙権を保障するための全国運動についてお話しします。

この運動は、障害者自身に関心をもってもらい、選挙権が保障されていないことや平等にアクセスできないという認識を高めることから始めなければなりませんでした。これまで行われた選挙が不平等で、特に障害者にとって差別が存在しているという現実の認識に端を発していました。

例えば、視覚障害者が投票所に入るときは、自身の意志に関係なく選挙委員会の役人が付き添います。この制度は、選挙に利害関係をもつ人が投票結果を操作するのに都合のよい機会となります。一方で、車いすを利用する有権者は、投票所に入れないために投票すること自体が不可能です。

このような状況は、私たちが直面している差別の一部です。障害者の投票権を制限する政策や規約が、この状況に拍車をかけています。参政権を行使するための私たちの闘いには、二つの重要な点があります。一つは、法律で選挙制度と選挙権を擁護することです。もう一つは、施設をアクセス可能にするためにガイドラインを設けることです。

以上の理由から、インドネシアの障害者と政治活動をしているいくつかのNGOは、人権の普遍的な原則に基づき、すべての人間の権利が平等で対等に扱われるように全国的な委員会を組織しています。また、個人のプライバシーが保護され、投票箱に自由に自立して票を投じることができるようにすることが、障害者の政治的意欲を高めるためにも必要です。また、投票を可能とする施設や補助具なども整備される必要があります。委員会執行部は投票が確実に行われるために活動を行っただけではなく、委員会が選挙と政党に関する法律を起草する際に中心的な役割を果たしました。障害者がアクセスできる選挙設備を設計する際に、当事者と特別な権限をもつ独立機関が一緒に取り組まなければならないという提案を行いました。これは、現在国民議会(1)で審議中です。

私たちの活動の目的は、選挙における平等なアクセスを保障し、様々な能力をもつ人々が自らの政治的意思を自由に、そして自主的に表現できるようにすることです。また、障害者が選挙や立候補を通じて、政治的権利を有する者として平等に扱われることにあります。さらに、政策立案者の意識と理解を高め、障害者と非障害者の平等な権利を保障するために選挙法やそれに関わる政策を行うことです。障害者の参政権を保障するためにあらゆる障壁を取り除くことにあります。

では、私たちが今まで行ってきた活動について説明します。まず、端的に言うと、選挙制度と選挙権を保障する国の法律を制定するために闘ってきました。私たちは使える技術の一案として、スロープ付きの、あるいはスロープなしの設計など、施設や道具の例を提案しました。この試みによって、障害者がアクセスできる投票所が必要であることを関係者が適切に認識できるようになると期待しています。視覚障害者にとって必要な用紙や、車いす利用者や視覚障害者が容易にアクセスできる投票ブースの準備を提案しています。また、政治的関心と意欲を高めるために「すべての人々が平等な権利をもつ」というメッセージが入ったわかりやすいパンフレットを作成しています。

ここに、点字テンプレートの見本があります。これは、視覚障害者が自力で投票する機会を保障するために必要なものです。これを無記名投票用紙の上に置いて、投票したい候補者の名前の位置を確かめ、投票用紙にマークするための正しい位置を確認できるようにします。

私たちは投票用紙を少なくとも三種類、おそらく四種類準備する必要があると思います。つまり、障害者が投票用紙を容易に区別できるようにしなければならないのです。また、投票会場の中に入ってから、どのような行動をとればよいかをわかるようにしておかねばなりません。絵をたくさん掲示することで、利用者は選挙過程を容易に理解することができます。委員会では、投票用紙の種類ごとに、開ける穴の数を変えることを検討しました。

これは、私たちが考案している投票所の具体例です。スロープ付きの投票所で、車いすが方向転換するのに十分なスペースがあります。テーブルの高さは六〇～六五センチです。今後、この提案は、車いす利用者が投票をするために、さらに改善されることでしょう。

ここに、障害者の選挙権法案があります。これは、二〇〇二年九月にスウェーデンで開催されたワークショップで作成され、採択されたものです。このとき、インドネシアからも、NGOが参加しました。短いので最後に読み上げます。

すべての市民は、知的、身体的および精神的障害、また認知障害の有無にかかわらず、以下の権利および機会を有する。直接に、自由に選んだ代表者を通じて、政治に参与すること。選挙における平等な条件の下で参与すること。普通かつ平等な選挙権に基づく真正で定期的投票において、有権者として登録され投票をすること。秘密投票が守られること。選挙に立候補することができ、当選の際にはその職を遂行することができること。これらの権利は、自由で民主主義を擁護する社会において容認される場合を除き、障害その他いかなる理由によっても差別されることもなく保障されるべきである。また、平等を原則とした参政権および政治的権利を行使できる機会を障害者がもち、権利を享受するために効果的な政策を導入し、必要な改革を実施する義務は国にある。これらすべての権利は、市民的および政治的権利に関する国際規約（自由権規約）で保障されている。

参加者　インドネシアでは、障害者自身が国会議員に当選する可能性はどのくらいありますか。

マウラニ・エティンスル　実際、私たちは普通選挙の法律整備のために闘っています。選挙法に、障害者自身とその権利を含めるように闘ってきました。法文には偏見を招くような部分や言い回しもあります。これは、私たちの権利を弱めることになります。

私の資料にあるとおり、第二〇条「国の施設、議員」に、「国民議会の議員に立候補するには、ラテン文字の読み書きができなければならない」とあります。私たちはこの点の変更を求める闘争を行ってきました。すなわち、「インドネシア語を話すことができること、視覚障害者は点字を使える」とするよう変更を求めてきました。立候補者をラテン文字の読み書き能力をもつ者に限ると法律で規定するなら、視覚障害者を排除することになり、議員への道を閉ざすことになります。

私たちの権利を求める闘争において重要なことは、お互いに協力し合って運動を進めることです。私たちは障害者の力だけで立ち上がることはできません。私たちが他のＮＧＯや国際選挙制度財団（International Foundation for Election System＝IFES）[2]などのような国際的なＮＧＯ、そして選挙改革センターのような地元のＮＧＯと協力しているように、様々な人々と協働して活動しなければなりません。

精神障害当事者が運営する作業所の活動…………瓦屋慎吾

札幌のすみれ会の瓦屋慎吾です。今日は、私たちの会の活動について発表させていただきます。

すみれ会は、北海道在住の精神障害者の組織で、札幌以外にも会員がいます。精神障害者が、人格をもった人と認められ、人並みの生活を送れるように活動しています。会員数は現在二四六名です。私たちは毎月、すみれ会だよりという機関誌を八〇〇部つくって、日本の南は沖縄から北は利尻島まで送っています。政府や自治体に対して交渉も行っています。他の身体障害の人たちと共に、交渉しています。

現在、私たちは共同作業所を運営しています。すみれ共同作業所、すみれ第二共同作業所をもっていて、どちらも私たち自身で運営しています。

すみれ会は精神障害者自身が運営すること自体、まれな例です。私たちの活動は一九八六年に始まり、一九九四年にはすみれ共同作業所が分かれて、すみれ第二共同作業所が生まれました。現在私は、第二共同作業所の所長をしています。ごろごろしていてもいいという作業所です。第二共同作業所の指導員は、全員すみれ会のメンバーから選ばれます。全員が精神障害者です。能力と人望によってみんなの中から押されてくるのです。年一回の総会で選出されます。再任を妨げません。でも、いつも私は、背後にぼくの勤務評定をするみんなの目を感じます。

ところで、なぜこのように自分たちの中から指導係を選出しているのかというと、みんな精神病について体で知っているからです。不慣れな健常者よりも私たち障害者のほうが、より多くの経験を積んでいるからです。もちろん、指導員は病人ですから、指導員が病気になり欠席する場合もあります。指導員が欠けてしまっても共同作業所を運営できる体制になっています。また、会計、出欠係、料理のリーダー、スポーツのリーダーなど、その他の活動においても責任者を置いています。身分はメンバーですが、作業所での役割をもっていて、彼らが次の指導員の候補です。わずかですがお金が払われています。

現在、この役割を背負った人たちのことで札幌市と懸案事項になっていることがあります。役割を与えられれば、責任が生じてきます。私は、責任が人を育てるのだと思います。例えば会計ですが、月末に帳簿が合わないといつもやってきます。会計はそれでよいと思います。帳簿をごまかそうとする会計よりましだからです。私たち一人ひとりが帳簿に目を通し、間違いがないかどうかチェックします。会計が合わないことが恥ではないのです。それをごまかそうとする心が恥ずべきことなのです。

第二作業所の予算は一三〇〇万円です。第二共同作業所の指導員は五名です。指導員に支払われる報酬は、最低賃金を割っているかもしれません。指導員全員が生活保護その他の所得保障を受けているか、あるいは親と一緒に暮らしています。作業所の収入のみで生計を立てている指導員はいません。知的や身体障害の法内施設と比べると、小規模作業所の補助金が格段に少ないからです。法外施設だからです。でもそのかわり、私たちにはやりたいことがやれるという自由があります。

一カ月ごとの幹事会で、すみれ会の意思を決定します。その場にいるすみれ会の会員全員に発言権も決定権も保障されています。

幹事会に諮られることは、すみれ会の会員と指導員で構成されている役員会で決定されます。作業所については別に、運営委員会が設けられています。運営委員会の構成は、指導員、会計、家族会の役員、そして、すみれ会の役員です。その月の会計報告がされます。すみれ会にも家族会があります。親やきょうだいです。全国を見ると、家族会によってつくられた作業所がたくさんあります。それとは逆のコースをたどっています。

外部からたくさんの人が私たちの作業所に見学に訪れます。反対に、様々な団体へ講演者を派遣しています。これらはすべて、すみれ会が長い年月をかけて信用を築いてきた結果です。そこで、私たち精神障害者に関する偏見差別に気づきました。偏見と差別、不確かな情報の偏見を壊すためには、生の私たちを見てもらうのが一番だと思います。

すみれ会は、総合的な障害者福祉法の制定を求める運動をしてきました。日本では、福祉法が障害ごとに制定されています。精神保健福祉法は、完全な福祉法とは言えません。強制入院の条文が含まれているからです。他の障害者に比べると、精神障害者の分野は非常に遅れています。少し前までは、福祉の対象になっていませんでした。障害者というより、病人として扱われていました。

すみれ会は長い間、精神障害者の福祉制度の確立を求める運動を推進してきました。障害者基本法になってから、ようやく障害者の仲間入りをしました。仲間の中には、障害者として扱われることを否定しようとする人がいます。障害者は「不完全な人間」という印象があるからです。しかし、障害をもたない者がオールマイティでもスーパーマンでもないのです。私たちが精神障害者であることを誇りに思えるような社会にしたい。障害は私たちの個性です。自らカミングアウトできる人は素晴らしいです。私自身はなかなかそれができません。私にはカミングアウトする意志がありますが、家族の理解を得られていないのです。妻は、近所の視線におびえています。私も近所の人たちを完全に信頼することができません。ひょっとすると、その地域にいられなくなるかもしれないという恐れも感じるときがあります。

日本では精神障害者の施設を建てるとき、住民の反対運動が起こることがあります。日本国民はまだ私たちに対して好意的ではありません。だから、私たちは自らを主張していかなければならないのです。少しずつでも、オープンにする必要があります。毎年九月、すみれ会はバザーを開いて、町内会にチラシを配ることにしています。現在も近隣の四つの地区で、バザーのチラシを配っています。すみれ会も参加した「札幌市精神障害者介護者クラブ連合会」（札介連）という組織をつくっています。札介連では、毎年三月に「われらが主張大会」という大会をやっています。いわゆるスピーチ大会です。今年はその第六回目が行われました。これは、スピーチのうまさを競うコンテストではありません。精神障害者としてのスピーチや願いを訴えることを目的としています。昨年のコンテストには四〇〇人の観客が集まりました。そして、昨年から公募制にしました。これは勇気のいる決断でしたが、一〇人の応募がありました。

札幌市は日本の都市の中では、精神病院が多い地域です。三九の精神病院があります。入院している仲間も数多くいます。入院している仲間と連絡を取り合う努力をしています。通信の自由は法律で保障されています。しかし、家族以外の人との面会や、電話の取次ぎに制限が設けられている場合があります。そういった人やすみれ会から遠ざかっている仲間との通信を続けるため、私は葉書を書いています。封書の場合は、検査されることがあります。これは親書の自由の侵害です。葉書の場合、正々堂々と病院の中に入ってきます。電話だと、不在の場合、つながらないからです。それに何度も読み返すことができます。葉書は時間がかかりますが、確実に相手に届くからです。従って、仕事の休憩時間に、私はたくさん葉書を書いています。そして、だれに書いたか記録をつけています。相手に合わせてぴったりの葉書のデザインや絵柄を選ぶのも楽しみの一つです。

精神障害者が、人格をもった人と認められ、人並みの暮らしができるように活動していきます。私たちのキーワードは、「鈍気」「本気」、そして「元気」です。

参加者　札幌から参加しています。生活保護や障害者年金で収入を補っているということですが、すみれ会に通う交通費などはどうしているのですか。

瓦屋愼吾　今年（二〇〇二年）から、札幌市内のバス、地下鉄と市電は、精神障害者手帳一、二級を持っていれば、無料で乗車できることになりました。三級障害者の場合は、三万三〇〇〇円のパスが提供されます。過去五年間、いろいろな人とフリーパスを求める運動を行い、この権利をもぎとったのです。これは、市当局に対する私たちの活動の一つです。私たちは陳情したり、署名を書いたりしました。その結果、札幌市内の交通機関を無料で利用できるパスを獲得しました。

参加者　私は、札幌のすみれ会のすぐ近くに住んでいます。私の母は、六〇歳くらいのとき、北大付属病院で統合失調症と診断されました。私はホームヘルパーです。札幌市では、精神障害者のために、ヘルパー研修会を設けていますね。でも現実にそれを頼むと、ほとんどヘルパーさんが行きたがらないんだそうです。私の所に何件か依頼がありました。だから、もっと札幌市に言ったほうがいいと思います。ヘルパーさんは、統合失調症で悩んでいらっしゃる方のところに行くのは怖いそうです。なぜ怖いのかと私は聞きました。いろんな新聞などで事件が報道されると、人々はそれを信じ込んでしまいます。ですから、みなさんはそうではないということをもっと言っていくべきだと思います。現在、医学の進歩で、統合失調症の方の多くは、社会復帰をしています。私の母もそうです。でも、いい医者に会えなかったために、一七年間を独房で過ごし、常に薬漬けの毎日を送る友人がいます。これは難しいことですが、統合失調症の場合は特に信頼できる医者を見つけることが大事だと思います。

瓦屋愼吾　札幌市のホームヘルパー研修に、すみれ会が参加し、講師を派遣しています。すみれ会でも現場研修を受け入れています。実際に僕らとふれ合わないと、いくらお勉強してもわかりません。実際に私たちの施設に来てもらって、話したり一緒に作業したりすることで、私たちは怖くないことをわかってもらえればいいと思っています。残念なことに、現場研修はたった半日しかありません。もっとたくさんの人に見てもらいたいと思います。

参加者　京都から出席しています。精神障害者のための作業所を一九九三年に設立しました。私自身は精神障害とは関係ないんです。身体障害者団体連合会の会長を務めています。

ところがある日、家族会の方がやってきて、精神障害者のお手伝いを頼まれました。私はその時、精神障害について何の知識もありませんでした。なぜ私のところに頼みに来たのかわかりませんでしたが、障害をもつという点では、身体障害も精神障害も同じです。そう考えて、引き受けることにしました。

お話ししたいのは、作業所と地域との連携は絶対必要です。設立当初、住民からの若干の反対がありました。しかし、説得し、地元の有力者に委員長になってもらい、地域の密な連携を心がけています。現在、近隣の住民は施設に対して非常に協力的です。あなたの発表の中で、近所の方の目があるためその場所に住みづらいというお話がありましたが、地域の人々から十分な理解を得るような働きかけをすることは重要だと思います。

瓦屋慎吾　アドバイスありがとうございました。私のアパートは、すみれ会から一〇キロほど離れた場所にあります。私の家の表札には「精神障害者」とは書かれていません。近所の人によく思われていないというのは、私の妄想なのかもしれません。

私も、すみれ会は近隣の住民や地域社会と良好な関係を保つ必要があると思います。私たちは毎年バザーを催しています。そして地域と一緒に活動しています。施設が古くなったので、建て替えのために募金活動を行いました。そのとき、町内会から三〇万円の寄付がありました。とてもうれしかったです。

参加者　私は北海道精神障害者家族会連合会の会長です。障害者差別禁止法を制定することに賛成しています。日本では、精神障害者に対する差別があります。その一つの例として、精神障害者には、就業の場が認められていません。

今年、参議院の厚生労働委員会で、精神障害者にも就労の場を与えようという議論がありましたが、見送りになりました。瓦屋さんのおっしゃるように、素晴らしい能力を皆さんもっています。しかし、病状が回復しないために、無権利の状態に置かれています。

二つ目の問題は、生活の保障が十分でないことです。現在、八万人の人が年金をもらえないということです。それは、学生のときに、国民年金が義務付けられていなかったために加入していなかったのです。大学時代に入って統合失調症になり、就職先を見つけることができなかったのです。しかし、国民年金をかけていなかったため、年金を受け取ることができません。両親が生きている間は、両親に依存して生活することができますが、両親が亡くなった後は、生活の途が閉ざされてきます。この問題をＤＰＩの四カ年行動計画の中に加えていただきたいと思います。

最後に申し上げたいことは、差別の撤廃です。これもＤＰＩの行動計画にぜひ加えてください。

瓦屋慎吾　差別禁止法をつくっていくことは、ぼくも賛成します。自分たちの力で生み出すことを闘っていかないと、ようやくできた法律も絵に描いた餅となります。

参加者　私は札幌の作業所にいます。すみれ会は精神障害者によって管理・運営されていると伺いました。精神障害者自身が施設を維持管理することの長所、短所は何ですか。

瓦屋慎吾　障害者自身が施設を管理・運営することで、ニーズをダイレクトに把握することができます。病気については、医者以上に私たち自身が一番よくわかっているのです。でもある面では非常にもろい。ストレスがたまると倒れてしまう。そういったことも、考慮しなければ、組織自体がつぶれてしまいます。スタッフの何人かが倒れても、ちゃんとやっていけるという仕組みを考えていかないと、僕たちみたいな組織はなかなか成り立っていきません。

参加者　札幌から来たろう者です。ろう者は、聴覚障害以外にもさまざまな障害をもっていたりします。精神障害者であると同時にろう者でもあって、精神病院に入院している方はいるのでしょうか。もしそうした場合、コミュニケーションはどのようになっているのですか。

瓦屋慎吾　私は二〇年前に入院しました。そのとき、ろうの方もいました。病院には手話のわかる看護師がいなかったため、身振り手振りで意思を伝えていました。非常につらい立場に置かれていました。すみれ会には、手話のわかる会員は現在いません。それが弱い部分です。今後改善しなければなりません。

参加者　ろう者やその他の障害者は、社会において抑圧されてきました。精神病をもってもおかしくないと思います。もしろう者が精神病をもったとき、コミュニケーションが大変だと思います。札幌市には聴覚障害者の組織がありますから、聴覚障害者が精神病を患った場合、相談してみてはどうでしょう。

参加者　すみれ会の会員のご意見は、非常に貴重だと思います。私たちは手を取り合い、日本政府に対して、精神障害者だけでなく、その他の障害者についても現状を改善するよう呼びかけていく必要があります。

ナワフ・カバラ　障害者運動に関わるようになってから、あなた自身の態度に、プラスの変化がありましたか。精神障害の問題と向き合うことができるようになりましたか。

瓦屋慎吾　もしすみれ会の活動に関わっていなかったら、私の人生はなかったと思います。すみれ会に関わったことで、私の人生は変わったのです。もちろん、そろばん勘定するわけではありませんがプラスになったと思っています。

ただ、私の妻も同じ障害をもっており、状態はあまりよくありません。ぼくが公の場に出てくることをとても心配します。テレビとか新聞の関係者が来ることにとてもナーバスです。それさえなければ、彼女は普通の奥さんです。私も家族を守る立場ですから、その点については配慮を求めますが。私はもっとオープンにして、もっと主張していきたいです。

私たち自身の権利のために当事者団体のなすべきこと

モハメッド・アブデラヒ

アフリカについて話します。私は弁護士ではありませんが、公民権と人権は違うという文章を以前に読んだことがあります。公民権の場合は司法制度の管轄ですが、人権の場合、人の良心と関係してきます。人権の基本となるのは、人はみな尊敬されなければならないという精神に基づく理念です。また、国会で制定された法律にすべての人権が網羅されているわけではありません。人権とは、人間を尊敬する行為そのものです。

グローバリゼーションによって、私たちは「地球村」に住んでいます。そこでは、沈黙の大衆は忘れ去られるのです。障害者は自らの人権を勝ち取る、もしくは取り戻すために、まず「自分は誰か」を知り、世界の仲間とネットワークを築き、他の人々と同様、地域の発展に参加する努力をしなくてはなりません。

私の発表では、私のアフリカの経験についてお話しし、皆さんと一緒に考えてみたいと思います。アフリカでの私たちの最初の戦略は、「我々なくして我々のことを決めることはできない」でした。私たちこそ、人権を勝ち取る運動の主役です。私たちは効果的に活動を組織するために、団体をつくりました。それは、障害の種別ごとの組織でした。次の段階に入ると、障害の種類の違いを超えた共同的な運動になりました。もちろん、障害によって抱える問題も異なります。しかし人権は、障害の違いに関係なく、すべての人がもつものです。

アフリカの障害者団体は、各地方組織もありますが、アフリカ全土を網羅する連合体もあります。このような組織が形成されることによって、お互いの見解や意見を交換することができ、協力する場を形成することができます。現在、南部、東部、西部、北部、中部の五カ所に、連合組織があります。

次に、私たち自身の権利を勝ち取るために、圧力団体として活動しなければなりません。つまり、リーダーを養成・訓練しなければなりませんし、明確な目標を設定し、それを提案として政府に認めさせるように働きかけなければなりません。

このような連合組織の活動を通じて、様々な地方において政策を決定する過程に参画しなければなりません。そのために、私たちの代表を議会に送る必要がでてきます。ウガンダでは、十数名が議員になっています。ケニアでも、障害者の代表が多数政治に関わっています。また、障害者の大臣も数多くいます。

法令を制定したり、投票権を得ることは重要です。しかし、その状況をチェックするモニタリングの制度や仕組みを整えることも大切です。多くの指標を設けて、障害者の法律や規約や法令などの実施状況を監視しなければなりません。

参加者　アメリカ合衆国から来ました。現在、自立生活と発達障害者について日本の権利擁護を行っている人々と一緒に活動しています。精神障害者の方とはまだお会いしていませんが、アメリカでは「プロテクション&アドボカシー」というものがあります。あらゆる障害をもつ人々に対して、無料の法的サービスを提供する組織として、議会で承認されました。施設や地域サービスで起きていることを監視する法的な権利があります。最後の発表者が発言したように、差別禁止法を制定された国においては、法律が着実に実施されるように監視する自立した方法を障害者がもっていることが非常に重要だと思います。合衆国では、精神障害、発達障害、および身体障害をもつ人に、多くの法的権利が保障されています。しかし、政府や非営利組織また民間企業による、権利の侵害が頻繁に生じています。

差別禁止法を通過させようとする運動が日本にあります。運動している人々と私とが協力して、政府の資金援助を受けてはいるが独立した非政府の、権利を遵守させるための監視機構をつくろうとしています。

ナワフ・カバラ　二〇〇〇年にアフリカ障害者の十年が始まりました。私の理解しているところでは、具体的な動きがないようです。発表によれば、アフリカにおける障害者運動は非常によく組織化された運動だということですが、アフリカの「十年」が実施されていないのはなぜですか。

モハメッド・アブデラヒ　私たちが何もしていないわけではありません。むしろ、私たちはアフリカ連合（African Union＝AU）を組織し、数多くの行動計画を実施しています。この行動計画に、財政的な援助が得られる予定です。以前の組織がとても古い体質であったために、アフリカ障害者の十年の実施が遅れてしまったのです。

ナワフ・カバラ　最後に、分科会からの決議をまとめたいと思います。

まず最初に、ハンガリーの方の発表から、政府は障害者の人権監視のために民間団体の参加を保障しなければならない。どうですか。次に、インドネシアの方から、あらゆる国の政府は、政治に参加する権利と機会の平等を障害者に保障するために、選挙を規定している法律において障害者の権利を明確に定義しなければならない。同意できますか。そして三点目は、政府は障害者の権利を監視するために非政府組織に資金を提供し、独立した活動ができるようにするべきである。同意していただけますか。ありがとうございます。

参加者　視覚障害者やろう者の選挙については、改善されるべき点があります。

モハメッド・アブデラヒ　多くの人々に富の配分をする際は、平等に行われなければなりません。そこで、連合組織を設立すれば平等に配分することができるようになります。おそらく、銀行のような機能を果たすことができると思います。

ナワフ・カバラ　了解しました。ご意見ありがとうございました。

注

1　国権の最高決定機関である国民協議会は、五年に一度総会を開き「国策大綱」を決定する。七〇〇議席の内、五〇〇議席は国民議会（DPR）。国民議会そのものは、一院制立法府で立法活動を行う中央政府の中の組織。国民協議会二〇〇議席は、任命された議員に割り当てられ、地方代表一三五議席、国体代表六五議席からなる。

2　アメリカ、ワシントンDCに本部をもち、途上国での選挙を投票のルール説明から監視まで支援するNGO。
http://www.ifes.org/

10月17日午後

人　　権

国レベルでの行動

司会者：イダ・ヒルダ・エスカローナ・デル・トロ（キューバ）
発表者：ジャンピエロ・グリフォ（イタリア）
加藤真規子（日本）

先進国でも途上国でも障害者の人権は侵害されている
……ジャンピエロ・グリフォ

イタリアから来ました。私はヨーロッパＤＰＩの議長です。今日はイタリアにおける人権擁護のための活動をテーマに発表します。

世界には、豊かな国もあればそうでない国もあり、南北問題があります。発展途上国では、急激に人口が増加しています。こうした国では、特に、女性、高齢者、子どもおよび少数民族は、差別されたり、差別的な環境に置かれています。しかし、最も深刻な差別を受けているのは、障害者です。障害をもつ人は世界に六億人もおり、様々なハンディを負っています。例えば、尊厳を侵害される、隔離される、貧困状態にいるなどです。このような差別の現状を見ると、機会均等の実現にはほど遠いことがわかります。車いす利用者は、一人で外出したり、バスに乗ったりという自由を享受することができません。しかしこうした問題に直面し、それを指摘して初めて、バスの設計者がバリアフリーにしていないという事実が明らかになるのです。障害者の平等な参加を考えない人がいるという事実こそが、障害者にとってのハンディキャップなのです。従って、先進国も発展途上国も、障害者の状況は似通っています。彼らは、どこの社会でも絶望的な状況に置かれているのです。

障害を単に病気でしかないと見る差別的な扱いを受けています。身体的また精神的に制約があるために、誤解が生じています。医療モデルの中では、私たちは平等な市民と考えられていません。従って私たちは、障害者を平等に扱うような社会モデルを構築する必要があります。政府や保険会社は、医療モデルをもちいて私たちを別扱いしています。私たちがこのモデルに従うなら、普通学校に行けないことになります。特別の環境で教育を受けなければならないし、特別の場所にしか就職できません。このような状況において、私たちに対する人権侵害が起きていると思います。私たちの努力や能力は無視されています。障害者は能力を発揮できずにいます。そして、そのために、私たちは生きる気力を失ってしまいます。私たちは自分で決断したいのです。しかしこれまで、医療機関が私たちのことを決めてきました。医療モデルに、私たちの情熱も能力もエネルギーも奪われてしまいました。このような状況では、平等に扱われずに生きているのです。

一方的に押し付けられる政策の実施によって、私たちは無視されているのです。私たちが希望することは、社会から無視され続けています。なぜなら、それは経済的な負担を伴うからです。あるいは、それは政府にとって経済的な負担になると見られているからです。これは何を意味するのでしょうか。これは、障害は貧困とイコールであるということ、すなわち、貧困にあえいでいます。これは、途上国に住んでいるから、というわけではありません。先進国でも、障害者は望みどおりに生きることができないのです。何かをしたいと思っても、参加したいと思っても、いつも障壁に阻まれてしまいます。

私たちは、等しくテーブルに着き、発言し、投票する権利があります。また、特定のサービスを要求し、命の平等を要求する権利があります。これが、社会の一員となるということです。これが社会への参加です。私たちは、私たちの存在が認められるような社会を築きたいのです。そのために必要なすべての権利を獲得しなければなりません。何世紀もの間、除外しようとする政治的意図により、私たちの社会参加は阻まれてきたのです。

しかしまた、人権が保障されるようにするための戦略が必要です。差別とは何かを定義し、その上で積極的な行動を取らなければなりません。

まず私たちに平等な機会を確保する必要があります。ヨーロッパ各国で利用されている、非常に重要な枠組みがあります。ヨーロッパでは、国の経済状態に関係なく、どの国にも差別が見られます。どのように私たちの権利を守ったらよいか。まず、法を制定することです。法の下でまず保障されなければならないのは、平等な機会です。平等な機会が与えられれば、例えば、交通機関の利用における差別はなくなり、すべてのバスが障害者を乗せるようになるでしょう。

このように、法律を変えることで、現状を変えることができるのです。その結果、平等な権利が障害者に与えられます。そして現在は障害者に提供されていないサービスも、利用できるようになるでしょう。

次に制定すべき法は、差別禁止法です。この法の基本は、民間あるいは公共のサービスが存在しますが、民間、公共といったサービスの性質にかかわらず、あるいはサービスの種類、たとえば商業、飲食店、交通手段など、どのような種類のサービスでも、すべての人に対してこれらのサービスが平等に提供されるべきである、ということです。

障害者に対する差別をなくさなければなりません。オーストラリア、アメリカ、そしてイギリスでは、すでに差別禁止法が採択されています。この法を制定することで、差別的な行動があった場合でも、訴訟手続きを取ることが可能になります。すなわち障害者も、裁判所で訴えることができるようになるのです。

こうした法的要件に加えて、障害者に利益をもたらすための行動計画を行うことが考えられます。私たちは、大学において、差別的な取り扱いをなくすための行動を起こすべきです。差別を減らすための教育、というものがあります。このようなモデルは、差別をなくすために必要なのです。公開討論の場をもつことも考えられます。

例えば、大学に手話コースや、差別をなくすために必要とされる社会開発モデルなどを教授するコースを設置します。大学では、差別をなくすために必要な研究調査を行うことができます。これは、社会においては、「行動」という目に見える形として、反映されるべきものです。

差別と闘うためには、確かに、資金が必要です。例えば、障害者のための政策は、経済的な負担が重いと言われることがあります。しかし、予算は、すべての市民のために使われるべきものであり、予算の恩恵は、すべての市民が享受すべきものだと考えます。

日本で精神障害者であること、DPI日本会議の障害種別を超える努力……加藤真規子

私はDPI日本会議の事務局次長です。また、東京の「NPO法人精神障害者ピアサポートセンターこらーる・たいとう」という精神障害者を中心にした会の代表をしています。

今日は、DPI日本会議の特徴について、障害の種別を超える努力ということを話したいと思います。私たちの団体がDPI日本会議に加盟したのは、一九九五年頃のことです。

当時は、身体障害者の組織という印象をもっていました。しかし実際には、この団体の理念は、障害の種類に限定されないというものでした。私たちは、この理念に大いなる期待を抱き、また身体障害をもつ人々が精神障害をもつ人々のことを本人から学ぶという姿勢であったことも強い信頼感になりました。

知的障害、精神障害、身体障害、障害は違っても人権の復権と確立を目指そうということでは同じだと考えています。障害の違いを克服しようとお互いに努力してきたこの歩みこそ、世界の人々に私たちＤＰＩ日本会議が最も誇れる点の一つに違いないと私は確信しています。

簡単に、この国の精神障害者の歴史の特徴を述べたいと思います。今から百年ほど前に精神病者監護法が制定され、当時の明治政府は富国強兵を進めて、欧米化を急速に進めようとしていました。その一方で精神障害をもつ人やハンセン病の人々を地域社会から排斥しようとしてきました。

ちょうど百年近く前に、フランスやアメリカでは憲法で基本的人権が保障されていたと聞いています。そしてご自身が精神障害者であったアメリカのビヤーズという人は『わが魂に出会うまで』という本を書いて、そのビヤーズの活動が広まり、世界精神衛生連盟の誕生へと発展していきました。ところが日本では当時、呉秀三というお医者さんが精神障害者のことを「精神障害者は二重苦を背負っている。一つは、その障害と共に生きること、もう一つは、日本で生まれたことである」と記録しています。

日本では一九六四年にライシャワー事件という、米国の大使であったライシャワー氏を精神障害をもつ青年が刺傷するという事件が起きたために、一時広がろうとしていた地域精神保健活動もむしろ後退するという危機がありました。精神衛生法ができたことの一番のマイナス点は、当時措置入院と同意入院があったわけですけど、強制入院、本人の自由意志によらない入院が大半を占めるという結果になってしまいました。また当時できた医療法の特例、その当時は結核の人たちやそういう人たちもこの特例があったんですけど、人件費を抑えた医療の推進が図られるということになりました。このマンパワーの非常に少ないところで精神病院を経営することの管理の弊害はいくつかの精神病院の事件を起こしました。一九八四年には宇都宮病院事件が起きています。その後、大阪の大和川病院の事件とか、経営が優先されて多くの事故が起き、患者さんが亡くなるという事件が今でも起きています。

また精神障害をもつ人たちに関しては、優生保護法で子孫を残さないための強制不妊手術をしてもいいというふうに定められていました。精神障害の多くのセルフヘルプグループの中では、精神病院に入院したということのほうが、精神障害になったということよりも、人間扱いされない、人間でなくなったのではないかと打ちのめされたという経験を多くの人が語っています。どんな障害をもっている人たちでも、私たちはやはり生きて、生まれてきてよかったという経験を重ねていきたいと思います。つまり、私たちがいつも不幸かというと決してそんなことはなくて、多くの不幸は、国の方針で社会がつくってきたと言っても過言ではないと思います。優生保護法についても、知的障害や精神障害をもっている人たちが「不良な命」であるから、この子孫は残さないということを決めていた法律でした。

私たちは、一九九九年にドイツの精神科医のクリスティーネ・テラーさんを日本にお迎えして、「あれから三年、優生保護法は変わったけれど」というシンポジウムを開きました。ナチスドイツでは、遺伝病子孫予防法（通称・断種法）は多くの強制不妊手術の被害者を出しました。けれどもドイツでは、戦後、国が誤ったことをしたときは法律や制度を支持した国民にも十分責任があるということを国民自身が強く自覚しています。ナチスドイツの犯した罪を被害者に謝罪し、補償を遂行するように国家に対してドイツの国民が訴え続けたわけです。日本の歴史の中には、人を人と見ない部落差別やらい予防法、優生保護法があります。ドイツの市民の人たちが力強い活動をしてきたということに、私たちはもっともっと皆と連帯していかなければいけないと私は学びました。

優生保護法が母体保護法になっても「不良な命」と規定され、障害者が誇りと尊厳を失われた歴史に変わりはありません。私たちは、DPI日本会議と共に、国連に人権レポートを提出しました。強制不妊手術の被害者を守るための法律が今のところないことは遺憾であり、日本政府は名乗り出ている被害者にも名乗り出ていない被害者にも謝罪と補償をすべく、適切な対応をするようにと国連から勧告を受けました。しかし、日本政府は被害者に対しては気の毒ではあるけれど、当時は法律としてあったんだから合法だということを繰り返しているばかりです。

現在、私たちは知的障害者および身体障害者と協力して、日本に多くある障害者に関わる欠格条項の削除を求めて活動しています。精神障害者の様々な資格を制限する条項が、約二〇〇項目も存在します。県レベルの条例、市レベルの条例を入れたらきっと何千になると思います。障害を理由に資格の修得や免許を制限する欠格条項は、障害のある人々が社会参加をすることを拒む本当のバリアになっています。

日本政府は、一九九九年八月、その欠格条項を見直す対処方針を出しました。私たちは障害の種別を超え、欠格条項の廃止を求めるネットワークをつくりました。それがサブアリーナに展示をしている障害者欠格条項をなくす会です。精神障害をもつ我々が仕事や住居を求めるとき、危ない、自制心に欠ける、という理由で採用されなかったり、住居を貸してもらえなかったということはあまりにも多いです。だから病や障害を伏せることになります。社会の人々は精神障害をもつ人々と実際に付き合ってみて、危ないとか自制心に欠けると判断しているわけではありません。日本の多くの法律が精神障害者は危険だというふうに規定しているから、一般市民が危険だと思い込んでいたり、一部のマスコミの偏った報道がこの偏見を助長させているのではないでしょうか。

私はこの国で精神障害をもつ人々にとって、本当の障害は次の四点であると考えています。①安心して治療を受けることができる環境が全く整備されていないということ、②高齢者や他障害に比べて著しく所得保障、福祉的支援が立ち遅れているということ、③社会の人々が私たちと交流することもなく危険と考えてしまうことが多く、根強い偏見と誤解があること。最後の四つ目が最も問題ですが、④法体系で私たちを主体者として位置付けておらず、隔離し保護すべき存在として位置付けていること。

現在、心神喪失者等医療観察法案が国会に上程されています。精神医療と精神障害者福祉は混同するものではなくて、協働すべきものであって、前者は治療を施し、本来の人の命を救うものであると考えます。そして後者は私たちの自立生活を支援するものであるはずです。これの主役はもちろん精神障害をもっている本人です。ところが昨年（二〇〇一年）、池田小学校児童殺傷事件が起きました。その容疑者の青年が精神科の通院歴があったために、精神障害者に対する保安処分論議が再燃しました。

ここで一番訴えたいのは、日本は世界一の精神病床大国で、未だ三三万人が入院していて、そのうち五〇％の人々が五年以上の長期入院になっているということです。そして今、皆さんに言っておかなくてはいけないのは、精神障害の人たちが病院で死んでいったことと同じような事件が、知的障害者の施設でも起きているということです。

障害をもっている人たちを隔離し収容しておこうという思想、治療や保護の名の下に自立した一人の市民としての生活を不可能とするなかでは、私たち障害者は社会との関わりに不安を増すだけで、決して安心してその障害を引き受けていくことにはならないと思います。

私たちは、この法案に反対し署名を集めました。そしてすでに二万近くの署名を集めて厚生労働省に提出しました。私たちが日本政府にお願いしていることは、精神科における差別的基準を早くなくしてほしいということです。そして、人権擁護システムをつくって下さいということです。そして障害者に関わる多くの欠格条項を撤廃してほしいということ、そして施設や精神病院の情報公開を徹底させるということ、今措置入院をしている精神障害の人たちの現状の処遇状況をすみやかに調査してほしいということです。そして地域精神保健や地域福祉を充実するということを訴えています。とにかく、本人活動やその本人たちの自立活動を支援する制度をつくってほしいということをみんなで訴えています。

私は、障害者であるということに誇りをもって、この仲間たちと連帯していきたいと強く思っています。

参加者　私は全障連（全国障害者解放運動連絡会議）に属しています。DPI日本会議にも加盟している団体です。

日本では、人権を主張するための訴訟は、きわめて少ないわけですね。昨年（二〇〇一年）、障害者政策研究全国集会で来日されたアメリカのトーマス・ギルフォール弁護士（フィラデルフィア公益法律センター）から、やはりアメリカでもADA（障害をもつアメリカ人法）はできたけれど、実際にそれを使って闘おうという障害者がいないところでは、空文句になってしまっていると教わりました。日本の運動の中にも自主的な当事者による差別の糾弾というか、あるいは人権擁護活動をやってきたわけです。その中で出てきた権利法についての議論で、障害者自身が勝ち取った相手を糾す権利を政府に移譲してしまうのではないかという批判もあります。私は五%から一〇%くらい正しいと思ってるのですが。イタリアの方に、自分たちで自主的に権利を擁護する活動と公権力によってそれを保障させる権利と、そのための活動の関係の整理を少しお聞かせいただければと思います。

ジャンピエロ・グリフォ　私たちは多くの事例を集めていると思います。差別が起こったとき、私たちは、その様々な事例について情報を集めます。差別があった場合、障害者は、権利の侵害として訴訟を起こすことができます。訴訟を確実に行えるようにするための、啓蒙や研修が必要です。国によっては、このような訴訟が一般的に行われていない場合もあるでしょう。人々が情報を収集し、調査研究を行い、経験に基づいて様々な手段と方法を確立し、議論し、情報交換していく必要があります。

参加者　私は札幌のろう者です。他の国の状況はわかりませんが、日本の映画には字幕が付いていません。私は日本人ですが、日本の文化がわかりません。それが日本の中の問題だと思っています。

また、運転免許証も、聴覚能力に関する制限が設けられています。交通事故を見かけることがありますが、その事故は目の見える人たちが起こした事故が多いです。そして聴覚障害が事故の原因となることは、めったにありません。外国では、聴覚障害者も免許を取って、運転することができると思います。

教育の問題も、大学に入って学ぶための情報保障もないというような、難しい問題がたくさんあります。イタリアの状況について説明していただきたいと思います。

ジャンピエロ・グリフォ 一般的に、イタリアの場合、聴覚障害者は、普通校にも養護学校にも行けます。現在、聴覚障害をもつ生徒の九五~九八%は、普通校に通っています。従って、ほとんどの生徒は普通校に進学します。また、言語は、聴覚障害者の言語である手話や、読唇術も学びます。このように、私たちは高度な言語教育を行っています。イタリアの場合、大学などの高等教育機関への進学率が高くなっています。大学に進学することで、障害者は自分たちが障害者であるという事実を、そして彼らが権利を獲得したことを、社会に対してアピールすることになるのです。

あなたのご質問にあった映画の件ですが、聴覚障害者以外の人が字幕を作ります。手話通訳付きの番組もあります。私たちは活動の一部として、意思伝達をスムーズにするための特殊な携帯電話、特殊な筆記具など、新しい手段の導入を進めています。

とはいうものの、依然として差別は存在します。運転免許などがその例です。聴覚障害者は、運転免許を取得するのが非常に難しいというのが現実です。従って、これらの障害を乗り越える必要があります。

参加者 私はイタリアから来ました。障害者問題に大学が関わることは重要だと、強く訴えたいと思います。工学者としての私の大学生活、すなわち入学してから博士号を取るまで大学が障害者問題について、またその重要性について配慮したことは、一度もありませんでした。

そのため、一九九四年、私は友人の一人と、障害者問題を取り扱う技術についての研究を進めるための組織を結成しました。現在、この組織は、今日発表を行ったイタリアＤＰＩの加盟団体です。私たちの主な活動は、障害をプラス要因としてとらえたうえで、建築設計などを行うことのできる新しい専門家の育成です。それにより、すべての人々がその能力や技能を発揮できるような社会を築くことができるでしょう。私たちには、学生が実際に構築した具体的なモデルがあります。

参加者 私は精神障害者です。日本の文化でとらえられるのかどうかわかりませんけれども、日本の福祉と医療は、塀の中、閉じられた空間で行われています。そういうなかで、福祉も医療もパターナリズム（保護主義）、つまり提供者側が中心にいて自分の理解でこれが正しいと言えばそれが正しいことになっているのが日本によくあるかたちです。障害者、当事者の言い分を守るサービス、それなりにきちんとその責任を取れるようなサービスはどこかにあるのでしょうか。今オンブズパーソン制度が言われていますけども、その制度でもなかなか難しいかなと思います。

ジャンピエロ・グリフォ　私の国には確かにオンブズマン制度というものがあります。権利侵害を受けた人は、当然のことながら訴訟を起こすことができます。一九七七年以降、社会に変化が起きています。例えば、障害者は学生である限りは、学業を続け、学生でいることができます。知的障害者でも精神障害者でも、学業を続けることができます。知的障害と精神障害そのものは区別されますが。そして、自分がどの集団に属するかによって、状況は変わってきます。大人の精神障害者の場合、施設に入所することはなく、強制もされません。彼らは、就職その他において、様々な支援を受けます。障害者のための幅広いサービスが利用できます。精神障害者も、就職先を紹介してくれる組織を利用することができます。

もう一つ、社会への統合については、支援を受けることによって地域社会で生活することを可能にしています。私たちの支援活動は年々充実し、これらの支援を受ける人の数も増えています。地域で生活する障害者への否定的な態度は、徐々に見られなくなってきています。

参加者　イタリアの現状は恐らくそうなのでしょう。しかし、パターナリズムというのか、人と争わないのが平和である、そういうようなものの見方が日本にはあります。その時に専門家と称する方が、これは治療であるということで対処するときに、当事者の権利はどうなるのか、そういうような怖さをいつも抱えているわけです。日本の国では公務員（役所）の事情、もしくは福祉をやる者の事情で決まっていく怖さがあります。そこらへんをどういうふうに理解していくか、その怖さを私たちは抱えているのです。

ジャンピエロ・グリフォ　例えば、施設入所は、強制されるものではありません。施設入所は本人の意思や理念に反して行うべきものではありません。人を施設に入所させるか否かの決定は、当人にとってそれが良いか悪いかを常に考慮して行われるべきです。何人も、患者の施設入所を強制的に決めることはできません。障害の専門家や技術者であっても、本人に代わって決定を下せる専門家はいないのです。障害をもつ本人こそが、その障害の専門家であり技術者なのです。自分で自分のことを決めることができるのです。

加藤真規子　以前、私の発表を聞いたある方から、ご意見をいただきました。それは、身体障害者が、精神障害者を馬鹿にし、精神障害者が一部の知的障害者を馬鹿にしているということでした。そこで世界の障害者が、結集していくべきではないかということを提案したいと思います。

二つ目に私がこの数日間、海外の障害者の話を聞いたなかでも、障害をもっているとなかなか仕事につけないという話がけっこう多かったです。障害者＝貧困者というように、同義語になっているというのも事実です。やはり生きる権利というのか、生存権をきちんとみんなで主張していかないといけないと思います。その中には所得保障もあるし、仕事の保障もあれば、住居の保障もあると思います。そういう一人の人間として自立生活を支援するシステムをそれぞれの国がつくることをぜひ提言したいと思います。あと、強制医療とか、隔離収容主義をどの障害についてもやめるということも加えたいと思います。そのことに関しては、一歩進んでいる身体障害をもつ人たちに、もっともっともっと理解をもってほしいし、協力をしてほしいと、すごく思います。国レベルでも国際レベルでもそういう障害をもっている人の権利がきちんと守られるように、決定には障害をもつ人が参画していくことはもちろんですし、その法律がもしできた場合、監視していく役割をＤＰＩがもつようぜひ強くみんなで進めてゆきたいと思います。

参加者　ペルーから出席しています。国際的なレベルでは、障害者の人権や社会権を含め、数多くの人権宣言が出されていると思います。この分科会において、生きる権利に関する決議文を採択することが望ましいと思います。また、よい生活をするために経済活動に従事する権利も非常に重要です。住む場所も必要です。また、食料を得ることも必要です。従って、これらの社会権は、どれも不可欠なのです。そして私たちは、健康的で衛生的な生活を送らなければなりません。

さらに、それに関連して、文化に関する権利も必要です。文化とは、芸術だけではなく、民族に関することすべてを指します。特にペルーでは、先住民族の中に数多くの障害者がいて、貧困と闘わなければなりません。特に女性は、極度の苦難を強いられています。このような状況をなくしていかなければなりません。市民の権利、あるいは公民権、居住権、人間として生きる権利、結婚する権利など、生活との関連が深いこれらすべての権利を確立する必要があります。これは、とても重要なことだと思います。

当然ながら、これらの権利は、政治的活動に参加する権利、私たちの声がきちんと聞き入れられる権利などと関わっています。だから私たちは、参政権をもたなければなりません。私たちの自立生活が可能かどうかは、私たちの障害の診察結果で決められるのではなく、私たち自身が決めることです。

参加者　先ほどイタリアでろう者の運転免許を認めないというお話がありました。でも、アメリカでは運転免許は認めています。イタリアは認めない、少しそれはおかしい。日本では、一〇メートル離れたところで九〇オームのレベルの音が聴き取れた人は、運転免許証を取得する資格が与えられる。しかし、聴覚障害をもつために一〇メートル離れたところで音が聴き取れて、一五メートル離れたところで聴き取れない。この五メートルの違いで、免許資格が与えられなくなってしまうというのも少し矛盾がある。聞こえない代わりに例えばランプとか、いろいろな危険を伝えてくれる方法もあり、聞こえない人も運転する権利はある。

ジャンピエロ・グリフォ　人の運転能力を評価する方法ですが、イタリアの場合はテストを受けます。運転の実地試験ともう一つの筆記試験があります。人の能力を評価する場合、医学的な基準だけでは不十分です。運転にともなう危険性はどの程度まで許容されるのか、そうした基準について検討する必要があります。

ある人が運転する場合、危険性を判断する基準とは何でしょう。間違った基準が用いられている場合が多く、過去たくさんの過ちが繰り返されました。医学的基準のみを用いることは、往々にして、間違った結論を導きます。運転に不適格と判断された人でも、実際に運転させると、非常に安全に運転できるからです。この評価基準はまだ作成中です。新しい評価基準は、差別をなくすという点できわめて適切に作成されていると思います。新しい評価の方法が開発されたのです。

おそらく運転に関しては、今後、より適切に評価することができるようになると思います。聴覚障害者だから運転できない、ということなら、聴覚障害者は永久に運転免許を取ることができないことになります。従って、適切な評価手段が必要なのです。

参加者　私は、自立生活センターの活動に関わりながら、リハビリテーションの勉強をしている学生です。また、精神障害者の家族です。ジャンピエロさんのお話の中で、専門家との連携というお話が出てきたと思うんですが、障害をもたない専門家と障害をもった方たちが連携して何かをつくっていく場合、それは医療でも何でもいいんですけど、専門家に対して望む態度ですとか専門家がもつべき資質・考え方はどのようなものがありますか。また、その場合、専門家の教育の中で加藤さんのお話の中にもありましたけれども、障害については障害をもった方に学ぶという態度が大事だと思うんですが、日本の中ではまだ専門家の教育コースの中でそういった授業というのは少ないと思います。イタリアでは専門家の教育の中にそういう障害のことについては障害をもった方に学ぶコースがあるのか、お聞きしたいと思います。

ジャンピエロ・グリフォ　まず、専門家との関係についてですが、それには二種類あると思います。まず、専門家の中に、私たちの運動を理解している人々がいて、このような人たちは障害者の状況を理解していると言えます。この専門家と協力することによって、効果的に活動することができます。さらに、専門家の経験を利用して私たちの活動を推進することができます。例えば、専門家のアドバイスを受けて、各種の教育方法を検討することができます。こうした協力あるいは共同活動が可能になるのです。

一方、専門家には、障害についての知識をあまりもたない人がいます。そのような場合、私たちはこのような専門家と対等の立場で行動していけるような状況を考える必要があります。例えば、大学あるいは民間の研究所を訪ねてみると、障害についてあまり知識をもたない専門家がいることがわかります。そのような場合、障害者の実情を知ってもらい、理解してもらうように働きかける必要があります。

専門家の中で、障害をもつ人の数は多くありません。障害者自身が専門家である場合は、彼らのもっている知識を総動員して活動できるように奨励する必要があります。

さらにイタリアでは、ピアカウンセリングが頻繁に行われています。そしてこのピアカウンセリングを行う障害者のリーダー二〇名を養成する計画があります。このような人材育成は、ヨーロッパ評議会（the Council of Europe）から資金援助を受けて行っています。またヨーロッパ評議会の支援を受けて、カウンセリング活動が行われています。

私たちは、過去二年間、公的組織と協力して活動してきました。このような公的組織との活動を通して、私たち障害者は、知識を、専門知識を深めることができたのです。そして私たちは、障害者の中から専門家を育てることに成功しました。このように、障害者の中から、ピアカウンセラーを、そしてまた専門家を育成することは、非常に重要なのです。

加藤真規子　私は先ほどからイタリアの話を聞いていて、イタリアはいいなあ、さすがにトリエステをつくっただけのことはあると強く思いました。トリエステというのは、精神医療改革で精神病院をなくして地域ケアを始めたイタリアの都市です。

どのように専門家と付き合うかということでは、日本の場合はかなり悲観的です。私自身も実を言うと一〇年くらい閉じこもって大検を取ってある福祉大学に進みました。そしてそこを無事に卒業していますから資格を持っている専門家と言えば専門家です。けれども、私は精神医療とか精神保健のところでずっと活動してきたから感じるのかもしれませんが、医師とか看護師とかというのは、私の話を聞いて、何か変だってところを探しているんですね。被害者的だとか、何かを主張したり怒ったりすると、調子が高いとか、具合が悪いんじゃないかとか。そういうふうにいつも言われてきた立場からすると、日本の場合はとっても悲観的です。

こういう会議も、今回の会議は障害者が中心なので、とっても居心地がいいですけど、医師、看護師、社会福祉職が中心の会議に行くと、病気をどう治すかとか、この人をどうお世話するのかとか、そういう話を真剣にやっているのでとっても居心地悪いです。だからちょっと悲観的です。

しかし、障害者だけで活動しているのかというと決してそんなことはないわけです。弁護士さんや医師ともちゃんと連携しているし、ワーカーさんとも、保健婦さんとも連携をしています。でも私は、周りからも言われるけれども、やっぱりラッキーだったんだという気がします。

学生さんたちをどう教育していくかについてですが、もちろんその当事者が何か教えに行くことも必要だと思います。当事者から学ぶ視点をみんながもっていればこういうことは起きなかったと思います。

もっと私たちが障害者になる前に、人間なんだということを考えてほしいです。それと、精神障害はうつ病を中心にすごく日本では増えているわけです。ですから、小学校とか中学校とか幼いレベル、小さいときから障害というのは隣り合わせにあるものだという理解を進める付き合い方だとか、教育がすごく大事だと思います。

ジャンピエロ・グリフォ　今の発言に、付け加えさせて下さい。お話を聞いていて、日本とイタリアの違いに気が付きました。

トリエステについてのお話がありました。この都市には、本当に精神病院が一つもありません。精神病院の廃止と一緒に、特殊教育法も廃止されました。今では、子どもたちはどのような種類の教育でも自由に受けることができます。もちろん、子どもたちは、障害児と一緒に学ぶこともできます。その中から、互いに対する競争意識が芽生えることもあります。

このような共育・共生を通して、そしてこの経験から、何を築いていくことができるでしょうか?　私たちには実例があります。障害をもっている子どもが、障害があるからといって差別の理由にはなりません。子どもたちは、この障害を「違い」として受け止めています。このような教育のおかげで、人々は「違い」を偏見なく受け止めるようになりました。健常児は障害児と一緒に映画に行き、遊びに行きます。彼らは学校でも、障害のあるなしに関係なく一緒に遊んでいます。

このような態度の変化は、教育の成果だと思います。私たち障害者も、単なる一般市民です。そして私たちには家族がいます。私たちには友人がいます。いろいろな余暇活動もします。あらゆる交通機関も使うことができます。障害をもっていても、専門的な支援を利用することによって私たちは社会の完全な一員となれるのです。

参加者　今日参加してみて一番大事なのは、とにかく生きていく権利ではないか、死なずに生きていく権利というのが最低必要だっていうふうに思いました。

二つ目に自分で決めていく権利、自己決定の権利が大切であるということ、そして医療も福祉も本来はやはりそれを受けるか、受けないか自分で決めていくということ。ましてや移動の権利がかなり言われていましたけれども、移動する権利があるということは、逆を言うと隔離収容の施設や病院を拒否する権利をきちんと障害者は言っていかなくてはいけないと思います。

参加者　身体障害者が介護不足のために一時的にショートステイに入らなければいけない場合と、それから精神障害者が緊急時にやむをえず例外的に精神病院に強制収容されることに関して、私は精神障害者なので強制入院は例外であるべきこと、しかもそれはきわめて短期でなければならないことをはっきりさせてほしいと思います。危機的状況で介入する場合であっても、やはり同じような権利を保障されるべきで、安定して自分の選択ができる福祉や医療にすみやかに移行できるようにならなくてはならないと思います。

イダ・ヒルダ・エスカローナ・デル・トロ　この分科会では、本当に多くの意見が出されました。みなさんからの意見は、今後四年間の行動計画に反映されます。ありがとうございます。

10月16日午前

自立生活

世界規模、域内のネットワークづくり

司会者：カッレ・キョンキョラ（フィンランド）
発表者：朴賛吾《バクチャノ》（韓国）
ロザンジェラ・バルマン・ビエラー（ブラジル／アメリカ）
中西正司（日本）
ユッタ・フリック（カナダ）

韓国における自立生活と仲間同士の助け合い…………朴賛吾

自立生活が人間の基本的権利の一つであるにもかかわらず、アジアや第三世界の人たち、障害者たち自身がそのような考え方をもっておらず、そのことが問題なのです。障害をもつからといって、自ら権利を放棄し、差別を受けることに甘んじなければならないと考えることが問題なのです。私たちに必要なのは思想の転換であり、自立生活が必要で、その権利を追い求めていくことなのです。

私は、正立会館という韓国で自立生活を広めるための組織で働いています。自立生活という概念を広めることに焦点を合わせてきたのですが、それは容易な道ではありませんでした。しかし、ヒューマンケア協会（東京・八王子）をはじめ、自立生活を共に行う仲間がいたので、このことを推進できたのです。私たちに勇気を与えてくれたのは、大学の教授やマスコミなどではなく、まさに障害者の仲間そのものでした。これが、自立生活で言われている、ピアカウンセリングの真髄なのかもしれません。自立生活では、障害者自らが障害者を助けるという、それが基本的な原理です。

私は一年前、ダスキン愛の輪プログラムでアジアの様々な友人と共に研修を積みました。アジアの国では、車いすがなくて外出できないというケースがあります。介助サービスな

ど考えられもしない概念ということもあって、そんな人たちがどうやって自立生活などできるんだ、という問いを投げかける人もいます。しかし自立生活というものは、完璧なサービスがあってなされるものではありません。自立とは、自分を取り巻いている環境を自分でつくっていく、その過程の中にこそあると思います。

日本は、アジアの多くの国々に支援を通じて自立生活ができるようにサポートしています。私には夢があります。韓国もいちはやく自立生活を豊かにし、それをアジアの他の国々や第三世界の国々に広めていきたい。この場にいるすべての人々にお願いがあります。自分がもっている知識や基盤を拡散させ、それを世界の障害者の自立生活に貢献するために活動してほしいのです。自立生活を広げるために、みなさんと共に歩みたい。重度の障害をもつ人々と共に暮らしていくこと、それは基本的な権利です。これは私たちだけの夢ではなく、皆さんと共に実現できる夢だと考えます。みんなで力を合わせて、自立生活のネットワークを広げていきましょう。

参加者　パキスタン出身です。あなたは私たち自身が助け合うべきだと言われました。それでは、家から出る手段を何ももたない人は、どうすれば自立し、他の人たちを助けることができるのでしょう。

朴賛吾　今の質問はとても重要な質問だと思います。どんな場合でも、障害者自らが自分の活動をしていくことだと思います。支援やケアのあるなしに関係なく、家族や専門家に頼るのではなく、自分が努力をして、自立生活を築くのに参加していくこと、例えば自立生活センターをつくることが大事だと思います。

ブラジルにおける自立生活――重要なのはコンセプト……

ロザンジェラ・バルマン・ビエラー

私はブラジル出身ですが六年前から米国に住んでいます。二六年前から障害をもっており、ブラジル人として特に米国の人々以上にずっと多く障害と闘う経験をしてきました。私はブラジル人であり、そのことをとても誇りに思っています。

一九八八年に、米国に行く機会がありました。初めての米国訪問でした。私たちの訪問の準備をした人たちは医療分野の人だったので、一週間をずっと、病院やリハビリテーションセンターの訪問に費やしました。そこで私は、「障害者の運営する組織を訪問することはできないのですか」と言いました。それまではそのような組織を全く見なかったのですが、必ずあるに違いないと思ったのです。

そこで、私をある自立生活センターに連れて行ってくれました。私が初めて自立生活のコンセプトに触れたのが、この時だったのです。重要なことはコンセプトを自分たちのニーズに適合させることだと思います。

皆さんの多くがご存じであろうスウェーデンのアドルフ・ラツカ(1)さんが、一度ブラジルを訪問した際、いくつかのコンセプトについて説明していました。アドルフさんは四肢麻痺で、人工呼吸装置を使用しています。彼は「もし靴ひもを一分で結べる人が来てくれるのなら、自分で一〇分もかけて結ぼうとすることに何の意味があるのか。空いた時間で自分や社会のために何か生産的なことをしたり、あるいは自分なりのやり方で時間を有効に使うことができたりするのだから」と言いました。

私がこの問題を提起するのは、現在はかなり変わってきたもののブラジルやラテンアメリカで最も困難なことは、社会で一般に理解されている自立の意味と自己管理を意味する自立生活とが未だに混同されがちということだからです。私たちが自立生活について話すとき、人々の頭にまず浮かぶのは、誰もが、自分で何もかもやるべきだ、ということです。しかし実は、全く逆のことなのです。自立して生活するということは、自分の好きなように生活し、決定を下すことであり、また自分が決めた生き方ができるということなのです。助けが必要ならば、それでよいのです。誰でも助けが必要です。私たちの多くは、生活する上で基本的なことを行うために、人より多くの助けを必要とします。しかし、重要なのは、こうした介助に対する支配権を私たちがもつことなのです。

ラテンアメリカのような文化では、大多数の人は家族と一緒に暮らしています。あらゆる場面で家族の援助を期待できることから、非常に大きな助けになります。しかし、この過程において、私たちは自分自身の方向性を見失うことが多々あります。たとえば過保護な母親が子どもの面倒を見ている場合、その過程のどこかで子どもは何の決定も下さなくなってしまい、それで自分の人生をコントロールできなくなるのです。

米国に行って自立生活センターで経験を積んだ後ブラジルに戻ったのですが、ブラジルでは非常に強力な権利擁護運動が起きていました。当事者団体が州、地方レベルで組織化され、多くの途上国で起きているような形で運動を展開していたのです。例えば、毎週水曜の夜にどこかに集まって、推進したい法律は何か、そしてどのように組織化を進めるかを話し合うのです。すべてボランティアばかりで行われていました。

私たちが活動を開始したのは八八年の十二月でした。最初は、ピアカウンセリング、「法律とは何?」「権利とは何?」などのビデオを使った法的理解の支援、アクセスの問題、機器や技術の開発支援など、今まで全く不可能だと思っていたために人々が取り組まなかった自立生活に関連した一般的な業務から始めました。

さらに、家族との共同作業、情報の共有、脊髄損傷に関するトレーニングコースなど、多くのことを行いました。そのすべてが、障害者自身の視点から行われたのです。

そして一九九九年には、ブラジルに全国自立生活センター連盟が創立され、現在までに全国に二〇の自立生活センターができました。その多くはできたばかりで多くの困難を抱えていますが、独立独歩の過程を歩み始めたところもあります。またラテンアメリカ全体でも、同じような経過をたどっており、自立生活センターを設立したり、自立生活という用語を使用しているグループがあります。

そこで私は、最も重要なことは姿勢であり、コンセプトの理解であるという認識を新たにしました。そうなれば、そのコンセプトを自分たちの国、自分たちの文化、状況、それぞれの国の社会情勢に適用することができると思うのです。しかし、ブラジルのような国では、政府から自立生活センターへの資金供給が全くありません。従って業務を維持し、継続できるようにするための道を見つけなければなりません。資金不足のため最初の段階さえ乗り越えることができなかったセンターが数多くあります。しかし、このコンセプトが本当に推進すべきものであるということを確信し、同じ立場の人たちと共有することができるなら、たとえ小さなピアカウンセリング・グループや非公式なグループからでも、自分たちの地域で始める方法が見つかり、それを発展させて少しずつ他の業務を加えていき、社会における意識を喚起し、門戸を開き、他のグループと協力し協同関係を築けると思います。

私たちは、地元の大学と多くの共同作業を行っています。私たちが自立生活センターとして機能し始め、あらゆる活動をするための最初のスペースを提供してくれたのが大学でした。私たちは世界中に存在するモデルから発想を得るべきではありますが、このように自分たちの地域のニーズに合わせるよう試みるべきだとも思います。例えばブラジル、そしてラテンアメリカ全体でも、私たちは家族と同居しています。障害のない人は結婚するまで、またその後でも、家族と一緒に住みます。従って、ヨーロッパや米国で非常に普及している家族以外からの介助は、文化的アプローチの違いのため実践的ではありません。

自分たちが何を望むのか、同じ立場にある人たちをどのように支援するのかをはっきりさせ、自分たちのコミュニティにすでに存在するサービスを再構築するのではなく、真に新しいことを採り入れることも大切だと思うのです。リハビリテーションセンターや、そのほかのプログラムもしないようなことを私たちはできるのですから。また、私たちは独自の視点を、すなわち自分たちの生活体験に基づいた視点を分かち合えるのです。どのような障害であれ、障害を初めて経験する人にとって、ずっと以前から同じ状況にあり、多くの経験を積んでいる人に出会うことほど心強いものはありません。これは、「そうだ私も将来、重要な人になれるのだ。障害は私の人生を停止させるものではないのだ」という考え方です。忘れてならないことは障害者の体験を最善のかたちで共有し、実行可能な方法でサービスに活かすにはどうすべきか、ということだと思います。

参加者　私はカリブ海のバーブーダ島から来ました。私の国の当局や障害者と共に働く人にとって、自立生活のコンセプトとはグループホームです。つまり、自立生活と聞くと、家を建て、そこに四、五人を住まわせ、その人たちを「監督」し、そして事実上その家の管理責任をもつ人を一人置くということです。

ブラジルでのセンターの一つがどのようなものなのか、できるだけ詳しく教えてください。

ロザンジェラ・バルマン・ビエラー　現在、ブラジルには、グループホームは全くありません。自立生活センターは、場所なのです。私たちがつくり上げたモデルとは、例えば、障害者の行く場所のようなものです。そこで必要な情報や支援を得るのです。利用者はその後家に帰ります。センターは施設ではありません。障害者がいつまでも依存し、繋がりをもち続けるための場所では決してないのです。自分が必要なものを得るための、転換の場所のようなものです。

私たちはセンターを情報の発信基地にしたいので、会員制という形をとらないことに決めました。自立生活センターのモットーは情報の海です。そして、それこそが全スタッフの備えているものです。

米国では、あなたの言っているようなものが多く見られます。それは通常、知的障害や精神障害をもつ人々に関するものです。人々を普通の施設ではなく、地域に置くという統合の考え方であると思います。そして、ホームの責任者であり、そこに住む人たちが生活するのを助ける人が一人置かれるのです。

ブラジルやラテンアメリカでも、このようなアプローチをとっている施設があることを知っていますが、それらは自立生活センターとは全く違うのです。しかし、一部のグループや、ヨーロッパの宗教法人も、そのような形のホームを建てている傾向があります。そして、住むところのない人たちがそこに行って、住むのです。しかし、自立生活の考え方との繋がりは全く見られません。

参加者　自立生活について語るときに、自分たち自身の体験を共有することが非常に重要であるというお話を聞き、大変うれしく思います。障害の体験を共有することは、とても大切なことです。カメルーンで、私は一〇カ国のコーディネートをしています。

私たちにとって「自立生活」とは、基本的に、障害を受け入れることから始まります。自分が障害者であることを受け入れなければ、自立することはできません。しかし、残念なことに、私の国のような発展途上国では、自立生活やリハビリテーションと呼ばれるようなことを経験する機会がありません。ご承知のとおり、リハビリテーションは、いろいろな関連事項を改善させます。知能、心理、物質、技術などのあらゆること、教育さえもです。

人はみな相互依存しているのですから、完全に独立していないとか、相対的に独立しているにすぎなくてもかまわない。ただ自分に誇りをもつためには、少しでも自立すべきです。

しかし、私たちには技術的手段がありません。人々は地面の上を這い回っているのです。中古の車いすさえ持つことができないのです。そのような人と、自立生活を語ることなどできません。

ロザンジェラ・バルマン・ビエラー　ブラジルで始めた自立生活運動に新たな見方をもたらしたのは、個人の視点でした。どこでもそうだと思いますが、ブラジルにおける長年の障害者運動において、グループを組織するとき、個人の感覚が失われていました。私たちは、一人ひとりが強さを感じ、力を与えられ、物事を行うのに十分な力が自分たちの中に醸成され、行動するとき、強くなることができるのです。

だからこそ、「私たちには何々がないから、これはできない」などと言い出すことは、危険だと思うのです。あなたが言っているというわけではありません。ですが、「でも、私たちにはアクセスもサービスもないから、自立生活運動を始めるのは難しいんです」という発言を、今までに何度も聞きました。

しかし実は、力を与えられ、自分たちの現実を変えることができると信じている強い個人である私たちこそが、何が起こるのか、私たちの社会においてどのような変化が起きるのかを決めることができるのです。だから私は、私たち一人ひとりを個人として支える運動があれば、より強くなって、本当に社会において必要な変化をもたらすことができるようになると思うのです。地域によっては長い時間がかかるでしょう。しかし、どのような変化であれ、私たちにとっての最初の一歩は、個人として力を得、自分の生活を自分で管理し、自分の住む環境をすべての人に開かれたものに変えるために十分な能力をもっていると信じることなのです。そして私は、それこそが自立生活運動が私たちにもたらすものだと思うのです。

日本における自立生活とアジアのネットワーク……………中西正司

ヒューマンケア協会という日本初の自立生活センターを運営しています。また現在、全国自立生活センター協議会(Japan Council on Independent Living Centers = JIL)の代表も務めています。JILは、日本全国にある一一〇の自立生活センターのコーディネートをしています。また、韓国、タイ、フィリピン、その他のアジアの国々において自立生活運動の推進を支援しています。私たちの運動は、個々の障害者に力を与えるための唯一の強力な手段であるため、途上国においては非常に重要なものです。つまり、自立組織をつくれば、政府の政策や周囲の人々の心の障壁に働きかけることができるのです。そして、地域において障害者のためのサービスが実現されるのです。また、障害者が住むことができても、地域での社会経験を不可能にし結果的には弱い立場に追い込んでしまう施設よりも、地域に根ざしたサービスのほうが大切で、障害者のニーズに合ったものであることを政府は知っています。

日本における自立生活運動は、一九八六年にヒューマンケア協会によって始められました。ヒューマンケア協会の開設前は、アジアで自立生活運動が成功するとは誰も思っていませんでした。

個々の障害者の自主的選択と自己決定というコンセプトは、家族主義や家父長制とは正反対のコンセプトです。障害者は、介護すべき患者、または指導し守るべき子どもとして扱われています。従って、息子や娘が家族の家を離れて暮らすことを許すことは、親たちにとって非常に難しいことでした。親を説得するのに二、三年かかることもありました。このような場合、私たちは障害者に精神的に力を与えるピアカウンセリング・プログラムを採用します。また、自立生活スキルトレーニング・プログラムもあります。

自立生活センターには二つの側面があります。一つは運動であり、もう一つは事業体としての面です。自立生活センターは、障害者の働きによって運営されています。障害者は自立生活運動においては多くの経験をもっていますが、事業知識の習得においてはほとんど経験がありません。従って、JILおよびDPIが、マニュアルや書籍、Eメールを通じ、国内外の現在および将来のリーダーのため、リーダーシップトレーニング・コースを提供しています。

パーソナルアシスタント・サービスも、地域で生活する重度障害者にとっては非常に貴重なものです。しかし途上国では、これらのサービスは皆無に等しいのです。これは残念なことです。地域に自立生活センターがなければ、障害者は施設か、家に閉じ込められるより他に道がないのですから。

私たちは今、最初の五年間は韓国に力を注ぎ、韓国および日本において五〇〇人以上を対象に自立生活セミナー、ピアカウンセリング・セミナーおよびリーダーシップ・セミナーの開催に協力してきました。韓国のKBS全国テレビネットワークは、日本での重度障害者の自立生活体験を放送し、鄭《チョン》 満勲《マヌン》さんは韓国で人気者になっています。自立生活センターは今日、韓国の光州およびソウル市で活発に活動を展開しており、二〇人上の障害者が、パーソナルアシスタントと共に自立して生活しており、政府も、その人がアシスタントサービスを必要としていることを徐々に理解しつつあります。

タイでは、DPIがJICA（国際協力事業団）の協力を受け、三つの県から三〇人以上の障害者が集まり、ワークショップを開催しました。このワークショップは今後二年間続く予定です。JICA、タイ・リハビリテーション基金、および東京のヒューマンケア協会の協力の下、それぞれ異なる州の三つのグループがスキルトレーニング・プログラムとモデル的なパーソナルアシスタント・サービスを受けています。ですから、タイでは今後三年以内に、間違いなく三つの自立生活センターが設立されるでしょう。過去一〇年間、アジアの国々に運動が定着してきました。

アジア太平洋ブロックにおいて、DPIは毎年リーダーシップトレーニング・セミナーを企画し、そこから新しいリーダーや、多くの新しいアイディアが生まれました。この地域は、世界中の障害者の六〇%が住む、広大な地域です。そこはまた、多くの途上国が位置する地域でもあるため、DPIアジア太平洋ブロックの地域開発事務所では現在、各国における草の根組織の発展に力を注いでいます。これに対しJICAやCIDA（カナダ国際開発庁）が援助を提供し、郵政省（当時）の郵便貯金基金や日本財団も多大な援助を行っています。

今後私たちは、コミュニティの人々に力を与えていくことになるでしょう。

参加者　日本、韓国およびタイにおいて自立生活センターを設立するにあたり、どのような困難に直面されましたか。パキスタンのようなところでは、どのような困難に直面し、それらの困難をどのように克服すればよいと思いますか。

中西正司　現在私たちには三つのモデルがあります。一つが韓国の例です。都市部では多くの小規模な自助グループが設立されています。こういう場合、いくつかの都市で自立生活セミナーを企画します。そして参加者から、自立生活運動に強い関心をもち、明確な意志をもつ組織をいくつか選びます。私たちはそれらの組織の運営のために、資金を提供していきます。また、日本でのトレーニング・セミナーに招待し、一週間ないし一カ月のトレーニングにも参加することができます。これが、韓国の例です。

二番目は、タイの例です。三つの州にそれぞれ大きな組織があり、二〇〇人以上の障害者がすでに組織化されています。そして私たちは、各県から選ばれた合計三〇人を対象に、セミナーを企画します。選ばれた人が集まり、一週間の講義を行います。そしてその中から、本当のリーダー、たぶん将来、自立生活センターの所長になり得る重度障害者を三人選びます。自立生活センターは、三人から組織できますが、彼らにはスタッフが必要です。そこで私たちは、スタッフや、パーソナルアシスタント・サービスを提供するボランティアのための資金を提供します。そして現在、彼らはコミュニティの少人数の当事者に対してサービスを提供しています。各都市には、自立生活のモデルが必要だと思います。多くは必要ありませんが、一つの都市に一つのモデルがあることが重要です。これがタイの例です。

三番目は、パキスタンの例です。これはまだ進められていませんが、来年開始する予定です。この例では、都市に非常に強力な組織があります。彼らは非常に若いリーダーたちです。古い組織ではありません。大きな古い組織もありますが、私たちは古い組織を選びませんでした。保守的過ぎるからです。新しい理念を伝えるには若い世代のほうがよいのです。

この団体は両親と離れてコミュニティで暮らすことを望む者を一人選び、私たちは自立生活のための実験的な家を提供します。一人に焦点を当て、パーソナルアシスタント・サービスや、生活費および住居費を提供します。そして、市役所がセミナーに関与し、この自立生活について報告することになります。そこで役所は、一人の人間がコミュニティで生活するのにそんなにお金がかからないことや、自立生活のモデルと比べると施設の費用が非常に高いことを知り、近い将来、その政策を変更することに繋がるのです。

参加者　ブラジルからの方が、現在の政府からは全く資金援助がないと発言していました。私たち韓国人も同じ問題を抱えています。自立生活センターの収入源は何なのか教えていただけますか。

ロザンジェラ・バルマン・ビエラー　ブラジルでは非常に興味深い状況があります。雇用、アクセス、差別禁止法など、多くの分野において、非常に強力な法律があります。そして、自立生活センターであるかどうかにかかわらず、他の障害者組織でもそうなのですが、典型的な資金調達方法の一つが契約制度です。大きな政府機関やリオデジャネイロ市で電気やエネルギーを供給する大電力会社のような半官半民の企業体では、規模が大きくなりすぎたために職員を減らそうと、随分前に新しい職員を雇わない決定をしました。このため多くの従業員が退職し、新規雇用を許されていないこれらの企業に新しい人間が必要となります。そこで、法解釈の盲点をつき、新規採用が必要な企業が障害者組織を通じてであれば新しい従業員を雇えるという方法を見出したのです。そして、事実、多くの障害者組織が企業との間で契約を結んでいます。これは雇用なのです。障害者たちは、企業および自立生活センターによって社会的スキル、就職に必要な技能、その他の多くの活動についてのトレーニングを受けます。その後、彼らは働きに行くのです。

通常、企業は、同じ仕事をする他の社員と同一の給料全額を支払い、自立生活センターに対し、全契約について一〇または二〇％の管理費を支払います。そして、私たちは契約を管理するだけでなく、障害をもつ個人に直接サービスを提供するスタッフに対しても給料を支払うことができるのです。このように法律をうまく活用する機会を得たことが、ブラジルでは良い手本となっています。

また、ブラジルの自立生活センターの多くで、提供するサービスの資金源をどのように確保するのか、常に話し合われています。例えばリハビリテーションや、その他多くの障害者向けサービスは、地域のサービス提供組織が提供していますが、費用は政府が支払っています。リハビリテーションや作業療法など、政府が費用負担するサービスのリストがあります。今試みられているのは、ピアカウンセリング、アクセスに関する指導者養成事業など、自立生活センターによってのみ提供できるサービスをこのリストに加えることです。センターの提供するサービスが、他の通常のリハビリテーションサービスと同等、重要なものであることを政府が認識し、これに資金援助が行われるようにするための一つの方法かもしれません。

権利擁護としての自立生活運動 ………ユッタ・フリック

私は現在、カッレと一緒にアビリス財団で働いていますが、長年ＤＰＩで働いてきました。従って、私の経験談は、ＤＰＩでの経験や権利擁護業務と草の根自立生活運動の間の繋がりに焦点を絞ろうと思います。

私たちのＤＰＩ組織において、組織が個人のニーズに応えることは、全国レベルで強力なグループ、強力な組織をつくることにつながるため、個人が力を与えられたと感じることと同じくらい重要なことです。従ってＤＰＩの理念と、自立生活運動の理念の間には、自然なつながりがあると思うのです。そこでそれら二つのレベルが実際どのように作用するのかですが、国によってモデルとなるものが非常に異なるのです。例えばカナダにはカナダ障害者協議会（ＣＣＤ）と呼ばれる全国レベルの組織があり、この協議会は、法律、移送に関する活動を行い、人権に関する事件を取り扱い、カナダの最高裁判所での訴訟について、障害者側の意見を提供します。
メキシコでは、自立生活において実施される訓練は身体訓練に偏っています。アクセスがないため、自立生活運動は、法律を変えるためには街中で障害者を見なければいけない、という考え方をしています。しかし、街は障壁だらけなので、人々は、「でも、ここには障害者はいないよ」と言うのです。つまり、悪循環が起きているのです。そこで現地の組織が行ってきたのは、人々が集まるトレーニングキャンプの運営です。メキシコ国内の様々な場所で行われ、その訓練の大半が、身体訓練ばかりなのです。例えば、車いすによる階段の上り方です。ここ札幌同様、メキシコシティにも歩道橋がありま す。人々は車いすでその階段を上り、反対側に渡るのです。もちろんそれは危険かもしれませんが、孤立せずに街に出て行くための一つの方法なのです。メキシコの団体は、人々が一度街に出れば、法律に変化が起こるきっかけとなるだろう、と主張するのです。立法者たちは、障害者が三〇段の階段からころげ落ちるような例を望みません。ですから、これは、ちょっと変わっているかも知れませんが、一つの手段なのです。トレーナーは、肉体的にかなり強固な人が多いのは事実です。その多くは元運動選手です。
メキシコとカナダでは、自立生活を体験している人々が大学のカリキュラムを変えようとし、本から学ぶ知識との繋がりがつくられつつあります。作業療法士に、リハビリテーション知識だけでなく、ピアカウンセリング、自立生活、そして自己主張できる障害者についての知識ももたせるという、新たな手法です。すなわち今、障害者運動から、専門家へのチャンスが生まれつつあるのです。

カッレ・キョンキョラ　貴方のメキシコでの体験を聞いて、数年前のフィンランドのヘルシンキでの出来事を思い出しました。私たちは、都市探検を企画しました。路線バスを使ったのですが、地元の人たちはこういうことに気付いていなかったのか、もし気付いていたとしても、ツアー化するだけの勇気がありませんでした。そこで私たちは日帰り旅行を企画したのです。世間に出たことのなかった人たちがバスに乗り、ヘルシンキ中を見学したわけです。今はもうなくなっていますが交通機関を試してみるのは、参加者にとってとても楽しいことでした。

参加者　アメリカ合衆国出身です。一〇年ほど前、自立生活のコンセプトや自立生活センターが何であるか知っている障害者が一〇%ほどにすぎないという調査結果に感ずるところがありました。そこでまずは、ラジオを使った広報活動を始めることに決めたのです。それが今では全国四〇の民間ラジオ局で放送されています。

自立生活がどんなものであるかについて意識を確立するというのは、未だに困難なことです。しかし私は、障害者問題、特に自立生活についてマスメディアが情報をどんどん流したり、話し合ったりする国が他にあるのだろうかと思っています。

ユッタ・フリック　特に自立生活についてではありませんが、組織づくりのための情報発信用にラジオを使っている国はたくさんあると、聞いています。コスタリカのロドリゴ・ジメンツもここにいると思いますが、短波の番組を始めました。ラジオは確かに利用されています。

カナダ自立生活センター協会（CAILC）の事務局長である、トレイシー・ウォーターもここでお見かけしました。それにドンもここにいます。ですから、CAILCのカナダでの活動について、誰かが何かお話ししていただけないかと思うのですが。

参加者（ドン・マクラレン）　私はカナダのノバスコシアから来ました。これまで八〜一〇年間、自立生活センターの理事を務めています。以前は、CAILCの全国委員長を務めていました。米国の男性が、世界の他のセンターや組織におけるマスメディア利用の試みについて質問していましたが、カナダでは約八年間放送されている自立生活についてのテレビ番組があります。この番組はトロントの自立生活センターで始まり、その後別の自立生活基金に受け継がれました。そして今は、「ムービング・オン（先へ進むこと）」と題され、最近CBCが引き継いで、この二年間は年間一二または一八回連続で毎週放送されています。

CAILCには、こうした番組をダビングしたものが数本ずつあり、要望があれば一般の人が利用することができます。ですから、これらのビデオの複製を実際に欲しいという方は、オタワにあるCAILCに連絡下されば、提供することができます。

もう一つ、この会場にいるすべての人が哲学としての自立生活の意味を本当にわかっていないということが、明らかだということです。それは、カナダの私たちにとって、本当に大きな意味のあることなのです。自己決定という側面は、自立生活においてカギとなる一面です。それは、障害のある人が、自己決定により生活するために必要な物品やサービスを、自分の管理下に置くということです。また、障害者である人にとって自己決定というものは、非常に個人的な決定なのです。

それは、学校に行き、教育を受け、就職したいと望むことを意味するかもしれません。または、コミュニティにおけるボランティア活動を充実させたいと望むことかもしれません。あるいは教育を受けるというような、より長い道のりを歩みたいというだけのことかもしれません。

カナダ全土の自立生活センターが、「組織的権利擁護」に焦点を絞っているわけではありません。ＣＣＤは、全国レベルで私たちの協会と提携している組織であり、より広い範囲の組織的問題に主眼を置いています。ＣＡＩＬＣは、ピアサポート、情報提供、照会および個人の権利擁護に焦点を置いています。私たちはまた、たくさんの研究やデモンストレーションョン的なプログラムも行っており、それらは多くの場合パイロットプロジェクトの形をとり、特定の障害者グループを対象とした画期的で新しい戦略です。

参加者　私は、ドイツの自立生活センターから来ました。ロザンジェラさんへの質問なのですが、あなたはブラジルで自立生活のためのセンターを建設したときの大学との協力関係についてお話しされましたね。そのことについてもう少し詳しく教えていただけますか。

ロザンジェラ・バルマン・ビエラー　一九八八年、リオデジャネイロに最初の自立生活センターが開設される前には、他にも全国レベルの障害者組織がありました。私たちは当時から大学のいくつかの講座と、多くの協力事業を行っていました。中でも非常に密接な関係にあったのが、工業デザイン関係の人たちでした。彼らはよく私たちのところにやってきて、障害者のためにどのような製品をデザインすることができるだろうか、と尋ねていたのです。彼らは私たちと常に話し合いながら、ある人のために製品を開発しようとしていました。

私たちが自立生活センターを始めたとき、最初、センターに場所まで提供してくれたのです。実際には、大学の駐車場に場所をもらったので、厳密には大学内ではないのですが。また、ロータリークラブからは一〇〇〇ドルもらい、物を運ぶのに船で使うような大きなコンテナを買いましたが、それは全くひどい状態でした。安かったので、ロータリークラブからの一〇〇〇ドルで、二つ買いました。それから、少しずつコンテナを組み立てていったのです。

そして今、実際私たちはその同じ場所に六つのコンテナを持っています。六つのコンテナと、一つの会議室などがあります。しかし最初は、まるで秘密結社のような活動をしていました。大学の理事会は、私たちがいることを全く知らなかったのです。そして、私たちはいろいろな講座と協力して活動を始めたのです。そして、理事会が気付いたときには、すでに私たちの活動は大学中に広がっていました。ですからもう、私たちを追い出すことはできなかったのです。

通常、大学には常に新入生が入学してくるので、スペースの問題を多く抱えています。しかし、大学との協力関係は価値のあるものだと思います。

参加者 日本からの参加です。発表の中で、自己決定という概念が出てきました。しかし、知的障害者の中には、自己決定が難しい人もいます。彼らが自立生活を営むためには、どのようなプログラムやアプローチが可能でしょうか。

中西正司 知的障害者の方々の自立については、まだ二、三の自立生活センターが取り組みを始めたばかりです。自己決定をどうするかということについては、知的障害者自身がピアカウンセラーになって彼らの相談に乗ることが一番重要だと思っています。ここにいる皆さんの中にピープルファーストで自立生活をしている方が一人みえています。この人たちの支援をしてきたのは身体障害者の自立生活センターの障害者たちです。ですから今後は彼らのニーズを本当に聞きやすい、知的障害の当事者自身がピアカウンセラーになって、それでカバーできないときに身体障害者のピアカウンセラーが相談に乗り、健常者のコーディネーターがサービスを提供するというシステムで、彼らのニーズを上手に聞き出していく。言葉だけではなくて、絵を使ったり彼らの表情でニーズを聞いたりする。言葉をもたない人に対しても意思の確認方法を考えるということが、ピアカウンセリングの役割です。

ロザンジェラ・バルマン・ビエラー ブラジルの私たちのセンターでは、様々な種類の障害に取り組んでおり、知的障害者のためのサービスには、作業スキルをつけるためのトレーニングコースや雇用プログラムもあります。このプログラムは非常に大きな成果を収めており、たくさんの人が雇用されています。

参加者 パキスタンのような国では、自立生活運動に政府の関与が必要だと思います。なぜなら、途上国では、政府の関与なしではどんな仕事もすることができないのです。

カッレ・キョンキョラ これは、デリケートで、かつ難しい問題です。私はまず、結論として、政府の力による自立生活は不可能だと思います。しかし、もちろん、国によっては、政府と協力することが必要であるし、そうしなければならないでしょう。

私たちの多くは、活動のための資金を政府に頼っています。しかし、政府が私たちの活動を規制することなしに、資金を得ることは困難です。そうすると、私たちが共に働く人々の本当の代表になるには、政府からも独立した立場を維持しなければなりませんので、これは難しい問題です。政治システム、歴史および伝統も国によって違いますから、それぞれの国で少しずつ違った形で対応をしなければならないでしょう。

また、フィンランドで一九七〇年代に活動を始めてから、長い間、すなわち一〇年間は政府から全く、あるいはほんのわずかな資金援助しか得られなかったことを覚えていますし、今も、非障害者の運営する組織への援助と比べると、政府からの障害者組織への援助には大きな差があります。非障害者は、いつもずっと多くのお金をもらうのですから。

参加者　アジア太平洋障害開発センターは行動計画を策定し、途上国にいくつかのグループを派遣し、現地調査を行っています。彼らはまた、政府の役人にも会っています。そしてそれらの国々の状況、法律および事情を調査するのです。

これは非常に良いことです。私は高く評価しています。しかし、法律がある国でも、法律があっても政府がそれを実行していないということも理解しています。ですから、途上国の政府に資金を提供している、国連・アジア太平洋経済社会委員会（ＥＳＣＡＰ）、その他の援助機関や資金提供機関を通じて、圧力をかけることもできると思います。

参加者　パキスタンから来ました。私は放送局で四年間働いており、また月刊の障害者雑誌のライターもしています。私の質問は、障害者の権利拡大に関連するものです。障害者に力を与えたり、社会に出る前に、彼らにモチベーションを与えることが必要ですから、落胆している障害者にモチベーションを与える手段を何か提案していただけませんか。

参加者　アンティグア・バーブーダからです。再度発言します。パキスタンの男性が話された問題に関してですが、私は、政府の関与は国により非常に異なるものであるというカッレさんの意見に全く賛成です。それぞれの途上国によって、事情は違います。私は小さな途上国から来ていますが、私たちにとって、真の自立生活のためのプログラムをつくるということは、統制、完全なる統制を意味します。今までにも何度か試みがありましたが失敗しています。しかもそれは、障害者自身が行うのではなく、一般の人が障害者に対して行った試みです。

障害をもち、団結して、活動を行っている私たちですが、規制を受けることを拒否したため、政府と協力して活動をすることはできませんでした。つまり、政府に監視されることも拒否するので、彼らは援助をしたいと思わないのです。ですから私には不可能なのです。ここにいる誰か他の方に、私が国に帰ってから実行できるような解決法をぜひ教えていただきたいと思います。しかし、政府が自立生活に本当に関与し、それでもなお自分たちが支配力をもち続けられるようなケースは見当たらないのです。

その男性がおっしゃったもう一つの問題、誰かが前進するためのモチベーションをどのように与えることができるかという質問ですが、誰も他の人にモチベーションを与えることはできないと思います。私自身は、自分の個人的体験について話すことができます。もしあなたが自分でモチベーションを得られず、自分がどこにいるか、あるいはどこに行きたいのかを自覚していなければ、他の誰も実際に貴方の代わりにそうしてあげることはできないと思います。

しかし、その一方で、家族からの強い支援、良い友人そしてコミュニティの支援があれば、それを可能にすることもできると言えます。少しの可能性はあります。しかし、やはり本人でなければ何も始まらないのです。

家族や、そればかりでなく地域を巻き込むピアカウンセリングが、自立生活の一部を成すことについて、いつか完全な文書にまとめることを強く提言します。小さな途上国では本当にそれが必要なのです。

参加者 韓国から来ました。ブラジルには、PAS（パーソナルアシスタント・サービス）がないとおっしゃいました。米国とブラジルの間には文化的違いがあるとおっしゃいました。しかし私は、PASは障害者サービスにおいて不可欠なサービスであり、基本的なサービスだと思います。重度障害者にPASを提供する必要がないのでしょうか。

ロザンジェラ・バルマン・ビエラー ご質問を正しく理解したかどうかわかりませんが、貴方はパーソナルアシスタント・サービスが個人の自立のために重要であるとおっしゃいましたが、私はブラジルについて話していたのです。実際にそうした動きはありますが、小規模なものです。例えば、リオのセンターでは、パーソナルアシスタントの訓練を行っていますし、リストもあって、電話で注文することができます。また、障害者に対しても、パーソナルアシスタントの雇い方について訓練を行います。しかし、私が話しているのは非常に小規模なプログラムであり、さらに拡大可能なものなのですが、文化的な、つまりわが国独自の文化的特質が、このサービスが望ましい規模まで成長することを許さないということなのです。しかし、もちろん障害をもつ人の人生において、家族主義や家族がこんなにも強い国では、きわめて重要なことです。私たちは、それをできるだけ推し進めるべきです。問題は、私たちの望むような形でそれを受け入れない文化がある、ということです。もちろん、それは家族次第です。いくらかお金のある人たちは、家に住み込んでその人のニーズを満たす誰かを雇うでしょう。それがブラジルの状況なのです。

参加者 私は日本からの参加者です。ブラジルでは、家族のつながりが非常に強いとおっしゃいましたが、日本でも同じだと思うんですね。ただ私が思うに、母親のほうが子どもから離れられない状態になっていると感じます。

カッレ・キョンキョラ　ここでは、自立生活の実現のさせ方、および様々な国での経験、途上国での経験、米国やヨーロッパとは異なる文化的背景をもつアジアの国々の経験について、かなり幅広く討論してきたと思います。そして、世界中のどこにも、自立生活に対する特別なニーズがあることを知りました。しかし、自立生活の結論と解釈、そして実際にどのようにそれを実行するかに関しては、それぞれの問題によって違いが生じます。

しかし、何よりも、私たちが話し合っていることの根本にあるのは自己決定である、という見解の一致があると思います。そして、その他の重要な問題には、ピアカウンセリングやピアサポート、そして権利擁護があります。また、他の種類の様々なサービスのこともあります。これは、国が違えば内容も変わる必要があるのかもしれません。

注

1　ドイツ生まれ。アメリカで学んだ後スウェーデンに渡る。一九八三年、ストックホルム自立生活協同組合（STIL）設立。福祉先進国スウェーデンのホームヘルプ制度を批判し、パーソナルアシスタンス（介助）サービスの当事者管理を打ち出す。国際的な自立生活運動のリーダーとして、日本の運動にも大きな影響を与えた。

10月16日午後

自立生活

人権としての自立生活

司会者：ジュディ・ヒューマン（世界銀行）
発表者：尾上浩二（日本）
マティアス・ロッシュ（ドイツ）
ジャン・マーク・ブライン（フランス）
マーカ・ブリスト（米国）

「障害からの解放」でなく「差別からの解放」を、「保護・更生」から「自立と権利」へ……………尾上浩二

日本における障害者政策は、長年、保護と更生という考え方を基調に進められてきました。保護とは、障害者を見下した上で保護することです。そんな中で、障害者を隔離する、分離する学校や施設が造られてきました。それに対して障害者の立場から、一九七〇年代以降、日本でも障害者の自立、あるいは権利ということを掲げた運動が始まりました。その運動の特徴の一つは、障害者自身が運動の担い手であるということです。それ以前は専門家や、障害者の親が運動の主体とみなされていましたが、障害者が主体になった運動が初めて登場したのです。そしてもう一つの特徴は、障害をなくすのではなく、差別からの解放ということを掲げました。障害があってもいいんだ、むしろ地域で生きられないこと自体が差別なんだということを提起したわけです。地域の中で一人の人間として、市民として生きる、地域での自立を目標に掲げたのです。一九八〇年代に日本でも自立生活センターができ始め、もうすでに一一〇カ所あります。

具体的な運動としての地下鉄や鉄道、バスの乗車拒否に対する闘いは、時には障害者がバスを乗っ取ったと批判を浴びるまで激しいものでした。昨日、地下鉄やバスのアクセスを

求めて非常に激しい闘いを展開している韓国の仲間のビデオが上映されました。私はそれを見て、日本もまさにこういった闘いを展開してきたんだと、改めて、障害者自身が権利確立に向けて闘うことの重要性を感じたわけです。

運動の結果、現在、自立生活運動の盛んな地域においては、二四時間の介護保障のパーソナルアシスタント・サービスを実現したり、あるいは交通バリアフリー法（高齢者・身体障害者等の公共交通機関を利用した移動の円滑化の促進に関する法律、二〇〇〇年制定）ができ、ようやく駅にエレベーターが付いたり、また低床のバスが走り出したりという成果が出てきています。

でも法律のレベルでは、一九九〇年代になってやっと障害者関係の法律に自立や社会参加という言葉が盛り込まれたにすぎません。例えば、障害者基本法（一九九三年制定）が障害者の自立と社会参加を目的としたように。でも、障害者の差別を禁止する、あるいは権利を保障する、そういった肝心な言葉は法律のどこを見てもないわけです。また交通バリアフリー法でも、駅舎の改善は書かれていますが、私たちの移動の権利ということは書かれていません。あるいは来年（二〇〇三年）から始まる支援費制度も、サービスを受給する権利ということは一言も書いていません。日本の憲法には、基本的人権の尊重という言葉が既に五〇年近く前から書かれていますが、障害者は除くというのがこれまでの日本の状況だったのではないでしょうか。

今、国際的には、障害者権利条約の制定に向けて取り組みを始めています。日本でも障害者差別禁止法をつくろうという動きが、昨年ぐらいから再び高まってきています。私たちDPIはもちろん、様々な障害者団体、あるいは日本弁護士連合会なども、法案を起草しています。この差別禁止法では、これまでの「保護・更生」から、「自立と権利」へ枠組みを変えていくということに重要な意味があると考えています。

そうした動きの中で、あらためて自立生活を障害者の権利の問題として、具体的に提起していく必要があるのではないかと思っています。法律の中には基本的人権という言葉は書かれていても、具体的にどういうことが権利なのかということは、これまでの法律には書かれていませんでした。そうした具体的な権利を、差別禁止法の中に入れていく必要があるだろうと思います。例えば自立とは何か、その中心の考え方は自己決定だ、どういう生き方をするか、それを障害者自身が決めることは固有の権利だ、ということが述べられなくてはならないと思います。あるいは、日本では、特に学校教育では分離教育を中心とした政策が、これまでも、そして今も続けられています。「分離すれども平等」という考え方がはびこっている状況では、統合された環境の下でサービスを受けること、これも障害者の権利なのだということをはっきりさせる必要があると思います。

そしてもう一つ、介護の問題では、パーソナルアシスタント・サービスも私たち障害者が一人の市民として社会参加するためには当たり前で、不可欠なサービスとして位置づけていく、こういうことを障害者の人権として位置づけていく必要があると思います。

また、権利擁護活動も不可欠のものとして再確認していくべきだと思います。自立生活センターは、サービスの提供とともに、障害者による権利擁護を最初からずっとやってきたと思うので、切り離すべきではありません。この活動を差別禁止法の中に位置づけることを提起したいと思います。

参加者　パキスタンから来ました。DPIパキスタンの設立当初の理事です。発表では、障害者の権利について述べていました。経済的に発展した国は、障害者の権利を認めることができると思います。しかし、途上国では、他にも問題を抱えていてそちらに注意が向けられています。私たちには全く目が向けられません。障害者の人権も侵されていますが、宗教による差別もありますし、女性も差別を受けています。ですから、経済的に発展した国だから、誰の権利についても考えられるのではないでしょうか。

参加者　カナダから来ました。ボランティアとしてカナダ自立生活センター協会で働いています。パキスタンからの参加者の方が先ほどお話しになっていたことはわかりますが、先進国でも人権が国民すべてに保障されていないことを述べさせてください。

私はカナダで生まれカナダに住んでいますが、他の国同様人権が日常的に侵害されていると言えます。私はここ日本で、交通機関のアクセスの良さにとても感心しました。カナダのノバスコシア州ハリファックスで、このようなイベントを開催しようとしたら、空港から人々をハリファックスの中心地に運ぶだけで、三カ月くらいかかるでしょう。なぜなら人口三五万人の市でも、障害者が利用できるタクシーが二台、バスもたぶん二台くらいでしょう。カナダに人権法があるという事実、というか人権に関して確立された法律は、何の意味ももたないのです。一枚の紙切れにすぎないのです。ですからカナダのような経済的に発展した国でも、人権に関してまだすべき仕事が信じられないほどたくさんあります。

参加者　インドネシアから来ました。アジアでは、家族や血縁関係を重視しているので、自立生活を実行するには大きな問題があるのですが。

尾上浩二　世界中にいろいろな文化がありますが、障害者が一人の人間として自分の人生を自分で決めたいというのは共通のテーマではないかと思います。文化の違いの中で、差し当たって直面するバリアや課題が異なってくるということなのかな、と思います。日本においても、家族の扶養ということが、大きな問題になってます。例えば今から三〇年前、つい最近も、日本政府は、障害者の世話は家族が見るべきだ、大人になってもずっと見るべきだ、という政策をとっています。そのために、いわば追い込まれた家族が自分の子どもである障害者を殺す、そういう心中事件や殺人事件が頻繁にあった時期があります。今でもまだ続いています。

例えば自立生活センターの中でも、障害者本人は自立したいけど、家族や親は反対する、その中で親を説得していく、あるいは障害者自身がエンパワーメントされ、自己主張して親を説得していく、そういったプログラムが非常に大切です。

ドイツにおける権利擁護活動と差別禁止法……マティアス・ロッシュ

私たちのセンターは九三年に団体が設立されましたが、三人のスタッフを雇用して事業を始めるまでには何年かの年月がかかりました。私は、九六年に雇用されました。私たちのセンターは権利擁護活動とパーソナルアシスタント制度への支援、つまり、自分で介助者を雇う障害者を支援します。私たち自身は、介助サービスを提供していません。私たちは、雇用分野でも活動しています。通常の労働市場で、障害者が仕事を得られるようにするプロジェクトを支援しています。また、政策にも積極的に関わっています。

そこで、今年（二〇〇二年）国会を通過した国内差別禁止法についてお話ししたいと思います。五月から私たちは新しい権利を手にしているのです。また、ドイツの私たちの州において、現在私たちが成立を目指している差別禁止法についてもお話ししたいと思います。

ドイツには、強力な福祉制度があります。教会の福祉組織や、親の組織があります。そして、作業所や、人々を収容するホームなどの特別施設に投入される資金がたくさんあります。私の国は先進国ですが、だからといって障害者の自己決定が実現されているとは言えません。それは考え方の問題であり、お金がどこに投入されるかということです。ですから、これを改善し、障害者がこれらの予算に対する支配力をもつことが、私たちの目標あるいは目的の一つです。

さて、今年五月から施行されている法律ですが、私たちが望んだアメリカのような強力なものではありません。基準に対して満たされない場合は法に訴え、責任を負うべき人・組織が、改善を行ったり、お金を支払うなどの措置をとったりするようにはできませんでした。

しかし、その法律の中には、障壁からの解放について非常に優れた定義がなされていると思っています。それは、階段の代わりにスロープがあるということだけでなく、いろいろなことに関する情報、つまり手話が使えることや、日常生活において、あらゆる可能性を利用するための様々な手段についての情報へのアクセスが謳われているということです。手話は今では、法的基準をもつものになっています。そしてここでも重要なことは、ちょっと妙に聞こえますが企業の組織と交渉する権利をもつということなのです。

一つ、例を挙げます。ドイツの鉄道会社にバリアフリー化について、どのような計画をしているかと尋ねたとします。しかし、会社の誰もつかまりません。そういう場合に、交渉する権利を発揮できるのです。会社はあなたに説明し、あなたとの合意を形成しなければなりません。

この仕組みは、この法律を成立させるための妥協の一つでした。ですから、機能するかどうかを見守らなければなりません。この道具をうまく使うことは、組織としての私たちの責任です。

ドイツは強力な連邦制度をとっています。私の出身地では、公共建造物や他の建造物全般、教育および公共交通に関する責任と法律を有しています。つまり、国家レベルではこの分野に関する法律をつくれないので、州レベルでつくらなければなりません。そして、私の出身州が、連邦法に続き差別禁止法の成立を予定している最初の州なのです。

州法の草案では、公共建造物や公共交通機関をアクセス可能にするタイムリミットを設けていました。ところが交渉の最終段階において、財務部がこのタイムリミットを却下しました。現在は、議会にかけられています。私たちは法律にこのタイムリミットを再び盛り込むための運動を始めたところです。そこで、アメリカに倣ったシステム、目標を達成するシステムを提案しています。建物の責任者は段階を追って作業を進めなければなりませんが、第一段階として、例えば階段の代わりにスロープを設けなければなりません。従業員が二人しかいない小さな店と大企業では財力が違うので、タイムリミットの長さも違ってきます。私たちは、議員に対してこの代替案のロビー活動をしています。私は、この法律が来年早々に成立することを願っています。

また、次の段階のキャンペーン活動として、地域の障害者が新しい権利をどのように行使すればよいかを教えるためのトレーニングを開始しています。障害者が自分の住む場所において、自分の権利を知れば、行政機関に出向いて「これは差別であり、法律に則っていない」と、何らかの制度を始めさせたり、障壁を取り除いたり、差別的なことをやめさせることができるのです。

さて、現在私の市で行っていることもまた、重要だと思います。ネットワークづくりに関連したことです。例えば私は、自立生活センターで働くだけではなく、障害者会議の議長でもあります。これは、マインツ市内の障害者組織のための会議です。そして、市の障害問題担当者も私たちのセンターの理事を務めています。このつながりをもつことは非常に重要なことです。新しい建物の建築許可や店の出店許可を行政機関に申請するのですが、その行政の担当官と連絡を取ったり、研修したりしています。

生活状況、つまり介助者と共に自宅に住むことについてお話しします。私たちが自宅に住む場合、市が介助者に関する責任をもちその費用をもちますが、施設に住む場合は費用の五〇%を州が支払うという奇妙な状況にあります。ですから市が予算の削減をするために、すべての費用を払わずにすむよう、障害者全員を施設に送ったり自宅に住むことを許さなかったりするのです。私たちはこの改善に取り組んでいます。

参加者　米国のミシシッピ州から来ました。人々に施設ではなく、自宅に住むという選択肢を与えるための権利擁護活動としての自立生活センターの役割はありますか。

マティアス・ロッシュ　EU（欧州連合）からの資金提供を受けて、ピアカウンセリングのプログラムを始めています。作業所や自立ホームに出向き、週に一回数時間を過ごしています。ピアカウンセラーに聞きたいことがあれば、センターに来てくれれば支援を行うことができます。

私たちは、ピープルファーストの活動も行っていて、施設に出向き入所者との接触を図っています。

私たちのセンターは、現在三五人ほどの職員がいますが、市からはほとんど資金を得ていません。ほとんどは州とEUからの資金ですが、それは職業分野、雇用面の活動に対する助成金です。資金の一部は、職業安定所からも得ています。ドイツでは、障害者を一人雇用すると、二、三年間補助金をもらえます。私たちは、以上すべてを組み合わせて、センターを運営しています。

しかしヨーロッパのレベルでは、興味深い展開が見られています。マーストリヒト条約（一九九三年発効）以来、EUにおいては、統合が重要な課題の一つとなっています。すべての事業は、女性、移民、そして障害者のニーズを尊重しなければなりません。例えば、EUから資金提供された女性や移民のための起業家プログラムが、アクセスの悪い部屋で行われることがわかりました。すると行政側は、「それではお金は出しません」と。つまり、障害をもつ女性もそのプロジェクトに参加する可能性があるのですから、アクセスを保障しなければならないわけです。

参加者　私の地元、カナダのノバスコシア州では、大学を卒業しても、仕事に就くことのできない人がたくさんいます。なぜなら、彼らは収入を得ない限り、アパートの家賃、食料、医薬品そしてパーソナル・ケアワーカーの費用を福祉制度から得られるのです。収入を得たとたんに、経済的に独立しなければならなくなるので、就職すると生活していけないのです。前進すると同時に後退するようなもので、非常に難しいことです。

フランスの社会近代化法と障害者……………ジャン・マーク・ブライン

フランスでは、保障を受ける権利を確立する必要がありました。二〇〇二年に成立し、社会近代化法と呼ばれています。この法律の第五三条には、次のような規定があります。

「障害の予防と検診を受ける権利、さらには様々な障害を有している人が、介助、教育、職業研修と訓練、環境、相応の最低生活資金の保障、社会参加、移動と通行の自由、法的擁護、スポーツ、レジャー、観光、文化を享受する権利を保障することは、国家の責務である。障害者は、その障害の原因や性質、また年齢や生活態様を問わず、自らの障害から生じた結果の補償を享受する権利を有し、日常生活を送る上での基本的ニーズを、すべてまかなえる最低資金を保障される権利を有する」

ですからフランスでは、平等な機会や、普遍的権利を付与するため、補償を受ける権利が導入されているのです。そしてこれは、この法律の中で規定されています。従って、過去何世紀にもわたり人間扱いされてこなかった障害者にとって、革命的なことが起こったのです。

過去において、障害者を助けたり手伝うことは、慈善行為と考えられていました。また生活に関する基準は、単に障害者を排除するためのものでした。しかし現在、人々は、個人の可能性や能力にかかわらず、社会に受け入れられる権利を有するのです。社会への統合に関して、人の能力を云々すべきではありません。

自立的な生活のためには、ケアを受ける人は、単なるケアの対象と見なされるのではなく、自発的な存在であり自立生活のための自発的な個人と見なされるべきです。そしてその人が、自立生活における主役なのです。彼らはまた、提供されるサービスの利用者であり消費者であって、単なる患者であるという観点から見られる者でもそう見られるべき者でもなく、むしろ福祉サービスの消費者であるということです。

参加者　アメリカのカリフォルニア州から来ました。発言者の三人に質問があります。法律の制定について皆さんの経験談を知りたいと思います。また、社会全般における障害者の雇用についてもお話しいただけるでしょうか。

ジャン・マーク・ブライン　法律が完全に権利を守るのではありません。自立生活を実現するために何らかの法的手段が用意されていても、障害者自身が自分で取り組まねばなりません。

雇用に関しては、仕事に対する希望とやる気を考慮する必要があります。それが、障害者に与えられる必要があります。

マティアス・ロッシュ　法律によって私たちは新しい手段を手に入れました。例えば、企業と交渉するためには、障害者団体としてまず登録しなければなりません。そして、インターネットに登録すれば、他の障害者団体もこの交渉に参加することができます。例えば、レストランやホテルの団体との間で交渉を行うことを希望する場合は、インターネットの告知期間が四週間あります。視覚障害者、聴覚障害者および障害者の親の団体などがこの交渉に参加することができ、合意が形成されたらその内容がインターネット上で発表されるのです。

私たちは現在、大組織との交渉の第一段階にあり、全国的組織が関わっているので、交渉がどんなものになるか楽しみにしています。最初の合意は、ドイツの鉄道会社と行われると思います。

労働市場への統合という問題ですが、一般雇用された障害者は、社会保障を失い仕事の収入だけになります。ただ、統計によると障害者が失業する危険性は、非障害者の二倍であると言われています。また、多くの障害者が作業所にいます。

ドイツでは法律で、二〇人以上の従業員のいる企業は五％の障害者を雇用しなければならないという制度を定めています。それを怠れば、企業は一定の金額を支払わなければなりません。このお金は、職場で介助や技術的支援を必要とする障害者のために使われます。また、この法律は過去二年間に修正されています。その成果は、今後見えてくると思います。企業が支払うお金の額は増えています。企業における障害者の割合は、六から五％に落ちています。十月から、五万人の障害者が就職するという目標が達成されれば、また六％に上がるでしょう。今が重要なときです。

また、私たちのセンターでは現在、普通学校に受け入れられた障害をもつ生徒たちのために、一般の労働市場への移行を支援する事業を始めています。私たちの州では新しいプログラムを始めて現在一〇年目になります。ですから、私たちのプログラムに参加した生徒たちは、作業所に行きません。

尾上浩二　最初の方の質問についてですが、日本ではいろんな法律の中で、当事者参加は無視されてきました。例えば、ここ一〇年くらい、自治体レベルで福祉の街づくり条例、バリアフリー条例というものができて、一定の改善が進んできたのですが、そのバリアフリーをどう進めるかについては当事者の参画がまだまだ十分ではありません。そのためにブラックジョークのような建物がいくつかできています。例えば入口にはスロープがあり段差がない、車いすも使えるトイレがある、そういうレストランが新しくできました。ところが実際に点検に行ってびっくりしました。高いカウンターと固定式の机や椅子しかなかったからです。建物の中には入れるけれど、どこで食べればいいんだと。障害者の声が全然、フィードバックされない皮肉なしろものだと思うのです。こういった例にはこと欠かないんです。

もう一つは、当事者団体による権利擁護活動を活性化させていく必要があります。つまり、自立生活センターが介助者を派遣することは認められつつありますが、権利擁護については、あなたたちが勝手にやっている活動と見られています。これを正当なものとして認めさせていく必要があるのではないでしょうか。私たちの権利擁護活動が政府に認められる仕組みをつくっていきたいと思います。

次の質問ですが、日本は割り当て雇用制度というものを三〇年以上やっています。民間企業で一・八%、公的機関で二・一%、全従業員数に応じて障害者を雇用しなければならないということが書かれています。しかし、これまで一度もその雇用率が達成されたことはありません。職業安定所に障害者の割り当て雇用に対応した募集がありましたが、「事務所は入口に段差があるので、車いすは不可」という求人票が堂々とあるわけです。そういう意味で、慈善的に障害者を雇ってあげてくださいね、という枠組みだと思うんです。それから、まず変えなければいけないと思っています。

障害者が自分たちの法律に命を吹き込む責任を負う
——ADA成立後のセンターの役割：マーカ・ブリスト

私の話を始める前に、この素晴らしい会議を組織した日本の方々にお祝いを申し上げたいと思います。私がこう言っている理由の一つは、私が東京と大阪で一九八五年に開催された最初の日米会議に参加し、アメリカから来た人たちが日本の人たちと自立生活センターでの権利擁護運動について話していたのを覚えているからです。その頃、この国には一つも自立生活センターがありませんでした。その会議の初め頃、日本の人々が「私たちの文化ではそれはできません。ここは違うのです」と言っていたのを覚えています。

私の考える自立生活センター運動は、何よりもまず、社会の中で正当な地位を得ることができるように力をつけ、自分たちの力を宣言することです。米国で自立生活センターができ始めるまで、障害者の意見はほとんど聞かれませんでした。成立した法律はありましたが、そのほとんどは障害者が全く関与しないか、ほんの少しの障害者だけが関与したところで成立したものでした。ですから、それらの法律は、本当に私たちのニーズすべてに応えたものではありませんでした。

アメリカの自立生活センターが始動したとき、一つしかなかったのが、その後一〇になり、そして四〇になりました。現在、米国には四五〇か五〇〇の自立生活センターがあります。

私はイリノイ州出身です。私たちが始めたときは、州で唯一のセンターでした。そして現在では、私の州に二四の自立生活センターがあります。私が言いたいのは、どこにいようと始めなさい、どこかで始めなければならない、ということです。同様に、私のセンターも、現在では大きなセンターの一つになっています。約五五人の有給スタッフがいます。しかし、最初は一人しかおらず、このことは他の国々の成果について聞くとき、覚えておくべき非常に重要なことです。私たちはすべて、一から始めたのです。出発点は一人の人間であり、その後に人が集まるのです。ですから、皆さんの中で議論されている例と自分たちがいる状態を比べて圧倒される思いを感じている方がいるなら、そのように感じないでほしいと願います。自分が共感することから学び、それに基づいて行動して下さい。心配しなければならないのは、私たちが行動しないで、諦めてしまうときです。

DPIが自立生活に重点を置く意味は、私たちが自分たちの経験を分かち合うことにあるのであり、私たちの誰かがうまくやったとか完璧にできたというのではなく、自分たちの最高の経験にも、最低の経験にも学び合い、そうすれば他の方法をとるよりも早く運動を拡大していける、ということだと思います。

最初のいくつかのセンターが資金提供を受けて設立された後、持続的に連絡を取り合う必要があるため全米自立生活協議会（National Council on Independent Living=NCIL）を設立し、現在では、全国に数百人の会員がいます。自立生活以前に始動した他の組織、単一障害グループ、例えば全米ろう協会や全米盲人協会など、そして自立生活センターとネットワークをつくり、障害をもつアメリカ人法（Americans With Disabilities Act=ADA）を通過させました。

また私は常に、自立生活センター運動が存在しなければADAはなかったであろう、しかし私たちだけの力では、法律は成立しなかっただろうと確信しています。法案の審議中は、私たちより法律の制定過程について深い知識をもつ人たちやワシントンDCに日常的に滞在する人たちが必要でした。私たちはいつもうまくいっていたわけではありません。実際、これらのグループの多くは、医療モデルを主張する人たちだったため、しばしば喧嘩をしました。

しかし、この歴史的一時点において、私たちは自分たちの違いを捨てました。医療モデルの人々も、障害者の権利団体もADAを非常に重要なものと考えていたので、法律を通過させるために一時休戦したのです。

法律が成立すると、私たちの多くは、法の成立こそが最大の難関だったと感じました。しかし、法の成立以後、そうではないことがわかってきました。ADAや公正住宅法、航空会社アクセス法などのその他の市民権に関する法律は、教育、住宅および旅行の分野の差別から人々を守る法律であると思います。これらの法律がすべて、障害者にとって重要な法的手段であることは、間違いありません。しかし、私たちにとっては、単に役に立つ法的手段としてよりも、ずっと重要なものなのです。

まず何より重要な点は、欠陥をもつ、異常な者として見るような障害に関する古いパラダイムに取って代わる、私たちの運動のシンボル的存在であるのが法律なのです。障害を生活の普通の一部分として認める新しいパラダイムにしたのです。障害者に対する古い見方を捨てることは、法を通過させるのと全く同じくらい重要なことでした。なぜなら、それにより私たちは、自分たちのプライドを示し、社会に適応するために自分の変えることのできない部分を変えなければならないと感じなくても済むからです。

米国で法律が成立した後は、いわゆるポストADAの時代に入りました。そして、法の成立後に自立生活センターがどのように機能したかについてお話しするのも重要なことだと思います。

法の成立後、国中で、「さて、この法律はどんな意味をもつのだろう。企業やホテル、バス会社などの経営者として、法を守るためには何をすればよいのだろう」ということに関する関心が高まりました。ですから多くのセンターがまずしたことは、技術的援助を提供し始めることでした。多くのセンターが、企業に対し有料で法律の意味と、その実行方法について理解を深めるサービスを提供しました。わが国の連邦政府もその後、一〇の技術援助センターを設立しました。このセンターがADAの対象となる企業や団体に情報を提供しています。

次に、法に基づく権利について障害者を教育するプロセスを開始することでした。私たちの多くは人間として、同法のあるなしにかかわらず、その権利を有しています。しかし、法律は、すべての人が当然もっている人権が保障され、行動できる合法的な手段となりました。それは、本当に重要なことです。法律が私たちに権利を与えるのではありません。私たちは、すでに権利をもっているのです。法律は、権利を行使するための手段を私たちに与えるのです。

法について障害者を教育することは、訴訟が起こされる際にきわめて重要になります。わが国では、障害者の教育があまりうまくいかなかったと思います。

まず、法の対象となる人の多くが、自分たちの権利を守る法律ができるまで、障害者としての自覚を本当にもっていませんでした。ですから彼らは、障害者団体に属していませんでした。彼らは単なる個人だったのです。そしてその「個人」が法について知ったとき、たくさんの訴訟が起こり始めましたが、あまり強力でも、説得力のあるものでも、有利な訴訟でもありませんでした。

それらの訴訟の多くは、私たちにとって悪い結果をもたらしてきました。ですから、人々の権利について教育することに努力を注ぐことは、非常に重要な段階であると思います。またそれは、あまり好ましくない訴訟を起こさせないためにも同様に重要なことです。なぜなら、裁判所が判決を下せば、その訴訟の結果を受け入れなければならないのですから。

障害者用の駐車スペースが作られ、建物がアクセス可能になり、バスにリフトが設置され、そしてバックラッシュ（激しい反発）の時代に入ったのです。つまり、かつて私たちを哀れみ、気の毒に思っていた人たちが突然、腹を立て怒り始めたのです。これはお金がかかり過ぎる、と言うのです。そしてこの言い分がテレビや有力な新聞の社説面で報道され、事実ではないのにもかかわらず、突然まことしやかに受け止められ始めたのです。

ですから団体として私たちがしなければならなかったことの一つが、バックラッシュにより生み出された神話を払拭し、再び人々に真実を話すことでした。それは、非常に難しい段階でした。まだ終わってはいません。未だに毎日のように、誤った情報でいっぱいの、ひどい新聞記事を目にしています。要は、そのようなひどい新聞記事を目にするとき、私たちは権利擁護者としてより賢明にならなければならないということです。編集者に手紙を書くなどして、それらに反論するキャンペーンを展開しています。

そして最終段階は、現在の段階ですが、法律の施行段階です。私の自立生活センターは、これまでお話ししてきた様々なタイプの活動に、すべて関わってきましたが、国内でたぶん三つしかない、スタッフの中に弁護士を有するセンターの一つです。共同訴訟を起こしたり、多数の人々に幅広い影響を与える訴訟に対し影響力をもっています。

いくつかの例を紹介します。しかしその前に、このアプローチを採っている自立生活センターは、米国でもほんの少数であることを言っておきたいと思います。私は常々、障害者が自分たちの法律に命を吹き込む責任を負う必要があると感じてきました。法律は何よりも私たちに大きな影響を与えます。

アメリカで起こったことは、連邦政府が資金を供給し、障害者の権利の保護を助けるための弁護士ネットワークをつくらせたのです。私がそこで問題だと思うのは、センターが雇う弁護士が障害者ではなく、また障害者組織との最初の連絡をあまりうまくとらなかったため、弁護士と障害者たちの連携が切れてしまうということでした。ですから、自立生活センター内に実際に訴訟を担当できる法律家を擁することが非常に重要なことであると考えてきたのです。

私のセンターではまだ数年間しかこの活動をしていませんが、すでにいくつか大きな勝利を収めています。

最初に私たちは、ADA以前の州法について、シカゴのバスにリフトを設置する訴訟を起こし、その訴訟に勝ちました。そして、この訴訟は行政にとってきわめて費用のかかる戦いだったため、私たちが勝ったシカゴ訴訟は、ADAが作成された際に、連邦会議にとって指針的役割を果たしたのです。連邦議会の議員の多くがシカゴの訴訟について知っており、他の地域で同様の費用のかかる訴訟が起きるのを見たくなかったのです。ですから、ADAが成立したとき、アメリカ国内で新たに購入されるバスはすべて、リフト付きとすることが規定されました。

ここからが難しいのですが、シカゴではほとんどのバスにリフトが付いていますが、バス停に行ってバスを待っていても、未だにバスはたいてい私の前を通り過ぎてしまいます。また、たとえ止まってリフトを下ろしても、リフトが上がらないのです。または盲人がバスに乗った場合、バスの運転手は通りの名称を読み上げることになっていますが、実際はそうしません。

ここで私が指摘したいのは、法が義務付ける人間の行動の変化のほうが、難しいということです。たとえ費用がかかってもスロープを購入したり、建物を改築したり、リフトを設置することについては、最終的には「わかりました。やりましょう」と言わせましたが、バスの運転手がリフトを下ろすような、簡単だと思われることに取りかかるのが難しいところなのです。

ですから私たちは、シカゴ交通局に対し再び訴訟を起こし、また勝訴しました。今ではすべてのエレベーターやリフトを整備する整備計画と、各バスでバス停の画像表示と音声案内が可能な新しい技術を勝ち取っています。そして非常に重要なこととして、やるべきことをしていないバスの運転手は、職を失う可能性もあると聞いています。

このような法的勝利のもう一つの例が、ろう者や聴覚障害者のために手話通訳者やその他の便宜を図ることを怠ったことについて、移民帰化局に対して起こした訴訟でした。その訴訟は先週決着したばかりで、移民帰化局のシカゴ事務所は、要請があればすぐに手話通訳者を用意することを義務付けられ、これを怠った場合は、重い罰則を科せられることになったと報告できることをうれしく思います。

これらの例に関して私が言いたいのは、他のパネリストの方がおっしゃっていたように、法を成立させることは始まりにすぎないということです。その後、より賢明になり、知識を身につける責任は、私たちにあるのです。

アメリカの自立生活センターの多くは、「権利擁護者として力強くなりすぎたら、資金援助を受けられなくなるのではないか」という不安を常にもっています。このことが、アメリカでは大きな論争になっています。しかし私は常に、全く逆を信じてきました。私たちが強くなればなるほど、より多くの力を身につけるほど、より多くの資金を得られるのです。そして、今までのところ、私の理論は維持されています。私たちはより多くの成功を収めており、例えば、訴訟においては、今まで全く進展のなかった公共政策の他の分野で門戸が開かれています。

例えば、学校をアクセス可能なものにするため、学校制度当局と話し合いを行ってきました。私の市には六〇〇の学校がありますが、アクセス可能なのはそのうちの一握りだけです。私たちが交通局に対する訴訟に勝ったことを知っていますので、市は私たちのことを恐れています。もし私たちがシカゴ学校教育委員会を訴えれば、恐らく勝つでしょう。ですから、教育委員会は現在、訴訟が起きないように行動しています。訴訟に対する恐れだけで、学校の改善に何百万ドルもの費用を投じさせているのです。

最後に、これはジュディ・ヒューマンと私が、とても強く感じていることです。アメリカ人はアメリカのことだけを考える傾向があり、また自分たち自身の自己中心的観点からものを考える傾向があるため、国際的な分野における重要な問題に関して情熱をもって取り組む方法を見つけることは、私たちの何人かにとっては、とても苦しい闘いになっています。彼らが、こうした問題を重要でないと思っているわけではありません。そのことを全く考えていないだけなのです。そしてそれを変えるための方法として私が知っているのは、様々な国との間で、発展段階にある自立生活プログラムの国際交流の機会をもっとつくるということです。

ロータリークラブなどの交流プログラムがあるのには、理由があります。それは人々が人間レベルでつながることで、今まで考えもしなかったことをしたいと思うようになるからなのです。交流が彼らの世界観を変えるのです。

そしてこれは、皆さんへの私からのお願いなのですが、米国は、わが国のリーダーたちの何人かは、そうしたネットワークづくりを可能にするための試みに、あなたたちの手助けを必要としています。私たちは、この会議において困難な作業を始めるにあたり、国際社会の一員となりたいのです。

私たちがお互いについて知れば知るほど、お互いを思いやるほど、この大会が私たちにとって重要なプロセスになるだけではなく、最終的に私たちすべてが望むような大会にできる可能性が高くなるのではないかと心から思います。

参加者　私は、世界精神医療ユーザー・サバイバーネットワークの共同議長です。パネリストの方全員にお聞きしたかったことがあります。自立生活運動は、肢体不自由の障害者により始められたものが、様々な種類の障害をもつ人々を包括するようになっているのを知っています。そこで、精神障害や知的障害をもつ人を含んでいるのか、それぞれの国での状況を知りたいのです。

尾上浩二　日本では、地域により状況は違うかもしれませんが、私の住んでいる大阪では、自立生活センターと共に、精神障害の当事者団体、それとピープルファースト運動が、ここ一〇年くらいの間にだいぶ活発になってきています。そういう団体と一緒に活動しています。

マティアス・ロッシュ　それは、アメリカで経験されてきた過程と同様のものであると思います。最初は身体障害から始まったセンターも、現在では、障害の種類を超えたものになりつつあります。他の二つの組織と共に、全国的な組織をつくり、ピープルファーストを支援する事業を始めたのが、五、六年前だと思います。そして今、その組織は非常に強力なものになっています。ですから、たくさんのことが起こっているのです。

精神医療の経験をもつ人々の関与も増えています。例えば、私たちの活動においても、私たちのもとを訪れる障害者の統計では、当初は七五％以上の人が身体障害者でした。そして今、その割合は六〇％以下になっています。

しかし、自分たちの個人的な経験、個々の経験にも目を向けなければなりません。私たちのピアカウンセラー・チームの中で、精神医療の経験者に対してピアカウンセリングを行うことはできるだろうか、この場合どこが限界だろうか、ということが話し合われます。そして私たちの考えの一つが、この分野の人々自身にピアカウンセラーになる支援と訓練を行い、共同監督的な方法において支援するということです。ですからこれも一つのアプローチです。

ジャン・マーク・ブライン　フランスでは、ワイヤと呼ばれる居住空間があります。人々は一緒に住んでいます。これは保護された人たちが共に生活する場所なのです。このようなタイプの施設が、現在フランスででき始めています。

しかし、身体、感覚、そしてあらゆる精神の障害をもつ人たちに対する差別は、依然として存続しています。それぞれの障害の性質は明らかに違いますが、様々な障害者グループがお互いに団結し、認め合い、理解し合うことが必要です。

マーカ・ブリスト　米国では障害の種類の超越に関し、確固たる概念的理解と認識があると思います。しかし、国中で同じように実現されるには至っていません。ピープルファーストであれ精神医療サバイバーであれ、それぞれの障害の権利擁護組織のリーダーたちが、自立生活運動のリーダーたちとの話し合いの席について、どうすればうまくことを運べるかを明確にする機会をもっとつくる必要があると思います。

私のセンターにおける場合では、年に一回ほどサービスをあまり受けていない人を対象にして、そのグループと共に働くための知識と技術の向上に努めています。数年前は、知的障害者を対象としましたが、うまくいったと思います。諮問委員会を設け、その障害をもつ人を一人雇いました。するとすぐに、地元のピープルファースト支部との予期せぬ縄張り争いに巻きこまれました。自立生活センターとしてすべての人のために働くべきである、と言われているのに、私にはまだ理解できません。

ジュディ・ヒューマン　もしあなたの国に組織が全くなくて、現在設立しようとしているならば、私の意見では、早い時期に、様々なタイプの障害をもつ人々を結集させようと試みることが、大きな励みになるでしょう。

それを実行するのは、ちょっと難しいことです。なぜなら、組織は友人関係にある人々により始められているからです。同じある人と知り合います。同じような障害をもっています。同じような問題を抱えています。同じような考え方をもっています。そこで協力し始めます。小さなグループをつくります。一つの障害だけを扱っていても、することがたくさんあります。

ですから、私たちは誰なのかについてだけでなく、一部の国、実際はすべての国において、障害は汚名を伴うものであり、障害の種類によってはさらにひどい言われ方をするということについて、学ぶことから努力を始めるほうが簡単かもしれません。

参加者　ＡＤＡの冒頭に、「能力のある障害者を差別してはならない」ということが書いてあります。私はそれを逆に、じゃ、能力のない障害者は差別していいのか、というふうに受け止めてしまいました。今は、その意味が、どんな障害をもっていても、すべての人に能力はあるんだ、ということがわかっています。でも一般の人が読むときに、すべての人とか、能力がある障害者ということが、すごくわかりにくいと思います。だから、ＤＰＩで提言するときは、冒頭に、すべての障害者は能力があるんだということを、はっきり書くべきだと思います。

参加者　米国の代表の一人です。人々が自分たちの権利について理解するために、人間として見ることがなぜ大切だと思うのかについて、短い話を一つしたいと思います。

まず最初に、自分を一人の人間として見なければならないと、私は思います。私はかつて作業所で働いていて、契約の管理を行っていました。そこは作業所でしたから、私は自分を一人の人間とは考えてはいませんでした。上司が退職したとき、その作業所の監督者になる申し込みをしに行くよう言われたのです。自分はすでにその仕事をしていたのにもかかわらず、自分に監督者になる能力があるとは思っていなかったのです。

私は一緒に働いていた人たちに勧められたとおり、監督者になる申し込みをしましたが、申し込み用紙に記入さえさせてくれないのです。それは私が作業所の従業員だったからです。職場に戻ると、スタッフの一人が、私が監督者を訓練しなければならなくなるだろう、と言いました。もし私が監督者の役を務められるのなら、なぜ監督者を訓練したり、すでに自分がやっている仕事なのに他の誰かを監督者にさせなければならないのでしょうか。私はこのことに非常に腹を立て、そこを出て自分の仕事を見つけました。しかし、自分を一人の人間として見るまでは、そんなことができるとは思っていませんでした。ですから人権について話す場合、障害者はまず、自分たちを人間として見なければならないと思います。

参加者　一つコメントがあります。私は韓国から来ました。韓国のリハビリテーションセンターでソーシャルワーカーをしていて、自立生活についてコラムも書いています。韓国社会で乗り越えられるべき様々なレベルについて話したいと思います。自立生活に関心をもつ韓国人の数が増えています。しかし、韓国社会では、乗り越えなければならない障壁がたくさんあります。これらの障壁を克服するためには、まず何よりも、自立生活の考え方について障害者に教える必要があります。

第二に、自立生活のための公的見解を法律として確立すべきです。しかし、自立生活の問題に関心をもつ韓国人のほとんどは、リハビリテーションの専門家であることがわかっています。悲しいことに、韓国の障害者のほとんどは、自立生活が何だか知りません。そして、韓国政府は、自立生活の問題を、福祉サービスの問題の一つとして扱っています。

韓国の自立生活のリーダーである私たちは、これらの問題への対応を試みていくでしょう。近隣諸国のリーダーたちも、私たちを支援して下さることを願います。例えば、韓国の政府やマスコミに、障害者政策に抗議するEメールを送ることにより、圧力をかけることができるでしょう。
金大中大統領が任期満了時に引っ越すという邸宅が、現在建築中です。新聞によると、彼の私邸には、私用のエレベーターがあるということです。しかし、地下鉄の駅など多くの公共の場所において、まだ障害者のためのエレベーターの設置は完了していません。従って、韓国では多くの障害者が、地下鉄の駅で車いす用リフトを使うときは不便を強いられます。
現在、韓国の障害者の多くが、権利を勝ち取るための運動を行っています。障害者が乗れるバスはわずかしかないので、バスに乗る権利を求めています。障害を理由にジュディ・ヒューマンさんが教員になるための身体検査に合格できなかったとき、「小児麻痺者が大統領になれるのに、教師になることはできない」と言いました。もちろんその大統領とは、ルーズベルト大統領のことです。ですから今韓国では、障害者は大統領になれますが、バスに乗ることは許されない、と言います。韓国の大統領は障害をもっています。韓国の障害者がバスに乗る権利をできるだけ早く得られることを願います。
ジュディ・ヒューマン　それでは、分科会からの決議をまとめたいと思います。まず、DPIは自立生活に関するコンセプトと自国での実践のために、障害をもつ人々とその関係者を教育するキャンペーンを率先して行うというのは、いかがですか。次に、DPIは障害をもつ人々の人権および市民としての権利を擁護するために、世界中の国々において差別禁止法の制定を義務づけるように勧告するべきである。
参加者　私はガイアナから来ました。私の提案があります。わが国のような国に対して自立生活センターのコンセプトや、障害者としての自己決定権について教育できるよう、DPIに対して国際交流の促進を提案したいと思います。また、自立生活センターの設立を、DPIが推進すべきであるという点も、付け加えたいと思います。
ジュディ・ヒューマン　提案を受けて、次のようにまとめました。DPIは、自立生活国際交流プログラムを支持するべきであり、その際に障害の種類を超えたすべての障害をもつ人々を含めるように特別に配慮をするべきである。

10月17日午前

自立生活

介助サービスなどの支援サービス

司会者：樋口恵子（日本）

発表者：ドン・マクレラン（カナダ）

トレイシー・ウォーター（カナダ）

グレッグ・スミス（米国）

佐藤きみよ（日本）

ジャッキー・クリスティ・ジェイムス（英国）

カナダ自立生活センター協会の活動・支援プログラム…ドン・マクレラン

私はカナダのノバスコシア州出身で、カナダ自立生活センター協会（CAILC）を代表して来ています。一九九一年に国連において、基本的なニーズを満たすのに必要な手段さえもたない障害者が世界中に何百万人も存在する事実が認められました。また、世界中の障害者の大多数が、自分たちが基本的生活を営むための政策決定にほとんど、または全く影響力をもたないということも認められました。しかしそのほとんどの解決策は、障害者たちが施設にいて、他の人の視界からも締め出されていたときに考え出されたものであるのが現実です。システムは医療、社会福祉分野の専門家の監視員たちがそこら中にいた時代につくりだされました。

自立生活の理念と目的には、五つの要素があります。私たちは、市民権、平等、障害者の自己決定、人間的視点から見た障害者の進歩、そして彼らの完全な社会参加を促進しようと、本当に努力しています。市民権とは、障害者として、社会に明らかな貢献をすることです。これは、私たちが専門家による治療を必要としているという見方に反するものです。私たちの障害は、私たちの生き方なのです。専門家の治療はいらないのです。私たちは、障害者が慈善の対象として扱われる必要があるというチャリティモデルには反対です。障害者は弱く、施設で保護され、社会から隔離される社会のお荷物であるという欠陥モデルの見方にも、反対しています。

平等および権利の観点から、障害者が他者と同じ平等の権利をもち、平等な立場で参加できるような状況を整備するプログラムを作るべきだと考えます。障害者は自分自身のニーズを知っており、自分自身の能力を理解しています。自分の人生に自己決定力をもつことができるようにする支援や権利をもつべきだと思います。自分たちがどのように社会参加するのかを決められるような視野をもつべきです。

政府には、障害者に対し技能や才能を十分に伸ばせるよう奨励するプログラムがあるべきだと、私たちは確信しています。また新たなサービスシステムの指導、試行や提供に、消費者としての障害者を参加させる制度が必要だと思います。カナダでは、新しいサービスの実施方法の指導、試行および監視に関し、サービス提供者である政府機関のあらゆるレベルに、障害者が深く関与しています。それは、とても大きな効果をもたらし得るものです。

カナダにおける自立生活の歴史の始まりは、ベトナム戦争、黒人公民権運動などとともに、六〇〜七〇年代の米国で生じた公民権運動に続くものでした。七〇年代に西部で消費者運動が始まり、これが八〇年代初頭により本格的になりましたが、その先頭に立ったのが、共にマニトバ州ウィニペグ出身のヘンリー・エンズとアラン・シンプソンでした。一九八五年には、カナダ自立生活センターの最初の全国会議が開かれ、一九八六年には、CAILCの設立地であるオタワで、自立生活会議がありました。続いて一九八八年には、自立生活センターのネットワークを広げるため、連邦政府がCAILCおよび加盟組織に対し、年間一五〇万ドルを五年間にわたり付与するという五カ年国家戦略が取られました。そのとき設定されたCAILCの綱領には、「個人およびコミュニティの資源の開発並びに管理に対する責任を取れるよう、障害をもつ市民の成長を可能にし、これを促す」と記されています。

CAILCは、カナダ全土の自立生活センターの全国的代表機関です。全国の自立生活センターの方針策定・調整を助け、助言と支援をします。センターに対して全国的なトレーニングや資源を提供し、また、全国各地のネットワークづくりを促進します。CAILCは、国・州・地方自治体の各レベルの行政と全国の障害者コミュニティ間の協力関係の確立に非常な能力を発揮します。国中の加盟センターだけでなく、他の国の人々に対しても情報・サービスを提供します。カナダの自立生活センターの特色は、自立生活センターが消費者の管理下にあること、自立生活センターを通じて実施されるサービスは、伝統的なシステムとは無関係であること、またセンターは障害の種別を超えていることなどがあります。私たちは、既存のサービスを地域で再現しようとしているのではありません。すべての自立生活センターとＣＡＩＬＣは、ＮＰＯとして登録されています。現在カナダには二四のセンターがあります。センターは、地域のニーズを満たすために存在します。それぞれ独立したものであり、地元に合った解決策を見つけることを目的としています。つまりカナダでは全く同じセンターは二つとないということです。センターは、障害者の完全参加を目指して努力し、また障害者の生活向上に必要な手段や支援、資源を提供しようと試みています。私たちは彼らに自信を付けさせます。自己管理技能などの重要な事柄に関して、障害者を援助します。

ＣＡＩＬＣが現在、全国規模で取り組んでいることの一つが、障害者の雇用です。雇用が市民権の観点から重要な役割を果たすということは、誰もが同意することでしょう。私たちの社会において仕事は、古くから自己定義や自己達成の手段でした。失業は個人、家族および地域に打撃を与えるとともに、人の健康をも損なうものです。カナダでは、障害者が国の中で最も高い失業率と貧困率に直面しており、労働市場において障害者が低い評価を受けているという現状があります。一九九六年の国勢調査によると、労働人口に占める障害者の参加率は、非障害者と比べて半分以下でした。また一部の地域では、障害者の失業率が、一般人の四倍にも上っていました。ＣＡＩＬＣの雇用プログラムは国家的政策であり、「航海」と呼ばれます。その特徴は、全国的で異なる障害を視野に入れたものであり、また障害者のための雇用支援であることです。その目的は、全国の自立生活センターのネットワークを用いて消費者としての障害者に個別に対応し、特に重度障害者や重複障害をもつ人が技能開発訓練、就業訓練、自己管理技能の習得、職業紹介所との繋がりのもち方、また労働市場に参加するために必要な地域資源の活用の方法など、私たちの提供できる一連のサービスを利用できるようにすることです。重度障害者のニーズを彼ら自身が認定し、そのニーズに合わせた斬新なやり方で支援が行われるのなら、労働市場への参加はうまくいくという前提に立っています。

試行事業と二年間のプログラム継続期間中にわかった具体的な障壁は、現在の制度上の問題です。効果的な移送手段の欠如、自己決定による介助サービスの欠如、限られた職業訓練、障害者の自尊心および自信の欠如、労働市場における機会の欠如、非常に競争率が高く季節による失業が多いという労働市場自体の性質、雇い主や一般市民の態度が生む障壁、また障害者が福祉給付金や年金制度などの利用資格を失うことを恐れるなどの可能性もあります。また雇い主が障害者のニーズに気づいていないことがわかりました。障害者にどんな仕事ができるのかの理解が足りないのです。職場の環境改善のコストに対する不安もあります。特別な職場環境が必要な場合もあります。また、政府の政策の欠如や、政府内の部局同士の軋轢が多々あることもわかりました。

最後に、障害者の体験談を紹介して終わりたいと思います。『航海』は、私にとって回復への橋渡しとなってくれた。ボランティアの機会を通しコミュニティの一部であると感じています」「前よりずっと自信がつきました」「世間とのつながりが強くなった」と言う人もいます。躊躇する気持ちもありました。「働くことに慣れるには時間がかかると思います」。より詳しい情報をお知りになりたい方は、ご遠慮なくＣＡＩＬＣに連絡してください。

カナダ（オンタリオ州）のダイレクト・ペイメント方式

……………………トレイシー・ウォーター

私は、カナダ政府からの直接的資金提供を受けているパーソナルサポート・サービスについて話します。国内レベルでは、私たちの組織は自立生活リソースセンター（Independent Living Resource Centres）に対し支援を行っています[1]。カナダでは、情報提供や照会、ピアサポート、個人の権利擁護、および研究開発といった核となるプログラムは、どのセンターでも提供しています。研究開発の分野では、多くの地方センターがニーズを特定し、戦略を立て、独立したグループをつくることもあります。例えば、組織の多くがエイズとＨＩＶについての情報を障害者には提供しないため、これらの問題に対する教育を提供します。また研究開発においては、発達障害があるというレッテルを貼られた人たちのために、ピープルファーストなどの特定グループの設立に必要な要件を特定し、その設立を助けてからその組織を独立させます。障害をもつ女性のネットワークもそうです。ユニバーサルデザインのプログラムを導入する可能性もあります。コミュニティが必要とするものなら何でもよいのです。

私が特にお話ししたいのは、介助サービスです。カナダのオンタリオ州では、一〇の自立生活センターが一つの問題に共同で取り組みました。その問題とは、介助サービスまたはパーソナルアシスタント・サービスを受ける場合、いつ、どのようにそのサービスが行われるかを、サービス実施機関が決めることが多い、ということです。そして多くの場合、自宅にいなければなりません。私は家事サービスしか受けていませんが、サービスを受けるには、その間、家にいなければならないのです。重度障害をもつ多くの人々が、仕事や大学や休暇に出かけることを望んでいましたが、それらは諦めるしかありませんでした。たとえ能力があっても、仕事を得るのは非常に困難でした。介助サービスが、就職条件に合わなかったのです。

そこで一〇のセンターが協力し、個人に直接資金を与えれば、彼らは支援や援助を得るために自分の雇いたい人を雇え、そのサービスをいつ必要か、職場でか、仕事に行く途中か、あるいは仕事の後かを決めることができると、オンタリオ州政府を説得したのです。障害者が支配力をもてば、サービスはより柔軟なものになり、障害者のニーズに本当に合うものになるのです。

その結果、数年後に試験的事業を政府に納得させました。カナダ政府は、センターに三三〇万ドルを提供し、センターはこのモデルを試したいという人を一〇〇人見つけたのです。そして二年間にわたり、一〇〇人が雇い主になる技能の訓練を受け、アカウンタビリティ（説明責任）の仕組みを整備した上で資金を直接与えられ、雇い主になる方法と雇用保険料を払う方法を習ったのです。その試行期間について第三者評価が行われ、素晴らしい成果が見い出されました。障害をもつ個人の生活の質は、一〇〇％改善されました。また多くの人々が経済的に社会に参加していることにも、政府は気づきました。彼らは仕事をもって税金を支払っていたのです。以前は介助者がいなかったために教会や、レジャーに出かけることのできなかった人たちが、出かけられるようになったこともわかりました。また政府が三〇～五〇％もの税金を節約できたという、大変驚くべき結果も得られました。従って、政府にとっても大幅な税金の節約になったのです。また、介助者もより多くの報酬を得たことがわかり、彼らは障害者である雇い主との間により良い関係を築きました。もう一つとても重要な点ですが、利用者本人が雇い主である場合、虐待、孤立および暴力が少なくなるのです。オンタリオ州政府、政党が変化するには長い年月がかかりました。しかし、数年前オンタリオ州政府は、支給額を年間一八〇〇万ドルに引き上げました。そして現在七〇〇人がプログラムに参加し、直接支給を得て自分自身のサービスを管理しているのです。

これをさらに拡大することが大いに必要です。ある州では試験的事業の参加者九人が何年も努力を重ね、九年目に入ろうとしています。つまり彼らはまだ、説得中なのです。「直接支給方式」とは、個人に直接お金が渡るということです。また、多くのグループがその権利を主張している「個別資金提供」もありますが、それは発達障害をもつと見なされる子どもをもつ家族のためのもので、完全に個人の支配下にあるというわけではありません。お金やサービス提供者を管理するのは家族です。それから「自己管理」もあります。他の州同様、障害者が支配力をもち、自分の希望する人を雇います。しかしお金に関しては、まだ政府が支配力をもっています。

私たちが実現に向けて努力していることについてお話しし

てきました。ずっと先に進んでいる国もたくさんあるでしょう。しかしそうでない国の人は、オンタリオのグループのサイトhttp://www.cilt.caでこのモデルについて詳しく知ることができます。全国オフィスについてより詳しくお知りになりたければ、http://www.cailc.caをご覧ください。

施設から地域へ、そして介助の支配権を障害者自身の手に……………………グレッグ・スミス

世界で真実であるとわかっていることが四つあります。一番目は、障害が自然な多様性という人間の生命の美しい一部分であるということ。二番目は、障害が多くの人が考えるような死よりひどい運命ではないということ。三番目は、私たちがいなければ、私たちについて何も語られるべきではないということ。そして、世界で正しい変化を起こすためには、障害に関するすべてのことに私たちが関与する必要があるということ。そして四番目は、人々が自由なとき世の中はよりうまくいくということです。そしてそこから、介助者サービスとそこにおける私たちの状況という今日のテーマに行き着くのです。

米国においてメディケイドプログラムで障害者のための資金の八〇％は、療護施設などの施設ケアの提供に向けられます。地域生活者の支援に向けられる資金は二〇％にすぎません。わが国の政府は二〇〇万人のアメリカ人を「人間倉庫」に放り込むのに、年間約四五〇億ドルを費やしていますが、その多くが自宅でサービスを受けることができる人たちなのです。高齢化が進むにつれ、これはより大きな問題になるでしょう。今日、人口の約一三％が六五歳以上で、二％が八五歳以上です。ベビーブーム現象の研究によると、二〇四〇年には六五歳以上のアメリカ人の割合は二一％まで急増し、そのうち四％が八五歳以上になると予想されます。これからも自由でいるために、私たちは今リーダーシップを発揮する必要があります。

アメリカではＡＤＡＰＴ（介助者制度即時制定要求会議）と呼ばれる組織を通じ、多くの活動が行われてきました。政府にとっては、施設よりも家庭でのケアのほうが明らかに費用がかからないものなのです。しかし、わが国の法律制定者の目は、施設業界にだけ向いています。ですから、この問題を提起し、人々が自由であるほうがよいこと、そして人々が自由であれば政府の負担する費用が減ることを、あらゆる手段を用いて世間に知らしめるのが、私たちの責任なのです。ＡＤＡＰＴは、市民的不服従を活用し、抗議行動、集会、行進、そして奇襲行動などによって立ち向かうのです。

介助者の役割、また障害者が自由であるために、それがいかに重要であるかについて、もう少しお話ししたいと思います。私は過去一〇年間にわたり、アメリカで障害問題に関するラジオ番組の司会を務めています。そして毎週、障害者の誇りをたたえ、電話をかけてくるリスナーやゲストの専門家の話を聞きます。一〇年間、自立生活について人々の話を聞いてきた経験から、自立生活の理念は、人を自由にし、人々が完全に社会参加する能力を与える大きな可能性をもつものであると言えます。そして介助者サービスは、その可能性に欠かせない一面なのです。

私が出会った素晴らしく有能な重度障害者の中の何人かは、介助者の雇用や管理の達人です。私が彼らから学んだことの一つが、コミュニケーションの重要性です。まず何よりも先に、介助者自身が自立生活の理念を理解し、受け入れることが基礎となるのです。また、障害者として誰を介助者として雇うかを考えるとき、障害の状況に関する専門家は障害者自身であることを介助者が理解する必要があるのです。非障害者の社会では、私たち障害者が言うことには何でも疑問を感じ、また私たちが障害者だから特定の事柄についてあまり洞察力をもたないのではないかと考える風潮があると思います。またそれは、私たち自身の生活にも、そして家庭や周りの環境にも、浸透している気がするのです。ですから、介助者が自立生活の理念を理解し、受け入れるべきであるという事実を広めることが重要だと考えます。

個人の介助者に関し本当に重要なもう一つの点は、信頼です。介助者は、障害者をきわめて個人的に知ることになり、その人についていろいろ学ぶことになります。金銭的、個人的、嗜好的なことだけではなく、本来秘密にしておくべきあらゆることもです。従って信頼と尊敬も、介助者と障害者との良い関係の要素なのです。

障害をもって施設にいる多くの人は、自由になることができるという事実に気付いていないと思います。従って、自立生活センターおよびADAPTの活動の多くは、施設に入り込んでそこにいる障害者と接触し、そこから出ることができると教えることにあるのです。また、私のラジオ番組で紹介した中で特に印象的な話は、人生の大半を施設で過ごしそこから解放された人々に関するものであると言えます。施設を出たことで生活に大きな違いが生まれたのです。最近の番組に、障害をもって生まれ、施設に住んでいた男性が出演しました。彼は、施設から公立学校に通ったのです。彼が二一か二二歳になってから、彼を解放する活動が起こされました。彼は現在結婚し、父親になって地域で独立して生活しており、障害者の療護施設からの解放を強力に訴えています。

療護施設業界のロビイストが行政官たちを怖がらせるために用いる手段の一つが、居宅介護の費用だと思います。多くの家族が障害者を療護施設に入れずに自宅で世話することになりますから、その費用を行政が出すとなれば、これまでは無料でサービスを提供してきたという人がどこからともなく続々と現れ、コストが急増するのではないかという恐れがあるのです。しかし多くの調査により、これは真実でないことがわかっています。従って、論争の多くや遅延の理由は、実際にはない金銭的バリアに基づくものなのです。

米国では二〇〇〇年六月、オルムステッド判決と呼ばれる最高裁判決が下されました。障害者が地域に住み、有効なサービスを受けることが可能であると専門家が判断すれば、その人には地域で暮らすことを選択する権利が与えられるべきである、と最高裁が判断したのです。裁判所は非常にバランスのとれた判決を下しました。それは、地域をベースとした選択肢が存在する場合、ある人が地域で介助を受けることができ、しかも地域に住めるにもかかわらず施設に入れられたなら、それは差別である、としたのです。しかし、裁判所は同時に、州の財源には限界があることを認めなければならないとも言っています。ここでもまた、金銭面の問題が浮上してきます。裁判所の判決は、州に新規の費用負担を義務付けるものではありませんが、人々が地域に根ざした住環境に移れるよう、妥当なペースで施策を展開することを義務付けています。また、州が総合的計画を策定することにより、その義務を果たすことができるとも言っています。二〇〇二年の今、州によるオルムステッド計画の明示や推進は、遅々として進んでいないように見えます。従って、この法案を通過させる作業は、依然として非常に困難な状況下にあります。

私たちが通過を目指している法案は、ＭｉＣＡＳＳＡ（メディケイド、地域介助サービスおよび支援法）で、施設に行っている人々が、自分自身で介助サービスを利用できるように資金を与えるものです。オルムステッド判決は、正しい方向への一つのステップではありましたが、連邦レベルで人々を自由にして地域に戻す権利擁護活動については、より多くの作業が行われる必要があります。

この闘いのもう一つの重要な側面は、それがほとんどのアメリカ人の視野に実際に存在しないものであるという事実です。非障害者のほとんどは、これが社会的統合に関する主要かつ重要な問題であることを本当には理解していません。従ってこの問題を公表し、施設に住む人とその生活の質、そして自由になる能力をもった人々との違いを知らせることも、私たちの責務なのです。

消費者である障害者に対し「家から金銭などがなくなるのは、サービス提供者のせいであると考えたことがあるか」と尋ねたところ、「全くない」と答えたのが自分自身で介助者を雇った人では九三・五％であったのに対し、専門家の管理によるサービスを受けた人では八九・一％でした。ロビイストたちはまた、施設のほうが良い介護ができるとか、障害者にとっては施設で介護されたほうが安全であると主張します。こうした主張はいずれも事実でないことがわかっています。ですから、その事実を広めるのが私たちの責任なのです。他の要因のいくつかは、安全に関わるものです。怒鳴る、盗む、乱暴な扱い、無視、アルコールの使用、望まない性的誘いなど、サービス提供者による虐待や、恐ろしく有害な行為を受けたという利用者からの報告に見られるようなリスクがあります。利用者の安全を守る点で専門家の管理のほうが優れているという考えは、当たり前のことと思われており、利用者主導を唱える人たちの中にさえ、利用者は自立と交換にリスクを負うことが求められると思っている人々がいます。そして、利用者がリスクを負う権利の擁護が基本だと主張するのです。しかし、これらはこれまでの研究や記録では根拠が存在しないとされる議論なのです。

締めくくりに、正しい支援を受ければ、障害者は想像を超える人生を実現できることは明らかであると言いたいと思います。介助サービスがあるおかげで、私は起業家になることができました。私は三人の子どもの父親です。公立学校に入ることもできましたし、大学を卒業し、自分で車を運転することもできます。このようなことは、基本的な支援さえ与えられれば障害者の多くにとって可能なのです。そして、基本的な支援とは、ベッドから出られる、服を着られる、社会で機能するために必要な事柄を行うことができるということです。そして介助サービスは、それらのニーズの核となるものです。アメリカでは、たくさんの自由や権利を当然のこととして享受しています。しかし、わが国でも、まだ前途に長い道のりがあります。困難な闘いではありますが、私たちは挑戦しようと思っていますし、同じ立場の人たちを自由にする覚悟ができています。それがADAPTのモットーであり、それを世界で適用されるべきモデルにしなければなりません。同じ立場の人たちを自由にしましょう。地位を与えましょう。自分たちの人生に影響を与え、自立して自分たちの夢を自由に生きられるよう、決定を下しましょう。

ベンチレーター使用者の自立生活…………佐藤きみよ

私は一二歳のときにベンチレーター（人工呼吸器）を使い始め、二八年目になります。一日二四時間、使っています。私の自立生活は一九九〇年、二七歳の時に始まり、今年で一二年目になります。私は座位がとれないので、可動ベッドまたは車輪つきベッドに横になった状態で移動しますから、自分はとてもユニークな人だと思います。一九九七年に、アメリカのセントルイスで開かれた世界会議に参加しました。それまで私は、アメリカは非常に進んだ国で、障害者を見ても誰も気に留めないと聞いていましたが、アメリカでさえ私のような人はとても珍しいので、人々は私をじろじろ見ました。街を歩いていて振り返る人の数では女優のジュリア・ロバーツにも負けないのではないかと思っています。しかし、ハリウッドのショービジネスの人たちと私が根本的に違うところは、彼らはどれだけ人を振り向かせるのかが仕事ですが、私はその逆、人々が私を見て振り向かないように、見飽きさせるにはどうしたらよいかというのが私の仕事だと思っています。座位がとれなくても寝たまま移動すればいい、私の存在が自然に人々にそんなメッセージを発しているのではと思います。存在こそが社会を変革していく、それこそが障害者運動の原点だと思っているわけです。

私は一九九〇年に日本で初めてベンチレーター使用者の会を設立し、その体験と情報を分かち合うことに力を注いできました。また一九九六年には札幌に自立生活センターを立ち上げ、介助サービスをはじめとした様々なサービスを行ってきました。日本におけるベンチレーター使用者の権利獲得運動は、九〇年代に入ってからのことです。それまでは、ベンチレーター使用者の存在はなきに等しいものでした。日本では、未だに多くのベンチレーター使用者が施設や病院に入れられています。ベンチレーターを付けた障害者は重病患者、ベンチレーターは生命維持装置というイメージが根強いです。マスコミでベンチレーターが報道されるのは、脳死の問題のときです。意識のない脳死患者がベッドに横たわり、その傍らにあるベンチレーターが大きくクローズアップされる、ありきたりの映像だと思います。そんなイメージばかりが人々の意識の中に、もちろん障害者の中にもかなり刷り込まれてしまっていると思います。

私は自立生活を実現する過程で、医師や看護師に猛烈な反対を受け、何かことがあったらどうするのか、誰が責任をとるのかと言われ続けました。「死んでもいいから病院を出たい。たとえ自立生活をして三日で死んだとしても、私は幸せだ」と本当に思っていましたから、そうやって彼らを説得しました。それほど病院を出たかったのです。一人の人間として当たり前に社会の中に参加していきたい、自由がほしいと思っていました。私は子どもの頃から病院に入れられており、プライバシーもなく、外出さえ自由にできない生活を強いられていて、一日も早く、生きているうちに自立生活を実現させたいという思いでいっぱいでした。

三日でもいいからと始めた自立生活は、今ではもう一二年目を迎えることになりまして、当初、全く予想できなかったことです。自立生活運動の中で最も大切な権利は何かと言われたら、私は迷わず失敗を冒す権利を挙げたいと思います。リスクを負って、たとえその結果、死を迎えることになったとしても、生きたいところで生きる権利ほど大切な権利はないと思います。

しかし、いざ自立生活を実現しようと思っても、それまでにベンチレーター使用者の自立生活の前例など一つもなかったし、家族と一緒に暮らす在宅生活の前例すらありませんでした。だから専門家たちの反対も、すごく大きかったのでしょう。このようにベンチレーター使用者は、自分の人生を選択し、決定するという権利を奪われ続けています。自立生活を始めた私は、何とかこのような社会を変えたい、ベンチレーター使用者の情報と体験を分かち合う仲間がほしいと思い、ベンチレーター使用者のネットワークを立ち上げたのです。ベンチレーターを付け、二四時間の介助が必要であっても、私たちは社会の中で自分らしく生き、社会に貢献できる存在であることを伝え合い、自立生活の情報やノウハウを分かち合う必要があると思ったからです。

現在、日本では、ベンチレーターを付けて自立生活をしている人は、約二〇名ほどと言われています。ベンチレーター使用者にとって特に必要なのは、正しい情報を伝えるということです。ベンチレーターにまつわる情報は、誤った情報があふれているからです。

間違った情報で最も多いのが、気管切開をしたら声が出なくなるというものです。これは迷信だと思います。気管切開をしても声は出る、これが正しい情報です。医者たちのほとんどが、このような迷信を未だに信じています。ベンチレーター使用者だけでなく、医者にも当事者の体験による本当の正しい情報を伝え合わなければならないと思います。

次に、ベンチレーターはできる限り付けないほうがいい、付けるにしてもできるだけ遅いほうがいいという情報です。これはリハビリテーションの悪い思想そのものです。私は「ベンチレーターは眼鏡、気管カニューレはピアス」というコピーを作りましたが、ベンチレーターは生活のための道具であり、アクセサリーと同じということです。つまり車いすが移動を楽にして生活をエンジョイさせてくれる道具であるのと同じように、ベンチレーターも呼吸を楽にして生活にパワーをもたらしてくれる道具です。これまでリハビリテーションや医療の専門家たちは、できるだけ車いすを使わせまいと、苦しいリハビリを私たちに強制してきました。また彼らはベンチレーターをできるだけ使わないように、できるだけ外すという訓練をしています。そういう考え方を私たちは、はっきりと否定すべきだと思います。決定権を最大限に行使していいのです。リハビリの呪縛から私たちは本当に解放される必要があります。ベンチレーターは本当にパワーです。朝起きたときに頭痛がしたり、昼間とても眠くなったり、呼吸がしづらくなったり、肩で呼吸しなければならなくなったら、できるだけ早く計画的にベンチレーターを付けるように準備すべきだと思っています。多くの医者は、障害者が肺炎になり、意識不明になって生きるか死ぬかの瀬戸際にならないと、ベンチレーターを付けようとしません。しかし、私たちはベンチレーターを付けることについて自己決定を手放すべきではありません。早く付ければ付けるほど、呼吸する筋力をできるだけ長く保つことができます。そして呼吸が楽になり、生活が楽しいものになると確信しています。

ベンチレーター使用者にとって必要なサービスは、まず正しい情報の提供、そして二四時間の介助保障制度と介助サービスです。そこで私は九〇年から、ベンチレーター使用者の自立生活を可能にするための具体的な介助サービス提供のために、自立生活センター札幌を設立しました。ベンチレーター使用者ネットワークの活動の中で送られてくる相談や、自立生活したいという病院にいる仲間たちを本当に支援しようと、病院という刑務所からどうやったら地域の中に脱出させることができるか、情報提供だけではなく具体的なサービス提供を行うことに決めました。

具体的なサービスとは、例えば吸引などの医療的介護ができる介助者の派遣や、ベンチレーターを自己管理できるような研修プログラムでした。もちろん、介助者との関係性をどうやってつくっていくのかという自立生活プログラムも必要ですし、ベンチレーターを付けるという障害の重度化を受容していくカウンセリングなども行っています。

そういった介助サービスの基本となる社会資源が公的介助制度です。私たちは九五年から二四時間の公的介助保障を求めて、札幌市や厚生労働省と交渉を行っています。札幌は未だに一日一四時間分の介助保障しか得られていません。ですから残りの一〇時間については、ボランティアに頼らざるを得ない状況の中で生活しています。日本では九〇年代から、障害者が介助者を推薦して、その介助者を私的ヘルパーとして派遣するという（自薦登録）システムが、各自治体で取り入れられるようになりました。もちろん、重度障害者たちの運動の成果です。それまでの制度では一週間に一〇人近くのヘルパーが曜日ごとに派遣され、それも三カ月ごとに交代させられるものでした。でも三カ月では介助に慣れた頃にヘルパーが交代させられ、新人ヘルパーが派遣されると、また最初から自分の介助について教えなければなりませんでした。これでは複雑な介助を必要とするベンチレーター使用者は、とても生活していけませんし、慣れていないヘルパーが介助をするということで、事故も絶えませんでした。

今、私は三人から五人の介助者を自薦登録し、彼らの雇用主として彼らを管理しています。このシステムが札幌で採用されたのが二〇〇〇年でした。その後、私の生活はとても快適になりました。私は彼らのボスです。ボスであることの自由さ、快適さと、一方で責任の重さがあります。ある意味で自由を獲得するということは、そんな責任の重さもついて回るのかもしれません。その責任の重さを差し引いたとしても、生活のすべてを自分で決めることができるということ、つまり何をして過ごそうかとか、どんなことをしようか、何を食べようかということを自分で決めることができる権利、自由の大切さの前には、責任の重さは一グラムも感じていません。

北海道には筋ジストロフィーの障害者ばかりを集めた施設があります。そこではベンチレーターを付けた人は寝たきりで一日中テレビを見せられて過ごしているという状況があります。先日、そこでずっと過ごしていた友人が亡くなってしまいました。彼はずっと自立生活することを夢見ていたのですが、お葬式の日にやっと自分の家に帰ってくることができました。周りの人が、お葬式で帰ってくることができてよかったねと死んだ彼に声をかけていました。私たちはこんなことを二度と聞きたくないと思っています。体験したくもありません。死んでからでないと家に帰れないというのは、あまりにもひどいと思います。そのために私たちは、闘い続けることでしょう。どんなに障害が重くてもベンチレーターを使っていても、すべての人が生きたい場所で生きていけるという権利を、私たちは必ず手にしたいと思っています。

イギリスにおける自立生活センターの展開とコミュニティケア ……………ジャッキー・クリスティ・ジェイムス

私はDPIヨーロッパの事務局長で、自立生活全国センターを運営する英国障害者団体協議会のDPI代表も務めています。

私は自立生活のためのセンターであるロンドンの障害者組織の所長でした。アメリカ、アゼルバイジャン、グルジアといった国々に住み、働き、自立生活センターの設立と維持の方法を検討してきました。私が様々な国を旅し、そこで働くことから学んだことの一つが文化の違いに気を配る必要がある、ということだと思います。国による違いだけに限りません。自分の国でも都会で自立生活のアイディアとして効果的であり得ることも、地方では効果的でないかもしれませんから。国や地域の文化には、常に注意を払いましょう。理論や理念は世界中で翻訳されるでしょうが、文化的側面を理解せずに考えをもち出しても、それが地元で生まれたものでなければ効果がないので、実際にその周辺で起きていることに注意しなければなりません。それを念頭において、英国の経験についてお話を続けたいと思います。

六〇～七〇年代の英国は、反戦デモや公民権運動に揺れました。その表現手段から、障害者は、障害者として抑圧され者は施設という環境の中で、抑圧と闘っていました。また、障害の社会的モデルを創出することにより、障害の経験を理解しようと試みていた障害をもつ研究者のグループもありました。それこそが、私たちの障害に関する新しい考え方のすべての拠り所なのです。これは、障害者として私たちが直面する、肉体的および精神的障壁との関連において障害を定義するものであり、専門家の介入や介護に関連した医学的な障害の定義とは異なるものです。米国と英国から得たこれら二つの観念から、障害者は選択し、必要なサービスに対する支配権を持ち、生活の質を高める権利をもつべきであるという考えが生まれました。それは、選択の権利なのです。そこで、障害者により運営されるサービスの選択と管理が、英国における自立生活運動の基礎となったのです。英国における自立生活計画を成功させているのは、障害者の組織から生まれてくるものです。支援サービスは独立したものであり、障害者に力を与えるために資金が供給されています。助言、情報そしてトレーニングが提供されるべきです。さらにすべての支援サービスは、無料であるべきです。支援は持続的なものでなければなりません。人々が必要としているときに支援がなされなければなりません。そしてピアグループ・サポートは、どの自立生活計画においても不可欠なものです。

もう一つの非常に重要な点は、地方自治体との平等な協力関係です。資金をもっているのは通常、地方自治体であり、行動原理をもっているのは私たちであるため、常に自治体との駆け引きがあります。自治体は資金をもっているため、支配力をもつことを望み、サービスの定義も自分たちの希望どおりにしたがります。一方、私たちは障害者に必要なサービスの定義を望むので、地方自治体と障害者組織の間には、常にこの緊張状態があるのです。緊張状態があるのは、全く当たり前のことなのです。そしてその関係、つまり、地方自治体との関係を確立しなければならないのですが、長い時間をかけて、お互いを信頼し始めるとき、関係が確立されるのです。一度その関係が築かれれば、いろいろなことが起こり始めます。彼らが資金をすべてもっているからといって、自分の言うことについて指図を受けたり、監視されたりする必要はありません。彼らはあなたが強く、力をもっていることを高く評価します。常に礼儀正しく、敬意を払っていればよいのです。

地方自治体が私たちと話すのを促したもう一つの要素は法律でした。一九九六年に、直接支給法による地域介助制度が成立したのです。その法律は障害者運動によりもたらされたものであり、一九九五年の障害者差別禁止法に続くものでした。法律を施行するのは地方自治体の義務ですから、法律は彼らが障害者と平等な立場で話し合う助けになります。アイディアはすべて私たちのほうにあるのですから、彼らは私たちを頼りにしています。ですから私たちは、極めて強い立場にあるのです。

直接支給とは、障害者が必要とする介助、個人的なニーズ、社会的ニーズに関しは、地方自治体と自分で金額の交渉を行うことです。障害者、障害者は、自分たちに必要と考えられる介助の総合的なリストを作成し、それにより仲介機関が資金を提供するることになっています。それで、障害者がお金を手にします。彼らは地方自治体にお金を払ってサービスを受けるか、別のところへ行って、自分たちに最適と思われるサービスにお金を払うこともできるのです。このように障害者は、雇い主になるのです。しかし、障害者がこれを行うには、自分たちが自信をもって責任を負えるように助言や情報、トレーニング、支援を受けることが必要です。この支援は通常、障害者組織または自立生活センターによって提供されます。通常は障害をもつスタッフを雇用して、利用者自身のニーズに合わせて介助パッケージを設定する手伝いをします。それは、障害者が雇い主であるシステムの中で、自立生活コーディネーターが実際に利用者のケアサービスの組み立てを助ける一つの方法です。

英国には、このようなシステムを運営する自立生活センターが二つあります。その一つがグリニッチ障害者協会です。もともと、七〇年代に非障害者の専門家たちによって設立されたものだったのですが、八〇年代に総合生活センターになりました。この会は当初、福祉の権利や障害者が利用できる住宅の普及などのプロジェクトに着手しました。八〇年代の終わりにかけて、介助者の雇用について障害者に助言を与える人を特別に雇うことを決めました。そこで彼らはシステムを確立し、介助パッケージに関して、助言や情報提供などの支援を与える職員を一人雇いました。また、介助者紹介機関もつくりました。その仲介機関が、障害者の代わりにスタッフを募集するのです。仲介機関が雇い主になることによって、障害者が誰を雇うかの選択について口をはさむことができるのですが、雇い主はグリニッチ協会なのです。

このやり方は、キングストン障害者協会というもう一つの組織とは異なるもので、キングストンでは、実際に障害者自身が介助者を雇用しています。こちらの事業には五六人が参加しており、一人の職員がその人たちを支援しています。私個人は、介助者を雇うために人を募集し、広告を出し、管理し、彼らの保険の掛け金を調べるのに一生を費やしたくはないと思います。ですから、自分の提供してほしい介助についても意見を言えるグリニッチのシステムのほうが好ましく思えます。どのような介助を望むかについて意見を言うことができますが、すべての管理業務を行う必要はありません。後は自立生活コーディネーターに任せれば、うまくやってくれるのです。また英国では、障害者がどの程度までの関与を望むかについて、段階があります。選択という概念を尊重しようという試みです。ですから、高いレベルで口を出すことを望み、完全な雇い主になりたければ、それは可能です。しかし、少しだけ意見を取り入れてもらって希望する介助を受けたいけれど、税金や保険に関する諸雑事にはあまり関与したくなければ、そうしなくてもよいのです。私は、この制度は非常にうまくいっていると思います。

自立生活を望まない人たちについてもお話ししたいと思います。そのような人はかなり多いのです。ロンドンで働いたときは、誰もが自立生活に賛成で、本当に自立生活を望む多くの障害活動家と共に働きました。地元のウェールズに戻ると、誰もそれを望んでいませんでした。私はそれが彼らの内に秘められた抑圧と、自分というものをどう考えるかによるということを悟ったのです。考えさせられました。一番遅い人が進みたいと思う速度でしか進むことはできません。自分の考えを押しつけることはできないのです。その人たちにやる気がなければ、ゆっくりと働きかけなければならないのです。人々の選択を尊重しなければなりません。

参加者　先進国の歴史は聞きました。しかし途上国については何も学んでいません。ネパールには何もありません。私たちは、自立生活のようなサービスを想像することができません。それなのに研究したり、機会がもてたりするでしょうか。

参加者　自立生活はサービスも大事ですが、その前にその考え方が大切だと思います。韓国には、自立生活センターが五年前はありませんでした。介助サービスもないし、ピアカウンセリングもないのに、どうやって自立生活センターをつくるのかという話をする人が多かった。私たちはアメリカや日本から自立生活の考えだけを二年間勉強して、どうやって私の国の文化や制度の中で自立生活センターをつくるか、準備していきます。自立生活は、いいサービスがあることも重要だけど、自分が人間の権利を守るために、自分の環境の中で行動することが重要と思います。だからアジアやアフリカの発展途上国には、自立生活という考えをどう導入するか、考えていくことが大事だと思います。

トレイシー・ウォーター　自立生活センターは、一つのグループだけで始めることができます。一〇人か一二人の人が集まって、情報交換し共に問題を解決するだけで、自立生活センターの核になるのです。ですから、途上国で始めることも、そんなに複雑なことではありません。カナダでも、ほんの二〇年前には集まることすらできなかった。ですから、途上国では、集まって考えを話し合い、ネットワークをつくり、手許にある情報や資料を基に問題を解決し、助け合い、できれば何かをつくり出すというような簡単なことから始めて下さい。そこに貴方自身の自立生活センターの始まりがあるのです。それから、自分の国や地域で意識が生まれたら、自国で必要なものを確立するために、制度を変える手助けをするのです。

参加者　私はハワイ自立生活センターで働いています。非常にうまく自立しているのは、積極的な人たちです。彼らはできるだけのことをして、彼らができない部分を私たちが助けることができるのです。米国では多くのサービスがあり、人々が利用できるプログラムがたくさんあります。しかし、うまくいくかどうかは、一人ひとりがどれだけ自立したいか、その気持ちにかかっているのです。これが、世界は障害者を助けることができる、という観点からの私のコメントです。

参加者　私はアフガニスタンから来ました。私の国は二三年間も分断され、非常に深刻な状態にあります。しかも、約二〇〇万人の障害者がいます。そのほとんどが両足または片足を失っています。彼らの生活状況は、非常に悪いものです。義足や車いすは私たちには全く手の届かないものです。専門家はいますが、資源がありません。あなたと私はあなたの能力や資金を共有することができます。将来そうしてくだされば、それはとてもありがたいことだと思います。

参加者　私は途上国で働いた経験があります。貧困については話されていませんが、ここでそれに触れる必要があると思います。南の人たちが心配しているのは、ただ生き残ることのみであるのに対して、西洋では現在のサービスを向上させることばかり話します。トレイシーが言ったように、人々を集めるのは、自立生活のスタートとして良い方法だと思います。しかし私は、西洋に資金があるという事実を尊重したいと思います。私たちはとても大きな特権をもっています。そして、問題はそこにあるのではなく、障害者にとって平等な社会を実現するために努力しなければならないということを知っています。

参加者　西側には施設があるということを言いたいです。途上国の多くでは施設はありません。東ヨーロッパでは、施設の閉鎖に目を向け始めた国々で、世界銀行によって関連する作業が行われています。私たちは、施設の建設を検討しているエジプトやその他いくつかのアフリカの国々で、建設を阻止するためにその情報を利用しています。貧しい国と豊かな国の間での話し合いの中で出てこなければならないのは、西側諸国の多くを苦しめてきた問題を抱えずにすむよう、貧しい国の政府が施設を建設することを強硬に阻止すべきということだと思います。

樋口恵子　日本では、欧米諸国から自立生活について学び、その後この理念をどのように他の国、特にアジアで広めていくかをやってきました。アジアでは、家族や地域を重視しており、その中でどう生きるかというのが基本にあります。日本でも、基本は同じなのです。しかし、誰もが一人の人間として自信をもって生きられる、そういう社会の中に自分が存在する、その社会を私たち一人ひとりがネットワークをつくり、情報を得て連帯することでつくっていくのだということで、自立生活はそのキーワードとして使っていこうと、国際フォーラムで確認したと思います。アジアの仲間たちを含めて、それを今、まだ当事者の力がなかなか集められない国で暮らしている人たちの問題をどう解決し、お互いをエンパワーし合うか、そういう視点で、施設で失敗した経験を活かして、施設のない地域ではこれから決して施設をつくらないということを、肝に銘じましょうということだと思います。これを一つの勧告としましょう。

参加者　先ほど義足や車いすが手にはいらないという話がありました。日本でも物が余っていますが、自立生活先進国と言われる国々の障害者団体から、義足や義手、車いすなど、不用となったものでもあれば途上国に送るシステムをつくったほうがいいのではないかと思いますが、いかがでしょうか。

参加者　別の国に車いすを送る前に、途上国のために車いすの設計を行ったことのある人たちと話すことをお勧めします。西側の車いすの多くが、とても簡単に壊れるのです。ベトナムのような国向けに設計され、製作される車いすがありますが、それらはその国に非常に適したものであり、機能するものです。ですから古い車いすを外国に送るのはやめておきましょう。政府が人々にはもう車いすは必要ないと考えてしまうからです。

参加者　サンフランシスコに、ワールド・ウインド・インターナショナルという組織があり、そこにラルフ・ホッチキスという男性がいます。彼は、途上国に行き、その国にある材料を使って、自転車や車いすを作ります。それはその国でも長持ちするもので、修理も簡単で、価格も手ごろなのです。

参加者　アフガニスタンの男性は、中古の車いすをもらうのはよい考えではないと言われたことをどう思っているのでしょうか。

参加者　私は人々が車いすを必要としていないとは言っていません。数々の途上国を訪れた私に言えるのは、外国に送っている車いすの一部が無駄になっているということです。政府は車いすを与えたと思っていますが、一週間あるいは一カ月後にはもう動かなくなっているのです。ですから私の言いたいのは、現在多くの国で、地元の人が地元の製品を使って車いすを作っており、それらは地元のコミュニティで役立ち、長持ちしているのだ、ということです。

参加者　アフガニスタンには、ある英国人が自費で作った車いす工房があります。義足は、カンダハールと他の三カ所で作っているだけですが、障害者の数は膨大です。また、道路が破壊されているために、このセンターからの利益を受けられない人もいます。都市から非常に離れたところにいる人もいます。ですから、義足や車いすのための修理作業所をつくるほうがよいと思います。日本や米国などの先進国から送るのには非常に多くの費用がかかるでしょう。私の国では何でも安いです。能力を分け合うことは、アフガニスタン国民にとってもよいことでしょう。自主的にカブールやアフガニスタンに車いすを送ってくれるのでしたら、非常に歓迎します。

参加者　車いすを海外に送ることについて、私の経験でも、すぐに壊れてしまうので、うまく行きませんでした。メンテナンスの問題もあります。ですから、現地に作業所を設立して、現地で障害者を助け、アフガニスタンの地形で実際に使える車いすを設計することができれば、そのほうがずっとよいと思います。

参加者　日本で一二年間自立生活センターに関わってきました。現在パーソナルアシスタンス・サービスを利用したいというニーズが高まっており、それとともに質の高いパーソナルアシスタントを求めるようになります。知的障害の人たちについても同じだと思っていますが、パーソナルアシスタントが、知的障害者のニードに対応できるようなトレーニングをしなければならないと思います。その際に、その費用はどういうかたちで捻出できているのか、お聞きしたい。

参加者　介助者に対するトレーニングですが、私たちのモデルでは、トレーニングを行うのに最適な人は、利用者自身であると考えています。

参加者　自立生活センターがすべきことの一つは、より多くの知的障害者を自立生活センターに関与させることだと思います。それは、知的障害者に最も役立つ方法の一つだからです。

注

1　カナダ自立生活センター協会（ＣＡＩＬＣ）は、自立生活リソースセンターを傘下に置き、二四あるリソースセンターに支援を行っている。オンタリオ、ケベック、ブリティッシュ・コロンビア州については、リソースセンターネットワークを構築しており、例えば、オンタリオ州は自立生活センターオンタリオネットワークと言う。グレッグ・スミス発言中の自立生活センターは、リソースセンターのことをさしている。

10月17日午後

自立生活

途上国では

司会者：ビーナス・イラガン（フィリピン）

発表者：レスリー・エマニュエル（アンティグア・バーブーダ）

リネー・ラトラッジ（米国）

トッポン・クンカンチット（タイ）

オウモウ・ガコウ（マリ）

自立生活は本来的欲求であり、社会全体にとっての恩恵である……………………………レスリー・エマニュエル

人間の最も基本的な特性は、自立して生きようという熱意であり、独立し、自己規制し、自由であることが必要です。生まれてから学校や仕事の場に至るまで、誰か他の人が常に私たちの行動を支配し、私たちのニーズを満たし、境界を設定して私たちが享受すべき自由の程度を決定する。こうした昔からの慣習によって、私たちが自分で責任を負う枠組みを自分たちで設計し、それに従って生きたいという欲求がなくなってしまうことはあり得ません。その欲求が仮になくなるとしても、それは外からの力で無理に抑え込まれたにすぎないのです。歴史を見れば、人を支配するためにどのような制度が導入されようと、人間は強力に個人の権利を守ってきたことがわかります。障害者にとっての自立の必要性も、全く同じことです。確かに私たち障害者には限界がありますから、普通の人々よりも依存的にならざるを得ません。しかし、その依存をニーズや要求を満たすための能力がないということと混同すべきではありません。

障害をもった人が生まれたら、その人が正しい医学的診断を受けることはきわめて重要です。そして、無条件に早期治療を行うべきです。後天的に障害を負った場合は、その人が地域に根ざしたリハビリテーション（ＣＢＲ）を利用できるようにしなければならず、それには、個人の感情面、身体面および職業面のニーズを総合的に満たすプログラムを組み入れるべきです。当人の継続的治療と生計が保障されるよう、適切な医療および社会保障サービスを提供すべきです。統合教育は不可欠であり、さらに必要であれば社会参加のための技能および職業訓練が、徹底的に実践されるべきです。これができたら、今度は統合雇用のための規定を設け、また支援サービスを伴う適応型住宅も、そのプロセスに欠かせない一部分とすべきです。

私の国のような途上国では、政府も民間セクターも経済規模が小さく、インフラが古く、また何とも皮肉なことに障害者には競争力がないから、平等の機会を与えるのに必要な改善ができない、と言っています。私たちは、統計が逆の結果を示していることを知っています。障害者は、非障害者と同じレベルで、そして時にはそれ以上のレベルで働く能力をもっているのです。エンパワメントとは、障害者があらゆるレベルで自己主張できるという、決定的な認識です。私たちは、最も自分に有利な決定を自分で下すこともできるし、いつでも無条件でそうすることが許されるべきなのです。この認識は、家族、友人、介護者、社会、政府など、障害者と何らかの関係をもつあらゆる人たちに浸透すべきです。

私が障害を負ったのは、一九九〇年二月の自動車事故によってでした。私の国では、当時このような重い脊髄損傷を負った人は助からないか、助かってもその後あまり長く生きられませんでした。たとえしばらくの間生き続けても、その人生はあまり充実したものではありませんでした。途上国では、障害者に自立生活をさせようという試みは、まだまだ難しい状態が続いています。私たちに自立生活を可能にさせれば、国も政府も、そして社会全体が恩恵を受けるということがまだわかっていないのです。

途上国の障害者へのエンパワメント支援……………リネー・ラトラッジ

私は、オレゴン州ポートランドで、北西アメリカ障害者法センターの所長を務めています。連邦が資金を提供する全国ＡＤＡセンターネットワークの一環として、ＡＤＡ（障害をもつアメリカ人法）についてのトレーニングや技術支援を行っています。私はかつて、米国で最初にできた自立生活センターのうちの一つで所長を務めていました。私は障害者として、自立生活の力と理論の両方を理解し、その価値を知っています。私は、モビリティ・インターナショナルＵＳＡの役割について、また途上国における様々な指導者養成プログラムにおいて、障害をもつ人々や自立生活運動家と共に仕事をするなかで私たちが学んだことについて話すために招かれました。

モビリティ・インターナショナルUSAの使命は、国際交流を通じて世界中の障害者に力を与えることであり、それは異文化間の交流を進め、世界中の障害者に対してリーダーシップや障害者の権利に関するトレーニングを提供し、国際交流の場やプログラムへの障害者の全面参加を促進するアドバイス、財源および情報の提供、そして途上国の発展過程の全レベルに障害者が全面参加するための国際的開発・救援機関および難民機関に技術援助とトレーニングを提供することです。私のコメントは、途上国からきたモビリティ・インターナショナルのプログラムの参加者から聞いたことに基づくものです。

私たちは、資源の所在を特定し、それを自立生活を支援するプログラムやサービスに向けられるよう国の開発に参加し、障害者の声を挙げていくように、奨励しています。ウズベキスタンでは、世界女性財団から財政援助を受けて収入を生み出すプロジェクトを展開したり、障害者の権利を推進する自国の法律の利用法を学べるよう、女性障害者たちと法律を読むプロジェクトに取り組みました。ジンバブエでは、女性障害者が小規模事業を始めるために少額融資を受けられるプログラムを紹介されました。多くの場合、障害者にとって銀行の融資を受けるのは困難なことです。そのような融資を確保することは、障害をもつ女性には更に難しいことです。この融資は、額は小さくても、大きな違いをもたらすお金を利用できるものです。ジンバブエでは、女性障害者が裁縫学校を開き、女性障害者が製品を開発し、そして市販して収入を得られるよう教育しています。ある女性は地方の市場で製品を売っています。そうして得た収入を、彼女たち自身の自立のためだけでなく、障害児の教育資金としてプールすることも可能になったのです。多くの途上国では、子どもの教育では、一般的に障害をもたない子どもが優先されることが珍しくありません。そこでジンバブエでは、障害児の教育を、女性たちが保障したいと思ったのです。

私たちは、差別や非難が自立生活の障壁になっているという話をよく耳にします。障害者は、物理的な、またコミュニケーションのアクセス、統合雇用および教育へのアクセスに取り組んでいます。精神障害をもつ人々、発達障害をもつ人々、視覚または聴覚障害をもつ人々、そして移動能力障害をもつ人々のためにです。交通機関へのアクセスが重大な問題であるということも、常に聞かれます。つまり、地域社会への参加のアクセスが、途上国の障害者にとって大きな問題であり続けている、ということです。

雇用やリハビリテーションが可能といっても、作業所に限られる場合が多いです。これは、非常に伝統的な社会福祉モデルの一端です。障害者は、差別のない場で、本当の仕事をして報酬をもらえる雇用を望み、必要とすると言い続けています。

障害者が自分たちの権利について学び、どのようにその権利を行使するかを学べるような力を与える機会の促進について考えていただきたいと思います。障害者はピアサポートを通して、お互いから学ぶことができます。効果的な差別禁止法を確立することができます。

私たちはＤＰＩに対し、途上国の発展過程のあらゆるレベルにおいて、障害者が全面的および対等に参加することを促すよう働きかけます。最後に皆さんに、モビリティ・インターナショナルＵＳＡの一九八一年創設以来のモットーを取り入れることをお勧めします。それは「自分に挑戦し、世界を変えよう」であり、障害者たちが力を合わせればそれが可能であると、私たちは信じています。

途上国において、いかに自立生活のコンセプトを実行に移すか……………トッポン・クンカンチット

ＤＰＩアジア太平洋ブロック開発担当官としての私は、タイ以外の地域について考えることが任務となっています。センターの機能の一つは、この域内の国の障害者に対するトレーニングを行うことです。

アジア太平洋地域のほとんどは途上国であり、今でも貧困という特性を共有しています。教育の質はまだ低く、人々は学校に行くことも、読み書きもできません。世界中の障害者の半分以上がアジア太平洋地域に住んでいます。障害者は、貧困者の中でも最も貧しい者であると言われています。もしこれが本当であれば、貧困者の再優先事項は、食べ物を手に入れることです。そしてまずお金を、収入を得ることです。ですから、尊厳や自立について語ることは、貧困者にとっては優先度の低いこととなっています。これは全く珍しいことではありません。また、ほとんどの政府は、自国の中で障害者を扱う際、自立生活のコンセプトを用いるよりも、貧困問題の解決という姿勢を取りたがります。彼らの考えでは、自立生活はまだ、非常に遠いところにあるものなのです。自立生活のコンセプトは、権利に基づくものであり、またアジア太平洋地域では、人権問題についてでさえまだ論争中なのです。そこが、西側諸国との人権に関する違いなのです。

地域における自立生活のコンセプトの背景と、タイにおける自立生活についてと、現在タイで行われている試行事業の自立生活プロジェクトについて発表します。

一九九二年の国際会議で、私は障害者に関する消費者主義について話しました。驚いたことに、障害者にとっての消費者主義の意味を説明すると、ソーシャルワーカーや保健専門

家であった聴衆のほとんどが、私の話を否定し会議場を出ていってしまいました。実は私はそれ以前に、自立生活に関する記事を書いていて、これをタイ語の適切な用語で表すのは難しいことがわかっていました。それから、私は自立生活について直接タイの人々に話すことを躊躇するようになりました。しかし、自立生活の実践や、自立生活の技術トレーニングに関する活動は、私が会長を務めた一九九一年から九七年の間、タイ身体障害者協会の行動計画に盛り込まれました。一九九九年および二〇〇〇年にワシントンDCにおける自立生活国際サミット会議に参加した後、自立生活の普及のために更なる努力がなされ、タイでは現在までに、通年自立生活プロジェクトが始まり、コミュニティ・エンパワメント・プログラムも開始されています。そしてこのプロジェクトの責任を負う組織が、障害者のための職業学校です。また、JICAを通じて日本政府もこの二年間の試行プロジェクトに協力し、タイ政府も公共福祉局を通じて協力しました。

実行組織である職業訓練校は、タイの三つの県でプロジェクトを行います。そして各県で、それぞれの障害者自助組織が責任を負います。一年はすでに経過しており、いくつかの活動を行いました。各県の組織から、一〇～一五人のチームメンバーを選びます。一つのチームは、重度障害者、二人の運動障害者、そして数人の非障害者スタッフにより構成されます。メンバーに対しては、自立生活の基礎知識と自立生活運動の歴史を教える予備会議を開きます。日本語や英語の自立生活に関するビデオやマニュアルをタイ語に翻訳します。そして、今年一月には、セミナーとワークショップを企画しました。広報活動も行います。ビデオやパンフレットも製作します。重度障害者に対する啓発プログラムを行います。私たちは実際、どのように自立生活を行動に移したらよいのかわからないので、このようなことを試みていると言ってもよいでしょう。地域に出かけて一五人の重度障害者に参加を呼びかけ、自立生活について説明して、彼らが参加を希望すれば、喜んで参加してもらいます。

それから、介助者としてのトレーニングのために、五〇人のボランティアを選びます。どのように介助者を確保するかということもまた、途上国では議論されている問題なのです。特に私たちは、介助者に支払う資金がありません。ですからボランティアに頼ることが必要です。家族もまだ、この段階においては考慮に入れざるを得ません。私たちはまた、三日間の介助者トレーニングを行い、家庭訪問や自己評価を行ったり、目標を設定したりもします。それから地域に住む障害者と協力し、個々人のための自立生活プログラムを策定するのです。

この事業では、トレーニングを実施します。全国自立生活会議があり、各県でもトレーニング、ワークショップがあります。二〇〇三年一月には、このプロジェクトを開始するため、第一回目の全国自立生活セミナーを開催します。中西正司氏率いる日本からの専門家が現地へ行き、セミナーを運営します。参加者は、マスコミ、障害者の家族、政府関係者など、タイ社会のあらゆる階層から集まり、その後三つの県のチームメンバーのために、それぞれ四日間のワークショップを行います。このワークショップは、自立生活の基本的考え方といくつかのロールモデルのワークショップ、そしてピアカウンセリングのやり方を教えます。

タイの私たちのリーダーは、自立生活について知らないので、これは非常に重要です。三日間のワークショップは、彼らにとって非常に重要なものです。このワークショップの後、実践に移り、実地研修を行います。再び地域に出かけて、障害者を訪ねます。ワークショップでメンバーの自信は高まります。私たちは非常にシンプルなピアカウンセリングを行いますが、それが途上国における自立生活センターではどこも同様なのか、この地域や私の国だからそうなのかはわかりません。とにかく始めたいという気持ちがあるので、努力しているのです。

毎月のミーティングで、起こったことや、発見したことなどを話し合います。経験を分かち合うのです。また、地域の中で直面する問題についても話し合います。タイの社会で直面する問題としては、例えば、このチームのメンバー自身が、どうすれば自立して生活できるかについてよくわかっていないのです。家族は参加したがりません。障害者が私たちの事業に参加したくても家族がダメと言う心配があります。本人が自立したくても家族が反対します。こういうことが、我が国の私たちの地域で起ころうとしているのです。ですから私は、どのように自立生活のコンセプトを実践すべきかについて、本当に真剣に考えています。私たちはあまり多くのことを知りません。ですから、地域に出かけると同時に学ばなければならないのです。

私は先進国において、障害者が自分でセンターに行き、サービスの申し込みをしなければならないことを学びました。これは、私たちの地域ではありえないことです。外に出るだけでも、それは難しすぎることです。ですから、これらのことを近い将来、話し合うための機会をつくるつもりです。一つひとつの国に、一つのモデルとして自立生活センターの設立を試みれば、効果を発揮するのではないかと思います。タイでの私たちの取り組みは、他の国々とは違うアプローチかもしれません。私たちは、家族の関与が非常に重要だということを知りました。それは、障害者が家族と離れて暮らす先進国とは異なるものです。私たちの最大の経験は、家族が私たちの事業への参加を許さないため、障害者が心配することです。

ピアカウンセリングでは、一対一のほうがより効果的であることがわかりました。家庭を訪ねると、両親が介入しようとするので、障害者が自分自身の問題について説明することができません。どのようにこれに対処すべきでしょうか。また非常に悲観的で落ち込んだ精神状態にある障害者に会った場合、どのように介入していけばよいのでしょうか。

三年間の事業の終了後、途上国がこの地域において、どうすれば自立生活のコンセプトを実行に移すことができるかについて、もっと良い解決法を何か見つけられることを願います。私たちがタイでのパイロット事業で現在行っていることは、地域にある資源の動員を実現しようという試みです。私たちは個人向けの自立生活プログラムを実施しており、参加者は、三カ月間の目標、計画を定めています。我々が地域の有力者のところへ行き、彼らと協力して交通手段を手配し、地域の住人たちがさらなる援助を提供してくれます。途上国の現実は、そのようなものなのです。地域の有力者が事業に参加します。資金の一部は公共福祉局から、そしてＪＩＣＡからも提供されますが、それだけでは実行できないのです。ですから地域の資金が必要なのです。それもまた重要なのです。この会場を離れ、現実の中で、タイで私たちが何を持ち何を行っているのか、もう一度考えようと思います。

アフリカにおける自立生活……………オウモウ・ガコウ

アフリカにおける自立生活の状況についてお話ししたいと思います。アフリカでは、数年前に、自立生活委員会という委員会ができ、この委員会の下に様々な小委員会があります。

ＤＰＩアフリカブロック開発事務所は、自立生活を推進し、九九年のワシントンでの自立生活（ＩＬ）サミット会議以来、自立生活に関連する問題に取り組んできました。ＩＬサミットのテーマは、次の千年期における自立生活のための世界的展望でした。アフリカから五つの国が参加しました。

権利、特に障害者の人権擁護において、ＤＰＩが果たす役割がますます大きくなっています。そしてその達成のため、自立生活センターが設立されています。障害者の自立生活については もちろんのこと、障害者組織が障害者自身により管理運営され、障害者の中から選ばれたリーダーがその指導にあたらなければならない、ということにも関心をもっています。リーダーたちが、障害者の自立生活のために何が必要なのかを特定し、また、障害者に援助を提供する人々でなければなりません。

次に、アフリカのＤＰＩブロック開発局において、私たちが経験してきたことについてお話ししたいと思います。アフリカ大陸では、DPIの設立もアフリカブロック開発事務所の開設も、二つの信念に基づいています。一つ目は、障害者が何を必要とし、要望しているかを知っているのは、障害者であるということです。二つ目は、国や社会が障害をもつ国民にすべてを与えることは不可能であり、障害者だけが、何が必要なのかを本当に知っている、ということです。ですから、それらの要求を満たすために必要なものを確保するため、自主的な意思決定権をもたなければならないのです。

国際障害者年以降、様々な障害者組織が設立されました。しかし残念なことに、まだあまり多くの資金がつぎ込まれていません。これらの活動は障害者の権利の向上にとって積極的な貢献をもたらしてきましたが、私たちが乗り越えねばならないことはまだいくつか残されています。障害者組織は、本来の役割、政府やその他の公共団体に対する圧力団体として、虐げられた人々である障害者の基本的権利を向上させるよう努力すべきです。また、障害者のためのサービスに関して、何が必要であるかを障害者自身が考え出す能力をもっているということについて、政府と社会が考え方を改めなければなりません。政府に考えることを任せていてはいけないのです。アフリカの障害者組織は、このような活動に加え、市民団体とも協力し、自立生活センターを開設し始めています。そしてそれらの自立生活センターは、社会の現状や環境を考慮に入れたものでなければなりません。

九九年のワシントン会議の後、ブロック開発官であり、DPIアフリカブロック開発センター所長であるモハメド・フォール氏が、アメリカ国内を回って自立生活センターがどのように機能しているのかを見学しました。こうして自立生活センターが輸入され、少なくともアフリカ大陸にそのような自立生活センターを設立しようという試みがなされています。最初の自立生活センターがマリ国内に二〇〇一年に設立され、オープンしたのは二〇〇二年十月でした。そしてそのセンターで、連帯を求め排除と闘うための会議が行われました。それはまた、このセンターのオープニングを飾る会議でもありました。

DPIのブロック開発事務所の所長はDPIに報告を行いました。次の千年期における自立生活のための世界的展望というテーマを取り上げたワシントンでの会議です。この会議において、EIHD（開発のための障害者の雇用と統合を目的とする組織）が設立されました。「アフリカ障害者の十年」が設定されたのも、この時のことでした。また、マリの社会開発局から地元のセンターのために三万米ドルの予算が設定されました。これを用いて、全国連帯基金を設立しました。ILセンターはこの基金により支援されています。そして、このセンターは、情報、照会、専門家のトレーニング事業を行います。スペースを提供するとともに、権利擁護や法的援助も行います。さらに、雇用や収益事業についても援助を提供します。このセンターの強みの一つは、そのメンバーがすべて豊富な経験を有する障害者であり、他の人たちと自分の経験を分かち合えるということです。

マリのILセンターは、西アフリカ全土のモデルになれると私は思います。ですから、ILセンターは障害者組織の活動の一つとして推進されているのです。そこで、障害者組織との協力が必要です。障害者組織の間で協力が実現すれば、協力しない場合よりもずっと大きな成果が得られるでしょう。ですから、DPIの下でのアフリカブロック開発事務所としての私たちのセンターは、障害者組織にも支援を行っているのです。これが、私たちが現在、アフリカの障害者の自立生活のために行っている種類の作業および活動です。

参加者　セネガルから来ました。アフリカの人々の努力は非常に高く評価しますが、困難を抱える障害者の社会への統合に向けた努力の重要性について付け加えたいと思います。彼らにとって、社会に統合されることは重要なことです。ですから、あなたのもっていらっしゃるネットワークに社会に統合されている人々のネットワークもつくる必要があります。

参加者　私の国では、資金援助機関に対し影響を与える準備ができつつあります。あなたがアフリカでしたいと思っていることを支援するために、私たちはどのような援助ができるでしょうか。

オウモウ・ガコウ　センターの活動のためには、たくさんの資金、手段そして資金源を必要としています。訓練生や将来のスタッフを経済的に支えるため、奨学金制度が必要です。

参加者　南アフリカから来ました。少し混乱しています。自立生活センターは、介助者や手話通訳者、精神障害者の世話役、ガイドヘルパーになるための訓練を受けた人たちのいるセンターなのですか。それとも、そこに行って住む家のようなセンターなのですか。それが最初の質問です。二番目の質問は、CBR、在宅介護などのコンセプトとの相違点についてです。

中西正司　自立生活センターをなぜアジアに広げなければいけないかというと、医療モデルが途上国に入っていこうとしています。CBRはリハビリテーションの一環であって、障害者が中心となってやるものではないですね。このCBRが先にコミュニティに入っていくか、自立生活センターが先に入っていくかによって、政府の政策がコミュニティレベルのものになるか、施設中心のものになるかという違いが出ると思います。そのために、自立生活センターをすべての開発途上国で採用してもらう、これは一刻も早くやらないと医療モデルにのっとられ、予算をすべてそちらにもっていかれてしまうと心配しているわけです。

自立生活センターを開くのは難しいとみんな考えていますが、日本でも確かに難しかったけれど、経済的な問題ではないと思っています。ですから、小さなモデルでもいいから政府にまず示す。一つの町で、たった一人が地域で暮らすモデルを、まず提示することです。これは、小さな資金でできます。一人が暮らせるようになれば、百人も千人も暮らせる。同じことですから、今スタートしてください。CBRをつぶしてください。

参加者　私はCBRと自立生活センターの違いについて話したいと思います。私たちが自立生活センターと言うとき、障害者により、管理、経営されているという意味だと思います。そして、障害者が地域や社会で成功するため、また他の障害者を助けるためにも自立生活センターをもつことができます。CBRの場合、必ずしもそうとは限りませんが、コミュニティが同じことを行うのです。しかし、自立生活センターの場合は、障害者が主役なのです。ここが一番の違いです。自立生活センターでは、障害者が、他の障害者が自立できるよう準備を整えます。しかしCBRは、全員が一緒になって、つまり目標に向かって政府や、コミュニティや、他のあらゆる人たちも参加することによって、障害者を社会やコミュニティにうまく統合されるようにするのです。それが、二つの間の基本的な違いです。

参加者　途上国で自立ということは、非障害者でも大変だと思います。自立についてのあなた方の展望を聞きたいと思います。それが日本にいる私の自立のヒントになればいいと思って聞きます。

ビーナス・イラガン　アジア太平洋ブロックには現在二二のDPI加盟国があります。加えて、新しく四カ国が加盟を承認され、そのすべてが太平洋の島々です。ですから、この地域におけるDPIの優先事項の一つは、自立生活の考え方を推進することだと思います。これが成功するか否かは、もちろん障害者や国が、それを維持できるかどうかによって決まります。

つまり、私自身の理解では、自立生活は建物を意味するものでも、センターを建設して建物にお金を使うことを意味するものでもない、ということです。要は、コンセプトを発展させられるかどうかです。最も実行可能な方法、自国の文化や自分の好み、そして自分の経済状況に最も合った方法で、機能させることができるはずです。

参加者　つい最近、東京で自立生活センターを立ち上げました。DPIの一番の目的が、自分の意思で自分の人生を選択し、組み立てていくのが望ましいということに反対することは何もないんですが、重度の知的障害、重複障害、日常生活に介助が必要であって、なおかつ意思がうまく発せられない人たちの自己決定という部分を、どのように考え、支援されているのでしょうか。自立生活センターでは、親の意見でサポートしていくのか、それとも本人の意思を引き出すような手法なり、考え方があるのか、その辺をお聞きしたいと思います。

リネー・ラトラッジ　現在の職に就く前、私はアメリカと外国の両方で、障害者の雇用に関する仕事をしていました。私たちが知っているのは、重度の障害者をもつ人も、自分たちの選択を表現することができるということです。あなたや私と同じやり方でコミュニケーションをしてはいないかもしれませんが、彼らは自分たちの選択を伝えることができるのです。難しいのは、その選択が何であるかを理解するための方法を見つけることだと思います。それは家族から得られることもあります。もっと多いのは友人から得るケースです。それはその人を学校や、地域で、おそらく隣人として以前から知っている人たちです。仕事や教育、そして将来に関して、その人がどのような選択をしたいのか、わかるのです。また、障害の程度にかかわらず、一人の人と共に過ごせば、その人が好きなものや嫌いなものをわかるようになります。一緒にいれば、その人が何に興味をもっているか、知ることができます。また、技術や拡声装置など様々に利用することもできます。重度の知的、身体的またはコミュニケーション障害の人と共に働く場合でも、そうした情報を得る方法がたくさんあります。

参加者　女性の発言者と司会者に質問があります。パキスタンでは、女性が仕事や娯楽、その他の必要のために家を出ると、その女性は汚名を着せられます。そのような国で、どうやって自立生活を推進していきますか。

ビーナス・イラガン　私はパキスタンの状況についてては知りませんが、私の出身地であるフィリピンについてなら話せます。フィリピンでは、障害者を自立して暮らさせるために家族から引き離すという意味で、自立生活について話すと、あまり簡単にはいかないでしょう。私たちの国では、家族の絆がとても強いからです。フィリピンのような国では、家族に障害者がいたら、その子どもが成長するか、自分から出ていくまで、面倒を見るのが義務であると考えられています。ですから、その人が自立生活センターを通じて他人に面倒を見られることを家族が許すということは、家族にとって恥なのです。その意味では、自立生活を成功させるのは難しいかもしれません。しかし、私たちが行っているのは、自立が可能ならすぐにも自立を勧めるとか、あるいは家族がまだその人の面倒を喜んで見る意思があり面倒をみられるのに、それでも自立を勧めるということではない、と説明することです。

コンセプトがうまく機能するかどうかなのです。つまり、自立するための能力を開発するというコンセプト自体は、非常に良いものなのです。しかし、一つの国で効果的な優れたコンセプトあるいは基準が、必ずしも別の国でも機能するとは限りません。ですから、そこで、自分たちのニーズ、自分たちの文化的要件に合わせて修正を行うのです。

リネー・ラトラッジ　私が学んだことは、まず自分の文化を尊重する必要があるということです。それは、自分の幸福のために欠かせないことです。障害に対する否定的な見方が強い文化圏にいる多くの障害者にとって、それは大きな問題を生み出します。また、依然として非常に複雑な問題だと思います。それに対する単純な答えはないと思います。しかし、女性が他の女性と話ができるということ、自分たちの生活する場所の文化的しきたりに逆らわないような形で、自分の文化の中でうまくやっていくための戦略を学ぶことはできます。

リーダーシップ開発プログラムに人々が参加するとき、私たちは自立生活の理念を参加者に話し、それから自分の出身地域において、どのようにそれを実行するのか考えるよう要求します。彼らが学んだことを、地元に持ち帰り、効果的に利用するにはどうすればよいのでしょうか。私たちは彼らに、帰って自分の住む場所の文化を変えろとは要求しません。まずは文化に順応し、そしてその文化が自分たちの将来に合うように仕向けていく方法を見つけるように求めるのです。

オウモウ・ガコウ　私自身の考えでは、自立を望む女性について、その夫と話し合う必要があると思います。家族の中で、特に夫との話し合いが必要だと思います。

中西正司　もう少し歴史的に自立生活センターができた背景を考えたほうがいいと思います。農村社会の場合、我々障害者は地域の中にいて、隣の人が介助をやってくれるとか、洋服を着せ替えてくれるという関係がコミュニティとして存在していました。そのような農村社会、大家族制の社会の中では、自立生活センターがなくても地域の中で暮らせるうちはかまわない。ただ、その人たちが自由に外に出て、本当に家族に遠慮なく人生を送れているかどうかということになると話は別で、本当の意味では人生を享受できているとは思えませんね。これは割と古い状態で、生きていく上では問題ない。ところが次の段階で、農村がだんだんなくなって、工業社会に突入していく。今アジアでは、だんだん工業社会に突入していって、労働力が都市に集中して、大家族が崩壊していく。

コミュニティが崩壊するわけです。そうするとコミュニティでケアを受けていた障害者たちは、専門的な施設に放り込まれるわけです。そこで、PT（理学療法士）、OT（作業療法士）、ソーシャルワーカーとか専門職が生まれてくるわけです。そうすると、今まで地域で総合的に提供されてきた介助、医療的なこと、それから食事のケア、洋服を着せるとか、そういうこと全部がバラバラに解体されていくわけです。ホームヘルパーが服だけ着せる、PT、OTはそれぞれの仕事をする、一人の人格がバラバラに分裂させられ、サービスを受けさせられる。こういうふうな施設主義に入ってくる。

でもやっぱり施設は良くないということで、今度はCBRと言って、地域の中に専門家たちが入ってくるわけです。本来農村社会ですべてが一体化されていたのが、バラバラにサービスが提供されるコミュニティが形成されようとしている。これが非常に良くない。地域で暮らす場合に、総合的なサービスの相談機関、介助サービス、移動手段、それを提供できるのは、当事者の自立生活センターだけです。相談できる家族もいなくなった障害者、分離されてバラバラにされてしまった障害者は、もう一度、団体をつくって、お互いにエンパワメントしながら、コミュニティの中で生きていく方策を探り合わなきゃいけない。それが自立生活運動を地域の中につくる理由です。最終的に自立生活センターをつくらなければ、施設収容にさせられていくようなきわどい所に自分たちがいるということを、もう一度自覚してほしいと思います。

参加者　自立生活サービスを、自立生活センターを設立せずに提供することは可能ですか。つまり既存の組織が自立生活のコンセプトに従ってサービスを提供することは可能ですか。

中西正司　我々は、モデルをまずつくらなければならない。そんなことは不可能だろう、重度の障害者がタイで暮らすのは不可能だし、パキスタンではそんなことはできないだろうというふうに、皆、行政も市民も障害者も思っているわけですから、そこで自信をもたせてやらなきゃいけないんです。最初のセンターはモデルですから、大勢を介助しなくてもいいし、大々的にやらなくてもいい。小さなレベルでいいから、これが自立生活センターだと、パキスタンでもこんなものはできるじゃないかというモデルを提示してほしい。それを新聞や専門家や学者に伝える。障害者には、自立生活プログラムはこんなに素晴らしい、こんなに皆が喜んで自立生活できるようになるんだということを伝えていく。そういう広告のために第一号はできるべきです。コミュニティベースのものですから、本当に市単位で一個ずつつくっていく地道な作業です。国レベルで、これを一挙にやろうなんて思っちゃいけない。自分たちが個人の力でできる範囲でやっていくということでかまわない。そのためなら、ＤＰＩのアジア太平洋ブロックは、経済的援助も、技術的援助もするつもりです。

参加者　シンガポールの状況は、ここで今まで話してきたものとは少し違います。自立生活センターはありますが、センターは居宅介護を提供しません。障害をもつ来訪者に毎日自立生活のトレーニングをし、家でできることを教え、親、家族、介護者が、移動、用便、着替えをどのように助けられるか理解するのを手伝うデイサービスを提供しています。介助者が同居して面倒を見るようなモデルはまだ完成していません。私たちはそのようなモデルを考慮しています。しかし、過去数年間に私たちが力を注いでいるのは、私たちの組織の自立生活センターにおいて障害者に日常生活の活動について教えることです。私は、誰もが異なるモデルをもっていると思います。それは文化により違うものなのです。

参加者　自立するには、ちゃんとした仕事、一般企業で働けるところを探したり、働いたお金と年金とを合わせて生活をして、そして自立生活センターをつくる方法をとったほうがいいと思うんですが、どうでしょうか。私は視力が悪いので、授産施設に行っています。新たに仕事を探さなければなりませんか？

中西正司　自立生活センターは一つの運動体であり、サービス事業体です。その中で、仕事として十分に雇用の場が確保されています。僕のセンターですと、二〇人の職員がいるうち一〇名は障害者です。それぞれみんなフルタイムの給料をとっています。ですから、自立生活センターの障害者雇用率は五〇％を超える、非常に優秀な企業です。今、それぞれの自立生活センターが介助サービスを提供するようになって、事業規模五千万から一億円というセンターも珍しくなくなっています。

うちのセンターは知的、精神、視覚、聴覚、すべての障害者が雇用されていて、その人たちがピアカウンセリング、自立生活プログラム、介助サービスのコーディネートに当たるようになっています。ですから障害者は自分たちで、自分たちのサービスをやりながら、しかも給料がとれるようになっています。

参加者　中西さんは、ＣＢＲとＩＬ運動が対立するというようなことをおっしゃったかと思います。私がショックだったのは、ＣＢＲをつぶして下さい、と言われたことです。ＩＬ運動の中で、ＣＢＲは取り込んでいけるのではないかと思うのですが。

中西正司　ＣＢＲについては、世界中にモデルがありますけど、本当に障害者をエンパワメントできたモデルは一個も存在しない。実際に今、CBRが必要だというのは、地域にリハビリテーションセンターがないところで、医療にかからなきゃならないという障害者の現状があるわけです。リハビリテーションを全面的に否定するわけではないです。僕もリハビリテーションを受けて、ここに出てきているわけですから。ただリハビリテーションというのは、WHOの定義によって期間と目的を限ってのものだ、永久にリハビリテーションをやってはいけないんだという定義を、DPIの提案で入れたわけです。それ以来、リハビリテーションというのは、一定程度、自分の最大限身体能力の開発が終わったら、医療からの解放が行われるわけです。解放された人たちが、さらに地域で、医療関係の人たちの下で生きたくはない、自分の自己決定によって生きたいというときに、医療モデルが我々に押しつけてくる管理や保護が非常に迷惑なわけです。

CBRに関しては、自立生活センターの中で取り込んでいけばいいんです。自立生活センターで必要とするときに、必要な期間だけのCBRのサービスを、自立生活センターの中で障害者が中心となってやって、必要なくなったらすぐに放り出すというような道具として使えばいいんであって、CBRセンターがあって、そこに自立生活センターが参加していくというのであれば、CBRのほうに吸収されてしまう。絶対に力関係として負けます。

今、CBRのRを外そうという考えをWHOはもっているんですね。WHOのCBRの専門官は、Community Replacement Serviceとか、Rを使った別の言葉に代えてやればいいだろうと提案をしているくらいで、リハビリテーションが中心になることは、学者やWHOも否定し始めている。僕の言っている方向に今後は流れていくだろうと思います。

トッポン・クンカンチット　私は自立生活のコンセプトを全面的に支持します。自立生活のコンセプトを推進するために努力を続けるつもりです。自立生活のコンセプトは何か、そしてどのように実行すべきかについて理解させるために、リーダーをもっと教育すべきです。日本でも、日本の人たちを指導するための教育がもっと必要だということがわかります。ですから、発展途上の国の人間として、帰国したら、一生懸命に活動します。自立生活の実現を、全面的に支持します。

10月16日午前

生命倫理

遺伝学と差別

司会者：ディナー・ラトケ（ドイツ）
発表者：グレゴー・ウォルブリング（カナダ）
安積遊歩（日本）
マイケル・スタイン（アメリカ）
ジャン・ルーク・シモン（フランス）

遺伝医学と障害差別 ………… グレゴー・ウォルブリング

遺伝学と障害について、どこで差別が生じているのか、一つの枠組みを提示したいと思います。まず、私は差別を細胞、受精卵、胚、胎児等それ自体ではなく、その特徴に関連付けられることと定義しています。この点は非常に重要です。なぜなら、法的枠組みの中で扱われる差別は、「パーソン」[1]と関連があるからです。では仮に、障害に関する条約が制定されたとしましょう。「パーソン」に繋がる概念を使って法律家が条文をつくるのならば、障害者は生存する権利を自動的には付与されないでしょう。あなたが本当に、障害者としてあなた自身を防御したいと思うのならば、この差別についてまず議論する必要があります。

「ヒトゲノムと人権に関する世界宣言」（一九九七年第二七回ユネスコ総会採択）の第六条では、「何人も、遺伝的特徴に基づいて人権、基本的自由及び人間の尊厳を侵害する意図又は効果をもつような差別の対象とされてはならない」としています。表面上は、悪くありません。問題は、この条項の意図は何か？　ということです。あなたを排除しようとする人々はその意図を語ったりはせず、別の話題に切り替えてしまうのです。

「人権と生物学・医学とに関する協約[2]」の第十一条は差別禁

止に関するもので、個人の発生に基づくいかなる差別も人間（パーソン）に対しては禁止されています。ここでも「パーソン」という言葉が使われています。生命倫理においてさえ、新生児を「パーソン」とは見ていません。「パーソン」とは、認知能力と結びついた概念で、「パーソン」となるには、ある一定の能力を備えていなければなりません。ダウン症の人は、その認知能力が一定のレベルに達していないため、ここでいう意味での「パーソン」ではないということになります。

現代の自由主義的な人工妊娠中絶法は、妊娠の一定期間に行われる堕胎を禁じていません。時期で区別しても、胎児の状態が急に変わるわけではないという議論においては、とりうる可能性は二つあります。すなわち、中絶に反対するか、新生児殺しを許すのか、ということです。これは、ピーター・シンガーの議論です[3]。人工中絶の権利を求めるなら、新生児殺しを容認しなければならない、と彼は女性に訴えました。このような議論は、女性を憤慨させると思うかもしれません。ピーター・シンガーは、「パーソン」を人間としての完全なモデルができ上がった状態ととらえ、人格の形成は生後三〇日前後であるとして議論を展開しているのです。従って、彼にとって出生のプロセス自体は、踏み越えるか否かの境界線ではなく、人格をもつか否かなのです。

障害者の権利条約を成立させたければ、このことを考慮しなければなりません。なぜなら、条約の内容はどれも「パーソン」に関するものだからです。

では、差別の話から始めましょう。「人権と生物学・医学に関する協約」第十四条、第十一条において、遺伝に基づく差別を禁じています。第十四条では、子どもの性を選択することは原則的には禁じるべきだとし、性別を選ぶための医学の助けを借りた出産は許されてはならないと規定しています。ただし、性に付随する遺伝的疾患を防止できる場合は、この限りではありません。これは明らかに差別です。このように、国際的な文書には明白な差別が現れています。ただし、数多くの国は国内法において性別の選択を禁止しています。ドイツ法、アメリカのペンシルベニア法でもそうです。カナダにおいても、バイオテクノロジー法に含まれています。インドもそうです。

あなたは、性別の選択と障害の選択を区別することができるでしょうか。性別の選択に関する議論を見ると、あらゆる議論がされています。例えば、性別の選択は女性に対する否定的な見方を強めることになる、あるいは惨めな人生を送ることになるので禁ずるべきである、といった議論が展開されています。つまり、障害を論ずるとき使われる議論がすべて使われています。例えば、同性愛者になる遺伝子を発見するべきではないという議論があります。同性愛者は、違うライフスタイルをもつ人々であるという理由です。この議論をする人々は、この種の遺伝子発見は同性愛者の社会での孤立を招き、排除されると言うのです。しかし、同性愛者を擁護する人が障害者に対しては、同じ議論は当てはまらない、なぜなら障害は医療上の問題であるから、と言うのです。

同じ枠組みを使って、「医師の過失による不法な出生(wrongful birth)」の訴訟について考えてみましょう。これは、障害児の母になるという負担を負わせたことに対して、開業医や病院、遺伝子検査を行った人を訴えるのです。もしそれが認められるのであれば、ハーレムで子を産む、あるいは人種差別的な白人の国で黒人の子どもを産むという負担を負わされたとして、提訴していいことになります。このような訴訟は、決して認められません。これは、障害を医療上の問題であるとして扱うために正当化されるのです。「医師の過失による不法な人生(wrongful life)」も同じです。これは、子ども自身が生まれたことを訴えることです。こちらのほうが、前者の訴訟よりましです。少なくとも子どもは、自分に合わない社会に生まれてきたという理由で、医療モデルではなく社会モデルに基づいて訴えることができるのです。問題なのは、この「wrongful birth」の訴訟が多くの国ですぐに禁止されたにもかかわらず、あちこちで提訴されているということです。

南アフリカの例を引用したいと思います。「議会が認めているように、そしてほとんどの理性のある人なら同じように同意するであろうが、両親、家族そしておそらく社会のためにも、胎児が重度の障害者として成長し、その扶養と福祉を担う人々に対して深刻な経済的および感情的問題をもたらすことになる場合には、そのような胎児の出生を許すべきではない」と裁判長が述べました。これは、「wrongful birth」として提訴した訴えが認められた一九九六年に下された判決です。そして、私たちは今日、この問題についてもっと議論する必要があると思います。

ひとり一人がかけがえのない存在——自分と同じ障害をもつ娘を産んで……………安積遊歩

私は東京・国立市の自立生活センターの代表をしています。地域で障害をもつ人々が生きるための様々なサービスを提供しています。その中でも、遺伝学、バイオテクノロジーおよび遺伝子工学が、私たちの意識に大きく影響を与えていることを実感しています。新聞やテレビのニュースでも、出生前診断や遺伝子操作、クローン人間という言葉をしばしば耳にします。人間の命を操作することができる時代になったのです。人間の命を選択し、操作できるということで、私たちは大変な現実を背負わなくてはなりません。

私は約六年前、私の障害が遺伝した女の子を出産しました。私の障害が子どもに遺伝する可能性は二分の一だと言われていましたので、担当医の選択を誤ってはならない、と思いました。そうしなければ、産むなと止められてしまうと思ったからです。実際、養護学校の後輩は三人、医者や家族によって中絶を強いられています。これはもちろん、法に基づき実施されたのではなく、法の枠組みの範囲外で行われたことです。「障害児が生まれるのはかわいそうなことだから産むな」という人々の意識が、私たちに中絶を強制するのです。

ですから、丁寧に医者を選び、私と同じ障害をもつ娘を産みました。もし私の親が生きていたら、間違いなく反対したでしょう。私の障害は、多くの骨折を伴うため、子どもの頃は両親にとても苦労をかけました。自分たちの孫が娘と同じ苦しみを味わうのは、彼らにとって耐えがたいと思うに違いありません。でも、私はそれ以上に両親に愛され、障害ゆえに差別されるより障害ゆえに愛されたこと、得た人生の可能性があることを知っていました。ですから親が生きていたら、きっと最終的には納得してくれたと思います。何が言いたいかといいますと、人々の意識は存在によって変えられるということです。存在することで、まわりの環境を変え、人々の意識を変え、自分たちの存在はいかに素晴らしくかけがえのない存在かを伝えてきました。

担当医がとても信頼できる医師だったので、出生前診断をあえて拒絶しませんでした。そして私は、自分の娘が障害児かどうか知る必要がありました。もしそうであれば、私の子宮の中で骨折する可能性があったからです。それで私は、超音波検査を受け、娘が障害児であることを知っていたことは、その後の妊娠期間をさらに注意深く生きるということでした。障害をもつ自分の子どもを、障害をもつという理由一点でさよならしたいとは思いませんでした。それは、障害者運動で闘い続けてきた歴史があったからだと思います。私は自分の命がどんなに豊かで、自分を変えていくのに自分の体が必要なものであると知っていましたから、娘にとっても障害のある体は大事な体であると知っていました。

妊娠中、私は周りの人々から、出産するなと言われたくありませんでした。幸運なことに、私の周りには一人もいませんでした。残念ながら、姑だけは、孫が障害児となることを心配し出産するなと言いましたが。

障害をもつ子を受け入れようとするときに、何が重要な問題かと言いますと、「障害児は生まれてこないほうがいい」という意識です。なぜかというと、圧倒的に助けがないからです。助け合うことこそ人間の基本的な行動だということを意識付けていけば、そういう関係性こそが人間として大事なことなのだとわかれば、人は変わります。私が出産した日、姑は私に会いに来てくれました。

そのときまで、私は優生保護法撤廃という運動を続けていました。日本にも、障害児は「不良な子孫」である、という第一条をもつ非常に差別的な法律がありましたが、一九九六年、母体保護法に改正され、「不良な子孫」という言い方が削除されました。しかし、世界各地において、遺伝学では、命の尊さを問わないところで動いているからこそ、生命倫理の必要性があると思います。日本でも、優生保護法は廃止されたにもかかわらず、胎児条項、障害をもつ子どもの中絶を許可する条項の追加を求める動きがあります。そしてそれを主唱しているのは婦人科医です。

これを、どのようにすれば変えていけるでしょうか？　私は、産婦人科医より、小児科医のほうが障害児に寛容だと聞きました。産婦人科医は、産んだ瞬間、父親と母親の悲しむ姿でしか障害児を知らず、その後のことを知りません。小児科医は、涙も笑いも、障害児と暮らす家族の様子を知っています。だから命を否定しないですみます。これは医者との関係性が大きく関わってきます。ですからぜひ、皆さんも、障害児を産んだときには、産婦人科医に、その後の素晴らしい生活を報告してあげて下さい。

最後に、優生保護法の改正案を提出する段になったとき、一九九四年、カイロでの人口と開発世界会議に参加し、優生保護法がいかに差別的であるかを発言しました。車いすに乗った女性の発言者は私だけでしたので、おそらくとても目立ったのでしょう。私は多くの国の報道陣からインタビューされました。長年の女性団体や障害者団体の運動の結果、優生保護法は改正されましたが、私が世界へ向けて発言したことも少なからず力になっていることも確かです。ですから、発言することの大切さを、ぜひ皆さんにお伝えしたいと思います。私たちはどんな小さなことでも、障害のない人、障害をもつ仲間に対して、自分はどう考えているか、この会議で得た情報をもち帰ってたくさん発言していってほしいと思います。

アメリカにおける遺伝子差別を理由とする雇用差別……

マイケル・スタイン

今日は、雇用場面での遺伝子差別と障害者差別が類似しているということをお話ししようと思います。つまり、人々がＡＤＡ（障害をもつアメリカ人法、一九九〇年制定）を使って、遺伝子差別からの擁護を要求するようになった過程をお話しします。

遺伝学は、国民の健康を向上させる比類なき手段となるでしょう。その一方、予言的な遺伝子検査の結果、前例のない悪影響が生じる恐れもあります。また遺伝子検査の結果、統計に基づく予測を理由にして差別や失業、その他の影響が生じる恐れもあります。

ここでは、雇用に絞って考えてみたいと思います。実際、遺伝子差別が実際の生物的欠陥そのものもターゲットにしていると考えている人々が、特に雇用者の間で増えています。とりわけ遺伝子的多様性は重要な違いとなり、それによって特定の人々を低い社会的地位へと振り分けることが正当化され、そして機会の不平等もまた正当化されるかもしれないのです。例えば、ペンシルベニア大学ロースクールの学部長が著名な法学教授と共著で「遺伝子嫌いの人々よ——遺伝子差別のどこが悪い？」という記事を最近発表しました。このタイトルは疑問符で終わり、言い切っているわけではありませんが、遺伝子差別を効率性という見地から擁護した記事です。遺伝的疾病傾向を「不幸」にも受け継いだ人々を保護することによって、私たちは過度に彼らを優遇しているため、それは望ましくないというのが彼らの主張です。遺伝的疾病素質をもつ人々は、非生産的で、社会的な価値がない人々であるので、彼らがその欠陥を雇用主や組織から隠そうとするのを許すべきではない、と言っています。

私たち障害者は、このような議論を、実に頻繁に耳にします。障害をもつ労働者は、実証されることなしに、また、実際に調査されることなしに、なんの証拠もなしに、障害をもたない労働者に比べて生産性が低いと見なされ、常に特殊な施設を必要とすると見なされます。そしてこれらの施設の管理には往々にして多大なコストがかかります。

障害をもつ労働者を除外することは、経済的に理にかなった、正当な手段だと見なされています。皮肉にも、障害をもつ労働者は、ADAに基づいて起こされた雇用差別訴訟では、敗訴する割合が九五％という驚くべき高さです。雇用訴訟やその他の差別訴訟の障害者の集団は、暴力行為で投獄され、連邦法で裁かれる容疑者よりも高い割合で敗訴している唯一の集団です。そして、アメリカ最高裁判所は、ADAを無効とする、信じがたい判決を何度も下していますが、EEOC（雇用機会均等委員会）は、ADAに基づき、遺伝子差別を理由とする雇用差別を防止しようとしています。

差別を禁止する連邦法および州法のどちらも、多くの理由で効果的です。特にADAでは、障害を三通りに定義しています。米国での身体的・知的機能障害とは、日常生活において、一つあるいはそれ以上の活動が、大幅に制限されること。そして、障害の過去の記録、病歴をもつこと。そのような障害をもつと見なされること。三番目の定義は、現在は機能的には障害者ではないけれども、遺伝子的疾病素質をもつ人に関するもので、彼らに対する遺伝子差別を防止しようとしています。

実話を例にとってみましょう。テリー・サージェントという黒人女性は、アルファ・ワン・トリプシンの病歴をもつ家系に生まれました。彼女の兄が三七歳で亡くなった後、彼女は医者の診察を受けて、この遺伝子をもっていると診断されましたが、呼吸数の減少など、機能障害の兆候は見られませんでした。しかし障害を予防するための治療として、医師は薬を処方し、これは年間四万五千ドルかかりました。彼女の雇い主はこの支出に気付きました。彼女に潜在的な障害が見られたからではありません。彼女に支給された保険金の額が目に留まったのです。そして彼女は解雇されました。彼女の職場での仕事は常に高く評価され、批判されたことはありませんでした。そして、この遺伝的「病気」を理由にして、彼女が健康を害したことは一度もなかったのです。

ここが、権利擁護について私が問いたい点です。彼女は、ADAを根拠として何度も訴訟を起こしました。権利擁護に関して、私が皆さんにお伺いしたいことは、障害者の権利を擁護するとき、私たちは、遺伝的疾病素質をもつ人々を、障害者に含めるべきかということです。それによって、私たちの取り組みは「本当に擁護されるべき人々」を引き離し、擁護されるべき集団があいまいになって障害者の主張を弱めることにならないでしょうか。あるいはそれは、今後、障害者差別禁止を保障していく可能性を、増大することになるでしょうか。

この疑問に対する私の答えとして端的に申し上げるなら、平等の原則に基づいて、人種や性別に基づく差別への擁護と同様、遺伝子差別からも人々を擁護していくことを提案します。つまり、遺伝子情報ではなく、遺伝子特性に基づく差別から人々を擁護していかなければならないからです。

新優生学的傾向の強まるなか、私たちはどんな社会を望むのか……………ジャン・ルーク・シモン

優生学的あるいは遺伝子の特徴に基づいて差別される傾向が、最近特に顕著になってきました。ヨーロッパでもこのような傾向があるため、DPIの活動が非常に困難になってきています。

ヨーロッパでは、この問題について、二〇〇〇年から二〇〇一年にかけて、話し合いがもたれてきました。多くの国から代表者が集まり、遺伝子の特徴に基づく差別について、話し合いが行われました。何が危険なのか、何が問題なのか、そしてとるべき防止策について、まず定義する必要がありました。遺伝子治療、その他の医療上の手段は向上しており、今後、障害者を除外しようとする傾向に立ち向かうことは非常に困難になるでしょう。障害者は、社会において不利な立場にあるのだから、いっそ社会から排除すべきだというのが、正当化に用いられる議論です。

私たちは、自分の障害に対して補償されるのでしょうか？私たちは障害者であるという事実により、障害者であることの社会的な結果として、損失を招いているのでしょうか。これはごく正当な議論です。人は誰でも、障害者となる可能性があります。私たちは、形式上の障害者なのではありません。私たちの障害は、私たちの社会的な関係の中から、そして私たちの社会的な立場から必然的に生じた、直接の結果なのです。

人類に確実に幸福をもたらすとされる卵子と精子が選択されています。このような動きの中から、人間に均一の基準を適用しようとする傾向が生じます。ベートーベンやルーズベルト、またスティーブン・ホーキングは、彼らの両親が受精卵を選ぶ権利を与えられていたら、生まれてもいなかったかもしれません。

もし私たちが、このように違っていなかったら、と考えるとどうでしょうか。そのような社会は、豊かな社会には見えません。ヒトラーは健常者でした。彼には腕も脚もありましたが、彼は独裁者でした。彼のような独裁者は、その誰もが健常者として生まれましたが、社会に悪をもたらしました。従って、どのような人が幸せになるかを、予測するのは不可能なのです。では私たちはなぜ、見かけや外見だけで、選別されなければならないのでしょうか。

生まれた子どもが、将来アルコール中毒患者や犯罪者になるかもしれません。大人になって犯罪者になるか否かという基準で、子どもを選別するのは不可能です。誰もが欠点をもっています。それは、身体的、精神的、あるいは認識的な欠陥かもしれません。障害をもっているのは、私たちだけではないのです。誰もが障害をもっています。健全な精神状態で幸せに生きることができなくて、失望している人が数多くいます。一方、障害者であっても、幸せに生きることはできるのです。

それでは、どんな社会を築いていけばよいのでしょうか。私たちが議論しなければならないのはこの点です。私たちの生活の質は、社会との相互作用によって決まります。私たちが障壁のない社会に生きることができるかどうかが問題なのです。

経済的な側面についてお話ししたいと思います。政策決定者、および投資家の多くは、バイオテクノロジー、バイオ医学は、投資の対象として望ましい分野だと考えています。バイオテクノロジーへの投資が盛んに行われています。しかし、私たちの思い描く恩恵が、確実に現実のものになるとは限らないのです。テクノロジーに投資する目的は、その恩恵を人類にもたらすためです。今後は、障害をもつ人々に資する方面に、そして障害者の社会参加を促す方面に、投資してほしいと思います。私たちはこの点を、障害者の社会参加を促す方面への投資家に、訴えていくつもりです。

参加者　発表の中で指摘されたことに、私は恐怖を覚えました。自分が幸せになるために、私たちはすべての人が障害者になることを望んでいるのでしょうか？　私たちは、非障害者がいなくなればいいと思っているのでしょうか？　私がよくわからないのは、私たちは、治療するための医療にも反対しているのですか？

もちろん遺伝子工学は、使い方を誤ると危険です。しかし、医学によって、自分の子どもが障害児になる可能性が明らかになった場合、産むか産まないかを決めるのは私自身です。私は知る権利、そして決断を下す権利をもつことを、知っておくことは大切だと思います。従って、私たちが何をしているのかを明らかにするために、発言者の皆さんに予防と遺伝学の発達の違いについてご説明いただきたいと思います。

ジャン・ルーク・シモン　ヨーロッパでは、遺伝子について検査結果を知ることが許されていますが、それは、治療目的に限られており、差別や排除のためではありません。従って問題は、差別や排除がその根底にある場合です。

この問題の解決策は二つあります。一つは、科学を、障害や病気の治療に、あるいは可能な限り症状を緩和するために利用することです。もう一つの方法は排除することですが、しかし、これは解決策としては過ちです。現代では、後者の方法がより頻繁に使われています。

安積遊歩　先ほど申し上げたように、私は出産する前に超音波検査を受けましたが、出生前診断はなければないでいいと思っています。出生前診断があるために、私たちは選択を迫られます。フランスのシモン氏がおっしゃっていたように、排除されるから、遺伝子工学に反対なのです。はっきり言えば、遺伝学は必要のない学問だと、私個人は思います。

グレゴー・ウォルブリング　質問をした方に逆に、私から質問したいと思います。インドの女性は、女の子を産みたくないというときに、妊娠を中断すべきだと思いますか？　女の子を産むかどうかを、女性が決定すべきだと思いますか？

ジャン・ルーク・シモン　あるいは、白人と黒人の選択などもそうです。この二者間には大きな違いがあります。私の申し上げていることは、両親の選択の権利です。

グレゴー・ウォルブリング　つまり、両親がどのような子どもを産むのかを決めるのですか？　もし、男の子を産みたくなければ、産まない権利をもつのですか？

参加者　それは、また別の話です。男の子を産むことが重視され、女性が軽視されているならそれは問題です。法による介入が必要です。ここではそのことを問題にしているのではありません。

グレゴー・ウォルブリング　それを問題にしているのです。あなたは、女児と男児の選択ができなくてもよいと言うなら、障害児だったらどうでしょうか。障害児を産みたいか否か、彼らのもっている差別観に従って、両親の選択が行われます。

参加者　それでは、障害予防を一切やめろとしたほうがいい。もはや予防しないと。

グレゴー・ウォルブリング　それは、予防が何かによります。

参加者　同じことです。なぜなら、あなたは何かを止めさせるために、介入しているのですから。

グレゴー・ウォルブリング　違います。これはそんなに簡単な問題ではありません。もしあなたが、障害を社会構造の中でとらえているのならば、異なった視点からとらえ直すべきです。障害をささいな問題として見るのなら、どのような選択も許されます。従って、選択について、もっとあなたと話し合わなければならないのです。

これは、世界中の様々な遺伝子カウンセラーを対象に行った調査の結果です。出生前診断が可能になった現代社会において、重度の遺伝子障害をもつことが予めわかっている子どもを世に送り出すことは、社会的に無責任な行為と考えられていることがわかります。南アフリカ、ベルギー、ギリシャ、ポルトガル、チェコ共和国、ハンガリー、ポーランド、ロシア、イスラエル、トルコ、中国、インドなどにおいて、このような考え方をする人が、五〇％以上います。また合衆国の小児科医の五五％、同じく合衆国の患者の四四％が、この見方を支持しています。

ヨーロッパでは、私のような人間は、超音波診断によって息の根を止められてきました。私のような人間の四〇％が、そのような仕打ちを被ってきました。それほど単純にはいかないまでも、一貫した態度をとる必要があります。私の理解するところでは、ＤＰＩは障害を、社会構造の中でとらえる必要があるとしているわけですが、あなたの考えは違うのですね。

ここに一つ例を挙げます。先ほどの遺伝子カウンセラーに対する調査です。妊娠中絶を促す圧力をかけるような情報を与えるかどうか、二分脊椎症、ダウン症、嚢胞性繊維症など四つの状態について、それぞれ国ごとに「中絶を勧める」と答えた遺伝子カウンセラーの数を示しています。結果は全く異なっています。何をもって重病とするかについては、国によって、その国民の合意している内容が違うのです。

マイケル・スタイン　遺伝検査結果が、科学的証拠としてではなく、社会的事実あるいは取り違えられた証拠として誤用されているということです。

嚢胞性繊維症の突然変異は、かつては八〇〇以上の遺伝子に見られましたが、現在では、ほぼ千以上になっています。

両親に対して、嚢胞性繊維症の検査結果に基づいて、中絶するか否かの選択権を与えるなら、私の関心は、選択の権利でも、何を選択するかでもありません。その選択が、何に基づいて行われるか、ということです。これら千の遺伝子のうち、そのいくつかが、実際に嚢胞性繊維症を発症するかわかりますか？　私たちにはわかりません。従って、私の関心は、それが使用される状況にあります。遺伝子は、あなたの中に潜在するものです。私たちが選択権をもっているなら、その選択は科学的な証拠や事実に基づいて行われるのか、あるいは、よくある意味の取り違えに基づくものでしょうか？

ディナー・ラトケ　ドイツでは、女性の障害者にとって問題なのは、子どもが欲しいか、欲しくないかだと言われています。子どもが欲しくないなら、あなたは中絶することができます。子どもが欲しければ、選択することは許されません。これは、治療とは全く関係ないことです。

参加者　カリブ海地域から参加しています。生命倫理と遺伝学についての討論が行われていますが、私の国では、そのような問題が問われることも、議論されることもありません。現状のままでいい、というのが私の考え方です。一人の女性が子どもを産もうと決心する。その子がどのような子どもでも、それが誰であっても、どのような障害をもっていても、肝心なのは、「子どもを産む」と決心することだと思います。そして、必要なことは、障害児のための社会保障制度を整え、障害児ケアに保健施設が関わっていくことだと思います。両親は、私の出生前に、生まれてくる子が盲人だと知っていたにもかかわらず、私を産むか否かという選択権をもたなかったことは、私にとって幸運だったと思います。

私が興味をもっているのは、生命倫理の問題です。それは、胚性幹細胞（ES細胞、あらゆる組織に分化すると言われる全能細胞）などの利用により状況改善が望めるという、クリストファー・リーブ[5]などが積極的に推進している運動についてです。この議論は、障害者にとって特別の問題を含む議論ですか？

マイケル・スタイン　幹細胞についてですが、これについてはグレゴーのほうが、私よりも詳しいと思いますので、彼にお任せしますが、一言。

例えば、大手の鉄道会社であるバーリントン・ノーザンでは、すべての従業員に遺伝子検査を義務付け、手根管症候群の素質を知ろうとしています。多くの優秀な科学者が証言するように、手根管症候群の症状が現れたとき、どの遺伝子あるいは異常が、その原因となったのか、また反復的ストレス異常を引き起こしたのか、特定することができず、また経験的な証拠も科学的根拠も見つけることができないのです。しかし、検査を提供する会社は、雇用主を説得するため次のように言いました。「この疾患を招く職種の従業員すべてに、当社の検査を受けさせることで、そのような社員を雇うことによる多額の保険料の支払い、その他の支出を、未然に防ぐことができます。当社では、そのような事態が生じることを、何よりも懸念しております」と。

あなたのご質問は、幹細胞の研究についてでしたね。それはグレゴーにお任せしたいと思います。

グレゴー・ウォルブリング　実を言うと、私は生化学者であることを時として苦痛に感じます。この新しい技術の一つの問題点は、民間の資金で、すなわち企業として運営されていることです。企業は財源を確保しなければなりません。政府の資金援助を得ようとすれば、大学で大仰な宣伝活動をする必要があります。従って企業は、財源を確保するためなら何でもあなたに約束して、これを提供しているのです。

胚性幹細胞も、またその他の幹細胞も、過大評価されていると思います。そして障害者をこれらの製品を売るための、感情的な人質のように扱っています。もし私の意見に反対すると言うなら、自分の足を撃ってみてはどうでしょう。いずれあなたを治療することになる最新技術、その開発を、必然的に支持せざるを得なくなるでしょう。私たちは、問題に対して純粋に医学的な解決策のみを提供しているのです。

さらに合衆国では、病気を治す技術がある限り、擁護される権利はもはや認められないという判決が最高裁判所では下されています。従って、実際に動く義足を使っている場合、機能的には問題がないのでＡＤＡの保障する障害者としての権利を認められなくなります。私もまた、他の皆さんのように治療するための技術を利用することを余儀なくされているのです。

そして、幹細胞についてですが、その議論には問題が多いと思います。それには障害者は関わっていません。関わっているのは、クリストファー・リーブのような治療のみを望む患者たちだけです。

参加者　スタイン氏に質問します。ある女性従業員が遺伝子予知診断の結果解雇された、というお話がありました。彼女は巨額の保険金のために「解雇」されたのですか？　第二の質問は、合衆国政府は、事業あるいは企業の経営が妨げられるような高額の保険金の支払いを助成するための何らかの対応策を施していないのかということです。

マイケル・スタイン　彼女の雇用主が、彼女が遺伝的疾病素質の持ち主であることを知ったのは、保険業者と話していて、一年に四万五千ドルも薬に費やすのか、と言ったときです。薬は一種類しかなく、それは、この特定の病気の診断に限って処方される薬です。彼女は、このような巨額な費用がかかる遺伝的疾病素質のために解雇されたのです。

次に、合衆国、そしてADAに関して言えば、理論上は、遺伝的疾病素質をもつ人々については、「……と見なされている」という言い方を適用すべしというのが、遺伝子差別問題への対応における雇用機会均等委員会の態度です。遺伝子差別に関して連邦法および州法で生じたことは、二極化されたということです。あなたの障害の程度が軽かったり、あるいは遺伝子をもっているだけという場合は、あなたは法の対象となりません。そして、あなたの障害が既に重くなっている場合、この時点においては、あなたは障害者であるだけでなく、あまりに高額の費用がかかることが問題になります。そして、テリーを初めとするその中間にいる多くの人々は、遺伝子に異常があるものの、まだ症状が外見に現れていない人たちです。仮に現れているとしても、障害がどの程度まで現れているのかは、見る側にはわかりません。

議会に提出されている法案があります。提出されたのはこれで五度目になり、今まで否決され続けてきました。この法案は、成立すれば遺伝子情報に基づく差別を禁じる法となります。連邦法および州法において、プライバシーの保護、すなわち遺伝情報に基づく保護、あるいは差別禁止の原則に則った保護を規定しています。しかし、情報に関する限り、情報を保持しようとすればそれを壁の後ろに隠し、誰にも見つからないようにするなら、それは実際には何の役にも立ちません。

参加者　まず出生前診断についてですが、障害児ができたとしたときに、妊娠・成長過程でどんな医療的・社会的サービスがあるのかを知っている両親は少ないと思います。情報が少ない中で、何を判断材料としたらよいのか、またその判断も親が決めてよいのか、質問したいと思います。

安積遊歩　まず、両親が決めてよいかということですが、今、その子を産みたいか、産みたくないかということを基本にするべきです。本当に欲しかったら、どんな子どもでも産むだろう、と。ただ、不妊治療を受けている人が、ようやく妊娠しても、胎児に障害が見つかれば中絶を自ら選んだり、強制されたりする現実があることは、情報のなさなどを実感します。

ジャン・ルーク・シモン　ヨーロッパの場合、妊娠期間中にある種の疾病が見つかると、まず両親がその問題を知ります。そして、両親は医師に相談します。そして両親は、同じ障害をもつ大人を訪ねていき、その人がどんな暮らしをしているかを実際に見ます。そのような行動をとることで、両親はこの問題に対処し、障害をもつ胎児を産むか否かの決断を下します。

グレゴー・ウォルブリング　自己決定に関する議論ですが、

まだ生まれていない子ども、あるいは未来の世代の将来について、両親はその子に代わって決定する権利をもちません。そしてこれは、非常に重要な点です。

参加者　一九九六年、優生保護法が改正され、新たに母体保護法が制定されました。しかし今でも、経済的理由による、あるいは暴力の結果などによる望まない妊娠の場合、この優生保護条項が適用され、中絶手術が許されています。

安積遊歩　胎児が重度障害をもつ場合中絶手術が許可されるというのは、産科婦人科学会等に要望書を出して、食い止めています。ただ、望まない妊娠というところで、重度障害児は望まないとされて中絶にいたるのではないかという思いはあるということですよね。ただ、女性が、妊娠したら必ず出産しなければならないのであれば、それは、女性に対して大きな負担を強いることになり、別の形の差別になるでしょう。

参加者　結婚して、子どもが欲しかったのですが、できないのでずっと悩んでいました。子宮筋腫の手術を受けたとき、私は自分の希望を伝え、子宮を取らずにすみました。現在人工授精を試みています。障害をもつ女として、子どもをもつべきか、もつことができるのか、どうしたらいいかわからなくなってしまうときがあります。一般的に少子化対策と言われていますが、生まれてくる子どもに障害があるなしにかかわらず、それをサポートする制度がほしいと思っています。

安積遊歩　私は娘を産みましたが計画的では全くありませんでした。障害をもつ女性は、女性であるということから差別されてきたので、余計に子どもを産みたいと思ってしまうかもしれません。でも子どもを産まなければならないとすることこそ差別で、子どもがいてもいなくても、私たちは充実した人生を送ることができます。

ですから、自分の子どもがほしいと思い込まずに、周りにいる子どもたちを愛したり、養子縁組などの可能性を考えてみてはいかがしょうか。自分の子どもをもつことに執着することこそが、遺伝学あるいは遺伝子工学の発展を支援することになると思います。

参加者　ＤＰＩでは、障害の研究に基づく障害の社会モデルという理念を採択しています。従って、当然のことながら、障害というのは社会的な概念ですが、その一方で障害は、社会の構成要素でもあります。従って、特定の社会において、特定の時点において障害と見なされることは、当然のことながら、全く異なる条件下では、障害とは考えられない場合もあるのです。

障害をもつ子どもを受け入れることと、例えば聴覚障害のような、ある種の障害をもつ子どもを意図的につくろうとすることの間には、はっきりした境界線があります。今年の初め、あるろう者の夫婦についての記事を読みました。私の記憶が正確なら、それはアメリカの夫婦で、ろうの子どもを産もうと試みていました。ろう者のコミュニティには、明らかに、非常に強い文化的結びつきがあるようです。ほとんどの社会において、ろう者の八〇％が同じろう者と結婚します。ウォルブリングさんと安積さんは、自分と似た子どもをもちたいと願う両親による、いわゆる障害の再生産のためにバイオテクノロジーを利用することに反対する立場にあると、理解してよろしいですか。

グレゴー・ウォルブリング　実際に、ある男性は、五代にわたるろうの家系に生まれ、子どももろう者になることを望んでいました。私はこれには賛成できません。また、精子バンク、卵子バンクといった、自分の子どもにある種の個性を加えるためのシステムにも反対です。どちらも同じ論理です。

両親は、自分たちが望む型どおりの子どもをつくる権利をもつべきではありません。これは子ども、あるいは子どもとなる胎児の自発的決定権に逆らうものです。

安積遊歩　娘もやはり私と同じ障害者でしたが、わざわざ障害児を産むために遺伝子操作は必要ないし、そうすることはばかげていると思います。障害児を産むため、あるいは産まないために医学を用いることは問題外です。医学は症状を改善するために、そして差別をなくすために利用されるべきです。

ジャン・ルーク・シモン　精子バンクの場合、白人夫婦であれば、黒人や黄色人種でなく、白人からドナーの精子の申出を受けるでしょう。そこにも選別があります。その点はどうですか。

グレゴー・ウォルブリング　私は精子バンクの必要性を認めません。なぜなら両親には、自分たちのイメージにぴったり合う子どもを選ぶ権利はないと信じるからです。それだけです。

参加者　二つ質問があります。様々な国で差別が行われていますが、ここでは差別禁止法を制定している国について質問したいと思います。差別禁止法が成立することによって、市民の考え方も変わるだろうと思いますが、誰もが障害者となる可能性を考える機会が増えたと思います。そのような法が成立したあと、中絶の件数が変化したのでしょうか。

ADAができて、医学の進歩に何らかの影響を及ぼしたのでしょうか？　ADA以外に、遺伝子差別に関する法を制定する動きがあると聞いて驚いたのですが。

グレゴー・ウォルブリング　ADAは中絶には関係していないため、ADAによる中絶件数への影響のようなものはありません。私に言えることは、障害に基づく胎児の中絶件数は、ADA成立後も減少しなかったということです。むしろそれは上昇したのです。それは単に、検査が前よりも受けやすくなったからという理由に他なりません。さらにアメリカでは、無料の妊娠検査は言うまでもなく、無料の新生児診断まであります。従ってADAは、これらの問題に対してなんら管轄権をもたないのです。遺伝子検査だけでなく、基本的にはバイオテクノロジー分野のほぼすべてが、ADAの適用範囲外です。

参加者　私は弱視です。私の母も弱視でした。そして父も視力が弱く、眼鏡をかけていました。母方の祖父もやはり弱視でした。弟も非常に視力が弱く、現在はマッサージ師として働いています。視力の問題に加え、健康な子どもが産めるかどうか不安でしたが出産を決意しました。この子もやはり視覚障害児です。私は、右目の手術を生まれてから通算五回受けました。そのような経験にもかかわらず、私は子どもが欲しかったのです。そして、発表者の方がおっしゃっていたように、私は選択することを選択したのです。

ディナー・ラトケ　私たちは、この分科会からの決議を採択する必要があります。何点かまとめてみました。

第一に私たちは「違うままでいる」権利があること。第二

に障害を根拠とする出生前選択は行わない、ということ。第三に、アジア太平洋地域のADAの制定。第四に、子どもの個性を計画する権利は、親には認められないこと。それから、これについてはうまく言えませんが、パーソンという概念は能力とは関係ないという点です。意見はありますか？

安積遊歩　お金を使う目的は、人間の平等、社会参加のためであるべきで、遺伝学の向上のためではないという点もあると思います。

マイケル・スタイン　会場の発言者の意見を軽んじるわけではありませんが、ADAをアジア太平洋地域に適用することは、全くの見当違いだと思います。簡単に申し上げると、障害あるいは遺伝子の個性を根拠として差別することはできない、と主張するための最善の方法は、ADAをモデルにするのではなく、アメリカで一九六四年に制定された公民権法をモデルとすることです。ADAに関して言うなら、それには数多くの欠陥があり、裁判や職場、その他の場面において、特にアメリカ最高裁においてほとんど効力を発揮していません。

ジャン・ルーク・シモン　最初の二つを一緒にすることができるのではないでしょうか。

ディナー・ラトケ　全面的に賛成します。私たちには違ったままでいる権利があり、障害を根拠とする出生前選択は行うべきではない。このような、感じでしょうか。それでは三点目として、パーソンという概念は能力とは関係ない、ということにしたいと思います。ありがとうございました。

注

1　このパーソンは、理性や反省能力をもち思考することができる能力を兼ね備え、人格をもつことを意味する。自己決定能力をもっていない人間は、ヒトであっても、生きるに値するパーソンではないというように生命の質を区別する概念として使われる。これをパーソン論という。

2　正式名称は「生物学と医学のヒトへの応用における人権と人間の尊厳の保護のための協約——人権とバイオメディシンに関する協約」一九九六年十一月十九日　欧州評議会の閣僚委員会で採択。第十一条〔差別のないこと〕遺伝的形質を根拠にして、いかなる形においても何人をも差別することを禁じる。

3　ピーター・シンガーは、パーソン論の立場から障害をもつ新生児の積極的安楽死を正当化する講演を一九八九年にドイツで行おうとしたところ、ドイツDPIを中心に反対運動が起こり講演は中止された。(シンガー事件)

4　wrongful birthは、障害をもつ子どもを出産した場合に、医師の過失がなければ子どもの出生を防ぐことができたとして親が損害賠償訴訟を起こす。これに対して、wrongful lifeは子ども自身が自分の出生は回避できたとして起こす訴訟。

5　頸椎損傷によって首下が麻痺した米国の俳優。

10月16日午後

生命倫理

生命倫理と障害

司会者：エンリケ・サルファティ（アルゼンチン）

発表者：ジャンピエロ・グリフォ（イタリア）

佐々木千津子（日本）

生命科学における障害の専門家は障害者自身……………ジャンピエロ・グリフォ

社会で障害者の現在直面している問題を、私たちは考えていく必要があります。障害者は社会から忘れられた集団です。それは、科学や技術、精神的な面からも排除されていると言えるでしょう。つまり、科学は、決して中立ではありません。

女性は現在、自らが選んで中絶できるということが法律に定められています。胎児の発育が不十分なとき、中絶を選択する権利があります。しかし、決定するのは誰でしょうか？私たちは、情報をもとに決定を下さなければなりません。しかし、子どもの両親が利用できる情報は限られているので、必ずしもあらゆる情報に基づいて判断されるわけではありません。おそらく機能障害をもつということは、説明をされるでしょうが。

この分野には、多くの専門家がいます。それは他でもない、私たち障害者自身です。従って私たちは、こういう状況に直面している親たちの相談役を務めることができるでしょう。

生理をなくされて……………佐々木千津子

私は一九四七年生まれです。ＣＰ（脳性まひ）です。母親に溺愛されて、女性なら誰しも経験する生理の世話を四年間母親にしてもらっていました。ですが、二〇歳になったとき、生理と子どもの関係を説明されずに、生理をなくされました。今から三十数年前のことなので、はっきりとはわからないのですが、とにかく、生理というものは面倒くさいものだということで止められました。そのやり方は、子宮に放射線を当てる、そのような方法だったと思います。

私は二一歳のとき、施設に入りました。施設の職員から「生理の始末ができなかったら入れない」と言われたと思います。その施設に入所している人たちや施設職員に「いいことをした」「私もやろうかしら」と言われて、私は激しく怒りました。なぜなら、私のように辛い思いをさせることはできないと思ったからです。ですが、二〇年近く「いいことをした」とまわりから言われ続け、私は「いいことをしたんだ」と思ってしまいました。

ある時、障害者のキャンプに参加して他の障害者に話したら、「それは明らかな障害者差別」だと言われ、「何が障害者差別なんよ」と聞き返しました。でも、その時は、いくら説明されても自分に何をされたのかぜんぜんわからず、そこから何度も話をされて、だんだんわかりました。その後、施設を飛び出して、自立生活を始めました。四年くらい経っていました。「そろそろ、話ができるんじゃないか」と、ある障害者に言われて、人の前で話をしました。私は、自分がされたことが何でもないように思えるのですが、まわりから「すごいことだ」と言われて、「何がすごいのかな」としばらく思っていました。

今でも母親に恨みをもっています。なんとかわかってもらいたいと思って、地元の広島で話をしようかと思っています。この会議が終わって帰ってでもやろうと思っています。

参加者 私には障害児の息子がいます。息子は生まれて半年で、重度の障害が発生する病気にかかりました。そこで息子を産んだ本当の母親は、彼の将来を悲観して捨てました。佐々木さんのお母さんとは違ったかたちですが、子どもの将来を展望できないことで、親が子どもの将来を考えられない、人生を捨ててしまうことが日本でもあると思います。

ジャンピエロ・グリフォ 障害者の命というものをどう考えるかという問題だと思います。ある人の命が受け入れられないのならば、その人の命は軽視されているということです。もし、相手の命を自分の命と同様にかけがえのないものであると考えることができれば、その命を奪うことはできないでしょう。相手もまた、自分と同じ人間なのです。それがはっきりすれば、すべての人が障害に対峙するようになるでしょう。

佐々木千津子さんの身に起きたことは、誰の身にも振りかかる危険性があります。昨年通過した法案には、不妊手術を許可する条項が含まれています。障害児を出産する危険性がある場合、不妊手術が許可されます。障害をもつ女性は、この法律に対する反対運動を起こしています。この法では、両親の同意がある場合、不妊手術を許可するとしています。しかしこれは、明らかに人権侵害です。

そしてこの法律では、個人あるいは女性の権利も保障されていません。「起こるかもしれない」という可能性を避けるための手術が行われます。これは、女性の保護ではなく、多様性の否認です。人々の多様性を守らなければなりません。

参加者（グレゴー・ウォルブリング）　カナダから参加しています。生命倫理については遺伝子検査だけでなく、安楽死も大きな議論を呼んでいます。遺伝子的検査の正当性と同じ議論が、安楽死の正当化についても聞かれます。障害者の生活の質という点から、いっそ障害者はいないほうがましだ、といった議論が正当化されているのです。カナダでは、両親が障害をもつ子どもを殺すという安楽死の事件が、毎月のように起きています。「生活の質」という前提条件は、遺伝子の分野に限ったものではありません。

例えば、ノーと言えない障害者を研究の被験者にすることの是非について、議論が交わされています。一方、安楽死の研究は、自己防衛できない、つまりノーと言えない人々を安価な研究対象として利用しているのです。このように、生命倫理は遺伝学分野以外でも、障害者にとって様々な問題を含んでいます。従って、皆さんが議論に加わることは大変重要だと言えます。

また、国際生命倫理学会が、発展途上国に進出しようとしています。西欧諸国では、この団体の活動が硬直状態に陥ってしまっているために、途上国で活路を見出そうとしているのです。つまり、途上国では活動に対する反発を感じることなく、研究を推進することができると考えています。途上国では、障害者は学究的世界やその議論に参加しにくいというのが現状です。ですから、遺伝子やこのような様々な問題の議論にかかわっていくことは、私たちの責任なのです。

参加者　青い芝の会（日本脳性まひ者協会）です。障害者の存在を否定するような法律ができるということは、個人の思いがあるということだけでなく、そのことによって国家の利益を考えるからだと思います。経済力が上がるとか、国家間の競争があるから、研究成果をあげることができれば儲かるのです。こういうことを考えているから、競争原理の中で障害者は邪魔者だという国家意識になるのではないかと思います。それが、「障害者はかわいそうだ」という一見人道的な個人的な感情にすり代えられていると思います。「完全な人間はいない」ではなく、逆に、「障害者こそ完璧だ」と言える社会がくればいいと思います。生まれかわっても障害者に生まれてきたいと思うような人生を送りたいです。

参加者 私は交通事故にあい、左手の指に障害をもちました。生命倫理について理解しているつもりですが、現実に自分の身に降りかかったとき、だいぶ考え方が変わってきました。私には子どもが二人います。二人とも筋ジストロフィーです。長男は四二歳です。次男は四〇歳ですが、昨年他界しました。長男は、ベッドで寝返りをすることもできません。一日中、ベッドで過ごしています。それでも、彼は生きる希望をもっています。インターネットを楽しんだり、俳句をつくったりしています。彼が入院している国立の病院は、十分なスタッフの人数が配備されていません。ですから、一週間に二度私たちが病院に行かなければ外に出しません、という言い方を病院がしてきます。私たち夫婦は七〇歳を過ぎていますが健康なので、一週間に二回病院を訪問し、年に二、三回、息子を家に連れて帰ります。もちろん、家では病院と同じレベルの医療サービスを提供することはできませんが、子どもが戻ったときは、一晩中起きて世話をします。私たちは、このような苦労をもう二度と経験したくありません。もしまた私の子ども、あるいは孫が生まれることになって、その子が障害をもつことがわかったら、私は、そのような子どもは産まれてほしくないと言うと思います。これが現実なのです。皆さんから反発を受けるかもしれませんが、この機に私の感じている気持ちをお伝えしたかったのです。

参加者 東京から来ました。私の友人のケースについてお伺いしたいと思います。彼女は結婚していて、配偶者は盲人です。医者から、子どもが生まれたら、一〇〇%の確率で盲児が生まれると言われ、子どもを産むのを躊躇しています。このような場合について、何かアドバイスをいただけますか?

ジャンピエロ・グリフォ いかなる状況下でも、障害児として生きることは、それほど悪いものではなく、ある状況では受け入れられることもあります。しかし、現実社会ではそううまくはいきません。あなたの友人のように選択の必要性に迫られたときには、実際にその障害をもつ人のところに行って話を聞いてみるのがいいと思います。視覚障害者の中には、筋ジストロフィーを併発している人もいますし、他にも実にたくさんの視覚障害者がいるのです。DPIの前議長も、筋ジストロフィー患者です。彼は人工呼吸装置を二時間おきに着けていました。それでも、彼は障害者の権利を主張し続けたのです。

前に発言された方に、車いすの生活も、それほど悪いものではありません。あなたの苦しみは、社会が、私たちを差別する社会がつくり出したものです。しかし、私たちは別の視点を、より肯定的、現実的に物事を考える方法を社会に指し示すことができます。私たちは、そのような考え方の実例となることができます。

参加者　私と姉は、姉妹で筋ジストロフィーですが、私たちはこの世に生まれてよかったと感じています。私は二〇歳を過ぎてから発病しましたが、そのときまでに両親から生きるための術を教えてもらっていました。だから、障害者になった今も、それほど苦だとは感じていません。両親も私たちを苦労だとは思っていないはずです。障害者として生きていることが苦労だと思ったり、あなた自身が子どもと一緒に生きることが苦労だと思うということは、あなたが、子どもに生きる術を教えられなかったからだと思います。筋ジストロフィー協会もほとんどは親の意見ばかりですが、人生を生きていくための生きる術を知っていれば、障害者として生きていくことは苦労だとは思わないと思います。私が子どもを産むことになっても、その子に生きる術を教えていきたいと思います。苦労か、苦労ではないかは、子どもに自己決定する力があるかないかだと思います。

参加者　兵庫県から来ました。前の方の発言は、私の考えとよく似たものでした。息子さんが筋ジストロフィーだと言う方の、息子に子ができたら生むなという発言がありましたが、なぜ、障害者である私たちが、大きな声で怒りを表さないのか。私たちの存在が否定されているのです。障害者はいらない、と言っているも同然です。むちゃくちゃです。体が震える思いです。この会議の場で、障害者の人権を否定した発言が出るなんて、夢にも思っていませんでした。

私自身も障害者です。私の妻もそうです。そして、共に障害者である私たちは、二〇年ほど前、子どもをどうするか何度も話し合いました。そして私たちは、たとえ私たちの子どもが障害者でも、私たちが生きてきたように子どもたちに生き方を教えてやればいい、という結論に達しました。そして女の子が生まれました。自分の経験を考えると、先ほどのお父さんのご意見には共感できません。彼の発言を一生忘れないと思います。

参加者　日本のある地方で、議員をやらせてもらっています。私自身も小児麻痺です。私は電動車いすを利用しています。でも、たくさんの人々に支えられて、地方議会の議員として積極的に活動しています。

先ほどのお父さんの発言は、ご自身の責任における発言のように聞こえるかもしれませんが、実は、もっと大きな目で考えてみると、政治の貧困がこういう家庭や考え方を招いているのではないかと思います。個人を攻撃するだけでなく、どうしてこのような考え方がでてきてしまうのか。それはサービスが不足している、行政の力が足りない、というところから考えていかないと単なる個人攻撃で終わってしまいます。

参加者　札幌から出席しています。私は知的障害者の施設で働いています。そして、佐々木千津子さんの経験と同じ事例を、私自身の目で見てきました。私は結婚したとき、遺伝的に障害児を出産する可能性が八〇％あると告げられました。主人と相談し、責任をもってその子を育てようと決めました。そして生まれてきた子どもには、障害がありませんでしたが、仕事柄、様々な障害をもつ子がいる家庭を見てきました。これは行政支援の欠如もその一因です。現実を申し上げると、公務員になるときには、三親等まで精神障害者あるいは身体障害者がいないかどうかをチェックされます。

先のお父さんの発言も、そして前の発言者のご意見も、私は両方とも理解することができるように思います。

参加者　神戸から来ました。私も筋ジストロフィーです。先の筋ジスの息子さんをもつお父さんが、息子さんの障害のために、苦労を数多くしてきたとおっしゃっていましたが、その苦労が純粋に病気のせいなのかどうか考える必要があると思います。私は、環境が筋ジスの人の生活を困難にしていると思います。

私の障害も進行していまして、夜間のみベンチレーターを利用しています。医者は私たちにできるだけ呼吸器を使わせないようにしています。呼吸器を使えば社会に積極的に出て行くことができるのですが、日本では、障害者・筋ジストロフィーの人間の社会参加について考えずに、筋ジスをなくす研究ばかりしています。まず考えるべきことは、環境です。病気としての悲劇よりも、環境からもたらされる悲劇のほうがウェイトが大きいと思います。一番の悲劇は、医者の方針に左右されて、自分の人生の質を自分で決められない環境にあるのだと思います。

参加者　私の国では第一義的なニーズばかりが重視されていて、生命倫理は軽んじられています。それは二次的な問題になっています。障害者が生活する際には、多くのジレンマに直面しています。途上国でこの問題に対処するには、どうしたらいいのでしょうか。

エンリケ・サルファティ　途上国では、障害者は多くの困難に直面しています。例えば、保健、教育などのサービスを受けることができません。就労もできません。私たちはこの問題に、どのように取り組んだらいいのでしょう。一般的に障害者の運動は、生きる権利、貧困状態の改善、生活の質の向上、多様性の擁護などに集中しています。これらが私たちの活動の中心だと思います。もちろんこれらに限定されるわけ

ではありません。問題は、これらの活動において、生命倫理を優先すべきか否かです。

ジャンピエロ・グリフォ　子どもを産むか産まないかという選択の問題については、世界中どこでも、子どもを産むか産まないかを決定するのは、その両親です。そして、この選択あるいは決定を行うための基準や必要条件は、国によって異なります。豊かな国では、子どもの数はそう多くありません。しかし貧しい国では、数多くの子どもが生まれています。ある国では、文化的、社会的あるいは経済的理由により、女児の出産を避けています。産むか産まないかという決定は、その社会の諸事情によって左右されます。

私たちが健康に生きる能力があるか否か、それを決定するのは社会です。従って、個人の問題ではなくなってしまいます。私が読んだある本の中に、国民全員が視覚障害者の国について書いたものがありました。しかし彼らは、健康な人にはない才能に恵まれています。彼らの社会は、彼ら視覚障害者自身が計画し、築き上げた社会です。この社会では、字が読めるか否かは何の意味もありません。従ってそこから派生する差別もありません。つまり、この社会には障害というものは存在しないのです。

従って問題は、社会の枠組みがどのようにしてつくられるのかということです。社会は様々な要因から構成されますが、多様性が認められているでしょうか。視覚障害者やその他の障害者を受け入れているでしょうか。このような観点から、私たちの取り組みを進めていかねばならないと思います。

障害者が、他の人と少し違う方法で何かすることが許されないということが問題なのです。両親が障害児を産むことにしても、もし社会からの支援があれば、両親の決断も変わってくるでしょう。私たちの理想とする世界とは、多様性が認められている社会です。途上国についても、同じことが言えると思います。貧困に悩む国の場合、障害者を支援することが非常に難しくなります。私たちはこれらの困難を受け止め、社会の枠組みに採り入れていかねばなりません。

参加者　生命倫理で問題となるのは、途上国や貧しい人々がその利点を享受できるのかということです。先進国に住む人々は情報を得ることができますが、私のように途上国に暮らす者は、薬や松葉杖その他多くのものを利用できないでいます。従って私が問いたいのは、何を優先するか、です。現代科学の恩恵を享受できない障害者が何百万人もいます。工場は貧しい人々を犠牲にして利益を上げています。私たちからこれらの企業に対して行動を起こさなければなりません。

ＤＰＩとして、私たちが訴えなければならないことは、貧しい人々も、様々な恩恵を享受できるようにしていかなければならない、ということです。

エンリケ・サルファティ　議論を通じて、私たちは多くのことを学ぶことができました。どうもありがとうございます。

10月17日午前

生命倫理

QOL（生活の質）の評価

司会者：デイビッド・リューベン（イギリス）

発表者：モニー・ペン／ソーハック・カニカ／（カンボジア）
星野和浩（日本）
マルティナ・プシュケ（ドイツ）
グレゴー・ウォルブリング（カナダ）

カンボジアにおける保健医療と障害者

モニー・ペン／ソーハック・カニカ／ビスナ・イ（発表原稿共同執筆者）……………

カンボジアにおける生命倫理およびＱＯＬ（生活の質）の評価の問題について述べさせて下さい。カンボジアでは、生命倫理は現在のところ大きな問題とはなっていませんが、いずれはそうなるでしょう。

カンボジアはたび重なる内戦を経験しました。これらの内戦のため、私は生まれてから三二歳になるまで、カンボジア各地を転々としました。内戦は四、五年前に終了したばかりです。従って国内各地には何百万もの対人用地雷、不発弾があり、カンボジア地雷対策センター[1]およびヘイロー・トラスト[2]、その他の機関が、これらの地雷の処理に取り組んでいます。カンボジアには切断手術を受けた人が四万五千人もいます。これは人口の二六六人に一人という割合です。多くのＮＧＯやその他の機関が、国策省などの機関を支援し、救急医療を提供しています。また、ハンディキャップ・インターナショナル[3]（ＨＩ）やカンボジア・トラスト[4]（ＣＴ）などの機関は、特に地雷によって障害を負ったカンボジアの障害者に対してリハビリテーションサービスの提供も行っています。

続いて健康面における社会の状況ですが、医師は人口九五二三に対して一人しかいません。そのため女性の八四％が自宅で出産します。出産前に何らかの診察などを受けるのは、妊婦全体のわずか三八%です。NGOは、保健省および地方保健局と協力して、五歳未満の子どもに、特にポリオなどの予防可能な疾病のために予防接種を行っています。またNGOや地方保健局は、妊婦の意識を高めるため、妊娠中留意すべきことなど基本的な事項について指導しています。農村部では、母親と乳児および五歳未満児に補助食品を提供しています。ほとんどの保健所において、子どもにポリオ、破傷風、麻疹、結核、百日咳およびジフテリアなどの予防接種を行っています。

次は教育と意識啓発活動です。保健省およびNGOは、母親とその子どもの保健所や医療サービス利用を促すための意識啓発活動を行っています。地域社会において中心的役割を果たしているのは、伝統的な産婆です。そして、この伝統的な産婆とボランティアたちが、妊婦に対して安全に、そして適切な間隔をあけて出産することを指導できるようにするための教育訓練も行われています。伝統的な産婆は地域の人々を援助する活動において中心的な役割を果たしていますが、特に出産におけるその役割は重大です。産婆の活動全般の主な目的は、人々の生活環境を向上させること、そして出産時および出産後の死亡率を減らすことです。

現在のところ、あらゆる種類の政策および仕組みは、科学の進展によって方向が決められています。今後取り組むべき課題は、一般的な教育、特に性教育について、農村部の住民の低理解レベルを向上させることです。国全体で性教育に取り組んでいるにもかかわらず、農村部ではいまだに子宮内の胎児の首を折るという方法で中絶を行っています。これは伝統的な産婆が行っていますが、妊婦の死を招く危険性があります。出産および育児などの経費を工面できないために行われている中絶方法です。従ってカンボジアでは、既に子どもが複数いる女性が妊娠すると、子宮内にいる胎児の首を折ってもらうという手段を取るのです。

カンボジアにおける中絶に関する現行の法律では、これらの問題について規制できないので、何らかの保護や防止を規定する法律を求めていました。そして中絶法案が、つい最近カンボジア議会を通過しました。しかし、この法律では、障害をもつ胎児および子どもには詳しく言及していません。

障害児擁護のための権利と法令についてですが、ご存知のようにカンボジアでは、障害者の権利擁護のための法律はまだ制定されていませんが、カンボジア政府戦略と社会問題・労働・職業訓練・青年更生省(MOSALVY)のガイドラインを基にして、一九九五年に草案の起草が始まりました。そして、一九九七年にカンボジア障害者団体(Cambodian Disabled Peoples' Organization=CDPO、カンボジアDPI)が、各国の法律の内容と形式を参考にしてさらにそれを発展させました。その後、大臣とNGOの代表者で構成される閣僚作業部会における審議、改訂を経て、第二次草案が二〇〇〇年七月に完成しました。法案について公開討議をするため、二日間のワークショップが開催され、最終的な草案とするために、立法府の法律専門家、閣僚審議会およびMOSALVYの代表による見直しと改訂が行われました。最終法案は今後、大臣ならびに国会に提出され、承認される予定です。

ゆっくりマイペースで、寄り添い合って生きられる社会に…………星野和浩

私は、大学時代、二一歳の頃、精神分裂症を発病しました。その原因は、生来のものか、育てられ方の問題か、はっきりわかりません。というより、この病気の原因はまだはっきりしていませんでしたね。泣き叫び、両腕を押さえられ、今の病院に運ばれました。気が付いたら閉鎖病棟の暗い保護室で寝ていました。そしてもう一度目が覚めたらきれいなベッドで寝ていました。ここから、心に病をもった人、精神に障害をもった人間として生きることが始まりました。

私が退院した頃は、今の札幌デイケアセンターがやっとできた頃で、まだこんなに多くの作業所もなく、退院後の生活の場のことなど、なんの情報も知る由もなく、ただ働くことしかありませんでした。

地域で暮らす、そのことすら疲れる、なぜこんなにも障害を抱えて生きることがつらいのでしょうか。社会はなぜ私たちに歩み寄らないのか。それは、過去の固定概念、時々起こる精神障害者の犯罪、無知、私たちのことを知ろうとしない、私たちのことを学ぶ場がない、大学でも教えない、学生すら自ら踏み込まなければ学ぶ場がない、マスコミの乱入、その他多くの要因がきっとあるのでしょう。

でも私も、子どもの頃、近くの精神病院の横を通ると怖かった。もうろうとした患者が虚ろな目で外を見ていた、やっぱり、怖かったです。

でも、皆さん、健常者がみんな良い人だと思いますか？たとえ、健常者と言われる人たちでも、心を病んでいる人もいますし、罪を犯したり、自分を傷つけ、また他人を傷つける人もいます。また、社会の枠組みから外れてしまい、行き場のない人もいます。ですから私たち精神障害者の世界とよく似たようなシチュエーションは健常者と言われる人たちにも必ずあると思うのです。そして私たちが特別な人たちと思わないでほしい、そう思います。

最後に私が述べたいのは、人として生まれてきた以上、自分らしく生きようということです。たとえ精神病でも、人らしく生きようと思うのです。たくましくなければ、たくまし

い人に頼み、弱ければ寄り添え合えばよい、そう思いませんか。病気を再発するほど頑張らなくてもいいと思いませんか。健常者は皆、はたして自分らしく生きているのでしょうか。私たちの仲間でも自分らしく生きている人はきっとたくさんいるはずです。健常者はみんな社会参加していますか。精神病の人でも、ちゃんと社会を見据えている人もいます。

これから精神保健の分野はゆっくり改善されていくでしょう。そんな希望を捨てず、愉快に、ゆっくり、焦らず歩み、最後は、良いこと半分、悪いこと半分、いや良いことのほうがいく分多い人生が送れるといいですね。全部良いことのはずはないですから。これは健常者だって同じだと思います。

そして私の課題は自分らしく生きること。まだ、テンポも悪く、三歩進んで二歩下がる、こんなんじゃなくて、ゆっくりマイペースで生きたいです。

ドイツにおける「私たちは着床前遺伝子診断に参加しない」運動……マルティナ・プシュケ

本日は、まず、生命倫理に関する問題を簡単に紹介し、ドイツにおける「私たちは着床前遺伝子診断[5]に参加しない」と呼ばれる運動の概要を説明します。

生命倫理には、バイオテクノロジーに関するすべての倫理問題が含まれます。研究により、あらゆることが可能になるとされ、その目標は完全な人間を作ることです。私たち障害者も、新しい生命倫理の技術に関心をもっています。

ドイツでは、生命倫理と生命倫理テクノロジーが大きな問題となり、広く議論されるようになりました。これには様々な理由がありますが、とりわけドイツ政府が、着床前診断を可能にする新しい法律を制定しようとしていることが影響しています。しかし政府の中では、この問題に関する判断は様々あるようです。

私たちの地域で、非常に残酷な事例がありました。つい最近のことですが、医師の管理のもとで出産まで過ごしたにもかかわらず、胎児の障害について診断しなかったとして医師が訴えられました。子どもの障害を知っていたら中絶していた、と両親は主張し、医者を相手取って裁判を起こし、勝訴しました。その子どもは、法的に傷つけられたわけです。おわかりのとおり、ドイツでは障害をもつ胎児を中絶することが可能なのです。その子どもは、生まれる権利があるにもかかわらず。

これらすべての議論と問題は、ドイツの障害者組織に影響を与えました。私の所属するドイツ自立生活センター協議会(The German Council of Centers for Independent Living)は、去年、「私たちは着床前遺伝子診断に参加しない」運動を始めました。まず署名運動を行い、生命倫理テクノロジーの作業部会を設立しました。当初、この問題に興味を示したのは七人という少人数だったので、私たちは落胆していました。なにしろこの問題に興味を示したのがドイツ全土で七人だけだったのですから。

生命遺伝子技術あるいは生命倫理は、私たちの行動と重要な関わりをもつことがわかりました。多くの人々と話した結果、この難しい話題を恐れている人が多いことがわかりました。そこで、生命遺伝子技術および生命倫理についての私たちの考えと意見を伝えるため、理解しやすい小冊子を作成し、たくさんのインタビューを行い、カラーポスターを作り、すべての自立生活センター、その他の障害者組織、関心を示した政治家をはじめとするすべての人々に配布しました。

九月下旬に行われたドイツ総選挙前の六週間、すなわち党派の選挙運動期間中にさまざまな都市で、政治家を招いてのパネルディスカッションを行いました。国会議員候補者に対して、着床前遺伝子診断に対してどのような決断を下すか、賛成か反対か、という点を質問しました。これは大変興味深い試みでした。中には、自らが所属する党の立場と異なる立場をとる政治家がいました。そのことからも、この四年間でどのような決断が下されるのか、私たちは結果を注意深く見守っていきます。

次に、研究は何を約束するのかという問題を話します。研究において、あるいはマスコミによって、着床前遺伝子診断や、その他の生命遺伝子技術に関する問題が取り上げられるとき、最も頻繁に行われる議論は、「苦難のない社会の創出」という議論です。その際、望んでも子どものできない両親の苦難、障害児をもつ両親の苦難、そして障害者自身の苦難について議論されます。しかし、「苦難」そのものの議論は行われません。研究者らは、生命遺伝子テクノロジーによって苦難が取り除かれるかのような印象を与えていますが、彼らは障害者に対して、本当に苦しみ悩んでいるかどうかを尋ねることはありません。

研究は、慢性的な病気をもつ数多くの人々の苦痛を根拠として行われており、これらの患者が新しいテクノロジーを必要としているかのように言われています。しかし、本当にそうなのでしょうか。これらの慢性病患者は、本当にこの新しいテクノロジーを必要としているのでしょうか。それとも彼らは、これらの研究が約束するとおり、研究によって生命遺伝子を解読することにより、健康な身体になりたいのでしょうか。いずれにせよ、生命遺伝子関係の企業が目指すのは、研究そのものであり、また利益を得られる可能性です。私には、これらの研究が人々の幸福や利益のために行われているとは考えられません。

健康に関するその他の問題として、これもマスコミの支持する、遺伝子技術に関する問題があります。このような技術によって人間生活の将来構想がつくり上げられていきますが、それは、現実とはかけ離れたものです。

例えばお金というキーワードを考えてみましょう。経済的な関心から、議論が生まれ、様々な技術が確立されていきます。政治家は、ドイツでは幹細胞研究が可能だと論じていますが、主要な科学研究者はドイツを去り、アメリカなどへ渡っています。アメリカでは問題なく研究できるからです。遺伝子に関する技術そのものが、未来を約束するものであり、それを研究することは国にとっても大きな経済的利益を産む可能性があると考えられているのです。もう一つの論点は、新しい遺伝子技術が開発されるたびに利益が産み出されるため、貧困な状態にある人が、被験者としてお金を得るために自ら志願して患者となるという問題です。

では、女性の役割とは何でしょうか。女性は、現代の生殖技術と胎児研究において主要な役割を果たしているように思えます。女性の身体は、原材料である卵子および胎児の源であり、これらの原材料に対する需要は非常に高くなっています。しかし、体外受精や受精卵を女性の体内に戻すことは、女性にとって大きなリスクをもたらします。例えば、出生前診断について言えば、私たちの社会においては、女性に健康な子どもを産むことを求めるプレッシャーが強まっていると言えます。そのため、女性は、出生前診断などの国際的に普及している技術の利用が求められます。一般的に言って女性は、どのような診断技術を使うかについて選択権をもちません。

出生前診断については、全く明らかにされていません。例えば、もし出産前に生まれてくる子どもが障害児だとわかったら、女性はどうするでしょうか。ほとんどの女性が、中絶すると思います。実際のところ、これは女性が自分の判断で行っているとは思えません。また、例えば「産みたて卵子」という言葉があります。これは、研究科学者が、卵子に言及するとき、まるでモノであるかのような言い方をするときに使われる言葉です。まるで、卵子とは木から落ちてくるもので、彼らの役割はそれを拾うことのみにあるかのように言います。研究では、例えば胚性幹細胞研究においては、明らかに卵子が、それもたくさんの卵子が必要になります。

女性は体外受精をすることによって、事実上研究用の卵子を供給することになります。女性が卵子を寄付したいときには、医療上の検査が必要になります。しかしそうすることで、女性の権利は侵害され、女性は危険な状態にさらされるリスク性があります。研究においては、これらのリスクは女性に告げられることはありません。研究における関心の対象はただ一つ、研究材料としての卵子なのです。

例えば着床前遺伝子診断をするときには、女性はその他の出生前診断を受けなければならず、これにより先に述べた負担やリスクに直面することになります。着床前遺伝子診断の問題は、公開討論の場では重視されていません。また、着床前遺伝子診断に代わる手段、例えば子どもをもたない、養子をとる、里子を養育するなどの意識的に行う決定については、ほとんど検討されていません。着床前遺伝子診断が女性に与える圧力、すなわち、「出産するなら健康な子どもを」という圧力は、今後もさらに強まると思います。障害者とその家族に汚名を着せる行為もまた、増えていくでしょう。

ここで、最後の話題を取り上げます。それは私たちのQOL（生活の質）です。これまでに科学が私たちに約束してくれるものは何か、という点についていろいろとお話ししてきましたが、ここで、二つの技術について最後に検討してみましょう。まず、着床前遺伝子診断による単細胞遺伝子の診断ですが、これはあまり信頼できません。結果が陽性となる例が三六人中七人に見られます。「着床前遺伝子診断は中絶するよりまし」という保証は得られません。

胚性幹細胞研究の議論は、多くの疾病について、新しい治療の可能性を示唆しています。しかしそれを科学的に証明することは不可能です。また障害者のうち、遺伝子に起因する障害をもつ人の数は、非常に少ないものです。私たちの多くは、人生のある時期に障害者となったのです。そして私は、障害をもつために苦しんでいる障害者の数は、それほど多くないと思います。もちろん、私たちの多くは痛みを感じています。そして、木に登りたい、自分にはできないことをしてみたい、と強く願うことも少なくありません。しかし、私が皆さんに問いたいことは、この新しい遺伝子革命は、本当に私たちの生活を良いものにするのでしょうか、ということです。私たちは本当に、胎児が選択できる社会を、胎児が商品化される社会を、望んでいるのでしょうか。

実際は完全無欠な人間などいないのに、完全無欠だとして生まれてくる子どもは、どうなるでしょうか。障害児を産む決心をした両親はどうでしょうか。彼らは、人生における何らかの段階で、彼らの決断は本当に正しかったのかと自問することになるのでしょうか。女性が胎児という商品を製造する社会を、私たちは本当に望んでいるのでしょうか。これは本当に、QOLの向上につながるのでしょうか。私はそうは思いません。

私は、科学研究者から私たちの人生の目標を教えてもらいたくはありません。かれらの掲げる目標とは、恐らく、完全無欠の人間として一生を送ることでしょう。研究者が、病人や障害者にある治療法を押し付けるなら、自分たちが達成することのできない希望を押し付けるなら、それは非常に危険なことだと思います。人間は、腕があってもなくても、座ったり立ったり、そして横になったり転がったりすることができます。私は、多様性をこのように理解しています。私にとって多様性は、ＱＯＬの重要な一部分です。

誰が障害者の生活の質を決めるのか……………グレゴー・ウォルブリング

ここで私は、いくつかの例を挙げて、ＱＯＬの意味を考えてみたいと思います。まずこれは、二〇〇〇年のナイキシューズの広告です。もちろん私には必要ないものですが。これはアメリカで出されているほとんどのアウトドア関連の雑誌に掲載されたもので、次のように書かれています。「うれしいことに、この靴の特徴は、特許のある、ヤギの蹄の底のような靴底。この靴底で引きが強くなるから、どんな致命的な傷もなんのその。自分では気付かないうちにやっつけちゃう。あなた、今こんなふうに思っているでしょう。『このテスト用ランニングシューズが、ヤギの蹄形の靴底をしているからって、それがどうして、脊髄圧迫なんかの思いがけない事故に遭わず、よだれをたらしているあの不運な人間と同じになるのを、防いでくれるって言うんだい?』」

これはＡＤＡ発布から一〇年後に作られた広告です。この例は、法律によって人々の意識が変わったわけではないということ、そして明らかに、ナイキは障害者に対して肯定的な見方をしていないということ、そしてこのユーモアセンスのない広告は、「より強く、より速く、もっとすごく」という文化を支持する若者層をターゲットにしていることがわかります。この靴を持たなければ、あなたの生活の質は非常に低くなる、すなわち障害者のようになるかもしれない、という含みをもたせてナイキはこの靴を売り込もうとしていたのです。

もう一つ、アメリカの例をご紹介します。これは『サリドマイドの影響』と呼ばれる本からの引用です。この本の中に、「両親はどうやってこの衝撃に耐えればよいのか? その見返りとして生活に多大な被害を及ばすことなくこの苦難を乗り切るには、特別のニーズや障害をもつ子どもたちの両親すべてに必要とされることだが、勇気を奮い起こし、心血を注いでいかなければならない。そして恐らく、彼らがもっとも勇気を必要とするのは、その子どもが見る人に特別の恐怖を感じさせ、どんなに同情心の強い人の心も傷つけてしまう、という事実に直面するときであろう。これらの両親が経験することは、私たち自身が子どもをもつと想像したとき、考えうる悪夢の最たるものである。そしてこの新生児のきょうだいが感じる恐怖も、両親のそれに負けないくらい強い。これは、家族にとってまさしく試練の時である、これから先の経済的な手段の確保という問題も生じてくる」。ここでは、その家族が議論の対象とされています。そして、障害者は家族やきょうだいの生活の質にダメージを与える、という議論が行われているのです。

興味深いことに、障害者は自分と家族のQOLにダメージを与えるという議論はなされても、障害者に対する社会からの反応について述べた例はほとんど見受けられません。障害者は自分の、そして他人のQOLを壊す、というのが障害者の本質的な特徴とされているのです。

QOLは社会の行動基盤でもあります。通常はしなくてすむであろう、私たちの介護が行われ、私たちのために研究費が割り当てられます。これは特例的な措置です。従って、社会、家族のQOLが下がるのは、私たち障害者のせいだと考えられているのです。ここでは、その研究費を違う目的に使ったほうがいいのでは、という問いかけは行われません。国は軍事費に巨額を投じているため、このような予算配分が必要なのです。国にとって障害者は、社会の諸悪の根源なのです。

もちろん、障害者に対するこのような見解は、ある結果をもたらします。その一例が、世界保健機関（WHO）レベルで見受けられます。WHOは、QOLあるいは障害適応生活年数のような、数理式を開発しました。これは、障害がもたらす序列、つまり障害によってどの程度QOLが下がるか、といった序列です。この公式のもとで私たちは互いに競争することになります。ある集団とある集団を、障害適応生活年数やQOLなどを用いて比べるわけです。そしてそれによって政府は、どの集団、どの障害者集団が最悪かを知り、介入を決めることになります。こうすることで、「ドル刺激（bang for your buck）」、すなわち、最小の投資で最大の見返りが可能になるわけです。このようにしてQOLは組織化され、政府はそれを最大限に利用するために、QOLというコンセプトを数理式に置き代え、私たちの立場を不利にするように利用しています。

そして政府は、経費がかかりすぎだと感じた場合、無駄を省くための別の方法を見つけなければならなくなります。その結果、すべての出生前診断の分野において私たちが目にしていること、すなわち安楽死が正当化され、出生を誤りだったとする訴訟が正当化されることになります。このような訴訟では、子どもは母親に損害を与えるもの、すなわちこの母親は、いわれのない負担を背負わされることになった、という根拠が持ち出されます。ここでは、生命倫理擁護者の言葉が巧みに引用されています。

私たち自身の抱くQOLのコンセプトは、一般の人が考えるものと全く違っているということを多くの資料は物語っています。例えば、QOLについて、三つの違う立場にある人に同じ質問を投げかけた統計調査です。それぞれ、非障害者のサービス提供者が自分自身のＱＯＬをどう思うか聞いた結果、次に、自分が脊髄を負傷したらどう感じると思うかと聞いた結果、そして、実際に脊髄損傷者に自分自身のＱＯＬについて聞いた結果を比較した調査です。この調査結果を見ると、実際には、自分自身についてどう考えるかについて、障害者と非障害者では大きな違いがないことがわかります。しかし、非障害者がもし自分が障害者だった場合を想像した結果は、実際に障害者が自分自身のことについて感じているのとはかけ離れた、とても悲劇的なものとしてイメージされていることがわかりました。

この研究は、実際に、アメリカの病院で行われたものです。これと同じ病院で行われた研究がもう一つあります。緊急医療サービス提供者の四一％が、重度の脊髄損傷の場合、蘇生努力を行うことは危険すぎると考えているようです。そして二八％が、どのような介入を行うか決定する上で重要な要因は、今後のＱＯＬだと考えています。では、もし蘇生しなかったら、そしてＱＯＬの真の意味を正確に判断する機会が失われたら、どうでしょうか。彼らは、彼らの「障害者になったら悲劇である」というイメージに基づき、そのＱＯＬのコンセプト、見地、その偏見に基づいて、すべての決断を下します。これは、現実とは何の関係もありません。しかし、かれらは、あなたを蘇生しようとしないのです。あなたの治療を行わないのです。

ドイツで行われた新生児治療に関する研究でも、同様の結果になりました。治療センターの六七％が、新生児が治療を受けるべきか否かを決定するためにＱＯＬの査定を行うべきだと明言しています。そして実際、脊椎破裂と同様に脊髄損傷は、いかなる治療も行うべきではない疾病の一つだと信じています。と言うのも、その病気は非常に深刻で、家族や子どもにも深刻な打撃を与えるため、治療せずに死なせたほうがよいと考えられているからです。

着床前診断の話が出たので、ここでイギリスの例を紹介します。イギリスでは、新しい司法概念、保証違反に関する概念を導入しました。この新しい法律のＡ項は、女性が障害児を出産したときについて言及しています。そしてＣ項では、不作為についての説明義務について規定しています。すなわち、障害をもつ子どもの誕生は、その出産責任者の不法行為の結果であるとして、この子ども本人が、かかる人物を訴えることができる、と定めています。これによって、着床前診断を行って、体外受精により受精卵を母親の子宮に着床させたのに、障害をもって生まれた人は、実際に訴訟を起こすことができるようになったのです。これはアメリカでは、不法な保証違反と呼ばれます。これも「wrongful birth（医師の過失による不法な出生）」の訴訟です。そしてこれもまた、「損害」

という考え方が根拠になっています。

参加者　発表者の皆さんの発表を聞いていて、障害者がこの世に生まれることは、なぜそれほどまでに悪いことなのだろうと疑問に思いました。この社会に生まれることは幸せか不幸せか、天の恵みか災いか、これらすべてのことは、各人の価値観あるいは価値体系と関係しています。子どもは一般的に、自己の価値体系に照らして、幸せと感じたり不幸と感じたりします。しかし、日本では、現在でも倫理的、道徳的な考え方において、そして宗教上の概念においても、障害をもって生まれることは、前世で何か悪いことをしたからだ、と考える人がたくさんいます。

では、もしあなたが、次のように質問されたら、あなたなら何と答えますか。「あなたは今障害者ですが、次に生まれてくるとしたら、障害者として生まれてきたいと思いますか」と。「ノー」と答えるほうが大半なのではないでしょうか。もし私が同じことを聞かれたら、私も一〇〇％自信をもって「障害者に生まれてきたい」と答えることはできません。発表者の皆さんの国では、幸せとは何を意味するのか、教えていただけますか。

参加者　東京から参加しています。ドイツの発表者のお話に、優生学あるいは遺伝子工学、そして着床前遺伝子診断に反対するというお話がありました。その背景として、政府が保健サービス分野に財政上の制限を設けている、ということでした。これは全く不適当なことです。

イギリスでは、障害者支援用の社会福祉費に対する中絶の費用が比較考慮されます。従って、社会医療費の上昇を抑えるために、中絶を奨励する議論が盛んに行われています。私には、これは世論の操作のように思えます。中絶を行うか否かについては、個人の判断に任せることが大事だと思います。

参加者　カンボジアの発表者の話に、感動しました。戦争と障害という問題についてお話ししたいと思います。私が所属するのは、戦争反対を訴える組織で、私たちはそのための運動を展開しています。湾岸戦争の再発阻止のため、集会やデモを行っています。アメリカ合衆国は現在、イラク攻撃の準備を進めているため、私たちはこれに反対する抗議デモを行いました。一〇年前に勃発した湾岸戦争中、爆弾が落とされ、イラクの人々に多大なダメージを与えました。その結果、多くのイラク人が障害者になりました。この爆撃の影響で障害児として生まれた子どもたちがたくさんいます。イラクの子どもたちの死亡率は非常に高くなっています。

私たちは、人間の命と尊厳を信じています。従って私たちは戦争に反対します。私たちはすべての人の命は尊いものだと信じています。障害者をつくり出すからという理由で、戦争に反対しているわけではありません。それは私たちが戦争に反対する理由ではないのです。

参加者　ドイツから来ました。障害をもつ女性の国内ネットワークに携わっています。何年か前、私たちは、生命倫理に関する活動を行う非障害者の女性グループに参加しました。私たちは何度か話し合いをもち、合意に達しました。しかし、このように障害者でない女性グループと合意することができたのは、これが最初でした。他の非障害者の女性グループも、障害者が生きる権利をもつことについては認めていたものの、生まれてくる子どもについて障害児か健常児か選べと言われたら、障害児は欲しくないと考えていました。その理由は、彼女たちは障害児を怪物と考えていたからです。つまり私たちのことを怪物だと思っていたのです。障害者にとって生きることは、科学者も言っているとおり、とても難しいと考えられています。従ってこの女性たちは、私たちを怪物だと見なし、怪物として生きることは大変そうだから、障害児の出産を女性に強要すべきではない、と考えているのです。

従って、障害をもつ女性として、私たちは、障害をもたない女性たちともっと頻繁に接触し、議論を行い、納得してもらわなくてはいけません。私たちは小さな集団なのですから。科学者は、障害児を産まなければ幸せに暮らすことができる、幸運が訪れる、人生は明るくなると言っています。これは耐え難いことです。

参加者　私は健常者ですが、母方の叔父は若いときから精神分裂病で、長年その病気に悩まされてきました。私の母は、非常に古い考え方をするため、叔父に偏見を抱いています。そのため、この叔父は、まず家族の差別と偏見に耐えなければなりませんでした。私はこのような環境の中で育ちました。私自身も、事故に遭ったり、あるいは人生における困難な状況に直面したりということを経験したら、精神分裂病になるかもしれません。私の家系は、精神分裂病その他の病気に罹りやすいと、家族の者は言っています。そのため私の家族は、私が健康な相手と結婚することに強くこだわっています。

精神分裂病は遺伝的要因と関係があるのですか。世間一般的には、精神分裂病は遺伝だと考えられています。諸外国ではどうでしょうか。

参加者　私は世界精神医療ユーザー・サバイバーネットワークの共同議長を務めています。この分科会で精神障害の問題が採り上げられたことを非常に嬉しく思っています。というのも科学者は、精神分裂病について、いつも私たちに、それは遺伝である、あるいは遺伝子に起因する、と言っています。しかしそれはまだ証明されていないのです。そのような遺伝子はまだ見つかっていないのです。科学者はそれを見つけようとしています。そして「見つかった」と言った後で、それを取り消したりしています。

彼らは、なんらかの遺伝子が精神障害を引き起こす可能性がわずかながら高い、というような発表をしたりしますが、その相関はたいていごく弱いものです。この遺伝子をもっているからこうなる、こうならない、という類いのものではありません。ごくわずかな違いがあるだけです。従って、精神分裂病と診断された者が家族にいる人は、自分もそうなる可能性が高い、というのは単なる作り話です。よく耳にするその他の作り話と同様、これも、様々な障害について科学が生み出している恐ろしいイメージの一つにすぎません。そしてこれは、私たちが自分たちを定義するのではなく、他の人々に私たちを定義させている例の一つです。

モニー・ペン　カンボジアの宗教のことを少しお話ししたいと思います。ご存じのように、ほとんどのカンボジア人はカルマ（業）の存在を信じています。従って、人々は良いことも悪いこともしますが、悪いことをした人には、来世で悪いことが起きると考えられています。従って障害をもつ人は、前世で悪いことをしたのだろうと考えられます。カンボジアには、このような考え方があるのです。

もう一つ、農村部においては、障害者と結婚するのをためらう人々がいます。生まれてくる子どもも、父や母と同じように、障害者になることを懸念するからです。これは、障害についての優生学あるいは生命倫理にかかわる問題だと思います。しかし、ポリオ患者あるいは切断手術を受けた人などは、この限りではありません。障害者組織の意識改革運動では、地域社会における現実的な情報活動が行われています。カンボジアの状況は、以前よりも改善され、障害者は結婚できるようになりました。

マルティナ・プシュケ　たくさんの質問が出されました。まず、幸福についてのご質問がありました。ドイツでは幸福をどのように定義しているかと言ったとき、すべてのドイツ人についてお話しすることはできません。私は、健常者でも、幸せな人もいれば不幸な人もいるし、障害者にも、幸せな人もいれば不幸な人もいると思います。私は幸せについてそのように感じています。

私の障害者の友達について言えば、その障害の種類は様々です。聴覚障害をもつ友人もいれば、車いすの友人、知的障害をもつ友人がいます。これらの友人は、そして私も、私たちが望むときに社会活動に参加できれば、幸せだと感じます。私たちの社会に障害がなくなれば、例えば手話を使ったとき、それがすべての人に理解してもらえたら、そのような社会に住めることを幸せだと感じると思います。

遺伝子に関する技術は、それほど利他主義的なものを目指していません。それはどちらかといえば経済的な問題です。障害者を排除することが、その究極の目標だとは思えません。これは非常に重要な問題です。私たちの排除を望んでいるのか否か、気になるところです。人はみな、人権をもつのですから。しかし、経済的な問題も非常に大きな問題です。人々はこれらの技術を用いて利益を得ようとしています。これはどこの国でも同じです。ドイツの責任は重いと言えます。新しい法律、着床前遺伝子診断のような技術は、許されてはならないのです。それが重要な点です。

また、一般市民についての多くの政策決定、すなわち市民対象の広報活動についてのコメントがありました。その中で、苦しみのない人生というイメージが推進されましたが、それは、現実的ではないと思います。バイオテクノロジーを利用することを決めるのは、個人ではありません。それは社会による、社会のための決定です。私たちは、どのような社会に生きたいかを判断しなければなりません。バイオテクノロジーを利用したい人がいれば、それは社会全体に影響を及ぼします。それが重要な点だと思います。

参加者　結婚について、そして障害者がどのように考えられているかについて、カンボジアの現状をお話しします。私の国では、特に地方の人々は、障害者は何の能力もないと考えています。例えば私自身は、九カ月のときポリオになりました。両親は私のことを何もできない子だと考えました。学校もそうでした、両親は私を学校に行かせたくなかったのです。

でも私は両親を説き伏せて、学校に行かせてもらいました。高校を卒業し、ＮＧＯに就職しました。現在私は、一人で旅行ができます。自分の収入で生活することができます。従って私は自分で生計を立て、弟と妹の生活も助けており、彼らはそれをとても喜んでいます。

彼らは両親に、障害者も教育を受ければ、そして機会を与えられれば、何でもすることができると言っています。このように私の国では、私も、そして私の仲間も、社会における一般の人々、および地域社会における障害者の意識を高める運動を活発に行っています。これらは、障害者に自分ができることについて自信をもたせるための運動です。

そして結婚について言えば、私たちを愛するようにと他人に強要することはできません。実は私は結婚していませんが、もし私がだれかと恋愛して、その相手に結婚を承諾してもらえなくても、私には彼を責める権利はないと思います。誰もが人を愛する権利をもっているからです。そうですよね？　もし本人同士が結婚を合意しても、両親や親戚を説得することは簡単ではありません。

グレゴー・ウォルブリング　幸福について言えば、私は、家を這い回っているときが一番幸せです。これはもちろん、一般通念に反することです。家の中では、私は車いすを使わずに這い回っています。そしてこれは、私にはとても素晴らしいことに感じられます。

ノーマライゼーションについてお話しします。ノーマライゼーションとは、権力者の影響力を増大させるための手段だと思います。権力をもつものが、その目的を達成するために、規範を決定します。これは政治的手段であり、障害者に直接関係しているものではありません。どうやって食物を売るか、といった、経済に関する一定の規範があります。この一定の規範とは、世界という舞台で通用する規範です。どのように行動すればよいか、そうしなかったらどうなるか、という規範です。これは政治的手段です。私は、それを排除しなければならないと思います。なぜなら今後、ナノテクノロジーなどの科学技術がさらに進歩するにつれ、主要な規範というようなものはなくなるからです。なぜなら、いくらでも改良が可能になるからです。

最後に、ホームページを紹介します（http://www.bioethicsanddisability.org）。このサイトで、生命倫理に関連するあらゆる問題を知ることができます。

デイビッド・リューベン　皆さんから出していただいたご意見は、次の三つの決議としてまとめられると思います。

まず、障害者は生命倫理のすべての分野に関与しなければならない、ということです。次に、生命倫理と遺伝学の分野で、女性は主要な役割をもつということです。そして、障害に対する肯定的なイメージと、障害者の平等のための教育訓練は、生命倫理に携わるすべての意思決定者にとって、非常に重要だということです。

注

1　カンボジア地雷対策センター（Cambodian Mine Action Center＝CMAC）は、一九九二年、国連カンボジア暫定機構（ＵＮＴＡＣ）の全面的支援を受けて、カンボジア最高国民評議会により、同国内の任意団体として設立された団体。一九九三年のＵＮＴＡＣ撤収後は、勅令によりカンボジアの公的機関として独立し、カンボジア国内における地雷除去などを実施している。

2　ヘイロー・トラスト（The Halo Trust）は、イギリスに本部を置き、世界中で地雷や不発弾などを撤去しているNGO団体。

3 ハンディキャップ・インターナショナル（Handicap International=HI）は、フランスとベルギーに本部を置くNGO。このNGOは、カンボジア難民救援をきっかけに一九八二年に設立され、世界各地で戦闘や地雷の被害にあって手足を失った難民などに対して、義手や義足を提供し支援している。

4 カンボジア・トラスト（Cambodia Trust）は、一九八九年にイギリス・オクスフォードで設立された団体で、主に、義肢・装具の制作・修理等を無料で提供している。また、一九九四年には、義肢装具士養成学校をカンボジアの首都プノンペンに開校し、国際NGOとしてカンボジアでの活動を展開している。

5 着床前遺伝子診断とは、出生前診断技術の一つ。体外受精をさせ、受精卵の遺伝子を調べ、問題のない受精卵だけを選んで子宮にもどす技術。

10月17日午後

生命倫理

誰が決定するのか

司会者：ディナー・ラトケ（ドイツ）
発表者：スティーブン・エスティ（カナダ）
米津知子（日本）
グレゴー・ウォルブリング（カナダ）

生命倫理学（者）に対抗する人権の倫理学……………スティーブン・エスティ

私は、カナダ障害者協議会（ＣＣＤ）国際開発委員会の委員長を務めています。

ここにある論文は、「生命倫理で主流を占める消費者の視点」と題され、次のような問いかけで始まっています。「生命倫理学者とは、いかなる人々か?」ウェスレー・スミス（Wesley Smith）は「生命倫理は果たして倫理的か?」という疑問を発し、次のように論じています。「生命倫理学者になることは難しくない。試験に合格する必要もない。弁護士や医師、不動産仲介人、美容師などと違い、生命倫理学者には免許はいらない。生命倫理の学位を提供する大学は三〇以上あるが、それらには、一般に適用される優劣の基準というものはない」と。

カトリックの神父も、大学教授と同じ生命倫理学者です。地元に一人しかいない健康保健学の教授が、病院の倫理委員会のメンバーに任命され、いくつかの教育訓練コースを受講し、生命倫理学者を名乗る場合もあります。障害者の権利擁護運動からではなく、介護と医療の専門職および学術的関心から生命倫理学者が誕生するのです。その結果、「能力主義」が生命倫理の定義となり、医療モデルとして語られていくのです。

ＱＯＬ（生活の質）という議論に関して、ＣＣＤの前委員長である故アラン・シンプソンは次のように述べました。「トレーシー・ラティマー（Tracy Lattimer）とその周辺の重度障害をもつ人々のＱＯＬの議論は、罠にはまってしまっている。彼らは、生の本質を、個人が生きる権利、自由、そして完全な市民権をもつことにあると論じ、それらの権利を付与する権力は国家しかもちえないとした。しかし、このような議論は、本質的にある自由および市民への敬意を無視するもので、決して認められない」と。

アランは、「私は、倫理学者が病院の倫理委員会に含まれているのを知って、ショックを受けた。この委員会は、医者が治療をやめ、患者の死を幇助するのを認めている。そう、彼らは私たちに、癌の末期患者などの極端な例を提示し、それを重度障害者が肺炎を患ったりその他の治療可能な病気になった場合と対照している。そして、彼らは、これら重篤な状態の人々に対して治療を中止すること、すなわち人工呼吸器を使用させないことは問題ない、と結論づけている。倫理学者が倫理委員会に加わり、これらの患者への医療サービスあるいは患者の生そのものを否定する方法論によって、死刑執行産業の設立を基本的に支援することになっている」と述べています。

生命倫理学者から示されたこれらの問題に対処するためには、様々な戦略が必要になります。アランは、法律や政策の基礎となる人間の平等の探求をしている研究者に助成金を出すように財団を説得することを戦略としてあげています。また、「自分の選挙区の福祉に携わる政治家は、こうした生命倫理に抵抗することができる」と言っています。非営利団体を結成し、生命倫理の動きに応じて機関紙を発行し、公開討論を開き、有害な進展についてマスコミに警告を発することもできるでしょう。

人気のあるメディア、特にテレビやラジオのトークショーは、政治を取り上げる必要性と同様に、生命倫理を報道する緊急性を認識しています。生きている人から臓器を刈り取る問題は、税金政策や福祉改革のように、差し迫った問題であると言えるでしょう。また、マスコミに頼るだけでなく、普遍的にある人間の平等性にこだわることによって、生命倫理を解決できると信じている人々が、生命倫理に対抗する運動を展開できるでしょう。この新しい生命倫理を、人権の生命倫理と名づけましょう。

これは、「『彼ら』と『私たち』という区別はしない」という命題を、大胆に推進することになります。すべての人が「私たち」なのです。例えば研究者、医者、弁護士、障害者の権利擁護運動家、患者、主唱者、神学者などが、平等な権利を求めて、生きているすべての人にとって価値のある権利を求めて、立ち上がることができるでしょう。

障害胎児をめぐる女性と障害者の人権…………米津知子

私は、障害をもった胎児の中絶をめぐって、障害者の人権と女性の人権がどのように結び合わされているかということについて話したいと思います。私は、この問題を解決するためには、女性と障害者、両方の人権を高めなければならないと考えています。

胎児が障害をもつか否かを診断するための数多くの技術が開発され、この技術がたくさん使われるようになってきています。こうした技術は、時には、障害を治療することに役に立つこともありますが、多くの場合は、障害があることがわかった胎児を中絶するという技術として使われています。私は、胎児が障害をもっているということを理由にして、生まれるべきでないと決めてしまう権利は誰にもないと考えています。そのため、障害者が生まれないようにする技術が広く使われるようになることにとても警戒し、反対しています。これは、障害者差別そのものだと思うのです。私は、「胎児の検査と障害児の中絶は、妊娠した誰もが行う標準的な医療だ」ということになってしまうことを、なんとかしてやめさせなければと考えています。

しかし、ここに一つとても難しい問題があります。それは、妊娠・出産というのは、女性の身体に起こることで、女性の健康と人権にとても大きくかかわることだということです。障害を理由とする中絶の問題は、障害者の人権面とともに、女性の人権、リプロダクティブ・ライツの面からも考える必要があります。私がこのことに注目したのは、私が女性であって、障害者であるからですが、同時に、日本には、優生保護法という法律があって、そこで障害者と女性の人権を対立させながら、両方を支配して侵害している、ということがわかったからなのです。

優生保護法は、日本が第二次世界大戦に敗れた直後の一九四八年にできました。敗戦から三年後に制定されたこの法律は、法律としてはめずらしいということですが、目的が二つ書いてありました。その一つは、「優生上の見地から、不良な子孫の出生を防止すること」とあります。これは、病気あるいは障害をもつ子どもが生まれないようにすることを意味しました。もう一つは、母性の生命と健康を保護すると書いてあります。

第二次大戦に敗れた日本は、食料も住宅もなくて、人口が増えたらとても大変だ、という状況がありました。そして、政府はさらに人口の質が落ちてしまう、悪くなるということを、とても気にかけていました。つまり、この法律は、「人口を増やさない、そして、人口の質をよくする」という目的のために不妊手術と人工妊娠中絶を行う条件を備えたのです。それが、この優生保護法でした。

日本には、一二〇年前から今現在も、刑法に堕胎罪があります。この法律は、人工妊娠中絶を行った女性と医師を罰します。女性の妊娠にかかわった男性は対象にならないのです。この堕胎罪があったために、戦争が終わるまで、女性は大変苦しい時代を過ごしました。そのため、優生保護法が定めた条件の中で人工妊娠中絶を行う場合は堕胎罪が適応されないということになって、女性は初めて中絶をして逮捕されたりする心配なく、産まない選択をすることができるようになったのです。このことは、重要なことだと思います。しかし、問題は、この法律がとても強い優生思想を伴ったものであったということです。

優生保護法をつくったということは、国が障害者を排除するという意思表示をしたということを意味します。障害をもつということは、本人にとっても、家族にとっても、社会にとっても、負担であって、不幸だ、だから生まれてくるべきではない、あるいは、障害児を産む可能性がある人の生殖は奪ってしまってもかまわないということを表明したということです。実際にこの法律の下で、たくさんの障害者が、不妊手術や、子宮摘出というかたちで、子どもを産むことを奪われました。

つまり、優生保護法というのは、国民を「子どもを産んでいい人」と「産んではいけない人」に分けて、産んでよい人の生殖も、国の人口政策と優生政策の道具にしてしまったということなのです。優生保護法ができたというのは、本当の人工妊娠中絶の合法化ではなく、また、女性の人権の確立でもなく、女性に障害者を社会から排除する役割を担わせてしまうということだったのではないかと思います。

優生保護法は、一九九六年に優生思想を強く反映している条文を削除して、「母体保護法」という名前の法律に改正されました。しかし、優生保護法がもっていた強い障害者差別について、国は十分に反省したり、もうそうしたことはしないということを国民に向かって十分に知らせるためのキャンペーンといったことをしなかったため、優生保護法の優生条文が削除されたということを知らない人がとても多くいます。そして、今でも、女性障害者の子宮摘出や不妊手術が行われているのではないかと心配しています。

ここまで、日本の法律についてお話ししましたが、障害者差別と女性差別が、特に生殖という分野でつながっているということは、世界に共通しているのではないかと思います。障害者をケアするコストを少なくしたいとどこの国でも考えていると思いますし、障害者に対する強い偏見があります。そして、女性は、「健康な子どもを産む」ということで価値づけられているのです。良い子を産んだ女性は、皆からほめられる、けれども、子どもを産めない、あるいは、障害をもった子どもを産んだ女性は、冷たい目で見られるのです。そして、いずれにしても、出産したり、育児をしたりする責任の多くは、女性にかかっていると言われます。それはとても重たい責任です。

そうした背景があるなかで行われている障害をもった胎児の中絶というのは、女性に「障害者を排除しろ」という圧力をかけられている社会の中で行われていると言うことができると思います。つまり、そこでは、障害者も女性も、共に人権を踏みにじられているのだと思います。ですから、出生における障害者の差別をなくすということは、同時に女性に対する差別をなくす必要があるということなのです。そのために、障害者と女性は、このことに一緒に取り組まなくてはならないと感じています。しかし、実際には差別をなくす運動の場面ではそれはとても難しいことでもあります。

私は障害者ですが、女性の運動にも長い間かかわってきました。そして、女性運動のなかで、優生保護法をなくすことが必要だということを強く言ってきました。私は、優生思想は、女性の人権を侵害する思想であり、女性にとっても大きな問題だということを強く言ってきたのです。しかし、障害者の運動と女性の運動は、なかなかお互いを理解することが難しいとも感じてきました。

出生にかかわる差別をなくしたいということは、障害者にとってとても切実な問題です。一方で、女性にとっては中絶が合法でかつ安全であるということがとても大切なことです。中絶という手段を含めて、産むか産まないかを決めるということが、女性にとっては重要な人権の一部なのです。出生における障害者差別をなくそうとすることが、一見、女性の権利と対立するように見えてしまうということが、問題を難しくしていると思います。このように障害者と女性が対立させられているように感じられていること、そして両者が手を結ぶことが難しいということ、この状況は、障害者と女性に対する差別が組み合わさった状況のなかに私たちがいるということを示していると思います。私は、この状況は、乗り越えたい、そして乗り越えられると思っています。

胎児の障害を理由とした中絶をやめさせるには、法律でこれを禁止すべきだという意見を言う方もいます。しかし、私は、それはあまり有効ではないと思っています。つまり、私は、女性の権利を制限したり、中絶をした女性に罰を与えるということでは、出生に関わる障害者差別をなくすことは難しいのではないかと思っているのです。むしろ、女性のリプロダクティブ・ライツとはどういうことかということを確認して、それを女性の権利として確立していくことが大切だと思います。

リプロダクティブ・ライツという言葉は、日本語では、生と生殖に関する権利と訳されています。私は、この言葉を、「子どもをもつか、もたないかということを、カップルや女性が、国や社会、つまり親戚や親からも介入されずに、自分たち自身で、あるいは自分自身、女性自身で、決める」ということだと理解しています。子どもをもたないと決める人にとっては、避妊と中絶が安全に行えるということが必要で、子どもをもとうとする人には、生まれてくる子どもが、男であろうと女であろうと、障害をもっていても、もっていなくても、歓迎して育てる支援があるということがとても必要です。同時に、子どもを産まないという人が、差別を受けないということも重要だと思います。女性に出産や育児の責任が重すぎるということについても、問題があると思います。そのため、男性や社会も責任を分けもって、女性と共に育てていく、そのための支援があることが必要だと思います。それは、健常者だけの権利ではなく、障害をもった人を含むすべての人にこうしたことが保障されることが必要なのだと思います。

子どもをもちたいカップルにとって一番いいのは、産まれる子どもに条件を付けられないということです。性別とか、障害の有無といった条件を付けられないで、産まれてくる子どもが等しく歓迎されて、支援される、ということがとても重要です。

出生前診断をするのは、子どもをもちたいと願っている人だと思います。子どもをもちたくない人は、避妊をします。また、妊娠してしまったときには、出生前診断といったことはせずに中絶を決定すると思います。そうしたことを考えても、子どもをもちたいと考えている人たちが、出生前診断をすることで、妊娠を素直に喜こべなくなる可能性があるというのは悲しいことです。出生前診断を受けて、場合によっては、産まない選択をしなければならないかもしれないという経過をたどることは、かれらにとって苦しいことだと思います。そうした意味でも、出生前診断を受けなければならないということは、子どもをもちたいと願っている人のリプロダクティブ・ライツが守られていないことになるのではないでしょうか。

リプロダクティブ・ライツについて、私がもう一つ言わなければいけないと思っている重要なことは、子どもをもつかもたないかを決めることは、カップルそして女性の権利だけれども、障害の有無で胎児を選ぶことは権利ではない、それはリプロダクティブ・ライツには含まれないということです。私はこのことを確認したいと思います。

リプロダクティブ・ライツの権利とは、自分のことを決める権利です。自分のことを決めることと、胎児についてなにかを決めることは、違うだろうと思うのです。胎児について、この子は生まれたほうがよい、あるいはよくないと決めることは、たとえ妊娠した本人であっても、「権利」だということはできないのではないかと思います。

生まれてくる子が障害児であってもなくても、歓迎されて、育てる支援が充実されること、それが、障害者に対する出生の差別をなくすことと、女性のリプロダクティブ・ライツのどちらも満たす重要なことだということを再度確認しておきたいと思います。そして、障害をもつ子を育てるということがそれほど大変ではない、つまり、障害をもたない子を育てるのと変わらないような条件がもしできたとして、それでも、なお、障害児は産まないという人がいないとは言えないかもしれません。冷たい目で見られたりしないで、育てる支援があるのだったら、検査を受けるのをやめておこうかと思ったり、障害があっても産もうと思う人が今より増えると思います。そして、少なくとも、検査を受けたり中絶したりすることが、なんらかの障害者はいらないという圧力によって行われるということは、避けることができると思います。

最後に、今日の話を三つにまとめてみたいと思います。第一に、「障害をもつ胎児を妊娠したとわかった場合は中絶する」という目的のための医療が標準的になることは、障害者差別であるとともに、女性のリプロダクティブ・ライツを侵害しているということを確認したいと思います。第二に、障害の有無で胎児を選ぶということは、女性のリプロダクティブ・ライツには含まれないということも確認したいと思います。そして、最後に、それでも、胎児の障害を理由とした中絶も含めて、すべての中絶は法律で罰せられるべきではないと考えます。

生命科学分野の政策決定に障害者の関与を……………

グレゴー・ウォルブリング

皆さんにある事例をご紹介したいと思います。ユネスコが一九九九年に開催した会議に関するものです。ユネスコのカナダ委員会は、私がカナダで、そしてその他の国で出会った団体の中で、最も障害者に友好的な国際団体です。この委員会は、障害者の視点をユネスコに関係するあらゆる種類の政策決定に組み入れるべく尽力しています。ユネスコの国際生命倫理委員会は、国連の生命倫理政策を決定する主たる責任を負います。国際生命倫理委員会(1)（IBC）の次の会議は、十一月にモントリオールで開催されます。

一九九九年に合意された科学に関する世界会議の決議事項をお伝えしたいと思います。まず、この会議の開催中に、名前があがった社会集団は、唯一、ジェンダーに関するグループだけでした。そのグループは、より多くの女性が政策決定過程に加わるべきだという意見を述べていました。そこで、科学技術の影響を受けているのは女性だけではないのに、政策決定へのアクセス権を与えられるべき集団としてなぜ女性だけを挙げるのか、という私の質問に、イギリスとニュージーランドの代表者が賛同しました。従って活動フレームワーク第二五項の表記は、「障害者、少数民族など、以降『不利な立場に置かれている集団』と称される男女の諸集団の、完全な参加を阻む障壁がある」となりました。(2)

私の知っている限りでは、国連レベルの科学的な文書あるいは科学に基づく国連文書において、障害者の科学技術への関与からの排除が認識されたのは、これが最初でした。

一九九九年の会議で決議された文書には、さらに「政府と教育機関は、学校教育の早い段階から、不利な立場に置かれている人々を含むすべての人々が、あらゆる社会活動に関与するのを妨げるような、差別的な影響を与える教育活動を排除しなければならない」という条項も盛り込まれました。

また、次のような文面もあります。「不利な立場に置かれている人々が、科学技術分野に確実に参加できるようにするために、特段の努力を払わなければならない。その努力とは、具体的には、教育制度や研究制度における障壁を取り除く努力、このような立場の人々が科学技術に貢献していることに対する認識を高め、固定観念を払拭するための努力、データを収集し、各種の制約を文書化しつつ研究を行う努力、実施状況を監視し模範的事例を記録するための努力、政策決定団体およびフォーラムに代表者を送る努力、などである」。

カナダには、バイオテクノロジーの利用について、政府に助言するバイオテクノロジーに関する諮問組織があります。ドイツの国会も、一般の人々が参加する倫理委員会が置かれています。しかし、ほとんどの国では、これら諮問組織には障害者の参加者が少ないというのが現状です。そうした現状を打開し、障害者の関与を要求する際に利用できる強力な文言がすでに挙げたようにユネスコの文書の中に書かれているのです。

この会議の後で、ユネスコカナダ委員会は、この文書の採択に向けた積極的な取り組みを開始しました。教育、情報技術、倫理作業部会などの国の各委員会には、現在、障害者が参加しています。そしてユネスコ全体でも、執行委員会などにおいて、障害者の立場を向上させるための取り組みが行われています。そしてさらに高いレベル、すなわちユネスコ本部のあるパリにおいて、障害者の発言権を確保する取り組みがなされています。

間もなく生命倫理問題に関して、ユネスコやWHOが競合するようになるでしょう。WHOの文書は障害者に対して明らかに好意的でないことがわかります。

最後に、私は、子どもをもつ権利と、特定の子どもをもつ権利とを分けて考えることが必要だと考えてきましたが、それを説明するために非常に苦労しています。私のような考え方をする人は、北米では少数派だと感じています。今回、前の米津知子さんの発表を聞いて、彼女も私と同じ考えであることがわかりました。

参加者　米津知子さんに質問したいと思います。先日、あるプロレスラーの妻が代理母を求めてアメリカに行ったということがテレビで取り上げられていたのが印象に残っています。その時に、このプロレスラーの妻である女性が「有能な遺伝子を残したい」という発言をしていたのが気になりました。私は自分の遺伝子を残すために結婚するという考え方はもっていません。テレビでは、そうした発言はあまり騒がれることもなく、普通に流れていたのですが。そのことについて、どう思われるか、コメントをいただければと思います。

米津知子　そのプロレスラーの話は知っています。彼の妻は、病気で妊娠することができなくなって、代理母を探すために渡米したという話ですね。私は、そうした代理母というようなかたちで、他人を自分が子どもを産むときの道具にするということは、あまり良いことだとは思っていません。妊娠するということは、場合によっては健康や生命を失う可能性があることです。そうしたことは、自分の子どもをもつために、自分の責任で、自分の身体を使って行うことであって、そうした危険があるなかで、他人の身体を使って自分の子どもを産んでもらうということが許されていいことなのかどうか、私自身は、疑問に思っています。

それでも、自分が産めなくても、自分の夫の精子を受け継いだ子どもを他の人に産んでもらいたいということは、女性が夫の子どもを産むことによって評価されるという考え方が根強いということと関係していると考えています。

質問した方は、「自分の遺伝子を残すために結婚したのではない」と言われました。私は、そのことに共感するというか、ホッとしたという気持ちでいます。

参加者　先ほど、ウォルブリングさんから、ユネスコはWHOと競合しているというお話があったと思いますが、このことについてもう少し詳しく教えていただきたいのですが。

というのも、確か一九九五年だったと思いますが、WHOが「遺伝サービスの提供と遺伝学に関するガイドライン（草案）」という文書を作り、その文書の中に「遺伝サービスの目的は予防と治療である」ということが書いてありました。治療法が確立されている遺伝病というのはほとんどありませんから、残る目的は発生予防、遺伝病とされる筋ジストロフィーであ

ると か、その他の先天的な病気をもった人の発生予防になると思うのです。ただ、その中の文書に、決めるのは本人やカップルである、つまり自己決定であるから、それは優生学ではない、とはっきりと言い切っていて、これまでの忌まわしい歴史をもつ優生学とは別であるという書き方がされていました。この草案、WHOのガイドラインづくりとユネスコで一九九九年に科学と生命倫理に関する正式な文書ができたということは、何か関係があるのかお聞きしたいと思います。

グレゴー・ウォルブリング　一九九五年、生命倫理に関するWHOガイドラインの草案が作成されました。WHOが生命倫理に関して行った試みの一つでした。この文書もまた、現在までのところ、公文書にも正式な方針にもなっていません(3)。

このように、現在、WHOはこの分野に介入しようとしています。そして数多くの国が、生命倫理に対するWHOの態度は理にかなっていると考えています。なぜならWHOはそれらの国に、経費削減の手段を提供しているからです。多くの政府が、WHOの論理を、ユネスコ文書よりも好ましいものと受け止めています。誰が勝者となるのか？　それはいずれはっきりするでしょう。しかし私たちは、ユネスコがその使命を果たせるように協力しなければなりません。そして、ユネスコがWHOとの戦いの敗者とならないように見守っていかなければなりません。

参加者　インドから参加しています。超音波診断と羊水検査を完全に禁止することは、この問題の解決になるでしょうか？　答えていただくほうがいいようにも思いますが、まずは私からお答えします。

グレゴー・ウォルブリング　質問には日本の発表者の方に答えていただくほうがいいようにも思いますが、まずは私からお答えします。羊水検査や超音波診断を禁止することは解決のための手段ではありません。あるいは、それを利用してもいいが、中絶はできない、すなわち検査を受ければ中絶は許可されなくなる、ということにすればよいかもしれません。なぜなら、この検査を行うことで、胎児が無事であることを確認したいと願う人々や、なんらかの介入をしたいと願う人々がいるからです。

米津知子　私の発表の中で、胎児に障害があるかないかという診断をして、障害があるとわかったら中絶をするという権利は、誰にもないということを述べました。それは、女性の権利でもないと言いました。

今、質問された方は、胎児を調べるという検査そのものを禁止してはどうかと言われましたね。私も、検査を禁止すればいいのだ、という意見を日本のなかで聞くことがあります。私も、それは一つの方法だなと思うのですが、でも、これもまたいろいろと問題があると思います。例えば、超音波診断というのは、日本の場合は、ほとんどもう九九％の妊娠した女性が日常的に受けている検査です。これは、障害を見つけるために行う検査ではなくて、胎児が、妊娠した月数にあった大きさに成長しているかどうかを調べたり、性別を調べたりすることに用いられています。いずれにしても、そうした胎児や妊婦の健康状態を見るための検査が日常的に行われていて、そのなかで、本来目的とはしていなかった胎児の障害が見つかってしまうということがあるわけです。この場合、なにを禁止したらいいのか、ということがとても難しくなります。胎児や母体の健康状況を見るための検査も禁止してしまうということは、今、それをほとんどの人がやっている現状ではとても難しいということがあります。これが、羊水診断というような、胎児にも母体にも危険が及ぶ可能性がある検査であったら、受ける妊婦の側が、流産の危険性があるのであったら、やめておこうか、と判断したりすることもあります。また、そうした検査については専門家もそれほど積極的には勧めることはありません。

母体に対しても、胎児に対しても、危険を及ぼす可能性がある検査や、まだ使われていない新しい技術は、それが本当に私たちの社会にあっていい技術なのかどうかを、検討する必要があると思います。そうした新しい技術が、本当に、母体や胎児を治療して、良くしていくのに役立つのかどうかということを検討するのです。そして、もし、その新しい技術が、結果として障害児を排除する可能性がある技術であったり、排除する可能性が大きかったりする技術なのであれば、そうした技術、検査は私たちの社会では使わないということをこれから先、決めることができるかもしれないと思います。そして、もう検査を使わないということを決める、という方向だけではなく、やはり障害児が生まれてきても安心して育てられる、冷たい目で見られないという条件をつくっていくということも必要だと思います。つまり、決め手は一つではなく、たくさんのことを同時にやっていかなければならないのではないかと思います。そこには、障害に対する偏見や、性別に対する偏見をなくしていくということも含まれます。

参加者　私は、北海道大学法学部で、法律学の研究と教育に携わっている者です。今年（二〇〇二年）の四月から、文部科学省からお金をもらって、「生命倫理基本法」を日本でつくる必要があると考え、数人の日本の法律学者、あるいは生命倫理研究者とともに、この法律作成のための提言を作成するプロジェクトを始めました。

私は、どのように生命倫理のあり方を法的あるいは倫理的に規制していくのかという問題に関しては、当然、その優生学的な利用、あるいは優生政策といった問題とどう向き合って、それとどう対決していくのかということが、非常に大きな困難な問題の一つだと認識しています。基本的な見通しとして、優生学の学問的、技術的な応用が、二十一世紀においてもますます発展していくだろうと考えています。それは米津さんが言われたように、特に戦前の日本、あるいはナチスドイツ、あるいはスウェーデンといった福祉国家でさえも、国家の人口政策の一環として優生政策を採用して、福祉国家が優生政策を実施していくという過去の歴史にあったようなことが、今後も起こりうるということでもあります。しかし、同時に、もっと大きな問題として、グローバリゼーションの世の中で、世界中で優生学的な産業というのが、もっと大きくなっていくだろうということ、そして、国家権力によるものではなく、個人の自己決定ということの下で、こうした優生政策が広まっていくという方向にあるのではないかということが私が懸念していることなのです。

女性自身の自己決定ということで、女性自身が障害者を産まないという選択をするということ、そういう方向に対してどう考えていくのかという問題は大きいです。米津さんに、特に個人の自己決定ということで行われている優生学的な技術の利用に歯止めをかけるための論理について、どのような有効な論理がありうるかお聞きしたいと思います。

米津知子　私も、現在整いつつある生命倫理に関する法律や制度について注目しています。一般に科学技術というのは、無色透明で中立的だととらえられがちですが、そうではないと思っています。科学技術というのは、社会の考え方に反映してつくり出されます。そして、その社会の考え方によって反映されてつくり出された科学技術が、社会の考えをより深めてしまうということがあると思います。つまり、障害は良くないという優生学的な考えが強い社会では、その良くない生命を見つけだして排除する技術が開発され、その技術が実用化されることによって、さらに排除が進むということがあると思います。そして、ある目的で使われる技術と別な目的で使われるための技術とが結びついて、とんでもないことに発展していったりもします。具体的には、不妊治療のために考え出された技術と、診断するためにつくられた技術とが結びついてしまって、着床前診断というものが可能になったりするわけです。

技術の応用に当たっては、差別的な考え方を排除するということを、技術を使いこなすルールの中に入れていかなければいけないと思います。つまり、それは障害者に対して差別であったり、女性に対する差別であったりします。つまり、女性の身体は、切り刻んだり、利用したりしてもいいものだ、というような差別的な考えもなくしていかなければならないと思います。私は、法律やルールをつくろうとしている方、それに携わっている方に、ぜひ、そうした問題を考えていってほしいと思っています。

次に新しい優生学と言われている問題に関してお話しします。先ほど、質問のなかで挙げられたＷＨＯの文書もこの新しい優生学という問題に関係していると思います。過去の優生学というのは、国が、権力をもってそれを強制していました。現代でも、強制を伴う優生学というのはなくなっていないのです。個人個人が、自分で自分のことを決めているのだと主張しているのがこの考え方だと思います。でも、私はそれは間違っていると思います。

確かに、強制というかたちは、外から法律のようなかたちにはなっていないため、見えにくいかもしれませんが、その他の制度といったかたちで、それは確かに根付いています。障害というのは、よくないという考えの上に、いかにして、障害者を社会で養っていくコストを減らしていくことができるか、どうやって社会にとって邪魔にならない場所に隔離して生かしていくか、そしてそういう社会の邪魔になる子どもをもたせないようにするためにはどうすればよいか、という考え方は、行政のシステムの中にしっかり根付いているのです。ですから強制的な優生学というのは、決して過去のものではないと思います。

なによりも、人々の中に、障害を否定的にとらえてしまう考え方が、とても強く根付いてしまっているのです。だから、なんとか、これをなくしていきたい。その積極的な努力なしに、強制的な優生学は過去のものだ、と言ってしまうのは、インチキだと思います。強制ではなくて、女性が自分で選んでいるのだという形で、女性が障害者の排除に駆り立てられていくというのを、私は、すごく危険で、腹立たしいことだと思っています。

グレゴー・ウォルブリング　「wrongful birth（医師の過失による不法な出生）」に関わる訴訟をやめさせることは非常に困難です。それは不作為による不法行為であり、遺伝子の医療過誤に他ならないものです。社会に、ある種の約束をするテクノロジーが存在し、人々がその存在を知っている場合、もしその約束が果たされなければ、例えばあなたが両親であれば、当然のことながら、その約束が果たされなかったことについて訴訟を起こすでしょう。従って、先ほど申し上げた遺伝子検査や着床前診断などの方法が利用可能である限り、wrongful birthが必然的に起こされることになるのです。

参加者　障害者の方と介助などをして付き合ってきた関係上で、この問題に関心をもってきた者です。先ほど出たＷＨＯのガイドラインについての反対運動をしてきたので、そこで思ったことをお話ししたいと思います。

ＷＨＯの案には、遺伝子操作は優生学であるけれども、遺伝子診断は予防医学である、というような位置付けをしていたととらえています。私は遺伝子診断は予防医学ではなく、やはり優生学であるととらえています。それで、優生学であるということは、個人が選択するか、国家が強制するかにかかわらないことだと考えています。

もともと、日本では羊水診断の技術ができてから、障害児を産む、産まないということを定める胎児条項を優生保護法の中に入れる、入れないということが問題になり、そこで、障害者運動と女性運動が分断されてきた歴史があります。優生保護法の中では、胎児の障害を理由にして、中絶してもいいという条文は、ありませんでした。着床前診断に関しては、障害者運動、女性運動双方が反対ということで、一致していました。それは、技術が巻き起こす問題ということで、人権の視点からそのような技術は望んでいない、ということで、反対してきたと思います。着床前診断や、遺伝子に関する診断は、障害者だけでなく、人間の身体自体を開発の対象としてしまい、人間をぼろぼろにしてしまうということで、これ以上、科学技術で人権侵害をするのは、おかしいということが私の考えです。

米津知子　今述べられた会場からのご意見に私もとても賛同します。女性と障害者両方で、着床前診断は私たちは望まないという反対運動を私もやってきました。そして、やはり技術が差別を反映させたものである以上、やはりそれが、さらに人を差別し、排除していく危険については、しっかり見ていかなければいけないと思います。

グレゴー・ウォルブリング　私も、同じ立場です。着床前遺伝子診断は、出生前検査以上に優生学的だと言えます。なぜなら、それを利用する目的はただ一つ、何かを除外することにあるからです。それ以外の理由で着床前遺伝子診断が使用されることはありません。もしあなた方全員がそれに反対なら、ユネスコのＩＢＣ委員会に何らかの影響を及ぼす必要があります。というのも、それが委員会の十一月の議題になっているからです。各国のユネスコ派遣団、例えば日本やドイツの使節団に連絡してみてください。

スティーブン・エスティ　非常に興味深い分科会でした。ここで、多くのことを学びました。特に私の関心を引いたのは、グレゴーさんが、ユネスコとの関係のことで非常に積極的な可能性について話してくれたことです。私がカナダでユネスコ関係者と接触した感触から言っても、彼らは非常に障害者の問題に理解を示していると思います。各国の方も、それぞれの国のユネスコ代表者と連絡を取って、ユネスコと関係を深めていくことができるだろうと思いました。

ディナー・ラトケ　私から、この分科会の決議を。一つは、選択的中絶は、リプロダクティブ・ライツの中には入らないということを提案したいと思います。そのため、着床前遺伝子診断に反対していく、それは禁止すべきであるということを提案したいと思います。二点目ですが、国連の各公式文書は、障害者に関して、医学的モデルからではなく人権モデルによるとらえ方をすべきであるということ。これが提案の二点目です。そして、ユネスコの文書を使って、障害者の立場を反映させるということ。この提案について、ご意見がありますか。

米津知子　私は、最初の要求として出された「障害を理由とした中絶は、リプロダクティブ・ライツの中には含まれない」ということに、次のことを付け加えていただきたいと提案します。つまり、障害をもつ胎児の中絶は、障害者差別であるとともに、女性のリプロダクティブ・ライツを侵害する、つまり、女性と障害者両方にとってよくないことだということを入れたいと思います。そして、女性と障害者が、協力してこの問題に立ち向かうということを表したいと思います。さらに、もしできるなら、障害を理由とした中絶は、リプロダクティブ・ライツの中には入らないということが、中絶をした女性を罰するということにつながらないような言葉を入れてほしいと思います。

この問題は、とてもデリケートな問題であると同時に、女性の運動と協力し合わなければ解決しないことだと思うので、私はこの点について十分に考える時間が欲しいと思いました。

ディナー・ラトケ　その点は、修正しながら要求に組み入れていきましょう。ご意見ありがとうございました。

注

1　国際生命倫理委員会(the International Bioethics Committee＝IBC）は、一九九三年にユネスコによって、生命科学分野のなかでも特に遺伝学とバイオテクノロジーに関する諸問題を検討するためにつくられた組織。

2　Declaration on Science and the Use of Scientific Knowledge and Science Agenda—Framework for Action.

3　一九九五年に作成されたＷＨＯの草案は、その後一九九七年の遺伝医学における倫理的諸問題に関するＷＨＯ会議において議論され、改定された後、一九九八年にＷＨＯ「遺伝医学と遺伝サービスにおける倫理的諸問題に関して提案された国際的ガイドライン」となった。この二つの文章を比較すると、一九九八年のガイドラインは優生学という言葉が注意深く排除されているが、巧みに個人の選択を強調する「新しい優生学」のかたちをとっていることがわかる。

10月16日午前

開　発

世界銀行、関係機関との連携

司会者：テオフィロ・アラルコン（ドミニカ）
発表者：オルガ・クラシオーコバ・エンズ（カナダ）
高嶺　豊（ESCAP）
宮原千絵（JICA）
エバ・サンドバーグ（WHO）
バーバラ・マリー（ILO）
ジュディ・ヒューマン（世界銀行）
パメラ・ゼシック（世界銀行）
ロン・チャンドラン・ダッドレイ（シンガポール）

障害と開発における関係機関・コミュニティとの協力

……………オルガ・クラシオーコバ・エンズ

私の発表の焦点は、障害と開発の特に「知識の力」についてです。私はカナダ障害学センター（CCDS）の代表です。CCDSはNGOで、障害についてのリサーチ、教育、ネットワークづくりなどを行い、それらを生活の中でどう使うかに焦点をあてた活動をしています。障害をもつ人たちをどのように見るのか、彼らのニーズは何かを考えることはとても重要です。障害をめぐって何が起きているか、どのようなアプローチがいろいろな国や専門分野でとられているのかを知ることも必要です。チャリティモデルや医療モデル、必要としている人へのリハビリテーションの開発、社会モデルなど、様々なアプローチが過去何年間にもわたって存在しました。こうした様々な知識や視座の理解は、コミュニティや国際援助機関、また人権運動としての障害者運動の政策決定やプログラム開発のためだけでなく、個人の生活にとっても利益につながります。

CCDSには、大学やカナダ政府、地方自治体、その他多数の機関が参加しています。平等のパートナーシップに基づきつくられたモデルです。私たちは国際的にも多数の障害者組織と協力していますが、主要な活動は、教育、障害分野の情報ネットワーク、参加型アプローチによるリサーチの三つになります。

障害学は新しい学問分野で、障害者コミュニティの知識、学会の知識、並びに政府や民間部門の知識を利用しています。この情報は皆様に利用いただけます。ＣＣＤＳと世界銀行やアジア開発銀行（ＡＤＢ）との協力はすべて、障害学と政策開発の両方における国際的な経験の蓄積となります。

ＣＣＤＳは二〇〇一年十二月、障害者の活動への統合について世界銀行の事業成果を計る基準を開発するために、五カ月の参加型プロジェクトに着手しました。最初の段階で、一〇五以上の世界銀行の文書や各国の学問分野の文書を検討しました。そして、アクセス、参加、統合が基準となることを明らかにしました。このプロジェクトの過程で、世界銀行には国際的な支援機関としてだけでなく、障害者コミュニティにとっても信じられないくらいのチャンスがあることがわかりました。世界銀行の参加への努力、世界銀行を知識の銀行にしようとするビジョン、そして情報アクセスを高めようとする努力は、私たちにとって幸運だと思います。

ＣＣＤＳとＡＤＢの関係について一言だけ触れます。ＡＤＢは一九九九年十一月、三つの主要な目標をもつ新たな活動として、貧困軽減を採用しました。その目標とは、持続可能な経済成長、社会開発、そして貧困と貧困軽減に焦点を当てた良い統治（グッド・ガバナンス）です。ＡＤＢのプロジェクトの目的は、国の障害者政策を評価すること、並びに試行国として選ばれたカンボジア、スリランカ、インド、フィリピンの四カ国において障害と貧困の関係を明らかにすることです。私たちは、各国のニーズを評価し、各国の問題に関するプロジェクトの初期計画を策定し、障害チェックリストをＡＤＢのためにつくりました。プロジェクトの成果で特に重要な二つをあげます。四カ国はすべて、大変強力かつ積極的な障害者特別委員会を設置し、この特別委員会にはその国の障害者コミュニティが積極的に参加しています。そして特別委員会は、政策提言に対して影響力を発揮する機会を与えられています。また、その地域における強力な貢献と成果をなしていると認知されてもいます。インド、スリランカ、およびフィリピンは、障害者に関する法律を制定し、カンボジアはこの法律制定のために取り組んでいます。

開発銀行との協力について私たちが取り組むには、三つの方法があります。つまり、障害者を組織の不可欠な一部として組み入れる方法、参加を確実にする方法、および障害者のアクセスに取り組む方法です。また、開発について忘れてはならないことは、コミュニティに既に存在する状況に基づき構築される参加型の開発、アクセスと統合を通した機会の平等、並びに能力開発と教育への投資です。

平等なアクセス、統合、参加の価値に基づく私たちのビジョンを展開しましょう。そして、私たちの勝利を祝いましょう。

アジア太平洋障害者の十年におけるESCAPの活動と地域協力……………高嶺　豊

最初に、私の所属する国連アジア太平洋経済社会委員会（ESCAP）を紹介します。ESCAPは、助成機関ではなく、技術援助などで各国政府やNGOに支援を提供しており、国連経済社会委員会の地域委員会の一つとしてアジア太平洋地域の六一の加盟国と準加盟国の政府を擁しています。大多数は開発途上国で、そのうち二三カ国は後発途上国です。

私たちは国連障害者の十年の中間点にあたる一九八七年以来、障害者プログラムを続けています。中心テーマの一つは、障害者の自助組織の開発で、地域内での障害者組織を支援しています。国連障害者の十年の最後に、ESCAPが一九九三年から二〇〇二年までのアジア太平洋障害者の十年を始めましたが、これは国連の「十年」の直後における独特な地域的な「十年」です。この「十年」を始めた理由は、この地域の多数の開発途上国では、完全な参加と平等という目標が期待したほど達成されていないと政府関係者が考えたからです。

ESCAPの役割の一つは、アジア太平洋地域の各国連機関の間でコーディネーターを務めることです。障害については、アジア太平洋地区機関間会議（RICAP）に属する小委員会の一つ障害問題小委員会が情報発信をしていました。それが新たに設置された「障害者問題作業部会（TWGDC）」となり、私たちは、食糧農業機関（FAO）と共に共同議長を務めています。この協力のあり方は、「十年」の実施を支援する上で大変重要な役割を果たしています。この地域的な協力がなければ、恐らく「アジア太平洋障害者の十年」は思っていたほど成功しなかったのではないかと思います。

TWGDCには、ILO（国際労働機関）、ユネスコ、ユニセフ、UNDP（国連開発計画）などの機関も含まれていますが、最も重要な点はNGOが参加していることだと思います。他の小委員会ではNGOは参加をしていないからです。年に二回、ほとんどの場合はバンコクで地域会議を開いており、そこではNGOの参加者から多くの革新的なアイディアが提供されています。NGOの参加者には、DPI、世界盲人連合、世界ろう連盟などが含まれていますが、彼らはTWGDCの主要な貢献者でした。また、この地域協力には、複数の政府が積極的に参加しています。

TWGDCには四つの委員会があります。教育、起業家精神、情報通信技術、そして東ティモールです。私たちは、東ティモールが多大な援助を必要としていると思いました。開発援助をうまく調整するために、電子メールを利用して非公式なネットワークを構築し、障害者の援助活動に関する情報はすべてメンバー間で分かち合いました。これは、実に興味深い方法で、他の機関も利用できるでしょう。多くの人々がいろいろなことをしているのですが、他の人々は他の組織がしていることを知らないからです。こうした活動をすべてコーディネートするには、非公式なネットワークをもつことがきわめて重要になります。

また、この「十年」には重要な指針が作成されました。この指針は、「アジア太平洋障害者の十年」に関する行動課題（アジェンダ・フォー・アクション）と呼ばれており、一二の分野があります。その一二の分野は、国内の調整、法律制定、情報、国民意識高揚、アクセス・通信、教育、職業訓練・雇用、障害原因予防、リハビリテーション、補助器具、自助組織、地域協力です。

私たちの主要な焦点は、DPIのような自助的な障害者組織を支援することに置かれました。二番目の焦点は、障害者に対するバリアフリー環境を促進することに置かれています。三番目は、バリアフリー環境の推進者あるいは指導者として障害者を養成するトレーニングでした。いつかこうした活動が、本当に環境の変革や環境のアクセス向上の中核になることでしょう。彼らは建築家や都市計画立案者のような専門家にトレーニングを提供することもできるのです。更に私たちは、女性障害者に関する地域ワークショップを実施しました。そしてバリアフリー・ツアーも行いましたが、これはツアーとアクセスを合わせた新しい取り組みです。私たちは、経済や社会的レジャーなどにも大きなインパクトを与えることができます。そして最後になりますが、地方の障害者の貧困軽減についても研究してきました。私たちは、一つの地域ワークショップを組織しましたが、こうした活動を継続するために努力しています。

域内の各国政府は、二〇〇二年五月、アジア太平洋障害者の十年を二〇〇三年から二〇一二年まで更に十年間延長する宣言に賛成しました。そして、ESCAPと政府は、この地域に関する新しい活動の枠組みを制定しました。それは、アジア太平洋地域の障害者にとって包括的で、人権が尊重され、障壁のない社会を目指す「琵琶湖ミレニアム・フレームワーク」です。そして、それを取り巻く重要な優先事項として、障害者の自助組織支援、障害をもつ女性の支援、早期療育と教育、職業訓練と雇用、物理的環境へのアクセス、情報へのアクセス、および通信技術があげられます。この重要な部分は、能力開発と持続可能プログラムを通した貧困軽減です。このように重要な焦点は、すべての政府が採択したミレニアム開発の目標に障害者を含めることに置かれています。

人間開発・国の開発・人々の団結——JICAの哲学

宮原千絵

私は、JICA（国際協力事業団）から参加しています。JICAは、日本の政府開発機関を意味するODAの中の一機関です。日本は、第二次世界大戦終結から八年後の一九五三年に、自国の経済を復興するためにユニセフや世界銀行などの国際機関から援助を受ける一方で、途上国への援助提供を始めました。日本のODAには、途上国への資金協力と技術協力の分野があります。資金協力には、途上国への無償資金協力と国際機関への資金提供があり、JICAは途上国への技術協力の範疇に入ります。JICAは、資金提供機関ではなく、政府対政府の二国間の援助機関ですので、どのようなプロジェクトにも政府の承認を必要とします。技術援助として、私たちは訓練を受けた専門家やボランティアを日本に受け入れています。よくJICAは、巨大ダムや高速道路など大規模インフラストラクチャを建造していると考えられていますが、私たちの関心事、主要目標は技術移転であり、それは技術開発に関する人から人への移転です。JICAは、「人間開発・国の開発・人々の団結」という哲学をもっています。

JICAの障害者分野の活動では、技術研修プログラムに途上国から約八千人の訓練生を日本に受け入れています。またタイなどの第三国で研修を実施することもあり、これには一七〇〇人以上が参加しています。

日本の専門家の派遣では、私たちは相手国政府の専門家と協力して、障害者の分野での技術と知識の移転を行う専門家を派遣しています。現在までに、一九カ国に一〇〇人以上の専門家を派遣してきました。青年海外協力隊（JOCV）では、何人が障害者と共に働いているのか推計することは大変困難です。例えば農業の場などで意図することなく障害者と一緒に働いている隊員もいると考えられるからです。しかし、理学療法士、作業療法士、看護師、障害児教育の教師など七つの職業では、二〇〇二年四月の時点で、六一二人が派遣されたことがわかっています。

プロジェクト・タイプの技術協力は包括的なアプローチで、通常五年を要します。これには、日本の専門家の派遣、途上国の訓練生の受け入れ、そして必要な機材の提供が含まれます。これまでに、七カ国で九つのプロジェクトを実施してきました。ただし、これらのプロジェクトはほとんどの場合、リハビリテーション専門家の育成やセンター建造など、リハビリテーションに的を絞ったものになっています。また、タイで新たにスタートしたプロジェクトもありますが、これは、現地のコミュニティやNGOとの協力といった新しいアプローチを採用しています。パートナーシップ・プログラムは、

JICAと日本のNGOとの協力関係を強化するプログラムです。また、障害者福祉に関する一件の調査研究も行っています。この調査研究には二年をかけて、日本の障害者を国際的な開発や国際協力に参加させることを検討しています。

JICAの障害者政策とは何でしょうか。JICAは、一九八〇年代に障害者の分野での援助を開始しました。一九九五年から九六年にかけて、日本の障害者の国際協力プログラムへの参加について調査研究が行われ、この調査研究では、国際協力プログラムにもっと大勢の障害者を招く必要があるという提言がなされました。そこで、一九九八年から九九年にかけて、障害福祉に関する研究委員会を設置しました。そしてこの委員会で、障害者の完全参加と平等が、私たちの究極の目標であるべきだという認識に達しました。この研究ではまた、JICA内に諮問委員会を設置すること、および活動の焦点を定めることとの提言があげられました。

私たちは、障害者に関するJICAの方針を開発する作業部会を設置して仕事をしています。そこで、提言に取り組む方法ですが、障害者の能力養成に一層の直接的な援助を提供することに焦点を置くことになるでしょう。またもう一つの焦点は障害者の関心事をJICAのプロジェクトの本流に組み入れるというものです。そして私たちは、プロジェクトの立案、実施、評価に至るすべての局面で、障害者の一層の参加を重視する必要があります。JICAにとって、このことがこれからの新しいガイドラインになります。

WHOにおける障害・リハビリテーションプログラム

エバ・サンドバーグ

私は、ジュネーブのWHO（世界保健機関）に勤務して四年半になります。

WHOの大きな組織のどこに障害の関連セクションがあるのか理解することは、皆様には難しいと思われます。ジュネーブの本部では約二千人が働いています。組織のトップは事務局長で、現在は前ノルウェー首相のグロー・ハルレム・ブルントラント博士です。それから、私たちはアフリカ、アメリカ、アジア、ヨーロッパなどに六つの地域事務所をもっています。また、WHOにはクラスター（局）と呼ばれているものが八つあり、その内の六つのクラスターは技術クラスターで、あとは管理業務と内部業務を行うクラスターです。肝心の障害とリハビリテーションのプログラムは、非伝染病・精神衛生クラスターの中にあります。ここで皆様に言っておかなければならないのですが、障害の問題はWHOの優先事項ではありません。私たちは現在、三人の専門家と一人の秘書の四人でチームをつくっています。二人の専門家がリハビリテーション、一人の専門家、即ち私自身が障害を担当します。

障害・リハビリテーションプログラムの目標は、すべての障害者の機会均等を促進することです。私たちが障害者について語る場合には、国連・障害者の機会均等化に関する基準規則（以下、基準規則）の定義を使っており、機会均等とは、保健・医療・リハビリテーションの各サービスに対する平等のアクセスを意味すると言ってきました。

私たちは、障害・リハビリテーションに関して、いわゆるマルチセクター協力を通して政策変更の呼びかけをしています。マルチセクター協力というのは、他の国連機関との協力で、私たちは、世界銀行、ＩＬＯ、ユニセフ、ユネスコなどの国連ファミリーメンバーとも大変良好な協力関係を保っています。障害者に関する政策では、保健に関する基準規則の実施をモニタリングしています。国連の特別報告者のベンクトさんとその専門家パネルメンバーの支援を得て、この分野で大変大きな仕事をしました。ＷＨＯ加盟国にアンケートを送り、その中で医療・リハビリテーション支援の各サービスの提供、並びに人材育成に関する質問をしました。同じアンケートを、国際的に重要な障害者組織にも送りました。政府からの回答については、分析を終えて報告書をまとめ、目下、障害者組織からの回答に基づき同じような報告書を作成しているところです。この後、政府の回答と障害者組織の回答とを比較する予定です。これは興味深い作業になると思います。

ＷＨＯは過去二五年にわたり、地域に根ざしたリハビリテーション（ＣＢＲ）を促進してきましたが、私たちはこれに批判があることを承知しています。そこで、ＣＢＲをいかに改善できるかについて議論するために、ＣＢＲの利害関係者を招くことにしました。二〇〇三年五月三十一日に、ヘルシンキでＣＢＲの再検討に関する国際協議を開きます。

私たちの作業を続けていくために最も重要なのは、障害者との相互交流だと申し上げたいと思います。私たちはこれまでも大変良好な関係でしたが、将来も、障害者組織、つまりＤＰＩ、世界盲人連合、世界ろう連盟、インクルージョン・インターナショナルなどと良好な協力関係を保つことを希望しています。私たちの会議、ＷＨＯ委員会の会議、および世界保健総会に彼らを招待しています。また障害・リハビリテーションチームは、これらの組織だけでなく、その他の国際的な障害者組織とも大変緊密な協力関係にあります。

最後は、ネットワークづくりです。私たちのプログラムの最も重要な要素の一つは、障害者組織との協力です。また障害問題に関する認識を世界的に高めるよう努力しています。これは、ＷＨＯだけの任務ではなく、他の国連機関、ＮＧＯ、障害者組織とも協力して行っています。ネットワークづくりを通してできることは、専門的で協議型の支援の提供です。そして私たちはまた、地域や国の事務所とも協力しています。そして、障害・リハビリテーションの分野における利害関係者に重要なネットワークを提供するように努力しています。

参加者　私は、インドでの障害者の人権を促進する組織で働いています。インドでの経験では、ここ数年の進歩はNGOと障害者グループの努力の結果であって、政府はあまり貢献していないことがわかっています。私の質問は、世界銀行などが政府に出している障害者政策へのお金が活用されていないのではないかということと、もし世界銀行やADBのような銀行に、障害者運動との直接のパートナーシップがあれば、そのことが障害者運動を本当に強化し、人権の観点からも貢献するのではないかということです。

パメラ・ゼシック　私は、世界銀行でジュディ・ヒューマンさんと一緒に働いています。たいていの開発銀行、つまり世界銀行、アジア開発銀行そして特に米州開発銀行は、NGOと協力する方向に進んでいます。ほとんどの銀行は、それぞれのウェブサイトを持っており、皆様が参加して関係をもつことができる方法を簡単に説明しています。そうすることで、開発銀行は、障害者、障害者組織のニーズを一層よく理解できることになり、また協力して政府に働きかけて、二者間ではなく三者間のパートナーシップを構築できることになります。

参加者　マレーシアには、労働災害が原因で脊椎を損傷する人が増えてきています。そこで、私は、マレーシアが国民のために脊椎損傷専門の病院を必要としていると思います。JICAは、このプロジェクトに資金を提供できないでしょうか。

宮原千絵　「パートナーシップ・プログラム」という方法がありますが、これはJICAと日本のNGOとのパートナーシップを強化するためのものです。あなたがプロジェクトをもっている場合には、それに関心を示す日本のNGOにアプローチされることをお勧めします。それから、病院についてですが、JICAのプロジェクトは、例外なく日本政府と相手国政府との合意を必要としていますので、あなたが考えているプロジェクトに直接、資金を提供することはできません。政府の担当者に相談して、障害者問題を優先事項に、開発戦略の優先分野の一つにしてもらって下さい。そうすれば、私たちは、障害者問題に関係するプロジェクトに支援することができます。

参加者　マラウイでの私の経験では、JICA事務所は障害者問題を扱ってくれないようです。何らかの支援を求めて訪ねても、障害者問題には関心を示してくれないように思えるのです。これらの情報について、私たちの国々まで流れているのかもっと知りたいです。WHOでは、障害者問題は重視されていないように思えました。障害分野で働いているのはわずか四人なのですね。どのような段階を踏むと、障害者が真剣に取り上げられて、私たちの問題があらゆるレベルで対応されることになるのか、私にはわかりません。

宮原千絵　JICAでは可能な限り多くの情報を普及するように努めています。私たちは、メーリングリストを持っていますが、例えば、このような国際会議の情報を世界に発信して、障害問題についてJICA職員の啓発に努めています。今日までは、特に障害者問題についてはアジア太平洋地域に焦点を当てていました。しかし、アフリカから新しい波が押し寄せています。アフリカ諸国は二〇〇〇年から、新たな障害者の十年をスタートさせました。障害者問題についてアフリカとの協力関係も始まっています。従って、アフリカのJICA事務所は、私たちのプロジェクトに障害者を加える必要性のあることを一層深く認識してくれるでしょう。現時点では、さほど認識をもっていないかもしれません。しかし、この一、二年で、間違いなく認識を深めてくれるでしょう。

エバ・サンドバーグ　WHOでは障害・リハビリテーションは優先事項ではありません。それ故に、私たちは障害者組織との関係を維持しようと努めているのです。皆様は、私たちのプログラムが重要であるとお考えになるならば、自国の政府に圧力をかけて下さい。また、WHOにも圧力をかけて、組織の中で障害者問題を一層優先させるようにして下さい。そのために私は、障害・リハビリテーションチームと障害者組織との協力が大変重要だと言ったのです。

ＩＬＯの障害者プログラムでのサービス……………バーバラ・マリー

私は、ILOの障害者プログラムの責任者です。ILOは、五〇年以上障害分野で仕事をしてきました。私たちのビジョンは、障害者を含むすべての男女の機会均等を促進して、自由・平等・安全・人間尊厳の下で、的確かつ生産的な労働を確保することにあります。

ILOが障害者に適切な仕事を提供しようとするには、主に三つの方法があります。最初の方法は「知識データ」を構築することです。私たちは、障害者が直面している問題をもっと知る必要があります。また、こうした問題を克服する努力を通して、どのようなことが成功したのか知る必要があります。そのために、私たちは、優れた方法について十分なリサーチや評価を行い、ガイドラインを公表しており、また、報告書を公表しています。私たちは、グラッドネット(Gladnet)の立ち上げに参加しましたが、これは障害者のためのリハビリテーション・雇用・職業訓練に関する情報の大変優れたネットワークです。すべての人が、何が行われたのか、何がうまくいって何がうまくいかないのかを知ることが大変大切です。そうすれば、私たちはお互いから学び、わざわざ最初からやり直す必要もなくなります。こうしたやり直しは従来から問題になっていたと思います。

二番目の方法は、人権擁護活動を通して政府・雇用者・労働者組織と協力することです。この方法については、ＩＬＯが職業訓練や雇用問題に関する国際協定の形で、労働基準を策定して加盟国に勧告することに取り組んでいることを紹介しておきたいと思います。ＩＬＯには、一七五の加盟国があります。協定は、署名国を拘束する国際条約に似ています。ＩＬＯ加盟国の多数は、協定に署名していますから、協定内容を履行する義務があります。またＩＬＯは加盟国が約束したことを確実に履行するようにモニタリングを行っています。これは、障害者組織にとって大変重要なことです。なぜならば、皆様の国がＩＬＯ会議に署名している場合、そのことが政府に対しロビー活動をする枠組みになるからです。ＩＬＯには「行動綱領」もあります。これは、各国が協定を履行する方法に関するガイドラインのようなものです。「行動綱領」は特に障害と関係があります。私たちは、政策に関して多くのアドバイスを与えています。特に、途上国では、政府や雇用者組織や労働組合に対して、障害者が社会で役割を果たす上でどのような支援ができるのかということを助言し、世界各地で会議やセミナーを開いています。

三番目に重要なものは、技術協力サービスです。技術協力プロジェクトでは、協定や勧告に含まれるアイディアを実行に移す方法を、各国に具体的に提示することになっています。最近では、ＩＬＯ理事会が二〇〇一年十月に、「職場において障害をマネジメントするための行動綱領」を採択しています。これは、主として雇用者を対象にしたものです。この考え方は、雇用中に障害を負った従業員を継続雇用することを雇用者に強化・促進させるものです。私たちは現在、組織としてこの「行動綱領」を実行に移すことに焦点を当てています。雇用者の組織がこの「行動綱領」に注目するようにさせるために、障害者組織との協力を大いに歓迎します。これは、採択されてから早くも一〇カ国語に翻訳されています。

ところで、障害に対するＩＬＯのアプローチの主要な柱は何でしょうか。障害者の雇用に関する機会均等、職業訓練および雇用に関する男女障害者の平等待遇、可能な限りのメインストリームへの組み込みです。そのため、私たちは、障害者が一般の労働市場において職を得ることを目的として障害者に一般の職業訓練サービスを開放するように政府にアドバイスしています。

最後に、大変重要なことですが、コミュニティへの関与の問題です。障害者の多くは、地方に居住していて、これらの人々が大都市で職を得る見込みはないと言えるでしょう。そこで私たちは、コミュニティが障害者をその不可欠な一員として取り込む方向に進むことを確実にする必要があり、CBRが大変重要になるのです。ILOは、二〇〇三年ヘルシンキでのCBR検討会議主催を全面的に支援しています。

ILOはまた、障害者に関するその他の国際的な動きも支援しています。協力により一層多くの成果を達成できると考えるからです。私たちは障害者権利条約も支援します。ILOは既に条約をもっている唯一の組織であることを思い出してください。ILOの経験から多くを学べるでしょう。そしてILOは、障害者の労働の権利が過去九〇年間においてどのようにして整備され、国際的な組織が支援するようになったのかということに関する討議資料を作成しました。私たちは、この討議資料を公表して広く配布することにしています。

最後になりますが、二〇〇三年を「ヨーロッパ障害者の年」とする宣言がなされたと聞きまして大変喜んでいます。ILOも、ヨーロッパの障害者の雇用と職業訓練の機会促進のために、NGO、政府、労働組合、並びに雇用者組織と緊密に協力することにしています。これには中央ヨーロッパと東ヨーロッパから欧州連合（EU）に加盟する一五カ国も含まれています。これらの国は、多くの点で途上国です。これは、障害者の人権を擁護する絶好の機会になるでしょう。

私たちは、障害者が職場で彼らの場を確保し、社会に貢献できるようになることを希望していますし、彼らがそうできることを知っています。

世界銀行と市民団体の協力……………ジュディ・ヒューマン

私は、世界銀行の障害アドバイザーです。開発銀行、助成機関、そして国連機関では今でも障害についてほとんど焦点が当てられていません。自立生活など個々の生きたモデルや視点などにおける障害者のニーズや問題点を明らかにする唯一の方法は、より多くの情報を共有することです。私たちは、二〇人から三〇人の障害をもつスタッフしか見ていません。つまり、世界銀行、ADB、JICA、ESCAP、ILO、WHOなどで働いている障害者の数です。世界銀行には一万人のスタッフがいます。WHOには二千人、ILOには一五〇〇人、JICAは一三〇〇人。一万五千人中の三〇人は、どう考えても適切な数字ではありません。

世界銀行は財団ではありません。世界銀行、アジア開発銀行、米州開発銀行、アフリカ開発銀行、欧州銀行、これらはお金を融資しますが、顧客は政府です。政府が皆様を代表していると考えられているのです。ここ数年、NGOや障害者組織や一般市民を、これらの銀行や政府が行っていることに参加させようということがもち上がっています。皆様の役割が大変重要になるのは、こうした理由からです。世界銀行は、長期経済成長の促進を通して貧困を軽減しようとする包括的な目標をもっている国際的な開発銀行ですが、開発課題に対するNGOの重要な役割をますます認識するようになっており、市民団体と協力する機会を歓迎しています。

これから、二、三の基金についてパメラから簡単に説明してもらいます。これは、皆様が申請できる基金ではありません。しかし、皆様が参加する方法はあります。私たちが政府の問題について話をする場合、皆様の国が借り手であるかどうか知ることが大変重要になります。貧困国の大多数は世界銀行の借り手になっています。政府が借り手である場合、何のためにお金を借りているのか知る必要があります。政府が融資パッケージを用意している場合、初等教育・高等教育・医療などのための融資申請に、どのようにして障害者を加えることができるのか、政府に尋ねる必要があるからです。これはとても大切なことです。

皆様の中には、世界銀行の事務所に出かけて、「私たちには関心がありません。貴国の政府は障害者のために融資を申請していません」という返事をもらった人がおられることを知っています。こうした状況は、変わりつつあります。そこで、皆様の国の世界銀行事務所に接触して、「お金を必要としています」と言うのではなく、「私たちはあなた方のコミュニティの資産です。お会いして、私たちのことや、私たちがどんな協力できるかについて説明したいと思います。世界銀行の仕事や私たちができることを教えて下さい」と言うのです。これは、とても大切なメッセージになると思います。

世界銀行のプログラムにどう障害者組織が関与するか

……パメラ・ゼシック

障害者組織が世界銀行などの開発銀行と関係をもつことは大変重要です。国内の世界銀行代表者と関係を築くようにして下さい。世界銀行のウェブサイトで、NGOと協力している現地の代表者、皆様の国の担当者を見つけて、その人に連絡して下さい。また、皆様の政府とも関係を築いて、障害者問題を話し合ったり、また彼らのほうから障害者問題の話をもち出させたりするようにして下さい。世界銀行のウェブサイトで、世界銀行の将来の戦略に関する議論に参加して、障害者の視点をもち込んで下さい。あらゆる立場からの意見を得ることが重要なのです。障害者プログラムのコンサルタント役を果たし、皆様の専門知識を世界銀行に伝えて下さい。私たちは、コンサルタントのデータベースを構築しているところです。そこで、皆様が特定の分野で専門知識をおもちでしたら、私たちに履歴書を送って、誰かが必要としたときに、私たちが皆様を見つけられるようにして下さい。

世界銀行の基金の九九%は政府に融資されますが、わずかな例外はあります。例えば、社会基金です。社会基金やその他の地域に根ざした資金提供の仕組みは、世界銀行がいくつかの機関を通して支援をしています。これは助成金というかたちになっています。社会基金を設けている国については、ウェブサイトを検索して、自国でも社会基金を設けているか確認して下さい。NGOがプロジェクトを実施するために利用可能な基金もあります。また、申請に必要な知識も提供しています。これはごくわずかな助成金ですが、違いを生むでしょう。世界銀行の小さな助成金プログラムは競争が激しいです。一年に一〇件くらいしか提供していません。世界銀行のウェブサイトには、利用可能な様々な資金提供先がリストアップされているボックスがあります。ディベロップメント・マーケットプレイスといって、途上国における新しくて珍しいプロジェクトに資金を提供しています。皆様がしなければならないことは、ウェブサイトの〈www.WorldBank.org/sp〉を訪問することです。ここでは、世界銀行がNGOや市民団体とパートナーを組む方法、および提供可能な資源の種類について説明しています。どうぞ立ち寄って下さい。

ジュディ・ヒューマン　何か問題があれば、世界銀行にその不満を伝えることが本当に大切です。何か良いことがあれば、世界銀行に感謝の気持ちを書き送って下さい。差出人をはっきりさせておいて下さい。ウェブサイトにアクセスして、自分の国のところを覗いて下さい。

もう一つコンサルタントがありました。援助国は、世界銀行に融資用としてお金を拠出しますが、信託基金と呼ばれるものにも拠出しています。例えば、世界銀行が日本の信託基金からお金を得ようとすると、通常そのプロジェクトに日本人を採用しなければいけません。そこで、自分の国が融資で何をしているのかわかっていれば、コンサルタントを見つけるのに役立つのです。

まとめのコメント……ロン・チャンドラン・ダッドレイ

明らかに、CBRは医療モデル、地域のヘルスワーカーのモデルでした。それは、そういう種類のサービスを必要とする人々のニーズを満たしていましたが、私たちは、エンパワーされることを望んでいました。これは、残念ながらCBRが当時取り組んでいなかったことです。今でも、大した取り組みはしていませんが。CBRプログラムは、再検討して改正する必要があります。自立生活センターについても検討するように、私は希望しています。なぜならば、それが世界各地で労働者に権限を与えることに大きく貢献してきたからです。こういう理由で、ILOとCBRが大変緊密になっていると私は思うのです。

参加者　私は、ペルーから来ました。多くの援助資金が障害者のために十分活用されていない状況を解決するために、国連やその他の機関は障害者組織に一層の焦点を合わせる必要性が生じています。私は、援助はその方向で行われるべきだと思います。そうなるように、皆様がアプローチされることを期待します。また、ＩＭＦ（国際通貨基金）などの機関は、しばしば私たち途上国に負担金を出すことを求めるのです。それによって政府は、貧困者に提供するものを削減するのです。世界銀行などの機関はもっと障害者のために努力してほしいと思います。私たちの問題は、もっと優先されてしかるべきだと思います。

ジュディ・ヒューマン　皆様はすべて、協力して政府や開発銀行に圧力をかけ続ける必要があります。例えば、ベトナムは、融資パッケージの一部として、初等教育の分野に取り組んでいます。ベトナムは、障害児も含めた初等教育に対する援助を申請したので、世界銀行はベトナム政府と協力して、障害児のインクルーシブ教育を支援しています。このように国レベルでの融資議論に参加して、障害者問題が加えられるようにする方法を学ぶことが大変重要であるということです。

参加者　インドでは、民営化の傾向が大きくなってきていますが、民間企業は、ＩＬＯ協定を守ろうとしません。またインドでは、民間企業の雇用者に関する法律がありません。こうした政策のないところでは、ＩＬＯが企業に法律遵守を強制できるのですか。どのようにすれば、私たちは民間企業に圧力をかけることができるのでしょうか。

バーバラ・マリー　協定は、第一に政府を対象にしています。従って、政府がこうした国際協定に署名します。つまり、協定は何よりも政府を拘束することになるのです。そして障害者に関する協定は、政府・労働者・障害者組織が参加する協議に基づき、国家政策を策定することを政府に要請していきます。そこで、私たちは、政府が協定の履行に取り組んでいる程度をモニターしています。

私たちはまた、協定履行をモニタリングする場合には雇用者にも質問しています。こうして、民間企業が属する雇用者組織にある程度の影響を与えています。私たちは現在、職場における障害者の管理に関して行動綱領に基づいて民間企業にアプローチしています。ただし、これは拘束力のある条約ではありません。私たちは、障害者がなし得る貢献を企業が利用するように雇用者を説得しています。そのために各国の雇用者と協議をもって、職場における障害者の管理に関する行動綱領を履行するように説得しているところです。雇用者の説得は、本当に努力を要することで、これについてはお互いに情報を交換する必要があると思います。皆様が実際に障害者を雇用して、他の雇用者に障害者の貢献、障害者が貴重な従業員であり職場で本当に役立つことを証明することができれば、他の雇用者は障害者の雇用に反対しなくなるでしょう。

ジュディ・ヒューマン　今日の議論に上がらなかった組織の一つが、国際金融公社（ＩＦＣ）です。ＩＦＣは、世界銀行ファミリーの一員で、ビジネスを担当しています。ＩＦＣの目的は産業界と協力して、その確立と強化を支援することです。ＩＦＣにメールを送って、「障害者の分野では、あなたは何をしておられますか」と尋ねて下さい。彼らは、新しい事業の開発を支援するために、いくつかの分野でささやかな助成金や経営支援を提供しています。国によっては、ＩＦＣが大変貴重である場合もあります。

参加者　私は、アルゼンチンの農村部で働いています。私たちは地元の人々との関係を必要としていますが、障害者にはそれが難しいのです。助成金が実際に障害者にも届いているかどうか怪しいのです。障害者は本当に助成金を必要としています。支援組織は、障害者に与えられるべき助成金の使用をモニターする仲介者、または管理者として仕事をすることができるのではないでしょうか。そうすれば、障害者を支援するプロジェクトをうまく成功に導くことができるでしょう。

テオフィロ・アラルコン　そうした仲介は好ましいと思います。今、大変重要な点を指摘されました。それは、政府に資金などが提供され、こうした資源、資金は、効果的に障害者に配分されていないことです。更に、障害者組織も、十分な資金が配分されるように支援する点において効果的に働いていません。また、この分野は、国際機関の優先事項にはなっていません。この分野の人々にとっては、医薬品、教育、通信などが大変重要です。こうした各分野にかかわり、障害者の現実のニーズを発見しなければなりません。私たちは、政府に圧力をかけなければなりません。

私の国に関して言えば、ＩＬＯ事務所があり、障害者は職業訓練などのトレーニングを受けています。しかし、基金は適切に使用されていません。政府が基金を他の目的に充当している可能性があります。従って、障害者は、ＤＰＩを利用して、あれこれニーズを抱えていることを他の人々に向かって強調したりアピールしたりする必要があるのです。私たちはまた、私たちの人権を守るために働かなくてはなりません。これは、法律を制定しただけですむ問題ではありません。ここに集まっている人々はすべて、協力しなければなりません。

10月16日午後

開　発

障害者に及ぼす貧困の影響

司会者：ゾラ・ラジャ（モーリシャス）
発表者：マーガレット・ムカンガ（タンザニア）
チャールズ・アピアゲイ（ガーナ）
オードレッド・ニューフェルド（カナダ）

貧困は低開発がもたらす最大の特徴であり、障害の大きな原因である……………マーガレット・ムカンガ

私はタンザニアの国会議員です。

障害は、世界的な関心を集めています。実際、先進国でも途上国でも、すべての人が人生のある時点で、個人的にまたは家族や近親者を通して障害を経験する可能性があります。

途上国における貧困が障害者に及ぼす影響ですが、途上国における多数の障害は貧困からくる疾病や不公平の結果であると考えられています。つまり、貧困と障害には密接な関係があるということです。貧困はしばしば、子どもの重度栄養失調、母親のたび重なる出産による体力消耗、不十分な予防接種、大家族内での事故、結核、粗末な下水設備が原因の病気、安全な飲料水の不足、ビタミン欠乏症などを伴います。こうしたことすべてが、貧困者の間で高い障害発生率が見られる原因になっています。障害は更に、孤立や経済的負担が増すことで、その個人だけでなく家族も貧困にするのです。

障害者は貧困国の中でも最貧であることに疑問の余地はほとんどありません。理由は、機会・富・権力の不公平な配分に関係しています。貧困国の巨大な対外債務に対する国際通貨基金（ＩＭＦ）や世界銀行が課す構造調整政策では、ＩＭＦや世銀は、貧困国が労働者賃金を下げ、社会的弱者に対する公共医療サービスや食料助成金などの公的扶助の大幅な削減を要求しています。途上国は同時に、景気の停滞・衰退、急激な人口増加、国内および国家間における経済格差の拡大、戦争などの問題に直面していますが、これらの要因が開発プログラムに深刻な影響を与えています。

多くの途上国の政府は衣食住といった基本的なニーズに関する福祉サービスを障害者に提供できていません。適切な教育、雇用、医療などを保障することもできません。加えて、障害者は無能で非生産的であると見なされているために、国内でネガティブな態度が見受けられ、こうした態度が障害者の社会経済的活動への参加に対する障害になっています。このために、障害者は意思決定機構へのアクセスを拒まれ、社会で力のない個人にとどまっているのです。こうした状況が、障害者による収益を伴う社会活動や生産活動への参加に負の影響を与えているのです。このことは、途上国における障害者の貧困と密接に関係しています。貧困は、低開発がもたらす最大の特徴です。貧しい者は従属的な存在になります。教育水準の低さゆえ、途上国の多数の障害者が知識や情報を得られない無知な状態にとどまっており、多数が雇用に適した技能を有していません。貧困のために、技能習得をする資金もなく、また担保価値のある資産がないために融資を受けることもできません。その結果、多数が希望を失い、物乞いに従事しています。これは、自尊心を蝕む非人間的な活動です。

障害者の失業は、障害者が将来の計画や決定に必要な資産を十分に持てないことを意味します。従って、多くの障害者は十分な自己決定ができず、適切な方向性をもつことなく生活しています。自己決定は、人間開発の重要な構成要素です。貧困は今日、途上国の障害者が遭遇する物理的・行動上のバリアであると同様に、創造力を育むチャンスを障害者に提供してくれません。障害者の開発プロジェクトが存在する場合でも、障害者が主体的に活動することがないからです。障害者は、対象・受益者として受け身の存在なのです。障害者のためのプログラムは、特に途上国では依然としてもっぱら非障害者によって決められており、障害者を意思決定プロセスから締め出す傾向にあります。障害者をリハビリの受け手ではなく、自立した完全なパートナーとしての能力を有する開発プロセスの不可欠な要素として考えるケースはほとんど見られません。これは、パートナーシップを特に重視した障害者と開発という現在の思考に逆行するものです。

途上国では多数の障害者が自立生活を営めないために「お荷物」と見なされています。自立生活ができないのは、主として貧困に原因があります。大衆の貧困が障害者に影響を及ぼし、障害者の大多数が貧困者の中でも最貧状態にあります。「自立生活は、裕福な国では結構なことである。しかし、十分な食料を得ることが大問題である途上国の貧しい障害者には、それはほとんど意味をもたない」とも言われます。また「裕福な国の人々は自立生活やサービス向上について語るが、途上国の障害者はサバイバルについて語るのです」とのコメントもあります。これが、途上国で障害を抱えることなのです。

障害が貧困によりさらに悪化する明らかな状況があるのです。この貧困には、資源・基本的医療・十分な上下水道設備・適切なサポートなどへのアクセスの欠如が含まれますが、紛争も関係しています。次に、障害者が経験する社会的な貧困として、障害者に対する国家の文化的対応と言えるもので、教育・雇用・意思決定参加などへのアクセス拒否があります。私たちは何をすべきでしょうか。

貧困の削減については、国内外における議論の中で最も率直に意見が述べられており、北の国々（先進国）は、債務国の債務帳消しを求めるキャンペーンの圧力を受けています。貧困にあえぐ南の国々（途上国）では、多大な債務があるために債務削減にも制約があります。プログラムパッケージの一つに、債務免除を利用して、特に教育と医療の改善を目指すものがあります。教育と医療は、人間開発に根本的に必要な人間能力に関係します。しかし、差別と不公平な分配の両方に起因する問題があり、途上国の障害者は、教育・医療・生計手段へのアクセスが制限されています。更に、途上国の障害者の約八〇％が教育を受けることができないというデータもあり、障害者にとってプログラムが意味をもつには、男女すべての障害者が教育にアクセスできるようにしなければなりません。教育は開発と同様に個人の全体的能力を高めるプロセスであるという点において、人の教育と開発には関連性があります。開発は、教育に影響します。そして教育は、開発の成果に影響します。教育は、障害者が貧困削減と持続可能な開発を達成する手段として利用できる強力な能力の一つになります。

参加者　自国において障害者に対する構造調整の影響について調査されたことはありますか。

マーガレット・ムカンガ　正式な調査はしていませんが、構造調整プログラムで多数の障害者が公的機関に雇用されたということはありません。障害者のために大した進展をしていません。障害者の多数は、人目につかない所で生活しており、問題を抱えています。明確な数字は持ち合わせていませんが、これが私たちの国での一般的な姿です。職業に就いていた人も、機械化による労働力削減で失業しています。

参加者　アンティグア・バーブーダから来ました。構造調整は、開発途上の小国に関する限り、障害者にとって大きなマイナスです。私の記憶では、わが国では過去三年間にわたり構造調整をしています。最初に削減されたプログラムは、障害者のための研修プログラムと職業プログラムでした。障害者は、こうしたプログラムで少額の給付金を得ていましたが、構造調整が始まったとき、給付金を切られました。わが国の経験では、構造調整は障害者にきわめて深刻な影響を与えています。

マーガレット・ムカンガ　おっしゃるように構造調整の影響は初めに障害者に来るのです。こういったことはどこの国でも経験していることでしょう。

参加者　確かに障害者の貧困の問題は、私たちの国において大変厳しい問題です。大変悲惨です。しかし皆が同じことを言っているときには、違うことを考える必要があると思っています。私たちはまず、自分自身を見つめる必要があると思います。個々の人間は、たとえ強健な人であっても努力をしなければなりません。人々は問題を避ける傾向にありますが、これはよくありません。私たちは、努力をして最善を尽くさなければなりません。私たちアフリカ人は、特に障害児のいる家族をどのように見るでしょう。家族の中で、障害児たちがどのように扱われているでしょうか。彼らは、抑圧され、時には無力だと見なされています。また、学校に通う必要がないとも言われます。こういうことがあるので、家族を教育しなければいけません。障害児にも自立し独立できるように教育しなければなりません。発言されたことについては全く同感ですが、私は同時に、物事を見る別の方法、別の側面もあるということをお伝えしたいと思います。

参加者　私は、フィンランドのヘルシンキ大学から来ました。貧困と障害という観点から北の国々の責任について、個人的な見解をお聞かせいただけませんか。

マーガレット・ムカンガ　北の国々のほうが発展していると思いますし、またそれが真実ですから、私は、北の国々が貧しい国を援助する義務があると主張しているのです。世界の富はすべての人々に共有されるべきものです。

参加者　それに付け加えたいことがあります。私たちは、約三〇年前に女性たちと一緒に主張を始めたことを知っています。今日、女性は大きく前進しましたが、私たちは依然として抑圧されたままです。その理由の一つは、障害者がどのレベルでも不在だということです。障害者が私たちの代表として議員になるまで、私たちは何者でもありません。私たちの生活条件は改善されず、逆に悪化する一方です。どうして障害者のためにプロジェクトの何％かをあてることができないのでしょうか。私の国や地域でよく聞く回答は、「皆さんの政府が障害者問題を優先事項として検討するまでは私たちは参加できないのです」というものでした。これが、世界銀行、IMF、そして国連機関の回答です。彼らは、私たちの政府が障害を優先事項として検討しない限り、この問題を扱うことができないと宣言したのです。そこで私の提案は、「途上国政府はすぐに障害者問題を人権問題として検討する必要がある」ということです。

ガーナの障害者は貧困の原因と結果のすべてに影響されている……………………チャールズ・アピアゲイ

私は、一つの国における貧困の影響を評価するという課題を与えられています。私の発表は、私の出身地であるガーナについてのものですが、事情は他の西アフリカ地域と何ら異なるところはないと思います。

お金がほとんどなくて生活必需品を手に入れることができない場合、それは貧困であることを意味します。貧困の意味には、被剥奪、無能力、孤立が含まれます。それは、衣食住などの個人的な生活必需品の欠如または拒絶、そして教育、医療、社会的基盤、例えば、水・住宅・輸送機関・通信などへのアクセスの欠如の状態です。従って、貧困とは、人間開発の基本になる機会や選択が存在しない状態を意味します。世界では多数の人が絶望的な貧困の中で暮らしています。私の国では、国民の三分の一にあたる一九〇〇万人が貧困です。彼らは、一日に一ドルも稼ぐこともできません。飢餓、疾病、債務、不十分な教育、家族扶養能力の不足、義務履行能力の欠如、弱者意識、低い自尊心、孤立、無力感などがガーナにおける貧困のもたらす結果です。ガーナの障害者は、国民の約六％です。彼らのニーズには、支援、雇用、移動・学習補助器具、コミュニティ、社会的受容、自己の権利の尊重などが含まれます。

わが国の障害者にとって、教育・医療・福祉サービスの社会的セーフティネットは整備されていません。社会経済的サービスは、利用可能だとしても費用とアクセスの観点から不十分です。ガーナの経済状態を語ることは、この国の障害者と大いに関係があります。ガーナは二〇〇一年、重債務貧困国の適用を受けることになりましたが、一九六〇年代から経済的苦難を抱えています。わが国の二つの主要輸出品であるココアと金の低価格、人口増加、通貨の不安定、森林火災、紛争などが経済に多大な打撃を与えています。一九八三年には経済復興プログラムをスタートさせ、九一年には構造調整プログラムが導入されました。これらのプログラムはいずれも、障害者には影響をもつものではありませんでした。実施された貧困削減戦略の結果として、ガーナ政府は「中期優先事項二〇〇二〜二〇〇四」をベースに、インフラ整備、文化の近代化、ソーシャルサービスの充実、良い統治（グッド・ガバナンス）、民間部門の開発に取り組んでいます。そしてこれらの柱は、次のことにより保障されることになります。まず一つ目は、健全な経済運営、二つ目は、増産および生活安定化、三つ目は、人間開発および基本的サービスの提供、四つ目は、弱者支援のための特別プログラムの提供、五つ目は良い統治および公共部門の能力アップ、最後は、国家建設における成長の主動力およびパートナーとしての民間部門の積極的な参加です。

二〇〇〇年に立ち上げられたガーナの政策の主要目標は、二〇二〇年までに国家の経済プロセスの本流に障害者を組み込むことです。そしてこれは、スポーツ、レクリエーション、文化、裁判、教育、雇用、医療、居住施設などへのアクセスに関する情報を通して、障害者の能力に対する国民意識の向上を図ることにより行われることになっています。また、CBRプログラムも実施される予定です。この政策は、障害者に対する機会均等策として国際人権規約に基づき通知されています。

ガーナの障害者は、貧困の原因と結果のすべてに影響されています。私たちは、所得水準が低いのです。教育レベルが低いのです。医療も貧しいのです。諸々のサービスから除外されています。私たちは従属的です。女性障害者は、女性であることと障害者であることの二重の差別を受けています。貧困であるために、回復不能の障害になるケースが多いのです。蛇にかまれたり手足を怪我したりして身体の一部を切断するというケースが非常に多いのです。白内障、栄養失調、マラリア、飲料水媒介の病気なども障害に結びつきます。医療サービスへのアクセスを拒否することになっています。「Pay before service」（前払い制度）という保健省の政策は、移動、通信、学習補助器具などが高価で買えないために、例えば、脚の不自由な障害者が非衛生的な環境の中で這って歩くことにもなるのです。こうしたことで、障害者は非活動的で非生産的になります。そして、ますます情報が入手できなくなるのです。

障害者組織は、資源的に恵まれていないためにプログラムを十分に実施できず、障害者を苦しませることになっています。政府のCBRプログラムもまた、財政的制約のために苦しんでいます。障害者が路上での物乞いをしている姿が見られます。スラムで障害者が空腹と不衛生な飲料水のために苦しんでいる姿は、わが国ではありふれています。一九九九年六月、ガーナのある地方で障害者のニーズに関する調査を実施しましたが、調査した六千人の障害者の七七％が財政援助、眼鏡、補聴器、松葉杖などを必要としていました。また、その中の八歳から一八歳の少年の五三％は学校教育を受けていませんでした。障害者の五〇％は、無職・無収入でした。二二％は、意思決定などの家族生活に参加できず、除外されていました。また七五％以上が、日常生活のためのサービスを入手できない区域に住んでいました。事情は、二〇〇〇年に調査を実施した他の地域でも同じです。

貧困削減戦略のところで言及しました五つの柱を実施する上で、私たちはアクセス可能なインフラを要求しています。私たちはまた、政治への参加、十分な教育の提供、特に女子障害児のための教育を求めています。私たちは、リハビリ、保健、所得向上、および女性障害者への権限付与に関する社会の意識向上も求めています。

私たちは、わが国の政府に二〇〇〇年九月の「国連ミレニアム宣言」を想起させています。この宣言は、二〇一〇年から二〇二〇年までに人口の半数が貧困レベルを脱する必要があるというものです。私たちは、国家による障害者対策の実施を求めています。そのために、私たち障害者の権利とニーズに焦点を合わせた介入を支援してくれるように助成機関に陳情活動をしています。私たちは、国際的な企業、助成機関、および政府に呼びかけています。

私たちはまた、政府が実施している貧困削減戦略について、仲間たちに教育を行っています。障害者連盟およびその他の市民団体は、「障害者ネットワーク」と呼ばれる団体を組織しました。その結果、私たちは、権利擁護の輪を広げ、開発プロセスの中に障害者と貧困削減を組み入れる取り組みを行い、国家の削減戦略プログラムである「全国貧困削減プログラム」のモニタリングと評価を行うことができるようになりました。障害者個人やその地位が向上しなければなりません。障害者が障害者プログラムに参加し、必要なサービスを擁護することができるならば、障害者が貧困の輪から抜け出し富を創出することが可能であると信じます。

参加者　ガーナには何らかの法令がありますか。

チャールズ・アピアゲイ　「国家障害者対策」があります。障害者は、法案を起草し、内閣は既にその承認をしています。そして、すぐに議会を通過することを願っています。私たちは、この件について二年も話し合ってきました。二〇〇二年末までに草案が完成し、国の障害者の権利に関する法律が制定されることを期待しています。

参加者　法律があれば、障害者が外に出やすくなると思います。また私は、自助グループをつくられることをお勧めします。

チャールズ・アピアゲイ　ガーナ障害者連盟は障害者団体を傘下に置いています。この連盟は、ロビイストや各機関と共に権利擁護活動を行うことを通して障害者の意識高揚をもたらしています。私たちは、障害者のエンパワメントのために取り組んでいます。私たちは、障害者自身が第一であり、社会が第二であるくらいの自己実現を達成するために、物事に動じない精神を必要としています。作成したばかりの法案について話しませんでしたが、国内の物乞いは犯罪とされました。通りで物乞いをしたり、障害者に物乞いさせたりすれば、有罪になります。

参加者　私は、物乞いが人間の最低のレベルであるとよく言ってきました。もし貴国で本当に物乞いを禁じられるのでしたら、私はそれを支持します。そして、アフリカ全体がこの例に従うことを願っています。

次に質問ですが、アフリカ障害者の十年についてご存知ですか。現在では、すべてのプログラムはアフリカ障害者の十年の行動計画の全体を基礎とすべきだと思います。私たちは、リーダーになるべきです。私たち全員のために、前に立って進むべきです。アフリカ障害者の十年について何かされていますか。

チャールズ・アピアゲイ　実際、私に与えられた任務の一つはアフリカ障害者の十年に関する情報をもって帰国することなのです。ガーナではアフリカ障害者の十年は余り知られていません。実際のところ、私たちはこのことでそれほど恩恵を受けているわけではありません。これは、フランス語圏で重視されているようです。

参加者　お二人の発表から明らかにされたことは、構造調整の問題が生じているところはどこでも、政府が障害よりも他の問題に目を向ける傾向にあって、事態は悪化しているという事実です。従って、構造調整に伴う問題について何か言う必要があるのではないか、というのが私の見解です。債務帳消しのようなキャンペーン、北の国々が南の国々を支援する責任を負うことを保障する、そして南の国々が依然として直面している植民地問題などのすべての問題に北の国々が対処することを保障するといった共通問題が絡んでくるでしょう。アフリカ諸国は、構造調整問題、ＩＭＦや世界銀行などの機関、つまり、障害者の問題を中央からますます遠くに押しやり、一層多くの問題をもたらしている機関に依存しているという数々の困難をもってこの大会に出席しています。

チャールズ・アピアゲイ　それは、大いに真実だと思います。貧困削減に基づき、特に先ほど言及した貧困削減戦略で私たちは障害児者に言及しました。しかし、委員会の承認を得る必要のある最終草案では、すべて変更されています。具体的な文章は一つしかありません。障害者に明確な焦点を当てるという問題は、姿を消そうとしています。大多数の人々は、障害者のコンピューター事業や権利擁護に資金が提供されることには関心がなく、ドアマットの織物作りといった種類の技能ばかりが障害者の能力だと考えているのです。

貧困から自立への援助に重要な四つの基本的な脚……

オードレッド・ニューフェルド

私は、カナダの大学教授です。しばらく前に行った調査について簡単に話をするように依頼されました。その調査は、この一〇年以内に行った世界各地における所得創出に関するものです。四一カ国をサンプルとして選び、雇用と障害者について質問をしました。四一カ国中の三五カ国は、アフリカ、ラテンアメリカ、カリブ海、アジア太平洋の低所得と中所得の国々です。「障害者は貧困である」と何度も言われてきました。入手データを見ればそれは確かに真実で、貧困が高い割合を占めています。問題は、ほとんどの国において十分なデータが存在しないことです。しかし、入手しているデータの範囲内では、障害者は一般的に所得階層の最低レベルにあり、教育レベルも低く、教育を受ける機会も少ないことは明らかです。

貧困の問題そしてその裏側、貧困に取り組む方法、そして雇用が何らかの解決策になることについて、私たちは考えなければならないと思います。賃金雇用部門が大変小さい低所得国では、何らかの所得創出が貧困に対する取り組みの一部になっています。そして私は、障害者が社会でより好ましい方法、より社会的に積極的な方法で参加する道を発見するためにガーナで採用されているステップについて話されたのを聞いて大変喜んでいます。ガーナで発見されたことは、人々が貧困から自立に移行することを援助する問題に取り組む上で重要な四つの基本的な（イスの）脚です。

貧困は有害な状態です。自分自身を貧しいと思えば貧しくなるという意味で、貧困は人の心を蝕みます。もちろん、自分を貧しいと思っていない貧しい人々もたくさんいます。そして彼らは実際、遥かに幸せですが、多くの人にとって、自分自身を貧しいと考えると常に貧困になるのです。一番目の問題は自己です。そこで、貧困の問題に取り組む上で最初の問題は、正しい考え方ということになります。私たちは自分自身を人間としてどう考えているのでしょうか。自分自身を貧しいと考えるのでしょうか、それとも自分自身のことを何らかの方法で労働力に参加する潜在能力を有していると考えるのでしょうか。自分自身のことを無能の障害者と考えるのでしょうか、それとも技能をもつ者として考えるのでしょうか。私は障害をもっていて、車いすに乗っているかもしれません。しかし、自分自身をどう考えるかということが、決定的に重要なのです。それが、最初のステップです。このことは、高所得国でも真実です。私の担当する博士課程の学生の一人は博士論文を完了したところですが、彼は頸椎損傷をもつ人々について調査しました。対象者は、ビジネスであれ何であれ成功していました。彼が発見したことは、これらの人は自分たちのことを障害者と考えていないということです。彼らはきわめて重度な損傷も患っているにもかかわらず、そのことに対して超然としていたのです。これは容易なことではありません。頸椎を損傷すると、自分は他の多くの人がもつ能力をもっていないと思い起こさせるバリアに遭遇することが何度もあるからです。従って、それは自分自身についてどう考えるかという継続的な闘いになります。

二番目は、私たちが自分自身をどう考えるかという問題に取り組むならば、何らかのトレーニングについて考える必要があります。これには、いくつかの部分があります。正しい考え方をするには、やりたいことに対して最善を尽くすことを可能にする適切なリーダーシップが基礎になります。そこで、トレーニングや教育が重要になります。すでに言及しましたように、データは大変明瞭に、大多数の国では障害者が学校教育という意味での教育へのアクセスが十分でないことを示しています。しかもインフォーマルな教育の場においても、社会における私たちの生き方について学ぶこと、どのようにして生活するのかということに関する教育の機会は乏しいのです。貧困に取り組もうとするならば、教育についていくつかの観点から考えなくてはなりません。一つは意識向上です。その最良の教師は障害者、特に自立に成功した障害者です。「車いすを使用していなければもっと上手にできるのに」と私に言っても意味のないことです。

一方、良き企業家になるためのトレーニングをしたいのなら、障害者の組織に依頼するのは、的を射たことではありません。ここには優れた企業家もおられるかもしれませんが、障害者組織は一般に、権利擁護や他の障害者の問題に多くの関心があるものです。ビジネスについては考えていません。私たちが調査で発見したことは、成功したプロジェクトは機能を振り分けているプロジェクトだということです。自分自身について考えることを教えたり、権利擁護について教えたりする人材が必要な場合は、そのことを知っている人に任せることです。では、誰が一番良く知っているでしょうか。もちろん、それはＤＰＩです。そしてこのことは、ビジネスで成功するための必須条件です。自分自身を価値ある人物であると考える必要があります。皆様は、権利擁護のトレーニングには適切なリーダーシップをもっています。また、ビジネス・トレーニングについてもそうです。ビジネスのためのトレーニングについて理解している人がおられます。これが、二番目のことになります。

私たちが学んだ三番目のことは、お金はさほど重要ではないということです。多くの開発プログラムで人々が最初に提案するのは「私たちにはお金が必要です」ということです。実際、お金が行く手に立ちふさがっています。成功する組織には実際、ある程度のお金がありました。しかし、お金を簡単に使っていたわけではありません。返済しなければならないローンがありました。成功するには、言い訳はできません。ローンが助成金になり、チャリティになると、前進しないのです。お金は私たちが時に考えるほど重要ではありません。正しい思考、適切なリーダーシップ、次に適所に適当な額のお金が必要です。適切な時に適切な場所に資源・資金を投入することが重要です。また商業部門が援助する場合、マーケティング能力をもつことが一層重要になるでしょう。

四番目に重要な部分、イスの四番目の脚は、適切な方針に適切な戦略をもつことです。どれほど頑張ってもさほど遠くまで進むことのできない国もあります。それは、適切な戦略がないからです。何も、障害者が努力を持続する必要はないと言うのではありません。努力を持続することは必要です。しかし、戦略を変えることに焦点を合わせる必要があるのです。そこで、私たちが論議してきたこの世界会議が重要になるのです。適切な戦略をもたない限り、変化を生み出そうと努力しても、常に手かせ足かせをかけられ束縛されているような状態にとどまるのです。一所懸命に努力をしている国がすべてこの人権を法律として制定しているわけではありません。法律を制定していて一所懸命努力をしていると言っても、実際にはその努力が明らかになっていない国もあります。しかし、実際に努力が明らかになっている国もあります。これがイスの四番目の脚になるのです。

参加者　非常に私は自信をもちました。リハビリの話をするときにも、心理的なレベルにおいてでも、自分自身がどうありたいのかということです。人々がどう望むのかではなく、自分の思いが一番重要です。今のお話を聞いて、このように考えているのは私一人ではないと知って、うれしかったです。

オードレッド・ニューフェルド　雇用の問題ですが、明らかなことは多くの国では障害者の雇用があまり進展していません。障害者が雇用される人として組み込まれていないのです。ここ二〇年くらいカナダでは雇用均等法などが行われてきましたが、それだけでは十分でないということです。もちろん法律は重要ですけれど、それだけでは足りないということです。

チャールズ・アピアアゲイ　最後の発言に教えられるところがあり興味深く思いました。一九六九年、ガーナには法律文書六三二というのがありました。被雇用者二〇〇人につき一人の障害者を雇用する必要があるというものです。しかし、政府機関でさえ、雇用している障害者はほとんどいないのです。

特に移動の障害をもつ人々が最初に直面することは、省庁のビルにすべてエスカレーターがないということです。大臣に会いたいと思っても、彼は最上階にいておりてはきません。規定のある状況でも、一九六九年にはその規定が機能していなかったのです。つまり公正は存在しなかったのです。ご承知のとおり、法律がすべてではありません。これについては、何をすべきでしょうか。

こうしたことについて、私たちは何度も権利擁護を求めてきました。一九八三年には、構造調整の実施ということもありました。私たちの人口は縮小し続けています。貧困戦略は、富を獲得するための技能を私たちに提供してくれることになっています。ここにいる私たちはそれができません。貧困戦略は、ただ叫んでいるだけなのでしょうか。

オードレッド・ニューフェルド　簡単な答えはありません。問題が複雑なのです。本当に叫び声を挙げる必要もあります。しかし私たちはまた、人が言うように酢よりも砂糖のほうが効果のある場合が多いことを知っています。そこで、もしも障害者の組織が砂糖と酢のミックスを使用し、時には注意を引くために酢のみを使用する方法を発見できれば、ということになります。なぜならば、叫び声を挙げてできることは注意を引くことだけですから。でもそれだけでは何も変えることはできません。従って、提案するだけでなくデモンストレーションをすることも意味があります。より多数の障害者組織が、場合によっては雇用者と共にデモンストレーションで力を合わせることができるでしょう。これは、障害者組織が経験することの一つだと思います。北米やヨーロッパでは、障害者問題に協力する用意のある企業がたくさんあります。皆様の国で全国レベルの障害者組織が、こうした企業をみつけて協力関係を築けば、政府も注意を払うようになるでしょう。そうすることで、皆様は行動を望む人々と協力関係を築くことができるでしょう。私たちが望む方向に進むことに偏見をもっている人々には、私たちと共に歩むように説得しましょう。障害者に関心を寄せて協力を望んでいる国際的な企業は幅広い分野にわたっています。従って、これが一つの戦略になります。

参加者　私は、障害者のための所得創出活動に関するトレーニングについて話があるといつも懸念を抱きます。障害者のための職業訓練と言っても、それは私たちに何を意味しているのでしょうか。また、障害者のための所得創出活動と言っても、それは私たちにどんな意味があるでしょうか。国連がアフリカの一五の国に関係する重要なプログラムについて検討していることをご存知でしょう。彼らは、それを「ジョブズ・フォー・アフリカ」と呼んでいます。このプログラムの中で、持続可能性、そして基本的に人間の生活を向上させると言っています。障害者の場合、私たちがこうしたことに取り組めるのかどうかわかりません。

参加者　私が判断する限り、今のコメントは、障害者のための所得創出活動は自尊心を傷つけるような卑しい仕事であってほしくないということだと思います。そしてまた、持続可能なもので、臨時労働でないことを望んでいると思います。

オードレッド・ニューフェルド　「持続可能性」ということですが、このことで貧困に取り組むのなら、私は本当にあなたの提案を支持します。私は、「所得創出」よりも「自己決定」のほうを優先させます。自分自身で選択するのです。障害者の自己決定的、持続的、かつ社会において有意義な雇用、そういう雇用が大切です。

参加者　私は、障害者は正式な求人市場に組み込まれるべきであると主張することで、所得創出活動を重視したいと思います。どこの国にも存在する一般求人市場からこの所得創出活動を切り離すならば、この活動は衰退するでしょう。

参加者　この分科会の提言に入れていただきたいことがあります。それは、政府が障害者を人間として考えるべきであるということです。「政府および企業などは、基金や援助を提供する場合、障害者を自発的・自己選択的雇用に対する潜在的希望をもつ人間として考える必要がある」。これが、提案です。

参加者　私は、子どもの教育を受ける権利を基本的権利として提言に入れたいと思います。成人して社会の一員になるために子どもが教育を受けることは、正に基本的要素です。もちろん早期からの教育が重要です。

現在、カメルーンでは、障害児は教材が入手できない状況にあります。もし障害者が教材を入手できないのならば、障害者が社会に組み込まれることもないでしょう。例えば、教育のための技術関連の補助器具や教材などは大変重要です。途上国の子どもが、教育を受けることができるために、そして教材を利用することができるために、先進国が教材を提供して途上国の進歩を援助してくれることを希望します。

10月17日午前

開　発

資金調達

司会者：カッレ・キョンキョラ（フィンランド）
発表者：アブドゥル・サタール・デュラル（バングラデシュ）
タヤ・ハイノネン（フィンランド）
ユッタ・フリック（フィンランド）
フレディ・ヘレジョス（ニカラグア）
ラマ・チャリ（インド）
マーシュ・チャンドレカー（インド）
シャヒドゥル・ハック（バングラデシュ）
ジェジュムス・アムウィス（ウガンダ）

カッレ・キョンキョラ　資金調達に関する分科会にようこそ。資金調達は、すべての組織に重要な問題です。障害者組織には一層重要かもしれません。障害者運動の中には、少ない資金で優れた成果を挙げた例が多くあることも忘れてはなりません。ただし、いずれにしても、組織を持続可能にするには、資金、資金調達計画、資金調達の戦略、並びに組織の適切な運営が必要です。資金調達は簡単なことではありません。調達した資金が本来の目的に適切に充当されることを保障するには、透明性、適切な管理、良好な協力が必要です。私の経験によれば、多くの組織では真に適切な経済システムが構築されていません。私たちが政治的な問題や日常の重要課題などに専念し過ぎているからです。しかし、より効率的で持続可能にするには、この問題にも専念することが大切です。アビリス財団は、途上国の組織に資金を提供してその発展を支援している資金提供機関です。資金提供機関に資金を申請する場合、計画と予算を確実に適合させる必要があることも、私たちは理解しています。資金提供機関にとって、皆様が何をしようとしているのかをよく理解することが重要なのです。読み手が理解できる企画書を作成するには、ある程度の経験が必要です。この分科会では、大変現実的な問題にも焦点を当てています。

開発プログラムの最も重要な要素の一つとしての資金調達

……………………アブドゥル・サタール・デュラル

私は、バングラデシュ障害者福祉協会（ＢＰＫＳ）の代表で、ＤＰＩの世界評議員でもあります。

今年はアジア太平洋障害者の十年の最終年です。この期間にどれだけのことを達成したでしょうか。それは非常に少ないことがわかるでしょう。私たちは、障害者の発展のためにまだ大きなことをいくつも達成しなければなりません。障害者にとって、経済的機会は限られています。障害者は、教育を終了しても収入を得る機会に巡り合うことがほとんどありません。多くの経営者は、障害者に職を提供することを拒みます。経験や訓練の不足があります。また収入を得る機会に対する障壁もあります。障害者が銀行などの金融機関から融資を受けることや市場取引に参入することは、きわめて困難です。障害者はコミュニティの不可欠な一員ですが、コミュニティの開発プロセスに参加へのアクセスを与えられていないため、障害者の実際のニーズは、開発計画・活動に適切に反映されないのです。

資金調達は、開発プログラムの最も重要な要素の一つです。開発努力・活動を実施するには、計画や人的資源の開発と共に、財政的・技術的資源が不可欠になります。これらは、資金調達によって得られるでしょう。資金調達には、内的資源と外的資源があります。内的資源としては、個人会費、団体寄付、機関紙の購読料、政府の補助金など公的資金、経済界の寄付、会費などがあります。途上国における資金調達は、個人・コミュニティ・監督当局の理解や心情といった状況的事情に左右されます。プロジェクトの多くが必ずしも正当に評価されているわけではありません。国際的な資金提供者および支援機関が、外的な資金源です。これまでのところ、このルートによる資金調達が遥かに高い割合を占めています。内的な資金調達源では、プロジェクトの費用を賄うことができません。

開発のための資金調達におけるＤＰＩの役割ですが、ＤＰＩは障害者開発のための資金調達に重要な役割を果たすことができます。私たちは、国連機関と同様に優れた権利擁護者になることができます。ＤＰＩブロックや各国内会議も同様に権利擁護者の役割を担って、資金を受ける組織を支援し、助成機関を説得することができます。

助成機関はすべて、障害者開発に関する規準を策定する場合、障害当事者との協議を維持すべきです。開発プログラムへの資金援助を拡充する上で、彼らと協議して障害者の現実のニーズを評価すべきです。すべての主要な助成機関および国連は、障害者組織との協議を通して障害者の開発プログラムを支援できるでしょう。障害者組織は、障害者の開発に関して諮問機関的な役割を果たすべきです。ＤＰＩはデータベースを構築し、各国内会議の資金調達能力を活用すべきです。開発にかかわる国連機関、即ちＵＮＤＰ（国連開発計画）およびユニセフなどは、ＤＰＩと定期的に連絡をとり、資金提供の協力関係を強化すべきだと思います。

アビリス財団の途上国の障害者開発支援……タヤ・ハイノネン／ユッタ・フリック

タヤ・ハイノネン　私は、アビリス財団でコーディネーターをしています。アビリスは、南の国々、いわゆる途上国の障害者組織を支援しています。私たちは、多数のプロジェクト企画書を受けています。企画書の作成に関するガイドブックについて紹介します。

ユッタ・フリック　私は、約一〇年間ＤＰＩの開発プログラムのコーディネーターを務め、現在はアビリス財団のコンサルタントです。

　このガイドブックの考え方は、企画書の作成は、それ自体が開発プロセスだということです。現実的に企画書作成は事業計画の作成と似ています。何をしたいのか理解することなく、またそのための資源があるという認識をもつことなく事業を始めることはないでしょう。企画段階で用意周到であるほど、プロジェクトが成功する可能性が大きくなります。

　このガイドブックで紹介している助言は、優れたプロジェクト企画には、真のニーズ、達成可能な目標を満たす素晴らしい発想が必要だということです。プロジェクトを遂行するには、適切な資源が肝要です。国外からの資金だけではなく、現地にあるものも大切です。強い献身的意欲をもって、意思決定を含むプロセスに参加して下さい。障害者組織の中で同様に重要なのは、幅広い層の人々が意思決定に参加することです。私たちは、女性が意思決定に参加することを強調したいと思います。プロジェクトには、持続可能性が求められます。プロジェクトは通常、外部からの資金調達を得て一年とか一年半の期限を設定して始められますが、持続可能なプロジェクトとは、単なるプロジェクトから組織の活動の中に不可欠な一部として組み込まれることを意味します。

　誰が、何に、どのように参加するかということが、計画の過程では重要です。事業計画と開発計画の違いですが、開発計画では、目標・組織の強化方法・コミュニティ内の人々を参加させる方法・参加者に権限を与える方法などについて検討を加えます。プロジェクト企画を個人の事業計画にしてはいけません。これを避ける方法は、いろいろな人々が計画会議に一緒に参加することです。皆様の組織が主として車いす使用者で構成されている場合は、ろうや盲の人の参加を求め、彼らの声を聞いて下さい。こうすることで、企画の過程が既に開発の一部になっているのです。

プロジェクトの受益者に加えて、プロジェクトの影響を受けるのは誰かということも考える必要があります。そういう人々は「利害関係者」です。利害関係者は必ずしも、受益者や参加者に限りません。市役所の部屋を借りる場合は、利害関係者は市役所です。企画の早い計画段階でこうした人々の参加を得ることにより、利害関係者の立場を知り得ることになり、結果的にはプロジェクトにとってリスクになる可能性のある事柄を分析することができます。計画段階で人々の参加を得るのが理想的です。誰が出席するかによって問題は異なります。皆様の組織のリーダーたちはかなり高い教育を受けていることが多いようです。読み書きのできない人々の意見を聞くと、問題のとらえ方が異なっているかもしれませんから、トップではない人々の声を聞くようにして下さい。

ガイドブックでは、こうした計画会議で、まず問題を取り上げ、次にその解決方法を見い出そうとしています。一つのプロジェクトがすべての問題の解決になることは期待しないで下さい。計画を練る時点で、優先順位をよく考えて下さい。組織の外部ではどのような機会が存在するのか調べることも必要です。政府に変化があって、そのために何かをする機会が見い出されるかもしれません。皆様がコミュニティの中で参加者と共に計画を練られることに十分な時間をかける必要を力説します。

タヤ・ハイノネン　このガイドブックは二〇〇三年の二月までに完成します。必要な人は、アビリスに連絡を下さい。アビリスの助成金は少額です。一万ドル、あるいは一万ユーロの規模のプロジェクトを支援します。

ニカラグアにおける障害者開発プロジェクトと資金調達の経験……………………フレディ・ヘレジョス

私の経験をお伝えしたいと思います。障害者は一般に、政治的・経済的・文化的な参加を拒まれて不利な立場に置かれていますが、もし私たちが参加を拒まれるならば、それを開発とは呼べません。プロジェクトの成果、すなわちプロジェクトから得られる富は、障害者に公平に分配されなければなりません。

ニカラグアで、一九九五年からプロジェクトを始めました。デンマーク障害者協会の支援がプロジェクトの基礎になっています。このプロジェクトの目的は、障害者による障害者組織の強化、障害者の人権のための闘争力の強化、並びに社会および政府における障害者の代表性の強化です。討議を重ねてきたテーマやスローガンがいくつかありますが、単なる言葉では十分ではありません。真の意味で、障害者の参加を必要としています。更に資金調達ですが、実際に調達ができるとしても、計画を実施する力や計画を作成する組織がないなら、あるいは、私たちに十分な使命感がないなら、私たちは資金を活用することができないでしょう。その意味で私たちの目的は、障害者の努力による障害者組織の強化にあります。

ニカラグアには障害者組織が三〇ほどあり、その内の五つは全国的な組織です。私たちは、これらの組織をすべて一つのネットワークにまとめる努力をしてきました。戦略または方針をもつことも必要です。一つの方針は、あらゆる生活レベルで障害者の差別廃止と参加を促進し、障害者のニーズに対する認識を深め、障害者同士の協力と連帯を促進することにあります。プロジェクト成功のために必要なことは、障害者組織の強化と、個人の力を開発することだと考えています。従って、ニカラグアでは障害者の教育を大変重視しています。

プロジェクトの内容は、リハビリテーション、組織開発、障害者への直接サービス、ネットワークの強化、障害者問題に関する社会の意識向上などがあります。これまでの成果は、二〇〇二年八月の時点で、受益者は一万五四〇四名、その内の一万二三二三名は障害者です。活動資金は総額三一二万ドルでした。参加者は、プロジェクトに対する使命感とビジョンをもつことが必要でしょう。企画の優先順位も考慮しなければならないことです。更に、資金が確実に障害者のために活用され、障害者の能力が向上することもきわめて重要です。

資金源についてですが、一つは資金が障害者組織に直接入り障害者組織がそれを全国レベルで管理してローカルレベルに分配するもので、NGOによって各分野の人々に活用されます。もう一つは政府の役割です。例えば、保健・教育・住宅に対する権利、または基本的人権を擁護する必要がある場合、機会均等についても語らなければなりません。物理的なアクセスの問題にも取り組む必要があります。政治的な意思を政府にしっかりともってもらわなければなりません。各国の政府は、重要な政治課題の中に障害者の開発を加えるべきです。そうでなければ、私たちは人権が侵害されている状況を容認することになるのです。

最優先事項は、障害者組織をつくり、それにより障害者が様々な活動に参加できるようにすることです。これは地域レベルでも国際的なレベルでも同じです。こうしたことが開発、障害者の権利擁護や生活改善にも結びついていくでしょう。

参加者　ユッタさんのプロジェクト策定プロセスに関する発表の考え方はすべて正しいです。しかし、困ったことの一つとして、すべての資金提供者が組織の管理には助成金は出しません。人的・技術的な資源、物質的な資源をもたずに、どうして成果を達成することができるでしょうか。私たちは、障害者組織の能力強化について語る場合、それは人材育成だと理解しています。そして障害者は少なくとも働くことのできる施設・建物を必要としています。また、ある程度の事務機器が必要です。こうしたことは、プロジェクトを始める前に、まず対処しなければならない基本的なニーズです。私は、資金提供者たちにこの点を理解していただきたいです。

そして特に私たちフランス語圏の国に関係する問題ですが、私たちは差別されています。英語圏の国などに出かけた場合、ギャップがあります。私たちは、基本的に英語やスペイン語やドイツ語を話す国では支援を得られません。本当に障害者ネットワークを構築したいのなら、言葉についても適切に対応すべきだと思います。

ユッタ・フリック　資金提供者は、管理費が多額になることは望みません。でもある程度は、何かの作業をプロジェクト経費と呼ぶ必要があるのです。それですべてのニーズに応えられないことはわかっていますが。実際に組織化の作業については、資金提供者の間に理解はありません。具体的な成果という観点からしても説明が難しいのです。数値で表せない場合、想像力を働かせる必要があります。つまり、どうすれば障害者の状況が改善されたということを具体的に説明できるかということです。状況が改善された場合、それがコミュニティにとって何を意味するのかを説明する必要があります。

企画書を作成するための資源さえもたない組織もあります。アビリスは経験の浅い草の根組織を支援していますので、こうした組織のニーズに応えてくれると思います。ここでもパートナーシップが重要になると思います。タイプライターも持たず、どのようなレベルでもスタートしていない組織は、最初にパートナーが本当に必要だと思います。あなたがどのような仕事をされているのかわかりませんが、経験があって、どのようにどれくらいの期間の支援できるかはっきり理解していて、しかも恩着せがましくない組織との協力ができればいいのですが。恩着せがましいのは、危険です。こうした組織は突然、「私たちがこれをしたのです。これは私たちの成果です」と言い出すのです。

タヤ・ハイノネン　アビリスでは基本的な管理経費についても資金を提供しています。十分な理由がある、あるいは活動や成績が良好ならば、また障害者の人権擁護のための良好な活動をしていると私たちが考えるならば、私たちの支援が可能になります。

人権擁護のための資金調達、企業からの資金調達……　ラマ・チャリ

私は、障害者の雇用を促進する国立センターで働いています。このセンターは、インドで数少ない人権擁護団体の一つ

です。人権擁護のための資金調達は最も困難です。チャリティやサービス提供の場合のほうが容易です。しかし、人権擁護となると依然として、多数の財団や資金調達者が理解していません。

数件の資金源をあげます。最初は政府です。政府の資金拠出は通常、人権擁護団体には回ってきません。サービス提供やチャリティをする組織に資金を拠出するからです。そして原則として、人権擁護団体は、政府の反対側の立場に立って監視人のような役割を果たすという単純な理由で、政府に資金を求めることはしないのです。二番目は、国連などの国際的な資金提供機関ですが、こうした機関のお金も政府を通して配分されます。人権擁護団体としての私たちの役目は、このお金が適切に利用され、本来の目的のための経費に充当されることを確実にすることです。

三番目は財団です。人権擁護を支援する財団の数はごくわずかです。一般的に財団は、学校や職業訓練センターなどを運営する組織のほうを選び、人権擁護組織にはめったに資金を提供してくれません。人権擁護のために障害者運動や障害者組織を支援することの重要性を理解しているアビリスやその他の少数の団体には感謝しています。

次は企業ですが、私たちはこの部門から資金を調達するために採用できるいくつかの画期的な方法をもっています。最初に紹介するのは、大きな企業との協力です。インドでは、一万人から二万人規模の企業があります。わずか一社がNGOと協力関係を結ぶだけでも、従業員が少額のルピーを給与から拠出してくれるわけです。次は「コスト関連マーケティング」です。私たちは、障害者に友好的な方針をもつ企業、例えば相当数の障害者を雇用している企業と提携しています。こうした企業は、障害者の従業員が属する障害者組織の経費のいく分かを、企業コストに上乗せしてくれるのです。例えば、一個のコストが一〇〇〇ルピーの時計に一〇ルピーを上乗せして販売し、そのプラス分をNGOに回してくれるのです。いくつかの企業がこの方針の採用を検討しています。企業の場合肝心なことは、収益と企業イメージですから、こうしたことが企業にとって解決策になるわけです。イベントやセミナーのスポンサーになるのも同じです。私たちは、企業にとってPRになる場合はスポンサーになってもらい、経済的な支援を依頼します。最後は、企業基金を献金してくれる企業もあるという例です。企業基金は大変重要です。なぜならば、プロジェクトのために集まる助成金はすべて用途が決まっているからです。財団は、管理運営費は出してくれません。そこで企業献金で管理費やその他のインフラ目的に充てることができるのです。

四番目に最も重要な分野だと思いますが、所得創出戦略です。究極的にはそれぞれの組織が自立しなければならないからです。しかし、私たちにはいくつかのアイディアが思い浮かびますが、依然として検討の域を出ることができず、大した行動も伴いません。ただ、一つのアイディアとしては、コンサルタント業があります。企業が自分たちの職場をバリアフリーにしたいと考える場合、私たちは、コンサルタント業をしてそれに対して金額を請求できるのではないかと思います。

五番目は、企業や建築家などにトレーニングを実施し、企業などがそれに対して一定の額を支払うことにするのです。皆様は少々多めに請求して、それを皆様の資産に追加すればよいのです。こうしたことは、法人とのパートナーシップ、あるいは所得創出戦略において効果をあげたアイディアのいくつかで、皆様にも共有していただきたいと思います。

六番目に最も重要でかつ一般的によく利用されるのが、イベントです。こうしたイベントは単なる資金調達を意図するものではなく、意識を高めるものでもあります。例えば、「国際障害者の日」は私たち全員にとって大きな行事です。わが国においても、マスコミや企業などすべての人々が、障害者にスポットライトを当てるのです。そこで私たちは、資金調達のために「国際障害者の日」を大いに利用するのです。その他にも、皆様が組織できる展示会もありますし、有名人のディナーショーも利用できます。

ほとんどのNGOは、献身的精神と強いニーズがあるために始めたわけです。こうしたNGOには、優れたマネジャーはいないでしょう。しかし、資金の調達先を探そうとするならば、私たちの記録を最新のものにし、かつきわめて透明なものにする必要があります。次に、私たちは資金提供者と良好な関係を維持しなければなりません。資金提供者は、その資金を使用するプロジェクトだけでなく、皆様がしている他のことにも関心があるのです。従って、絶えず情報を提供して下さい。皆様はよくご存じと思いますが、とても大切なことですから付け加えておこうと思います。

皆様は何をしているのかわかっていて、目的をもって活動しているのです。従って、自分のビジョンをはっきりさせて、資金提供者に命令されることがあってはいけません。

インドにおける障害者開発・リハビリテーションと資金調達……………マーシュ・チャンドレカー

私は、インドのNGOのモビリティ・インディアから来ました。私たちは、創立八年になる組織で、障害者がより良い生活の質を伴って社会に参加すべきであるというのが、私たちのビジョンです。インドは大国で、現在、五千万人の障害者がいると推定されています。これは、WHOの統計によると人口の約五％に相当します。その内の五〇％の人々は、移動障害者です。興味深いことに、このグループ内の七八％が地方の居住者で、その中でリハビリを受けているのはわずか五～一〇％にすぎないのです。そして、学校教育を受けている児童は一％にも満たないのです。また何らかの職業に就いている人はほとんどいません。こうした人々に手を差し伸べるためにも、組織を痛切に必要としています。

主要な活動の一つは、草の根組織の能力強化です。私たちは、社会モデルと医療モデルの両方の価値を信じています。障害者は社会の一員であるというビジョンを実現するためには、両方とも等しく重要であり、協力し合う必要があります。私たちと協力関係にある組織は二九あります。私たちは、サービスに対して代価を請求していません。その代わり、そのような経済的能力をもたない草の根組織を強化するために、助成機関から資金を調達しています。こうした組織との主要な協力作業の目的は、義肢装具製作所やセラピーを含む必要に応じたサービスを確立し、地域に根ざしたリハビリテーション（CBR）サービスを促進・向上させることにあります。草の根組織は通常、適切なワークショップをもっていないため、多くの人がCBRに頼らねばなりません。また多くのケースでは、移動が限られていることから十分に利用することができません。従って、重度障害者がDPIのワークショップでよく活動している姿を見るのは、私にとって素晴らしい経験になります。

私たちが草の根組織と協力するもう一つの理由は、熟練した人材が不足していることです。プログラムが成功するには、草の根レベルで熟練した人材が必要です。このため、私たちには、義肢装具・セラピーに関する一年間の訓練プログラムがあります。パートナー組織が選んだ人が、一年間の訓練プログラムのために私たちのところに派遣されます。現在、バングラデシュ、スリランカ、そしてインド国内から来た三〇人が研修を受けています。私たちは、女性と障害者を重視した訓練が適切であると信じています。また、CBRに関しては、マネジャーやコミュニティワーカーを対象に六週間のプログラムがあります。私たちは、リハビリに取り組むことと、チャリティではなく開発問題として障害をとらえることの両方に、主たる焦点を置いています。

私たちは、CBRプログラムに注目しています。これに関しては異なる見解があるということをDPIの会議を通して知りました。しかし私は、各自が実行していることが重要だと思います。タイトルはどうでもいいのです。結局、他の誰よりも障害者にとって重要な貧困問題に取り組むことが可能な場合、それがリハビリの主要な手段になります。私たちは、職を提供し、家族に収入をもたらすために働くことが正しいのだと信じています。補助具を支給するだけでも、少年なら学校に行けるでしょうし、少女なら家族の中で尊敬されることになるでしょう。それがリハビリというものです。

私たちが気付いたことは、入手可能な義肢装具は大変高価だということです。私たちには開発チームがあり、地方の障害者に入手可能な軽量の装具を数多く作ってきました。また、こうした装具はさほど技術を必要としません。義足の改良も行っています。インドのような国における大きな問題は、装具を提供するプロセスをもっていても、装具の質が大変劣っていることです。また、利益を得ることを目的としたものばかりです。しかし、私たちは、良質の義足を作ることができます。また直接リハビリサービスも提供して、各個人のリハビリニーズを評価し、外科医との協力もしています。セラピーもしています。

私たちの主な焦点は、貧困に置かれています。例えば義足を使用している人がいます。重要なのは義足ではなく、彼が自分の店舗の前で父と一緒に立っていることです。彼の父は大変老齢で、自分が死んだ後の息子のことを本当に心配していましたが、自力で何とか人生を歩むことができるという気持ちをこれまで以上に感じています。

私たちはまた、ネットワークづくり、権利擁護、障害者組織ネットワークへの支援と障害者法の制定に向けた取り組み、バリアフリーの環境づくりのための改修の実施と推奨などの分野でも仕事をしています。このため、街頭パフォーマンス、集会、政府との会議、ロビー活動など、様々な方法を利用しています。私たちの主たる権利擁護の活動は、地方の人材を開発することにあります。私たちは実際に、様々なリハビリカウンセラーと協力しています。モンゴル、スリランカ、バングラデシュなどの低所得国におけるＣＢＲプログラムの開発について、コンサルタント業務も行っています。

こうしたことをすべて行うには、資金が必要です。世界経済が減速傾向にある状況の中では、資金調達は大変困難です。そして、助成機関に何かをお返しすることができなければ、誰も私たちのアイディアに関心を寄せてくれません。私たちは、信頼されなければなりません。私たちは、貧困者に良質のサービスを提供できなければなりません。そして私たちは、一つの機関に頼りきってはいけないことも認識しています。国際的助成団体のデータベースを持っているので、各団体はその好みに応じて、プログラムの一部分に資金を提供することができます。私たちはまた、国内についても、各地区に資金調達チームを設けています。

各地区の資金調達チームの活動では、「移動友の会」というグループがあって、コミュニティでの啓発活動をしています。このグループには学生も参加しています。私たちは「一ペニー募金」と呼ばれる計画をもっています。毎月、一人が一ペニーを出すことで、意識向上を目指します。また、あらゆる階層の人々に参加してもらって、私たちのプログラムのあり方に関してアドバイスをもらっています。そして私たちは、このプログラムは皆様のプログラムですと伝えるのです。弁護士も、医者も、劇場支配人もいます。職業は問題ではありません。すべての人々が重要です。なぜならば、これは、すべての人々が構成員であるコミュニティの問題であるからです。

私たちは「できることからやろう」計画ももっています。この計画では、トップクラスの私立学校の生徒たちにも参加してもらいます。CBRプログラムへ出席してもらい、私たちのセンターへも訪問してもらいます。生徒たちは喜んで興奮気味になります。彼らにスラムの子どもたちが文化プログラムに参加することを助けることで、プログラムに貢献してくれるように頼みます。また、彼らの学校からも資金調達できるように許可を求めます。こうしたことはすべて目立たない方法ですが、こうした取り組みも皆様に共有していただきたい戦略です。

企業からの資金調達もあります。あらゆる多国籍企業がインドにやってきます。こうした企業の中にも、企業責任を果たすという優れた慣行を実践している企業もあります。そこで私たちは、彼らがインドに進出する際に、彼らと協力関係を築いて、彼らの優れた慣行をインドにもち込んで、現地のわが国の企業にも影響を与えるように説得する努力をしています。私たちは常に外に出かけて、様々な企業を訪問し続けています。また、レクリエーションクラブも対象にしています。各地区には富裕層のコミュニティがあり、彼らはクラブをもっています。私たちは、こうしたクラブでプレゼンテーションを行い、意識向上を計り、資金調達もしています。ただし、こうした場合、そのクラブが好んでするような事柄に的を絞る必要があります。展示を行い、Tシャツやマグカップなどを販売し、スーパーマーケットには献金箱を置いたりしています。

私たちは、新たな段階に入り、コンサルタント業として、国際助成機関にプロジェクトの企画に関する良質なサービスを提供しています。更に、こうした助成機関がインドで資金を提供している組織の能力強化の分野にもサービスを提供しています。また私たちは、ハンディキャップ・インターナショナルなど多数の組織とも協力関係にあり、こうした関係を通して、草の根レベルの人々に訓練を提供すると同時に、彼らに私たちの訓練プログラムを支援してもらっています。私たちは、自分たちがもっている何かを提供し合えるようなグループ協力関係がよいと考えています。私たちは、アビリスともそうしたことをしたいと考えています。それは、アビリスにもモビリティ・インディアにも障害者にも、プラスになるでしょう。私たちはまた、資金提供者が適切な組織を選択して、資金提供後もモニターできるように支援しています。そして、助成金のマネジャーのような仕事をしたいと考えています。

まず人々の信頼を得ること、そのためにDPIができること……………シャヒドゥル・ハック

私は、ソーシャルアシスタンス・アンド・リハビリテーションで働いています。開発と資金調達との関係を検討すると、障害者問題の分野で何かを変えたいと願ったとしても、私たちはコミュニティの中のマイノリティなのです。私たちが開発に等しく貢献できることを人々に証明できなければ、人々に対してそうした信頼を築くことができなければ、どこかから資金や支援を得ることは大変困難だと思います。私の最初の関心事は、仕事のために資金調達するうえで、信頼を築き上げ、その仕事が全体の役に立つことをコミュニティの住民に認識してもらうことにあります。

私は、開発を三つの指標で判断します。障害者は学校教育を受けているだろうか、実践的・現実的な教育を受けているだろうか、障害者グループは、コミュニティの他の利害関係者と共にネットワークづくりをして、直面している問題を解決する能力をもっているだろうか。組織がこの三つの指標を達成していれば、その場合にのみ、私はそれが開発だと言っています。

資金がお金のみとは言いません。計画・成果・結果・理解も意味すると思います。私自身のように障害者の開発のために仕事をしている人々は、外国からの寄付に一〇〇%依存しています。そこで、資金が提供された場合の主要な問題ですが、まず途上国の抱える問題である貧困を解決しようということになります。しかし、交通手段、教育、能力開発などのための資金の配分先に関する政策決定、あるいは意思決定では、障害者のための配慮はどこにもありません。私たちは、最初から障害者がすべての人々から等しく敬意を抱かれるようにするために、この問題を主流に組み入れるように努力しています。

わずか一つの例ですが、私たちは大変小さなグループを築き上げることができました。バングラデシュなどたいていは途上国においてですが、私たちは障害者が街で物乞いをしているのを見かけます。彼らには、雇用の機会が与えられていないのです。また、特に貧困層の家族の中には、障害児がいる場合、この児童たちは家族の資源だと考える家族もあります。街で物乞いができるからです。物乞いは、尊重される職業ではありません。誰も、自尊心をもっています。物乞いでお金を稼いでも、人は彼らのことを尊重しません。他の方法

でお金を稼げば、彼らは他の人から尊重されるでしょう。

私たちは、アビリスと同様、構成員のほとんどが障害者です。すると国内外の助成団体は私たちにはほとんど経験がないと考えるのです。彼らは途上国に巨額の寄付をしているのですが、残念なことに、障害者を優先しません。彼らが優先する課題は、環境や貧困です。障害者に彼らは耳を傾けてくれません。私は、ＤＰＩがこの分野では権利擁護やロビー活動ができると思います。寄付や援助をしている機関はすべて、彼らが援助している国の障害者に少なくとも一〇％は配分すべきです。これが、私が強く推奨したいことです。

なぜ、教育制度において私たちは差別されるのでしょうか。私たちは軽視されています。私たちは必要な施設などをもっていません。子どもたちは今、教育を必要としています。しかし学校も大学も、障害者に対して何をすべきなのか、また何をすべきでないのかわかっていません。障害者問題における未来世代の教育ということを重要レベルに引き上げるためのルールづくりを、ＤＰＩがこの世界的な場でできると思います。

今日まで、障害者問題は、福祉やチャリティとして扱われてきました。障害者に関する限り、障害者はアウトサイダーだという理由で、権利の平等は問題外にされています。この問題は、決して福祉問題として扱われてはならないのです。この問題が開発計画として加えられるまで、私たちはただ叫び声を上げるだけで何も得ることはできません。この問題が政策には入れられていないからです。政策によって、それが福祉になるならば、次にそれはチャリティになるでしょう。そして、チャリティでは私たちは責任ある存在にはなれません。問題は、私たちも税金を払っているということです。私たちの税金は、どこに行くのでしょうか。世界中で六億人の障害者は、税金を払っているならばすべてを享受する権利をもっています。しかし私たちは、政策立案者、知識人、思想家にそれを理解させることができません。

ＤＰＩは、少なくとも国家政府や国連機関に対して私たちの権利擁護についてロビー活動を展開して、国連の諸機関や各国政府の政策立案者の認識を深めるうえで大きな役割を果たすことができると思います。カッレ・キョンキョラさんのような障害者の立場から発言できる国会議員は稀です。ごく最近ではこうした例がアフリカでも見受けられますが、アジアではほとんどないと思います。ＤＰＩはロビー活動や権利擁護活動を通して一つの役割を果たすことができると思います。私の結論を言いますと、資金調達は開発の重要な一部ですが、まず人々の信頼を得る必要があるということです。

持続可能な開発のための資金調達を得るために………

ジェジュムス・アムウィス

私は、ウガンダ全国障害者同盟（NUDIPU）で事務局長をしています。ビジョンは、障害者の生活の質の向上を図ることにあります。私たちは、機会均等の実現に向けて取り組むことにより、それが達成できることを願っています。この機会均等は、私たちのプログラムの一つであるロビー活動による権利擁護の目的の一つです。機会を得ることなく生活の質を改善する方法はないからです。そして、政策や法律と無関係に機会均等を語ることはできません。私たちが持続可能な開発をもたらすための資金調達について語る場合、二つのことを理解することが重要です。資金提供者のコミュニティでは、彼らがプロジェクトやプロジェクト提案について語る言葉で話さなければ、彼らから資金提供を得ることはできません。使命感、ビジョン、目的、成果、そして活動、予算、そして理論的枠組み、行動計画などの諸問題について語るのでなければ、決して資金提供は得られないでしょう。政府が提供する資金を入手したいならば、政策や条例の言葉で話をしなければ、こうした資金は得られないでしょう。

私たちは、企画過程に参加することによって政策に影響を与えます。政府または国会議員が障害者に関する事柄、特に医療・農業・教育・各種サービス提供などの障害者にかかわることを議題にする場合に、全国レベルでは五人の国会議員が、その内容を点検します。障害者がその場に参加したことはありません。そこで、私たちは、障害者のニーズに対応することが大変重要であるということを、彼らに説得しなければなりません。ウガンダでは現在、人口二四〇〇万の内の約二〇〇万人が障害者です。これは大変大きな数字であることがおわかりでしょう。障害者のために計画を立てなければ、国家経済の発展を損なうことになるのです。

州の下位の行政区レベルでは、九二〇の地方自治体組織があります。ここでの政治家は自治体議員です。これらの議員と連絡を取り合っているNUDIPUの会員が、問題やニーズの情報を彼らに伝えます。すると、彼らが議会でそうした問題を取り上げることで、立案者がその問題を扱うことができるようになります。そうすることで、少なくとも一五の法律が国家レベルで施行されました。地方レベルでは、少なくとも四〇の自治体が障害者のニーズに対応するための予算規定を設けています。この内の一五自治体は、車いすの購入や児童の就学などの現実的なニーズのために資金を拠出するという規定を実施しています。時には、子どもたちに奨学金を出したり、矯正外科手術の必要な人を特定したりしています。

私たちは、企業にもアプローチすることがあります。ウガンダは景気がよくないですが、少なくとも私たちがアプローチした企業は、機関紙を購読してくれています。機関紙は、私たちが行っていることや仲間のことなどの情報を提供しています。また、機関紙、出版物、ラジオ番組などを通して、私たちの存在を知ってもらうようにしています。そうすることで、私たちがアプローチした場合に、私たちを理解して何らかの支援をくれます。

私たちが直面している課題ですが、NUDIPUは、障害者を組織化して社会参加させるという点から見ると、大変大きな構造をもつ組織です。私たちが拡大し成長し強力になるにつれて、ニーズもまた変化し、その数も増えていきます。それに対して私たちの能力が十分ではありません。これは大きな課題です。もう一つの課題は、資源が限られていることです。障害者が二国間援助の重要な部分であることを国際社会に理解させるようにするニーズがあります。またもう一つの課題は、絶えず私たちが注目されるようにすることです。それには守らなければならない前提条件があります。これには、ビジョン、財務的・社会的な責任、そして協力が含まれます。次に、私たちは自国の政治情勢にも取り組む必要があります。私たちの国の政治情勢では、サバイバルの道を発見しなければなりません。ウガンダにおける支援は、私たちが資金提供者にそのことを訴え理解を得た結果として得られたものですから、私たちは国際社会に一層認知してもらうようにしなければなりません。

ここに参加している私たち全員にとって、国レベル、国際レベル、また地方レベルでそれぞれの協会と協力する必要があるのではないでしょうか。すべてのレベルにおいて、私たちが利用できる資源が存在しています。そして、私たちは、国や国際社会のレベルで、政治や社会経済に関する問題について意見交換する必要があります。いつだったか、国連事務総長が世界の障害者の地位について発言されていますが、こうした問題では、アビリスやDPI、その他の諸機関が重要な役割を果たせると思います。それから私たちは、自分たちの民主的な運営方法を継続的に点検することにより、私たちの支援組織、支持者、協力者に提示できるものを確かにもっていると知ってもらう必要があります。私たちは、自分たちが話し合っていることが真剣かつ重要であることを、彼らに理解してもらう必要があります。

10月17日午後

開　発

農村部と組織の発展

司会者：アレクサンダー・フィリ（ジンバブエ）

発表者：エヴァ・ラビニ・カシム（インドネシア）

エンリケ・サルファティ（アルゼンチン）

ムシャラフ・ホセイン（バングラデシュ）

セタラキ・マカナワイ／ジョセフ・ベレボー（フィジー）

ジョン・ネバレ（パプア・ニューギニア）

アジアの文化に立脚した障害に対するアプローチを……

エヴァ・ラビニ・カシム

私は、文化的な問題について話します。この問題を今日のために選んだ理由は、これが障害に取り組むうえで大変重要だからです。障害は国際的な問題になっています。「国連障害者の十年」から二〇年が経ち、多くの国が障害者に関する法律を制定しています。そして、障害に対するアプローチは、医学モデルから社会モデル、つまり個人の機能障害の受容から社会的な問題へと変化しました。従って私たちは、人権問題のレンズを通して障害に一層焦点を当てることができるのです。しかし今日、私たちは、アジアにおいて障害者の生活の質の改善を見ていません。どうしてアジアではこうなのかというのは興味深いことです。そこで、DPIがこうした問題について検討するように提案したいと思います。こうした問題を扱うには、誰がアジアにおける障害者であるのか理解することから始めるのがよいでしょう。

アジアの障害者の大多数は、農村部に住んでいます。生活状況は貧しく、無学で、非衛生的です。従って、アジアの障害者に対するアプローチは、他の国と多少異なるかもしれません。彼らの生活状況を理解したうえで、私たちはその文化も理解する必要があります。アジアは西洋よりも多様な文化をもっています。アジアでは家族が大変重視され、家族はその構成員に対する責任を負わされます。更に、アジア人は一般的に、自己表現することを好みません。西洋では、自分が言いたいことを口に出して言うことができます。しかしアジアでは、そうすることが適切でない場合があります。希望することを表現するのは容易ではないのです。こうしたことが、アジアにおける機会均等や完全参加が西洋よりも遅れている要因の一つかもしれません。また、ほとんどの人々は宗教に熱心であり、また特に障害に関する伝統的な信念をもっています。私はイスラム教徒です。イスラム教の教義では、障害者になると、どんな障害であれ、受け入れなければなりません。苦しみに耐えれば、それに対する償いを受けると信じているからです。こうした状況では、ＤＰＩは文化的な問題にも取り組む必要があります。ＤＰＩは、宗教的指導者やコミュニティのリーダーなどに、情報を提供する必要があるでしょう。例えば、イスラム教では、私たちが持っているものを他のコミュニティと分かち合う責任があります。そこでは信仰は社会保険のようなものです。こうしたことを発展させて、障害者の生活の質の改善になることがあります。

もう一つ考慮に入れる必要のあることは、アジアにおける障害者運動の状況です。私の経験では、アジアではほとんどのリーダー、特にＤＰＩのリーダーは上流社会の出身で教育もあり、都市部に暮らしています。実際、身近な問題に対応するのは困難です。彼らは、底辺からではなく、法律の制定を通して政府に影響を与えようとします。これは、草の根レベルの人々には恩恵になりません。ＤＰＩは、草の根レベルの障害者に機会を提供できるように規則を修正し、彼らが活動に参加できるようにする必要があります。例えば、読み書き能力強化トレーニングでは、実際に出席できた参加者の大多数は、都市部からの参加者で、上流社会の出身者です。情報は、草の根レベルまでは届きません。

アルゼンチンの農村における障害者の状況と開発プロジェクト……………エンリケ・サルファティ

私の発表は、アルゼンチンでの三〇年以上にわたる農村部の障害者の状況の調査に関するものです。

ラテンアメリカ諸国では、農村部の人々は三重に軽視されています。社会経済的な理由と地理的な理由、そして障害者に対する軽視です。また、文化的な軽視もあります。特に農村部の人々は、障害者を受け入れません。障害者は、不名誉・いじめ・からかいの対象になります。彼らは、家族からも不名誉と見なされます。障害者は、意思決定の場所、つまり権力や権限のある場所から遠く離れています。彼らは、意思決定のプロセス、つまり権力や権限に到達できないがために、差別され取り残されているのです。

次に、障害者に対する軽視の経済的な側面を見てみましょう。一般に、障害者の生活の質を向上するために必要なものは、資金です。そのため、第一に雇用の創出が必要です。また、あらゆる資源の公平な配分も必要です。更に、状況を改革して、障害者が普通教育や職場にアクセスできるようにする必要があります。障害者が自己の権利に関する知識を深めることも必要です。

私たちは、就労プロジェクトをつくりました。これは、家族も含め障害者に職場を提供することを目的としています。最初に、生産的開発プロジェクトを立ち上げ、各個人の潜在能力を一つにまとめるように努めます。そして、どのような仕事が障害者に最適であるのか把握し、これを障害者の参加に広げていきます。私たちは、障害者が社会経済活動に参加するために文化活動に関する助言をもっています。私たちの文化活動では、障害者が家庭内の活動に参加して、そして家族全員がコミュニティ活動に参加することに重点が置かれています。これは、助言やクレジットを提供することで実現しています。こうした取り組みによって、特に農村部の障害者が生活の維持を可能にする活動に参加できるようになります。余った物があれば、マーケットでそれを売ることができます。こうすることで、恥と蔑視の対象であった障害者が自己表現をして、コミュニティから尊敬を得ることができるのです。そして家族も周囲の人々も、障害者の状況が改善されていることを知るのです。

障害者は今日、プロジェクトへ参加することで、地方自治体に対する発言権をもつようになりました。私たちは、国の中で大きな変化が生じているのを見ているところです。

農村部での障害者の自助組織の育成……………ムシャラフ・ホセイン

私は、「障害者開発活動」を代表して参加しています。障害者運動は、農村部では最貧困の人々よりも中産階級の人々のほうが活発です。最貧困の人々は組織化されておらず、力もありません。今は、どのようにすれば障害者運動を農村部の障害者の組織化につなげることができるのか考える時になっていると思います。バングラデシュでは、男性障害者の八六％が失業しています。貧困の程度、都市部での収入の不足、諸施設へのアクセスの継続的な欠如についても考えなければなりません。

障害者は、国家権力との結びつきを維持するエリート、この不正に抗議できない中産階級の人々、および最下層の貧困者、つまり無力で人生の希望のない人々の三つに分けられます。バングラデシュでは、農村部の開発達成目標は五〇％にも達していないと言われています。利害関係者の間における不十分な協力、優れた統治能力の欠如、腐敗の増大、国民に対する責任を負わない政策立案者、プログラムの立案段階での国民の不参加などがあります。貧困者は組織化されておらず、発言権がありません。貧困者は耐えています。政府は、障害者の参加がない開発プログラムを採用しています。現時点では、農村部に自立はありません。貧困緩和は世界各国の主要目標です。世界が二〇一五年までに貧困生活者の割合を減らすことに成功したとしても、次世代には基本的なニーズを満たすことのできない人々が少なくとも九億人は存在することになるでしょう。障害者は、社会から最も除外されやすい存在です。

途上国では、障害児は、政府や親から教育を受けることを奨励されないのです。教師は、視覚や聴覚障害児の教育ニーズに対する態度や意識の欠如を理由として、こうした児童を学校に入学させることを認めません。教育政策は、障害者を含めていません。特に、学校は都市部を中心にしています。農村部の未公認学校では拒否はしませんが、それでも障害児の入学を奨励することはしていません。

資金を確保し、経済活動を行って生活水準を向上させるための貸付けは、貧困者には提供されません。障害者はサバイバルの技能はもっていますが、貸付けを受けるために必要な資格を有していません。バングラデシュでは、自助グループの会員が貸付けを得るためのグループを形成することを呼びかけています。しかし彼らは、障害者がグループに加わるようには言ってくれません。そこで私たちは、自助グループに加わるために、野菜を栽培することで少しばかりのお金を蓄えることを始めました。

「世界開発報告二〇〇二」は、貧困に取り組む戦略を提案しています。それは、機会の促進、権限付与の促進、雇用に関するものです。社会変革のプロセスにおいては、コミュニティのすべての利害関係者が参加することになります。民主主義で参加型の社会では、障害者もそうでない人々もすべてが、開発における役割を担うことができます。農村部の開発およびコミュニティの開発における障害者の参加が、障害者にとっての主要な目的になるでしょう。この目的を達成するには、障害者の組織化と障害者への権限付与の促進が必須条件になるでしょう。

農村部の開発からの恩恵を受けるには、次のような戦略が必要です。障害者の参加と、障害者の社会的・政治的権利に対する啓発を目的とした活動のために農村部の障害者を組織化することです。既存の障害者組織は、リーダーや資金が不足しているために、十分な活動をしていません。障害者組織の発展は、途上国では大変緩慢です。一方、都市部での組織の成長は農村部よりも急速です。ネパールでは、その数字は一九九九年から二〇〇二年にかけて一五〇%の成長を示しています。一九九八年から九九年には、インドでは一〇〇万人が、ブラジルでは二一万人が組織化されています。障害者の数が力になるのなら、障害者組織の数は強力な力になります。障害者の人権運動には、多様なグループやアイディアが存在すべきです。

草の根レベルで組織化した障害者がしてきたことはとても重要です。バングラデシュの農村部で達成したことの一つに、一〇日間にわたる三〇〇kmのマーチによって政府にロビー活動を行い、二〇〇二年に障害者法を制定させたことがあります。政府は、障害者の影響を受けたことで彼らの存在を考慮に入れるようになり、すべての公共機関で障害者を採用すると約束しました。教育部門は、障害児を拒否していません。障害者が、教育差別に対して抗議してきたのです。

DPIへの要望は、第一に、農村部で障害者の自助組織を育成すること、第二に、すべての障害者を組み入れる全国レベルの組織を構築すること、第三に、DPIは障害者のニーズに対応する体制を構築すること、以上です。

太平洋地域の農村部における取り組み………………セタラキ・マカナワイ

私たちは、DPI太平洋ブロックから参加しています。フィジーから来た仲間のジョセフは、障害者組織の支部リーダーとして農村部でどのように活動してきたのかを話します。もう一人の仲間のジョンは、パプアニューギニアの障害者組織である新設の全国会議の議長を務めています。私の発表に二人が加わることで、太平洋地域にある、私たちの地域の農村部での取り組みについて理解が深まると思います。

私は、草の根運動や障害者組織を提案したいと思いますが、その組織とは、自発的に障害者がコミュニティに暮らす仲間の障害者を、自発的かつ自立的にすることを目的として運営する組織です。焦点は、農村部のコミュニティに暮らす仲間の障害者に置かれると思います。この組織化の運動では、障害者の自己表現や自己の権利擁護の達成も含めるべきです。次に、草の根運動における障害者の権限獲得のための取り組みについてですが、相互支援と共感的人間関係を重視する必要があると思います。私たちは、自分たちが克服してきた困難な経験を共有しているわけですから。草の根レベルの運動では、集団行動が必要です。私たちは、公益のために協力しなければなりません。私たちは様々な障害の特徴をもっているために、障害者グループ間の違いの主張が、取り組むべき問題よりも優先してしまう傾向があります。

私たちは、取り組むべき全体像、すべての障害者の共通問題に焦点を当てるべきです。こうしたことが、草の根運動の重要な特徴になると思います。私はまた、障害者の人権ベースでの草の根運動を提案したいと思います。私たちは人権組織として、自分たちの問題は慈善団体や政治制度だけでは対処できないことを認識するようになりました。私たちは、自分たちの問題解決に取り組むことにおいて、自らが積極的な参加者にならなくてはなりません。

フィジーの経験では、草の根レベルで直面する課題は財源に限界があるため、また私たちの焦点が人集め、権限付与、自己決定・自立に置かれているために、活動が制限されることが多いということです。私たちの活動の焦点が他者から見て十分に明確ではないために、助成団体や地方自治体も、資金を投入する価値を理解してくれません。私たちは絶えず、障害者組織が学校やリハビリテーション病院の経営などのサービス提供機関と同様に重要であるということについて、社会福祉省の認識を深めるように努力していますが、学校経営などのサービス提供者のような具体性が乏しいのです。

私はまた、取り組むべき活動・全体像・共通問題について、障害者組織の間で論争があるということに気付かされました。

草の根レベルの運動では、私たちは、特に障害の異なるグループ同士の関心領域を互いに理解し合うことが重要だと思います。例えば、車いすを使用する人のアクセスニーズは、盲人のアクセスニーズとは完全に異なっています。私たちは草の根運動を前進させる場合、お互いのニーズを認識して運動を効果的に進める必要があります。

草の根の障害者運動の一環として、障害者問題を開発問題に組み込まなければなりません。教育についてならば、障害者の教育ニーズについて、雇用や経済問題などの話になるならば、私たちの問題を前面に押し出し、私たちが除外されないようにしなければなりません。

ジョセフ・ベレボー　私はフィジーの農村部に住んでいます。私が両手のない状態で生まれた障害者であることは、村では大変困難なことです。農村部で暮らす人々の見方を変えること、すべての人が平等の機会をもつことを話して障害者問題に取り組むことに苦労しています。一般市民にメッセージを伝えること、特に私たちの活動の必要性を伝えることは、大変困難です。私の村では障害者に対する理解が不足しています。

私について言えば、人生の中で達成したいと思うことが三つありました。一番目は就職、二番目は自分の家を持つこと、そして三番目は、妻を得ることです。農村部の人々は私を見下していましたから、どうすればよいのか思案していました。農村部で本当に障害者の意識を変えるにはまず、障害者から始めなければなりません。私はこの三つのことを達成しました。そしてこのことが、農村部の人々が心を開くのに役立ちました。村で私たちがもっているプログラムには、親睦会や彫刻などの活動があります。障害者の所得創出プロジェクトの革細工もあります。私たちはマネジメントコースももっていますが、これは農村部の障害者が、それぞれの特定分野をマネジメントすることを支援する専門コースです。

進展のスピードはきわめて緩慢ですが、フィジーでは現在多くのことを行っています。友人を支援することにかけては、私たちは大変うまくやっています。彼らは本当によいアイディアをもっています。ただ、彼らを脇に追いやる原因の一つは、親たちが彼らをあまり理解していないことです。そのため、外出を怖がっている障害者が大勢いるのです。彼らを連れ出すように何か考え出さなければなりません。彼らの両親の大多数は障害者問題についてほとんど何も知らないからです。親たちが、障害児の育て方や支援の仕方について知識をもっていないことも気になっています。

ジョン・ネバレ　DPIは、私の国では大変新しく話題になっています。DPIの波は二〇〇一年になって、やっと届きました。一九の州が一堂に会して、リーダーシップセミナーが開かれて、そこでパプアニューギニアにおけるDPIの役員を選ぶ選挙が行われました。私は、「パプアニューギニア障害者会議」の初代議長です。私がこの国際会議に出席することを可能にしてくれたDPIに感謝しています。経験豊かな方々のお話や、また自分の問題を発表される方々のお話をお聞きすることはとても光栄なことです。ここで得られた知識や経験を国にもって帰ります。

私の国では、障害者活動は始まったばかりです。私たちは、自分だけでなく、国の障害者のニーズに応じられるようにしなければなりません。私の経験では、自身が障害者である親には、子どもを学校にやる経済的な余裕がありません。こうしたことが、二重、三重の障害になるのです。私は、教育を優先したいと思います。子どもが教育を受けることができれば、その子どもはやがて親の面倒を見ることができるようになるからです。これは、障害者が前進するための足掛かりになるでしょう。

参加者　エクアドルから来ました。途上国の立場から質問します。DPIの活動を通して、特に農村部の障害者に関する世界的な運動が生まれると考えられるでしょうか。私は、DPIが農村部の障害者のニーズや問題に取り組むプログラムを実行する委員会のようなものを設けてはどうかと提案します。

エンリケ・サルファティ　確かにDPIはこれまで農村部の障害者にあまり焦点を当てていませんでした。DPIは人権を擁護し、世界で大きな障害者組織になっています。従って、DPIは、世界中の障害者のために協力してこの問題に取り組む必要があります。農村部の障害者問題に取り組む委員会の設置の提案を、私も支持します。

アレクサンダー・フィリ　私たちが一九九四年にオーストラリアでDPI世界会議を開催したとき、DPIの主眼や焦点を途上国に置くべきであると明確に決められたことを覚えています。私たちが途上国に目を向けるならば、DPIが農村部の問題に取り組む方向に向かうのは当然です。DPIが形成された理由は、社会の進歩から最も取り残されている人々の問題に取り組むことだったと思います。

セタラキ・マカナワイ　問題は、DPIとは何かということです。委員会の設置では、この問題に取り組むことにはならないと思います。このことは依然として各国内会議の責任でなければならないのです。各国内会議が都市だけでなく、農村部の障害者にも働きかけることが望まれます。

アレクサンダー・フィリ　そのとおりだと思います。しかしそれでも、委員会の設置に賛成します。この委員会は、情報を各国内会議に送ることで何が起こっているのか知らせるのです。DPIの規約では国内会議の役割を定めています。しかし、この世界会議に参加している皆様は、この会議では国内会議が反映されていないことにお気づきでしょう。アフリカには、それぞれの国内会議がありますが、この会議にはその代表者がいません。どのようにすれば、情報は草の根レベルまで、すなわち、DPIから各国内会議まで届くのでしょうか。こうした委員会が設置されていれば、その委員会がこうした問題に対処できるでしょう。

エンリケ・サルファティ　私の組織は、農村部にあります。私たちは常に、情報を入手するのに奮闘しなければなりません。私たちは自分たちの権利として、情報を求め続けています。従って、農村部の人々には、こうした会議などへの参加を勧める必要があります。

エヴァ・ラビニ・カシム　私の国の障害者運動ですが、焦点はトップレベルに置かれていて、草の根レベルにおける出来事を取り上げることができません。農村部の障害者のためのプログラムに焦点を当てた委員会をDPIの中に設置すべきです。そうすれば、私たちはこの問題を世界評議会で取り上げることができるでしょう。

参加者　英国のシェフィールド大学から来ました。エヴァが障害に関する文化固有の特徴について話していましたが、良い視点だと思います。私はこの委員会が設置されるのなら、既に草の根レベルで活動している人々の参加を求めることを要望したいと思います。彼らは、自分たちが生活し、活動しているところの文化を理解しています。個々の文化は、他の国の文化とは同じではないでしょう。ロンドンで行われたあるプロジェクトを紹介します。バングラデシュのケースですが、私たちは糖尿病に関する医療メッセージを自分たちのやり方で彼らに伝えることができませんでした。しかし、バングラデシュの人々が、食物や生活について一連のストーリーを作り上げて、話しながらその地区を回りました。それは従来の情報の伝達方法よりも遥かに効果的だったのです。このように私たち西洋人も途上国で活動する草の根組織の方法から学ぶことがたくさんあると思います。

セタラキ・マカナワイ　私たちはこの委員会の設置の必要性を強調していますが、同時にブロック事務所、そして国内会議も責任を負うことが重要だと思います。その情報を各会員に伝達するのは国内会議の義務です。国内会議は、情報・通信・伝達の規則をもっと効果的に伝えて、農村部や支部の会員が情報を見逃すことのないようにする必要があります。

アレクサンダー・フィリ　国内会議には、情報を伝達するメカニズムがありますか。情報を効果的に伝達する能力を養成する必要がありませんか。あなたは世界評議員ですから、あなたから回答をいただけませんか。

セタラキ・マカナワイ　ごく一般的なことですが、国内会議が設置されたとき、執行委員会も設置され、規約も定められたと思います。情報がどのような媒体によるものであれ、国内会議は責任を負う必要があります。

参加者　インドのＤＰＩ国内会議は、農村部の開発のための専門作業部門をもっています。私はインドの東北地方から来ていますが、そこでは開発は始まったばかりです。障害者は組織化されない限り社会の上層部の注意を引くことはできないとバングラデシュの発表者は言われました。私は、ＤＰＩの会員であり障害者のために働く者として、ＣＢＲプログラムのある政府やＮＧＯと協力できると思います。私たちがそうしたプログラムで障害者のニーズ、障害者の人権意識の確立に取り組むことができるなら、こうした人々が進んで自分たちを組織化するようになるでしょう。

参加者　国内会議は、もっと有効に機能する必要があります。国内会議は人権を尊重し、障害者のニーズが何であれ取り組むことができる組織にしなければなりません。ＤＰＩの官僚的な面は排除しなければなりません。例えば、人権を担当する副議長は、農村部における人権も担当する必要があります。これは、大変重要なことですが、軽視されている場合があると思います。

アレクサンダー・フィリ　DPIには、いくつかのポジションがあります。世界議長の下には、人権を担当する副議長がいます。また、十分に代表されていないグループの統合と開発を担当する二人の副議長もいます。委員会の議題や議事録に責任を負う書記、財政問題を担当する会計担当者、広報担当者などがいます。先ほどの指摘は、こうした担当者が、農村部の開発問題にも敏感でなければならないと強調されたのだと思います。そのとおりです。彼らの職責に、農村部の開発問題を加える必要があります。現在は、これを怠っているのかもしれません。それでも人権を担当する委員会が必要でしょうか、それとも職責の追加で間に合うでしょうか。

ムシャラフ・ホセイン　多くの国でもそうですが、国内会議を提案しても、障害者を組織できなければ、実際には国全体を代表していることにはなりません。国内会議はその組織を再点検する必要があります。今のシステムでは、国内会議に階層があるために、草の根レベルの人々がこうしたプロセスを通して、DPIのレベルに参加することは大変難しいのです。DPIの構造は、国連に追随している部分がありますが、全世界の障害者ニーズに適応したものにするべきだと思います。そうすることでDPIは、地理的な考え方、力の獲得に関して異なる方法に焦点を当てることができます。DPIは独自の価値観をもつべきだと思います。確かにDPIはこうした特徴をもっていますが、依然として、私たちが思っていたほどの代表にはなっていないのです。

アレクサンダー・フィリ　実際、あなたが言われたことは、私たちがDPIで常々言っていることを思い出させてくれます。人々は組織を構築すると、指示は上から来るものだと考えます。そうではないのです。それは、皆様から来るのです。皆様はパワーをもっています。パワーは、現場の皆様の中にあります。皆様がDPIを形成することができるのです。

しかし、問題は障害者グループ間の争いであることも多いのです。自国の農村部における経験から言えば、農村部の障害者のほうが争いが少ないことがわかります。団体は、国連に接近すればするほど、争うことになります。人々は草の根レベルで団結しています。私たちは、DPIが農村部の開発活動に取り組む委員会の設置を要求していますが、都市部を中心に活動するグループに、私たちが大変強力な存在であると想起させることを忘れてはなりません。

参加者　マダガスカルから来ました。政府機関の人口省で働いていますが、この省が障害者問題を担当しています。マダガスカルの問題は、障害者組織の中に二つの委員会があることです。一つの委員会は、皆様の組織で何が行われているの

か知らされていません。そして問題は、こうした組織が政府と緊密に協力して活動しているのです。そこで、可能ならば、何が起こっているのかという情報がほしいのです。これは、私たちが障害に関する会議に参加した初めての機会です。私たちは、自国の障害者組織の活動を支援しています。私たちは、多くの人権擁護活動にも携わっています。しかし、私たちには情報が不足しています。

私たちは長期のアクションプログラムを策定する予定ですが、ここで、初めて障害者に何をすべきかということに関して膨大な情報を得ることができました。そこで、私の結論としては、たぶん、ＤＰＩあるいは全国レベルでの障害者組織が、政府やコミュニティと緊密に協力して、障害者が差別されないようにしなければならないということです。自分たちの範囲内だけで活動していれば、障害者はコミュニティに一体化することができません。彼らは社会的に差別されますから。

10月16日午前

アクセス

情報・コミュニケーション

司会者：ビーナス・イラガン（フィリピン）

発言者：マリー・ラウア・マルタン（フランス）

黒崎信幸（日本）

マイケル・ウインター（米国）

李翼燮《イイクソプ》（韓国）

アクセスの確保は、社会参加の最低限の要素……マリー・ラウア・マルタン

私のテーマは「アクセスと情報・コミュニケーション」です。完全な市民、移動の自由、情報へのアクセス、そしてユニバーサル・アクセス、これらが私のキーワードです。「誰がどこに移動するのか」「そして誰がこのアクセスの権利に参加するのか」について、お話ししたいと思います。

障害をもつ市民の参加は、偏見のため、十分な認識を得られていません。どんな移動方法であれ、移動の自由は国や個人によって確保されなければなりません。移動が確保されているかの状況については、国や個人によって様々でしょうし、社会的地位や財政的な理由によっても異なります。ですが、社会においては、障害者も普通の市民と同じように大きな役割を演じるべきであり、市民の平等な権利は、障害の有無にかかわらず確保されなければなりません。すべての人々の発展のために、障害者は能力を利用したいと思っています。

まずアクセスについてです。アクセスとは大きな課題であり、特に先進工業国においては、社会的な「調和」を保障する手段であります。障害者はあらゆる種類の偏見の対象になっているために、環境においてもまだ多くの障壁が存在しています。

私たちが生活する上で大事なのは「移動（mobility）」とそれへの「反応（reactivity）」です。この二つは日常生活の基礎となるものです。しかし、障害者にとって、文化的・経済的・環境的障壁は日常生活のいろいろな面でまだ存在しており、毎日の生活は数え切れない障壁の連続です。エレベーターもリフトもない。スロープもなければ、方向を示す地図や案内標識もわかりにくい。他にも問題が数多くあります。介助者の人数も限りがあり、その派遣のシステムも十分なものではないうえに、費用も安くありません。障害者の生活に必要な機器も高価なものばかりです。しかも保険は適用されません。また、障害者は一般の雇用への機会も制限されています。そして、障害者は一般的な交通手段が利用できず、何か特別な移動手段があるとしても、それを利用できるのはごく限られた人々だけです。効率や標準化が求められ、規格化が進むと、障害者たちはますます生活しづらくなります。そのため、街全体が排除の構造の上に成り立ち、生活の便利さを享受できるのは選ばれた少数の人だけ、ということになります。

発展の程度は度外視して、技術的な面で、すべての国で支援と介助制度が発達してきており、私たちの夢はようやく実現しようとしています。学校に行くこと、役所に行くこと、買い物に行くこと、友達に会いに行くこと、地域の生活に参加すること、読み書きすること、芸術を学ぶこと、自分の時間を楽しむこと——少なくともこれらの点においては実現しようとしています。しかし、いったいいくらかけて、そのような場所へ行かなければならないのでしょうか。現代社会では、個人主義的な考え方が広がり、直接、障害者に目を向けるという視点が欠けています。従って、十分なアクセスは保障されておらず、障害者は無人地帯にいるようなものです。社会から取り残されている状態です。

私たちには社会へ積極的に参加する能力はあります。介助の技術的支援・人的支援も準備されつつあります。しかし、自立生活とは障害者一人の力だけで実現できるものではありません。提供された技術的手段を適切に利用する必要があります。例えば、買い物するためにはそのためのバスや買い物用のカートが必要ですし、移動できない人には掃除や洗濯などの出張サービスも必要です。インスタント食品も役に立ちます。自宅への新聞配達も必要です。こうした技術的支援は、「人」によって行われるわけですから、そのための人材養成をしていく必要がありますし、そのための予算も必要になります。また、介助支援ネットワークの充実も必要となります。

次に情報とコミュニケーションです。これは、人々の意識を変えるカギを握るものの一つです。障害者は、政策面においても完全な参加はできていません。必要なことを訴え、訴えたいことを伝えていく必要があるにもかかわらず、政策立案への参加は保障されていません。ですから、問題を抱える当事者のニーズは政策に反映されていません。

アクセスが効果的であるためには、それが連続的に提供されていなければなりません。例えば、バスを利用する場合、バスは学校の門までは行きますが、障害をもった生徒に対しては、段差のないところまで連れて行く、もしくは段差のない場所を指示するなど、一から一〇まで様々な方法を組み合わせながら、切れ目のない形で保障されなければなりません。例えば、ノンステップバスを走らせればそれで目標達成ということではありません。「これはノンステップバスです」とはっきり表示していなければ、利用しようがないのです。ですから情報とコミュニケーションが非常に重要であり、障害者も非障害者も共に快適な生活を送るためには、そうしたシステムが保障されなければなりません。つまり、非障害者と障害者がコミュニケーションを図る、という考え方を非障害者がもつことが必要なのです。障害者たちは、きわめて複雑な問題に対して、介助者たちと一緒になって必要な解決策を見つけていかなければなりません。

最後に移動手段についてですが、これは人としての自由な移動を保障するためのカギです。『ファルドー教授の業績』という本からいくつかヒントとなる言葉を述べましょう。移動の自由のためには交通機関は必要な手段ですが、その質によっては、日常的な差別となり得ます。交通機関については、技術的に大きな進歩を遂げ、そして新しい専門領域が生まれ、移動する者の安全性も向上しました。こうした枠組みの中で、障害者が余分な料金や追加料金を支払わなくても、安全な移動の自由を保障されなくてはならない、と多くの報告書で指摘されています。

それらの報告書によれば、国によって達成の度合いに差があり、障害種別の比率も地域によっても異なります。そのため、詳細にわたるアンケート調査をもとにした比較が必要になります。視覚障害者や聴覚障害者、心臓機能に障害をもつ人にとってもこれらの移動についての調査は重要です。「障害者が交通機関を利用するとき、どのような差別が存在するか」などの比較研究や調査に、「移動」手段は重要な分野です。移動の連鎖は、移動手段の問題に集約されているからです。自動車や歩道、建築物、情報へのアクセス等、様々な要素が移動の連鎖の中に含まれます。陸上に限らず、海や鉄道、飛行機などの移動手段にも比較研究を広げることができます。それによって、様々な法体制の効率が判断でき、社会システム全体の中での障害者の位置付けも、法的に詳しく調べることができます。

消費財やサービスへの「ユニバーサル・デザイン」は将来に託された希望です。製品やサービス創出の考え方まで、万人のためのアクセスを検討することが非常に重要になってきています。障害者が特別な機器を使わなくても普通の生活を送れるような工夫が図られています。特に障害をもちながらも正式に「障害者」と認められていない人々も、十分に考慮する必要があります。製品の考え方、そして最大限の安全基準を基盤にした新しいサービスの創出等、あらゆる活動領域で、普遍的に消費財とサービスのユニバーサル化が考慮されなければなりません。

こうした製品も、障害者の生活を楽にするような「一般的」な消費財として開発されなければなりません。それが社会的な排除から障害者を守っていくことになると思います。

違いや障害者のもつ可能性を尊重しつつ、そのニーズを十分に発展させることのできるシステムを検討するべきです。モビリティとは、それぞれの個人が自由に選択できる手段であるべきだと思います。例えば、音声による指示、遠隔命令装置、ファクス、コンピューター、または電話による操作など、このような伝達手段の質やスピードの向上が必要となります。

十分なアクセスの確保は、誰もが社会に参加するための最低限の要素です。これは、社会的・経済的統合、人々の考え方を変革するため、つまり、差異を社会がどのように受け入れていくためのカギになると思います。

情報保障は「お願い」でなく権利……………黒崎信幸

私は聴覚障害者ですので、私の話は、ろうあ者の視点からの話になることをご了解下さい。

昔から日本では障害者を差別する考えが根強くあります。例えば「親の報いが子にたたり」という言葉がありますが、これは親が何か悪いことをしたその報いが子どもに出た結果が障害者だという考えです。私たちろうあ者はいろいろな面で耐えてきました。社会の目に触れないように家の一室や、極端な話では座敷牢などに閉じ込めて、世間の目から隔離した、という歴史があります。

また、日本は第二次世界大戦の他にいくつか戦争を経験しました。ろうあ者だけでなく障害者は兵隊になれませんでした。当時は兵隊になるのが名誉なことと思われていましたから、兵隊になれない私たちは、「ごくつぶし」と差別されました。

このような差別に、私たちは、耳が聞こえないのだからしょうがないという諦めをもって生きてきました。戦後の一九四七年にろう教育は義務化されましたが、これは、音声言語の獲得という大義名分で、口話教育を進めました。口話教育には、口の動きで音声言語を聞こえない人たちに獲得させるという考え方がありました。これは悪いとは思いませんが、問題なのは手話を認めなかったことです。普通、聞こえる赤ん坊が生まれたら、耳で聞いて、日本語を覚えていきますが、自分が聞いた言葉を発音して、聞こえる耳でその音を確認して言葉の基礎が固まっていきます。それができない私たちは、自然に視覚による情報収集が発達し、自分の言いたい内容について、様々な身振り手振り、顔の表情を使って表現してきました。それが手話の発達に結びついていると思います。

私たち耳の聞こえない人たちは手話だけでなく、他にも様々な手段を使っています。例えば、パソコンを利用した要約筆記、ノートテイクや筆談です。筆談は最も簡単なことですが、筆談に応えてくれる人はなかなかいません。

今、障害者全般について、バリアフリーの概念が浸透し始め、社会も様々な努力を重ねています。今から八年前、「ハートビル法」[1]が制定されました。障害者や高齢者が円滑に建築物を利用できるようにする内容の法律です。ですが、車いすの人や視覚障害者たちのための整備はこの法律の中に盛り込まれていますが、聴覚障害者の問題については、ほとんど盛り込まれませんでした。

日々の生活に密着する、役立つ情報を提供するものとしても利用されている、テレビやラジオにおけるバリアフリーの概念は特に遅れていると思います。テレビの中で、手話通訳や字幕が付いている番組は非常に少ないです。これで本当に私たちは情報収集ができるかという問題をきちんと考えていかなければならないだろうと思います。

さらに、この会場についても同じことが言えます。障害者の会議ということで、大会初日などは、大きなスクリーンに手話通訳者が映っていたりしました。しかし、日常的な生活にはありません。公共施設のなかでは館内放送がどこでもありますが、ろうあ者はその放送が聞こえません。電光掲示板など、文字できちんと放送されている内容がわかるような配慮はなかなかありません。これは、緊急放送など、火事や避難が必要な放送があったとき、私たちには伝わってこないということにつながるのです。

音をとらえる工夫もしています。例えば耳の聞こえる人には朝起きるために目覚まし時計があります。ベルの音や音楽、鳥の鳴き声などで目を覚まします。しかし、私たちはベルなどの音に頼ることはできないので、振動やフラッシュベルに替えたり、中には、タイマー機能のある扇風機などで、ある時間になると顔に送風するようセットしたりして目を覚ます工夫をしている人もいます。ですがこうした工夫は社会ではあまりなされていません。例えば、目の見えない人用のパソコンであれば、音声でいろいろ使えるようになっていると聞いていますが、私たち耳の聞こえない人たちへの社会の努力はほとんど見られません。こういうことを、問題にしなければばいけないと思っています。

そうしたことを背景に、私たちには手話があります。日本ではこれはものまね、猿まねや手まねだと言われましたが、今では制度として発達しています。これによっておしゃべりすることができる、ということはすでにご承知のとおりです。ですが、この手話が私たちの中できちんと広がったかというとまだまだですし、手話通訳という制度は非常に遅れているのではないかと思います。手話通訳の制度には、まず手話通訳者の養成が大切です。国や行政の責任によって養成し、養成した人たちの認定、一定のレベルを超えたという証明、手話通訳者としての信用ができるというお墨付き、そして一定のレベルを超えた手話通訳者の派遣、という制度が必要と思っています。手話通訳者の存在は、ろうあ者にとっては、コミュニケーションの自由の獲得というふうに理解し、聞こえない人たちの権利を守る存在だと思っています。手話通訳者の養成はなかなか進んでいないという問題がありますが、私たちの努力で研修センターの開発を行い、問題を乗り越えていきたいと思っています。

先ほど申し上げました、テレビに手話通訳や字幕、文字放送が付いている番組が少ないという問題については、今まで私たちは、バリアフリーという社会の変化の中で、放送局に頭を下げて働きかけ、字幕や手話通訳を付けるようお願いしてきました。初め、NHKの大相撲放送には字幕・手話通訳などは全くありませんでした。国技と言いながら、私たちは除外されてきた。ですから、手話通訳とまで言わなくても字幕は付けて欲しいと「お願い」をして、最近やっと実現したわけです。これまでは、私たちはこうした「お願い」をしてきましたが、これからは「要求」をしていくべきではないかと考えています。

一般の放送局に要望してきましたが、反応はありませんでした。ですから、私たちは聴覚障害者専用の「CS放送局」を立ち上げました。目で聞くテレビというものがあります。まだまだ内容的には充実していませんけれども、様々な聞こえない人たちのための情報を盛り込んだ放送を試みました。この放送は、一般情報を提供するだけでなく、一歩進んで、緊急災害時での放送体制をつくっています。

日本では、介護保険の制度が始まり、来年（二〇〇三年）から支援費制度になっていくなかで、必要な手話通訳派遣がこれからどうなるのかという不安を抱えているろうあ者はたくさんいます。手話通訳はろうあ者がコミュニケーションの自由を獲得するために必要なものです。手話通訳制度の場合、介護保険や支援費制度には馴染まない、コミュニケーションの権利だと考えております。

昨日、世界ろう連盟のリサ・カウピネンさんと話をする機会がありました。フィンランドでは携帯電話によって手話でコミュニケーションができることが当たり前になっているということです。ですから早いうちに日本でもできるようになれば、と思います。

アクセスは統合される権利、平等な社会参画の権利のカギ
マイケル・ウインター

私はアメリカ運輸省連邦運輸管理部の代表としてこの場に来ています。

私がお話しする内容は哲学的、歴史的、機能的な観点から見た障害者や高齢者の移動についての展望についてです。

私たちが障害者運動を考えるとき、三つの段階に分かれます。最初の段階が、私たちは障害者として生存する権利をもつという「生存権」です。これは常に保障されているわけではありません。歴史的に見ても、障害者の命が奪われてきた例が数多く存在しました。ドイツのナチス政権下では、障害者が真っ先にガス室に送り込まれ、アメリカでは一九八〇年代、障害をもって生まれた赤ちゃんが医療を受けられないケースがたくさん存在しました。次の段階が「統合される権利」です。私たちには社会の中でただ単に生存する以上の権利があります。自立した生活を送る権利、社会に統合される権利があります。そして最後の段階が「社会の中で価値や意義を見い出す権利」です。働く権利、教育を受ける権利、家族をもつ権利、社会参画の権利などです。

私たちが障害者の権利について話すとき、「平等の原則」について話す必要があります。平等の原則とは人を平等に扱うことであり、切り離すことではありません。いかなる環境下でも切り離すということは平等を意味しないのです。アメリカや世界各国の平等に関する概念は、アメリカ公民権法のもとになっており、障害をもつアメリカ人法（ADA）の基礎となるものです。ですが私たちはここで法律的な問題だけではなく、道徳的な問題も話しているのです。

さてここで、交通機関についての話をしたいと思います。皆さんよくご存じのように、私やここにいる多くの方々にとって、交通機関とは私たちが社会に統合するためのカギを握るものです。交通機関がなければ、私たちは社会に参加することはできません。簡単な話です。

ここで少し「アクセス」と「移動（モビリティ）」との違いについて触れたいと思います。「アクセス」というのはバスや電車、フェリーなど、公共交通システムをつくり出す場合は、すべてアクセス可能でなければならないという意味です。この問題はADAの中で取り組んでいきました。「移動」とは、A地点からB地点まで問題なく移動できることです。アメリカでは、地方の人口の四〇％が交通機関すら利用できない状

況にあります。誰もがアクセス可能な交通機関で移動できるようになるために、私たちがアメリカですべきことはたくさんあります。

ＡＤＡは一九九〇年に可決されました。この法律は、これまでアメリカで制定されてきた法律の中で最も包括的なものでした。草の根レベルで結成された組織の障害者たちによって可決された法律で、多くの障害者たちが投獄され、デモを行い、今こそ障害者も平等に社会に参加するときだと主張しました。

一九九〇年のＡＤＡ可決以来、障害をもつ大人の六〇％が交通機関へのアクセスが改善されたと報告しています。八〇％を超えるアメリカの公共バスが、車いすの人も利用できるようになりました。さらに今後二年間で、アメリカのすべての公共バスが完全にアクセス可能になると見込んでいます。一九九〇年以来、アメリカで新たに三〇の駅ができました。そのうちいくつかが、ダラスとセントルイス、ロサンゼルスにあります。これらのすべての駅が、障害者にとって完全にアクセスできるようになっています。

また、それより昔からある駅もたくさんあり、経済的な面、市民権の見地の両方を考えたうえで、これらの駅をどうするか、ということもＡＤＡでの課題でした。そこで、ある妥協がはかられました。障害者側と交通関連企業側がすべての交通機関で基幹となる駅を特定し、それらの駅はアクセス可能にする、というものでした。アメリカ国内で、六八五の駅が基幹駅として特定されました。その半分以上がすでにアクセス可能になっています。私たちは特定されたすべての基幹駅がアクセス可能になるよう積極的に取り組んでいます。

ＡＤＡでは、公共の交通手段が利用できなくとも、その人にはまだ他の交通手段を使う権利があると述べています。アメリカにはパラトランジット[2]（paratransit）というシステムがあります。小型の輸送車で行きたい場所へ移動するシステムですが、完全ではありません。ですが、大きな前進も遂げました。パラトランジットのコンセプトは、依頼した次の日には乗ることができる、というものです。アメリカでは、ずいぶん大きな規模にまでなりました。今では一日のパラトランジット乗車回数は三〇万回にもなり、年間では一億回を超えています。これは、驚くべき統計結果です。アメリカ人は、五人に一人が障害者で、人口にして五四〇〇万人が障害をもっていることになります。あらゆる種別の障害者がこの数字に含まれます。七家族中一家族の割合で、家族に障害者がいます。

私たちがＡＤＡとその社会への影響の分析を試みようとしたとき、障害者のことだけを視野に入れればいいと言う人がたくさんいました。しかし、私たちはそれでいいとは思いませんでした。一緒に暮らす家族にどう影響するか、社会に参加する家族にどう影響するかを見ていく必要があるのです。

アメリカをはじめ世界ではしばしば、障害者が移動手段をもたないために孤立した状態にあります。彼らは家に残され、社会から隔離されています。ですから、私たちはADAの可決や国際的な闘いのなかで、いかなる障害者もどんな状況下にあっても世間から隔離され社会の外に追いやられてはならない、と主張してきました。

日本、アメリカ、そして世界で高齢化の問題も起きています。アメリカ人の一二％が六五歳以上で、私のようなベビーブーム世代が年をとるにつれ、この数字はさらに増えていくでしょう。ですからアクセスは、障害者にとってのアクセスだけでなく、世界のすべての人、すべての市民にとってのアクセスなのです。

スピーチを終えるにあたって何人かの言葉をお借りしたいと思います。ご存じのとおり、一九九〇年、ADAに調印したのは当時のジョージ・ブッシュ大統領でした。そして現在、その息子が大統領になっています。現ブッシュ大統領が、障害者の権利について非常に明確な声明を出しましたので、その言葉を紹介します。「我々の任務は今や明白だ。最後の障壁が取り除かれ、障害の有無に関係なくすべてのアメリカ人が完全に自立した生活を送れる日を一日もはやく実現させなければならない」。

私の尊敬すべき上司である長官の言葉も紹介します。長官は議員時代、議会の主要人物でADAの運輸に関する規定の法案作成を助けました。「私はこの歴史的法律の共同作成者として、今日、そして一〇年以上も前から輸送におけるアクセスは市民の権利だと信じている」。

アメリカの運輸省はいかにして包括性を現実のものとし、達成していくかを率先して示していかなければなりません。

何がどのくらい達成されたのか、統合指標が必要……李翼燮

私たちがどのくらい社会に統合されているかということから始めたいと思います。先ほど、ウインターさんは生きる権利、統合し統合される権利、価値ある生活への権利についてお話をされました。

そこで私は実際に統合の問題に焦点を当てていこうと思います。私はもう十年以上もこの運動に深く関わっており、世界中のいろいろな場所を訪れ、いろいろな会議に参加しました。私たちは統合の問題について討議しました。我々DPIは素晴らしい仕事をしてきたと思います。

しかし、問題は我々がこれまでどれくらい進歩してきたのか、あとどのくらいなのか、よくわかっていないということ

です。ですから、私の発表は五部に分けたいと思います。第一に、我々がどこまで到達したかという進歩への考えが欠如していることについて触れたいと思います。次に、根本的な哲学的問題、なぜ我々は統合する必要があるのかという問題を取り上げます。第三として統合の概念について現状をお話しします。第四として統合の度合いを測る既存の測定方法についてお話しします。そして最後に、私たちＤＰＩが消費者団体として何をすべきかを提案して終わりにしたいと思います。

あらゆる面で障害に起因する個人および社会的費用を最小化するために、より多くの努力がなされてきたことには疑いの余地がありません。そしてこれらの困難はある程度軽減されてきていると言えます。このような進歩に様々な方法で携わった幅広い個人や組織には、家族、数多くの専門家、国際的な研究機関、政府および非政府組織、個人組織およびグループ組織があります。方法論的に言えば、障害関連の問題を軽減する方法は数多くあります。いくつか列挙すると、プログラムや政策の策定、提供システムの確立、法律の制定、資源および財源の増加、権利擁護・社会的行動の開始などがあります。

しかし残念なことに、このような障害に関する努力が過去と比較してどれくらいの改善をもたらしたかについて、我々はわかっていません。また、理想とするレベルに達するためにはあとどれくらいの進歩が必要かも理解していません。具体的に言うと、以前より努力しているにもかかわらず、障害の分野では進歩の量を決定する系統的解析の開発はされてきませんでした。その一方で、資源や制度に関して他の国よりも比較的恵まれていない国が存在し、そのために、より多くの努力が必要となることを認識することが大変重要だということは誰もが同意しています。しかし、他の国に比べてどの程度恵まれていないのかを明言できる人はいません。ですから我々は統合されたレベル、つまり、我々がどの程度統合されたかにもっと注意を払う必要があります。

そこで、なぜ我々が統合される必要があるのかと、統合の概念そのものについてコメントしたいと思います。国際社会は、多くの宣言を確立し、社会全体を人権の問題へと導くために多大な努力を払ってきました。統合は、努力や支出なくして実現することはありませんので、なぜ統合されるべきなのか、明らかにする必要があります。もし、障害者に関する政策が社会に余計な支出を強いる場合、それを正当化するだけの十分な理由が必要です。

統合の根本的理念は人権です。「障害者も人間である」ということです。非常に具体的で単純な話です。しかしこの概念がなければ、統合の話に移ることはできません。

いくつかの統合の概念に対する見方を手短に説明しましょ

う。まず、規範的もしくは医療的な見解があります。この見方は、個々の人間が社会に向かっていく必要があるという考えです。ですから統合に失敗すればそれは個人のせいであり、社会には何の変革もないということです。

他の二つの見方は構造的統合と取引的（transactional）統合です。これら二つの統合に対する概念は社会の変化という観点から生まれたものですが、取引的統合については社会構造の変化だけでなく障害者の消費の変化という観点も含まれています。機会を消費しなければ、統合は不可能です。そのためには社会が変わることが必要です。同時に障害者の側もチャンスや機会をすべて吸い上げる必要があります。これらの概念に基づいて、論理的に統合レベルを測るための測定法が数多く開発されました。

統合レベルを測定する方法は少なくとも四つか五つあります。簡単にその測定法の名前だけ紹介しましょう。まず、ラッパポート（Rappaport）スケールという測定法があります。しかし、残念なことに、この測定法で測るのは障害者個人の感情面だけです。コミュニティの中にいてどう感じるかだけです。それからＲＮＬという方法があり、通常生活への再統合を意味するもので、通常の社会で生活するなかで障害者がどう感じるか、障害者の心理状態を測ります。

それから他の測定法が“ＣＨＡＲＴ”というもので、これは“Craig handicap assessment and reporting technique”（クレイグ障害評価報告法）の頭文字をとって付けられた名前です。それからＣＩＱという測定法もあります。これも“community integration questionnaire”（地域統合アンケート）の頭文字をとって略した名称です。この二つの方法は統合レベルをとてもよく測定できるものですが、社会構造という視点からの統合レベルにはあまり関連性がありません。

終わりに、障害統合指標の開発についていくつか提案をしたいと思います。ＤＰＩは消費者団体として、統合のために社会に何が提供されてきたかを見る機会に恵まれています。私はＤＰＩが、どの程度統合されているかを測定し評価することを提案します。ＤＰＩは国際組織でもあるので、お互いに比較し合うことができます。例えばヨーロッパやアメリカ、中国などに住む障害者がどの程度統合されているかわかっていません。ＤＰＩは統合指標を使って世界中の統合レベルが測定できる団体になるでしょう。我々はそれを分かち合い、それぞれの国でどのぐらい統合が進んでいるのか、比べることができるでしょう。そして、それぞれの国で恵まれない状況を最小限にするための政策を立案することもできます。

国連では人間開発指数、すなわちＨＤＩという指標によって人間レベルでの各国の発展の度合いを測定しています。これは一つの例であり、統合の状態を各国比較しながら測定することができます。こうした簡単でわかりやすい比較は、障害者の統合レベルについて世界で何が起こっているかを皆が解明していくうえで、非常に役立つものになります。

参加者　インドDPIの者です。コミュニケーションとITの利用はエリートの人や都会の人々だけに限られています。情報に必要な道具の購入やアクセスを可能にするために、私たちのような第三世界の国に資金援助をしてくれる機関があるのかどうか、教えて下さい。二つ目に、盲人とろう者のコミュニケーションのために開発されているコミュニケーションシステムがあるかどうかを知りたいと思います。それとも、やはり触手話の方法によるコミュニケーションになるのでしょうか。

マリー・ラウア・マルタン　コミュニケーションの開発には確かに資金が必要です。盲人とろう者の間のコミュニケーションツールとして、インターネットは、テクノロジーの面においては一番大きな可能性を与えてくれるものと言えるでしょう。しかし、様々な国でいろいろな苦労がみられます。

財政面での問題は、特に途上国のような第三世界では難しい問題です。資金をローンできる仕組みや、機器のレンタルも十分な経済的な手段です。ですから、こういったローン・融資制度の開発や、機器レンタル制度としては「機器バンク」のようなものもあってもよいと思います。こうした制度が発展していけば、おそらく機械や装置にもっと簡単にアクセスできるようになるでしょう。

参加者　パキスタンから来ました。マイケル・ウインターさんに質問です。私の国では、そもそも車いすがないのです。外を歩くにも、ただ動物のように四つん這いになって歩くしかありません。南アジアの国々で車いすのない障害者が大勢いるのです。バス停から建築物や社会全般にいたるバリアの改善の話は、私たちにはまるで夢物語です。私たちの状況が改善される可能性はあるのでしょうか。私たちの国で、資源へのアクセスの状況が改善される可能性はあるのでしょうか。それとも私たちはこれから五〇年ずっと、あなた方が闘ってきたようにして過ごさなければならないのでしょうか。私たちが目標を達するために同じ年月を費やさなければならないとすれば、こうしたネットワークの利点は何でしょうか。

マイケル・ウインター　これらの問題に関する人々の認識が向上する必要があります。私がお答えできるのは交通手段に関することだけです。私たちはアメリカの運輸省で技術支援提供に力を尽くしてきました。それから世界銀行や他の金融機関とともに、外国へ投資をする際の重要な要素としてアクセスの問題を話し合ってきました。問題は、こうした金融機関からこれらの国々への投資の多くが民間部門向けのものであるということです。連邦政府は経由していません。私たちは運輸省の連邦運輸管理部で、これらの問題に積極的に取り組んでいます。私たちは先進工業国だけでなく、途上国とも非常に積極的に交通手段の問題を話し合ってきました。

必要なのは、国連における障害者の人権に関する条約でしょう。私たちはこの重要度を上げさせていく必要があると思います。私たちはアクセス可能な移送手段について話すだけでなく、特にアジアの国々、さらには途上国を対象に見据えながら話し合いを進めていくよう努めています。

ビーナス・イラガン　ウインターさんの答えに少し付け加えさせていただきたいと思います。

交通手段などの問題は、アジア太平洋障害者の十年が掲げた目標の一つでした。アジア太平洋障害者の十年は、二〇〇三年から二〇一二年まで、十年間延長が決まっています。ぜひこの機会を利用し、政府と協力し、粘り強く目標達成のために取り組みましょう。目標達成には政府の力も必要です。そしてもう一つの進展は最近、アジア開発銀行（ADB）が貧困削減戦略の一環として障害者を取り上げたことです。様々な国への融資などあらゆる検討事項において、ADBが障害者を念頭に入れることが期待されます。ADBは最大の貸付機関の一つです。これを機会に、それぞれの問題における障害者の立場を認識させるべきです。皆さんが自分の国で、行動していくことを期待しています。

参加者　インドネシアから来ました。「人間開発指数」についてお伺いしましたが、それはデータベースによるものですか。というのも、私の国のようなアジア太平洋の国々では、データベースに問題がある場合があります。障害者についてのデータもその人間開発指数のデータベースに含まれているのでしょうか。もし、そのデータベースに障害者のデータがないのであれば、人間開発指数を測定しているのは国連開発計画（UNDP）に障害者の問題も対象にするよう提案するというのはどうでしょうか。

李翼燮　HDIのデータベースには障害者問題は含まれていません。これとは別に、国連には障害者問題のための統計部門があります。しかし、問題はすべての国が国連に報告しているわけではないということです。自国のデータを提供しない国があります。ですから、それも問題があります。そこで私の提案は、こうしたデータは実際には政府が作成していますが、そのデータを、提供の実績ではなく実際に何が提供されたかという成果を示すデータにしようということ、そういうことを提案したいのです。

大事な点は、成果としてどのぐらい統合が進んだか、ということです。ですからDPIのような消費者団体は、自分たちの視点から統合レベルを測定する努力をしていく必要があります。そうすれば構築されたデータの共有が可能です。測定のための技術的手順など細かいことまでは話しませんが、私たちがHDIから学べる方法はいくつかあるのです。DPIや、DPIのような組織が統合について自国内で実施できる測定も他にもいくつかあるのです。

参加者　札幌に住んでいます。各国間の開発指数はどうすれば比較し、知ることができるのですか？

李翼燮　実は、そこを私も問題にしたいところです。私たちはどのくらい統合されているかを知る必要はないのか、と強く主張したいのです。そして、アジアの国や世界中の国の間で統合レベルを比べられるようなデータの開発に目を向けるべきではないのか、ということを主張したいのです。

DPI同様、消費者団体としての私たちができるのはそういったことです。今のところまだ各国間のレベルで、統合のレベルがどれくらいかを正確に知ることはできません。どのような提供が行われてきたか、ということがわかるだけで、その成果はわかりません。それが問題です。障害者が本当に知る必要があるのは、インプットではなく成果なのです。なぜなら、インプット自体が成果を保障するものではないからです。だからこそ、DPIでこの問題を取り上げる必要があるのです。

参加者　クロアチアから来ました。ウインターさんのお話にあったバスというのはすべてリフト付きバスですか。それとも私たちヨーロッパの状況と同じように、アメリカでも現在低床バスが検討されているということはありますか。

マイケル・ウインター　私が言っていたバスの割合は、リフト付きバスと低床バスの両方を指しています。しかし今、アメリカでは面白いことが起きていて、現在注文を受けているバスの九五％が低床バスになっています。ですから今ほとんどの地域で導入されているのが低床バスです。こうした地域では以前よりずっと効率がよくなり、リフトの故障というような技術面でのトラブルも少なくなってきています。アメリカでは低床バスへと傾向が移行しています。

参加者　日本の参加者です。アメリカには、ADAがあります。飛行機に乗るときの話ですが、私も時々国際線に乗りますが、アメリカではいつも機内のトイレが使いにくいと感じます。そこで私の質問ですが、アメリカでは国内線の機内で障害者のための特別なトイレはありますか？　ここ何年かで、障害者用のトイレの設置について話し合われたことはありますか？

マイケル・ウインター　アメリカで適用されている法律、実際には現在アメリカに就航するアメリカ以外の航空会社にも適用されますが、その法律では、アメリカ以外の航空会社、またはアメリカと提携関係にある航空会社の飛行機がアメリカ国内に入る場合は、航空会社アクセス法を遵守しなければなりません。この航空会社アクセス法では、トイレまでの行き来を補助しなければならないと規定しています。しかし、これはトイレの最中での補助や専任のアシスタントとしての補助を義務付けるものではありません。

アメリカでは機内のトイレに関するアクセシビリティを規定する法律はありません。この点は私たちが取り組んでいるところです。今ではユナイテッド航空など、障害者用のトイレを設置する飛行機を保有する航空会社が多くなっています。格段にとまではいきませんが、多少広くなりました。前より使いやすくなりました。航空業界が次に新しい機材を購入する時期に合わせて規制を導入していくこと、この問題には真剣に取り組む必要があると考えています。アクセシブルなトイレを確保するためには、ある一定の基準が必要です。

参加者　日本では、西日本と東日本では、交通機関の対応に違いがみられ、障害者が問題なく利用できる場合もあれば、拒否される場合もあります。例えば、電動三輪などは、ＪＲ

西日本では乗れますが、JR東日本では電動三輪、四輪は全部拒否されます。タクシー乗車についても障害者の乗車を拒否したという例が報告されています。アメリカではどうでしょうか。車いすは私たちの体の一部です。こうした地域での違いをなくして、統一してほしいのですが、どう思われますか。

マイケル・ウインター　アメリカでは、タクシー運転手が障害者の乗車を拒否した場合、その障害者の車いすを折りたたんでトランクに入れることができるのであれば法律違反になります。通報されればその運転手はタクシー免許取り上げになります。これはアメリカではずいぶん重い違反行為です。しかし日本では、私も日本にいる間タクシーを利用するのでわかりますが、日本ではタクシーを止め、車いすをトランクに入れてもらうというのは依然として大きな問題です。

こうしたことは、もっと目立たせる必要がある問題だと思います。そしてDPIや国連とともに地域レベルで問題解決に取り組む必要があると思います。

参加者　フィリピンから来ました。この会議では、素晴らしいアクセス技術があるのは確かです。どうしたら、途上国のろう者が自国でこのような技術的な進歩にアクセスできるようになるのでしょうか、また、DPIに関して、ろう者の情報やコミュニケーションへのアクセスを改善するためにDPIがとれる行動は何でしょうか。

黒崎信幸　日本の場合では、郵政事業庁（当時）に国際ボランティア貯金という寄付金助成制度があります。この制度を利用して、全日本ろうあ連盟はネパールやタイに技術提供などを行っていました。そのとき私たちが感じたのは、以前の日本の状況と似て、手話が普及していませんでした。ですから、タイでは手話の普及のため、最近この制度を利用して手話の本を発行し、手話が広まっています。聞こえる人の間で手話を広げることで、手話通訳の必要性などを認識してもらう努力が必要です。

参加者　日本の参加者です。フランスでは国民に交通権があると聞いています。これとセットで、バスや地下鉄、飛行機などの公共交通機関の物理的バリアや情報的バリアを解消するための「整備ガイドライン」があると思います。このガイドラインについてわかる範囲で教えてください。

マリー・ラウア・マルタン　私の知る限りでは、具体的に「整備ガイドライン」のようなものがあるかどうかはわかりません。バスや電車などの一般の交通機関に関しては、ノンステップバスはますます広まっていますし、ここ数週間で障害者等のための特別な交通手段に関しては基準が策定される予定です。ですが、一般の公共交通機関全般についての基準はまだありません。車いすの障害者は普通の車両に乗れず、貨物列車に乗らなければならなかったという例が過去にあります。そういった意味ではフランスは進んだ国ではありません。

注

1　一九九四年制定。正式名称は「高齢者、身体障害者等が円滑に利用できる特定建築物の建築の促進に関する法律」。

2　公共交通と自己所有の移動手段の中間に位置する交通サービスの総称。ここでは既存の公共交通機関を利用することが困難な者に対して送迎を行う輸送サービスを指す。

10月16日午後

アクセス

ユニバーサルデザイン

司会者：マイケル・ウインター（米国）
リタ・ダグイラード（米国）
発表者：マリク・マリック（クロアチア）
スポンタム・モンゴルサワディ（タイ）
朴《パク》敬《キヨン》石《ソク》（韓国）
川内美彦（日本）

アクセス可能なまちづくりには適切な法整備が重要……

マリク・マリック

これから私たちのプロジェクト「アクセシブル　クロアチア」について少しご説明したいと思います。

私たちが常に主張し続けている完全なるアクセスとは、誰もが自立して、自然な方法でアクセスについて重要な要素を手に入れることを意味します。私は、モビリティとはオリンピックの五輪の輪のようなものだと思います。モビリティの原則にとって非常に重要なのは、その環境が主にどんな特徴をもっているかです。障害の種類に応じた障害者への配慮が必要だということを写真を使ってお見せしたいと思います。また、何かを作るということだけでなく、どのようにコミュニケーションをとり、どのように対処していくかも問題となります。もちろん、それに伴い環境を整えていく必要があります。つまり、車いすの人のためのスペースを考えるといったようなことです。

どの国にも、良い事例と悪い事例の両方の要素があると思います。このスロープは悪い事例で、これでは誰も使えません。環境に改善の余地があることを示しています。また、見ておわかりのように、たくさんの車が歩道に駐車されています。これでは通りを歩くことはできません。通りには他にもたくさんの障害物があります。特に視覚障害者のことを考えると、街路樹のような緑さえ、問題になりかねません。駐車に関しても、単に駐車許可証を持っているということではなく、車いすの人が車からきちんと降りられること、車と車の間を車いすが通れるように駐車することが大事なのです。

クロアチアの首都ザグレブと他の二つの町で大きな前進が一つありました。これは、最も重度の障害をもつ車いすの障害者用に改造されたバンです。このバンは使用の前日に手配しなければなりません。また、この町では現在一六八台の低床バスが走っています。これは大きな進歩です。二〇〇四年には、障害者があらゆる輸送手段を使えるように、すべてにスロープが付けられるでしょう。

障害者がアクセスできる客車のある電車も試行期間に三両確保されています。この町では、視覚障害者のために、音響式信号機も採用されています。

クロアチアでは、おそらく車の購入に税金がかからなくなります。今年の年末には実現するでしょう。ですから、多くの人が車を所有できるようになると思います。私たちは去年、車いすの障害者のための介助犬育成に力を注ぎました。私たちの盲導犬学校で介助犬を育てました。

私の国では今、すべての道路や公園には、このような種類の環境に優しいコンポスト・トイレが設置されています。これは隣国ハンガリーからもたらされた大きな進歩と言えるでしょう。

クロアチアではアドリア海沿岸の一三カ所の海岸で、障害者がリフトを使って他の市民と同じように水に入ることができます。さらに重要な点は、他の人と全く同じ海岸ということです。プールでも同じです。新しいホテルを中心に多くのホテルへリフトの設置をお願いし、障害者もリフトを使ってプールに入れるようになっています。

これ以外にも、もちろんアクセスの分野でこれまで取り組んできたことはたくさんあります。首相が私たちに歩み寄ってきたので、なぜアクセス可能な環境が大切なのかを説明しました。首相は理解を示し、アクセス可能な環境づくりに取り組んでくれました。十二月三日、いくつか法律が成立します。障壁を取り除くうえで首相の尽力がありました。

障害者のための素晴らしい森林公園を完成させました。ここで重要なことは、この公園が障害者の声がきっかけでなく、健常者がこういう公園を造りたいから手を貸してほしいと、障害者にお願いしてできたということでした。とても感動的なことです。私たちは、クロアチアの一五の町で、障害者のためのシティ・ガイドを作成しています。ガイドには、すべての公共建築物、交通手段、交通施設のアクセスに関する情報が載っています。アクセス可能な建物は三分の一未満です。

やることはまだたくさんあります。

いかにすれば目標が達成できるかということについては、私たちは、適切な法整備を行うことが非常に重要だという主義に立っています。クロアチアでは今月、建築物に関する新たな法律が採択されます。私の国としては初めて、建築許可の取得前に、アクセシビリティに関する条件をすべて満たしているという許可の取得を義務付けるもので、非常に意義のある法律です。ここで身体障害者にとってアクセス可能な建物という場合、視覚障害者や聴覚障害者のための設備も備えた建物を意味します。

タイ・パタヤでのバリアフリーキャンペーン……………スポンタム・モンゴルサワディ

私はレデンプトール会障害者職業学校（Redenmptorist Vocational School for the Disabled = RVSD）の校長をしています。RVSDは障害者のための職業訓練学校としてレイモンド・ブレナン神父とレデンプトール財団によって一九八四年に設立されました。

RVSDでは障害者にコンピューターの技術訓練を行っています。訓練の期間は一年か二年で、身体障害者がプログラマーやネットワーク・アドミニストレーター、ウェブマスター、テクニカルサポーターになれるよう育成しています。また、技術者を育成しており、電気や電気設備の修理士を輩出しています。生徒たちは卒業後、地元の町で小さな修理屋を開いて独立しています。コンピューターのテクニカルサポーターになる人もいます。生徒はタイ全土から集まってきます。二〇〇人ほどの生徒を抱える寄宿学校です。入学は無料です。教育、食事、居住施設を提供し、卒業後の職を一〇〇％保障します。ですからタイの障害者にとって、ここは最良の機会が与えられる場です。

私たちは授業という機会を利用し、生徒たちが権利擁護や社会活動を行う能力をもてるようにしています。タイでは障害者に機会が与えられることはほとんどないため、生徒には、社会のために何かすべきだという話をするのです。

私たちは政府に働きかけた結果、一九九一年のリハビリテーション法が制定されました。リハビリテーション法制定後、私たちは様々な活動によってこの法律の実施を社会に訴えています。デモを行ったりもします。具体的には、バンコクの新しい交通手段となっているスカイトレインの改善を求めるデモがあります。法律は法律で、それだけではただの書類上での約束事にすぎず、実施となると話はまた別だからです。

パタヤ市でのバリアフリー環境のために私たちが行っている運動の方法を、皆さんにお伝えしたいと思います。まずバリアフリー環境のキャンペーン活動として、世界中からテニス選手を招いて車いすテニストーナメントなどの社会活動プログラムを実施したり、プログラムに参加したりしています。車いすのマラソン選手を招いてのパタヤマラソンも行っていますが、これは市と共同で開催しています。他にも、パタヤ市では毎年パタヤ祭りや音楽祭、クリーン・パタヤ・デーなどのイベントを行っています。私たちは市の活動にはすべて参加しています。

パタヤは観光都市です。ですからタイのツアーディレクターと会合を開き、観光のために意見を出し合います。私たちは障害者の旅行者もパタヤ市に来てほしいと思っています。市長を招いて車いすに座ってもらい、車いすで行きづらそうな場所へ移動してもらいました。それによって市長は障害者のためのアクセスやバリアフリー環境の重要さを認識しました。市長だけでなく議員や教授、建築家などを招いて、こうした障害者体験に参加してもらっています。ホテル業、レストラン業、観光や観光ツアー関連の業界など、産業界との会議も重要です。

今日のパタヤには、多種多様な移動手段があります。私たちは企業や政府とも共同で取り組み、その一つとして、来年にはミニバスが市内を走るようになります。このミニバスは、車いすの人や他の障害者が利用できるようになっています。今では政府施設へのアクセスが確保されています。政府の建物にある程度アクセスできるようになっています。

パタヤ市長は、「万人のアクセスのための委員会」に署名しました。この委員会はパタヤ市のアクセスを監視する役割を担います。さらに私たちは、アクセスに関する様々な調査を行っています。もっと詳しく知りたい方は、ポスター発表もあるので見て下さい。

最後に、私たちの活動から学び取ったものを皆さんにお伝えしたいと思います。私たちは、バリアフリー環境がとても重要で大きな問題だということを学びました。ですからバリアフリー環境整備のために、大いに人々の意識を高める運動を行っていく必要があります。そうでなければ、私たちの実行していることが双方に利益のある解決策であることを、世間の人たちにわかってもらえません。障害者の参加、これが成功のカギです。他の組織とのパートナーシップ、これも重要です。皆さん、ぜひ一度パタヤを訪れて下さい。

韓国における移動（アクセス）権要求運動……朴　敬石

ここでの発表はこれまで理論・論理的な視点で補われてきましたが、私は理論的なことではなく、韓国でどう闘っているかについて話したいと思います。

世界のほとんどの国はもちろん、それぞれ異なる状況にあります。しかし、障害者に対し、政府は何をしなければならない責任があるのでしょうか？　そして、どのくらいの費用がかかるのでしょうか？　こうした面を説明するのはとても難しいことです。

障害者は安全な公共交通に乗ったり利用したりしたいと思っています。しかし韓国では、障害者が地下鉄を利用するときにはリフトを使います。それには悲しい経験がありました。昨年（二〇〇一年）七月二十二日、ソウル地下鉄オイド駅でリフトから転落し、リフトによって殺された障害者がいました。しかし、責任をとろうとした行政責任者は誰もいません。彼らは、このことについて謝罪しませんでした。

今年（二〇〇二年）五月十九日、ソウル市内の駅でリフトを使っていた人が転落して亡くなりました。これについてソウル市は責任はなく、障害者側のミスだと言いました。したがって、私たちは亡くなった障害者に対する謝罪とアクセス権（移動権）を要求することにしました。このビデオは私たちの運動の記録です。

もちろん、理論は重要です。しかし、この問題に対してどうしたら一つに連帯できるのでしょうか。しかし韓国では闘っていたのです。どうかちゃんと見てください。皆さんに私たちがどのようにして闘うことができたか考えていただきたいのです。

私たちの要求はとても単純です。すべての地下鉄駅にエレベーターをつけろ、そして障害者がアクセスできるバスを導入しろということなのです。それでは、ビデオを見てください。

駅のリフト事故で殺された障害者に対し、市は全く責任をとりませんでした。これは、市庁舎や政府の建物の前で韓国でしばしば行われる一人デモです。デモを規制する法律がありますが、この法律は一人デモには適用されません。

これは韓国ソウルの中心街で七月二十三日に地下鉄だけでなく、観光バスに対するものです。バスに乗せろと。それが我々をバスに乗せろというキャンペーンの始まりでした。市庁舎の前で動こうとするバスに乗り込んでいます。

ソウル市庁舎の前で、テントを張ろうとしています。しかし、警察がそれを妨害しようとしています。ソウル市庁舎の前で、三日間のキャンペーン活動が行われました。私たちがこうした運動を実際に始める前には、政府当局に文書を出して話し合いを求めてきました。しかし、当局からは何の返答もありませんでした。キャンペーンの最終日に、仲間が全員警察につかまってしまいました。私たちすべてが排除されましたが、ソウル駅前でテントを張っての署名運動は許可されました。

百万人署名運動は障害者の移動権を要求するためのものです。なぜ私たちは一般の人たちにこの運動の賛同を訴えているのか、それは求めている保障は障害者のためだけでないからです。

これは去年です、ソウルの様子です。国務大臣に会おうとしましたが、成功しませんでした。これは去年の八月二十四日です。一カ月後、テントを張りました。そして突然警察権力が私たちをこの場から排除しにきました。その警察の行動から自分たちを守るために、バスを占拠しました。この後、九四人が逮捕され、他の多くの人が罰金を科せられました。ここはソウルの中で一番賑やかな通りですが、道をふさいで抵抗の意思を見せるための鎖とはしごです。

このような行動をとる前に、私たちは何度も話し合いを求めてきました。韓国の厚生省（保健福祉部）に行きましたが、かれらは国交省（建設交通部）に行かせました。交通機関を扱うところだからです。国交省に行ってみると彼らは私たちを厚生省に戻らせました。すると、彼らは違う部署に行かせました。誰も話し合いのためのテーブルにつこうとはしませんでした。

それではなぜ、我々は闘わなければならなかったのでしょう？　私たちの権利は実際に侵害され、保障されていません。私たちは政府に権利の保障を求めて訴えてきたのです。しかし、具体化するのはどうすれば一番いいのでしょうか。そこで、道でのデモや人のたくさんいる交差点やバス、公共の場所で運動する中でアピールするしかありませんでした。私たちは、このような激しい解決法をとらざるを得なかったのですが、このことによって他の障害者団体と軋轢が生じました。異なる戦略をとるべきであるとした団体の多くは、政府から出資されていたり補助を受けていたりする団体でした。彼らは政府から金を受け取り、私たちの活動から離脱していきました。私たちがとった戦略的枠組みについて、多くの個人・団体が同意できるためにはどのように折り合っていくのがいいのかということを、これから考えなければなりません。

多くの人はこの運動を理解しているようにも見えます。しかし私たちに何もしてくれません。私たちは誰に責任があるかをはっきりさせ、話し合いをもとうとしてきたのでした。しかし、いつも拒否されてきました。彼らのこの問題に対する態度が、私たちの権利を獲得していくことよりも大きな問題となってきました。

私は二〇回、刑務所に行きました。監獄はあるタイプの障害には対応するよう造られていますが、私を留め置くことはできませんでした。私はその日すぐにそこから出されました。長い間、障害者に同情と哀れみを注いできた人たちは、障害者が逮捕されるべきであると考えていませんでした。それゆえ、障害者がいられるように造られた監獄がなかったのです。これはまた、人が障害者をどう扱ってきたか暗示するものです。

百万人署名運動はすでに三五万人の署名を集めました。

私たちは自ら誇りをもち、目標に向けて一つにまとまらなくてはなりません。

環境全体の改善の中に、アクセスの問題を含めて提起する

川内美彦

この分科会のテーマが、ユニバーサルデザインだと聞いていますから、ユニバーサルデザインのお話をしたいと思います。今まで語られてきたことは、いわゆるバリアフリー、あるいはアクセスの保障というものでした。障害がある方がどのようにして環境を使えるようにするかという議論だったと思います。それは、非常に重要なことですが、それが私たちのゴールなのかということを少しお話ししたいと思います。

スライドを見て下さい。建物の入口に階段があります。この階段は車いすを使う人には使えないので、横にスロープが付いています。ここにスロープが付いていますよということを示すために車いすシンボルマークが付いています。歩ける人は階段を通って、車いすの人やベビーカーを押す人は横のスロープを通って建物に入ることができます。建物に入るという目標は、これでかなえることができます。どこのバリアフリーの本にも、これが典型的なバリアフリーとして書いてあります。しかし、これは私たちが求めるものでしょうか。何故、車いすを使う者だけが横の道を通って上がっていかなければいけないのでしょうか。何故、車いすを使う者の施設には、車いすの国際シンボルマークを付けないとわからないのでしょうか。これが私たちの求めるものであるのならば、私たちは永遠に目の見えない人はこちら、車いすの人はこちら、聞こえない人はこちら、そういうサインに従っていかないと世の中に入っていけないということになります。それでは、環境は良くならないだろうというふうに思います。

これは、普通のスーパーマーケットの入口です。スロープがありません。車いすマークもありません。だけど、みんなが正面の入口を使って出入りすることができます。なぜか。正面に階段がないからです。バリアフリーというのは、階段のある環境があって、それを使えない人がいるから横にスロープを付けましょう。その人たちは、少数派なのでわかるように車いすマークを付けましょう。ということをやってきました。バリアフリーは世の中に、車いすのシンボルマークをできるだけたくさん付けようということをやってきました。これに対して、ユニバーサルデザインがやろうとしていることは、たとえ車いすのシンボルマークがなくても、みんなが同じような使い方をして同じようにその環境を利用できる環境ができないだろうかという工夫を続けていきたい、ということだと思います。

よく、障害がある人が利用できる環境は誰でも使いやすい

と言う人がいます。たまには、そういうことがあります。しかし、障害のある人の使いやすい環境を追い求めていると、障害のある人だけが使いやすければいいというふうになってくる可能性があります。障害のある人、あるいは能力に制限のある人が使いやすい環境を他の人にも使いやすいようにつくっていこう。あるいは能力の制限の少ない人が使いやすい環境を、能力の制限の大きい人にも使いやすくつくっていこうという方向性をもっていなければ、たとえ使いやすくなっても、あの人たちはあちら、私たちはこちらという区分けはなくならないわけです。

このスーパーマーケットの例は、車いすを使う人には、他の人と同じように使えるのでよくなりました。良くなったけど、じゃあ、弱視の人にはどうか。ガラスの枠が全部黄色に塗られていて、たくさんの透明ガラスが入っていて、どこまでが建物の外側で、どこまでが建物の内側かがわかりにくくなっています。こういうところに弱視の人が来ると、どこまでが入口なんだろうと混乱してしまうわけです。そうすると、例えば、このエレベーターの写真のように白い壁にエレベーターの扉の所だけはっきりとわかるようにコントラストのある枠をつけて、ここが扉ですよとわかるようにしてあげる。あるいは、エレベーターの予備ボタンがあるところ、そのボタンだけではわかりにくいので、その台座にボタンだとわかるコントラストをつけて、ここに何かありますよということを教えてあげる。そして、近くに寄ったときに、「あぁ、これは予備ボタンなんだな」と上がるか、下がるかできるわけです。そういうふうに、目に見やすい情報というのも併せて、先ほどのスーパーマーケットの入口に加えてあると、たぶんもっと使いやすいだろう。だけども、見えない人にはどんなにコントラストを使ったって、わかりにくいのです。そうすると、この入口に何か音で、ここが出入口であることを教えてくれるような情報を提供してくれたらもっと使いやすくなります。建物の入口で、どこが入口だかよくわからないような所が時々あります。そういう時には、たとえ見える人だって建物の周りをウロウロしなければならないわけです。「ピンポーン」というように音が流れていると、あぁ、あちらかなとわかります。

先ほどのエレベーターの枠に縁取りをしようということを言い出したのは、アメリカの弱視の人たちです。建築の専門家は、建物をどう造るかということをよく知っています。高級な感じを出してくれと言われれば、そういう感じの建物を造ります。だけども、彼らにはどうやったらいろんな人が使いやすいかという情報が不足しています。逆に、障害のある方々はどうやったら自分たちが使いやすいかという情報をたくさんもっています。そうすると、建築の専門家と障害をもつ方が一緒にお互いに協力し合って物をつくっていくと、今まで私たちが知らなかったような非常に使いやすい環境をつくれる可能性が見えてきます。そのような可能性を追い求めていこうではないかということを、ユニバーサルデザインは提案しているわけです。

しかしながら、一つの環境ですべての人が使えるようにということは非常に難しいことです。例えば、一階から二階に上がるのに、私たちの解決方法で一番良いと言われているのは、このスライドに出てくるような階段とエレベーターとエスカレーターの組み合わせです。しかし、ただ単に、階段とエレベーターとエスカレーターを組み合わせればよいのではなくて、スウェーデンの写真をお見せします。日本には、いい例がないので。利用者はこの広場にくると、「あなたには三つの選択肢があります。階段とエレベーターとエスカレーターです。それをご自由にお使いないさい」ということを特にサインもないのに教えてくれるわけです。そういうように、選択肢が増えるだけで、サインをいっぱい付けたり、車いすのシンボルマークをいっぱい付けたりしなくとも、来た人がパッとわかるという環境がつくれるということをこの写真は教えてくれています。そのような環境は最初からつくっていこうとしないと、できないと思います。

ノンステップバスは、もちろん、車いすを使う方には乗りやすいわけです。じゃあ、これは障害のある方だけが乗りやすいのだろうか。大きな街では自家用車がたくさん入ってきて、交通渋滞が深刻になっています。大気汚染も深刻になっています。ですから、できるだけ公共交通機関に乗り換えてほしいわけです。ですが、公共交通は自家用車に比べて遅い、魅力がない、ということでお客さんは乗りたがらないわけです。だったら、乗りたがる公共交通にすればよいのですが、そのためには、自家用車に負けないように速く走ってほしいわけです。バスの乗り降りに何で時間がかかるのかというと、お客さん一人ひとりが階段を上り下りしなければならないからです。それから、バスの中で運転手さんにお金を支払うことで、時間がかかっています。だったら、バスの床を低くして、お客さんがさっと降りて、さっと乗れるというバスを造ろうではないか。それで、お金のやりとりは、バス停の券売機でチケットを買うようにすれば、それでバスのスピードは随分あがって、公共交通自体の使い勝手があがって、魅力的になります。そうすると、その街全体がスムーズになっていくわけです。床の低いバスが車いすを使う人に便利だということだけを言っていては、それは車いすを使う人の問題でしょう。人口の〇・三%の人たちの問題だということになってくるわけです。ここで、世の中にどれだけの人に影響を与えることができるかということ、多くの人々に納得していただけることがあるのではないかということを、私たちは考えなければならないだろうと思います。

公共交通機関を魅力的にするために、アメリカのある町でやっていることをお見せします。これは、バス停です。バス停に赤い丸っぽいサインがありますけれども、これはお魚の鮭のマーク、その下に数字が書いてあります。この町は、町全体を七つのエリアに分けて、それぞれにシンボルマークを付けています。北の西の方角に鮭のエリアがあります。北には、紫の雨のエリアがあります。北の東には、青い雪のエリアがあります。ですから、この街では青い雪の三番とか、赤い鮭の七番とか、そういうバスが走っています。別に、字が読めなくても行きたい方角に行けるわけです。

バスの床が低くなれば、皆バスに喜んで乗るのかというと実はそうではありません。例えば、駅から降りて市役所まで行くお客さんがとても多いという調査があるにもかかわらず、非常に遠回りをして時間がかかるとしたらお客さんは乗らないのです。そうすると、バスの路線をいかにして魅力的にするかが必要になってきます。そこで、自家用車とバス、あるいは他の交通手段とバスをいかにしてつないでいくかということが重要になっていきます。この町は、郊外に自家用車とバスと路面電車の乗り換え地点をたくさんつくっています。そこで利用者には乗り換えてもらって、町の真ん中にはバスで入ってもらっています。路面電車に乗り換える人もいます。そして、町の中心部が非常に魅力的になって、今では町の中心部は歩行者であふれています。安心して買い物ができる環境があるということを利用者が知ったところから、「街に行くときには、自家用車ではなく公共交通機関を使おう」という使い方になっています。

このように、環境全体をいかにして改善していくかという提案の中に、私たちがほしいアクセスの問題を含めていくことで、私たちにいい物が他の人にもいい物だということを説得できるのではないかと思います。

参加者　私はボーイング七四七の機長をしています。空のバリアフリーという問題がまだまだ国際的に取り上げられていないので、問題点を少し整理してお話ししたいと思います。空のバリアフリーというのは、ハードの面でもソフトの面でもほとんど整備されていないのが現状です。特にハードの面では、脱出シートがありますよね、これは今までの事故例でいきますとジャンボの場合は二五人ぐらいが重軽傷を負うような状態なんです。要するに、地面に滑り降りるだけで、地面のコンクリートに激突してしまいます。これは、障害者の方でなくともそうなんです。そういうことの改善をしていかなければなりません。それからソフトの面では、皆さんおそらく飛行機に乗られるとき、緊急時脱出するときには客室乗務員が手伝ってくれると思っている方もいらっしゃるかと思います。現実には、そのような任務にはなっていないのです。客室乗務員は、各ドアから乗客の脱出を支援して、その後乗客を安全な場所に避難させるという任務をもっています。例えば、障害者の人がどうしても脱出できない状態になったとします。その時に、多くの乗務員が来てその方を助けるということは、任務になっていないんです。ジャンボの場合は、付添人の人がいるときには歩行障害をもつお客さんは一六名まで乗れます。それで、付添人のない人は四人まで乗れるという規定があります。こういう規定はマニュアルに書いてありますが、一般の乗客の方の脱出がスムーズにできるように、例えば緊急脱出ドアのすぐ側には座らせないとか、そういう座席の指定だけがあります。障害者の脱出については、何の取り決めもないということです。こういった現状なので、私ども機長としましては不安をもって運行しています。

飛行機に、毎日非常に多くの障害者の方が乗って来られています。最近非常に数が多くなって、一機に十何名乗られることも定期便であります。こういうバリアフリーの時代ですので、率直に普段思われている不安を出し合って、それを要求として関係当局に働きかけていってもらいたいと思います。私ども航空安全会議も、数年前からこのバリアフリー時代における航空機の空の安全ということを関係当局に働きかけて活動をしております。そういった要求はおそらく同じものだと思いますので、両者で力を合わせて、バリアフリー化の時代の空の安全を実現していきたいと思います。

参加者　ご存じのとおり、中国は大きな国です。巨大な途上国です。ですから、障害者が社会への完全参加を果たし、非障害者と同じ社会で貢献していくためにはアクセシビリティとユニバーサルデザインは不可欠です。

様々な取り組みの結果、中国はこの点において目覚ましい進歩を遂げました。いくつかの障害者組織による共同の取り組みや関係政府からの支援により、障害者関連問題の調整にあたる国内の調整機関ができました。法律では、空港や公共の場、道路を含め、誰でもアクセス可能な環境になければならないと、明確に規定されています。

例として、私の住む北京では近年、八キロにわたるアクセス可能な道路を整備いたしました。視覚障害者が非常に歩きやすい道路です。道はすべて新たに建設された地下道です。また、上海や広東も新たな技術を用い、障害者の利用しやすい都市になっています。

私たちは、二〇〇八年の北京オリンピックとパラリンピックに向け、一生懸命取り組んでいます。その頃までには北京は今よりもっとアクセスしやすい都市になっているでしょう。私たちは世界中から集まる参加者や選手、そして旅行客にさらに便利な環境を提供できるでしょう。

参加者　こんにちは。私は韓国の学生です。私は聴覚に障害があります。聴覚障害者のための学校に通い、コンピュータープログラミングについて勉強しています。障害をもっている人は無料で教育を受けられます。しかし、健常者と比べ、到達レベルは低いので、現場では、私たちは非障害者とは区別されています。

私は朴敬石さんの運営する学校の生徒ですが、なぜあれが私たちのできる唯一の闘い方なのですか？　他の闘い方があるとしたら、その方法も知りたいと思っています。

朴敬石　最初に私から補足をさせてください。皆さんに韓国について間違ったイメージをもっていただきたくないのです。ですから最初にコメントさせていただきます。皆さんがビデオで見たような闘いが、唯一の方法ではありません。他の国の皆さんと同じように、もっと穏健な方法もあります。

もちろん、政府に対するロビー活動のように韓国にも幅広い活動があります。人々にこの問題を知ってもらうためにはロビー活動は有効です。しかし限界があります。特定の活動を通じて特定のことを要求するためには、政府側で責任があるのは誰かを知らせるために、私たちは運動する必要があるし、それを表現する必要があります。

マリク・マリック　どこの国でも、同じような闘いがあると思います。重要なことは、私たちが何かをするときに、テレビ、ラジオや新聞にその取り組みを掲載してもらうように働きかけることです。そうすれば、人々は起きていることを理解しやすくなります。また、私たちは大臣やその他のリーダーたちと一緒になって活動しています。私たちは、彼らに対して警告したりしません。このほうが、スムーズに活動できるようになると思います。

リタ・ダグイラード　二つの全く異なるアプローチですね。スピーカーのみなさん、ありがとうございました。

10月17日午前

アクセス

発展途上国でのアクセス

司会者：トッポン・クンカンチット（タイ）
発表者：M・C・メンディス（スリランカ）
ドュオン・ティ・ヴァン（ベトナム）
ダンカン・ンデカ（ケニア）
ポーロン・カヴァダ（チリ）
グラム・ナビ・ニザマニ（パキスタン）

バリアフリー環境整備の実施者として障害者を活用するには……………M・C・メンディス

最初に私たちの団体、スリランカ障害者団体同盟の歴史について少し触れたいと思います。私たちは、目標とする障害者の権利と特権を勝ち取るためには、障害の種別にかかわらない障害者の結集した力が必要なことに気づいていました。そして一九七七年六月二十四日、様々な種別の障害者のリーダーが一堂に会し、スリランカで唯一の障害者の共同戦線が生まれました。一つ非常に重要なことがあります。私たちは障害者の問題に性急な解決策は求めていないということです。障害者が自分たちのために問題提起をすることができると、強調したいのです。

私は子どもの頃から障害があったので、とても努力して建築や住宅について勉強してきました。一九八一年からスリランカ政府の住宅開発庁の職員として働いています。一九六九年以来、障害者の活動家として、またアクセス推進のコンサルタントができる建築の専門家として活動しています。

一九八一年、私たちは、バリアフリー環境を推進するために非常に多くの提案や勧告案を政府に提出しました。一九八四年から一九八九年にかけて全国障害者協議会が国内で結成されたときも、その報告書の中でこうしたバリアフリー化の必要性を取り上げています。国連障害者の十年と障害者の機会均等化に関する基準規則でも、同じ趣旨が盛り込まれました。私は、一九八八年にタイで行われたＤＰＩのセミナーでもアクセスの問題を議題として取り上げるように提案しました。さらにアジア太平洋障害者の十年行動計画の中でも、その必要性が謳われ、政府もこれを批准しました。一九九六年、障害者の尊厳を守る法律がようやく議会で可決されました。この法律にはバリアフリー環境の必要性も定められています。二〇〇二年六月にはアクセスに関する法律制定を内閣が正式に許可しました。一九六九年から今日まで、私はバリアフリー環境向上のために努力し続けてきました。また、社会サービス省のもとでバリアフリー環境のガイドライン作成や発表にも力を尽くしてきました。

私たちは一九九四年をバリアフリー環境年と宣言しました。一九九八年以来、私はバリアフリー環境についての展示会を実施することができました。皆さん、それでもまだ私たちは障害者の意見を政府の運営方針や文書に取り入れてもらう機会しか与えられず、バリアフリー環境をつくりだす政策実施者として活動する機会は与えられていません。これは、有能な障害者の技術者が不足しており、障害者の意見を実行に移す政府職員として関与できなかったためです。

私たちにはまだ仲裁に立ってくれる機関がありません。ですから、私は今日これから、ＤＰＩや人権機関を通じて、各国政府に次のような点を勧告したいと思います。まず、バリアフリー環境の整備状況を管理する技術をもつ、有能な障害者の技術者のリストを国ごとに作成することです。このリストは各国のＤＰＩ会議が作成できます。次に、作成したリストを国連の機関に送り、リストに載っている技術者を専門家として各機関の報告書に掲載してもらわなければなりません。第三に、こうした技術者を関連する分野においてバリアフリー環境の整備担当者として採用するよう、国連が各加盟国に要請することです。国連は任命された技術者の仕事の進捗を評価します。第四として、これによって私たちは障害をもった技術者の能力と長所を把握でき、同時に彼らも自分たちの働きに応じて健常者と同等の給料を得ることができます。これと同じ方針を運輸部門やスポーツ、社会事業など他の分野でも同様に推し進めていけば役に立つでしょう。

参加者　アクセスに関する委員会がスリランカに存在するか、それに関する規制があるか教えて下さい。

M・C・メンディス　法律は揃っています。議会で障害者の尊厳を守るための法律が成立しました。どの法律にもアクセスの必要性が明記されており、勧告の中で規則やガイドラインも検討・作成されました。ただ私が強調したいのは、それを政府の専門家や社会学者が実施していくのは難しいということです。ですから私たちが活動しなければならないのです。私たちは輸送や列車サービスのアクセス向上に向けて取り組みました。しかし、スリランカにはまだ障害者の乗れるバスがありません。しかし、バスや電車の座席については、今、検討されています。

トッポン・クンカンチット　スリランカではマスメディアと協力して運動を推進していくことは可能ですか。

M・C・メンディス　マスメディアは大丈夫です。問題は専門家です。建築では技術者や建築家、プランナーたちがアクセスの問題を検討します。しかし彼らは障害者ではないので、私たち障害者のニーズをこうした専門家に理解させるのは非常に難しい。若い建築家や技術者は、障害者が歩道橋を利用するのさえ苦労していることを理解できません。彼らにその苦労を理解してもらうのはとても大変でした。

ベトナムの障害者に関する政令と建築基準法……………ドュオン・ティ・ヴァン

ベトナムの障害者は地域社会の一員です。障害者は社会に対して権利をもち、義務を負っています。従って、私たちは障害者を含む人々の物的・精神的要求を一つひとつ満たし、障害者も他の人々と同じようにできるだけ多くの福祉サービスを享受し、利益を受けられるような好ましい状態を提供できる生活環境を確立し、ベトナムを豊かな民と強力な国、平等な民主国家、文明社会にしようという崇高な目的のため努力できるような生活環境を確立する必要があります。ベトナム労働・戦傷・社会省の調査データによると、ベトナムの現在の障害者人口は約五〇〇万人と多く、全人口の六%を超えています。これは障害者に関する政令の中で明確に示されている数字です。障害者とは、体や身体機能の一部または大部分の欠陥が様々な形で障害として現れ、活動の能力が制限されたり、仕事や生活、勉強に多くの支障が生じたりする人のことを言います。

障害者のための事業も含め、ほとんどの公共事業は、障害者にアクセスを提供するものではありませんでした。例えば、障害者のための職業訓練学校やリハビリテーションセンター、病院にはスロープや障害者用トイレがなく、トイレにある器具も障害者の使い勝手を考えていないものでした。ベトナムでは雨季には嵐や洪水があり、水はけがよくないため、建物の入口には階段がたくさんありました。住宅では入口に三段ほどの階段があり、廊下の広さも十分ではありませんでした。歩道にはバイクが走り、行商人や物売りが店を広げていることがしばしばありました。障害者の安全性に対するニーズは、建築基準法が公布される前の設計では考慮されていませんでした。

ベトナムの障害者に関する政令は一九九八年に成立しました。障害者に関する政令の第二六条には「住居や公共施設の新規建築または改築、室内の生活備品や輸送手段、コミュニケーション手段の設計・製造は、障害者の利便と、視覚障害者向けの表示を第一に考慮に入れなければならず、それと同時に国の管轄省庁の公布する建築基準も遵守しなければいけない」と明記されています。二〇〇二年一月に公布されたアクセスに関するベトナム建築基準法には、建築物に義務づけられる最低限の技術的要件、住宅や建物に関して障害者がアクセスできる設計と建設の基本基準が明記されています。他にも車道や歩道に関して障害者がアクセスできる設計と建設の基本基準が明記され、住居に関するアクセス可能な設計と建設のガイダンスもあります。最近、ある成果が見られました。アクセスに対する意識の変化です。障害者に対する人々の意識が向上したのです。障害者が率先して公共事業に関する調査を実施し、アクセスについて勧告を行ったり関連団体へ結果を報告したりしている州もあります。

国内障害問題調整委員会（ＮＣＣＤ）の主な任務の一つは、アクセスに関する建築規定を確実に施行させることです。ハノイでは、ショッピングプラザや民族博物館の入口にスロープが設置され、ホイアンやホーチミンの街でも、いくつかの通りにスロープがあります。また二〇〇一年にできたハノイの視覚障害者のリハビリテーションセンターにもあります。ハノイ建築大学はアクセスに関する教科書を作成しました。文化やスポーツ活動、自助団体の運動は以前より活発になり、広がりをみせています。障害者フォーラムでは、アクセスに関するワーキンググループが設立され、障害をもつ子どもも学校に通えるよう働きかけられました。障害をもつ人も地域で行われている訓練コースに通っています。

解決策について話したいと思います。まず、マスコミを利用して、障害者や障害者の権利、そしてすべての人がアクセスできる環境に対する社会の意識レベルを高めることです。特に投資家や建築家、土木技師、建築工事の査定人・監査人の意識レベルの向上は重要です。障害者を含めたすべての人にとって、アクセス可能な環境をつくる過程は非常に険しいものです。ベトナムのみならずアジア太平洋や世界中の地域での障害者のための団体、障害者団体の支部、部門、社会団体の協力が必要になります。

障害者に関する政令の実施にあたって、ベトナム政府は、障害児を中心に障害者のための医療や機能リハビリテーションを企画・運営したり、障害者に関する政令の実施を助ける活動を行ったり、国の関係省庁に障害者の保護と介護を提案したりしました。

悪循環を避けるためには問題がたくさんあります。建築工事で障壁を取り除くのは容易ではありません。障害者も社会の一員として地域の社会経済活動に参加したいと願っています。しかし、一般の人が利用する公的サービスを障害者はほとんど利用できませんでした。障害者の利用を可能にする工事は、安価ではありません。障壁を取り除くためには、障害者自身が社会に参加していく方法を自分たちで学んでいかなければなりません。劣等感を克服し、自信をもって外へ出て行くように努めなければなりません。障害をもつ子どもたちが学校へ通う姿、障害をもつ人が働きに行く姿、街の通りで商売をして生計を立てていく姿によって、障害者に対する人々のこれまでの否定的な見方は、新たに芽生えた肯定的な態度へと変わりました。

各障害者団体は、それぞれの活動地域で建築基準法によるアクセスの推進状況を互いに共有し合う必要があります。障害者は訓練ワークショップでアクセスに関する建築基準法について学び、バリアフリー建築について技術面を理解しました。国連アジア太平洋経済社会委員会（ＥＳＣＡＰ）主催による指導者訓練コースは、すべての人に快適な環境の整備を促した、素晴らしい実例です。アジア太平洋地域や世界中のバリアフリー運動が、ベトナムによい影響を及ぼしました。アクセスに関する建築規則はあらゆるレベルの地方自治体・公共団体や障害者のための組織、障害者団体に浸透させる必要があります。

アクセスに関する建築基準法の実施を監督し、アクセスに関する啓発活動を行い、あらゆる建築計画にアクセスの視点を取り入れること、また試行プロジェクトの立案にも、ベトナムの障害者が参画していることにも触れたいと思います。今、私たちはハノイとホーチミンで試行プロジェクトを立ち上げようとしています。アクセスは、いくつかの分野の協力・調整によって解決されるべきです。また国内や海外の団体からの支援も必要になります。

参加者　ＤＰＩは障害者のための国際組織として、世界銀行やＪＩＣＡのような国際機関が発展途上国へ融資を行う際に、障害者に対するアクセス提供も問題として取り上げるよう呼びかけてほしいと思います。そうすれば障害者は、この問題に対する監視団体としての機能を果たせるようになるでしょう。

トッポン・クンカンチット　途上国が資金提供機関から資金援助をしてもらいたいときは、アクセスの問題も取り決めの条件に入れ、さらに障害者団体もそれを監視する役割を果たすという彼女の案を、私は面白いと思います。

障害者の生活が否定され、障害者の権利がない途上国で

ダンカン・ンデカ

私が実際にここに来て発表することが決まったとき、一番いい方法は皆さんをアフリカへお連れして、視覚障害者も含め、障害者にとっての生活がいかに奮闘や挑戦の毎日であるか見てもらうことだと思いました。（ビデオ上映）

ビデオを見ていただきありがとうございました。ケニアは一九八一年の国際障害者年の期間中に「障害者全国行動計画」を策定しましたが、この計画の効果は今までのところ感じられていません。コミュニケーションの手段は大きく妨げられているため、障害者は社会面でも環境面でも苦しみ続けています。日本、スウェーデンといった先進国では、公共交通機関に関する法律がきわめて明解です。しかしケニアや途上国では明確ではありません。公共交通機関は障害者が使えるようにすべきです。そうすれば、高齢者や子ども、重い荷物を持った人、子どもをかかえた母親、それから途上国では多いのですが、事故で一時的にけがをしている人たちも助かります。

視覚障害者は外部からの援助なしではほとんど移動することができません。しかし、障害者のことを考えてインフラを設計すれば、障害者はそんな状況に苦労する必要もなくなります。今は視覚障害者が、例えば火に触れたり、マンホールに落ちたり、熱湯に触ったり、熱い金属や調理器に触ったりする可能性があります。外に出れば、車やバスに轢かれる危険もあります。視覚障害者にとって交通機関の利用は非常に困難です。地方に行くと外の状況はさらに厳しくなります。

公共交通機関については、バスやマタツというケニアのミニバスに関する現在の交通法規は、ずいぶん前から非効率なことがわかっています。十分な座席の設備やバス停が足りません。障害者が乗車する際の手助けはありません。車いす用のリフト付きのバスはなく、たいてい邪魔な物も多すぎます。バス停やマタツが停車する場所には、障害物がいたるところにあります。ドアは狭く、階段は急で、通路も狭く、だいたい荷物や機械や農作物など危険な物が置いてあります。座席の幅も前の席との間隔も狭く、障害者だけでなく足の長い人でも窮屈に感じるほどです。障害者のための設備はありません。障害者が運転しても、公共の建物の近くにも障害者用の駐車スペースはありません。都会でも地方でも障害者用の駐車場の表示は全くありません。

歩道橋にスロープはなく、あっても駐車中の車が邪魔をしています。役人や交通警察官レベルの人ですら、こうした場所に駐車します。特に視覚障害者のために、歩道と車道を区別する特別なものはありません。信号機には障害者が渡るためのボタンもありません。わずかばかりの障害者が渡れる横

断歩道も、きちんと管理や整備がされていないか、車が無視するかのどちらかです。発展途上国の道路は特に地方の場合、車いすや自転車、三輪車のための通行帯はほとんどありません。

住居に関しては、公共建築物の入口で、障害者が通れるものはほとんどありません。階段は障害者のことを考えて設計されているものはほとんどありません。簡単につかまれる手すりはありません。建物の入口だけでなく、建物内の部屋の入口ですら車いすがちゃんと通れる幅はありません。ですから、障害者が建物の中にたどりつくのは大変です。危険な把手も多すぎます。エレベーターの中でも車いすを使う人にとって把手の位置は高すぎます。どの建物のトイレも障害者が使えるようになっていません。トイレの個室の中で車いすでは身動きがとれません。水飲み場や、鏡、手を拭くタオルの場所、手を乾かすハンドドライヤーの位置も高すぎます。エレベーターのない建物もあります。レクリエーション施設はありません。

アクセスの問題を取り上げるときでさえ、ケニアのような発展途上国は忘れられがちなのではないかと思います。私は日本に来て、日本は障害者にとってちょっとした天国だと感じました。発展途上国では、特に車いす利用者や視覚障害者などの障害者は家にいるものと決めつけられています。ですから、DPIはもっと発展途上国に目を向けてほしいのです。これは私のささやかな祈りであり、お願いです。途上国では障害者の生活があまりにも否定され、障害者の権利はありません。権利のためにどう闘えばいいかさえわかりません。途上国での障害者の基本的要求はただ生き残ることだけです。

アメニティを必要としている人たちの視点からの街づくり

……………………ポーリン・カヴァダ

私はチリで最近話題の本のことをお話ししたいと思います。『子どものための街』という子ども向けの本です。この本は子どもの視点に焦点をあてています。私たちが障害者のためのまちづくりを考えるのにあたって、この本からいろいろと面白い側面が見つかるのではないかと思います。

昔々、人食い鬼や狼のいる恐ろしい場所がありました。日の光も差し込まない暗くて怖い場所でした。一度迷子になったら、その暗い森からは抜け出すことはできません。とても恐ろしい場所でした。森に行くときは非常に怖くなり、心配になります。古くから言い伝えられるこの話は、押し殺したような低い声で語られるので、子どもたちは怖がり、みんな一カ所に集まります。次に何が起こるのかとハラハラしながら話に聞き入ります。森は暗黒の場所です。鳥のさえずりも聞こえません。それにひきかえ、自分たちの家や街は安全だと感じます。私たちは、自分たちの世界にいられることを幸せに感じ、自分たちの世界で友達を呼んで一緒に遊びました。何人かで一緒になって遊んだり、母親と一緒になって遊んだりもしました。おもちゃも作りました。しかし十年経ち、すべてが変わりました。驚いたことに社会は急激に、がらりと変わりました。今では街は危険で、安全が保たれていない場所です。緑は失われ植物もなくなりました。環境学者たちは緑の価値を強調するようになりました。この頃では、街の人は森を夢見ます。美しい森が人々の思い描く夢の世界です。一方で私たちの住む街はどんよりと暗く、心配なことがたくさんある、危険な場所です。

話の中に出てきた子どもたちは障害者と同じだと考えることができます。子どもたちが安全な場所に出かけられるようにすべきです。何の配慮もなく無秩序に街をつくっていくことが問題になるのです。街は弱者のニーズを反映したものでなければなりません。しかし、街に住む人は今の街がどうあるべきか、街の意義をもう一度考えなければなりません。この岐路にあたり、私たちは一度立ち止まって、アメニティを必要としている人たちの視点から街のことを考えていかなければなりません。子どものニーズを満たす街が、あらゆる人のニーズに応えることのできる街です。ですから街は弱者のニーズに応える必要があるのです。

皆さんにビデオをお見せしたいと思います。ラテンアメリカの現在の状況が映し出されています。興味をもっていただけたら幸いです。（ビデオ上映）

トッポン・クンカンチット　ラテンアメリカの実情を見てきました。アクセスは世界共通の問題であることがわかったと思います。

参加者　地方や先住民の村でも何か取り組みはあるのか、知りたいと思っています。こういった地域で何かプログラムはありますか?

ポーリン・カヴァダ　ラテンアメリカはユニバーサルデザインの点で、ヨーロッパからずいぶん出遅れていると言えます。ラテンアメリカの国々の首都では、アクセスに関するコンセプトはよく取り上げられ、理解されています。しかし地方ではあまり理解されていません。ウルグアイのように小さな国では、アクセスを国民全体に浸透させるのは割合簡単かもしれません。例えば、ブラジルの例で言うと、ブラジルでは長引く政治不安でいくつかのプログラムに影響が出ています。エクアドルやその他のラテンアメリカの国々では、プログラムはきちんと実行されています。

参加者　インドから来ました。どうすれば地方もアクセス可能になれるでしょうか。資金も一つの問題です。資金があっても障害者が目覚めていなければ、それもまた大きな問題です。

インド政府は地方開発のためいくつか計画を打ち出しました。この計画のもとで、地方のアクセスのために三つの基金が用意されました。すべての村で、保健所や小学校、高校がある場合は高校、バス停、駅がある場合は駅、そしてトイレなどの場所を最低六カ所、アクセス可能にすることを決定しました。そして南インドのある州だけで大規模な意識向上やキャンペーンが行われ、州内の六〇を超す村で計画が実施され、基金が活用されました。しかし他のほとんどの地域では人々の意識が欠如していたため、結局、基金は使われずに終わりました。

ここに、地方でできることが一つあります。意識向上のキャンペーンを行うことです。資金があるなら活用する。資金がなければ、政府に資金を提供してもらうようにする。資金提供は、インフラ整備のための政府の責務です。

参加者　車いすの障害者のアクセスをテーマに話し合っているので、私に起こった問題についてお伝えしたいと思います。私は全日空で東京から札幌まで来ました。私が電動車いすで飛行機に乗ろうとしたとき、私の発言の自由、決定権は明らかに奪われました。全日空の職員の態度は私の予想を大きく裏切るものでした。私は飛行機に乗るとき、車いすと一緒にバッテリーも搭載しなければなりません。車いすのバッテリーには、ウェットタイプとドライタイプのバッテリーがあります。ドライバッテリーは二タイプに分かれ、そのうちの一つが密閉式バッテリーです。この密閉式のシールドバッテリーは液体ですが、バッテリーの中にある紙がバッテリー液を吸収するというもので、ここ最近、身体障害者も飛行機で旅行することが多くなったので、今はこの密閉式のバッテリーもドライバッテリーの一部として見なされています。実質上ウェットではないからです。

しかし全日空の職員は勘違いをして、私のドライバッテリーをウェットタイプのバッテリーとして扱ったのです。そして私の許可もなく、バッテリー液が漏れ出るのを防ぐためバッテリーを密閉してしまったのです。バッテリーはウェットタイプではないので、もちろんそんなことをする必要はなかったのです。その結果、どういうわけか私のバッテリーは車いすから床に転げ落ちてしまいました。私はホテルのフロントに電話をし、レセプションの人が部屋に駆けつけバッテリーを車いすに取り付けてくれました。こうして私の移動は再び確保されました。しかし、この経験で恐ろしい思いをしました。特に空の旅で私の移動が脅かされることになるのではないか、空に限って言えば、私の交通は限られてしまうのではないかと真剣に心配になりました。これが私の受けた印象です。空港でこのことを航空会社のサービス職員に話したところ、航空会社側はある程度の責任をとることができると言いました。

今日私たちは、世界中の障害者にとって主要な問題であるアクセスについて話しています。しかし、東京から札幌までという短い距離の移動でも、私はきわめて不愉快な思いをし、理不尽な体験をしなければなりませんでした。このことを皆さんにも知ってもらいたかったのです。

グラム・ナビ・ニザマニ　私も北京で同じような経験をしました。私は手動の車いすに乗っていましたが、飛行機に搭乗し、北京に着陸したときには、車いすがなくなっていました。車いすがないので、航空会社の人たちは私の腕をつかみあげ、私を運びました。これは世界中で起こっている問題です。

トッポン・クンカンチット　提案が二つあります。一つは国際金融機関に関するもので、障害者にとってのアクセス改善を条件づけるもの。もう一つは、障害者の利用しやすい交通手段の整備に力を入れるよう、ＤＰＩに勧告するものです。

私は、アクセスの問題が障害者運動において、ますます重要視されてきていると思っています。この会議のテーマは、障壁からの解放です。それはアクセスと関連しています。完全にアクセシブルな環境とは、障壁が全くないことです。両者は同じ意味です。これからのアジア太平洋障害者の十年には、バリアフリーな社会に重点をおきます。皆さんにご協力いただいて、明日の朝、ＤＰＩ世界会議に提出する勧告の明確化を行いたいと思います。

ＤＰＩへの最初の提案ですが、資金提供を行う国際機関は、開発援助を目的に国に融資や補助金の供与を行う際、アクセスの問題を重要課題として条件に取り上げ、障害者団体がこの問題を監視できるよう支援することを、ＤＰＩから資金提供機関に促すべきだということです。そして二番目の提案が、ＤＰＩは交通機関の発達や、あらゆる種別の障害者のためのガイドラインや同様の文書の作成にさらに力を入れてほしい、というものです。最後に三番目の提案として、加盟している各国のＤＰＩが、それぞれの国の法規制に従ってアクセスの実施を監視・監督できるようＤＰＩが後ろ盾になってほしいということです。以上をＤＰＩに提案したいと思います。

10月17日午後

アクセス

ITとデジタルデバイド

司会者：プラヤット・プノンオング（タイ）

発表者：田中英之（日本）

浅川智恵子、福田健太郎（日本）

アイザック・ナーチ（ジンバブエ）

緊急時の情報（手話）保障――手話アニメーション……

田中英之

田中と申します。私は聞こえません。日立製作所で手話アニメーションソフト「MimehandⅡ」（マイムハンドツー）の開発と企画、販売を担当しています。このソフトについては後でご紹介したいと思います。

ITとデジタルデバイド[1]について三つ説明をします。まずは情報発信の必要性です。次にMimehandⅡについての説明をします。そしてMimehandⅡを使った実際の例を紹介したいと思います。

まず、情報発信の必要性についてです。聴覚障害者のデジタルデバイドとは何か。聴覚障害者は外で困ることがたくさんあります。駅や電車の案内、渋滞などの情報、特にラジオからの情報、そして地震が起こったときなどの防災情報、避難の方法についての情報、車のクラクションが聞こえません。電車のときは、ホームのアナウンスがわからない、降りる駅がわからない、電車が遅れるのもわからない、人が込んでいると回りの情況が見えなくて困ります。特に、緊急時の情報が一番必要になります。そこが一番大事です。

緊急時に、聴覚障害者はどのように行動するのでしょうか。火事や地震などで放送がありません。でもその内容がわかりません。困ります。周りの様子を見て、情報を集めようと頑張りますが、文字があってもどうすればよいのか確認できません。また困ります。この時に、手話による情報が示されれば、聴覚障害者はそれに注目します。そういったシステムをつくり、手話を使った情報の提供をして安心感をもってもらうことが大切です。今まで情報発信と言えば、音声、文字の二つでしたが、これに加えて手話が必要だと考えています。この三つの情報を与えることによって選択の幅が広がり安心感が増しますし、理解を深めることもできます。

そのためには、どのような方法がいいのでしょうか。音声と文字ですが、例えば空港や電車内の放送や掲示板がありますす。このような画面を使った情報の中に手話の案内を挿入するとよいでしょう。さらに、電車中のモニターで、非常時に手話案内を表示する方法が望ましいと思っています。具体的なアイディアを紹介します。地震とかがあった場合は、エレベーターの中でどのようになるか。普通エレベーターの案内は音声ですが、聴覚障害者にはわかりません。ここに手話のモニターがあって手話アニメーションが表示されればよいと思います。普段は、手話アニメーションで「いらっしゃいませ」と表示し、非常時には緊急時の情報をすぐに提供できる環境に変えることができる、そういうシステムをつくることが大切だと思います。そのためには、情報発信のコンテンツが必要です。ではどのような方法がよいのでしょうか。それはIT技術で解決します。

これから手話アニメーションソフト、MimehandⅡを紹介します。このソフトは、単語を入力すると日本語の文章が自動的に手話アニメーションに切り替わり、立体コンピュータグラフィックで表示されます。また手話に必要な表情や身振りなども手の形も簡単に編集操作ができます。また普通の会話で使える使用頻度の高い単語が三二〇〇くらい入っています。また、自分で新しい別の手話表現を作り、データとして貯めておくこともできます。

このソフトをこれから実際に見てもらいます。

日本語を入力し、ボタンを押すと手話に変換されます。「今日は良い天気ですね」。これがいろんな角度に変わります。このように簡単な操作で、日本語が手話に変換されます。この操作で、手の動きも変えることができます。表情も変えられますし、いろいろな表現ができます。

次に作成された手話の単語を、AVI形式の動画ファイルに変換、保存して、ホームページに貼り付けることが可能です。これは日本のある市役所のホームページです。この中に文章だけではなく、音声の他に手話、テロップ（文字）の三つを入れます。これで最低限の情報提供ができます。さらに、端末機による証明書発行でも、この案内の項目のキーを押しますと手話の表現になります。このように手話アニメーションのコンテンツをマルチメディアでアクセスできるようにして、将来の様々な可能性を追求していきたいと考えています。

この場には手話通訳者がおられますが、手話通訳者の手話と手話アニメーションの手話とを比較して、このアニメーションのメリットについてお話しします。例えば、さっきお話ししましたように、緊急時の情報をそのデータを作り、普通は生の手話通訳の場合は、シナリオ原稿を作って手話のビデオによる撮影、その編集をします。このようにお金と時間がすごくかかります。また一度に行うことはできません。失敗すると、最初から手話の撮影をすることになります。Mimehand IIを使えば、このすべてを一度にすることができます。原稿の作成、手話アニメーションの表示、間違った手話や文法のチェックをして編集をする。すべてを一人で、パソコン一台で行うことができます。このようにたくさんの作業を一括して行えるので、時間を短縮できます。手話によるデータを貯めることができるので、緊急時に即座に手話による情報発信を行うことができると考えています。例えば、地震などの緊急時や列車で何かあったときに、手話通訳をそこに呼ぶことはできません。しかし、手話アニメーションの蓄積があればそこにアクセスして、手話を知らない人でも緊急情報を手話で提供することができます。手話を知らない、例えば駅員さんとか交番、あるいは天気予報、こういった所でこのようにテンプレート定型の様式を渡しておけば、自分が必要な言葉を呼び出して、ボタンを押すだけで、手話のアニメーションで案内を提供することができます。これによって、手話を知らない人でも緊急時の対応ができるのではないかと思っています。

もう少し詳しく説明させてください。これは電車内の案内ですが、原稿のデータは貯めて、パソコンに入れておきます。それをMimehand IIで手話に作り直し、データベースに蓄積しておきます。さらにテンプレートと組み合わせた上で、ネットワークにつなぐことで、誰でもどこでも電話や携帯電話を使ってアクセスし情報を呼び出す、そういった方法ができれば理想的と考えます。このように緊急時の情報提供の体制を整えることがこれからの課題だと思っています。

視覚障害者のコンピューター・アクセシビリティを高める取り組み……………福田健太郎

日本IBM東京基礎研究所の福田健太郎と申します。本来浅川智恵子が発表を行うはずでしたが、帰国できなかったため、私が代わりに発表をさせていただくことになりました。

我々の研究グループは、特に障害をもたれた方や高齢者の方々に、新しい情報を得るための環境をつくっていくことを目標に活動を行っています。これにより、それぞれの方のQOL（生活の質）の向上を目指して活動しています。コンピューターを用いて新たな情報源を得ることによって、職を得るとか、生きがいを見つけるといった様々なQOLの向上が可能になると考えています。また、我々の技術を用いることで、障害をもたれた方と健常者の間のデジタルデバイドといったものをなくしていければ、ということで活動を行っております。

我々のグループの活動年表をここに示します。まず、一番上の部分になりますが、ブレイル・トランススクリプション・ツールズ、コンピューターで点字を扱うためのツールに関して開発を行ってきました。これは点字をパソコンのキーボードを用いて入力するためのBES（ブレイル・エディティング・システム）、通常ベスと呼んでいるツールです。それから点字のデータを交換するためのネットワークであります、ブレイル・フォーラム・ネットワーク、またコンピューター上で点字の辞書を引けるようにするブレイル・ディクショナリー・システムを開発してまいりました。また、最近になりまして、日本語自動点訳のさらに精度を向上するためのシステムも開発しております。

次に九〇年代に移りまして、スクリーン・リーダー、パソコンの画面を読み上げるためのツールやホームページ・リーダーと呼ばれるウェブを読み上げるためのツールの開発を行ってまいりました。さらに一番下に移りますが、ホームページ・リーダーだけでは読み上げにくいホームページが増えてきたこともありまして、ホームページをよりアクセシブルなものにするためのウェブ・アクセシビリティ・チェックや修正のためのツールの開発を行ってまいりました。本日はこの最後の部分はデモンストレーションを交えて発表させていただきます。

まず初めに、点字に関するシステムについて、BESからご説明をさせていただきます。これは、パソコン上で点字を入力するためのワードプロセッサーになります。これはパソコンユーザーが、F、D、SとJ、K、Lの六つのキーを用いて点字を入力することを可能にするシステムです。点字と文字で同時に表示されますので、入力を見ながら簡単に点字を入力することが可能になります。これを用いることで、コンピューター上で点字を入力するための作業効率が非常に向上いたしました。また、ピンディスプレイといわれる点字用のディスプレイに表示することもできますので、実際に全盲の方がメモとして使うことも可能なシステムです。なぜこのような点字の入力システムが必要かということですが、日本には漢字がありまして、これには読みが複数あります。ですから、英語のように機械的に点字に一意に翻訳することが難しいという問題があります。また、日本語では、単語と単語の間に区切りが入っていませんので、それを自動的に分けることが非常に難しくて、どうしても人手での作業が必要になっていたという背景があります。このような問題がありまして、点字のデータは人手によって作られていたのですが、このシステムをボランティアの方に使っていただくことで、オンラインで用いられる点字のデータが非常に増えました。そのような点字データの交換を支援するために、「ないーぶネット」(NAIIV-Network) の設立にかかわってまいりました。ここでは、点訳された本のリストを取得し、その中から欲しい本の点字データを直接サーバーからダウンロードできます。また、ボランティアが点訳した本を目録と共にどんどん登録していくことで、本は増えていまして、現在約三万五千種類の本が点訳されており、自由に取り出すことができます。

通常の点字図書館と大きく違って、オンラインでデータを取得できますので、郵便で配達されるのを待ったり、取りに行く手間が省けます。また多くの人で共有できる点で非常に有益なシステムです。

次に点字辞書システムです。これはBESと一緒に使います。BESと同じように、キーボードから点字入力で辞書検索を行うシステムです。このシステムを用いることで、本だと点字辞書一冊で本棚一杯になるくらい多量のデータを、コンピューターに入れてどこにでも持ち運べ、簡単にすぐに検索できるようになりました。このシステムは十年近くかかっていますが、その間、ボランティアの方々の活発な活動のおかげで完成できました。彼らに非常に感謝しています。

次にホームページ・リーダー、これはIBMの商品になりますが、その紹介をさせていただきます。ホームページ・リーダーは、特に全盲の方が、ウェブ上の情報を簡単に得るために作製されました。このシステムを使用することでウェブを簡単に検索でき、健常者の方とほぼ同じくらいのスピードで情報に接することができる、点訳を待つこともなく、音声でデータを聞けるので、デジタルデバイドの解消につながると考えてこれらのツールを作製しました。ホームページ・リーダーは、HTMLで書かれているウェブページを音声に翻訳して読むことができるようにするツールです。ただ読み上げるだけではなくて、フォームへの値の入力やメールなどもサポートできます。

実際の操作ですが、テンキーとエンターだけで非常に簡単に操作できます。

ホームページ・リーダーは一九九七年に日本で発売されて以来、現在まで八つの言語に対応しています。

次にホームページ・リーダーを使ってウェブにアクセスしたときに発生する諸問題の事例をお見せします。

近年、ウェブページには、本文までに非常にたくさんの情報が書かれています。ホームページ・リーダーでは、ヘッダー、リンクリスト、本文の順で読み上げるために、本文まで二分間くらい聞き続けなければならないという問題が発生しています。他にもいろいろアクセシビリティに関する問題が発生しています。Ｗ３Ｃ、ＷＡＩのガイドライン[2]や、アメリカ連邦法五〇八条[3]でアクセシビリティを向上したページが求められています。そこでもっと効率よく情報を得ることができるように、またアクセシビリティを向上するためのツールを我々は開発しました。

複数のアプローチでウェブページの修正をするために、オンザフライリペアー、サイトワイドリペアー、オーサリングタイムサポートの三種類の提案をしています。このうち既存のコンテンツをダイナミックに変換して、それぞれの人に使いやすくするツールであるオンザフライリペアーの説明をします。このシステムは、ウェブサーバーとユーザーの間に入って、ＨＴＭＬを変換するツールです。変換の例ですが、ヘッダーやリンクリストがあって、なかなか本文にたどり着けない場合に、本文の位置を推定しまして、コンテンツの先頭に本文へジャンプするリンクを挿入します。

他にもＡＬＴ属性がついていない画像に関する問題もあります。画像を音声で読み上げる代わりの情報がＡＬＴ属性ですが、それがないためにＵＲＬを読み上げてしまって非常にわかりにくくなります。我々のシステムを通しますと、画像のリンク先のタイトルを取ってきて挿入します。他にもページを二次元で配列されているものを、記事ごとに順番に並べ替える機能ももっています。これによって音声などでアクセスしたときに非常に聞きやすいものとなります。

このシステムは実際に、アイ・トライ・プロジェクト（I Try Project）として、二つの盲学校で実証実験として使われました。盲学校のお子さんも初めてホームページ・リーダーを使って朝日新聞などのページなどを一時間くらいで見ることができるようになったのですが、ホームページ・リーダーだけでは補助できない部分をこのようなシステムで補っていくことができると考えています。

アイ・トライ・プロジェクトのアンケートによると、二八四名のうちほとんどすべての方が、あった方が使いやすいとの回答をしてくださっています。我々のこれからのプランは、よりウェブのアクセシビリティを向上していくための研究開発を行い、また障害をもたれた方へのコンピューターへのインターフェイスをより改善していくことによって、皆さんのアクセシビリティを高めていきたいと考えています。

途上国の障害者の前に立ちはだかるIT開発の限界……

アイザック・ナーチ

私は、特にアフリカ地域の障害者団体組織として様々な問題に出合っていることについて話します。

ほとんどの障害者団体やその団体で働く人は、コンピューターを使う基本的なスキルをもっていません。私たちが主に行ってきたことは、古いプリンターの交換です。多くの場合、障害者団体で働く人は五人から一〇人程度ですが、そうした国際組織で使えるコンピューターは一台だけでしょう。そのコンピューターのほとんどは、寄贈によるものです。しかし、コンピューターは一台では足りないのです。その結果、私たち障害者団体はITに乗り遅れています。非常に大きな事務所にコンピューターが一台だけなので、特に使おうという気になりません。

サポート面については、提供者側の専門家がパソコンの使い方を教えてくれることはありません。ほとんどの団体は情報管理をコンピューターで行っていません。情報はファイルで保存しているだけです。ファイルから情報を取り出すのが困難なときもあります。書類がなくなったり、過去の履歴を参照できなくなったりします。しかし同時に、私たち障害者団体は、これまで正しい機器を設置してきたか、自分たちに必要なスキルを身につけてきたかを、真剣に確かめてこなかったと思います。

高等教育を受けなくてもコンピューターの操作はできます。障害者団体はどの分野でコンピューターを利用できるかという点について、自ら問いただしていかなければなりません。また、より多くの情報を入手するという点で、私たち障害者団体はずいぶん制限があったと思います。コンピューターがなければ調べることができないからです。今はコンピューターの前に座ってインターネットに接続すれば、あらゆる場所の情報に手が届きます。

しかし、障害者団体は、情報を入手する状態になっていないので、私たちは市民社会の情報に一番疎い存在です。

障害者とコンピューター相互の関係を深めるためのソフトウェア開発に携わっている人たちがいると知り、大変うれしく思います。これは重要なことです。障害者団体として、私たちは本当にそこから利益を得ることができるのでしょうか？　こうした開発をさらに進め、現在、障害者の前に立ちはだかる開発の限界から自由になることが大切です。

参加者　インドから参加しています。福田さんに質問があります。福田さんは画面の読み上げについてお話をされました。IBMのホームページ・リーダー（HPR）はFlashデザインも読むことができますか？　現在、Flashを使ったウェブサイトは世界中にたくさんあります。Flashは視覚障害者にとってのアクセシビリティを考えていないと思います。Flashを読めるリーダーは何かありますか？

福田健太郎　いいえ、ＩＢＭでは同等の情報をもつページを作成、つまり、Flashと同等の情報ページをＨＴＭＬ文書で作成できるようにしたいと思っています。これは非常に難しいことです。ある程度の情報までは、ＩＢＭのリーダーで読み上げることができます。しかしＨＰＲは二次元の情報のいくつかは読み上げることができないため、ユーザーはその場合どういう情報があるのか理解できません。

参加者　大阪から来ました。著作権に関する意見をお話しさせていただきます。私自身、視覚障害者で全盲です。公共図書館で働いていまして、同じ障害をもっている人たちへのサービスという仕事をしています。その中で、点字やテープ図書、トーキングブックを中心に資料提供をしているのですが、以前でしたら情報障害者は視覚障害者であり聴覚障害者という二つの障害者しか意識されていなかったわけですが、ＩＴの進歩によって知的障害者、あるいは学習障害をもっている人たちへの資料変換が可能になったわけです。具体的に言いますと、例えば知的障害の方ですと、コンピューターを使って画像やアニメを挿入することで、視覚的に理解しやすい資料を簡単に作れるようになったということです。例えば、弱視、全盲ではない、少しは見える視覚障害者に対しては、大きな文字に変換することが簡単にできるようになったわけです。こういった技術の進歩でこれまで図書館、あるいはそれ以外のサービスの外に置かれていた障害者の情報へのアクセスが可能になったわけです。

ところが、それを大きく妨げようとしているのが著作権法です。著作権は当然、著作権者の権利として守られなければならないわけですけれども、それに対して障害者の情報にアクセスする権利というのは、少なくても日本ではそういう法律はありませんし、制度も不十分です。世界的に見てもそれほど大きな差はないと思います。もう一つ、ウェブアクセスについても、先ほどホームページ・リーダーのデモでもありましたが、やはり読めないものがたくさんあるわけですね。例えばＡＬＴ属性を入れることで、どういったリンクがあるかが文章でもわかるのに、それを入れないために非常にアクセスしにくいページがどんどん増えています。そういったことに関して、法的にあるいは制度的に何らかの保障が必要になっていると思います。ですので、著作権法の中での情報障害者への配慮と情報障害者の情報にアクセスする権利を今求めていかなければならないと思っています。ぜひ、この分科会の決議として、著作権法における配慮と障害者の情報アクセス権を保障する制度の確立を盛り込んでいただきたいと思います。

参加者　川崎から参加しています。スピーカーの方、アメリカあるいはその他の海外の方でもよろしいのですが、ＩＴが非常に進んでいる国でのアクセスの障害について、実情とアクションの情況を伺いたいと思います。聞くところによりますと、アメリカなどでは税金の申告をコンピューターで行うということが始まっていると聞きます。お金のことになりますと、アクセスしにくいということで、間違った操作をしてしまうということが非常に問題になりますし、日常生活に大きな影響のあるテーマだと思います。今、福田さんから発表があったように、技術的な指針というのは出ていますけれど、それが守られていないためにＩＢＭで後半に紹介のあったような変換用のプログラムを開発せざるを得なかったのだと思いますが、そういうＩＴが入ってくるなかで起きてきている障壁をどのように解決しようと運動なさっているのか、もし取り組みについてご存知の方がいらっしゃったら教えて下さい。

参加者　東京から来ました。福田さんにご質問。私はジンバブエのスピーカーの方に近い意見なのですが、ＩＴとかコンピューターというのは、アクセスするまでにこれほど難しくて、目的のものを調べたり、手に入れるまでに相当量の時間と労力が必要なんですね。そういう状況だと、特殊の特定の人たちしかＩＴは使えないことになります。もっと将来的には電化製品のテレビとかそういう家電化していけないのか、もっとシンプルに、単純明快な方法でそういう情報を手に入れられないのか。今は、ソフトがあってもバージョンアップして、その人がバージョンアップしないとそのソフトは使えなくなってしまう。そのソフトが使えなくなると情報はそこで遮断されるわけです。バージョンアップできる人はどんどんしていけばよいけれど、バージョンアップするにもお金と労力、時間が必要ですよね。コンピューターはもっとその国ならその国向けのその国の人たちが使いやすいコンピューターに将来的にはしていけないのでしょうか。

福田健太郎　我々もできたら簡単にコンピューターを使っていただきたい、ホームページ・リーダーのようにテンキーだけで使え、しかも一、二、三、で前、後ろ、今のところのようにインターフェイスを全部統一して、どんなソフトでも簡単に使っていただきたいと思っております。こういうふうにしたらアクセスしやすいですよ、というガイドは出せるのですが、それ以上のことは難しくて、我々の場合、少なくても音声でアクセスする分には統一した比較的簡単なインターフェイスでできる限りのことをやってもらおうというアプローチでソフトの開発を行っています。あとは、情報の取得に関しては、ウェブが辞書的に使える状況になってきていますので、それを見越してウェブのトランスコーディング・システムとかを開発しています。ホームページ・リーダーで音声でブラウジングできるような環境であれば、音声での情報収集は簡単にできるようになるでしょう。これからは音声だけでなくて、点字でアクセスするとか、耳の聞こえない方には文字をもっと見やすくすることを、ウェブを媒体にしてもっと簡単にすることを考えています。アップデイトの問題は、将来的にはボタン一つでのアップデイトや自動アップデイトが可能になると、希望も含めて思っています。また私たちはそういうものにしていきたいと思っています。

参加者　韓国から来ています。私には聴覚障害があります。いくつか皆さんに知ってもらいたいと思います。

聴覚障害者が手話を使う場合、専門用語をはじめ、手話では表現できない言葉がたくさん存在します。ですから、手話から情報を得るということは非常に難しいのです。韓国で聴覚障害者が手話を習うとき、福祉団体の機関を通じて勉強しますが、初級レベル、中級レベル、そして上級レベルを受け、それで卒業です。こうした教育を受けた聴覚障害者は手話通訳者の免許や資格を取得し、障害者のために働くことができます。

しかし、通訳者が使う手話は日常会話だけです。ですから、技術的な情報や専門的な情報を得るのは非常に難しいのです。聴覚に障害のある人は、普通の学校に通えません。ですから聴覚障害者のための特別な学校に行きます。聴覚障害者が卒業できるのはこうした特殊な学校だけになります。

手話は、こうした聴覚障害者たちの間で使われているだけです。手話で聴覚障害者以外の人とのコミュニケーションを図るのは非常に困難です。健常者が使う専門的な言葉を聞いても、聴覚障害者は何を話しているか理解できません。

参加者　フィリピンから来ました。私は耳が聞こえません。前の参加者の意見とほぼ同感なのですが、私の経験も付け加えたいと思います。実のところ、疑問があります。最初の発表で見たソフトウェアは、日本の手話のためだけのものです。日本の手話を知っている聴覚障害者にとってはいいことだと思いますが、将来、他の国の手話や他の手話に適応されるか私にはわかりません。

手話のアニメーション技術を含め、今回検討したＩＴに関する技術が、世界のなるべく広い範囲に柔軟に適応されるようになってほしいと思います。そうすれば手話アニメーション技術は、手話がより身近になることによって、耳の聞こえない人と耳の聞こえる人との平等を実現する上で大きな助けになるでしょう。

プラヤット・プノンオング　それでは、この分科会からの決議を次のように提案したいと思います。まず、盲者にとって役に立つ情報を保障するために、国連に加盟している国は点訳を可能にする著作権の法律を制定するべきです。つまり、アクセスを可能にする法律の整備です。次に、障害をもつ人々が仕事のために使用するすべての機器を輸出する際には課税されるべきではありません。そして最後に、国際手話はテレビやそのほかのコミュニケーションシステムにおいて誰でも使えるように開発されるべきである、ということです。もし、もう一つ付け加えるならば、安価な機器を開発することによって、貧しい国と豊かな国のギャップを埋めることができるということもあります。賛同していただけますか。それでは、発表をして下さった皆さんに拍手をして終わりましょう。

注

1　デジタルデバイドとは、ＩＴを利用する能力およびアクセス機会の有無により生じる情報格差（溝）の問題。

2　ウェブブラウザ／サーバの国際標準化団体Ｗ３Ｃ（The World Wide Web Consortium）のアクセシビリティ作業部会ＷＡＩ（Web Accessibility Initiative）が一九九九年に作成したガイドラインWeb Content Accessibility Guidelines 1.0 W3C Recommendation 5-May-1999のこと。

3　アメリカ合衆国連邦リハビリテーション法一九九八年修正第五〇八条は、電子・情報技術へのアクセシビリティの確保のために、アクセス委員会（Access Board）が作成したアクセシビリティ基準を保障しなければならないと規定している。

10月17日午前

アジア太平洋障害者の十年

どのように働いたか

司会者：ビーナス・イラガン（フィリピン）
発表者：セタラキ・マカナワイ（フィジー）
高嶺　豊（ESCAP）
ジャンジラ・エカレチット（タイ）

当事者（団体）のイニシアティブで多くの成果を生み出した「十年」……………セタラキ・マカナワイ

アジア太平洋障害者の十年には、各国政府に対しての行動計画が立てられていました。この行動計画は一二から一四の主要政策分野を網羅しており、目標数は、計一〇七にも及びます。

ＮＧＯの見地から申しますと、「十年」への参加は非常に活発な二つの地域ネットワークの活動をつくり出し、実施、目標の達成のみならず、過程の見直しが行われました。他にテーマ別の作業部会も設立されました。これは、「十年」の成功と大いに関係があると思います。アジア太平洋障害者の十年は今年（二〇〇二年）で終了しますが、国連アジア太平洋経済社会委員会（ＥＳＣＡＰ）や加盟国は、二〇〇三年から二〇一二年をアジア太平洋障害者の十年を延長する新たな動きに乗り出していることも付け足しておきます。

ＥＳＣＡＰは、アジア太平洋障害者の十年を通じて各国の視点だけではなく、ＮＧＯの視点も知るところとなりました。私は、これがＥＳＣＡＰにもたらした利点の一つだと確信しています。私たちは何度となく政府に落胆させられてきました。しかし、アジア太平洋地域において、我々は地域ネットワークの構築を通じて結集し、ＮＧＯとして積極的な役割を果たし、情報を共有することができるようになりました。また、情報を入手することにより、政府に対する働きかけや呼びかけができるようになりました。アジア太平洋地域での自助団体結成の促進や訓練において、ESCAPは非常に重要な役割を担っています。あらゆるレベルにおける意思決定に、障害当事者の参加が強調されてきています。これは、ESCAPのイニシアティブによるアジア太平洋障害者の十年のおかげなのです。

アジア太平洋障害者の十年は、ESCAPや加盟国や各国政府が中心的な役割を果たしてきた一方で、この地域の障害当事者運動も重要な存在でした。「十年」にかかわるすべての部門に参加し、それらを網羅するネットワークをつくってきたのですから。皆様の地域でアジア太平洋障害者の十年のような活動を考えていらっしゃる方々は、この「十年」の経験から貴重な教訓を得られると思います。我々の役割とは何か。結局のところ、アジア太平洋障害者の十年の目標は、我々障害者の完全な参加であり平等な機会の確保であります。過去二年間における素晴らしい成果として、DPIアジア太平洋ブロックでは、オセアニアの小ブロックを通じて四つの国内会議が発足し、DPIに加盟しました。

また、「十年」がさらに十年延期されることになり、次の「十年」で優先分野とされた七分野の中で、障害者自助団体および障害をもった女性が主要課題となりました。こうしたことは、我々障害者が結束し積極的に参加して初めて実現するのです。政府が導入するようなプログラムに対し、単に受け身になっているだけでは決して実現しないのです。

最後に、アジア太平洋障害者の十年は非常に価値のある活動であると申し上げたいと思います。「十年」によって、障害者の結束が強化され、政府への働きかけが促進されて各国に全国レベルの調整機関が設立され、それら機関において障害者や障害者団体が中心的な役割を果たすようになったのです。我々障害者や障害者団体は、積極的にかかわることによって、イニシアティブをとることができるのです。あくまでも、私たちが率先して参加して初めてうまくいくのです。

アジア太平洋障害者の十年の成果と教訓、DPIの役割……高嶺　豊

私は、一九九〇年からESCAPで働いていますので、一二年間ESCAPにおります。私は、「十年」のプロセスにかかわってきましたので、個人的な経験や国連ESCAPの経験をお話しします。

最初に、アジア太平洋地域の人口は世界人口の約六〇%、三二億人で、この地域の大部分が途上国です。いわゆる先進国と呼べるのは、日本、ニュージーランドおよびオーストラ

リアであり、新興国はシンガポールと中国の一部である香港です。この地域のほとんどの国は、途上国です。また、この最大地域における貧困人口は、約八億と見られています。私たちは、アジア太平洋地域の障害者人口を約四億人にするようにと言われているのですが、この人数は、交通事故や地雷による事故のため、増え続けていると考えられています。また、大部分の人は、途上国の農村部で生活しています。これらの人たちは、障害ゆえに、未だ汚名をきせられ、社会活動に参加できないでいます。さらに多くは、貧困者です。この地域の貧困者の中でも最も貧しいと考えられています。ですから、障害者やこの地域で活動をしているNGOや政府は、国連障害者の十年の終わりに、新たな「十年」を望みました。新たな「十年」は実現しませんでした。しかし、アジア太平洋地域の障害者は、アジア太平洋地域の中で、「アジア太平洋障害者の十年」を唱えました。一九九二年のESCAP会議でのことです。

アジア太平洋障害者の十年に関する三つの主要文書があります。一つは、障害者の完全参加と平等に関する声明文であり、各国政府首脳が署名するものです。これまで、この地域の六一カ国政府のうち、四一カ国政府が署名しています。二番目は、「アジア太平洋障害者の十年のための行動課題」と呼ばれているものです。三番目は、行動課題実施のための目標や勧告事項を網羅した文書です。行動課題を実施する上で、より細かく目標期限が設定されています。一九九五年に採択されました。

アジア太平洋障害者の十年のための行動課題には、一二の重要な政策分野があります。これは、障害者の機会均等化に関する基準規則（以下、基準規則）に基づいて策定されました。しかし、この行動計画には、発展途上国の観点も考慮されています。一二の政策分野とは、国内調整、法律の制定、情報収集、国民への啓発、アクセスとコミュニケーション、教育、職業訓練と雇用、障害原因の予防、リハビリテーション、補助器機、当事者組織、地域協力です。国民への啓発、障害原因の予防および補助器機は、機会均等のための前提条件と考えられています。ですから、基準規則に加え、これらの要素が含まれているのです。

行動課題および目標は、主に、アジア太平洋地域機関間委員会（RICAP）の障害問題小委員会によって作成されたものです。RICAPは、すべての国連組織や特別機関、障害者団体を含むNGO、およびいくつかの関係国政府から構成されています。年二回会議を開催して情報を交換し、政府による行動計画実施支援のための共同活動を策定します。このRICAP小委員会は、二〇〇〇年には名称が変更され、障害者問題に関するテーマ別作業部会（TWGDC）になりました。機能や役割は同じです。

この地域で「十年」を成功させるためのもう一つの重要な要素は、国連ESCAPによる定期的な地域検討会議の開催です。一九九五年にはバンコクで地域会議が開催されました。数多くの政府およびNGOが参加し、七三もの目標を採択し、ジェンダーの視点を組み込んだものです。第二回地域会議は、「十年」の中間年にあたる一九九七年、ソウルで開催されました。そして一九九九年の地域会議では、目標が見直し・強化され、七三から一〇七へ増やされました。このように、ESCAPは一年おきに地域検討会議を開催し、一二分野における進捗状況を文書で報告しました。これが、政府による政策や成果の見直しを促しました。この地域検討委員会では、NGOは政府と平等なパートナーとして参加しており、政府とNGOと国連機関が平等の立場で参加し、非常に強力な勧告案を策定します。「十年」の最終年である二〇〇二年は、滋賀県大津で「十年」を総括するための政府間高官会議を開催します。

それでは、「十年」の成果について簡単に説明いたします。我々は、「十年」の成果を把握するため、地域調査を実施し、一二分野すべてで成果が見られたという点で合意に達しました。しかしながら、その成果は、カテゴリーによって異なりました。障害者問題に関する政策面では、顕著な改善が見られたように思われます。多くの政府が障害者の政策のための制度や法律を採択していますので、この点では、非常に意義のある改善であったわけです。ある程度の達成があった分野は、障害の予防、リハビリテーション、アクセスの分野でした。当事者組織が設立され、政府の政策や活動に影響を及ぼし始めました。しかし、障害児の教育については限られており、障害者の貧困率は非常に高いままです。

次に、なぜアジア太平洋の十年が成功したのかをお話ししたいと思います。

第一の要因として、国連障害者の十年の後、地域的な「十年」に焦点を絞ったため、国家や政府が「十年」の活動をより密接に共有するようになったことがあります。この地域は多くが途上国ですから、途上国のニーズに配慮しました。また、先進国のニーズも考慮しました。その結果、先進国である日本、オーストラリア、ニュージーランドは、発展途上国を支援することになりました。第二は、「十年」には、非常に素晴らしい地域協力機関があり、国連機関およびNGOが積極的に参加しているということ。第三は、国連ESCAPが定期的な地域検討会議を開催し、「十年」の進捗状況について、全政府が見直しを行ったことです。

続いて、「十年」から得られた教訓についてお話ししたいと思います。第一は、小ブロック間の格差です。ESCAPでは中央アジア諸国、東アジア諸国、東南アジア諸国、南アジア諸国、太平洋諸国など、小ブロックに分けております。例えば、太平洋諸国の国々や旧ソ連などの中央アジア諸国では、行動計画をなかなか実施することができず、地域格差がありました。第二の教訓は、農村部における障害者が「十年」から取り残されているということです。大部分の障害者が農村部にいるにもかかわらず、代表すら障害者運動に参加していないのが現状です。ＤＰＩのメンバーを見ても一目瞭然です。障害者の八〇％は農村部に住んでいますが、ＤＰＩメンバーの大部分は、高学歴で、都市部を基盤としたエリート障害者なのです。地方の障害者の代表はあまり参加していません。農村部の障害者の参加は、今後の我々の課題です。第三は、貧困と障害の問題です。貧困は福祉の問題だととらえられ、開発問題には含められません。人権問題、女性障害者問題にもあまり含められません。障害問題は福祉問題として対処すべきであると考えられているのです。これらについては、「十年」では、明確に対処されませんでした。

以上の教訓に基づき、この地域の政府は、二〇〇二年五月決議五八／四号を採択しました。この決議は、二〇〇三年から二〇一二年まで、アジア太平洋障害者の十年を、さらに一〇年間延長するという内容のものです。ＥＳＣＡＰおよび小ブロックの他の機関は、新たな「十年」のための枠組みとして、「琵琶湖ミレニアム・フレームワーク」を策定しました。障害者の権利が尊重され、障壁のない社会を目指す計画です。

この枠組みの最も重要な課題とされているのが、障害者自助団体と女性障害者の二つです。この二つを支援するものとして、早期療育と教育、訓練と就労（自営を含む）、アクセス、情報通信技術、そして、能力開発と社会保障と持続可能な生計の手段による貧困軽減があります。これらが新たな「十年」における七つの優先分野であり、二〇〇三年から始まります。そして、この行動計画の枠組みでもう一つ重要なことは、各国政府が採択したミレニアム開発目標の達成を目指すことです。一九九〇年から二〇一五年の間に、障害者で一日当たりの所得が一ドルを下回る人々、飢餓にあえぐ人々、安全な飲料水にアクセスすることのできない人々の割合を半減させることは、政府が採択した非常に強力な目標であり、我々はぜひ達成したいと思っています。こうした目標を掲げても、相変わらず著しい貧困状態にいるかもしれません。ただ、ミレニアム開発目標によって、少なくとも、半分の人たちを貧困状態から救済しようとするのです。

結論を申し上げたいと思います。琵琶湖ミレニアム開発目標では、障害者問題を、すべての主要開発課題の中に含まれるべきだと考えています。貧困の軽減、人権、教育、健康、住居、ジェンダー、物理的環境、公共交通システム、雇用、そして情報技術の課題に、障害者問題を含めるということです。我々が取り組まなければならない分野は多々あります。この点に関し、私がDPIのメンバーの皆様に強調したいことは、障害者の専門家を育成する必要があるということです。例えば、貧困撲滅プログラムに精通した障害者には貧困問題に取り組んでもらい、ジェンダー問題に精通した障害者にはジェンダー問題に障害者問題を組み込んでもらいたいと思っています。教育、健康、住居などに関しても同じです。今こそ障害者が専門家となって、自分たちの専門知識を高める時なのです。

タイにおける「十年」の成果、当事者組織の成長……

ジャンジラ・エカレチット

タイの障害者として経験したタイにおける一九九三年から二〇〇二年の「十年」の成功についてお話ししたいと思います。タイでは、障害者は教育・政治的権利・雇用など社会主流には含まれていませんでした。ですから、まずは、障害者の参加・平等・尊厳を含む人権を確保するために、我々は闘わなければなりませんでした。そうでなければ、我々の尊厳や平等や完全な社会参加を政府に認識させることができませんでした。しかし、一九八一年から九二年の国連障害者の十年は、タイの障害者に新たな希望をもたらしました。我々の闘いが始まり、その闘いの成功は、一九九三年から二〇〇二年のアジア太平洋障害者の十年に見られます。

一九七〇年代半ばから一五年近く闘った結果、タイでは、一九九一年に障害者リハビリテーション法が制定され、無料で医療サービス、リハビリテーションサービス、雇用サービス、雇用機会、教育が受けられるようになりました。この法律により、私たちは、一九九七年の新憲法制定の際にも、完全参加、雇用、教育の保障等、策定過程に関与するようになり、障害者は社会の本流に組み込まれるようになりました。

障害者リハビリテーション法制定、アジア太平洋障害者の十年を通じて、さらに明るい未来を見ることができました。政府を動かし、障害者が運転免許証を取得できるようになり、一九九九年には教育法が制定されることになったのです。また、障害者が企業で働けるようにもなりました。法律により、二〇〇人以上の従業員を有する企業では、障害者を一人採用するか、もしくは、最低賃金の一二カ月分の給与を障害者リハビリテーション基金に寄付しなければなりません。「十年」を通じて、タイの障害当事者組織間のつながりも強化され、アジア太平洋障害開発センターの設立も予定されています。

センターの目的は、タイの障害者の地位を向上させ、自立生活を送れるよう支援し、タイの当事者組織の能力開発や、情報伝達技術の提供を行うことです。JICA基金とタイ政府が協力してセンターは設立されると思います。二年内にセンターは開始し、障害者が恩恵を享受し、障害者の地位が向上するのです。障害者の雇用、社会のバリアフリー化の促進につながると思っています。

参加者　バングラデシュからの参加です。農村部に住む人々の問題がまだ残っているとのことでしたが、どのように農村部の人々の支援ができるのでしょうか?

高嶺　豊　琵琶湖ミレニアム・フレームワークには七分野あり、一つ重要な問題が、障害者の自助組織の開発です。農村部の問題は、貧困解消、農村部での当事者団体育成、社会本流への組み込みへの支援等などから、取り組んでいけると思います。

参加者　フィリピンから来ました。障害者の完全参加や機会均等を実現するための財政的余裕がない国をどう思いますか。例えば、バリアフリー化について、政府は予算配分次第だと言います。各国の財政的な限度に対し、国連はどのような対策を講じるのでしょうか?

高嶺　豊　大切なことは、政府の優先順位です。政府に対し、障害者のニーズを満たすよう、声高に求め、資源を障害者問題に配分してもらわなければなりません。私たちは、アクセスに関して、膨大なコストはかからないと説明しています。計画段階で、ビルやその他施設へのアクセスを考慮すればよいのです。例えば、最初から、スロープ付きにするのです。新しいスロープを付けるのであれば、古いのを取り壊してから取り付けなければならないため、コストがかかりますが、新たにビルや施設を建設する場合には、設計段階からアクセス性を考慮して、コストを最小限にすることができるのです。この点を主張しなければなりません。また、アクセスは障害者のためだけのものではありません。すべての人のニーズを満たすように最初から設計・建設されていれば、コストは最小限に抑えることができるのです。

ジャンジラ・エカレチット　それは政府に限ったことではなく、障害者が社会で完全参加と機会均等を実現するには、民間部門を含むすべての人々の協力が必要だと思います。すべての民間企業が障害者へのアクセスを保障し、国民の意識向上に努め、政府も障害者の社会参加を実現すべく財政支援を行うことが大切だと思います。

参加者　障害者のための新たな「十年」を推進する際、障害をもつ女性の参加に、より一層の重きを置くべきだと思います。アジア太平洋地域の文化的側面から言えば、女性は、ある程度ないがしろにされていると思います。第二に、農村部に住む障害者の参加も更なる強調が必要だと思います。

参加者　どのように障害者の自助組織が始まったのでしょうか？　私たちもインドで障害者の自助組織を始めようとしていますが、最初は健常者が運営し、指揮系統が整ってきたら、自助組織を安心して障害者の手に委ねることができると考えている人が半数なのです。

セタラキ・マカナワイ　私たちは、ＤＰＩのイニシアティブのもと、過去二年間で四つの発展途上国に障害者の自助組織を設立することができました。その方法は、まず中心的な役割を担う障害者と非障害者を特定します。それから、彼らに障害者の自助組織の概念を理解してもらいます。最近、パプアニューギニアでも一つ立ち上げたのですが、この考え方を障害者に理解してもらうより、障害者にサービスを提供していた人たちに理解してもらうほうが大変でした。障害者が中心になるとか、自己決定の役割を担うという概念を受け入れにくいのです。

しかし、重要なのは、私たちの理念をいかに理解してもらうかということです。障害者は、支援を受けながら、身の回りのことができるし、自分の運命を決めたり選択したりできます。ですから、賛同を得られた段階で、実際に地域で実践されている実例を紹介します。そうすることによって、自国だけではなく、他のところでも起こり得ることだと実感し、どこの国でも地域でも通じる概念だと自信をもつようになるのです。

高嶺　豊　琵琶湖ミレニアム・フレームワークの七つの優先分野の目標達成に向け、非常に多くの行動をとることになります。大津で開催される政府高官レベルの会議で討議・採択された後に正式なものとなり、ウェブサイトに掲載されます。このアドレスは、http://www.unescap.org/decadeです。このアドレス上で、行動計画の最終版が入手できることになります。

参加者　ＥＳＣＡＰの地域小委員会は、身近に感じません。会議の予算はどこが拠出するのでしょうか。また、国によって状況は異なるとは思いますが、日本では、法的基準や規則があっても、現場では実施されていません。

高嶺　豊　ＥＳＣＡＰの各国の窓口は外務省です。ＥＳＣＡＰは提言を出しますが、実際に行動するのは各国政府の役目です。ＥＳＣＡＰは会議や検討会議を二年ごとに開催します。財政的支援は、ほとんどが日本政府によるものです。地域全体の障害問題に携わっている政府関係者が一堂に会して討議するのは、おそらく二年に一度で十分だと思います。

国際レベルでは、国連や国連機関が素晴らしい勧告や決議を策定することができます。ですが、それが国内レベルで反映・実施されていなければ、効果はありません。ですから、決議を採択するのは国連ですが、各国が決議や勧告を施行しなければならないということを皆さんにご理解いただきたいと思います。皆さんは、政府にそれらを知らせたり、実施するよう主張したり、国際レベルで確約するよう政府に働きかけなければなりません。政府への働きかけはESCAPではなく、皆さんの役目なのです。皆さんが、今お話しした手段を利用して政府にアプローチし、政府に依頼したり、協力したりして、国レベルで良いプログラムを策定するのです。

参加者　他の障害者に比べ社会から更に取り残されている重度障害者や重複障害者には、注意が払われていません。農村部の障害者だけではなく、すべての障害者にもっと配慮する必要があると思います。新たな「十年」ですべての障害者が恩恵を受けられるよう、これまで以上に注意を払わなければならない障害者グループがたくさんあると思います。

参加者　国連による雇用の機会均等化実現方法に関する言及がありませんでしたが、国連には、雇用の均等機会を実現する具体的な方法があるのでしょうか?

高嶺　豊　第一に、雇用についてはＩＬＯ（国際労働機関）の管轄になり、ＥＳＣＡＰは各機関の調整機能を担っております。障害者の具体的な雇用についてはＩＬＯより、決議や指針は加盟国から提出されることになっています。雇用については、国際条約があります。障害者の職業リハビリテーションに関する強力な条約です。フィリピンと日本は、既にこの条約を批准していますから、政府に対し、条約の条件を実施するよう要請できます。大切なことは、政府がどの条約に調印したのか、ＩＬＯなどの機関で何を約束したのかを障害者が把握することです。そうした条件を把握・検討すれば、これとこれがまだ実施されていないと政府に要請できるわけです。これは、障害者が政府と協力していくための一種の道具なのです。いくらたくさんの決議を採択しても、利用しなければ何の役にも立たないのです。今お話しした条件を調べるのは、皆さんの課題です。雇用であれば、どんな条件があるのかを把握し、政府と対話ができるようでなければなりません。

参加者　アジア太平洋諸国を見ますと、地域により主要産業、習慣、文化、宗教が異なります。そして、このことは、女性問題、開発、その他の分野にも関係します。私たちは、伝統的な慣習から解放されたいと願う一方、尊敬もしなければならないと思っています。うまく両者の均衡をとっている例はありますか?

高嶺　豊　今、国際協力プログラムの中心問題に触れられたと思います。日本やオーストラリアやその他の先進国の多くの人が、開発途上国の農村部の人々を支援しようとしています。しかし、実際に現地に行って人々の真のニーズを知らなければ、既存の制度を破壊するだけで代わりとなるものがないのです。支援を受ける側の人々のイニシアティブが必要であり、私たちも彼らを尊重しなければなりません。

一つ申し上げたいことは、国際協力は、資金や資源を提供することだけではないということです。経験の共有も非常に大切なのです。例えば、日本での自立生活プログラムの経験は、発展途上国で自分たちの自立生活プログラムをつくろうとしている人々と分かち合うことができるのです。このような経験を共有することができるのです。ですから、重要なのはお金だけではありません。情報も分かち合えるのです。

参加者　私たちは発展途上国に支援を提供し、アジアの三カ国で活動をしています。その際、我々が最初にしなければならないことは、対象地域のことを知ることです。彼らが何を必要としているのかを理解しなければなりません。地元の特徴・風土・環境を把握しなければなりません。ある国でうまくいったからといって、他の国で同じ方法が通用するとは限りません。

参加者　アジアでは、障害者というと男性障害者のことを指します。女性の障害者が置かれている環境はまだ遅れていますが、女性の障害者の社会参加を促す方法はありますか？

セタラキ・マカナワイ　ＤＰＩは男女平等を理念に掲げています。会議や指導力養成セミナーの開催時、障害者自助組織設立時などには、女性が必ず参加するようにしています。また、オセアニア文化では人々は目立たないようにする風潮があるのかもしれませんが、私たちは性差別を克服するための努力をしています。会議だけではなく、指導者としての役割をも担うよう、障害をもった女性を激励しています。こうした努力は、この地域で積極的に受け入れられ、現在アジア太平洋ブロックでは、障害をもった女性の参加推進が行われています。タイからいらっしゃった同僚の方は、障害運動に携わるようになって間もないのですが、ＤＰＩアジア太平洋ブロックの評議員に任命されました。障害をもった女性には、セミナーなどへの出席のみならず、私たちの組織の指導部でも活躍していただきたいと思っています。

10月17日午後

アジア太平洋障害者の十年

成果と教訓

司会者：中西由起子（日本）

発表者：ロン・チャンドラン・ダッドレイ（シンガポール）

伊藤奈緒子（ＪＩＣＡ）

秋山愛子（ＥＳＣＡＰ）

中西由起子　この分科会では今までの評価というよりも第二のアジア太平洋障害者の十年のあり方を皆様と考えてみたいと思います。私は、アジア・ディスアビリティ・インスティトゥート（ＡＤＩ）、またＤＰＩ日本会議の国際部長です。

「十年」までの歩み、今後ＤＰＩはどう進むべきか……ロン・チャンドラン・ダッドレイ

一九九三年から二〇〇二年までのアジア太平洋障害者の十年は、二人の人の勇気と決断と影響力の成果でした。日本の八代英太氏と中国の鄧樸方《デンプーファン》氏です。彼らの指導力と影響力のおかげで、アジア太平洋障害者の十年が実現したのです。

一九八三年から九二年までは国連障害者の十年でした。これも世界中の人々が求め、そして努力した成果です。一九八一年の国際障害者年を機に、障害者運動の機運が高まり、同年末の十二月四日にシンガポールにてＤＰＩが誕生しました。

国連障害者の十年の次の目標は、我々自身の人権でした。ＤＰＩは、一九九二年に障害者権利条約を掲げましたが、国連は、障害者の機会均等化に関する基準規則を採択しました。当時、私たちの多くの仲間が、希望や信頼が裏切られたとか、望みが打ち砕かれたと感じました。そこでアジア太平洋障害者の十年の必要性を感じたわけです。先ほどお話しした二人が、アジア太平洋地域の政府代表二三名から、資金提供機関

の協力等の確約を取ったのです。

アジア太平洋地域における方向性は、私たち自身が考えなければなりません。世界の障害者の約六〇％がこの地域に集中し、その大多数が農村部にいるという事実を考慮することが非常に重要です。また、我々が紛争や戦争の不幸な犠牲者であるという事実を忘れてはいけません。まず、地雷やその他人間に対する残酷な行為の手段があります。行動計画にもあるように、私たちが、戦争や内戦や紛争の防止を通じて、障害の予防および障害原因の予防を考えなければなりません。

障害者の地位向上には、自立生活へのイニシアティブが重要です。もし地域に根ざしたリハビリテーション（CBR）と自立生活を結びつけることができれば最高ですが、もしそれができないのであれば、自立生活だけでも発展していくべきです。これは、都市部および農村部の両方で検討すべき目標だと思います。また「十年」の遺産として、アジア太平洋障害開発センター（APCD）の設立もあるでしょう。センター設立に寄与したタイと日本の政府にも感謝いたします。

私たちは今後どのように進むべきでしょうか。まず綱領が必要です。我々は人権擁護団体ですので、基本的人権に関する綱領に取り組まなければなりません。まず、社会参加の権利です。あらゆる段階、国際的、国内的、地方レベルにおいて、社会の一員として見なされなければなりません。完全参加も求めます。平等な関係を築き、他分野へ参加していくために必要な権利です。アカウンタビリティ（説明責任）を求める権利もあります。プログラムやプロジェクトを受け入れる際、説明できなければなりません。それが、我々障害者の責務です。そこには、アクセス権もあるでしょう。情報へのアクセス、交通機関へのアクセス、建物のバリア、文化、政治、宗教、結婚など、市民としての権利や個人としての権利です。

中西由起子　ロンさんはDPIの哲学ともいえる考えを形づくってこられた方です。一九九二年に北京でアジア太平洋障害者の十年が話されたとき、ESCAPが提出した一二の行動計画草案の中に「障害の予防」がありました。ロンさんは、「もし障害が予防すべきものであったら、障害ではなく、障害自体が否定的なものになってしまう。予防すべきものは障害ではなく、障害の原因である」と述べられました。それで、現在、私たちは特別なターゲットとして「障害原因の予防」をあげています。このことを私たちは強調していくべきだと思います。

アジア太平洋障害開発センターの理念と活動………伊藤奈緒子

私はタイのアジア太平洋障害開発センター（APCD）の障害プロジェクトを担っているJICAに派遣され、タイの労働・社会福祉省で働いております。センターのかなり初期の計画段階から、主にタイと日本の障害をもつ指導者たちと一緒に仕事をしていました。では、APCDを紹介する二〇分のビデオを見ていただきます。（上映）

APCDの背景を紹介します。一九八三〜一九九二年の国連障害者の十年の努力にもかかわらず、アジア太平洋地域、特に農村地域に住む多くの障害者には、経済発展の影に取り残されたまま、平等な権利も機会も得られず、社会に無防備にさらされたままでした。こうした地域の十分な理解を、ESCAPの加盟国は試み、一九九二年四八会期においてアジア太平洋障害者の十年を宣言し、一九九三〜二〇〇二年までをアジア太平洋障害者の十年としました。「十年」の行動計画には、障害者の完全参加と平等を重要な目的とした、地域協力が盛り込まれました。

一九九八年、五四会期ESCAP会議のときに「障害者の地域支援強化」が採択され、JICAを通して日本政府は、実現可能なセンターの設立を実施しました。特に途上国における障害当事者の支援と「十年」の期間中および後の地域協力が目的です。一九九九年より、タイ障害者リハビリテーション委員会の下にある小委員会でセンターのコンセプトが話し合われ、二〇〇〇年、タイ障害者リハビリテーション委員会が日本政府に開発支援を要請しました。二〇〇一〜二〇〇二年、日本政府はタイ政府とともにJICAの使命について話し合い、最終的に両政府の了解のもと、APCDの準備のためにJICAが二〇〇二年八月から技術支援に入ることになりました。

APCDの理念は「障害者のエンパワメントとバリアフリー社会」です。障害者のエンパワメントとは、自己尊厳と自己信頼、そして最も重要な自己決定のような能力開発をしていくことです。社会のバリアフリーとは、人々の意識に関するバリアフリーと物理的バリアフリーです。

APCDの活動は三つあります。一つは、ネットワークづくりと協力です。APCDは地域のネットワークをつくり、情報を共有して障害者自助団体同士の協力を図ります。二つ目は、情報支援です。APCDは特に草の根レベルのNGOの活動支援として情報センターの役目を担います。三つ目は、人材開発です。障害者自助団体の能力構築、地域に根ざしたリハビリテーション、自立生活、情報コミュニケーション技術へのアクセス、障害のない環境等を通じて人材開発トレーニングを行います。

アジア太平洋地域における障害者のエンパワメントおよびバリアフリー社会の推進のため、APCDは、アジア太平洋地域ネットワークおよび同協力関係を通じ、既存資源、特に情報および人的資源を動員し、利用し、最大限に活用する努力を行います。

中西由起子　日本政府は、アジア太平洋障害者の十年に大きな協力をしています。その一つがAPCDです。この会議の開催にも支援して下さっています。第二次アジア太平洋障害者の十年に対しても、さらなる支援があるでしょう。今月末には日本政府主催でESCAPの会議が開かれ、アジア太平洋障害者の十年の評価を行います。しかし、この会議で私たち障害者は、新しい十年に向けた行動計画により焦点を当てたいと思っています。

新たな「十年」における人権アプローチの強化を……

秋山愛子

アジア太平洋地域は非常に広い地域です。私たちがアジア太平洋地域と言う場合には、トルコやイランも含んでいます。まず、アジア太平洋障害者の十年の進捗をお話しします。障害者の人権にとって必要な文言が、政府の政策にも適度に盛り込まれるようになりました。また、障害者人口やバリアに関するデータも十分修正・改善されたと思います。障害者の住居確保に関しては、アジア太平洋地域では、CBRへ少しずつ移行しつつあります。また、十年前に比べ、自助団体の数が増え、障害者問題には、ジェンダー的側面も加わりました。

次に解決しきれたとは言えない課題についてお話しします。障害者差別を禁じた憲法を含め、一一カ国が法律を定めていますが、法律は施行しなければ紙切れ同然です。そこで重要になるのが、実施および監視メカニズムになります。情報へのアクセスも重要です。障害者が情報技術にアクセスし、それを活用できることは非常に大切です。私たちが行った調査によりますと、非障害者は自由にインターネットにアクセスできるにもかかわらず、障害者の場合は、わずかに四人に一人しかアクセスできません。この大きな情報格差を解消しなければなりません。また、都市部と農村部の間にも格差があります。教育問題もあります。通学している障害児は、全体のわずか二〜五％にすぎません。障害児に関する法令や政策のない国がたくさんあります。

一九九〇年代の十年間にたくさんのことが起こりました。アジア太平洋地域で施行されている一一の差別禁止措置のほとんどは、この十年の間に制定、もしくは修正されたものです。この十年の間、地球規模で、障害者の人権に対する認識が高まりつつあります。

人権や機会均等という言葉は、非常に聞こえが良い言葉ですが、実際何を意味しているのでしょうか？　これは十九世紀からの歴史的過程でもあります。ごく初期の段階で、障害者には社会貢献の能力がないと見なされ、社会福祉サービスの受益者としてしか見なされず、しばしば家族に面倒を見てもらわなければならない状態、すなわち、完全に社会から排除されていたのです。

次の段階では、障害者は個々の能力や可能性ではなく、障害の種類に応じて特別なサービスを必要としていました。障害を医学的に見て、できる仕事の職種を決められていたのです。もしあなたが障害をもって生まれたら、あなたの一生は決まったようなものだということです。

現在、社会は、障害者がある程度の社会貢献能力をもっていると見なしています。障害者も参加でき、機会があると見なされています。ただし、限界を設けており、限定的な程度になります。ある意味で、これにより障害者の社会参加が改善されますが、根底にある基本理念は、障害者には非障害者と同じ能力はないということです。ですから、社会は一定の割合の障害者しか受け入れないことになります。

四番目は、人権のモットー、機会均等または公民権のモットーになります。以前は、障害者は、障害ゆえに社会参加ができないと考えられていました。しかしここでは、障害者が社会参加できないのは、社会が適切な便宜を提供していないからだと考えられています。社会が障害者に適切な便宜を提供しなければ、それは一種の差別と見なされます。恐らく、これが理想的な社会と言えるでしょう。多様性を尊ぶ社会です。ここでは、社会が一人ひとりを個人と見なし、視覚障害者とか車いす利用者などとは見なしません。もし、車いす利用者であれば、その人に必要な環境は社会が整えます。それによって、社会貢献ができるようになるのです。

アジア太平洋地域では、障害者への差別を禁止する法律や憲法が一一施行されています。香港は条例、インドも法律、ニュージーランドとフィリピンは人権法、そしてタイでは憲法を修正しました。マレーシアの憲法には、障害者差別を禁じる条項があると聞きました。また、カンボジアでは、差別禁止措置が現在策定中だと伺っております。

障害者に対する人権アプローチの考え方の好例は、香港の条例だと思います。この法令は、一九九五年に制定され、障害差別を明確に定義しています。もし社会が障害者に適切な便宜を提供しなければ、それは一種の差別になるのです。香港の条例で興味深いもう一つの点は、友人や家族やビジネスパートナーに障害があるという理由で差別されるケースです。例えば、ある人が、香港のショッピングモールにあるマッサージサロンへ行き、ショッピングモールの所有者と契約を結んだとします。しかし、後になって、ショッピングモールの所有者が、視覚障害者をマッサージ師として雇うと聞いたので、契約を破棄したいと言い出します。目が不自由だと壁や施設を壊したりする可能性があるという理由です。そこで、条例に基づき、提訴し、判決は、このケースは差別に相当すると見なしたのです。この条例は、非常に広範なケースを対象としており、その結果、障害者の社会参加を促していると思います。

スリランカにも障害者権利保護法という法律があります。教育、雇用、建物とその周辺へのアクセスに対する差別を禁止しており、非常に良いことだと思います。しかし、この法律は、州政府や個人に障害者施設の設立を奨励しています。DPIは、障害者の施設入所には反対しています。この法律には、社会福祉アプローチと人権アプローチの両方が含まれています。障害者差別禁止法があるだけでは十分ではありません。障害者の権利を自ら主張なさっている皆さんには、ぜひ、既存の法律やその施行過程を厳しい目で見ていただきたいと思います。

今後十年間で何をするのか。DPIは、障害者権利条約の成立を望んでいます。これは非常に重要なことだと思います。私が勤めているESCAPの観点から申し上げますと、大津で開催予定の政府高官会議後、アジア太平洋地域の各国政府は、琵琶湖ミレニアム・フレームワークを採択することになっています。それで私たちESCAPのスタッフは、その枠組みの策定作業を行っています。この琵琶湖ミレニアム・フレームワークの主要テーマまたはスローガンは「障害者にとって包括的で、人権が尊重され、障壁のない社会を目指す」です。

最も主要な課題の一つ目は、二〇〇五年までに政府は障害をもつ女性の権利を守る差別禁止措置をとることです。政府は障害をもつ女性の権利、特に保健サービス、教育、雇用を確かなものにすることによって守るとされています。

二つ目は、権利に基づく障害者問題へのアプローチの推進に関するもので、障害者の市民権および経済的、社会的、政治的権利を守ることです。これは、障害に関する国の政策に組み込まれなければなりません。政府は差別禁止法や政策を導入し、障害者に差別的な既存の法律を見直すべきだと述べられています。このような役割や政策は、国連の人権や障害に関する規則を遵守しなければなりません。

第三の自助組織の項目では、政府は、中央政府から地方政府、立法機関や司法機関を含む国民生活のあらゆる分野において、障害者の代表を増やすべきであると明記されています。これは、差別禁止法という形で促進すべきです。訓練と雇用の項目では、政府は、障害者の権利を守る差別禁止法を制定すべきであると規定しています。情報へのアクセスについては、政府は、障害者の情報通信技術へのアクセス権を監視・保護する法律やプログラムを公布・施行すべきであるとなっています。
最後に、五つの戦略や条項で、様々な分野における差別禁止を明記しています。私はこの琵琶湖ミレニアム・フレームワークは優れた内容になっていると思います。しかし、文書は文書にすぎません。施行されなければ紙切れにすぎないのです。これは、各国政府が行動する際の指針となる文書です。皆様には、この琵琶湖ミレニアム・フレームワークの内容を熟知していただき、同計画の実現に向け、ぜひとも政府に働きかけ、あるいは政府に協力していただきたいと思っています。政府はしばしばこれらの団体を無視したり、障害者団体との協力といっても名目のみで活動が伴わないのが実情です。当事者組織が不可欠であるということです。これまでもやってきたことですが、新たな「十年」ではもっと必要です。

中西由起子　DPIは次の「十年」を実施したいということで一九九九年から行動をしてきました。ESCAPへも要請を出し、他の団体からその必要はないとの意見もありましたが、ついに私たちは新しい「十年」をもつという結論に至りました。これまでの動きを含めて、琵琶湖ミレニアム・フレームワークについて、ESCAPの高嶺さんから簡単に説明していただきます。

高嶺　豊　第二のアジア太平洋障害者の十年が始まりますが、DPIはこの提案をするに際し重要な役割を果たしてきました。
二年前から私たちは「十年」の期間延長に向け、バリアフリー化などの問題に焦点を合わせた新たな「十年」の実現のために、様々なNGOにアプローチしてきました。ESCAPは、NGOおよび障害者組織と年に二度会合を開き、これまでの成果を話し合ってきました。そして、二〇〇一年十二月にハノイでのキャンペーン二〇〇一の際「十年の宣言」が発表されました。その中に、新たなアジア太平洋障害者の十年の提案が盛り込まれ、二〇〇二年五月、日本政府は、アジア太平洋障害者の十年の延長を内容とする決議案を提案しました。また、アジア太平洋地域の各国政府による人権宣言のための特別委員会の支持も含まれ、協力を要請しました。この決議に基づき、国連ESCAPでは、琵琶湖ミレニアム・フレームワークの策定を始めました。これまでの約二年間、我々は、国連、NGOおよび各国政府と地域会議を開催して、草案を策定したのです。二〇〇二年六月には専門家会議を開き、政府代表、NGO、障害者組織が四日間にわたり草案の改訂作業を行いました。現在まだ草案段階ですが、各国に配布されており、今後修正されることになります。ただし、基本的には、内容が大幅に変わることはありません。

二〇〇二年十月二十五日から二十八日、大津市において、高官レベルの会議が予定されており、各国の閣僚レベルの政府代表およびNGO代表の出席によって活発な議論がなされると思います。その会議で、この枠組みが採択される予定です。そして十二月頃には、地域のNGOと国連代表が一堂に会し、各国政府の協力のもと、どのようにミレニアム・フレームワークを実施していくかを話し合う予定です。

参加者　障害者の発展は、教育によるところが大きいと思っています。「包括的で、人権が尊重され、障壁のない社会」と言う場合、障害者の教育の権利はどうなのでしょうか。また、この行動計画に関してですが、どのようにして予算のない政府間事務局が、各国政府に政策や法律を施行させることができるのでしょうか？

秋山愛子　ESCAPは、国際組織としてある特定の政府に対し予算を増やすよう要請することはできません。そのような権限がないのです。しかし、トレーニング、マニュアル、意識向上のためのイベントはあります。また、各国政府に対し、障害者のための資源配分の重要性を強調することもできます。私たちが強調できることは、そういうお金は社会福祉のためのものではなく、障害者への投資だということです。

教育は七つの優先分野の一つで、政府が取るべき措置の一つとして、特に障害児への適切な予算配分が含まれています。もう一つの情報は、琵琶湖ミレニアム・フレームワークの目標達成のために、障害児を含むすべての子どもの教育を義務づけるため、政府は実施機構を伴う立法化を行う必要があるとなっています。

高嶺　豊　国連ESCAPや他の機関がどのような勧告を採択したとしても、それらは、障害者やNGOが政府と協力していくための手段です。政府が十分な資金を投入してくれないとのお話でしたが、政府と協力していくのは、皆様の市民としての責務なのです。ですから、我々は、皆様が活動するための手段を提供していることになります。ESCAPは、政府に強要したり、各NGOへ資金供与を行うことはできません。その代わり、皆様に手段を提供することはできます。皆様は、障害者問題がいかに大切であるかを自国政府に納得してもらわなければならないのです。我々はまだまだ頼りすぎていると思います。ただ主張するだけではなく、実行していかなければならないのです。皆様の行動は、必ず成果を伴います。

参加者　アジア太平洋障害開発センターを他の国にも設立する将来計画はあるのでしょうか？

伊藤奈緒子　今の時点で、この地域の他の国に同じセンターを設立する計画はありません。将来的には、アフリカや南米など、他の地域にも私たちのアイディアを広げるかもしれません。

参加者　かなり先の話ですけれど。規模の小さなセンターでも、ＡＰＣＤと提携できますか？

伊藤奈緒子　現在、この地域の国々にある既存の組織に窓口となる団体を設立しようと考えています。それら既存の組織に、私たちのビジョンや使命を分かち合ってもらえるようお願いしたいと思っています。二〇〇三年にかけて、何カ国か訪問する予定です。その後で、窓口となる団体と試験的に我々のビジョンや使命を共有しようとしています。そして我々の活動、特に情報の提供および人的資源の開発における協力を要請する予定です。

参加者　障害者に対する差別を禁止するのは非常に良いことですが、アジア太平洋地域で、実際にどのように取り組むのでしょうか？　具体的な例を教えていただけませんか？

秋山愛子　世界的には差別禁止法が必要だという機運が高まっています。日本にもこういった運動があると思います。既に法案を策定しているという団体もありますし、政党も差別禁止法を制定すると言っています。今申し上げたことは、全体像です。地元の議員に協力をしたり、世界では重要な潮流があるということを地元の政治家に話したり働きかけをしたりできるのではないでしょうか。

ロン・チャンドラン・ダッドレイ　これらの法律があるか否か、そしてどのように発布するのか。世界中の既に法律を施行している国々のモデルを見てまわることもできます。

秋山愛子　ＡＰＣＤプログラムには、条約にかかわるコースがあります。法律の文言を学ぶだけではなく、法律の精神について論議できます。このようなトレーニングコースは非常に興味深いと思います。この分野を考えると、ＡＤＡが最も重要です。また、ニュージーランドには、障害者も対象とした人権保護法があります。日本人は、差別禁止という言葉を聞くと、傍観していたいと考えます。しかし、差別禁止は、障害者のみならず、他の人たちもより良い生活を送るための手段なのです。

伊藤奈緒子　ＡＰＣＤは、障害者問題に関する地域ニーズに対応する場です。ですから、ＡＰＣＤを利用する際、この地域における差別禁止法は重要です。差別禁止法や規則を詳しく説明するためのセミナーやワークショップなどを開催したいと思っております。同時に、草の根レベルでは、障害者自身の権利に対する認識が低いと個人的に思っています。特に障害をもつ女性は、しばしば自分たち自身の人権を知らなかったり、彼女たちの権利が侵害されていたり、無視されていたりしています。ですから、差別禁止法を詳しく説明する場合、人権や障害者を尊重しなければならないということについての認識を向上させる必要があります。政府による人権の保護がないということもあります。人々は、自らの生活を主張し守っていかなければなりません。

参加者　アジア太平洋地域には人権に関する委員会や機関があり、アジア各国でワークショップを開催しています。そのような委員会や機関はどのような連携関係にあるのでしょうか。

秋山愛子　私の知る限り、これまで連携関係はなかったと思います。しかし、将来的には可能性が多々あります。アドバイザー的な立場として、国連人権委員会があります。アジア太平洋地域において、近い将来、差別禁止や人権問題分野において、ＥＳＣＡＰと様々な人権擁護団体が協力関係を締結することを楽しみにしています。

中西由起子　まだ質問があるかと思いますが、ここでフロアからの討議もふまえて三つの決議を提案します。第一に、琵琶湖ミレニアム・フレームワークの実施にあたっての障害者団体の参加です。私たちは障害者の参加によって政府に推進を働きかけていくことです。第二に、ＡＰＣＤ、ＤＰＩアジア太平洋ブロック、また各国ＤＰＩに対して法律について研修する機会を設けることを提案します。第三には、アジア太平洋ブロック、各国ＤＰＩと人権機関との連携を築く必要があるということです。今日の分科会はこれで終わります。どうもありがとうございました。

10月16日午前

アフリカ障害者の十年

誰にとっての十年か

司会者：ジョシュア・マリンガ（ジンバブエ）
発表者：アレクサンダー・フィリ（ジンバブエ）
ムカンガ・マーガレット・アグネス（タンザニア）
セベンジル・マテブラ（南アフリカ）

アフリカ障害者の十年の課題　…アレクサンダー・フィリ

なぜ「アフリカ障害者の十年」なのでしょうか。「十年」を実施する際、どのような制約があるのでしょうか。各国政府、援助国、国連、その他開発機関は、「十年」にどの程度コミットできるのでしょうか。

まず最初に、アフリカ障害者の十年は、障害者のために行われる初めての「十年」ではないということを申し上げます。多くの方々は、一九八三年から一九九二年までの国連障害者の十年をご存じのことと思います。この「十年」では、全加盟国が障害者のための行動計画を実行することになっていました。しかし「十年」が終わり、アフリカの多くの障害者団体は、成功も失敗もあることに気づいたのです。

成功としては、さまざまなレベルにおいて障害者が集い、共通の問題について経験を分かち合う機会をもてたことがあげられます。また、障害者の機会均等化に関する基準規則の策定について顕著な成果を成し遂げました。またこの期間中、障害者運動史上かつてないほどの障害者団体や自助グループが結成されました。言い換えれば、一〇年間に障害者運動の発展が加速されたことになります。

失敗としては、資源や宣伝活動が不十分だったことが挙げられます。アフリカの障害者の間では、顕著な生活の質の向上は見られませんでした。むしろ、状況は悪化しました。つまり、恩恵を受けたのは先進国のみで、発展途上国は政府の政治的な意思が弱いために、行動計画を実行に移せませんでした。数多くの困難に直面し、目標を達成できなかったことは明らかでした。

この状況を受けてアフリカの障害者運動が、アフリカ障害者の十年を提言し、ロビー活動を展開するに至ったのです。私たちはまた、一九九三年から二〇〇二年までのアジア太平洋障害者の十年にも奮起させられました。

一九九四年十月に開催された汎アフリカ障害者連盟(PAFOD)第一回総会にてアフリカ障害者の十年が承認され、目的を明確にするために「十年」の概要を説明する文書を作成することになりました。アフリカ連合[1](AU)、AUの前身であるアフリカ統一機構(OAU)との話し合いは、ひっそりと一九九五年に始まりました。交渉の終盤にあたる一九九七年に、PAFODはアフリカ盲人連合、アフリカろう連盟、アフリカリハビリテーション研究所[2](ARI)などの組織の支持を取り付けました。

一九九九年一月、南アフリカのケープタウンで、主な障害者団体が集まって、障害と人権の発展的協力についてアフリカセミナーを開催しました。このセミナーでの決議の中で、アフリカの障害者の十年を宣言するようにアフリカの全政府に要請しました。このセミナーは、アフリカ一四カ国からなる共同事業体と障害者団体の代表およびDPI、世界盲人連合、世界精神医療ユーザー・サバイバーネットワーク(WNUSP)を含む六つの国際障害者団体の代表者により構成されていました。また、ケープタウン・セミナーでは、アフリカ障害者の十年について優先分野がいくつも特定されました。

ケープタウンでの会議に続いて、二〇〇〇年三月には、ジンバブエでARI主催の会議が開かれました。この席上で、PAFODに「十年」の企画・調整・監視・評価の主導的な役割が委ねられることになりました。更に、アフリカ南部、東部、西部、北部、中部の五つのPAFOD地域障害者連盟が、地域レベルで「十年」の活動を調整および監視することについての合意もえられました。

こうしたアフリカ障害者運動のロビー活動に続き、二〇〇〇年七月にトーゴ共和国ロメで第三六回OAU首脳会議が開催され、アフリカ障害者の十年を支持する非常に力強い宣言文が発表されました。この会議の後で、北欧会議も開催され、障害者団体の代表がアフリカ障害者の十年の支持を自国へ連絡しました。

最後に、「十年」について我々が抱いている主な懸念は、目標を達成するための基金が設立されていないことです。つまり、政府や援助国からの財政支援がなければ、トークショー化してしまった先の「十年」の二の舞になってしまうのです。ですから、アフリカの人々自らが組織を通じて、戦略を練る必要があるのです。

「十年」への障害者自身の関心を高めることが必要……ムカンガ・マーガレット・アグネス

国連障害者の十年は、成功とは言えませんでした。二〇〇〇年七月にトーゴのロメで開催された第三六回首脳会議の席上、決議CM／DE 五三五が採択され、アフリカ障害者の十年が政治的に認識されました。二〇〇九年までには、何かが生まれるのではないかという期待が芽生えているのです。

しかしながら、このアフリカ障害者の十年を前に、私たちは問題に直面しています。開始されてから既に数年もたっていますが、未だ一部地域では盛り上がりに欠けています。人々は未だ傍観しているのが現状です。この人々の多くは、こうした運動を知らないのかもしれません。しかし、この「十年」は、障害者のための、障害者による運動なのです。理念は、障害者の代表がつくり上げたものなのです。タンザニアの障害者、特に私の地元では、「誰も自らの努力のみで自由になれないし、他人の努力だけでも自由にはなれない」と述べたパウロ・フレイレの言葉を思い出しています。

「十年」推進のために各国政府、アフリカ連合へのロビー活動を……セベンジル・マテブラ

私は、政府で働く障害者として、政府側の立場からお話しさせて頂きます。

「アフリカ障害者の十年は誰のためのものなのか」という質問に対し、障害者のための「十年」であると即座に答えるでしょう。最終的な受益者は、障害者なのです。しかし重要なことは、現実のものにするには、政府による後押しが必要だということです。私は、いくら熱心に訴えたとしても、自分たちには同胞のために国家を変えるほどの力があると考えてはならないと思います。我々は、大海の一滴にすぎないのです。先進国と発展途上国双方の政府が参加しなければ、「十年」は未来の夢のままだということに注意すべきなのです。

南アフリカはAUの第一回議長国であり、「十年」の実施のためにアフリカ各国が各々の役割を果たすことができる目に見える制度を設立する責務を有しています。最も重要な第一歩は、活動を調整する事務局の設立です。アフリカ障害者の十年をAUの決議として採択したということは、政府省庁が障害者団体・人権団体・国連各機関を含む国際機関およびAU専門機関と協力して、「十年」の行動計画を実施する必要があることを意味している点を強調したいと思います。

ＡＵの最近の規定では、「十年」について具体的に言及している箇所が二カ所あります。労働の保障と貧困の軽減の箇所では、全国レベルで実行するために必要な資源を提供するよう求めています。これは、二〇〇二年七月九、十日に討議された項目です。「十年」に言及している決議の第二の部分は、Ａ～Ｈ章の第七項で、これは、「十年」の実施に関する要件について、ＡＵの加盟国に具体的な答申をしているものです。Ｅ項では、障害者プログラムを「効果的」に実施し、すべての障害者問題を調整し、障害者を国家プログラムに含めるために、加盟国が障害者問題に対応している全省庁に対し、「適切な」ではなく「十分な」資金を割り当てることとしています。皆さん、これらＡＵが確約した文書は、非常に重要です。

最後に、「十年」の推進活動のために、政府省庁や部局は、目標・成果・活動・予算を策定しなければなりません。そして、二〇〇三年七月までには、アフリカ各国政府による「十年」の実施が順調に進んでほしいと願っています。

私は政府の職員ですので、特別な、非常に恵まれた立場にいると思っています。政府関係者が集まる会議に出席しますが、アフリカから障害者が政府関係者として出席することはほとんどなく、通常私だけだからです。そしてほとんどの場合、私が「十年」について話すと、他の人たちはまるで火星に降り立ったかのように私を見るのです。私たち障害者一人ひとりが、障害者が実際に直面している問題を知らずに障害者問題に関する会議に頻繁に出席している政府関係者をまき込むことが重要だと思います。ですから、皆さん、ぜひ政府へのロビー活動を続けて下さい。

ジョシュア・マリンガ　アフリカ障害者の十年の事業計画[3]を簡単に説明させて下さい。まず、ＡＲＩが政府の活動を調整し、ＰＡＦＯＤと他の障害者団体の調整をすることになっています。事業計画は、ＰＡＦＯＤおよび他の障害者団体と協力し策定されました。活動の目標は、皆を参加させることです。

参加者　いろいろな活動が始まってはいるけれど、その活動はあまり知られていないという印象を受けました。私はナイジェリアから来ましたが、初めて知りました。

参加者　私は、ＰＡＦＯＤおよびＰＡＦＯＤより更に上の体制について伺いたいと思います。ＰＡＦＯＤとＡＲＩの関係、「十年」を実施する際にＡＲＩの使える財源の規模に関するものです。

アレクサンダー・フィリ　私個人の意見では、ＰＡＦＯＤとＡＲＩは必要な競争関係にあるように思われます。ＡＲＩの行動計画を見ると、ＰＡＦＯＤの計画を取り入れていることに気づくことでしょう。しかし、ＰＡＦＯＤはそれを知らずに活動を行っているのです。ＡＲＩとＰＡＦＯＤは、同じ財団に援助を求めていることがあります。これは問題だと思います。

セベンジル・マテブラ　障害者団体は政治組織であり、内輪もめや政治ゲームは運動につきものであるということを認識すべきです。私がアフリカの障害者運動に関して非常に問題だと思うことは、指導層に変化がないということだと思います。典型的なアフリカの問題です。指導層の人たちは何年もの間、同じポストにとどまるのです。これは、最初は効果的かもしれません。しかし、時間が経つと、組織も変わり、それに応じて前進しなければなりません。指導層が変わらないというのは、アフリカ大陸の問題の核心と言えるでしょう。ですから、斬新なアイディアが出てこないのです。同じポストに同じ人が何年もいて、変革に抵抗し、障害者が意見を言ってきても、聞く耳をもたずに、組織にとってマイナスになることをしていると私は思います。競争は健全なものですが、破壊的な競争は悪です。このことに関係しますが、資源の問題、先ほどお話ししたように、小さな同じ骨をめぐって競い合っているという問題です。複数の組織が一つの骨を特定し、皆がその骨に飛びつくのです。国際的には非常に深刻な制約があります。「援助疲れ」という言葉が使われているくらいです。

参加者　「十年」は、障害者のためのものです。しかしながら、政府による後押しが必要です。この点を明白にしておかなければなりません。政府が資源を提供し、障害者が「十年」を促進しなければならないというのは、私には非常に難しいシナリオに思えます。もし、障害者団体に能力がないにもかかわらず、「十年」を推進しなければならないとしたら、これは一種の矛盾です。「十年」の資金を提供する政府に依存することになるからです。

中には、南アフリカでは非常に順調で、我々がお手本であるかのように思っている人がいますが、私たちには固有の問題があるのです。「十年」の期間中に、この問題に真っ向から立ち向かわなければ、終わってからも依然として論議しなければならなくなるのです。

参加者　私は、分科会の決議はＰＡＦＯＤに関するものであり、組織内での能力開発を支持する内容であるべきだと思います。第二は、アフリカ障害者の十年の宣伝活動です。「十年」とは何か、どんな役割を担うべきかということについて十分な宣伝活動が行われていないと思います。最後に、先ほどお話のあった財政的な体制は非常に重要だと思います。ＰＡＦＯＤは、「十年」の実施などを支援し、実施する上で基盤となる組織です。

参加者　懸命に課題を整理しようとしていることに、深い感銘を受けました。私が申し上げたいのは、我々一人ひとりが、自国で親善大使となり、政府に立ち向かいながらも、障害者にとって必要なことを主張することが必要です。

参加者　この会議で良かったと思うのは、情報交換です。アフリカでは、なかなか情報交換ができません。今後、情報の共有を継続できるよう、これを機に、我々が時々一堂に会することができるようなメカニズムが必要だと思います。そうすることにより、アフリカ障害者の十年の実施が全体的に強化されるでしょう。

注

1　OAU＝Organization of African Unity（アフリカ統一機構）は、二〇〇二年七月よりAU＝African Union（アフリカ連合）となった。

2　ARI＝African Rehabilitation Instituteは障害プログラムを実施するためにOAUによって設立され、主にリハビリテーションの推進を行っている。障害者団体にとってはAUとの媒介となり、「十年」の推進のために各国政府に対する協力を要請するためには、ARIに直接陳情しその要望をAUにあげてもらうようにする。

3　「アフリカ障害者の十年」の事業計画はPAFODによって作成され、それをAU加盟国に承認させるように働きかけている。つまり、政府が計画を起草するのを待たずに、障害者団体自らが策定した計画書と言える。この事業計画書には、一三の活動、必要となる財源、予想されるリスク、プロジェクトの評価と報告について網羅されている。計画としては、二〇〇三年六月までに少なくとも二〇〇人の障害にかかわる部署で働く政府の役人を育成すること、二〇〇三年十二月までに二〇〇人のリーダーを育成すること等の時限を定めた計画が立案されている。この事業計画に対し、五つある地域障害者連盟はそれぞれの活動計画を作成することになっている。SAFOD（南部アフリカ障害者連盟）は、PAFODが提案している一三の活動から六つを選び、SAFODの活動を作成している。スワジランドの障害者団体の代表によると、SAFODの活動計画をすべて実行することはなく、その地域の実情と財力に合わせてさらに活動を選び取り組むそうである。

10月16日午後

アフリカ障害者の十年

その結果

司会者：ジョシュア・マリンガ（ジンバブエ）
発表者：モハメッド・フォール（マリ）
アイサトウ・バルデ（ギニア）
カルファン・カルファン（タンザニア）

仏語圏にとっての「十年」の中間評価……モハメド・フォール

障害者対策が遅れていると言われているフランス語圏におけるアフリカ障害者の十年の予想される成果と成功させるために取り得る対策について述べたいと思います。

最初に、中央アフリカ、北アフリカおよび西アフリカで直面している問題を申し上げます。一九八三年から一九九二年まで、国連障害者の十年がありましたが、次の理由から期待した成果を収められませんでした。まず、この地域の国々は政情が不安定だったために、障害者問題が重視されませんでした。また、「十年」について周知が徹底して行われなかったため、多くの人々がこの取り組みを知らないまま終了してしまいました。障害者の機会均等化に関する基準規則についても重要なものであることはわかっているのですが、十分活用されていません。これら地域では、団体の設立が難しく、また、十分な支援も得られません。

このような状況で、アフリカ障害者の十年の成果をどのように評価したらよいのでしょうか？　もちろん、まだ三年しか経っていないため、評価をするには時期尚早です。しかしながら、例えば、より広い視点から障害者問題を扱うように政府に働きかけたり、国家レベルまたは地域レベルや障害者団体のレベルで、独自の計画を策定し、独自の方向性を打ち出し、報告書を作成することができると思います。また、私たちは、アフリカのこれら三つの地域国家首脳が積極的な役割を果たすべきだと提案しています。

この他、独自で行っている行動もあります。例えば、アフリカ障害者の十年推進の中心人物である中央アフリカのある国の大統領に直接お会いし、この活動内容を説明しました。また私たちは、北アフリカの指導者から確約をいただきました。二〇〇二年二月にワークショップが開催され、各地域で新たな実行委員が選ばれました。また、地域開発局を母体とした研究会が設立されました。

西アフリカでは、二〇〇〇年十二月に、西アフリカ障害者連盟第六回総会が開催され、以下の事項が討議されました。第一に、障害のある芸術家についてテレビ局が番組を制作し放送すること、障害者の作品を一六加盟国で展示することが検討されました。また、障害者団体の指導者を対象に開発に関するワークショップを開催し、同時に「十年」のための四つの実行委員会を設立することです。マリでは、西アフリカの障害者の権利を監視する組織が設立されました。この組織では、障害者の人権が守られているか否か、法律が遵守されているか否かを監視します。西アフリカにおける「十年」の実施を目的としたグローバルプロジェクトが提案され、プロジェクトが実行に移されることになりました。最後に、汎アフリカ障害者連盟（ＰＡＦＯＤ）事務局長がマリを訪問しました。

「十年」の目標達成に何が必要か……アイサトウ・バルデ

アフリカ障害者の十年の目標は何でしょう。目標達成のために、ギニア共和国では、今後「十年」にどのような活動を具体的にすべきでしょうか。

社会や集落に障害者を参加させなければなりません。そのためには、障害者にかかわる規則を実際に施行しなければなりません。ギニア共和国では、特に、さまざまな社会的および経済的な活動を行い、障害者の参加を目指しています。「十年」の目標達成のために、ギニアでは、地域に根ざしたリハビリテーション（ＣＢＲ）を実施していきます。また、リハビリテーション支援や障害者のための法整備もあります。こうした戦略は、法制度の整備および障害者の保護からなるものです。同時に、障害者に必要なサービスを提供すべく、各種機関の整備も必要です。障害者にも、文化的・社会的責任をもってもらわなければなりません。

各組織が、国連を通じ、障害者の福祉向上へと努力を続けてほしいと思っています。我々が障害者のために更なる貢献をして、障害者を取り巻く環境が更に向上し、今後資金調達の機会が増えることを祈念しております。

計画をいかに実行するかが問題：カルファン・カルファン

アフリカ障害者の十年とは、誰のための十年でしょうか。「十年」には多くの重点目標がありますが、一つ重要な点を申し上げます。「十年」の重点目標は、障害者とその家族の貧困の軽減であると思います。ですから要は、障害をもつ人々の経済的な地位向上をすることであり、能力次第で生活を向上させることができる環境をいかにしてつくることができるか、いかに自立生活を送ることができるかなのです。第二の重点目標は、障害者団体職員の能力開発の問題です。いろいろな面で我々の能力を向上させたいと思います。財務能力だけではなく、管理能力や我々が本当に必要としているものは何かを理解する能力を身に付けたいと思います。

ただここで強調したいのは、「十年」という短期間に実質的な活動が数多く展開されているということです。アフリカ南部など、小ブロックで独自の事業計画を策定しており、これは一歩前進だと思います。PAFODは事業計画を策定し、アフリカのAU加盟国やアフリカ同盟には、「十年」に関する実施計画があるのです。ただし、重要なのは計画の実施です。アフリカの各国政府は、経済的な貧困の問題だけではなく、実行力に欠けると言っていました。素晴らしい計画がたくさんあるにもかかわらず、実行に移されていないのです。ここで、先ほどの能力開発の問題に戻るのです。要するに、これらが私たちの本当の夢なのです。その夢がどのようにしたら叶うのかを考えることが大切なのです。

参加者　ナイジェリアから来ました。アフリカ大陸の各国元首や大統領が、私たちとのプログラムに合意してくださったと伺いました。これは、私たちが政治的勝利を収めたということを意味していると思います。これから、我々は、夢の実現へ向かって行かなければなりません。どのようにしたらよいのでしょうか。プログラムを策定しなければなりません。誰かが行動を起こしてくれるのを待っていてはいけないのです。私たちの首脳は、まだ参加の合意はしていません。アフリカ障害者の十年に関するパンフレットを作り、各国首脳に伝えるべきだと思います。また、一般の人々にも伝えていかなければなりません。

二つ目に、ナイジェリアからの参加者が欠席していることを心配しています。ナイジェリアの障害者問題については、私は全く知りません。ナイジェリアでは何が起こっているのでしょうか。西アフリカでのイニシアチブが話し合われた際、なぜ彼らのことを言わないのですか？

ジョシュア・マリンガ　これまで、ナイジェリアからは、いろいろな形でいろいろな人が参加してきました。最近では、いろいろなグループ、いろいろな部族、いろいろな個人などからなる数多くの団体にお会いしました。この二、三年、私たちは脊髄損傷を負った女性と連絡を取ることができました。この女性は、モハメドや私たちと一緒に、障害者の全国組織設立のための計画策定に協力して下さいました。

参加者　ぜひ、アフリカ障害者の十年を、私たちにとって意義深いものにしたいと思います。アフリカの障害者の基本的なニーズを満たす障害者プログラムを実施したいと思います。アフリカのほとんどの国では、民主主義が確立されていません。公正な選挙も経ずに、国家元首が権力の座についている国もあります。アフリカには、多くの障害者がいます。私たちの活動を促進するために、独自のプログラムが必要です。

参加者　マダガスカルから来ました。私の国は、特別な状況にあります。たくさんのタブーがあり、障害者の多くは貧しく、社会の片隅に追いやられています。私の国では、障害者はタブーの一つなのです。

人口の七五%は、大都市に住んでいます。政府は、より多くの福祉機器や器具を貸与する必要があり、社会もより関心をもたなければなりません。また、NGOの活動を促進する必要があります。

現時点では、広報活動は口伝えに頼っています。人権に関しては、一九九七年に政府が長期計画を策定しました。政府とNGOが協力してこの計画を実行しますが、情報が一般国民にまで伝わりません。アフリカ障害者の十年はあまり知られていません。

もう一つ言わせてください。現在、私たちは、障害者政策を実行しようとしています。まず、「十年」の実施にあたって、本当の意味での障害者運動が展開されることを望んでいます。また、障害者運動の強固な枠組みが構築されることを希望しています。PAFODなどの組織が、責任ある体制をもち、障害者のための活動やプログラムを実施してほしいと思います。

参加者　障害者運動に関してですが、私は、若者にも積極的に参加してもらいたいと思っています。更に、女性にもこの運動で重要な役割を担ってほしいと思います。

参加者　私が実現してほしいと思うことをいくつか書いてみました。第一に、障害問題を解決するために、いかにアフリカ各国政府の協力を取り付けることができるかです。そして、戦争を防止し障害者を助けるために、安定した政府を樹立することも必要でしょう。第二に、障害者も教育を受けられる平等の権利を保障してもらいたいと思います。能力を十分発揮できるような施設を提供してほしいと思います。

参加者　ＰＡＦＯＤは、誰もが情報を入手できるように、情報が社会の隅々まで行き渡るようにしなければなりません。言葉の壁を取り除かなければなりません。正式文書は翻訳し、ＡＵ加盟国は、公式用語で文書を作成し、英語であれ、アラビア語であれ、フランス語であれ、言語については、誰もが平等にアクセスできるようにしなければなりません。これが、第一点目です。

また、ＰＡＦＯＤが会議を開き、アフリカ障害者の十年へ向けて数多くの計画を策定したとしても、そのことを知らない人が大勢いるのです。関係行事について知らない地域もあります。ＰＡＦＯＤは、様々な会議を開催しています。こうした情報は、関係者全員に周知すべきです。情報提供のための適切な組織が必要だと思います。ＰＡＦＯＤそのものも、そうした組織がきちんと機能できるように、支援する必要があります。情報がきちんと行き渡るように監視すべきだと思います。第三に、戦略を変更すべきだと思います。私たちの目標は、定まっていません。何かをしようとするたびに、行き詰まるのです。様々な組織からの支援が必要です。私たちが何らかの目標を掲げようとしても、政府やその他組織が原因で、できない時があります。ですから、私たちの目標を政府の政策課題に組み込んでもらう必要があるのです。発展へのパートナーシップです。私たちは、全面的にＰＡＦＯＤを支持しています。ですから、そうした分野での協力が必要なのです。ＰＡＦＯＤがＮＡＦＯＤ（北部アフリカ障害者連盟）と組織的に協力するための方法を見い出すことが私の夢です。

ジョシア・マリンガ　そろそろ、分科会を終えなければなりません。皆さんが、各組織の権力範囲について興味があることはよくわかっています。しかし、いつでも権力争いに敗れる人もいることも忘れるべきではありません。より大切なことは、青年や女性、知的障害者や子どもたちに障害者運動があるということを知らせるべきでしょう。さらに、健常者にもこのことを知らせて、私たちの運動を支持するように呼びかけていかなければならないと思います。

10月16日午前

女性障害者

人権

司会者：ラエ・ハレル（オーストラリア）

報告者：オリエント・カーンバ（ザンビア）

ジキヌ・ハトゥマ・ガコウ（マリ）

サラ・ジョージソン（ニュージーランド）

小山内美智子（日本）

ラエ・ハレル　オーストラリア障害者協会および、オーストラリア女性障害者協会の代表をしています。女性は、世界中で最も貧しく、最も人権が侵害されています。障害者も同じような立場に置かれています。その二つが重なる女性障害者は、二重の差別にさらされているのです。今日は、女性障害者の人権について話を深めていきたいと思います。

権利に関する女性障害者自身の意識を高める……オリエント・カーンバ

ザンビア障害者連盟に所属しており、ザンビア全国女性障害者協会のメンバーでもあります。

なぜ女性障害者はあからさまに虐げられているのかを考えてみましょう。女性障害者も他の人々と同様の権利をもっています。まず、健康に対する権利です。すべての政府が、国民の最低限の健康レベルが保たれることを願い、健康を支援するプログラムが確実に実行されるようにしています。例えば、きれいな水、食糧、良い環境、病院などへの権利が保障されないような状況でダブルパンチを受けるのは女性障害者です。政府は、女性障害者が健康に対する権利を得られるようにすべきです。私たちはこの社会の一員です。

次に雇用に対する権利ですが、すべての人はきちんとした生活を送ることのできる収入を得るために働く権利をもっています。仕事は、それを通して国の発展に貢献できることにつながり、女性障害者が経済的に自立し、自尊心を高め、社会的に認められるうえで重要な要素です。女性障害者は、たとえ資格をもっていても厳しい状況に置かれています。また運よく職に就いたとしても、昇進や研修の機会がないという点で差別は続きます。しかし、女性障害者にはその資格に見合った職を得る権利があり、同時に昇進する権利もあるのです。

女性障害者が、性と結婚に対する権利を自由に得ることができないのはなぜでしょうか。女性障害者が性的なことを求めるのは好まれません。相手が誰であろうとも性的関係をもつことができれば運がよいと考えられているため、性的虐待に女性障害者は文句を言ってはならないと考えられているのです。また、見合い結婚という文化が存在する場所では、女性障害者はその対象から完全に外されています。女性障害者は障害をもつ男性と結婚すべきだと人々が信じている状況にもかかわらず、女性障害者は個々人の選択によって結婚や恋愛ができるのだと、社会は言いはっています。

現在、最も教育を必要としているのは女性障害者だという事実にも目を向けるべきです。多くの障害者が教育と訓練に関して差別を受け、技術を身に付けることができません。障害児が女の子の場合、教育を受けられないならそれでもかまわないと考えられています。もし教育を受けたとしても、将来的に雇う人はいないし、結婚相手もいないだろうからメリットがないというのです。

ここで、教育の重要性をお伝えするために、ジャニス・アダムスを紹介しましょう。一九五四年七月十一日にアメリカのアイオワ州で生まれました。彼女の両親は自分たちがアッシャー症候群のキャリアだと知りませんでした。この病気は先天的にほとんど聴力をもたず、次第に視力も失うという特徴があります。彼女の両親は、彼女の話す力が伸びなかったため、何か深刻な問題があると感じました。そして三歳のとき、医者が彼女はろうであると判断を下しました。このことに両親は打ちのめされましたが、娘に最良の教育を受けさせようと彼女をミシガン州セントルイスの中央ろう学校に入れました。彼女の視力は次第に悪化していきましたが、勉学をあきらめずに努力しました。そしてついに視力を失いました。彼女は、世界で唯一のろう者の大学であるワシントンDCのギャローデット大学を一九七九年に優等で卒業し、現在は、大学で学んだ知識を生かして自立生活を送っています。結婚もしています。もし教育を受けていなかったら、ジャニスは真価を発揮できず、惨めな人生を送ったことでしょう。

情報アクセスは女性障害者にとっての命綱です。情報へのアクセスがないと、健康・福祉・安全・機会・権利の行使に深刻な影響を与えます。HIV／エイズや子宮頚ガンに関する情報がないと健康が脅かされます。多くの女性障害者は、アクセス可能でわかりやすい表現で書かれた情報を手に入れることができません。特に、性に関する情報は、非常に限られています。

レクリエーションに関して、女性障害者が人の助けを借りて自分がやりたいことを選り好みするのはタブーだと考える人もいます。しかし実際には、自分自身の権利として、自分でしたいことを決めることができます。国がレクリエーション施設を造る際には、女性障害者も利用できるようにすべきです。

生命に対する権利ですが、出生前に障害があると診断されて胎児の生命を奪ってしまおうという衝動にかられるのはよくあることです。アフリカには中絶の合法化を支援している国もあります。私たちはいかなるかたちの中絶に対しても強く反対を訴えるべきです。特に障害を理由とした中絶に対して。それは胎児の生きる権利を否定するものだからです。多くの場合、女性障害者が出産することは望まれません。結婚すると不妊手術や中絶を強いられます。しかし子どもが欲しいと願う人もいるし、子どもを必要としていると考えることもできます。

最後に、意思決定の権利についてお話しします。女性障害者は特にですが、女性は一般的に家族の問題についての意思決定の機会を奪われています。女性障害者の意見は、女性自身にかかわる問題であっても重要ではないと見なされます。すべてのレベルの意思決定において、女性障害者の意思決定の行使が認められるべきです。

結論としてすべての政府に強く訴えたいのは、ここで挙げた様々な権利を女性障害者自身に知らせていくことの重要性です。それぞれの国の政府は、権利および権利侵害に関する女性障害者や国民の意識を高めるような策を講じる必要があります。私は、ジャニスのように意志を強くもちなさいと呼びかけています。女性障害者の皆さん、自分たちの権利のために共に手を携え、声を上げ続けましょう。そして、自分の権利を知り、自分の権利を要求し、自分の権利を守っていって下さい。

参加者　ある盲学校の女性教諭による性教育の実践の雑誌記事を見ました。その中に「結婚を考えられる生徒には、性行為と避妊を教える」とありました。これは「結婚を考えられない生徒」には教えないということです。こうした実践で教師が勝手に生徒を分別していることに、私は怒りと悲しみを感じました。性や結婚についての障害者差別は、世界中にあるでしょう。その具体的な例を教えてください。

オリエント・カーンバ　ザンビアでも、もし女性障害者に結婚相手が見つかれば、運がよかったと言われます。発展途上国では、女性が家の中のことをすべてやらなくてはなりません。田舎ではなおさらです。水の入ったバケツを頭にのせて運ばなくてはならないのです。女性障害者はこういう家の仕事ができないのだから、結婚すべきではないと人々は考えるのです。性に関する知識すら存在しません。

サラ・ジョージソン　そうした差別はニュージーランドにもあります。特に収容施設のようなところに住んでいる知的障害者は性教育を受ける機会が減る可能性があります。

ジキヌ・ハトゥマ・ガコウ　マリでも同じです。今まで障害者の性について語ることはタブーとされてきたので、性暴力があってもそれについて語ることは決してありませんでした。しかし、現在、女性たちは口を開くようになりました。

ラエ・ハレル　オーストラリアでは、自由に情報を得ることはできますが、必ずしもそれらが障害者に利用できるかたちで提供されているとは限りません。また、男性障害者が子どもをもつのはとてもいいことだと考えられているのに、女性障害者への不妊手術は未だに行われています。女性障害者は子どもをうまく育てられないから、というのがその理由だというのです。役所が、ある双子を産んだ女性障害者に対して、二人とも育てるのは無理だろうと一人をとりあげようとしたケースもありました。こうしたことは先進国でも起こっているのです。

参加者　私たちは、生殖に関する選択や、自分が何をしたいのかしたくないのかを、女性障害者自身が決定できるようになるための研修会を開いています。多くの女性障害者が男性に利用され、まるで決定能力がない者のように扱われている現状があるためです。

ジンバブエでも、多くの人が女性障害者に否定的な考えをもっています。医者がすすんで不妊手術を施すケースも多々あります。しかし私たちは、医者とも研修会を開き、障害を理由にする不妊手術は悪いことだと訴えています。子どもを産むかどうかは、女性障害者自身が決めることであり、代わりの誰かが決めるものではないのですから。

参加者　子どものいる女性障害者が、自分の望むようなかたちで子育てができる支援を設けている国はありますか?

オリエント・カーンバ　ザンビアでは子どもがいても女性障害者には十分な支援は行われていません。政府は、彼女たちが問題を抱えていることにすら気づいていません。

ジキヌ・ハトゥマ・ガコウ　女性障害者は、子どもに助けられるときもあります。子どもが、障害のある母親の手伝いをするのです。子どもを育てられると判断されるケースでは育児用品などが供与されることになっています。

参加者　ジンバブエでは、シングルマザーの女性障害者の多くが、養育費を取るための裁判を起こしています。ほとんどの男性は子どもが生まれると、どこかへ逃げてしまうからです。国の情勢が良かった最近までは、公的支援を受けることもできましたが、子どもたちにかかるすべての費用をまかなうには十分ではありませんでした。現在、NGOの中には女性障害者支援のため貸し付けを行っているところもあります。

女性障害者は性的暴力から身を守る術、法的権利も知らない……………………ジキヌ・ハトゥマ・ガコウ

西アフリカ女性障害者協会、並びに西アフリカの特に障害者のためのNGOの会長をしています。私の住む西部アフリカのほとんどの国、なかでもフランス語圏の国は低開発国です。最も深刻な問題は、女性障害者が、性的暴力から身を守る方法や法的権利に関しても知らないことです。医療を受けられるのはごくわずかで、検査台などの設備は女性障害者にはふさわしいものではなく、妊娠している女性障害者に対する社会保健施設の職員の態度にも問題があります。女性の権利を改善するためには、非常に力強いデモンストレーションを行うことが必要です。いくつかの団体からの資金援助を得た組織が、教育プログラムを通じて、女性障害者のおかれた現状を訴え始め、権利獲得に向けて積極的に活動しています。

参加者　韓国では、女性障害者に対する性的虐待が問題化しています。ほかの国では、性的虐待が発生した場合、どういう罰が科せられるのでしょうか?

ジキヌ・ハトゥマ・ガコウ　マリでは、女性障害者を性的虐待して子どもを産ませた男性が、それを理由に職を失う場合もあります。しかし、たいてい男たちは自分の子どもだと認めることはありません。罰則を定めた法律もありません。レイプの立証は女性がしなければならないのです。しかし、男が逃げてしまえば、追跡するのも証拠を提出するのも不可能になります。そうなると、女性障害者は自分だけで子どもを育てなければならなくなるのです。

オリエント・カーンバ　ザンビアでも同じです。男性から性的関係を請われれば、女性はただそれに応じ、それぞれ父親の違う子どもが生まれるのです。私の友人で、父親がそれぞれ違う子どもを六人もつ女性がいます。男は彼女のもとにやってきては、欲望を解放し、子どもを残し、後は何の責任もとらないのです。現在、私たちは女性障害者たちに絶対に屈しないようにと説いています。

私たちは、女性障害者も結婚を望めば結婚をすることができると気づくためのワークショップを開いてきました。また、男性が妊娠や出産に対して責任をとらない場合は裁判に訴えるよう助言し、女性障害者に産ませた子どもに対して、男性にも責任をとらせることができるのだと伝えています。

小山内美智子　最近日本では、女性に対する虐待や児童虐待が大問題になっていますが、障害者の問題は、障害者が山奥の施設に閉じ込められているので、表に出てきていません。ある施設で、女性障害者が男性職員にトイレ介助を頼んだときにレイプされたという話を聞きました。その女性は、その時自分の身に何が起こっているのかわからなかったのだと思います。施設では、職員の言うことを聞かなければいけないという状況に置かれているのです。私は話を聞いて行政に訴え、この職員は首になりました。このような状況は、多くの場所で起こっていると思います。数百人もの障害者を収容する障害者施設は社会との間に鉄のカーテンを作っているようなもので、大変危険な大問題だと思います。

サラ・ジョージソン　統計によると、一六歳になるまでに四人に一人の少女、九人に一人の少年が何らかのかたちの虐待を受けています。障害児に関する数値によると、虐待は非障害児の四～五倍になります。施設で生活している障害者を取り巻く問題は、虐待を告発することが難しいことです。施設外の人々と接触することが少ないからです。

ラエ・ハレル　女性障害者への性的なものを含む虐待は結婚生活の中でも起こりますし、介護者が虐待するケースもあります。しかし、報告されることはほとんどありません。報告したら最後、その後は誰が彼女の介護を行うのか、ということが問題になるからです。

オーストラリアには、暴力の犠牲になっている女性や子どものための特別な避難所があります。しかしこれらの施設のほとんどは利用しにくいもので、知的障害をもつ女性のための避難施設はありません。オーストラリアの女性障害者は、避難所のいくつかを女性障害者が利用できるようにしました。しかしその存在を知らないケースが多々あります。そしてあまりにも怖くて行動を起こせない女性たちがたくさんいるのです。性的差別を受けた女性やレイプされた女性にとって、法廷に行くのはとても怖いものです。突っ込んだ質問がなされる可能性もあります。このためレイプ事件の多くが報告されないのです。多くの女性たちにとっても気持ちの準備ができないのに、まして女性障害者の場合はどうなのか想像してみてください。

参加者　マレーシアではレイプは鞭打ちの刑になることもありますし、刑務所に送られることもあります。服役期間は六カ月から二〇年です。女性障害者や障害児に対する性的暴行の発生率がきわめて高い理由の一つは、特殊教育で性教育が行われていないことによります。子どもたちは、たとえ家族であっても触れてはならない箇所が身体の一部にあることを、教えられていないのです。

障害者全般のニーズと女性障害者特有のニーズの双方に取り組む必要……………………サラ・ジョージソン

ニュージーランドDPIを代表して参りました。二〇〇一年四月にニュージーランド障害戦略（The NZ Disability Strategy: Making a World of Difference - Whakanui Oranga）が政府によって発表されました。これは、障害者にかかわる政府の計画が、どのように障害者のニーズに応えていくべきかを示した文書です。

ニュージーランドの障害者は、非障害者のニーズとその手柄に基づいてつくられた社会の権力構造の中に置かれています。私は、「社会の抑圧理論」＝「障害の社会モデル」と呼ばれる理論に、大きな影響を受けました。この理論が障害戦略の基礎になるものです。「障害の社会モデル」によると、障害者の困難は障害者が悪いのではなく、社会が障害者を排除するようなかたちであることに原因があるとなります。建物や交通などは必ずしもバリアフリーではなく、情報も必ずしも障害者が利用できるかたちでは提供されていません。こういう私たちが経験している抑圧こそが障害なのです。

「社会の抑圧理論」に対するフェミニストの見解では、イギリスのジェニー・モリスが「障害の社会モデル」が発展することを支持しつつ、このモデルでは個人が障害という経験と向き合うことを避ける傾向があると指摘しています。彼女は、自分の身体が経験したことを否定し、肉体的な違いや制約はすべて社会がつくり出したものだとする主張は、人々の誤解を招くと言います。環境上の障壁や社会の態度はきわめて重要である一方で、そうした社会的な障壁だけが障害の経験であるとしてしまうことは、個人の経験する肉体的、または知的な制約や病気、死への恐怖を否定することになるというのです。ですから障害にかかわる問題には社会的抑圧と同時に、障害の個人的な経験も存在することを心に留める必要があるということです。

もう一人、イギリス人のリズ・クロウも「障害の社会モデル」を知る前、自分の障害にかかわるすべてが自分自身の問題で、身の回りのことができるように懸命に努力すべきだと考えていたけれど、「障害の社会モデル」を知ってから、社会の側に差別が存在し、それと闘う必要があることに気づいたと言います。同時に彼女は、多くの人が社会的・構造的変化を通して解決を見つけることにばかり力を入れて、その一方で機能的な障害から起こる経験を無視しているために、障害の現実が失われている危険性があると警告しています。彼女は、人権獲得という意味での障害者の闘いは終わりに近づきつつあるが、個々人が自らの障害と向き合う〈障害との個人的な闘い〉は、ようやく始まったばかりだと言っています。これは、社会がどんなに障害者に優しくても、私たち障害者は常に自分の機能的な障害と共に生きていかねばならないことを意味しています。いかなる取り組みにおいても障害の現実を前面に置くことが重要なのです。

人々が障害戦略の実行に注目しているのは、ニュージーランドには、障害者の社会参加を促す包括的な政策の枠組みがなかったからです。これまでは、それぞれの政府の部署で個別に取り組まれていたため、全体としての障害者問題に対する理解がほとんどなく、必要な支援と受けられる給付の間に大きな落差が生じていました。障害戦略は障害者問題を政治課題に盛り込む手段であり、私たち障害者が社会参加できるように障壁を取り除くための政策を進展させる枠組みを与えてくれます。これは、政府のすべての部署に障害者問題について行動を起こさせる手段でもあります。障害者問題は保健省の管轄になる傾向がありますが、すべての部署が責任を負うべき課題なのです。

障害戦略では、一五の目標と一一三の活動を実施するとしています。これは、構造上の障壁と態度の障壁に取り組み、包括的社会を実現するためのものです。また、この障害戦略には、障害者が政府や地域また支援団体と、尊敬と平等を基本理念とするパートナーシップをもつという方向性が示されています。そうすれば、障害者は、自分たちのやり方で地域の生活に溶け込むことができ、障害者の能力が尊重され、多様性や相互依存が認められ、人権が守られるのです。このビジョンを実現するにはワイタンギ協定の原則を認めることも必要です。これはニュージーランド政府と先住民との間で結ばれた協定で、文化の問題やマオリ族とニュージーランド人との関係に目を向けたものです。

女性障害者関係では、検討すべき課題がいくつかあります。重要なのは女性障害者が自立した存在であり、人生における多くの楽しみを享受できる存在であることの認識だと思います。政策の分析、そして実行にあたっては、障害者全般のニーズと女性障害者特有のニーズの双方に応えられているかを確認しなければなりません。

障害者の生活の現実を反映した政策は、障害者が社会に貢献する助けになります。もし政策が障害者の生活経験を適切に反映しなければ、障害者は不利益を被り続けることになるでしょう。だからこそ、障害分析に取り組む枠組みをつくりあげる必要があるのです。この枠組みは女性問題省がつくりあげたジェンダー分析に類似したもので、政府の部署が自分たち自身に問いかけるチェックリストのようなものです。ジェンダー分析の土台となる根本方針は障害分析にも応用できます。この枠組みは、障害者のためのよりよい政策目標づくりや政策プログラムの一助となるでしょう。

最近、女性障害者がニュージーランドDPIを通じて女性問題省に、ジェンダー分析の障害にかかわる問題が、医療モデルアプローチと併記され「女性の健康戦略」という特別の戦略のなかに示されていることに困惑しているという文書を提出しました。ジェンダー問題に目をやる一方で、障害のことととなると医療モデルの観点から語るのは、大変視野の狭い考え方です。私たちは、女性障害者が問題に関与することに理解を示さないジェンダー分析に強く反対してきました。

障害者問題は女性たち、すなわち女性障害者、介助者、母親、障害にかかわる仕事をもつ女性にとって、とても重要な問題です。歴史的にフェミニズムは障害や高齢化に関する問題を無視する傾向があり、むしろ、女性にのしかかる負担の問題として老人や障害者の介護の問題に焦点を当ててきました。この傾向は女性障害者や高齢女性の現実を否定することです。ジェニー・モリスは、障害や老化の経験をフェミニズム理論のなかに統合していくべきだとしています。モリスが強調しているように、障害者の経験は非障害者の観点から描かれてきたために、障害者の生活には価値がないという見方を広める結果を招いています。このイデオロギーは、胎児に障害が発見された場合の中絶の問題や、安楽死などの論議にはっきりと現れています。最近の女性障害者との相談の中で、女性障害者が今までに直面した最も手強い障壁は、他の女性グループの態度だということが話されました。一般の女性グループは、女性障害者を仲間に入れてくれないというのです。彼女たちは私たちの問題を敬意や注意を払う価値のある問題だとは認めず、どうしようもないことに障害と病気を混同しているのです。

私はこの報告で、障害者全般のニーズと女性障害者特有のニーズにしっかりと取り組む必要があり、適切に応える必要があると強調しました。障害者・家族・障害関連のロビイスト団体が、障害戦略の遂行と監視の継続に積極的に関わるのは、非常に重要です。これは社会政策や経済政策に障害者の視点を組み込むためです。そうなって初めて「尊敬と平等に基づき、障害者が政府・地域社会・支援省庁と意義深いパートナーシップを組む」というゴールに到達できるのでしょう。

障害があろうとなかろうと、恋愛をして結婚をする、それが人間として当たり前……………**小山内美智子**

私のような言語障害者は、発言の機会があまりありません。これは女性障害者に対する差別と同じように大きな問題だと思います。また多くの場合、私たち言語障害者は、理解していなくても理解したふりをされます。これは私たちにとってとても辛い経験です。女性障害者として政治家や他の団体の人々に会う機会がありますが、交渉や対話のなかでは積極的に活動してきました。政治家や政府の関係者と同じテーブルにつけるのは非常に運のいいことです。しかし、他の人はすべて男性だということがよくあります。もっと多くの女性や女性障害者に、そうした場に出てきて話をしてほしいと思います。

一九七〇年代から日本は豊かな国になりました。その理由はベトナム戦争です。その頃、人々は障害者にももっと楽な生活をさせようと考え始めました。しかし障害児の親は子どもを都市部の施設に入所させることができませんでした。費用の問題です。そこで費用のあまりかからない施設に入所させざるをえませんでした。そういう施設では、時には五百人の障害児が共同生活していたのです。アメリカやスウェーデンでさえ、誤った政策がとられたこともあります。中国や韓国なども経済的に豊かになりつつありますので、これらの国の政府が障害者政策を立案するときには正しいことをするよう願っています。障害者には大きな施設を造ればいいのではありません。本当に必要なのは、誰かを愛したり、欲しいものを買ったり、起きたいときに起きるということなのです。障害者プログラムは障害者の手によってつくられるべきなのです。

日本に暮らす障害者が、愛する人と結婚することは非常にまれで、大変難しいことです。莫大なエネルギーを要します。結婚し子どもを授かったときはとても嬉しかったです。マスコミが私の妊娠を聞きつけ、大きなニュースとなりました。しかし妊娠中、私は子どもが健康に生まれるだろうか、障害をもって生まれるだろうかととても心配でした。私は歩くことができません。手を使うことも、上手に話すこともできません。しかし私は不幸ではありません。障害は社会や政府の責任であり、私の責任ではないからです。母は私が生まれたとき「厄介な子を産んだ」とか言われたそうですが、一生懸命育ててくれました。それが私の幸福でした。私も、我が子が障害をもって生まれてきても、私は先輩なのだから私のやってきたことを教えてあげればいいのではないかと妊娠九カ月くらいから考えるようになりました。自分が変わってきたのです。

子どもを産んで、障害がなかったことにやっぱり安心しました。これで社会に言い訳ができると思いました。そのように考えることは、障害をもって生まれてきた子どもを侮辱することになるのではないかとも思いました。でも、やっぱり息子には、学校に行って、できたら医者になってほしいと思ってもいます。障害をもっていない子として生まれてきて、私の使ってきた税金を子どもが返してくれると思ったり、自分の言っていることに矛盾を感じて、悲しくなってしまうのです。

本当に、皆さんも女性として恋愛して、何度も失恋をして、結婚をして、子どもを産んでほしい。私は障害のない人と結婚し、その人の親とは絶交されました。子どもが生まれたら、顔を見に来てくれるだろうと期待していましたが、私の親、きょうだい、友だち、ボランティア、マスコミ、全部来ましたけれども、一番来てほしかった夫の親は来ませんでした。それが、日本の現実です。

私たちは、子どものときから性教育をあまり受けてきません。どうしたら、子どもが生まれるのか知らない人がたくさんいます。そして、障害者が妊娠しても、その親が産んでいいか悪いかを決めて、中絶をさせられてしまうという状況も続いています。そうした理由で、一年に何人の子どもが、殺されているのでしょうか。

日本の施設の多くは、親が経営していますから、障害者自身のことは何もわからないのだと思います。ただ、建物を立派にして、職員の月給を高くすることばかり考えているのです。これから皆さんが地域に帰ってすべきことは、大きな施設は造らない、障害者も街の中で暮らそうという運動をすることだと思います。障害があろうとなかろうと恋愛をして結婚をする、それが人間として当たり前なことだと訴えていく。そうしていかなければ、施設で健康な若者が四百人もいて、三十年もたっても子どもが一人もいないという気持ち悪い状況が変わらないのです。職員はみんな結婚して、子どもを産んでいます。それは、おかしいことではありませんか。日本のようにお金があるのはとてもいいことですが、お金の使い道を間違ってしまうと大変なことになってしまいます。皆さん、たくさん恋をして、すばらしい人生を送って下さい。

参加者　私は不妊症です。結婚して一四年経ちました。夫は非障害者です。女であれば子どもを産むのが当たり前で、子どもを産めないと女ではないということがとても強くあるのではないかな、と思っています。不妊治療の過程で、子どもが欲しくても産めない多くの女性たちと出会いました。その人たちは、社会からの抑圧を受けているという現実を目の当たりにして、不妊は障害なのではないかと感じました。不妊治療をするなかで、周囲の人たちから「障害があるから産まないのですか」とか、「遺伝するから産まないのですか」とか、「子育てができないから産まないのですか」といった言葉をぶつけられました。私は、そうした障壁にチャレンジしたいと思っていたのですが、子どもには恵まれませんでした。そういう不妊の女性たちの人権も守られるべきだと思います。

参加者　妊娠されたときにマスコミの関心が高まったということですが、私はあまりいいことだとは思いません。妊娠中のマスコミの取材についてのお気持ちを知りたいと思います。

小山内美智子　本当は私も静かにしていてほしかった。でも、私のような障害者でも子どもを産んでもいいんだよと伝えることは、ある意味で義務だと思っています。私は一六歳のときに、テレビで同じ障害をもつ女性が自分の赤ちゃんを抱いている番組を見ました。その時に私はすごく驚き、こういう女性がいるんだな、私もそのような女性になろうと決心したのです。あの女性をテレビで見なければ、私は子どもを産まなかったでしょう。だから、私は自分が出産したときもテレビに出ました。それが私たちに与えられた仕事ではないでしょうか。

参加者　私は弱視の視覚障害者です。離婚や死別で女性障害者が一人で子育てをしなければならない状況になったときに、どれだけ社会が支援をする環境をつくれるのかが重大な問題だと思います。重要なのは、結婚だけが女性が幸せになる手段ではありません。女性障害者が自立することのできる環境をつくることでしょう。女性障害者が職を得るのは、現在もなお容易なことではありません。私のような弱視の場合は、全盲の人に適用されるガイドヘルプなどの制度も利用することができないため、状況はさらに困難です。私は、個人の意識の問題以上に社会環境や制度の改善策を考え、制度を充実させていくことが重要だと思います。

参加者　韓国では、福祉活動は地域に強く根付いています。女性障害者向けの福祉活動もあります。障害がなくても仕事がないという女性は、女性障害者の介助者として福祉施設で働くことができます。別の言い方をすれば、障害者は雇用の機会を提供しているのです。女性障害者と女性非障害者の両者が介助の仕事を通して同じ目線に立つことができ、理解も深まるのです。

　サラさんに質問があります。韓国には、障害者のための五カ年計画があります。どうしたら女性障害者問題を、こうした政策の中に組み込んでいくことができるのでしょうか。私たちは韓国で、障害者差別禁止法をつくる運動をしています。ニュージーランドには、障害者に対する差別を禁止する法律がありますが、その効果はどうでしょうか。

　ザンビアの方とマリの方にも質問があります。自分だけで子どもを育てなければならないとき、特に女性障害者の最大の問題は経済問題ですか。また、そういう女性障害者への経済的支援はありますか。

ジキヌ・ハトゥマ・ガコウ　マリでは、シングルで子どもを育てている女性障害者はもちろん深刻な経済状態にいます。政府からは一定の社会プログラムの枠内で支援がなされますが、女性障害者の子どもたちは街に出て物乞いをすることが多いという事実があります。ですから、私たちはそうした女性たちに収入を生み出すためのプロジェクトをつくろうとしています。

オリエント・カーンバ　ザンビアでも、無職の女性障害者は社会福祉から援助を受けています。しかし、援助金は子ども全員の食事をまかなうのに十分なものではありません。その結果、子どもたちは街で物乞いをするようになります。女性障害者が自分自身の生計を立てることは大変困難です。特に貧しい家族の出身であればなおさら深刻です。

サラ・ジョージソン　女性障害者問題を政策に取り込むためには、女性団体と協力する必要があります。女性団体に私たちのニーズを理解してもらうのです。またＤＰＩのような障害者団体にも確実に女性障害者のニーズを取り入れてもらうのです。そうすることで、より的確に女性障害者問題を政策に取り込んでいく運動が展開できます。現在は女性団体、障害者団体とも女性障害者のニーズを適切に表現しているとは言えません。

参加者　私は障害をもつ若い女の子や男の子たちにとってモデルとなるような成人の女性障害者や男性障害者が、施設での教育等に参加していくべきだと考えます。フィンランドでは既に、いくつかのプロジェクトが行われています。

10月16日午後

女性障害者

虐　待

司会者：ディナー・ラトケ（ドイツ）

発表者：スルーティ・モハパトラ（インド）

マルティナ・プシュケ（ドイツ）

ジョセフィン・シンヨ（ケニア）

平野みどり（日本）

女性障害者への権利侵害と解決の方策……………スルーティ・モハパトラ

私たち女性障害者は最も軽んじられています。このことは二〇〇〇年六月に「女性二〇〇〇年会議――二十一世紀に向けての男女平等・開発・平和」に出席した際に、はっきりとわかりました。私はコフィ・アナン国連事務総長が批准しようとした女性問題に関する文書[1]を見て絶句しました。そこには女性障害者のことはわずか一項目だけ、健康の中にしか記されていなかったのです。こんなことがあるのかと思いました。

どのように女性障害者の権利が侵害されているか、インドの新聞に掲載された記事から紹介します。八月十五日の新聞に、目を両手で覆い叫び声をあげている女性障害者と彼女を救出しようとする警官の姿がありました。二二年間、鎖につながれ監禁されていたため、彼女は太陽がどういうものか知らなかったというのです。また、一四人の知的障害をもつ女性が子宮摘出手術を強制的に受けさせられたというニュースでは、彼女たちは売春婦として利用されようとしていたと報じました。二〇〇一年二月、ポリオにかかった七歳の少女と双子の男の子の情報を入手しました。日雇い労働者の父親は男の子をおぶって学校に送っていましたが、女の子には「家にいなさい」と言いました。そこで女の子は毎日一時間かけて学校に自力で通い、足のいたるところに傷をつくりました。別の新聞記事は、オリッサ州の社会的地位も教養もある家族の話です。この家族は障害者である娘を洗脳して、夕食をとらないように言っていました。夕食をとればトイレに行きたくなる、そうしたら家族は娘をトイレまで運ばなくてはならないから、家族の者は困ると言ったのです。これは無学な家族の話ではありません。私たちはこの件を公開討論会にもち込みました。またメディアや出版社にももち込みました。

私は個人的経験に基づき、障害者の権利侵害を四つのグループに大別しました。家庭での権利侵害、教育機関や職場での権利侵害、公共の場所や地域社会での権利侵害、障害者施設での権利侵害です。

家庭は誰にとっても最も安心できる環境です。こういう場所で権利を侵害するのは、人間として最も悪質な罪を犯しているということです。バヤニという少女がいました。バヤニとは精神異常者という意味です。彼女の家族は彼女に名前をつけなかったのです。父親が亡くなったので、施設に連れて来られました。カウンセリングのとき、カウンセラーが彼女にキャンディを差し出したのですが、彼女はキャンディを受け取るやいなや、服を脱ぎ始めたのです。彼女の父親はキャンディと引き換えに、娘に性的虐待を行ってきたのです。彼女の頭にはそれがプログラムされていて、キャンディを出されたらこれから性行為が起こるのだと思ったのです。

教育機関や職場での権利侵害のケースをお話しします。全員が視覚障害をもつ四人きょうだいがいました。一人の女の子は音楽が好きで、タブラという楽器を習いたいと思っていました。彼女の兄弟はタブラを習わせてもらえましたが、彼女は習わせてもらえませんでした。そこで彼女は誰もいないときに音楽室に入って、タブラを演奏しました。これを見つけた教師は、彼女を何度もムチでたたき、彼女の指は骨折してしまいました。このとき彼女を診察した医師は、身体障害者・知的障害者医療認定理事会の会員で、両親に学校を告訴するように勧めましたが、父親はそれを拒否しました。「この学校には娘を面倒見てもらっていますから。この子も少なくともあと五〜六年この学校に通わせなければなりませんから、私は学校を告訴するつもりはありません」と言うのです。

私は政策立案を担当する官庁の仕事に就きましたが、運悪くその数日後に事故に遭ってしまいました。そこは検討や分析を行うのが仕事であまり歩き回る必要はなかったので、デスクワークに就けてくれるように頼みました。しかし私がリハビリのために転院した頃から、仕事は私に任されなくなり、それに対して何の説明もありませんでした。当時のインドには障害者のための法律もありませんでした。

公共の場所や地域社会での権利侵害です。ある時、障害者証明書を提示して寝台車の券を購入しました。ところが私に指定された席は、上の段の寝台席でした。そこで車掌に、障害者証明書を提示して購入したことを伝えました。車掌は「これはあなたの問題です。私の関知する問題ではありません」と言いました。そこで私は「下の寝台でなければ困ります」と言いましたが、誰も聞いてくれませんでした。最終的には、乗り合わせた乗客が私を上の段の寝台に上げてくれました。その後、苦情を言ったところ「担当した者を停職させる」と言ってきました。しかし担当者を停職させても問題解決にはなりません。大事なのは、どうやって発券係や車掌に、障害者は上の寝台に上れないということを気づかせるかです。また、私が一票を投じようと投票所に行ったとき、そこはアクセス不可能だったため、中に入るのに補助を頼みました。その時「あなたの一票でこの国の政治の流れが変わるわけではない」と言われました。これは自由な国インドの市民の権利を踏みにじる行為です。私たちが取り組まねばならないのはこうした問題です。

結論として申し上げたいのは、女性障害者は男性障害者と比べて、はるかに大きな不利益を被っているということです。発展途上国の女性は男性と比べて、一般的に悪い状況に置かれています。女の子は後回しにされ、栄養失調になる率が高いということもはっきりしています。文化的偏見が根強く、社会の資金や家庭の収入も少ない状況では、女性障害者は隅に追いやられ、社会的にも無視されているのです。女性障害者がレイプやその他の身体的暴力に直面すると、その弱さは何倍にも膨れ上がります。

その解決方法はあります。第一に女性障害者を教育することです。教育は私たちが手に入れることのできる最大の武器であり手段です。第二に、障害者問題は、福祉問題や慈善問題ではなく、経済発展問題であると強調していくことです。第三に、権利の侵害を公共の場で議論していくことです。第四に、障害者運動を主流団体の活動とリンクすることです。

女性障害者への性暴力にどう対処するか……………マルティナ・プシュケ

私はドイツ自立生活センター協議会に女性障害者問題のコーディネーターとして勤務しています。また、全国女性障害者ネットワークの役員という立場でもあります。様々な形態の暴力に遭った女性たちにとって、暴力にどう対処するかということは、大きな課題の一つです。

本題に入る前に、用語についてお話しします。私は意識的に性的虐待という言葉を使いません。性暴力と言ったほうが「力を悪用する、性的レベルでの暴力」という意味がはっきりするからです。

障害をもつ女性や少女は様々なかたちで暴力を受けていま
す。特に構造的暴力が、女性障害者への性暴力を助長させて
います。オーストリアでの研究によると、障害者施設に住ん
でいる全女性の六〇％以上が性暴力の経験者だということで
す。性暴力は障害者施設だけの問題ではありません。多くの
場合、加害者は家族や家族の友人なのです。その一つが、恋人など絶対
となる偏見が数多く存在します。その一つが、恋人など絶対
できないだろうという偏見です。施設職員や介助者が加害者
の場合、加害者は自分の身は絶対に安全だと思っています。
彼らは、いかに障害者が介助に依存しているかということを
知っています。

現在では、女性障害者向けの性暴力に関する資料はたくさ
んあります。知的障害をもつ人たちのためにわかりやすい言
葉で書いてある資料もあります。しかし女性障害者に対する
性暴力を扱うというタブーが破られるスピードは、遅々たる
ものでした。特に施設の中では非常に時間がかかりました。
一方、女性運動の中では長い間、性暴力が取り上げられてい
て、女性のための緊急電話相談や避難所を設置し、性暴力を
報告した場合に法的助言を受けられる法律センターなども立
ち上がっていました。

女性障害者はこういうセンターを利用できるのでしょうか。
私の住んでいる市にはバリアフリーの所は一つもありません。
ドイツ全土でも、女性障害者が利用できる女性のための緊急
電話相談や避難所の数はわずかです。知的障害のある女性が
性暴力を受けたときに利用できる緊急電話相談は存在しない
と言っていいでしょう。女性のための緊急電話相談センター
の職員は、知能の発達が遅れているというレッテルを貼られ
た女性からの相談を未だに恐れて、こういう女性が暴力とい
う行為について話すことはできないだろうと信じているので
す。また、彼女たちが自分では何もできないだろうから、面
倒をみてあげなくてはならないとも信じているのです。しか
し、実際に知的障害の女性に会ったことのある職員はほとん
どいません。知的障害者に対して強い先入観をもっているの
です。他の一般の人たちも同じです。ですから、知的障害を
もつ女性が、女性のための緊急電話相談センターに助けを求
めるということは、めったにないのです。多くはその存在す
ら知りません。知的障害の女性は一緒に生活している人に依
存していますから、助けなしには暴力から逃げ出すことはで
きません。誰かの介助や支援に頼っている女性障害者にとっ
て、これが現実なのです。多くの女性障害者が加害者と共に
暮らし、常に暴力と直面しているのです。

セラピストやカウンセラーに相談する場合はどうでしょう
か。暴力という行為や経験に対処するには、いい手段だと思
います。しかし、私の事務所には、自分にあった女性のセラ

ピストがいないという女性からの電話が頻繁にかかってきます。驚くことに、女性障害者、ましてや知的障害の女性に対応するなど考えられないというセラピストがたくさんいるのです。障害をもつ女性たちは、ほとんどのセラピストが物理的バリアと心のバリアをもっている現実に直面しています。そのため、私の事務所では、利用できる女性セラピストのリストをインターネットに載せる予定です。そうすれば自分たちのニーズにあった女性セラピストを探すことができます。例えば、手話のわかるセラピストなどを探す場合にも使えます。

次に、加害者が警察に通報された場合のことを考えてみましょう。被害女性は、加害者がきちんと処罰されることを望みます。しかしドイツでは、障害者へのレイプと非障害者へのレイプでは刑が違うのです。私は法律には詳しくありませんので、あくまでも素人の観点から事実をお話しします。加害者に抵抗できると法的に考えられる女性に対するレイプ犯は最低二年の刑となりますが、女性障害者や慢性的な病気をもつ女性は加害者に抵抗できないと考えられ、加害者の犯罪エネルギーは他と比べてより少ないと考えられるのです。そのため最低一年の刑にしかならないのです。このような事件では、第一に女性が加害者に抵抗したかという点、第二に加害者がどの程度犯罪エネルギーを使ったかという二点によって判決が下されるということです。例えば、突然眠りに落ちてしまう睡眠発作の女性が発作時にレイプされたら、犯人の使うエネルギーはかなり少ないでしょう。彼女は抵抗できないですから。その場合、加害者は本来なら二年のはずが、わずか一年の刑になる可能性があります。

私たちは四年以内に法律を変えようと行動を始めています。そのためにやるべきは、第一に性暴力を隠すのはやめなければなりません。性暴力は個人の問題ではありません。たとえ家族の中で起こったとしても、加害者を保護してはならないのです。第二の点は、情報公開です。女性障害者に対する性暴力はこのような会議、マスコミ、隣人や同僚の間で論議されなくてはなりません。性暴力の被害に遭った女性たちを支え、守らなければならないのです。それにはバリアフリーの相談センターや、女性のための緊急電話相談センターが必要です。そして第三に、私たちは政治や政治家とのコンタクトは一つ残らず利用しなくてはなりません。ドイツで私たちは障害者差別禁止法を獲得しました。差別禁止法は女性障害者への差別、暴力行為を減らすうえで重要な手段です。

女性障害者への性暴力のタブーをなくすために、私たちは正しい方向に向かっていると思います。おそらく一番大事な点は女性障害者の地位向上でしょう。すべての女性が次のことを知るべきです。「ノーと言っていいのです。あなたの体はあなたのものです。必要なときは誰かの助けを求めて下さい」。

女性障害者への暴力にもう黙ってはいない……………

ジョセフィン・シンヨ

ケニアから参りました。弁護士で、国会議員です。

女性障害者への暴力と一般女性への暴力の唯一の違いは、私たち女性障害者は暴力を受けたときに、それを意識せず見過ごしてしまう傾向があることです。一九九三年、国連総会で「女性に対する暴力撤廃宣言」が採択されました。一九七六年から一九八五年は「女性の十年」です。これ以降、女性運動が高まり、一九八五年、女性に関する戦略的問題の中で女性に対する暴力が議題となり「ナイロビ将来戦略（西暦二〇〇〇年に向けての女性の地位向上のための将来戦略）」が採択されました。しかし、これらへの意識が低いです。

身体的な暴力のみを暴力の定義とすることにも問題があります。私は、心理的虐待・言葉による虐待も暴力の定義に付け加えました。障害をもたない女性にとっては無視できるような問題でも、女性障害者にとっては感情に深く突き刺さるような問題があるからです。女性障害者である私に対する最大の暴力は感情的暴力です。

家庭内暴力は最悪です。人々は結婚していれば幸せだと思い込んでいるから、よけいに深刻です。アフリカでは、女性障害者で結婚できるケースはごくわずかです。「女性障害者の考えは無視しろ」という諺さえあります。私たちの伝統では新郎が持参金を用意します。相手が女性障害者だと持参金は少なくなります。ですからこういう婚姻関係を結ぶと、夫や親戚は女性を際限なく酷使し、虐待します。結局女性はだまされてしまうのです。私も大人になるまでにいくつものケースを見てきましたが、ここで傷口を開こうとは思いません。性的虐待があるのもわかっています。それに苦情を申し立てようとすると、「目が見えないことを神様に感謝しなさい。この男は性行為の喜びを与えてくれたのだから」と言われるのです。

紛争の多い地域では、難民キャンプまで逃亡してくる間に障害を負ってしまう女性もいます。またそれ以前に障害を負っている者もいます。キャンプで彼女たちは性の対象として利用されるのです。彼女たちの周りにいる難民の仲間も、キャンプのサービス供給係でさえ彼女たちを利用します。もちろん抵抗などできません。弱者であり、不利な立場に置かれているのですから。

また割礼の問題があります。女性の外性器を切り落とし、縫い合わせるのです。性交渉をさせないために行われます。女性障害者の場合、完全に縫い合わせてしまい月経もないという部族もあります。これは女性障害者に対する暴力です。障害者から生まれる子どもも障害者だからいらないだろうというのです。

　ここで私が言いたかったのは、もう黙ってはいないということです。犠牲になった人たちは、声をあげるべきです。自分たちの経験をできる限りお互いに話し合おうではありませんか。自分の中にしまってある辛さや痛みは解き放ちましょう。こういうものは私たちを苦しめるだけです。

　そしてもう一つ言いたいのは、女性障害者の人権、法的権利、性的権利についての教育に着手すべきだということです。

　もし私たちが本当に世界に訴えたいなら、女性障害者の運動は主流になる必要があります。このフォーラムのように、私たちが語る場をできるだけ多くもつことが重要です。今後も多くのフォーラムがあります。例えば女性運動では五〇対五〇キャンペーン[2]があります。そこでは私たちの訴えが聞いてもらえますし、主流となる国際法規でとりあげてもらえます。

ジェンダー・セクシュアリティに関する教育が重要課題

平野みどり

　私は、自立生活センター・ヒューマンネットワーク熊本のメンバーです。私は、一九八八年に脊髄腫瘍という病気の手術をして、手術後、両下肢の麻痺になりました。ですから、私は、障害をもってからの世界と、障害をもつまでの世界と二つの世界を経験しています。

　私が、障害を抱えて入院していた時期、病院の職員に入浴の介助を頼まなくてはならないときがありました。その時、当然、女性の職員が介助にあたるのだと思っていたのですが、女性職員と一緒に若い男性職員もやってきて介助しました。私はパニックになり、生まれて初めての屈辱を味わいました。そのときに、障害をもつということはこういう屈辱から始まるのだと実感しました。そして、私はそのような経験は二度としたくないという自分自身の意識を明確にしたと同時に、ほかの障害をもっている人たちが、その人生の中でどれだけの屈辱や多くの困難にぶつかってきたのだろうと想像することができました。その後、それが事実であったこともわかりました。

　私は、一二年ほど自立生活運動をしてきました。一年間アメリカで勉強する機会もありました。そうした経験を経て、私は、日本の障害をもつ女性が、自分も含めて非常にジェンダーにとらわれていると思い至りました。ジェンダーというのは、文化的社会的な性的役割分担のことで、その役割分担を担えない女性は半人前だと見なされてきたのです。ですから、障害をもった身の上で、人を好きになったり結婚をしたりすることは許されないと考えられてきたわけです。私自身も障害をもった時点で、もう恋愛をしたり結婚をしたりすることは二度とないだろうと思っていました。

そうした思いをもちながら活動をしていくなかで、女性運動をしている人たちとの出会いがありました。そこで、女性運動を通して訴えていること、つまり男性優位社会で女性が抑圧され自分を否定したり、男性とのよいパートナーシップを築くことができなかったりするという問題や、時には精神的なものも含めた虐待を受けているという問題と、私たちが障害者として、また女性として生きることや、セクシュアリティも含めた自分のあり方に肯定的になれないという問題は重なっているのではないかと思いました。そこで、私たちはフェミニスト・カウンセリングのセンターを立ち上げることにしました。私は、フェミニズムとの出会いが生き方を大きく変えたと思っています。

フェミニスト・カウンセリングは、女性であれば誰でも受け入れようという主旨で始めたのですが、カウンセリングルームをつくる際に、そこにある段差の問題で仲間と議論になりました。そこにスロープを付けるには予算がかかるということになったのです。仲間たちは、段差くらい手伝うからと言ったのですが、私は、人の手を借りなくても自分でいつでも安心して来ることができる部屋が原則だと思ったので、譲りませんでした。これは一つの例ですが、そこでも障害をもっている人ともっていない人との認識の差を感じました。私たちが、女性障害者の運動を広めていくためには、時には議論をしたり、喧嘩をしたりしながら、きちんと自分たちのことを伝えていかなくてはいけないのだと思います。

日本では、ここ数年、暴力に関する認識が深まり、児童虐待防止法、DV法（ドメスティック・バイオレンス禁止法）が成立しました。私は、男女問わず障害当事者の場合、自分に加えられている行為が虐待なのかケアなのかということが区別して認識できない状況があるのではないかと考えてきました。一般社会では数多くの事件が報道され、多くの虐待が認識されるようになってきました。シェルター（緊急時の一時避難所）や支援プログラムの体制も整ってきています。しかし、障害をもつ女性がそこに相談に来ることや、シェルターに避難してくることは想定されているのだろうか、ということがひっかかっていました。実際、熊本でもエレベーターのないアパートの二階にシェルターができたという笑えないような話がありました。

「女性」というときにはいろいろな条件をもった人がいるのだということを、もっともっと声を上げて訴えていかなければと思います。同時に、この国際会議の大きなテーマでもある国際的な障害者権利条約、国内的な障害者差別禁止法、障害者権利法といったものがDV法や児童虐待防止法を補うものとしてつくられていかなければならないと思います。それによって、障害をもつ女性や子どもたちの権利が守られていく道筋をつけることが必要だと感じています。

そうしたことを踏まえて考えると、やはり教育がとても重要な課題だと思います。一般の女性たちですら、学校でセクシュアリティについてきちんとは教わっていません。それによってボーイフレンドやパートナーとの関係がうまくつくれないとか、いつの間にか服従しているということがたくさんあると思います。特に、障害をもつ子どもたちは虐待の対象になりやすいことからも、しっかりと教えていくことがとても大切だと思います。

まだ施設で暮らしている方もたくさんいます。施設職員に対する虐待防止やジェンダー、性に関する教育は、全然なされていません。そして、就職をした障害をもつ人たちも、職場内で虐待を受けているケースが枚挙にいとまがないほどたくさんあります。私は、そうした問題に関して、きちんと当事者の声をひろえる権利擁護機関が必要だと考えます。また、法的な支援体制と同時に、私たち自身、女性障害者のアイデンティティをしっかり出していくという流れになっていかなければならないと思っています。私たち自身も、虐待や暴力にしっかり「ノー」と言う強さを持ちたいと思います。

参加者　韓国では、虐待に抵抗もしくは争うことのできない人について、実に多くの解釈や定義があります。例えば女性の知的障害者には、検事や裁判官は「身体能力があるのにどうして暴行に対して抵抗できないのか」という質問をなげかけます。もし身体障害者が誰にも見つからない場所に連れ込まれたら、裁判官や検事は「抵抗する精神能力はあるのに、なぜそうしなかったのか」と言うでしょう。暴力に抵抗する能力がないという定義を司法制度がつくってこなかったのです。女性障害者を支援するNGOの中には、「抵抗あるいは争う能力のない人」という表現の削除を提案する人もいます。

マルティナ・プシュケ　ドイツでは障害の定義はすべて法に盛り込まれていると思います。それはすべて医学的定義ですが。抵抗することはとても重要です。ドイツでは、障害種別に女性向けの護身講座がたくさんあります。女性が自分自身を守れるということを知ることは、重要だと思うのです。

参加者　近年、中国は経済が急成長し、障害者を保護する法律もありますし、様々な省庁が障害者保護や障害者問題にかなり力を入れています。政府は、障害者ができる限りの介護や配慮を受けられるよう願っていて、障害者にもできるだけ社会活動へ参加する機会を与えています。一九四〇年代以来、現在までずっと両性は平等ですし、この点を重視してきました。そのため、女性障害者が差別されることはありません。現在は一人っ子政策で家族に子どもは一人しかいません。女の子は男の子よりずっと可愛がられます。女の子は大きくなると、両親に優しくなり、また両親に対する情が深くなるのです。障害児は学校でも社会でも平等に扱われます。

質問ですが、暴力を受けた女性障害者が精神的に立ち直るのを助けるとしたら、私たちには何ができるでしょうか。

スルーティ・モハパトラ　女性障害者へのカウンセリングに必要なのは、殻を破らせること、つまり話してもらうことです。経験を分かち合い、皆で議論することが必要です。この方法をとれば、カウンセリングで言うところの「心理的高揚」をもたらし、元気づけることができます。

ジョセフィン・シンヨ　例えば、誰かがあなたのことを失礼な様子で見る、露骨な様子で見る、障害について不快なことを言うといったことは、暴力なのです。誰かがあなたに対して、大声を上げたり失礼なことを言ったりしたら言い返せばいいのです。相手の言葉をまともに受けて引き下がってはいけません。自尊心が失われてしまいます。言い返すのです。あなたの体験を話せば、相手も学ぶことができます。自分のありのままを相手にわかってもらうのです。そうすると自信がつきます。そうした自信こそ育むべきものであり、獲得すべき術なのです。

参加者　ドイツでは、性的虐待を受けた女性に政府からの支援はありますか。韓国では政府による一定レベルのサポートがあり、性的虐待を受けた女性は健康診断等を受けることができます。

マルティナ・プシュケ　ドイツの政府は、護身講座や女性障害者団体に資金を提供していますし、緊急電話相談センターをバリアフリーにする資金を提供することもあります。しかし実際に暴力を受けた女性を支援しているかといえば、答えはノーです。私たちもドイツにおけるこういう状況に気づいていませんでした。これから女性障害者を暴力から守る法律を獲得するために闘わねばなりません。

参加者　私は、夫と法的手続きを経て離婚に至ったのですが、そこで弁護士は、子どもは私と一緒にならないほうがいいと言ったのです。なぜ、女性障害者は子どもの面倒を見られないと言うのでしょうか?

ジョセフィン・シンヨ　法律的な観点から言えば、結婚および子どもの保護監督者を定めるのは国内法です。例えば、子どもにとって一番の利益を考え、子どもは収入のあるほうの親のもとに行くようにと法律では定められるかもしれません。国際的には、子どもの権利条約が、子どもの利益を最優先しています。ですから子どもは父親にも母親にも会えますが、最善の利益の視点からどこで育てられるのがいいのか考慮されます。
女性障害者は、弱い、貧しい等の理由で子どもの面倒を見られないと言われるとしたら、それは、障害に対する否定的な考え方や偏見からきていると思います。そうでないとすれば、あなた自身の問題かもしれません。実際に養育するのが経済的にできないという問題かもしれません。

参加者　水戸事件[3]の支援者です。事件が起きた当時は、支援者が五〇〇人ほどいましたが、支援者の逮捕によって人々は潮が引くように去ってしまい、現在は三〇人ほどで支援を続けています。質問の一つ目は、マスコミで報道されたときにしか人々の関心が向かず、マスコミもすぐに事件を忘れてしまうのはなぜかということ。二つ目は、どうやったらもっと支援を得ることができるだろうかということです。

平野みどり　これは、司法制度の限界を露呈するような事件でした。小さな町で、地域性がはっきりしているところでは、地域の人々のしがらみのなかで正しいことは正しいとはっきり言い続けられない雰囲気ができてしまうことがあると思います。わたし自身は、そのような事件が起こった場合、かわいそうといった感情だけで運動をするのではなく、事件の被害者を救済する権利擁護機関が機能していくことが大切なのではないかと考えます。

マスコミの問題についてですが、報道記者はセンセーショナルな事件を追いかけるのが仕事だということがありますが、私たちの運動の本質や問題をきちんと理解し、地道に報道してくれるような記者を育てていけたらいいのではないかと思っています。

参加者　自立生活センターのような場所で性教育をプログラムに取り入れるためには、どのようなやり方があるか教えてほしいと思います。また、知的障害者に対して、いまだに子宮摘出手術が当たり前に行われている状況は変わらないと思いますが、そのことについてコメントを聞かせて下さい。

平野みどり　正直に言えば、自立生活センターではこれまでセクシュアリティのことを、男性障害者やフェミニストを含めて話し合うという機会を十分につくってきていません。男性職員はフェミニストからの発言に一歩引いてしまうというところがあって、これは克服していかなければならない問題だと認識しています。女性障害者が自立生活を始める際に、女性障害者同士で話し合う場は設けていて、そこでは議論もしています。そうした場でいろいろなモデルを見て、それぞれの人が自分の生き方を決めていければいいのではないかと思っています。

子宮摘出に関しては、日本でもまだ解決していない問題だととらえています。スウェーデンでも子宮摘出手術が行われていたということで、過去のケースの実態を公開しました。でも、日本では実態に関する情報公開も行われていません。私たちは、過去の子宮摘出手術のケース、また、現在も行われようとしている子宮摘出についてノーという意思を訴えていかなければならないと思っています。本人の承諾を得ずに、その人の身体にメスを入れること自体が問題だと思っています。これは本当に深刻な問題なので、今後もどう取り組んでいくべきか引き続き議論する必要があると思います。

スルーティ・モハパトラ　強制子宮摘出手術については、インドでも大きなニュースになりました。実態を調べれば、何百人ものケースが明らかになるだろうと確信しています。しかし、この問題に対する意識はまだ低いままです。

参加者　セクシュアル・マイノリティの問題についてお話が聞ければと思うのですが。

マルティナ・プシュケ　ドイツでは障害をもつレズビアンが九〇年代中頃からグループをつくっています。私たちは障害をもつレズビアンたちと、地方にベースを置く団体間を結ぶネットワークをつくり、経験や知識を分かち合う活動を続けています。その中から、暴力の経験や様々な種類の権利侵害が浮かび上がってきています。

あるケースでは、移送サービスを使ってレズビアンバーに行くことになっていた女性障害者が、スタッフから「レズ、ゲイ、ホモの所には行かないね」と言われました。明らかに同性愛者を嫌っている人が自分の住所を知っているということで、彼女は脅威を感じました。また、レズビアンの障害者に同性愛者を差別している介助者がついたとしたら、その状況は脅威です。通院の必要がある障害をもつレズビアンにとって、看護師や医師が同性愛者を嫌い差別するような場合、恐怖はさらにつのります。

もう一つの問題は、女性の同性愛が存在するのを無視するということです。レズビアンの女性は、障害の有無にかかわらず「まだ男性を見つけていないだけなのだ」とよく言われます。また、障害をもつレズビアンのパートナーは、看護人やヘルパーだと見なされるという問題です。たとえレズビアンの障害者が「ヘルパーではなく自分の恋人だ」と説明しても、そんなことはありえないと見なされてしまうことが多いのです。周囲の人は、自分たちの思いこみによって他者を見ているのです。

レズビアンの障害者の中には、敵対的な集団からの暴力を恐れて事実を公言しない人や、レズビアンとしての生き方をできない人がたくさんいます。まず、自分自身の身体を受け入れ、認めなくてはなりません。このことは社会に前向きに受けとめてもらうための必要条件ですが、障害は好ましくないものとして汚名を着せられているため、レズビアンの告白はさらなる汚名を着せることになるというのです。

ある障害をもつレズビアンが「私が障害者だというときは、それでもかまわないと思ってくれた。しかしレズビアンだと告白したら、旧友との友情はすぐに消え去った」と現状を表現しています。

参加者　僕の妻と娘には、共に障害があります。妻は、施設や病院や学校で性的虐待を受けた経験があります。他にもたくさんの障害をもった女性が虐待を受けているということは、とてもひどいことだと思います。最近は日本でも「痴漢は犯罪です」というポスターを見かけるようになりましたが、そうした意識を喚起させるようなことが、施設や学校や病院でも行われるべきだと思います。僕の妻の場合には、虐待の後遺症で、男性である僕に向かって怒りを爆発させることがあり、この問題に取り組むことの必要性と難しさを感じています。質問は、日本だけでなく世界で、女性障害者に対する暴力を防止するための意識喚起のためのどのような取り組みがあるのか、僕たちはこの問題にどう取り組んでいくことができるのか、ということです。

この分科会では男性は少数派ですが、男は生まれながらのレイプ犯ではないし、レイプを望んでいるのではないはずなのに、残念なことにこのような悲惨な罪を犯してしまうという現状があります。この状況を変えるためには、ウーマンリブだけでなくメンズリブも必要なのだと思い、僕自身、この問題に取り組んでいます。そこで、発表者の皆さんから男性に対するメッセージがあれば聞きたいと思います。

ジョセフィン・シンヨ　私はできれば暴力の被害にあった女性障害者たちに、このようなフォーラムに来ていただきたいのです。ここは皆が実生活での体験を告白し、自分もこんなことがあったと語る場です。そこから癒しが始まるのです。不本意に施設に収容された人々の間にいても癒しは始まりません。映画館でも会議でも自由な人々が集まる場所を探して下さい。みんなで笑って、泣いてくれる場があります。そこで内面化した感情を解き放つことが必要です。

男性社会に伝えたいメッセージですが、世界は男性優位の社会だということを第一に強調しておきたいと思います。障害者運動の中でさえ男性優位という問題が存在します。主要なポストは、すべて男性で占められ、女性は脇役です。私は、非障害者である主流の男性に「女性に対する暴力は残酷なものであり、いわれのないものである。犯罪である。男性は女性の弱さを認めるべきである。なぜなら私たちはそのように生まれたのであり、利用されるために生まれてきたわけではないからである」と言いたいです。これは、「女性に対する暴力撤廃宣言」の中で言われていることです。男性たちは、既成の文化にしがみつかなければいいのです。男性にも、レイプは間違ったことなのだとわかってほしいと思います。文化的に、食糧や衣服やお金をもたらすのは男性の役割だとされてきました。女性が自立しようとする瞬間に、男性はノーと言います。男性の皆さん、そんな考えは捨てましょう。この社会はみんなの社会です。女性が一家の稼ぎ手でも、政治家でもいいのです。そういう多様性を受け入れましょう。力を分かち合うことを学ばなくてはなりません。今、目の前にある問題は、女性を自分の所有物だと考えていることです。

スルーティ・モハパトラ　男性に対しては、互いの違いを学び理解し、たたえ合うようにならなくてはいけないということを伝えたいと思います。そうなって初めて、共に生きていくことが可能になるのです。

マルティナ・プシュケ　とてもよい質問に感謝します。男性は、女性が重要な役職に就けるように、その機会を与えることが必要だと思います。そして、女性には女性としての経験があるということを男性は認め、女性が「ノー!」と言ったら、それは本当に「ノー!」なのだということを理解すべきです。

平野みどり　日本人の私たちは、男女問わず互いに言葉で十分に伝え合うことが上手ではなかったと思います。あうんの呼吸というように言葉には出さなくても理解し合えるように思われてきましたが、それはありえないと思います。これまで男性は、言いたいことを言う前に行動を起こしてしまいがちでした。しかし、私たち女性は豊かな言葉の世界に男性を導くことができると思います。暴力は間違っているということを女性も伝えていかなくてはならないし、男性も常に相手の同意がなければ次の行動は起こせないのだということを学ぶべきだと思います。私は、レイプや虐待が発展して戦争になるのだと思っています。戦争にかりだされたいと思っている男性はいないはずです。戦争をなくすためには、足下の暴力を根絶していくことが大切です。また、それを法律に反映させていくことが重要なことだと思います。

私は、地方議会の議員です。そこでは五六名いる議員のうち男性が五五名で、私が唯一の女性議員です。もちろん障害をもっているのも、私一人です。こうした世界で格闘して、確実に私たちの声を理解してくれる男性も増えてきました。私自身、議員になりたいと切望して議員になったというのではありませんが、地方で女性や障害者の代表として自分たちの議員を出していこうという動きがあったときには、積極的に受けていただきたいし、取り組んでいただきたいと思います。

ディナー・ラトケ　この世界会議での決議に向けて課題を整理したいと思います。一つ目は、女性障害者に対する暴力を扱う際には、女性であるという理由でも、障害があるという理由でも差別されてはならないということです。二つ目は、性にかかわる問題や人権に関する教育を充実させ、女性障害者が自己防衛とエンパワメントについて十分に学べるようにするということです。三つ目は、女性団体による暴力被害者の支援センターやシェルターが、女性障害者にもアクセス可能なものとして設置されるべきであるということです。

参加者の皆さんに感謝して、この分科会を終わりにしたいと思います。ありがとうございました。

注

1　女性二〇〇〇年会議で採択された文書は、北京行動綱領を今後も実施していくことを明確化することを目的とした「政治宣言」と、現状の問題点と、今後取り組むべき課題が盛り込まれた「成果文書」がある。

2　政治、経済、文化のあらゆる場において女性と男性の数が平等になるように働きかける運動。

3　一九九五年に明らかになった知的障害者の虐待事件。「水戸事件」または、「アカス事件」と呼ばれている。茨城県水戸市のアカス紙器（後に、水戸パッケージに社名が変更された。知的障害者を多数雇用し、優良企業と表彰されていた）というダンボール会社の社長・赤須正夫が、知的障害者に暴力、性的虐待をくり返していた事件。一九九七年三月に、赤須正夫水戸パッケージ元社長に、懲役三年執行猶予四年の判決が下されるが、被害者の支援者が判決に抗議し、器物破損で逮捕されるに至った。

10月17日午前

障　害　児

生存と発達の権利

司会者：カルファン・カルファン（タンザニア）
発表者：スルーティ・モハパトラ（インド）
　　　　ミッシェル・メイ（フランス）
　　　　イダ・ヒルダ・エスカローナ・デル・トロ（キューバ）

「すべての子どもにイエスと言おう」………スルーティ・モハパトラ

「アンジャリ」というプロジェクトについてお話しします。ユニセフは子どものための十年をスタートさせ、そのテーマは「セイ・イエス・フォー・チルドレン（子どもたちにイエスと言おう）[1]」です。しかし障害児が対象となるのは非常に限られた場合だけです。そこで、私たちは障害児も含めて「すべての子どもにイエスと言おう」に変えました。

私たちのプロジェクトには、四つ重要なポイントがあります。まず、参加できる障害を限定せずに、障害種別を超えて参加できるようにしました。さらに、キャンプを開催するときには、障害児と非障害児が一緒に参加するキャンプです。第三点は、子どもたちを競争させないワークショップ形式でプログラムを実施します。四つ目は、奨学金制度です。奨学生の選考は、それを行う委員自身がキャンプに参加し、四つのワークショップ（美術・工芸、ダンス、音楽、演劇）で子どもたちと一緒に行動し、寝食を共にし、観察されているということに気付かれずに行われます。キャンプの最中に最優秀パフォーマンス賞として五人を選び、奨学金を与えます。この子どもたちは異なる五つの学校に進み、美術・工芸、音楽、クラシックダンス、演劇の分野の勉強を続けることができます。このプロジェクトは五年間継続されます。

アンジャリにおける私たちのビジョンは、障害のために傷つきふさぎ込んでいた子どもたちが社会に完全参加できるようエンパワーすることなのです。また、障害児と非障害児が創造的な雰囲気の中で互いを知ることができるよう統合に焦点を当てることです。このことは子どもたちの心を豊かにするだけでなく、インクルージョンや人間の精神の普遍性を強調することができるでしょう。

障害をもって生まれることへの自己否定、障害児の経済利用について……………………ミッシェル・メイ

人間は無限の価値があり、無条件で守られなければならないと思います。具体的に、ペリュシュ裁判があります。ニコラス・ペリュシュ君は、母親が妊娠中に風疹になり、重い障害をもって生まれました。そして、障害をもって生まれたことについて訴訟を起こし、二〇〇〇年十一月十七日に破棄院（フランスの民事刑事系統の最高裁に相当する）で判決が出ました。マスコミはこの裁判について、「障害をもって生まれたことに対して、訴えることができるのか」とまとめました。私たち障害者は、社会に対して「障害者が平等に権利をもち、生きるためには、何をするべきなのか」を訴えていかなければならないのです。

一方、ニコラス君は、「障害者が生まれることを避けるには、どうすればいいのだろう」と社会に問いかけました。しかし、この質問は障害を抱えて生きる人の尊厳に対して、二重に攻撃していることになります。第一に、この質問は私たちの生存権を疑っていることになるのです。第二に、障害者を人間として見ていないと言えるでしょう。

東ヨーロッパのマフィアは、事業を多角化させるために子どもたちに物乞いを強制しているという事実はよく知られています。さらに、マフィアは旧ユーゴスラビア、コソボ、ルーマニア出身の障害者たちを集め、彼らに物乞いをさせています。悪いことに、障害の程度が重いほど、集金率がよいのですが、お金は障害者たちの手には入りません。一日生活するのにわずか一ドル五〇セント（約一八〇円）を手渡されるだけなのです。マフィアによる、障害者の搾取を阻止するためには、マフィアのネットワークを崩壊させるだけでは不十分です。最も重要なことは、障害者が祖国で、きちんとしたサービスを利用できるようにすることです。

結論として、私たちが共通の世界倫理、より深い相互理解、そして社会的に有益で平和を促進する生き方をしていくことを提案します。

統合された場で教育を受けるキューバの障害をもつ子どもたち…………イダ・ヒルダ・エスカローナ・デル・トロ

本日は、皆様にビデオをお見せします。キューバの健康管理制度では、すべての人が平等に扱われます。特に障害児は手厚く扱われます。同様に教育の面でもそうです。このビデオでは特にリハビリ、学習についてご覧いただけますが、これら二つの分野について、キューバで行われていることの一部です。大部分の子どもたちは普通校に統合されています。なかには障害の特性により、それぞれの障害に合った特殊学校に通う子どもたちもいます。すべての子が様々なレベルで教育を受け、才能や熱意があれば大学レベルまで行くことができ、自分の望む専攻で卒業できるようにすることです。ではビデオをどうぞ。（音楽が流れ、子どもたちがリハビリテーションを受けている様子が映し出される。）

参加者　日本の福岡市で公立学校の教師をしています。私は生まれつき脳性マヒで、生まれたときには股関節がありませんでした。今私は立って歩いて、教師として教壇に立っています。それは、二つの非常に重要なことを私の親と教育機関が私に施してくれたからです。一つは、私が立って歩け話せるように、小さい頃に私の保護者が医療機関に通い、保健婦さんがアドバイスをしてくれて、股関節が成長し歩けるようになりました。

しかし、普通小学校に入るときに、周りの親たちはそんな脳性マヒという全身性の障害をもった生徒は、自分の子どもの勉強のじゃまになるから養護学校に行ってくれないかと言いました。しかし、普通小学校の教師や私の親は、絶対に地域の普通小学校で勉強するべきで、私は地域の普通小学校、中学校、大学といろんな壁を周りの人たちと連帯することによって、うち破ってきました。障害児を普通学校へ行かせようと、障害者を教師にしようと訴えてきました。

参加者　ろう者です。大阪から来ました。聾学校で働いています。

キューバの方に聞きたいのですが、高等部の生徒の五〇％が一般の学校から聾学校に入学してきました。その生徒たちに、少し前にアンケートをとったことがありました。その中で、「聾学校にきて一番良かったことは何か」という質問がありまして、返事として、「コミュニケーションをとれること」と書いてありました。私自身も小学校から大学までずっと一般の学校でやってきました。自分の経験でわかるのですが、聞こえる人たちの中にいる場合、私は一人とか二、三人の会話はわかります。でも、集団で話をしているときに全くわかりません。ですから、コミュニケーションができるようになるとうれしいというのがあるのです。

参加者　私の場合、子どもが障害をもっていて、私の連れ合いも聴覚障害をもっているということで、保育園に行ったときなど、子ども同士のやりとりのなかではほとんど差別が起きてないんですが、連れ合いに障害があるため子どもたちの親が遠慮してしまっています。子ども同士のコミュニケーションをとるときに、親がうちの子どもの所に行かせないというかたちをとっています。差別を取り除くためのプログラムなどがあるのかお聞かせ願いたい。

スルーティ・モハパトラ　インドでは、現在インクルーシブ教育に力を入れています。政府は現在、普通校の教員に対して障害児のニーズに適切に対応できるように訓練するようにしています。早い年齢から始めれば、統合は非常に簡単に実施できることがわかりました。ですから、現在インドでは保育園から中学、高校までインクルーシブ教育に力を入れているのです。

参加者　私は、知的障害をもつ子どもの親です。生後六カ月で、遺伝性の疾患が発見されまして、その時医者は「将来的な展望がない」ということを宣告しました。その宣告を聞いて、子どもの将来が全く見えなくなってしまいました。その子を産んだ母親は、自身の展望も失って子どもを見捨ててしまい、私はその後、その子の母親になったのです。ここで提起したいのですが、障害をもつ子どもに対してだけではなく、子どもが生まれた時点での親に対するサポートが必要だと思います。

スルーティ・モハパトラ　政府からの支援に関して、インドの状況をお話ししましょう。インドでは現在、胎児の異常を早期発見する超音波診断を実施していません。お腹の子が女の子だとわかると、中絶する人がいるからです。ですから、政府は大変厳しい姿勢をとってきました。子どもが生まれた後、年金、障害児の無償教育、無償医療サービスなど多くの支援策があります。政府の取り組みによって、インドでは障害児の捨て子の数は減ってきています。

参加者　バングラデシュから参りました。私の国では、障害をもつ子どもたちは社会から無視されています。教育も受けられません。教育施設がないのです。私たちの教育政策は子どもや学生のためのものです。ユニセフが指揮をとっていますが、なぜ教育政策に障害のある学生が含まれていないのかわかりません。

スルーティ・モハパトラ　私たちはユニセフの事務所を訪ねたとき、障害児向けには何のプログラムもないことがわかりました。そこで、「障害児用の特別プログラムは、必要ありません。教育であれ、レクリエーションであれ、余暇活動であれ、どんなプログラムを運営していても、一番やらなければならないのは、そこに障害児を参加させることです」と伝えました。現在オリッサ州でユニセフが運営しているプログラムのほとんどすべてに、障害児が参加しています。

参加者　政府をどのように動かしているのでしょうか。

スルーティ・モハパトラ　とても簡単なことです。政府と話すときにお金の話から始めるのです。たいていは、「そんなお金はありません。そんな財源はありません」と言うでしょう。そこでお金は必要ないと告げ、望むことは制度を変えてほしいだけだと言えばいいのです。特別な学校を運営するには、お金がかかるということを政府に説明するべきです。その一方で、普通校に特殊学級を設置してクラスや授業を増やせば、費用はかなり少なくてすみます。こういうことを始めれば、物事はあっという間に変わることがわかるでしょう。

カルファン・カルファン　発表者に感謝します。また、皆さんが、意見を述べ、質問をして下さいました。本当にありがとうございました。

注

1　ネルソン・マンデラ氏とグラサ・マシェル氏の二人が呼びかけ人となってはじめられたグローバル・ムーブメント・フォー・チルドレン（Global Movement for Children）は、二〇〇〇年五月に始まった。運動の一つに、二〇〇一年四月より開始された「セイ・イエス・フォー・チルドレン」があり、世界を変える一〇の基本原則がある。

10月17日午後

障害児

インクルーシブ教育

発表者：デイビッド・リューベン（イギリス）
ガブリエル・オンドゥア（カメルーン）
山崎　恵（日本）
ペニー・プライス（ESCAP）
ローザ・ギマレス（ポルトガル）

完全隔離からインテグレーション、そしてインクルージョン・差別禁止へのイギリスの経験……………デイビッド・リューベン

弁護士としての私の仕事の大半は障害児に関する訴訟で、ほとんどがインクルーシブ教育に関するものです。今日は、インクルーシブ教育の理論と実践についてお話ししたいと思います。またイギリスの法律の枠組みや国際法の枠組みについてもお話ししたいと思います。

では、国際情勢からお話しします。国連の子どもの権利条約は、日本を含めてほとんどすべての国が署名しています。第二三条には、「障害をもつ子どもは可能な限り社会へ統合され、また、個人の発達を最大限保障する方法で教育を受ける権利がある」と書いてあります。また第二八条には、「障害児教育は差別されることなく提供されなければならない」と明確に記されています。そして第二九条は、「教育は、子どもの人格、長所並びに精神的および身体的能力をその可能な最大限度まで発達させることを指向すべき」としています。

この条約が効果的に機能するためには、インクルーシブ教育が実施されることが必須であると思います。なぜなら分離教育、つまり普通教育から切り離された教育は、全く役に立たないからです。その大きな理由は、障害児に自分たちが社

会に属さないと教えるということがあります。また非障害児に障害児は必要ないと教えるからです。そのようにして偏見や差別を助長し、障害児は自分に価値がないと自身を低く評価するようになってしまうのです。私たちの共通の認識だと思いますが、効果的で公正な障害児施策を実施してきた国はほとんどありません。

ここで、歴史的な流れを振り返りながら、イギリスが経験してきたことをお話ししたいと思います。少なくとも一つの国が、この問題について取り組もうとしてきた経過を理解いただけると思います。もちろんイギリスでのモデルが正しいと言っているわけでは決してありません。他の国では違ったやり方が行われましたし、もっと良い方法もありました。

イギリス国内における障害児施策は、障害をもつすべての子どもを隔離することから始まりました。また、この施策は、分離された状態にある、そのほとんどが寮で生活していた障害児に手を差し伸べようという慈善事業やボランティア団体を通じて、イギリスの産業の発展と一緒に進められてきました。長い間、イギリス国内での障害児施策は、街から離れた寂しい場所にある寮で行われていました。これは障害児を家族、友人、地域社会と接触させないためでした。

イギリスでは一九八三年まで、子どもは正常としてレッテルを貼られるか、正常ではないという場合は一一種類に分類されました。この中には医学的診断に基づくカテゴリーもいくつかありましたが、偏見以外の何物でもないものもありました。例えば、身体障害や視覚障害という分類があり、これらは医学的観点にある程度基づいているものもありました。しかし、明らかに屈辱的なカテゴリーもありました。それは「教育基準以下」というカテゴリーです。これは子どもに虐待的なレッテルを貼る以外の何ものでもありません。

このようにイギリスでは、闘うべき過去があったのです。一九八一年、新しい教育法が議会を通過し、一一種類の分類がすべて廃止されました。そして初めて、子どもを中心にすえた施策という考え方が導入されたのです。レッテルを貼ることは、障害児にとってマイナスだっただけではなく、非障害児にとってもマイナスだったのです。なぜなら障害児のカテゴリーに入らなければ、非障害児はすべて同じだと思われたからです。もちろん、そんなことはあるはずありません。人間は皆違うのです。似ているところがあっても、それぞれ異なる長所と短所があります。ですから、障害児にレッテルを貼ることが障害児にとってマイナスになったのと同じように、非障害児にとっても失敗でした。非障害児の個々人を認めないと同時に、現実に子どもたちがお互いに助け合わないという考え方を導き出したからです。

そこで、障害児のためだけでなく非障害児に対しても、児童中心の教育に取り組もうという考え方が発達しました。一九八一年教育法は、可能な場合はいつでも、障害児は普通校で教育したほうが望ましいという考え方を初めて導入しました。その考え方は当時「インテグレーション」と呼ばれていました。しかし、今ではその代わりにインクルージョンについて検討されています。

それでは、私が考える両者の違いについて説明したいと思います。インテグレーションとは、障害児が普通学級でどうにか適応できる場合には、それを可能にすることを認めることです。一方、インクルージョンとは、すべての子どものニーズに対応するよう、普通校の環境を変える必要があることを承認するということです。これは、物理的な環境、カリキュラムだけではなく、普通学級で行われる教育のすべてのことが含まれます。

イギリスでは、特殊学校が全国にくまなくあったわけではありませんでした。田舎では都市部に比べ、特殊学校の数はずっと少なかったのです。その理由は簡単です。田舎に住む子どもが、遠距離通学するのは不可能だったからです。そういいきさつから、田舎では都市部に比べるとずっと早い段階から普通校で障害児を教育する傾向があったのです。当時の教育事情から専門家による教育は必要なかったことがわかります。

一九八〇年代から一九九〇年代にかけて、初めはインテグレーションという考えだったのが、その後インクルージョンに発展しました。そして、障害児のインクルージョンの有効性について多くの研究が行われ、障害児は特別な環境よりも普通の環境で学ぶほうが成績が良いという驚くべき結果が出ました。理由の一つとして挙げられることは、非障害児と一緒に学ぶほうが、障害児に対する期待がはるかに高くなるということです。障害児だけで教育される場合には、それほど期待しないのです。事実、特殊学校の多くの子どもたちには、何も期待されていません。ただ期待しているのは、卒業したあと入所施設に入所することだけだったのです。

インクルーシブ教育のほうが効果的だという別の理由は、特殊学校より普通学校のほうがはるかに幅広い教育を受けられるということです。例えば特殊学校では、様々な科目を提供するには子どもの数が十分でないことがよくあります。というよりむしろ、言語、技術、科学、美術など様々な異なる科目を提供する教師の数が不足しているのです。一方、普通校では、障害児は非障害児と共に幅広い科目を学ぶことができます。それとともに、非障害児に触発され、障害児の将来への希望や期待が広がり、卒業後、大学への進学を希望する子も出てきました。また、仕事の技術を習得したり、職業訓練のため、職人技術を学ぶことを希望します。

インクルーシブ教育への反論の一つとして、普通校に入ると障害児はいじめられるのではないかということがあります。たしかにこういうことは起こります。しかし、むしろ、障害児が普通学級で学ぶようにすることによって、すべてうまくいくというわけではないと心構えをしておくことが大事です。したがって、職員への適切な研修、とりわけ障害平等トレーニングを行い、障害や障害児について抱いていた誤解を考え直す機会をもつことが重要です。普通校でこのようなことが確実に実施されれば、特殊学校よりいじめの数は減ります。特殊学校では、多くの間違った障害に関する情報や障害に対する制約が存在しているのです。特殊学校でいじめがないというのは単に迷信にすぎません。もちろん学校の種類にかかわらず、どんな学校にもいじめがあってはいけません。しかし、よく聞かれる迷信として、障害児は特殊学校ではいじめられないが、普通校ではいじめられるということがあります。事実、インクルージョンが適切に実施されている学校では、このことは真実ではないということがわかりました。もちろん、いじめの可能性はいつでもあるわけですから、学校全体で取り組むことが必要なのです。なぜならば、法律でいじめを禁止することはできませんから

一九九四年、ユネスコはスペインのサラマンカで会議を開き、サラマンカ宣言が発表されました。現在九二カ国が、この宣言を採択しています。

サラマンカ宣言は、国連の「子どもの権利条約」よりさらに明確に、特別な教育ニーズをもつ子どもも普通校にアクセスできるべきであると明確に述べています。したがって、たとえ困難であってもすべての子どもたちに対する教育制度を改善する最善策を採用し、それを実現するための予算を優先的に確保することが各国政府にとって急務となりました。

一方、イギリス国内では、先ほどお話しした一九八一年の新教育法が効果をもたらし、特殊学校で教育を受ける障害児の比率が減少し始めました。地方自治体によって運営されている特殊学校は、閉校され始めました。現在いまだに特殊学校で教育を受けている子どもの比率は約一%、つまり、イギリス国内の子どものうち約一〇万人ですが、この数は減少しつつあります。

二〇〇二年の一月一日からイギリスでは法律が改正されたので、現在は二つの条件に合致する場合のみ、障害児を特殊学校で教育することが法的に認められています。第一点が、両親が普通校を望まない場合。第二点目には、障害児を普通校で教育すると、他の全生徒の教育に影響を及ぼす恐れのある場合です。障害児が普通校で学ぶことができないのは、この二つの条件が揃った場合のみです。したがって、現在は、障害児が普通学級で学べるようになったといえども、多くの

親にとってはこの二つの条件があることが不満であると言えます。したがって、時期がくれば、法律はまた改正されるでしょう。

それでは、ここで分離教育を選択する親について少しお話ししたいと思います。というのも、分離された教育を望む障害グループがあるのも事実だからです。この障害グループは、三つのカテゴリーに分かれます。第一番目は、自閉症をもつ子どもの親です。普通校を望む親もいますが、多くは未だに分離教育を望んでいます。この理由は、私の理解するところでは、専門家による発達プログラム、その多くが一対一で集中して、刺激のない環境で実施される行動修正プログラムに関連しているのだと思います。この親たちは、子どものために普通校以外の学校を希望します。二つ目のグループは、学習する際に特別な困難が伴う子どもたちについてです。読書障害やその他の隠れた機能障害です。普通校はこのような障害を理解していないので、子どものニーズには対応できないと多くの親たちは考えています。そのために、分離教育を望むのです。最後のグループは、非常に重い身体障害をもつ子どもになります。進行する障害である場合など、普通校ではその子どもたちにニーズに応えられないと考えられています。しかし、どのような障害であってもすべてについて言えることは、誰一人として分離教育を本心から選択しているわけではないということです。すべての親は、当面の策として分離教育を選択しているのです。それは、自分の子どものニーズが、普通校では満たされないと考えているからです。こうした親のすべてが望んでいるのは、可能であれば、普通校が子どものニーズに応えてほしいということなのです。このことは、非常に興味深いことです。というのも、分離教育に哲学的に賛同して選択した親に会ったことがないからです。

最後に、イギリスでのインクルージョンの発展についてお話ししたいと思います。二〇〇二年の九月ですからごく最近のことですが、イギリスでは、障害差別禁止法（Disability Discrimination Act = DDA）が教育の分野にまで拡大されました。現在、学校や大学などの教育の場で、障害児や障害者を差別するのは違法です。法的文書の技術的取り決めは非常に複雑です。簡単に言えば、学校や大学が障害のある生徒や学生を差別した場合、法律はあらゆる手段で介入することができると定めています。例えば、学校や大学に児童や学生を受け入れるよう命じたり、差別をやめさせるために学校側に状況の改善を命じることができます。この法律は二〇〇二年の九月、わずか六週間前に改正されたばかりなので、まだ裁判になったケースはありません。しかし、間もなくそういうケースに関わることになると確信していますし、すでにこれに関するケースが出始めています。同時に、多くの学校や大学がこの件に関して少し神経質になっているのは事実です。したがって、イギリスの障害者運動の関係者は、今回の法の改正を大変興奮した気持ちで受けとめています。

参加者　日本から参加しています。イギリスではインクルーシブ教育は、特別なニーズがある子どもたちに合わせて環境も変えるということですが、それは物理的なバリアをなくすということだけではなく、介助員または補助教員などを付けるとか介護者を学校に常駐してもらうようになるとか、そういう人的補助を付けることも含まれるのか教えて下さい。

デイビッド・リューベン　イギリスの法律は、障害児は学校で必要な支援が提供されるべきであると定めています。この支援には、介助者や職員が配置されることもありますし、特別な備品や設備が提供されることもあります。また、特別授業やその他の言語療法や作業療法などのサービスが追加されることもあります。イギリスの法律では、障害児にどんなサポートの追加が必要なのかを決定し包括的に環境を整備するべきであるとしています。

参加者　オーストラリアから参加しています。教員養成大学では、障害児教育に関してどのようなことが行われているのでしょうか。どのような新しい教育課程が発展してきているのでしょうか。

デイビッド・リューベン　障害児教育に関する教員養成は、教育機関により様々です。例えば、イギリスで最大の教育機関の一つ、ロンドン大学の附属機関では、障害児を教える教師に障害平等トレーニングを行っています。そして、私自身も彼らの養成プログラムに関与しています。こういうことがすべての教育機関で行われているのかはわかりません。

参加者　アスペルガー症候群の自閉症の当事者です。日本から参加しています。子どものときには、親の意向で未診断だったので、おとなになってから診断されました。親がラベリングを望まなかったことから、受診の機会も療育の機会もその他のサービスの機会も、親によって否定されて育ちました。それによって、私は普通教育を親によって強制されて育ちました。子どもたちの親に聞くと、実用的な意味から分離教育を望む親はいても、思想的な理由から、心情的な理由から分離教育を望む親には会ったことがないというお話がありました。しかし、それはあくまでも親の選択であって、本人の選択ではないということを成長した後の当事者としてはどうしても強調したいと思っております。私の場合は、別の学校である必要はないにしても、授業そのものは普通学級に通級するという形でかまわないから、でも所属の場だけは類似の障害をもつ子どもたちと接触する場を提供される必要があったと感じています。他の子どもたちを見習うことができるという理由で、普通学級にいることは、より私らしくなく、より自閉らしくなく、統合教育を強制されたという私の自尊心について……。

デイビッド・リューベン　ごめんなさい、中断させてしまってすみません。大変申し訳ないのですが、質問者がいるのでそちらの方の質問を先に。

参加者　イギリスでは二〇年前にインクルーシブ教育を始めたというお話でしたが、これは財政的理由によるものですか？　日本では、障害児が特殊学校へ行くと、年間一千万円かかります。そのため普通校に通わせたほうが、費用がもっと少なくなるという考えの人もいるのですが。

デイビッド・リューベン　多くの関係当局や公的機関がインクルージョンを支持するのは、そのほうが安上がりだと感じているからですが、これに関しては、実際のところ議論があります。しかし、私がインクルージョンを支持している理由はこれではありません。むしろ私は、すべての子どもにとって効果的にインクルージョンが実施されるように、十分な資金確保が行われるべきだと強く訴えたいと思っています。私は個人的には、インクルージョンは人権問題であると思っています。つまり、単に、教授法や教育の問題としてだけではなく、人権問題だと思っています。

物質的・人間的ニーズが満たされないアフリカでの障害児教育……………ガブリエル・オンドゥア

皆様、こんにちは。アフリカのカメルーンという国から参りました。フランス語、英語、スペイン語を教える外国語教師をしています。

それでは、カメルーンの小さな村で障害者が毎日どのように暮らしているのか、そのことをお話ししたいと思います。そういう事実が大切だと思うからです。例えば、障害者年があったとしても、障害者の日々の生活が変わったわけではありません。

今日、私たちはインクルーシブ教育について議論しています。障害児に対する教育については、様々な用語があります。「特殊教育」という言葉を使う人もいますが、なにがそう「特殊」なのでしょうか。障害者が受ける教育だから、特殊だと言うのでしょうか。しかし、ただ教育とだけ言えばいいのではないでしょうか。「特殊」という言葉を付ける必要はないです。教育に何か別のものを付けることによって、障害児の教育を別のものにしてしまうのです。名称というのは、それによって目標を示しますから、使用する言葉や用語には本当に気をつけなければなりません。

　では、インクルーシブ教育とはどういう意味なのでしょうか。インクルーシブ教育とは、ここにいる皆さんに関係することであって、誰かを排除するということではありません。

　私は発展途上国から来ました。私の国は多くの負債を抱えています。こういう国では、障害児教育は大変深刻な問題です。私は一六歳の頃、なんとか両親を説得し、自分の名前の書き方を初めて習うことができるようになったのです。私の弟や妹はすでに中学に通っていました。私の国では、障害児が自分の名前の書き方や字を習うことが教育の第一の課題になっています。実は、それさえ実現するのは大変難しいのです。

　教育は、知的能力、物質的ニーズ、身体的ニーズ、人道的ニーズにも応えられるものであるべきです。このニーズは、障害の種類によって異なります。身体に障害がある場合には、補助的な器具を使う必要があることもあります。動くことのできる子どもならば、松葉杖や車いすが必要なこともあります。そういうものが揃っていれば、子どもたちは学校へ行くことができます。私たちの国では、学校が一〇キロ以上離れていることもあります。時には、隣村や別の村まで通わなくてはならないこともあります。通学には何らかの機器が必要です。こういうニーズはとても高いのです。

　しかし、福祉的な機器がそろったとしても、私の国では道路事情があまりよくありません。ここにいる皆さんが使っているような立派な車いすは、全く整備されていない道路では使い物になりません。ですから、輸入した車いすは使えないのです。私たちの国の現実に合わせた車いすを開発しなければいけません。また、輸入された車いすは、数百フランもします。私の国では、両親がその高価な車いすを購入することなどできません。それを支援してくれる制度などないので、自分で購入しなければならないからです。

　では次に、物質的ニーズについて、視覚障害児を例にあげながらお話しします。私は、以前、約六千~八千人の生徒が学ぶ学校で教師をしていました。ある日、一台のコンピューターが寄付されました。しかしこのコンピューターは、学校の事務でも使われると同時に、生徒も共有したのです。一台のコンピューターを六千人~八千人の生徒が学習用に使っていました。こういうところに私たちは住んでいるのです。私たちの世界では、視覚障害児の物質的ニーズは、点字用の紙を入手できるということになります。また、点字を打つための器具が必要なのです。これが、私たちにとって必要な物質的なニーズなのですが、それさえも満たされることがないのです。

　では、人間的ニーズについてお話しします。これは、教師や職員のことですが、障害児を受け入れ、効果的に教えることのできる教師が必要なのです。そのためには、教師をしっかりと研修しなければなりませんが、しかし私たちの国では、障害児教育のための養成機関がありません。一般的な教師養成機関はありますが、障害児教育のためのプログラムや施設はありません。したがって、障害児は、学校に入学できれば大変運がよく、そういう幸運を感謝すべきだと考えられています。

二年前から、私は障害児のための特別な、これは特別と言わざるを得ないのですが、特別プログラムを実践しています。なぜ、特別と言うのかというと、通常の教育では障害児を受け入れること自体がないからです。ですから、その特別プログラムで点字の読み方を教えたりしています。普通校では、点字でテストを受けられないので、そういうことを変えていかなければ視覚障害をもっている子どもは学校に通うことができません。

インクルーシブ教育を実現するためには、多くの問題を解決しなければいけません。障害児のうち実際に学校に通っているのはわずか五%です。障害児のうち、少女の場合はこの数字ははるかに悪く、おそらく二%くらいではないでしょうか。

このように、私たちは学校へ通うために必要になる最小限の支援から始めなければならないという現実と直面しています。

日本の分離教育制度のあり方を問うた裁判……山崎　恵

幼稚園から小学校一年生まで、統合保育と統合教育を受けてきました。その後、小学校二年生から五年生までは養護学校に学籍を置き、自宅で訪問教育を四年間受けました。その後、小学校六年生からは、以前通っていた特殊学級に籍を置き、小学校一年生のときに通っていた普通学級に再び通いました。しかし、その時は、いまの通級制度、当時は交流教育と言っていたのですが、四科目のみ普通学級で学ぶという形で学校に通っていました。その際の約束として、卒業するまでに小学校での交流学習を増やしていくということがありました。しかし、卒業するまでに、一科目も増えていませんでした。

特殊学級を認めてしまうから交流科目が増えないし、何も改善されないということがわかったので、中学へ入学するときには全面的な統合教育を求めました。少し話が前後しますが、小学校二年生のときになぜ訪問教育を受けなければならなかったかというと、私の両親は共働きで、小学校一年生の入学時には家族が介助に付くということを条件にされたからです。こういう状態は一年間しか続けることができなかったので、二年生になった時点で養護学校に籍を置き、訪問教育を受けなければならないということになったのです。そういうことから、中学校に入学したときには、家族が介助に付くことは不可能だということが明らかでした。当時、一部の地域でしたが、介助員制度といって介助者を付けて学校に通うということが行われていましたので、この制度を利用して中学に通いたいと言いました。ところが、教育委員会側が言ってきたことは、それは不可能であることと介助者の給料を誰が払うのかということでした。

日本では、特殊学級を設置する際には都道府県に対して申請をします。教育委員会は私たちに、本人または両親の同意がない状態では特殊学級の設置申請をしないと言いました。ところが、中学校に入学してみると特殊学級ができていたのです。そういう状況から、裁判に踏み切らざるをえなくなりました。勝つ見込みは薄い、九九％敗訴になるだろうという見込みで始めました。裁判を始めた理由は、この日本の状況に対して何も考えていない行政、つまり教育行政のあり方がおかしいのではないかと思ったのです。これが、裁判に踏み切った理由の一つ目です。そしてさらに、障害児が特殊学級や養護学校に強制的に入学させられても何も言えないような状況下にあることがおかしいと思ったということもありました。これらの二点について、訴えたかったわけです。

結局、敗訴ということで裁判は終わりました。私の中学校の三年間は、裁判によって時間が使われてしまいました。裁判によって実質的な結果を求めているわけですから、早い解決が求められるわけです。中学校を卒業する前に、結果が出なければいけないのです。それなのに、結論が出たのは高校一年生になってからです。

今年（二〇〇二年）の春に改正された学校教育法施行令では、障害児のノーマライゼーションについて新しい提言がありました。つまり、統合教育を目指すというものでした。しかし、インクルーシブ教育の内容としては、例えば視覚障害は点字のワープロやパソコンを使える子ども、聴覚については口話ができる子ども、身体障害については自分の身体的自立ができている子どもに対してだけに限られていて、十年たった今でも、文部科学省は限られた子どもにしか、つまり日常的に支援を必要としない子どもにしかインクルーシブ教育を受けさせません。一〇年前と、今を比べてみても、ほとんど変化がないということが私としては残念です。

今回のＤＰＩの会議では、いろいろな国から会議に参加していると思います。皆さんにこういった日本の現状を知っていただき、日本の政府に対して改善するように批判の声をあげてほしいと思います。またＤＰＩは、差別禁止法をつくっていこうと努力していることを知りました。ですから、差別禁止法に障害児の教育についても含めて考えていただければと思います。

障害児の一〇%未満しか教育を受けられない状況の早期改善を……………………ペニー・プライス

国連ESCAP（アジア太平洋経済社会委員会）で働いています。一九八一年の「国際障害者年」の後、「国連障害者の十年」がありました。多くのものが得られ、進展もありました。しかしアジア太平洋地域では、十分な進展が見られなかったという判断がなされました。大きく変わったのは、人々の障害に対する意識が高まったことですが、実際にはさほどの進展はありませんでした。ですからアジア太平洋地域は、さらにもう一〇年延長することにし、延長のために取り組んだ唯一の地域になりました。この地域の五七カ国で、一〇年延長しました。このうち先進国は、ごくわずかです。

アジア太平洋障害者の十年の行動課題について、この地域の各国政府が同意しこれに参加しました。一二分野は、国内調整、立法、情報、国民の啓発、アクセシビリティとコミュニケーションなどがあり、教育は六番目の分野です。

では教育では、どんなことが起こってきたのでしょうか。カメルーンからいらした方のお話の中で、学校に行っている障害児は五%未満だということを聞きました。自分の地域でどのくらいの割合で障害児が学校に行っているか、皆さんにお尋ねしたいと思います。日本ではおそらく一〇〇%に近いでしょう。しかし私たちはたった今、日本の教育を如実に物語るお話を聞きました。このような現状を打開したいと思っている人は、たくさんいるでしょう。私たちが得られる情報によると、アジア太平洋地域で学校に行っている障害児は、全児童のうち一〇%未満です。

一方、このアジア太平洋地域において障害をもたない子どもの就学率は、七〇%前後でしょう。一九九三年に「十年」の行動課題が決まった際に、障害児教育については、障害児が非障害児と少なくとも同じ教育機会をもつべきであると目標を定めました。しかし、実際のところ、全くこのような行動課題は実現されませんでした。

ユネスコが進めた教育に関するプログラムとして「万人のための教育計画」（the education for all program）がありますが、何カ国が障害児を含めて実施しているのでしょうか。アジア太平洋地域では、その答えはわずか七カ国です。しかしユネスコは、障害児を含めて計画が実施されていないことについて、とくに問題にしていません。ユネスコは、女子の教育についてこれまで取り組んできました。二〇〇〇年にセネガルのダカールで開催された会議が一番最近のものですが、ここでは、HIV感染の子どもたちの問題を重要課題としていました。もちろん、この点に関して異論はありませんが、この計画は一九九〇年に中国でスタートした後、もう一二年も経っているにもかかわらず、教育にアクセスできる障害児は一〇人に一人もいません。何かが間違っているのです。改善のための速度が遅すぎます。

この部屋にいる人に一から一〇まで番号をつけ、一〇人のうち九人をこの部屋から出し、残りの一人にだけ教育を受けることを許したとしたら、どうでしょう。一〇％の人々は様々なチャンスを利用して、一人の人間として自分を成長させることができるのです。なぜなら読むことができ、情報へのアクセスが可能だからです。職業訓練のプログラムが提供される場合に、脇へ追いやられ、何の教育も受けなかった九人に、誰かが機会を提供すると思いますか？　教育を受けたものだけがチャンスを得るのです。家庭内や地域社会の中でも、教育を受けてこなかった者は無視されます。誰も彼らの言うことに耳を傾けません。ですから、問題はただ読み書きができないということだけではないのです。地域社会に参加できるだけでなく、実際にコミュニティや社会に貢献できるという地域社会の一員となれないようにその人を貶めてしまうのです。だからこそ教育は基本的人権なのです。

調査によると、教育へアクセスできない非障害児もたくさんいますが、障害があり、かつ教育を全く受けられない場合、貧困に至る確率はより高くなります。アジア太平洋地域には非常に多くの貧困層がいますが、障害者はその代表格です。貧困層の二〇％が障害者です。

障壁の多くは、問題に取り組まないことが障壁と言えます。つまり、現状を変えるために行動を起こさないことが障壁になっています。すべきことをしなかった最たるものは、恐らく国際社会と言えるでしょう。その次は、条約に署名しておきながら実行しなかった各国政府です。政府は法律を通過させても、施行させないことがよくあります。

ＥＳＣＡＰやこの地域内の国が行ってきたことを振り返るために、「十年」の終わりに各国政府にアンケートを送付し、各政策分野で何を行ったか訊ねました。すべての政府からアンケートが返ってきたわけではありませんが、三四～三五カ国から回答がありました。この地域には五七カ国あることを思い出してください。

二七カ国の政府は、障害児教育のために何らかの資金を確保していると答えました。ただし十分な資金提供という意味ではありません。おそらく特殊学校の教師を雇用するために財源を確保しているのでしょう。しかし少なくともこの地域の半分の政府が、そういうことを始めています。二九の政府が、分離学校で教育していると答えました。先ほど聞いたとおり、障害児教育を全く提供しない国を除き、通常出発点となるのはこの種の学校です。このように分離学校で教育しているという報告がある一方で、二七カ国から障害児を普通校へ統合させているという報告がありました。かなり速いペースで前進している国もあり、最初から普通校へ入れ始めている国もあります。分離システムをもつ歴史的必要性がないからです。新しい取り組みのほうが、時に有利に働くこともあります。

また一五カ国が、早期療育サービスを提供していると答えました。障害のある幼児や乳児を抱えた親に何のサポートもない場合、早期療育サービスはきわめて重要です。また二次障害を防止するのに必要な治療法もありますので、こういう面でのサポートも必要です。最初の六〜七年の間に子どもや親に支援がないと、別の障害や問題が起こり、そのために子どもが学校へ行けなくなるケースがよくあります。これら二つの分野、つまり、インクルーシブ教育と早期療育サービスは、大変重要です。

アジア太平洋地域では、次のアジア太平洋障害者の十年をさら延長することが決まりました。次の行動課題は、七つの分野について焦点をあててつくられました。この七つの分野の中には、早期療育と教育が入っています。この枠組みの中で、私たちは目標をつくり、それに合う一連の行動課題をつくりました。アジア太平洋地域の各政府が採択した後、この書類はすぐに入手できます。

「我々なしに我々のことを決めることはできない」というスローガンがありますが、どのようにして障害児の声を届かせることができるでしょうか。親の声が無視されてしまうことがよくあります。しかし、親は子どもたちのために声をあげます。この点について、取り組んでいかなければいけない時期が来たと思います。皆さんの力が必要なのです。私たちは国連機関に働きかけています。政府を動かさなくてはなりません。地域社会の協力も必要です。しかし何よりもこの世界会議で議論されることが必要なのです。

競争が激化する社会でのインクルーシブ教育……………ローザ・ギマレス

私は小学校の教師として、学校教育での経験があります。DPIヨーロッパの役員もしています。

障害者は長年、施設の中で孤立していました。それが障害者や社会のために、一番良いと考えたからです。そういう態度ゆえに、障害者と直接向き合うことはありませんでした。そして障害者を耐えがたい隔離状況へと追いやったのです。これは私たち皆にとっての損失です。こうすることにより、自分とは違う人との交流が失われたのですから。

こういう隔離制度の中で、脱施設化を進めている国もあります。これは、障害者団体や障害者グループ、また民主的伝統のおかげです。人権の倫理に関して、人々が統一した意見をもつようになってきたのは大きな助けになりました。こういうことはすべての国に広まる必要があります。

国によっては、医療的なモデルに基づいてインクルーシブ教育を実践していることがあります。これは間違ったクラス分けや区分を行い、特殊教育のニーズのある子どもたちが真の意味で統合されず、子どもに我慢を強いることになってしまいます。より質の高いサポートを提供するため、特殊教育のニーズのある学生のグループをつくることは、インクルーシブ教育にとって障壁になります。かなり多くの教師と、そして一部の親も、完全なインクルージョンは不可能だと考え、特殊教育サービスの効率を擁護しています。インクルーシブ校を実現し成功させるためには、教師と生徒をサポートする学際的なグループを設立し、多くの成功例を積み上げていくべきです。したがって、教室内にいるすべての学生の文化的ルーツ、ニーズ、動機、リズム、能力、学習スタイルに合わせるために、これまでとは異なった教授方法が必要になります。様々な手順や手法が採用できると思いますが、その中でも協同的学習を支持すべきだと思います。

教師と協力者は教室内でのこのプロセスの中で、チームとして活動すべきです。学生は全プロセスに民主的に参加すべきであり、必要があれば、個々の生徒の知識を身につけ、経験を交換するために小グループに分かれることもあるでしょう。お互いの価値を認め、違いを理解することは、インクルージョンを促進し、競争を最小限にします。このほうが倫理的に正しいと思います。

障害者をもつ学生やその親は、通う学校を選ぶ権利をもっています。この権利に対して、普通校は敬意をもち、重視すべきです。この目標に向かって、各国が教育に真剣に投資し、教師や学校職員の配置を早期に永続的なものにすべきです。教育は私たちの発展の心臓部なのです。違いは活動力になります。価値観を下げることには決してなりません。

悲観的に聞こえるかもしれませんが、世界状況の分析によると、私たちは競争が激化しつつある社会に生きています。経済界が世界経済を牛耳り、国際政治は個人の幸せではなく、利益のみを追っていることがわかります。水やその他の資源など、人間にとって重要なものがどんどん民営化されています。教育もまた、そのような民営化のプロセスが進行中です。単なる物であるかのように学校を見ています。

参加者　全国青い芝の会（日本脳性まひ者協会）の者です。あえて会の名前を名乗ったのは、日本の全国的な教育研究集会で数多く発言しているからです。ＤＰＩのこの会議でも、また同じことを言わなければいけないのかと、半分あきれ返っています。

教育ということを言うとき、障害を除去する、障害を軽減する、人間の理想像を障害のない大人に置くということを私たち日本の障害者は強制的に養護学校で行われてきました。その結果、自分の存在を誇れなくなり、否定してしまう。何で生まれてきたのか、死んだほうがましだと思わされてしまう。こういう実情があります。人間の定義を変えない限り、教育での差別をなくすことは難しいと思うんです。

ペニー・プライス　あなたの提起に、非常に共感しています。アジア太平洋障害者の十年行動課題においては、「障害の予防」という言葉を使わないように十分気をつけてきました。恐らく、原因の予防という言葉が使われています。戦争を阻止し、地雷がなくなるということについては、すべての人が合意できると思います。非常に言葉を慎重に使うべきだと思います。

ローザ・ギマレス　私の国では、現在の新しい政府は障害児の教育について、分離教育を推進しようとしています。非常に残念なことに、多くの教師や障害をもたない子どもの親たちは、この政策を支持しています。

参加者　札幌在住の者です。私の子どもは、八歳で自閉症の重度の子どもです。二年前にノルウェーのオスロに行って、そのとき障害児の教育施設を見学してきました。日本との違いにびっくりしました。オスロでは、障害をもつ子どもが普通学級に入るのが当たり前のことになっていまして、必要なサポートも得られるようになっていました。本当にきめ細かなサポートがあって、障害児に対してはもちろんですが、障害のない子にも勉強の遅れがあったらサポートが受けられるようになっていました。また、八カ国ぐらいの外国語をしゃべる子どもたちがいるので、外国の子どもについては通訳が付くなどしていました。ふと、自分の子どものことを考えると、地域の学校に通わせたいと思っていましたが、サポートがないと通うことができません。私たちは、自分たちでフリースクールをつくり、地域の学校に通える場合には親と一緒に通学し、あとはフリースクールでその子のニーズに合わせた個別な勉強をしたり、専門の先生にいろいろな勉強を見てもらっています。フリースクールをやっていくなかで、学校にだんだんなれてくる子どもも出てきました。また、学校の協力もあり、この春から親なしで毎日学校に行く子どもも出てきました。私たちがやっていくなかで、私の子どもについても、理解がだんだん得られてきたなと思えるようになりました。障害のない子どもの親からも、学校には特殊学級がないので、うちの子どもがいることで、いろんな子どもがいるからありがとうと言われることもあります。また、車いすの子どもが入学してきて、学校がその子のための設備、手すりを付けたりとかドアを開きやすくしたり、学校も変わってきました。

参加者　釧路から来ました。カメルーンでは、障害をもった教員はたくさんいますか?

ガブリエル・オンドゥア　私自身障害者の教師です。上級教員です。こういう能力をもっている人はたくさんいます。私が知っているだけでも五人の盲目の上級教員がいます。しかし、障害をもつ教師の多くは身体障害者です。

参加者　大阪から来ました。私は小学校から高校まで、普通学校に通いました。そして、大阪では二年前から知的障害者の公立高校の受け入れが五校で始まりました。二〇年前から、知的障害をもつ子どもが他の仲間と共に高校に行きたいということだったからです。五つの高校で毎年、一校あたり二名の知的障害者を受け入れるようになりました。知的障害者の中には、普通の高校に行きたい人が多いのに、二名しかいけないのは差別だと思います。やはり、すべての障害者に普通学校での教育を保障されることをこの分科会からの決議に盛り込みたいと思います。

山崎　恵　この分科会から三つの決議を出さなければなりません。何名かの方から提案があった内容を確認したいと思います。まず、一点目は、障害をもっている当事者の教員を増やすこと。日本でしたら、ほどんど数が少ないと思いますが、そういった教員が必要ではないかということ。もう一つが、今お話があった内容についてです。

参加者　ポルトガルの方が私たちは学校を選択できなければならないとおっしゃったように思うのですが。しかし、日本政府がどういうふうにとるのか、ちょっと心配です。以前アメリカに行ったときに、六〇年代に日本の文部省の役人が来たとき、統合教育ではなく養護学校とかのつくり方を聞きに来たということです。日本政府というのは、統合教育という世界の流れを知っていながら、分離教育を推し進めようとしているわけです。ですから、障害児を普通学級に受け入れることができるべきであるということを日本語にするときに、選択できるということではなく、統合する方向に向かうべきだと強く言ってほしいです。そうでないと、日本政府はこの間出したような変な政令を出して、一部の障害をもつ人たちはいいけど他の人たちはだめだという、「認定障害者」ということなどを出しかねませんので、そういう点を考慮してほしいと思います。

山崎　恵　それでは、三つの決議について、一つずつ、確認していきます。まず、最初に、障害をもっている教員を現場に多く配置する必要がある。これが、一点目です。二点目は、障害児の教育に関しては、原則インクルーシブ教育にするべきである。三点目は、障害をもっている子どもたちの教育は、その障害に応じて適切なサポート、つまり、介助者を付ける、手話通訳を付ける等、その子どもに応じた必要なサポートをする。それは、人員配置や資金確保も含めています。

よろしいでしょうか？　それでは、この内容についてコメントをいただきたいと思います。

参加者　まとめに入りましたが、質問してもよろしいでしょうか。私は福岡から来ました。ここでは、障害児の教育という言い方をしていますが、大人になっても教育は必要です。子どもの頃、動けないということを感じていましたが、自分が子どもに対して責任のある大人としての立場になったときに、やはり、大人として機能できないことが改めてわかりました。ですから、早い段階から人生を分ける、それが悪いことであるし、これは、障害児のためだけの問題ではなく、つまり、教育というのは学校だけの問題ではなく、人生においていつも必要だという認識が必要だと思います。

参加者　全国障害学生支援センターです。インクルージョンというのは高等教育においても十分発揮されていくべきであると考えています。各国において、義務教育の終了年限や高等教育については、大幅に違いがあります。

参加者　二番目と三番目の勧告は、同じことを言っているように思うんですが。インクルーシブ教育は、通常の学校でその子にあった教育をすることだと思います。ですから、先ほどの方がおっしゃったように、生涯教育というのを三番目に入れるべきだと思います。

山崎　恵　障害の種類、レベルを問わず、原則統合教育をする。そして、必要なサポートをする。インクルーシブ教育は早い時期から始めること、そしてそれが一生涯続くこと、これが今日の分科会で話された内容だと思います。

10月16日午前

労働と社会保障

所得創出

司会者：マシュー・セントポール（セントルシア）

発言者：奥山幸博（日本）

タンボ・カマラ（モーリタニア）

アルベルティン・ヴィグノン（ベナン）

障害者雇用制度と職場環境の整備に向け労働組合としての取り組み……………奥山幸博

私が所属する労働組合は、自治労（全日本自治団体労働組合）と申しまして、地方自治体の被雇用者を組織しています。またこの労働組合は被雇用者となっている障害者をも組織しており、自治労障害労働者全国連絡会と称します。私はそこで事務局長をしています。私は弱視です。

私たちの全国連絡会の正式名称は長いので「障労連」と略しています。障労連は一九八一年に設立され、その趣旨と目標は、地方自治体での障害者の雇用の増加と、既に雇用されている障害者のための労働条件の向上でした。

昨年の専門職および自治体各レベルでの障害をもつ被雇用者数は、約二万二千人でした。私たち障害者が地方自治体レベルで働くということには、次のような意味があります。地方自治体のサービスは直接地域サービスに結びついており、地元の人々の生活に深くかかわっています。従って、地方自治体には障害者がよりよい暮らしを送るための環境をつくり出す責任もあるわけです。ですから、障害者が雇用されることで、自治体の障害者施策改善に当事者の意見が反映されるのです。

私たちが直面している中心的な問題は、重度障害者の雇用です。日本には、身体障害者手帳制度があります。身体障害は種類や程度に応じて分類され、それが公的な効力をもって手帳に記載されます。しかし現在の法定雇用率制度においては、例えばある人が重度の障害をもっていると認定されている場合、「ダブルカウント」と言って二人分雇用していると見なされるのです。もう一つの問題は、業種によってはある種の障害者を雇用から締め出しているということです。例えば医師、看護師などの医療スタッフです。法定雇用制度があるにもかかわらず、こうした医療現場では、障害者は不適格とされています。そこで私たちが希望するのは、このような二重計算の措置の廃止、また、いくつかの業種や労働部門で見られる排除の状況を撤廃することです。

また、私たちのもう一つの中心的な関心事項は、公務員試験を受験する場合、障害者には別の障害があるということです。試験は筆記試験ですが、多くの場合、墨字での試験しか行われず、活字を読めることが受験資格となっています。つまり、視覚障害者と点字を使う人たちが初めから考慮されていないのです。この他にも、障害者が公務員試験受験を希望する場合、手話通訳やその他の配慮が講じられないなど、非常に不利な状況が存在しています。地方自治体のすべてというわけではありませんが、それでもなお多くの自治体でこのような欠格事由があるのです。私たちはこれらの不適格問題をできるだけ撤廃したいと考えています。

もう一つ提起したい問題として、職場の同僚や上司の態度、職場の物理的環境などがあります。同僚や上司の中には、障害者をよく理解していない人も多くいるのです。往々にして彼らは、障害者であっても健常者と同じ仕事をしなければならないと考えます。あるいは、障害者はきちんと仕事をしないで収入を得ていると考える人もいます。日本の職場ではこのような差別がなおも見受けられます。また、物理的環境について言えば、建物が非常に狭く、車いすを使う人々や視覚障害者には使いづらいものとなっています。身体障害者の助けとなる適切なエレベーターもありません。このような施設整備は進んでいません。

これらのことがらを解決するための努力は一歩一歩行われなければなりません。私たちは労働組合ですので、組合の要求事項として雇用者側と政府を説得しようとしています。

特に視覚障害者にとって、今日コンピューターは日常生活の一部になっています。またコンピューターは職場でたいへん重要なシステムです。しかし音声情報なしには、コンピューターを利用できない障害者もいます。通常、健常者職員を前提に職場に導入されています。このような実態は職場だけでなく、普通の地域社会での生活でも見受けられます。生活の中でのコンピューター使用が進むにつれて、このような障壁はより一層顕著なものになり、情報利用の差別化という結果を招きます。

不幸なことに、日本経済は現在不況で失業率も高く、障害者の雇用率も伸びていません。政府レベルでも、障害者だけでなく公務員全体の定数削減が進んでいます。このため、特に障害者にとって雇用状況が悪化しています。このような状況を受けて、労働組合に身を置く私たちは、DPI活動の一環として、労働組合員だけでなく、地域社会の人々全体と共に一丸となって取り組むため努力していきたいと思います。

マイクロクレジット・システムを活用した所得創出活動

……………タンボ・カマラ

私はモーリタニアの障害者国際組織を代表してここに参りました。モーリタニアのDPI創設者です。

モーリタニアでは、WHO（世界保健機関）の支援を受け、マイクロクレジット・システムを導入しました。障害者に対する経済社会的差別は世界中に存在し、我々は二級市民と考えられています。また、我々は自分たちのパートナーに大きく依存しなければなりません。世界ではグローバル化が進展していますが、このグローバル化に参加していない我々は、社会では落伍者と考えられています。障害者は最も貧しい集団となりつつあります。しかし、マイクロクレジット・システムを活用した所得創出活動によって、人の尊厳は取り戻されます。この仕組みにより、所得を創出し、社会に参加することが可能になります。

成功事例の条件と実情を報告します。障害者が一人います。その障害者が社会参加することはたいへん困難なことなのです。教育を受ける権利も実に大切です。障害者たちは教育プログラムを利用する上で困難に直面しています。発展途上国においては、教育水準はきわめて低く、職業訓練の利用は非常に限られています。職業訓練を受けることができない人も多く存在します。このため仕事を見つけられないのです。教育の段階で既に差別が存在しており、障害者は貧困集団となってしまうのです。こうしていくつもの問題が生じ、障害者は社会に依存することになり、社会の周辺部に追いやられてしまうのです。銀行や社会保障制度からの借り入れは、どのようなものであれ非常に困難です。そのため、障害者が所得を得ることができる唯一の方法はマイクロクレジット活動なのです。

この活動への参加には、いくつかの条件があります。第一に、勤労意欲をもたなければなりません。第二に、この活動について適切な知識をもつ必要があります。第三として、創出された収入は次に行う活動に投資しなければなりません。また第四は、何かの販売を行うか、サービスを提供する場合、顧客への態度、どんな対応をするかが大切です。第五に、自分たちの活動を促進するために少額の元手を持つ必要があることです。そして、六番目の条件は、顧客の近くで働く必要があるということです。そうすれば自分たちが作ったものや商品を見てもらうことができるのです。七番目の条件は識字能力にかかわることです。顧客と連絡を取り合うことができるよう、文字が読め、手紙や連絡のやりとりができなければなりません。八番目の条件は健康でなければならないということです。当然ながら健康はこのような所得創出活動に参加するために重要なことなのです。

この活動の参加者には次のようなことを期待しています。彼らは、所得を創出する仕事を見つけなければなりません。そしてこれは持続可能で地域社会に根づいたものでなければなりません。また障害者が安定した所得を持たなければならないということもあります。これは他の経済活動にも当てはまりますが、社会への障害者の依存度を小さくすることや、他人への依存をなくすことです。

加えて、障害者が期待する結果は家族に関することであり、障害者は自分たちの家族や社会に受け入れてもらう必要があるということです。所得を創出することや、経済活動に参加することにより、障害者は地域社会の一員となり、社会経済的観点から社会復帰し、個人としての尊厳を取り戻す必要があるのです。またそうすることで、地域社会の一員として参加することができるのです。社会参加によって、彼らは社会に居場所を得ることができます。

モーリタニアには、身体・精神障害者同盟という組織があります。貧困および差別撤廃の活動を行っている失業状態の障害者を擁護するための組織です。また、勤労女性、特に女性の身体障害者のために基盤となる組織として、ニッサ(Nissa)という銀行を我々はつくりました。農村地帯の女性たちが、地域社会での社会活動を促進するためにこの銀行を利用するのです。この銀行の支援によって障害をもつ女性や児童を対象とした活動が可能となりました。

また、一九九〇年から一九九二年にモーリタニア社会経済活動計画をつくりました。関連基金が、百ドルから千ドル単位のマイクロクレジットを資金として提供してくれるのです。利用資格がある人々は、障害者です。申請者はプロジェクトから認められるか、あるいは対象としている地域に住んでいなければなりません。契約が締結されれば、融資を一年間で返済する必要があります。アイスクリーム販売、靴販売やレストラン経営を対象として二五人が認められ、百ドルから千ドルの貸し付けを受けました。これまでに七二%が返済されました。一年間の期間で返済することができるのです。

もちろん、プロジェクト終了の前に姿を消す人々もいます。

このようなことが起きると、助成組織は不安定なものとなります。しかし、福祉援助を受けている人々と比べると、この融資を受けた人々は、貧困から逃れることができる確率が高いです。障害者の貧困と差別の解消、社会復帰活動の面で、このプログラムは障害者の役に立つものとなっていますが、これを促進している国や組織との契約を結ぶことが必要です。

世界の労働力の過半数が社会保障の枠外に置かれ、多くの障害者は職業にすらつけない……………アルベルティン・ヴィグノン

私は法律家です。ベナン女性障害者協会の会長もしています。働くことによって最低限の生活水準を維持するための所得を得る必要があることを、我々は自覚しなければなりません。また、我々は事故などの緊急事態への備えが必要です。そのような考えから、緊急事態や不測の事態が発生しても、生活を維持できる社会保障制度が必要であることを知りました。

ラルース百科辞典によれば、「労働とは多くのことがらを創造することである」と定義されています。このような労働を自発的なものとするために、人間は、契約というかたちで労働を制度化しました。労働契約は自発的な協定であり、これにより、ある個人は自らの職業的な活動を、他人の指揮下に置く約束をするのです。そして、その労働の対価として報酬を受けます。

次に社会保障の定義ですが、「社会がその成員に対して公的な給付を行うもの」です。例えば、病気や労働災害を原因として働くことが困難になったり、退職、老齢、身体障害になった場合には、社会保障制度により給付金が与えられます。社会保障には社会的な意味だけでなく、経済的な意味もあります。社会保障が経済制度をも規定するのです。また個人の扶養を助成するために社会保障が提供されることの必要性は、社会学的観点からも理解できます。これが公的連帯であり、その意図は、市民が十分な所得を得られなかったときに、生活保障を受ける権利があることを確認することにあります。このことは、ＩＬＯ（国際労働機関）の社会保障に関する条約一〇二条に、規定されています。

社会保障の財源は法律に明記されています。ベナンには一九四六年十一月十一日の法律という植民地時代の強制労働を廃止する法律があり、これによってベナンの社会保障は実質的に始まりました。また世界人権宣言の第二二条は、社会の構成員は社会保障を受ける権利があることを定めています。このように、社会保障は、社会的・経済的充足を与えるものであり、これは人々の発展だけでなく人の尊厳のためにも不可欠なものです。

アフリカでの社会保障は、伝統的な仕組みに立脚してきま

した。必要があれば人々は昔から互いに助け合ってきました。このような状況が各制度に反映され、人々の間の協調的な精神も促進しました。このような伝統的制度は貧困を防ぎ、協力と団結を強化してきたのです。

第一次世界大戦後、現代の社会保障としての最初の条項が登場しましたが、当時、アフリカは西欧列強の影響下にありました。この時代の社会保障制度の目的は社会契約論に基づく負荷を軽減するというものでした。特に、社会的結びつきから疎外されていた肉体労働者の保護が目的でした。労働者は村落から離れて都市部へ出て、そして職業上の危険にさらされたのです。従って、宗主国の観点から、様々な制度を実行に移さざるを得なかったのです。しかし、それは労働力を計画的に供給することを一番の目的としたものでした。結果、様々な企業によって企業個人年金基金や健康管理制度などが導入されました。

今日、これらの社会保障制度の対象となっている人は半分もいません。いわゆるインフォーマルな職業に就いている人々は対象外であり、障害者や高齢者も含まれています。障害者や高齢者は主に家族や友人たちに支えられています。彼らには他に選択肢がないからです。私はこれらの人々も社会保障制度の受益者とすべきであると考えています。

このように、社会保障はベナンの一般の人々に広く適用されているわけではありませんが、社会保障は個人の権利として尊重する必要があります。各種国際条約では、個人は社会保障を受ける権利があると述べています。また、「フィラデルフィア宣言」として知られているＩＬＯ勧告に照らしてみれば、わが国の社会保障は依然としてこの国際条約による義務の達成からほど遠い状態にあります。世界中の国々が、社会保障の導入のために様々な方策を講じ、一般の人々への社会保障をいっそう充実させなければなりません。

世界の労働力の過半数は依然として、国際条約が規定している社会保障の枠外に置かれています。サハラ砂漠以南や南アジアの諸国のように、社会保障の対象者が一〇％未満の国々もあります。結局、安定した職業に就いていない人々の多くが、社会保障の費用や税などを負担できないことが、社会保障の発展を妨げています。ですから、これらの人々への社会的給付や教育を保障するための構造改革が必要なのです。様々な雇用対策による社会的相互援助活動もまた必要であり、社会保障のために人々が費用を負担する制度を確立しなければなりません。

参加者　日本には法定雇用率制度がありますが、日本の民間企業のほとんどは、この雇用率制度を守っておらず、政府もこの制度を積極的に促進してはいません。障害者は民間企業にこの雇用率制度を守るよう圧力をかける必要があります。政府は企業の雇用率達成水準に関する情報を収集してきましたが、その情報は開示されていません。ＤＰＩ日本会議は政府に強く働きかけ、各企業の達成状況に関する情報を提供するよう求めています。何人かの弁護士が結束し、法定雇用率制度と各企業の達成水準に関する情報を開示するよう、政府に要求しています。

参加者　日本では四十～五十代の人々は、障害があると働きたくても年齢制限のために働けません。これは公正を欠いています。また、障害者の適応力や能力のせいで雇用に際して差別されていることは重大な問題だと考えています。彼らは差別され、特定の雇用や職場から締め出されているのです。

参加者　オーストラリアでは、障害、年齢、人種、性別など、ほとんどすべてのことがらを理由に差別することは違法です。ですから、職場で差別を受けることはあり得ません。また、オーストラリアでは、障害者が自分たちの能力や勤労の権利を法律問題にしたくなかったので、雇用率制度に強く抵抗しました。彼らはこれを国家的な人権問題と考えています。従って、雇用の割当てが行われるべきだという考え方に頑強に抵抗したのです。そのようにして、彼らは障害者としてというよりは、市民として自然権を発展させてきたと考えています。

参加者　上海市の障害者の二〇％、五千人を代表しています。上海市障害者連合会は、上海市には他にも障害者の連合組織がありますが、上海市障害者連合会は一九八八年の設立以来、経済発展と社会事業の進展にともない、上海の障害者の社会保障改善プロセスで大きな実績を上げました。

政府と社会から与えられた支援と協力により、勤労障害者が無料職業訓練を受けられるようにしました。重度の障害をもつ失業者の半数は、最高の所得保障、教育などを受けています。社会は障害者に対する考え方を変えました。一方では、障害者の多くは社会に貢献しています。コンピューター操作など障害者に適した多くの仕事があり、優れた障害者は教師など幅広い分野の仕事に就いています。恐らくすべての種類の仕事をしていると言えるでしょう。

今回、他の国々から多くのことを学び、我々の社会には多くの困難や問題があることを知りました。また上海は近代的な大都市なので、状況としてはかなり改善された水準にあるでしょう。障害者が職を得る機会は多く、社会と自分たちの組織に貢献することができます。

参加者　社会保障、特に所得保障については、日本では年金制度があります。日本には現在約五五〇万人の障害者がおり、これは全人口の約五％に当たります。そのうち約一三〇万人が年金受給者です。しかし、様々な理由で、年金を全く受け取ることができない障害者がいるのです。重度障害者には無年金者が数多くおり、約一二万人います。

また、日本では雇用だけでなく労働政策が適切には機能していません。ですから、給付金を受けられず、政府からの支援も得られない障害者が数多くいるのです。このため、これらの障害者は家族や親戚の支援を受けなければなりません。日本でさえこのような状況にあることを、世界の方々にご理解いただきたいと思います。

参加者　日本のある会社で働いている者として、普段感じていることをお話しします。法定雇用率制度の下で雇用されている人々は、たとえ有能であっても基本的には安い賃金しか得ていません。非常に高学歴であるか、とても理解のある上司をもっているかでない限り、高給を得られないのです。

また、日本の企業はひとたび障害者を雇うとそれ以上の努力をしないことがあります。障害者の雇用に限って言えば、法定雇用率制度は実によい制度であると考えられています。しかし、障害者がスキルを高めて一人前になることを望む場合には、現在の法定雇用率制度にはやはり問題があるのです。障害をもつ我々の仲間には、この点から政府や地方自治体に訴えるべきことがさらに多くあると考えます。

参加者　韓国には障害者の雇用情勢改善を目的とした雇用率制度があります。これは日本をお手本としたものです。この制度には良い面と悪い面があります。良い面は、一定規模の企業は、全雇用者の二％に相当する障害者を雇用しなければならないため、障害者には働く機会が与えられます。しかし、悪い面として、政府だけでなく企業も、障害者を雇わない口実とするためにこの制度を悪用することがあります。法定雇用率に相当する障害者を雇用しない企業は、ただ罰金を支払うだけであり、政府は罰金から基金を創設するのです。現実には障害者の労働市場の改善はほとんどなされていません。

このような雇用率制度を日本の方々はどのように考えていらっしゃるのでしょうか。

参加者　日本の視覚障害者に与えられる仕事は、マッサージや鍼灸などの仕事です。これらの職業については障害者への法的優遇措置がかなりとられています。盲学校と政府の視覚障害者センターは、障害者の資格取得のために二、三年の訓練を行っています。障害者が国家試験に合格し、資格を取得すると、マッサージ師として独立するか、病院や診療所などでマッサージの仕事に就きます。

最近では公務員や教師、民間企業に職を得る者もいます。また不十分なものですが障害者を対象とした施設があり、訓練の機会が与えられています。さらに、民間部門の勤労者のみが対象となりますが、労働支援と呼ばれる制度があります。この制度では、視覚障害者が点字以外の書類を読む必要があり困難を伴う場合、補助者が派遣されます。この制度には政府が多額の助成金を出しています。

日本の視覚障害者の状況はこのようなものですが、公務員や教師を対象とした労働支援制度はまだありません。現行の労働支援制度は民間部門だけを対象としています。私たちは対象の拡大を要望し、政府に陳情を行いました。

法定雇用率制度についてですが、現在の状況ではこの制度は適切なものと私は考えています。この雇用率の達成を促進することが我々の役目だと考えます。様々な職場において障害者の雇用を促進するための活動目標となり得るものです。企業の中には、巨額の罰金を支払い、障害者の雇用を免れたところもあります。しかし、この現状に対して株主代表訴訟を起こした人たちもいます。最終的には、企業は障害者を雇用し、法定雇用率制度が目指す本質的な義務を履行しなければならないとの判決になるべき状況です。肝要なのは情報の開示です。

参加者　法定雇用率では重度障害者は対象外です。雇用状況における重度障害者の問題に対処するために、何ができるでしょうか。例えば、障害者がコンピューターを利用できなかったり、知的障害者である場合、どのようにして彼らは職を得ていけるのでしょうか。

参加者　私は自立支援センターで働いています。私は、法定雇用率制度によって雇用されているにもかかわらず、差別や障壁の問題、職場における物理的障壁を体験している障害者を見てきました。例えば、彼らが意見や要求を述べれば、甘やかされていると周りの人から思われ、解雇されるのです。ですから、幸いにして雇用されたとしても、継続的な雇用はまた別の問題なのです。法定雇用率は、障害者雇用の点からの企業努力の評価に組み込むべきです。このような状況では雇用後の生活の質を監督するオンブズマンのようなチェック体制の導入が必要です。

参加者　私は大阪の差別とたたかう共同体全国連合（共同連）のメンバーです。何人かの方々が、罰金は法定雇用率制度に組み込まれたものであるとおっしゃいましたが、これは罰金ではなく制度上は納付金ということになっています。納付金は障害者一人につき五万円で、障害等級が第一級、第二級の場合には、障害者二人分の納付金を払うことになっています。

私たちは韓国の各組織との様々な交流活動に参加してきました。韓国がこの法定雇用率制度を導入した際、日本で行われているこのダブルカウント方式について彼らは疑問をもち、彼らはシングルカウント方式を導入したのです。日本は障害者の雇用促進のためドイツの制度を参考にしました。日本には悪い面だけが導入されたと聞いたことがあります。

納付金は障害者を十分に雇用していない企業から支払われています。しかし大企業が納付金を払うのは、やはり障害者を雇用したくないからなのです。現在の日本では、軽度障害者は比較的容易に雇用されますが、重度障害の場合は仕事の紹介がほとんどないのです。重度障害者が通う小規模作業所がありますが、そこは彼らが行くことのできるほぼ唯一の場所であり、施設使用に一日何千円かを払うのです。訓練の名の下に、彼らはそのような作業所で一日を過ごすのです。

参加者　障害者の方を対象とした人材紹介の仕事で障害者の就職を支援しています。五月にこの会社をスタートさせました。ここ数カ月の間、障害者を雇用しようとしている企業とお付き合いしてきました。

ある大手航空会社の人事部長が語ったのですが、障害者を雇用することによって、他の従業員たちは障害者を同等に扱うことや、障害者を支援することを学ぶというのです。これは従業員の個人的成長という結果をもたらします。そういうわけで、障害者を雇用することが必要であると考えたのでした。このことは障害者を雇用するすべての企業には必ずしも当てはまりません。しかし、このように考える企業もあるということなのです。

企業に義務を課す法律がありますが、企業はこれに基づいて雇用を行ったとしても、障害者雇用を重荷と感じるのです。また、雇用安定率はそれほど高いものではありません。職場で共に働く障害者と健常者の共存の重要性が、たいへん魅力あるものであることを彼らは知りません。共存の意義を各企業に伝える必要があるのです。その意義を理解すれば、企業は障害者を雇用するはずですし、あるいは雇用したいと希望するはずです。換言すれば、この意義を理解しない限り、企業は障害者に給与を払って雇用することを望まないのです。従って、企業とよりコミュニケーションを深めることが必要だと考えます。意義を理解すれば、法定雇用率達成のために努力するでしょう。その点で企業との協力が必要なのです。

参加者　私は三つの提案をしたいと思います。まず、所得創出は雇用確保から始まるべきであるということです。国際的に実に優れたガイドラインがあります。ＩＬＯは障害者の社会復帰と雇用のための勧告を出しています。すべての国々においてＩＬＯ条約に示されているように、就労の機会や社会復帰・訓練計画が保障されなければなりません。次に、生活のために働くことが部分的に、あるいは全面的にできない人々に対して、公共部門が適切な所得を保障しなければなりません。そして最後に、障害者を対象とした所得保障制度があります。障害をもっていることによりかかる余分な費用は、働くことができない人々だけでなく、生活のために働くことができる人々のためにも考慮する必要があるということです。障害を配慮するためにかかる費用は、きちんと政府や公的基金が負担するべきです。

参加者　米国の民間部門での障害者雇用を促進するため、政府による助成に加え、政府は雇用者が積極的により多くの障害者を雇うよう税制上の優遇措置を認めています。これらの税制優遇措置を受けるためには、契約情報をすべての人々が得られるよう、情報の自由を規定した法律による要件があります。これは公開されており、雇用数だけでなく業務遂行の達成度もわかるようになっています。

より効果的な法律制定のためにロビー活動をなさっている方々には、変革の一つの要素として、職場には障害者のために適切な配慮が必要であるということを指摘したいと思います。職業訓練や補助器具、また通勤・移動などのニーズへの配慮も必要です。

参加者　雇用促進を望む場合、リハビリテーションセンターは障害者が運営すべきだと考えます。そうすることによって、さらに多くの雇用が確保されるでしょう。日本の職業リハビリテーションセンターは健常者用なのです。これらの施設では、障害者が他の障害者を支援するために、機能すべきであると考えます。

マシュー・セントポール　今回提起された多くのご指摘を取り入れ、適切に取りまとめ、国際機関や政府機関に提示したいと思います。そして、それらの提案がこれからの四年間に行動計画として具現化することを期待します。

本日午前の三人の発表者を代表いたしまして、この分科会への参加をお選び下さった皆様にお礼を申し上げます。

10月16日午後

労働と社会保障

労働へのアクセス

司会者：ジャッキー・クリスティ・ジェイムス（イギリス）
発表者：プラヤット・プノンオング（タイ）
臼井久実子（日本）
アルファ・ブーバカー・ディオプ（ギニア）

タイ盲人協会による社会投資基金……………プラヤット・プノンオング

私はタイ盲人協会から来ました。

私たちは福祉という言葉をどんな意味で使っているでしょうか。私は、福祉は人間としての幸福、人間としての尊厳だと思います。人間にとって最も大事なのは、自由であることと解放されていることです。同様に、福祉においても、私たちが自分自身で選択することができる福祉かどうか、このことが一番大切なことです。自分たち自身による選択が、それぞれの国ですべての市民に等しく保障されていることが重要なのです。

タイにも法定雇用率制度があります。一社あたり従業員二〇〇名につき障害者一名を雇用しなければならないのです。しかしタイの企業の二％しか障害者を雇用していません。

最初の障害者法案が上程されたのは一九四二年でした。その法律は、街頭からすべての物乞いを一掃するためのもので、路上で物乞いをしている障害者たちは、慈善ホームに入れられるのです。名前はどうあれ、この慈善ホームでは、そこで死を待ち、暮らすことが約束されているのです。これは一種の「公共事業」です。

では、タイにおける最近の社会保障の優れた運動について触れてみましょう。

社会保障について触れる場合、それは選択の自由を意味します。何らかの仕事をすること、何かを行うこと、これは選択の問題です。私たちに選択権があることがらを、誰か他の人が私たちに代わって選択する必要があるのでしょうか。天が何かを与えてくれるのをいつまでも待つわけにはいかないのです。障害者、中でも盲人協会として、私たちは非常に興味深い計画を開始しました。社会投資基金です。一九九八年にタイは日本から借款を受けることができました。この資金について幸運であったことは、その一定部分が障害者にも振り分けられていることです。

私たちはタイ式マッサージの訓練を行っています。わが国で視覚障害者というと、たいがいの人たちは普通、物乞いを思い浮かべます。しかし、私たちは視覚障害者訓練の新訓練方式を開始して以来、地方の人々にマッサージ業を行うための訓練を行っています。理念としては、知識と専門技術をもつ人たちから地方の障害者に伝えることにより、障害者を支援することなのです。彼らは訓練を修了すると、投資のための少額の資金を得、自分たちのクリニックを運営します。これまでの四年間に、視覚障害者が運営する約五〇〇カ所のマッサージ・クリニックが開設されました。私たちは自分たちのことは自分たちでやれるのです。これは、選択の問題、選択の自由を意味しています。彼らは教育制度から置き去りにされてきたため、幼い時期には学校へ行く機会がありませんでした。私たちは取り残され、家に留まっていましたが、だからこそ自らの道を見い出すため頑張るのです。

それぞれ異なる地域の視覚障害者の主だった人々を選び、それぞれの地元の仲間たちと知識を分かち合い、そして協力し合うための訓練をします。食費その他すべてを含む四カ月間の訓練費用はわずか五〇〇ドルの投資ですので、このプロジェクトはよい見本であろうと思っています。訓練後、私たちは彼らをクリニック、つまり視覚障害者のマッサージクリニックに実習のために派遣します。その後、彼らは自分たちのクリニックをもち、自分たちで自分たちの仕事を運営できるのです。彼らについて、法律による優遇策は与えられていませんが、仕事を行うための技能があり、それによってかなりの所得を得ています。

問題がないわけではありません。例えば、民間のマッサージ業者が運営する施設に、訓練の実施を申し込んだところ、「自分たちのプロジェクトでは障害者は訓練生として受け入れることはできない」と言われました。これがタイの実情でもあります。

しかし、視覚障害仲間から習う知識で私たちは生き延びることができ、家族に、そして社会に貢献できるのです。所得については興味深い状況です。それらの障害者は、総合大学や単科大学で修士号を得た人たちと同じ収入を得るのですが、履修にはほんの四カ月しかかかっていないのです。訓練は、点字、オリエンテーション、移動訓練を加える形で、マッサージが主要科目となっています。

政府が福祉を与えてくれるまで待っていられない状況の中で、どのように活動していくのか。このことを考えていくためには、いくつかの要点があります。まず、「発見」です。自分たちに何があるか、どんな可能性があるかを見つけることが大切です。次に、「方向性」を定めることです。このプロジェクトは、これまでの長い人生、全人生を家で過ごし続けた人たちを解放し、仕事に就かせることを目的としているのです。

障害者雇用制度の問題点と雇用差別をなくす取り組み

臼井久実子

私は幼い頃から聴覚障害をもっております。これまで、自立生活運動に携わってきました。そして多くの問題に直面しました。雇用上あるいは職場での差別、仕事のための技能を私たちがもっていないこと、私たちがある種のレッテルを貼られていること等です。しかし、適切な援助が得られれば、労働能力がないとされてきた障害者も働くことができると思います。そのためにも、支援制度が必要なのです。

日本では雇用は健常者用のものと、障害者用の福祉的就労とに分かれます。そのようにして政策が策定されました。障害者は、このような状況に異議を唱えました。障害者は、自分たちは障害をもっているにしても障害を理由に差別されるべきではない、もし援助を受けられれば自分たちは普通の職場で働くことができると主張しています。

就労可能な身体障害者、知的障害者、精神障害者は、日本には少なくとも三〇〇万人いると思われます。このうちの五〇万人は、民間企業や公的機関に雇用されています。そしてこの五〇万人の半分以上が、障害者の雇用を促進する法律が適用されるかたちで、雇用されています。また、もう一つの雇用カテゴリーである福祉的就労では、一六万人の人々が福祉作業所に通って働いています。これら作業所の半分は小規模な無認可作業所です。学校卒業後、障害者の約二〇％は就職しますが、大学などの高等教育機関への進学率は非常に低いです。失業中の障害者は日本に一四万人います。

日本の障害者雇用政策について次の事実をお話ししたいと思います。それは、法定雇用率の達成率が高まれば、納付金を財源としている障害者雇用促進基金が減ってしまうということです。現在、基金にはごくわずかな資金しか残っていません。障害者雇用促進法によって、日本には割り当て雇用制度である法定雇用率制度があり、また一定率の障害者を雇えなかった企業が拠出しなければならない納付金の制度があります。現在、民間部門は全体の一・八％、国や地方自治体は全体の二・一％に当たる障害者を雇用しなければならないことになっています。もしこの比率を達成できない場合は、企業は月に一人当たり五万円の納付金を払わなければなりません。これは事業主の義務ですが、企業に課された負担であり、障害者雇用の負担を分担しているという考えの下で行われています。もし企業が雇用率を達成できなければ、納付金を支払いますが、達成率が高まれば、企業は基金用の納付金を払わなくなるので、基金の残高は非常に少なくなります。これは矛盾した状況と言えるでしょう。また、事業主が障害者の労働者の能力が低いと考えれば、最低賃金の除外規定が適用され、低賃金が設定されます。権利をもつ労働者として、障害者の最低賃金が保障される法律さえも日本にはないのです。一企業で働く障害者のための支援や協力制度もありません。一部の資格認定や免許については、その取得に際して様々な障壁があります。さらに、職場では障害者に対する様々な差別もあります。

将来の展望として次のことが挙げられます。一つは、英国や米国にある支援雇用制度の導入です。日本では、障害者には施設か作業所以外に行くところがありません。

また日本では、納付金だけを払い続ければいいのかということで、訴訟も起きました。各企業の雇用率の開示を求める裁判も、二〇〇二年八月から取り組まれています。当初、企業の姿勢は「納付金さえ払えばいいのだ」というものでした。しかし企業もより多くの障害者を雇用する努力が必要であることをやっと理解しました。これは日本で起こされた多くの訴訟の成果です。障害者の排除、雇用における障壁、このような差別をなくすための運動や取り組みが進行中です。支援があれば、適切な援助が得られれば、障害者は働けるのです。支援があれば、こうしたことは当たり前のことになるに違いないと思います。必要な援助を障害者が常に求めなければならないということはないのです。

そのためには、障害者差別禁止法を制定する必要があります。また職場での差別をなくす努力も必要です。障害者雇用に関する過去の政策を見直す必要もあります。これが私の発表の結論です。

経済の構造改革、雇用全体の枠組みから外された障害者

……アルファ・ブーバカー・ディオプ

障害者にとって、経済的に自立することは最も重要なことです。経済的な自立は、社会において障害者に平等な地位をもたらすものです。また、同時に、私たちは自分の資質を十

分に発揮できるのです。経済的自立は、収入を得ることができる仕事を得ることからもたらされます。各個人の社会的地位の安定は仕事が得られるか否かによって決まるのです。

先進国では非常に多様な社会保障制度が現在機能しており、このため障害者の雇用問題は解決できるでしょう。しかしながら、西アフリカ地域では、状況はきわめて深刻なものです。

アフリカ諸国では、雇用率は依然としてきわめて低いのです。アフリカ諸国の場合、障害者については社会問題省が障害者雇用に対応しています。しかし、現在の経済情勢の下では障害者支援はほとんど皆無です。障害者への雇用支援は社会援助の問題とされ、能力開発なども想定されず、雇用全体の問題と切り離されて考えられているのです。ですから障害者雇用の問題は、新たな経済情勢に対応していません。つまり、現時点で経済の構造改革が進んでいますが、障害者雇用はその枠組みに活用されていないのです。アフリカ諸国では障害者への社会保障はほとんど象徴的な概念でしかありません。

アフリカにおける旧来の家父長制の下では、障害者は支援されてきました。しかし、伝統的な家族構成の崩壊や新しい価値観と新しい権威の出現だけでなく、都市化によって古い家族制度が弱体化しました。この結果、援助を必要とする人々への支援が弱まりました。

障害者は現在、社会制度の範囲外に置かれています。障害者が教育を受けることができたとしても、また教育や訓練を受けた後でさえ、障害者の雇用を求めることは、実際には非常に困難なことです。これに加えて、障害者に与えられる教育は不十分であったり不適切であったりするのです。それらすべてが相まって、障害者は差別の犠牲となったのです。仮に職を得ても、仕事から得る給与はきわめてわずかなものなのです。また、職業上の地位も非常に低いのです。世界中で障害をもつ若い世代が状況を正そうと努めています。

私たちは、若い障害者のための雇用機会をどのようにして創出したらよいのでしょうか。一つには、情報提供を通じて、障害者への職業教育を促進する必要があります。また、様々なサービス制度、障害者雇用への奨励金などにより、障害者の就業を支援すべきです。また、私たちは障害者のために特定の仕事を確保すべきです。それに加えて、障害者を積極的に雇用する労働組合や中小企業には、報奨金の給付を含む一定の優遇措置を受ける資格を与えることです。これらすべてを行うことで、障害者にとって好ましい環境を確保すべきです。税制上の優遇措置も一つの方法であり、また金融上や技術的な支援が障害者に提供される必要があるのです。そしてまた、障害者は競争的な仕事に就くことができません。ですから、同様に、私たちは障害者のために特定の雇用分野を確保する必要があります。ＩＬＯ（国際労働機関）第一五九号条約は、障害者に対する職業リハビリテーションについて明記しています。この条約の批准と実施を推進する必要があります。それに関連して、法制度を整備する必要があります。

参加者　日本では、障害者が雇用されても、適切な給与水準や昇進は障害者には用意されていないのです。司法制度でも同じです。障害者差別禁止法が必要なのはこのためです。新法の導入によって、職場での障害者支援のための新しいシステムが構築されると思います。

参加者　福岡市で中学の教員をしています。脳性麻痺です。私は、日本ではまず、障害者の教員の数をもっと増やす必要があると思います。障害をもつ人が教員として普通校に採用されることはほとんどありません。さらには、健常者である教員たちでさえ、ケガや病気で新たに障害をもった場合、どんな支援も得られない状態に直面し、やがて彼らは退職せざるを得なくなります。このような現状は、児童たちに「障害をもっている者は行き場がないのだ」というメッセージを送っているのです。そして、このような差別が児童たちの心に焼き付くのです。

日本には法定雇用率制度がありますが、この雇用率制度は教員には適用されません。私は教員になりましたが、職場では障害をもつ教員への支援はありません。このため、私は健常者の教員たちと同じ仕事をするためたった一人で努力しなければならなかったのです。

福岡市の二〇〇二年度の教員活動計画に、私たちは障害をもつ教員への支援サービスと、学校への雇用率導入の要求を盛り込みました。また、職場の労働組合からこの活動計画への追加要求を提出しました。これは過半数の賛成を得て承認され、組合の公式活動綱領となりました。他の方々が私たちに続いて下さることを希望し、またその方々が日本の障害者に対する差別を根絶するため、協力して下さることを望んでいます。

参加者　フィリピンでの体験を皆さんにお知らせします。一〇年前、私は職場で差別を体験しました。私の給与は他の同僚たちのものと同じではありませんでした。数年間そうした差別に堪えなければなりませんでした。しかし、障害をもつ労働者としての権利を守るため、闘うことを決意しました。私は、職場の上司との対話を始めました。しかし彼から支援してもらうのはとても難しいことでした。そこで法律制度に頼らざるを得ず、告訴しました。しかし今度は、通訳のサービスが利用できず、法的な作業を文書で行わなければなりませんでした。この訴訟手続きを四年間続けた後、下級裁判所は訴えを却下しました。こうした変遷を経て、障害者のための法律が議会で可決されたのです。私たちはこの法律をフィリピンの「障害者マグナカルタ法」と呼んでいます。その法律が可決された後も、私は上級裁判所に控訴しました。そして、その訴訟はさらに六年かかりました。

障害者は働く資格を与えられています。聴覚障害者は働くことができ、どのような職業でも働くことができます。差別をされる所以などないのです。結局八年間かかって、上級裁判所は障害者のための平等な雇用機会を支持する判決を下しました。私の組織には五六人の聴覚障害者がいますが、彼らはこうした同じような差別を体験し、仕事を解雇された人たちなのです。今では一年間の雇用の後、障害者は臨時職員でなく正規職員となることができます。フィリピンで障害者が上級裁判所に訴えを起こしたのはこのケースが最初でした。私たちは自分たちの権利のために懸命に闘わなければなりませんでした。これは、権利のために闘えば、獲得できるという一つの実例です。

参加者　障害をもつアメリカ人法（ＡＤＡ）は、皆さんのほとんどがよく知っていると思います。この法律は、差別撤廃措置、適切な配慮、そして障害者の便宜を図るための雇用者の財政措置を規定しています。私は、ＡＤＡに同等なものあるいは類似の方法が国連にあるのかどうかを知りたいです。

ジャッキー・クリスティ・ジェイムス　障害者の機会均等化に関する基準規則（以下、基準規則）があります。

参加者　それは人権の一般規則に盛り込まれているのでしょうか、それとも細目に含まれているのでしょうか。

ジャッキー・クリスティ・ジェイムス　基準規則のハンドブックにあります。しかし、これらは単にガイドラインに過ぎないのです。法規ではありません。ＡＤＡや障害者差別禁止法のようなものではありません。

参加者　ここで、国連は、雇用機会の均等の便宜を図る方法について実際に詳細に定め、雇用機会均等を対象として含む条約を制定すべきであると提言したいと思います。そして、それは特に第三世界の諸国で同様に法制化されるべきであることを付け加えさせていただきます。

参加者　私はタイＤＰＩから参りました。どの国でも同様だと思いますが、障害者のための雇用と職業教育の機会を増やすためには、政府の援助が必要だと考えます。私たちは実に長年にわたり、障害者の社会復帰を目指して取り組んできました。この努力は一九九一年法（障害者リハビリテーション法）として結実し、障害者のための職業訓練、教育の機会、雇用機会をもたらしました。しかし私は、この法律自体は十分なものではないと考えています。私たちは一般の人々の意識を向上させ、障害者の機会均等を進めていく必要があります。現行の法律を改善し、私たちの希望を達成し、獲得するため、障害者の自助組織は現行法の改正をきわめて積極的に行わなければならないと考えます。各国とも状況は同じようなものだと思います。各国の自助組織は互いに協力し、協調して活動を行うべきです。

参加者　私は、セネガルで二つの役割をもっています。障害者連盟の会長であることと、セネガル政府の大統領顧問の一人です。そのため全国レベルの政策に携わっています。二〇〇一年十月、閣僚との内閣レベルの会議で、障害者の社会的地位を向上する方法について、議論しました。会議には政府、各省、および関連政府機関の代表が参加します。私たちの経験に基づいて、これらの代表に報告を行い、意見を表明することができ、障害者の人権擁護に資する法律が必要であると結論付けました。

私たちには、障害者の権利を擁護し促進することにかかわっていくDPIと同様な組織が必要なのです。また、各国には障害者に関する法律がありますが、これは障害者の経験に基づくものである必要があります。そして誰か障害者の立場を理解する人物が政府にいることが必要なのです。また、私たちも声を上げる必要があります。私たちの声は政府、閣僚の耳に届かなければなりません。

参加者　障害者が言っているのは、多くの政府が私たち障害者を負担として見ているということです。負担と見るのでなく、労働力、社会への貢献者として見るように考え方を変えるための解決方法を見つけなければなりません。そのためには、さらなる決意や強固な意志が必要です。例えば、ノースウェスタン大学の能力開発方式は、能力強化プログラムです。私たちの悲しむべき実態を見ることよりも、能力を発揮させることが重要なのです。新世紀は、障害者も一般市民として存在する世界でなければならないと思います。

参加者　新世紀における構想として私が展望しているのは、より多くの作業所が閉鎖され、障害者自身のビジネス運営のための補助金が与えられることです。支援元が、慈善団体から障害者自身がビジネスを運営する組織へと変わることです。

参加者　企業、中央政府、地方自治体がどれくらい障害者を雇用しているのか、その情報公開が必要だと思います。そのための法律制定も必要です。そのような状況でこそ、各事業体が障害者雇用制度を利用するよう後押しすることができるのです。

参加者　障害者雇用促進について根本的に重要なのは、情報、教育、促進、広報活動です。それから、政府だけでなく社会における障害者支援のための意欲です。しかしながら、実際には社会においてどのような支援が必要であるかということが、一般的に地域社会の人々には知られていないのです。障害者へのある種の偏見を取り除かなければなりません。このために、教育と広報活動がきわめて必要なのです。また、これは二つの相異なるレベルにおいて実行されなければなりません。

まず、障害者自身に対して教育が施されなければならないのです。これは、第一義的なものであると、私は思っています。明確な自覚なしには、地位の向上や強化を図ることは不可能なのです。そして、健常者も同じ情報を得る必要があります。障害者自身、自分たちの潜在能力、問題、そして周囲の環境について理解・認識する必要があります。そして、このような情報は、広く人々に、また意思決定レベルにある人たちに伝えられなければなりません。また、善意というものがあります。障害者を支援したい、あるいは助けたいという人々は社会にたくさんいます。しかし、問題なのは、障害者支援のためにはどんな行動を起こさなければならないかを、この人々が知らないことなのです。ですから、政策策定者の認識を向上させるために、取り組みが必要です。また特に、多くの経験をもった障害者の人々が、政府の意思決定に参加することも必要です。

いま一つ重要なポイントは、法律、法的枠組み、法的手段、国際的な法的手段の導入です。障害者雇用促進のための既存の法的措置が、実行され、また適切に履行されなければなりません。機会の均等は、法律によって与えられるべきなのです。

10月17日午前

能力構築

リーダーシップトレーニング

司会者：奥山幸博（日本）

発表者：ソン・ソンハック（カンボジア）

アイザック・ナーチ（ジンバブエ）

ウェンディ・ポッター（オーストラリア）

福島　智（日本）

障害者の能力開発、相互信頼のためのカンボジアDPIの活動……………ソン・ソンハック

現在、私は障害者支援および政策顧問、またアジア開発銀行の「貧困削減にかかわる障害者の確認」というプロジェクト専門家として働いています。このプロジェクトは、貧困削減と社会発展のための各プログラムの中で、一連の障害者の課題となる戦略と行動計画を開発します。

障害は前世の報いであると考える仏教徒がカンボジア人の約九〇％を占めるため、カンボジアでは障害者は不利な条件を負わされた人々と考えられています。身体的または精神的な能力の喪失は、その個人の運命と関係付けられて考えられ、前世で積んだ悪業に由来するものと考えられることもあります。社会的に無視される障害者は、地域社会によってその発展から締め出されるのです。

障害者の社会への統合の主要因は、教育です。カンボジアの教育は総体的に、政治・社会・経済的な混乱に大きく影響されてきました。教育制度の破壊の原因は、クメール・ルージュ政権にあります。カンボジアの学校や教員は、障害児を教育する機能を備えていません。そのため、障害児たちが親たちによって学校から隔離され、あるいは学校に来ないよう教員たちから言われることは、よくあることです。

カンボジアＤＰＩの任務は、障害者の権利・成果・利益のための支援・保護を行うため、障害者のネットワークを発展させ、障害者の全面的な社会参加と社会的な平等をもたらすことです。カンボジアＤＰＩは、短期間のうちに大きな成果をあげました。障害者の権利保護のための法律制定の取り組みを主導し、また障害者とその他の人々がそれぞれの権利をよりよく認識することを支援してきました。障害者の能力発揮を支援し、障害者の成果を公表してきましたし、障害者を意思決定する地位につけました。

カンボジアＤＰＩは、カンボジア全土をカバーし二五〇〇人を超える会員をもつ障害者のネットワークをつくりました。障害者の権利擁護や人々の障害者に対する意識向上のための活動をするだけでなく、障害者への支援・助言・紹介サービスを提供してきました。これらのプロジェクトには、聴覚障害者への手話プログラム、視覚障害者の音楽バンド、視覚障害者協会、三つの州での地域に根ざしたリハビリテーション（ＣＢＲ）活動などが含まれます。障害者スポーツでも主導的な役割を果たし、一九九七年にカンボジア・パラリンピック委員会設立を促進しました。

更に、カンボジアＤＰＩは、障害をもつ女性たちの特殊なニーズや課題・制約に対処するためのグループを支援しています。この時点に達するまでに、リーダーや職員の能力構築に関して、多くの困難に取り組みました。あることを達成するためには、まず動機づけが大事であり、次に能力構築と技能がくるというのは事実です。

困難の中で生活しているためか、カンボジア人は常に非常に高い期待をもち続けています。時には、その期待が私たちの能力を大きく超えて、目標にたどりつく間に多くの問題を引き起こしかねません。能力だけではなく、相互の信頼、団結も実に大切です。これが目標の達成に向けて真剣に努力するための動機と意志となるのです。しかしながら、組織は発展の途中の様々な制約によって弱体化するものです。そうした制約には、能力や技能、リーダーシップの欠如、資金不足、政府や他の機関との連絡網の不備、資源の動員と資金調達上の困難、持続性等の問題があります。

二〇〇二年の初めに、カンボジアＤＰＩ主催による第一九回地域研修セミナーの後、私たちはほとんどの活動を休止しています。私たちは、その機能改善とより活発な活動を行うために、現在改革を行っています。

私たちが社会に参加することを阻む障壁を取り除くためには、更に努力する必要があります。この活動に携わる一員として、余りにも多くの理論があることを目の当たりにしています。しかし、それらはまだ実行に移されていません。私たちは、村落レベルでの自助グループを組織し団結しようとしています。国全体のレベルでは、DPI全国大会として結束しようとしています。特に発展が遅れている国々では理論が実践に移されていません。それに対して、私たちが自助努力をしないで誰が助けてくれるであろうかと、皆さんに問いかけたいと思います。

組織にとって必要なリーダーシップを構築するには……

アイザック・ナーチ

ジンバブエの開発戦略サービスに勤務しています。この組織は、東南アフリカの障害者組織と、能力構築、戦略計画、プログラム評価などの組織発展の分野で協力しています。

リーダーシップは、組織が目標と期待に応えるための能力を左右する重要な要素です。優れたリーダーシップなしでは、多くの場合組織は成長できず、またはリーダーの度量がひどく劣ることから組織としてほとんど機能を失うのです。

優れたリーダーシップは、実際的な体験から学ばなければなりません。内部的なリーダーシップトレーニングも必要です。多くの障害者組織には、リーダーの研修計画がありません。また、情報が役に立つでしょう。国連文書や地域の情報を利用して、情報の共有化が図られると確信しています。同様に、人権に関する情報も共有でき、リーダーとして議論すべき問題を選ぶことができるでしょう。様々な組織のリーダーたちとの連携も、情報を共用する機会です。

リーダーとして私たちができることは、正規の学校の経営コースに通うことです。私たち自身が組織運営の手法を学ぶのは大切なことです。次のような技能を欠いているリーダーは有能ではありえません。まず、障害者の人権について全く知らない場合です。私はかつて、ある組織を評価するために話し合いをもったことがあります。まず、「障害者として何も問題はない」と担当者は言いました。それで私たちは「車いすが必要な子どもは学校に行けるのですか」と聞きました。「いいえ、あの子たちは学校には行けません」という答えだったので、「もしその子どもたちに車いすがあれば行かれますか」と尋ねました。「階段があって、車いすは使えない」との答えです。「そのために何か対策を取りましたか」「いいえ。でも、問題があることがやっとわかりました」。障害者を取り巻く環境が障害者に配慮したものではないことが、彼らにはわからなかったのです。知らなかったからです。障害者の権利についてリーダーが知ることが重要なのです。

リーダーシップ欠如として、情報技術を利用できないことに注意を向けるべきです。現在は相互コミュニケーションが大切なのです。伝達手段に慣れていない場合、こうしたものを使うのは難しいと思うでしょう。

組織活動の計画を立てることができないリーダーも問題で

す。計画なしには、どこに向かっているかわからず、ゴールにたどり着くことはないでしょう。技能を備えたリーダーシップとは、実行可能な計画を立案できることです。力のあるリーダーシップとは、意思決定ができます。リーダーシップとは、組織内の仕組みや役割を定義できることです。多くの障害者組織で、委員会内部や指導層、事務局と指導層の間に争いがあることに気付くでしょう。これはリーダーたちが役割を明らかにできないからです。リーダーへの研修によって、組織の効果的な管理をもたらし、組織の方向性を決定することができる技能が身につくようにしなければなりません。

組織の発展は、戦略的な指向、計画、状況の正確な把握、そして入手可能な機会の活用というリーダーの能力に大きくかかっています。系統的で詳細な行動は、熟練し情報に通じたリーダーたちによってのみ約束されるものなのです。

私は、優れたリーダーシップの別の大切な指標は、組織の継続性のために交代要員を用意しているかどうかだと考えています。組織設立の際に、持続性を十分に理解するようリーダーを訓練する必要があるのです。リーダーたちは、自分たちには交代時期があることを認め、自分たちの任期の間に、若い職員たちを訓練し、より大きくやりがいのある責任をもたせる準備をさせなければなりません。私は、円満な退職に備えること、組織規約に従って働くこと、争いごとなく合法的に交代したことを示すこと、そして組織の過去のリーダーとして将来も尊敬されることが組織とリーダーたちのために大切であると考えています。

潜在的なリーダーたちの研修ニーズを正しく把握するためには、異なる状況下におけるリーダーたちの長所と短所を詳細に分析することが重要です。私たち自身の長所と短所を分析し、明確なリーダーシップトレーニング計画を策定する必要があります。これには、それぞれの組織、地域、ネットワークの責任で、障害者組織が、リーダー訓練のための能力構築プログラムの準備と実行を行うことです。

オーストラリアの障害者権利運動……ウェンディ・ポッター

私は、オーストラリア・ニューサウスウェールズ州「障害をもつ人々（ＰＷＤ）」の会長です。ＰＷＤは一九八一年に創立された様々な種類の障害者の権利擁護の組織で、主な会員は障害者、理事は全員障害者です。私たちのビジョンは、公正で、障害者の人権・市民権・潜在能力が尊重される地域社会の実現です。

現在、オーストラリアの障害者権利運動は、政治的な力を欠き、組織化が不十分であり、障害者問題への理解がない等の指摘がされています。こうした状況のなか、障害者消費者組織の全国連盟が結成されました。この組織のあり方については議論の余地が大いにあるところです。オーストラリアの権利擁護団体は、過去数年の間に政府の資金援助への依存が強まっており、このことが組織の独立性に深刻な結果をもたらしています。PWDは、この一年にかつてない成長を経験し、特に、障害者の権利運動と計画に関して、他のどの障害者権利団体よりも大きな系統的政策能力をもつことができました。また、障害者調査研究所があり、障害をもつ研究者や大学、障害者の共同事業により、障害の社会モデルに基づいた調査計画を展開しています。そして障害者向けサービスへのアプローチに革新的な進歩を促し、人々のニーズに柔軟に立脚して対応するよう構成しています。

効果的な障害者の権利運動のためには多くの課題がありますが、それらは地域における障害者の権利に対する支援を提供するものとなり得るのです。課題には、他の障害者団体との意見調整、様々な種類の障害者のニーズをいかに反映するかということがあります。また、私たちの運動が、女性や同性愛者、若年者、高齢者、低所得生活者など、社会的弱者と言われる人々を包括することも課題です。私たちは、公約を実現するための資源と能力をもたなければなりませんし、若い人たちの技能を構築し、将来のリーダーとして彼らの関心を維持し、活動に関与させせなければなりません。このことによって、確実に各組織が熟練し、有能な障害をもつ人々によって将来に向けて方向付けされることになるのです。

オーストラリアの障害者権利運動における最大の課題は、全国そして世界的両レベルの障害者団体と障害者を代表し、権利ベースで活動し、オーストラリアの障害者のアクセス、市民権、そして社会参加だけでなく個々の障害の問題に対応できる団体の設立であると考えています。

盲ろう者として生き、社会に参加するために……福島　智

今日は「能力構築：リーダー養成」というテーマで話し合うわけですが、一つの具体的な例として、私が盲ろう者となって様々な能力を喪失した後、どのように生きるための能力を構築していったか、そしてどのようにして盲ろう者のリーダーの一人として育ってきたかについてお話しします。

私は九歳で失明し、一八歳で失聴した全盲ろう者です。私が盲ろう者となったのは、ちょうど国際障害者年の年である一九八一年の初めのことでした。一八歳で全盲の状態から盲ろう者になったとき、とてつもなく大きな衝撃を受けました。私に最も大きな苦痛を与えたものは、見えない、聞こえないということそのものではなく、他者とのコミュニケーションが消えてしまったということでした。私は驚きました。他者とのコミュニケーションがこれほど大切なものであるという

ことを、それまで考えたことがなかったからです。私は深い孤独と苦悩の中で「人は見えなくて、聞こえなくても生きていけるだろう。しかし、コミュニケーションが奪われて、果たして生きていけるのだろうか」と考えました。

このように私は絶望の状態にありましたが、その暗黒と静寂の牢獄から解放される時がきました。その解放には三つの段階がありました。第一はコミュニケーション方法の獲得、私の場合は新しいコミュニケーション方法の発見でした。つまり「指点字」という新しいコミュニケーション法が母によって発見され、私は再び他者とのコミュニケーションをとり戻すことによって、生きる意欲と勇気がよみがえってきたのです。解放のための第二の段階は、指点字という「手段」を用いて実際にコミュニケーションをとる相手、身近な他者に恵まれたということでした。そして、第三の段階は「通訳」という私にコミュニケーションの自由を保障してくれるサポートを安定的に受けられる状態になったということです。

その後一九八一年の十一月に、私を支援する民間のボランティアグループが東京で結成されました。その活動内容は、私の大学進学と入学後の生活を支援するために必要な通訳者の確保と養成、派遣を行うということでした。私はこのグループから派遣される複数の指点字通訳者たちによるサポートを受けながら、八三年に、日本で初めての盲ろう者の大学生となり、盲ろう児のための教育学を専攻し、大学院に進み、複数の大学で教員として勤めた後、現在の仕事（東京大学先端研助教授）をするに至りました。また、私が盲ろう者となって一〇年がたった九一年、このグループが出発点となって全国盲ろう者協会（ＪＤＢＡ）という社会福祉法人が設立されたのです。

こうした自らの体験を通して、私は障害者の解放、すなわち自立と社会参加にとって大切なポイントは三つあると考えています。その第一は、生きるための基礎的な手段を提供し、生きる上での意欲と勇気を障害者一人ひとりがもてるように励ますことです。このポイントには、教育やリハビリテーションの取り組みが含まれます。第二のポイントは、こうした手段を駆使して障害者が生活していくうえで、実際に接触する身近な他者が協力するということです。とりわけ同じ障害をもっている仲間の協力は大変有益です。このポイントには、当事者や家族の自助的取り組みや市民の差別的な意識の改革といった取り組みが含まれるでしょう。そして、第三のポイントは、障害者一人ひとりが自らの幸福な人生を追求することを支援する仲間の協力を安定的に支えるための社会の法制度的な枠組みです。このポイントには、障害者に対する差別を禁止し、その尊厳を大切にする法律の制定や障害者の福祉や労働を支援する各種制度の整備といった取り組みが含まれるでしょう。
障害者運動の目的は次の二つではないでしょうか。第一は、障害者が生きる上での勇気と力を相互に与え合うことであり、第二は、社会における差別と効果的に闘うことです。
また、障害者運動には二つの困難が伴うのではないでしょうか。それは障害者が与えられている「二重のマイノリティ」という性格です。第一に、「障害者」をどのように定義するかにかかわらず、世界のどの国においても障害者は相対的にマイノリティだということであり、第二に、障害の中にはさまざまな種類・程度があるため、多様な条件を抱える障害者が無数のサブ・カテゴリーに分割されてしまうということです。
したがって、障害者運動発展のためには、この二つの「目的」の追求と「二つの困難」の克服が共に重要であり、運動のリーダー養成もこうした観点から構想されるべきだと考えます。私が盲ろう者として生きるために最も必要としたものは、コミュニケーションでした。それは同時に、社会の差別との闘いにおいても不可欠なものでした。障害者の中でもさらに少数派に属する盲ろう者が存在感をアピールするためには、人々とのコミュニケーションが不可欠でした。
障害者の能力構築、およびリーダー養成のためには、障害者一人ひとりが、社会や行政に対して、障害をもたない人たちに対して、他の種別の障害者コミュニティに対して、外国の障害者たちに対して、同じ障害をもつ仲間に対して、家族や友人、ボランティアや専門家に対して、そしてなによりも自分自身の内面に対して、それぞれねばり強く積極的にコミュニケーションに取り組むことが重要であると思います。

参加者　シンポジウムやパネルディスカッションで、発表者に言語障害や重度障害者たちが少ないので、これは一種の差別であると考えるようになったのですが。

ウェンディ・ポッター　ここに参加している私たちが言語障害をもっていないことは認めますが、私自身、重度の身体障害をもっていますし、本日の発表者たちは、すべての障害者を代表する方々です。私は、聴覚障害、視覚障害、身体障害、精神障害などをもっていて、どうしても自分たちで話すことのできないすべての人たちになり代わってお話ししています。ですから、発表者に言語障害者がいないということで、どうぞ、がっかりしないでいただきたいのです。

参加者　何の障害かを問わず、言語障害を含む重度障害の場合、組織のリーダーになることは可能なのでしょうか。

アイザック・ナーチ　もちろん障害の程度にかかわりなくリーダーになることができます。差別はないのです。

参加者　オーストラリアには多文化政策があり、多くの移民がおり、そして異なる文化と言語的背景の一致を重視する調和、文化的・言語的連帯、それにまた文化の違いを超えた連帯があると考えます。これら二つを一つのより大きな運動にまとめるための政策なり戦略なりがあるのでしょうか。

ウェンディ・ポッター　私の組織には、現在オーストラリアに暮らしている多様な文化をもった国々からの多くの会員がいます。理事の中には少数民族出身者がおり、私たちが各組織とも連携している団体に「多文化障害者組織」があります。彼らは、多様な文化をもった国々からのすべての障害のある人々を代表して実に多くの活動をしていますし、共通の関心がある多くの分野で協力しています。

参加者　私は中国代表団の通訳です。日本ではコンピューターが盲ろう者に使われているのでしょうか。彼らには何かトレーニングが行われているのでしょうか。

福島　智　私もコンピューターを使っています。私は盲ろうなので、ファクスを使うことができず、電話も自分では使えません。けれど、コンピューターを使うことで、電子メールで通信ができるのです。しかし、盲ろう者への取り組みはまだ十分になされていません。コンピューターの利用が全国に広がれば、とても便利なものです。しかし、もしコンピューター利用のための適切な支援がなければ、これを効果的に使用することはできません。コンピューターだけでなく、コンピューターを効果的に利用できるよう支援することが必要なのです。

　私は今日、この分科会から少なくとも三つのことを学びました。一番目は時間についてです。本日の司会者はよんどころない事情で出席されませんでした。それでも、時間を守ることはとても大事なことです。二番目は、私たちはバックアップシステムを用意する必要があるということです。何か不測事態が発生した場合、それを補うためリーダーは別の手段をもっていなければなりません。三番目は、柔軟性です。例えば、奥山幸博さんは予定されていた司会者ではありません。しかし、このような予測されなかった状況で、彼はとても柔軟に振る舞われ、優れた司会を務められました。また、発表者の方々も実に柔軟に対処されました。ですから、柔軟性は適切なリーダーシップのためには重要な必要条件なのです。

10月17日午後

能力構築

未来のリーダー

司会者：ジョセフィン・シンヨ（ケニア）
発表者：奥平真砂子（日本）
ナワフ・カバラ（レバノン）
ジャッキー・クリスティ・ジェームス（イギリス）

リーダーシップトレーニングを介したネットワーク化……奥平真砂子

私は、日本障害者リハビリテーション協会国際部研修課で、国際研修プログラムを担当しています。研修課では二団体から委託をいただいて、三つのプログラムを実行しています。受託先の一つはJICAで、もう一つのコースは「広げよう愛の輪運動基金」から支援を受けているダスキン・アジア太平洋障害者リーダー育成事業です。

まずJICAプログラムについてお話ししたいと思います。これには二つのプログラムがあり、一つはリーダーシップトレーニングのプログラムです。これは、アフリカ、アジア、南米からの障害者リーダーのためのものです。この地域から障害者を招き、日本の障害者福祉の現状や社会サービスのシステム等について二カ月間にわたって学びます。

ダスキンから委託を受けているのは、アジア太平洋地域の若い障害者を対象とした日本への招聘事業です。ダスキンのリーダーシップトレーニングには、二つのプログラムがあります。一つは、日本の障害者を米国や欧州など福祉先進国と言われる国々に派遣し、リーダーとしての研修を積むものです。これは一九八一年から継続されています。この派遣プログラムには、これまで多数の障害者が参加しており、日本における多くの障害者リーダーの育成に貢献しています。もう一つは、九八年から実施している招聘事業です。

両プログラムの最大の特徴は、障害種別を超えたものであるということです。また個人で応募できるという特徴もあります。卒業証明書や認定証明書、さらに政府からの推薦状などは不要です。プログラムの内容は、参加者一人ひとりのニーズに即したものです。

多くの日本の障害者組織のリーダーを育てた派遣プログラムが、どのように当事者運動に影響を与えたのかをお話しします。日本では脳性マヒ者を中心とした障害当事者の運動が、一九六〇年代から生活保障について政府と交渉するなど強力に進められていましたが、七〇年代の後半に入り、困難な時期を経験して運動の方向性などを模索していました。そして八一年の国際障害者年を迎える頃と時期を同じくして新しい波がやってきました。その同じ年に、ダスキンの派遣プログラムが始まったのです。

そのようななかで八三年に開催された当事者運営による国際自立生活セミナーは、日本の障害当事者運動にとって大きな転機となりました。ジュディ・ヒューマン、マイケル・ウインターやその他の米国の障害者リーダーたちが来日し、日本の障害者リーダーたちをエンパワーしたのです。このことが、私たちに運動を継続しやり遂げるための刺激を与えてくれたのだと思います。そして、その時から私たちは他の国々との交流を始めました。ダスキンのプログラムだけでなく、様々なプログラムを利用して各個人が外国に行き始めたのです。それは、米国ばかりでなく欧州へも、他の地域の障害者運動や、世界の障害者が利用できるサービスについて等、様々なことを学ぶために行ったのです。この結果の一つが、一九八六年に日本で初めて東京の八王子に開設された自立生活センターでした。現在、日本の自立生活センターは百カ所以上になっています。

この派遣プログラムによって多くの日本人障害者が外国に渡り、学び、そして知識と技能をもち帰ることができました。ペースはゆっくりとしたものでしたが、私たちの社会に変化を起こすことに寄与したのです。障害者自身が元気になり、リーダーとして社会運動に関わっていくことはとても大切です。

これらの結果を受けて、一九九八年にアジア太平洋地域から障害をもつ若者を招く招聘プログラム、「ダスキン・アジア太平洋障害者リーダー育成事業」が始まりました。これは一〇カ月の研修で、自国でリーダーとして活動するための研修を積みます。今までに三四名の障害者がこのプログラムに参加しています。出身国は一八カ国にわたっています。二〇〇二年は一〇名の研修生たちが、韓国、バングラデシュ、ベトナム、フィリピン、マレーシア、タイ、カンボジア、台湾、インド、そしてアフガニスタンから参加しています。個別プログラムは個人のニーズに基づいて作成されます。また、障害者福祉の制度やコンピューター関連のまじめな研修だけでなく、水泳やスキー、スポーツなどレクリェーションプログラムもあります。バーベキューなど、生活を楽しむことも研修の一つです。電動車いすを使って街に出たり、目の見えない人が働いたりしていることは、アジア太平洋地域の障害者にとって驚きなのです。彼らの国々の重度障害者は多くの場合、見捨てられており、日々を生きることに必死で生活を楽しむことを知りません。自国の状況と比べて、日本の現状に自分たちの国の未来を見るような印象を受けるのです。研修を続けるうちに、彼らは日本の状況を目標とするようになります。

しかし、彼らの帰国後には、厳しい現実が待ち構えています。帰国するとまず、彼らは意気消沈します。彼らの現実と目標との間に大きなギャップがあるからです。周囲の人々は日々生き抜くことに必死で、彼らが新しい考え方をもち帰っても、これに耳を傾けようとはしません。これがまさに現実なのです。

しかし、社会を変えていくためにはこの困難を乗り越えて、彼らがリーダーとなり人々を引っ張っていかなければならないでしょう。そこで、彼らが意気消沈したときに、どのようにフォローするかが問題となります。有効なのは傍にいて共に活動することですが、それが不可能な場合はネットワークをつくり、お互いを励ますことだと思います。ネットワークを通じて、情報を共有する必要があります。それに加えて、帰国後の元研修生の活動には、財政支援が不可欠です。これらのことを念頭に置いて、これからは有効なフォローアップ・プログラムを考えていかなければならないでしょう。

昨年（二〇〇一年）の研修生たちは、準備段階ではありますが、ネットワークを設立しました。このネットワークを通して、自分たちの力をつけようとしています。彼らが互いに協力し合えば、実行が可能な、そして実行すべき事柄はたくさんあります。そして、彼らの活動は国だけでなく世界を変える可能性を秘めています。障害の有無にかかわらず、誰もが充実した幸せな生活を送ることのできる社会づくりを目指して、このプログラムから巣立ったリーダーたちは活動を続けています。私はリーダー育成に関われることをとても幸運に思うとともに、私自身を含め皆で団結し、少しでもよい社会をつくるために活動を続けることを切に望みます。

ふさわしいリーダーシップの前提条件…ナワフ・カバラ

私はアラブ障害者団体の会長で、レバノンの政治学教授でもあります。

どうしてリーダーになりたいのかというと、それは使命を全うしたいから、あるいは力が欲しいからだと私たちは考えます。あるいは両方かもしれません。好むと好まざるとにかかわらず、私たちがリーダーを必要とするように世の中が体系づけをしており、これに従う人々がいるからなのです。そして、リーダーとして成功するためには、いくつかの重要で不可欠な能力がなければなりません。ふさわしいリーダーシップの前提条件として私が考える、一〇の要点について話し合いたいと思います。

第一の点は、私たちは現在、グローバル化した世界に生きているということです。グローバル化した世界とはどういう意味でしょうか。それはとても簡単なことです。皆さんがコンピューターでインターネットに接続し、探していることを書き込めば、必要な情報を手に入れます。また世界のどこへでも電話をかけて調べることができます。情報が開放されており、誰でもアクセスできる世界なのです。このような新しい世界では、リーダーは何も隠すことができません。このように開かれた世界ではリーダーシップというものは透明性があり、説明がつくものでなければならなくなりました。もし透明性がない場合、そのリーダーシップは信頼を寄せられず、失敗します。また、リーダーには説明能力が必要です。この世界では、行動をすれば、必ず誰かから質問されるのだということを知っておくべきです。もし適切に正しく答えることができなければ、苦境に陥るのです。

第二の点は、民主主義の問題や民主的な手法について、理解と知識、そして十分な手腕をもたない場合、私たちはリーダーになれないということです。まるで唯一のリーダーでもあるかのようにして世の中の人々を率いることは、もはやできません。独裁制は二十世紀の過去の遺物です。私たちの運動はいずれも、草の根の人々の支持を受けて初めて存続できるものです。決定が十分に正当なものであり、民主主義の原則と民主的手法に従う方法を知っていて初めて、草の根の人々の支持を得られるのです。また、民主主義とは他の人たちの意見に、耳を傾けることを意味します。これは、草の根の人たちの声に耳を傾けることであって、自分が望むことを草の根の人たちに押し付けることではありません。議論や隔たりを抑制する方法を知ること。妥協点を見出すことを知ること。そして最終的に最も重要なことは、意思表示を行うこと、誰にでも受け入れられる公明正大な投票を行うことです。

第三の非常に重要な条件は「強い信念」、そしてリーダーシップが立脚し正当性をもつための「大義」です。障害者の大義を信じていなければ、障害者の権利について論じることは不可能です。実際には、この大義の権利をめぐる争いが大問題をもたらすのです。最高のリーダーというものは、これらの権利について積極的に語る人物でなければなりません。誰も他の人々の権利を理解せずに、自分の大義を語ることはできません。

第四の条件は、人権について十分な知識を備えていることです。世界の問題に関する豊富な知識です。今日の世界における出来事に関する申し分のない知識のことです。例えば、DPIはこの大会で、世界で起きている事柄について、政治的な立場をとる必要があると私は強く確信しています。私たちがはっきりと意見を述べることがとても大切なのです。はっきりと意見を言うためには、私たちは方向性をもたなければなりません。そして、唯一の価値ある方向性は、人権の方向性です。

私たちには他の人々の権利を守る用意ができていますか。この部屋にいるすべての男性は、女性のための平等な権利に同意していますか。私たちは環境運動に同調していますか。他の権利についてはどうでしょうか。これらの問いが示しているのは、他の人たちに同調していなければ、他の人たちに同調を求めることはできないからなのです。彼らに味方するためには、理論上でも、実際上でも、この基本的人権を信じなければなりません。

第五の条件は、リーダーは説明能力をもつために実務としての管理原則を熟知していなければならないことです。リーダーシップの最重要なことの一つは、効率性です。この世界の資源は限られていますから、限られた資源を利用して最高の仕事をしなければならないのです。そこで、管理方法を知るべきなのです。

この世界は争いごとと問題に満ちています。争いごとに陥るのは実にたやすいことですが、それを解決するのは実に困難なことなのです。私たち一人ひとりがもつ闘争や争いの傾向を抑える方法を、リーダーは知っていなければなりません。私たちは、紛争を解決するきわめて優れた交渉技術を知らなければならないのです。

さて、私の第七のポイントは興味深いものです。リーダーは優れた推進力をもっていなければなりませんし、権力を愛しているはずです。このことを恥じる必要はありません。権力は人間の本能なのです。しかし、権力マニアにならないうちに抑制するための、十分な技術をもたなければなりません。自分の原動力を制御することを学びましょう。これを制御するのはとても難しいのです。どのリーダーシップトレーニングにも権限の制御のトレーニングプログラムが含められているのは、このような理由によります。

さて、もし皆さんが草の根の人々と意思疎通する方法を知らなければ、それはリーダーシップの失敗です。草の根の人々や国際的な分野に、どのように働きかけるかを知るということが、私たちにはきわめて重要なのです。これはグローバル化の一環です。人々にどうやって自分のビジョンを伝えるか、またどうやって自分の考えが正しいことを国際的な分野で納得させるかを、皆さんが学ばれるよう強くお勧めします。

さて、私にとっての最終的なリーダーシップの側面は、チームワークの問題です。他の人々とどのように協同するかを私たちは学ぶべきです。私たちの中にはリーダーシップをもった多数の人たちがいるのだということを、学ばなければなりません。私たちは彼らと協同しなければなりません。一人ひとりが与えることができるものを、最大限に活用しなければなりません。これがチームワークの前提であり、強味なのです。リーダーには、他の人々のエネルギーを最大限利用する能力が必要です。

私は皆さんに九つのポイントを提示しました。これらは、私たちの中から挫折する人が決して一人も出ないようにするために用いるべき要件であり、記憶しておくべきものです。多くの方々がリーダーとして、主導的で成功しておられるのを近いうちに拝見できるよう期待しています。

自分の障害を受け入れ、恐れず語ること……………ジョセフィン・シンヨ

アクセスが可能な新しい世界秩序の中では、情報が非常に重要です。そして、透明性と説明能力についても言及されました。理由としては、個人として自信をもつことができるからであり、またひとたび自分自身を汚せば自分の印象を損なうからです。ナワフ・カバラはまた、民主主義の手法が不可欠であることを強調しました。民主主義者は、他の人々の意見を聞く機会を与え、他の人々を正しく評価するのです。民主主義者であるリーダーは「人民による、人民の、人民ための、人民と共にある」ことが原則であることを、常に理解しているでしょう。

もし、皆さんが自分が障害者であることを知っており、障害者分野でリーダーとなりたいなら、受け入れなければならないのは自分の障害であり、そのことを恥ずかしがることなく話さなくてはなりません。私はいつも言っているのです。「ありがたいことに自分は視覚障害者となり、そのおかげで学校へ行くことができました。自分は視覚障害者だから無料で大学に行けました」。私は視覚障害者であることを恥と思わず、障害について恐れず公平に語ります。私は障害者です。私は視覚障害者、黒人、そしてビューティフルなのです。(笑)

能力構築から私たちが学べること……………ジャッキー・クリスティ・ジェームス

なぜ私たちは能力構築を行うのでしょうか。私たちがしな

ければならないのはどんなことでしょうか。能力構築を行えば、恐らく私たちは世界的なビジョンをもつことができることでしょう。そして、私がもっている世界のビジョンは、現在、多くの障害者にとってありふれたものとなっている貧困、早死、人権侵害がある世界から、人間の多様性が受け入れられ、烙印を押されることがなく、そして障害者が対等な社会構成員として扱われる世界に変わることなのです。私たちが能力構築を行うのは、私たちは、自由、平等、そして自己決定の理念の中に暮らしており、これらが国際障害者運動の真髄となっているものだからなのです。

多くの障害者は抑圧と貧困とによって、日常的に侵害されていると思います。このような状況は受け入れ難いものであり、これは障害者自身が挑戦すべきものであると考えています。「私たちに関することは私たちなしで決めることはできない」、つまり「障害者自身の社会参加」というＤＰＩのスローガンに要約されているように、このことは自分たち自身による組織化によってのみ可能であると信じています。

それでは、私たちは誰と能力構築をすべきでしょうか。第一に、自分の国で障害をもつ人々と能力構築をすべきです。私たちは、政府とＮＧＯに働きかけ、障害者の権利と権限の付与範囲を、彼らの政策と実践の中で発展させるべきです。私たちは障害者とのつながりにおいて、専門家は私たちを管理してはならないという理解を常にもって、健常者によって主導される組織や専門家たちと協力すべきです。また、宗教的・地域的な違いだけでなく、文化や習慣の違いについて、細心の注意を払い活動すべきです。このような考え方を障害者自身が育成する必要があるのです。

それでは、私たちはどのようなトレーニング、あるいは何を提供しなければならないのでしょうか。私たちは、他の人たちそれぞれのニーズにも耳を傾けています。私たちにはでき上がった台本はなく、常に問題を見極めるように努め、そして人々が自分たち自身の問題を見極めるよう手助けをし、それらの問題を私たちの活動に導入するよう努力しています。障害者の質の高いトレーニングの展望とでもいうものに、目を向けるべきです。私たちは、障害者トレーニングを客観的に眺め、手法について公開し、透明性を保っておくべきです。そして、このことは、私が世界中で行う活動の中で頻繁に経験していることなのです。また、ＤＰＩでは同じ人々が余りにも長い年月にわたって在籍し、新しい人材が入ってきていないのではないかと思います。

能力構築から私たちが学べることはたくさんあるのです。この能力構築について、私たちは他の人々の役に立つよう公式化に努めます。また、自立生活プログラムを開発し、開発プロジェクトの主流化を支援する、障害者が主導の開発サービスを調べるでしょう。これが、実際に、私が能力構築について考えているビジョンなのです。

最後に、これほど多くの若い方々と一緒にいることは素敵なことです。障害者活動で若い方々を目の当たりにすることがとても稀だからです。それで、今日ここにおられる若い皆さんには、私たち年寄りを見て意欲を失うことがないよう励ましたいと思います。もし今日ここにおられるというだけで意欲をもたれたのであれば、皆さんは、明日のリーダーになることができます。諦めないで、前進を続けて下さい。そうすれば、将来、皆さんはＤＰＩの演壇に加わっていることになるでしょう。

参加者　ナワフ教授の発表について質問があります。リーダーは時には争い・交渉を回避し、職場内に平和と静穏をもたらさなければならないと言われました。しかし、私たちの権利を獲得するため、リーダーとしてストライキやデモなどに人々を巻き込まざるをえないことが時にはありえるのだということを、私はこの日本で経験しています。

ナワフ・カバラ　紛争の解決を二つのレベルに区分けする必要があります。第一は、自分自身の運動の内部での紛争解決です。好むと好まざるとにかかわらず、あなたは人々と協力しなければなりません。これらの人々は、異なる意欲、異なる欲望、異なる抱負をもっています。そして、これらは互いに混じり合っているかもしれません。解決策がある場合、争いが分裂に至ることがないようにしなければなりません。あなたは、ドアを他の人たちのために開け放し、彼らが自分たちの技量を示したり、自分たちの力を発揮したりする機会を与えなければならないのです。

皆さんの権利を獲得するためのロビー活動のテクニックと戦略も伝えなければならないでしょう。私自身、キング牧師とガンジーの信奉者です。確かに、皆さんは自分たちの権利のために闘う必要があります。しかし、闘うことができるにしても、他の人たちを傷つけたり、殺したりすることがあってはなりません。これは、皆さんが非暴力的な方法を用いるとき、皆さんは人権に対して尊敬の念を示しており、目の前にいる人と意思疎通ができ、交渉することができる相手として、受け入れているのだということを言いたいのです。

参加者　研修プログラムで、スキーと水泳が行われていると言われましたが、重度の障害をもつ人々には、誰がどのようにしてスポーツと関連したプログラムを提供するのでしょうか。

奥平真砂子　日本には訓練されたインストラクターがいます。スキーについては、米国や欧州の国々で訓練されたインストラクターがいます。障害者にとっては、生活するということだけがこれまで非常に大切なことでした。しかし、今日では、障害者たちは自分たちの生活を楽しむことがとても重要であると気付くようになりました。その点で、スポーツとレクリエーション活動は彼らの日常生活に組み込まれ、彼らが自分たちの生活を楽しめるようになっています。ですから、それらのスポーツ活動を障害者に教えることが、多くの人々にとって専門的な仕事になったのです。重度障害をもつ人々には、特殊な支援器具あるいは装置がスキー用に提供されます。そしてまた、スキー用の教育技術の特別な方法があります。

参加者　フィリピンから参りました。一口で言って優れたリーダーが備えているべき最上の資質とは何であるとお考えかをお聞きしたいです。

ナワフ・カバラ　カリスマ性です。それにはすべてがついてきます。

奥平真砂子　他の人々の意見に耳を傾けることです。

ジャッキー・クリスティ・ジェームス　思いやりです。

参加者　米国から来ました。私の質問は、まず、どうすればDPIの存在を若者たちに知ってもらえると皆さんは思っておられるのか、ということです。そして、若者には何ができるのでしょうか。私たちは、自国に帰って何が起こっているのかについて知る限りにおいて他の人たちに伝えます。彼らの多くは、グローバルな問題に非常な関心をもっており、全世界規模での障害者の権利の運動、特に先進国における運動を支援したいと思っています。私たちはどうすれば情報を入手できるのでしょうか。

ジャッキー・クリスティ・ジェームス　私は情報が若い皆さんに届くようにしようと思っています。二〇〇三年には、障害者の権利についての会議が開かれることになっています。私たちはその参加のプロセスを明確に体系化しようとしています。DPIはこういった事柄を強化する必要があると、私は考えています。

ナワフ・カバラ　欧州においては国連と連携してDPIは非常に活動的であったでしょう。私はDPIには解決しなければならない大きなコミュニケーションの問題があると思います。私たちはそれを解決する努力を行わなければなりません。

参加者　皆さんが協力している若者は何歳くらいでしょうか。

奥平真砂子　二十代から三十代初めの若者たちです。この人々が日本に研修生としてやって来て、様々なトレーニングを受けています。

DPIに関する事柄と他の国々の状況を若者たちにどのようにして伝えるかという、先ほどの質問に付け加えさせていただきたいと思います。現在、ＤＰＩは五ブロックに分かれています。各ブロック組織はできる限り多くの情報を提供できるよう強化する必要があります。私はそのことを、私たちが本気で取り組むべき重大な点だと思っています。ＤＰＩの活動について個人の障害者一人ひとりに、より多くまたより適切に伝えることができるよう、更に議論を重ねる必要があります。これには長い時間を要するでしょうが、私たちには、十分なコミュニケーションをもつための間違いのない方法を見い出す必要があります。また、ここにおられる若い方々がそれぞれの国に戻られたときには、ここで聞かれたメッセージを他の方々に伝えて下さることを希望します。それが、最初のステップになると思います。それから、情報技術ですが、当然ながらインターネットやその他のＩＴ手段は、より効率よく情報を展開し、また情報を普及させるために十分活用する必要があります。

ジョセフィン・シンヨ　ＤＰＩのそれぞれのブロックからの若者たちとのコミュニケーションがとても大事です。実際に、私は自国での体験から、この集団から別の集団へという情報の受け渡しの移行や連続性がないということを知っています。対策を講じるべきなのです。もしＤＰＩにウェブサイトがあれば、それですべての先進国も途上国も、これを利用する方法が確保されるということが実に重要なことなのです。私のリーダーとしての務めにおいて、そのようなネットワーク化が実に多くの影響を私に及ぼしてくれました。インターネットでは、身近な人に限らず連絡がとれるのです。科学技術の手助けが得られるのです。これは情報のやりとりに役立ちます。

地位の向上、知識の獲得、技能の習熟、そして何らかの事柄を前進させる目的で訓練を受けた若者たちのフォローアップとして、私たちはどのようなシステムを確立できるでしょうか。どのような指導力がしかるべく機能すべきでしょうか。あるいは、受講修了者に対してどのようなエンパワーメントができるでしょうか。

参加者　私はＤＰＩにリーダーシップの第二世代に対応するための明確なプログラムがないことに失望しています。このことは、これから四年後のＤＰＩのリーダーシップに影響があると思います。二番目の問題は、ＤＰＩのリーダーの中には一九八一年以来その職にある人がいるということです。ＤＰＩのプログラムの中に、明確な継承計画がなければなりません。二〇〇六年に開催される次回のＤＰＩ世界会議では、今回のリーダーとは違うリーダーが責任を負うということ、また以前その職にあったリーダーたちがこれから指導すべき若い人たちを見い出すべきです。それぞれの能力がどのようにＤＰＩによって公正に扱われるかという点で、この継承計画は非常に明確なものになります。

若い人たちが関心をもたない理由、若い人たちが逃げる理由は、彼らの問題が深刻に受け止められていないためであるということを、私たちが理解していないのは、大変重大なことだと考えています。

参加者　まず、モニタリングシステムが必要であると私は考えます。例えば、このような世界会議は、正しく報告されるべきであり、私たちはフォローアップとして報告集会を開くことが必要です。こういう種類の世界会議には多額の資金を要し、また長期でもあるので、出席の機会のない他の多くの人たちがいるのです。

参加者　日本から参加しています。DPIは、異なる国々からの若い人たちとリーダーたち、また異なる地域のリーダー間のネットワークを対象とした地域ごとのセミナーを開催すべきです。これが私からDPIへの要望です。

ジャッキー・クリスティ・ジェームス　私は、DPIのリーダーの方々になり代わってお話しすることはできませんが、とてもよい考えだと思います。しかし、私たちに必要なのはそれを公式化することです。それは、DPIの頂点に立つリーダーたちが「イエス」と言えるように私たちが勧告できる種類のものなのです。皆さん、それをすべてのブロックに勧告しましょう。

参加者　皆さんの言われたことは実に正しい。次回のDPI世界会議までに、皆さんは理事会に若い代表を参加させるべきです。その過程は今から二年か三年かかるはずで、その結果、皆さんは次回の大会の前には理事会のメンバーになっているでしょう。皆さんは団結しなければなりません。また、各地域から一人ずつ若い理事会メンバーを参加させたいという勧告を、今通過させることが皆さんには可能なのです。

参加者　私は自分が若者と見なされるとは思いませんが、大会に参加するのはこれが初めてです。若い人たちが関与すべきだと言われましたが、自立生活センターの必要性や人権について、この問題をどの程度彼らが知っているか私は疑問に思います。そのことは実に大事なことであり、何よりも優先するものなのです。私から見ると若い人たちは依存的なのです。

人々の権利の侵害について問題があるということに若い人たちは気付きません。多くの情報はありますが、問題や情報が若者たちに適切な方法で向けられてきたかどうか、私にはわかりません。問題があるということを若者たちが理解するための方策があれば、そのことから始めるのがより有益でしょう。

参加者　東京の自立生活センターから参りました。若いリーダーたちの訓練には、年配のリーダーからの支援が必要であると私は考えます。年配世代のリーダーによる若いリーダーへのこのような支援システムを勧告に含めることを提案します。

10月16日午前

障害種別や社会状況を乗り越えた連帯

戦争被害者、虐待被害者、被災者

司会者：メアリー・ミッチェル（ジャマイカ）
発表者：ムシャラフ・ホセイン（バングラデシュ）
ケン・ラサフォード（米国）

戦争・災害・虐待の最大の被害者は障害者
ムシャラフ・ホセイン…………

障害と開発アクション（Action on Disability and Development＝ADD）のバングラデシュ代表を務めています。ADDはアフリカおよびアジアの一二カ国で活動している国際組織です。そのビジョンは、社会のあらゆるレベルにおいてすべての障害者が参加できる世界です。私たちは一九九五年にバングラデシュで活動を開始しました。

虐待や戦争は、最も非人道的な行為です。アンバランスな環境によって引き起こされる災害もまた、地球上の人間が不適切に自然を利用した結果です。戦争や災害の被害者は、世界中の貧しい国民や無防備な人々です。そして虐待、戦争、災害の最大の被害者が障害者なのです。社会が障害者に対して冷酷であるように、兵士やサイクロンもまた、社会から最も取り残されている人々に対して冷酷なのです。戦争や災害といった緊急時には、障害者に配慮することはありません。また、政治的紛争、戦争、そして災害時における状況を克服するための人道的援助や計画への障害者のアクセスを確保することもありません。しかしながら困難な状況にあっても、障害者には他の人たちと同じように生存する権利があるのです。

戦争、政治的暴力、そして災害時における障害者の要求や権利に応えるために、開発協力に障害者問題を採り入れることが、どれだけ重要なことであるかお話ししたいと思います。そこには注目すべき事柄が三つあります。一つ目は、戦争、虐待、災害時における障害者の状況。二つ目は、その状況を乗り越えるための可能な解決策。障害者問題に対処するため開発機関と障害者組織との協力をどのように強化するかの模索。そして三つ目は、問題の重要性。広く社会にこの問題を提起するためには、障害と戦争、政治的状況、および災害に関する研究がさらに必要となります。

虐待、戦争、および災害は、貧困の原因にもなります。戦争や災害の影響を受けている地域では保健医療サービスの不足、戦争、政治的暴力によって、負傷した大人や子どもの多数が亡くなってしまうので、障害者率が高くない場合もあります。戦争中は保健医療サービスや衛生教育が不足し栄養状態も悪いので、地雷、爆弾、そして銃弾による負傷で障害が一生残ってしまうのです。また、薬品やワクチンが入手不可能なので、ポリオや麻疹等の障害を引き起こす可能性のある病気の発症が、さらに広く一般的に見られるようになります。

人々の命が奪われ、社会や経済が破壊されている戦争中に、子どもたちは情緒障害になります。家族の死を目撃したり、家族や友人と別離したりすると情緒的ストレスを引き起こすこともあります。レイプによるトラウマに苦しむ少女もたくさんいます。

移動障害、学習障害、もしくは視覚障害の子ども、そして大人でさえも、攻撃中に避難することは非常に困難です。他の人たちが避難した後に彼らが取り残されていることもよくあります。三〇年前のバングラデシュ解放戦争のときは、いつも父が私を運んでくれました。私は本当に幸せ者です。

戦争では、非常に多くの人が地雷によって障害を負います。今でも地雷による死傷者が毎日数十人います。対人地雷禁止条約（オタワ条約）にまだ署名していない国が多いのですが、それらの国が地雷を製造し続けているのです。

災害時には、家族や地域社会の制度が崩壊してしまいます。高齢者や子どもと同じく、障害者も災害の最初の犠牲者になってしまいます。視覚障害者や聴覚障害者は、避難が可能な時間までにサイクロンや竜巻の警報や情報が得られないので、災害が接近していても家に残っているのです。人々を災害から守るために、いくつかの地域にはサイクロンセンターがあります。しかし、障害者を考慮せずに建設されたサイクロンセンターは非常に高いところにあり、障害者にとってはアクセスすることは不可能です。災害時には、家族や地域社会の人々は自分たちの命を守ることで精一杯で、障害者が取り残されることも頻繁に起こります。バングラデシュのような災害多発地域では、政府やＮＧＯが防災計画を実施していますが、これらの計画に障害者が参加することはきわめて稀なことです。これらは障害者を考慮して計画するものでもありませんし、障害者がモニタリングするものでもありません。救援物資の配給には多く人々が集まり、長い列をつくります。障害者は救済センターに行くことや列に並ぶことができないので、救済を受けられないことが多いのです。

障害者は地球上のその他の人々と同じように、安全に生活する権利、そして虐待、戦争、災害から保護される権利があります。障害者を困難から守るのは社会の責務です。開発機関は、戦争中や災害発生時そしてその後においても、障害者のニーズと権利に応えなくてはいけません。

戦争が終結すると、医学的リハビリテーションが主な活動になりますが、このリハビリテーションのサービスは主に障害を負った帰還兵に提供されるものなのです。一九四四年にフランクリン・ルーズベルトは陸軍長官に宛てて、こう書き記しました。「国外での負傷者はすべて入院させ、回復期療養施設に入所させて、必ず身体的および精神的リハビリテーション、職業指導、職業前訓練を提供し、再社会化を促して最大の効果が得られてから除隊させること」。

虐待、戦争そして災害が原因となって心に傷を負うことがありますが、時にはこの心の傷の発生率は身体的な問題の発生率よりも高いことがあります。精神障害は診断されず記録に残らないままの状態のこともよくあります。このことによって長期間にわたる精神衛生上の問題が発生するのです。政策や計画には、災害や戦争の管理戦略および実践を変革するための意味合いが含まれていなければなりません。

戦争や災害時における障害者の生存ニーズを満たすために緊急でとらなければならない政策は、適時の人道的援助の提供、および障害者のリハビリテーションサービスへのアクセスを確保することです。

サイクロンセンターは障害者のニーズを考慮して建設されなければなりません。そして災害多発地域での防災計画は障害者を考慮したものになるでしょう。障害者にとってのバリアフリーなアクセスのための建築法が、これらの問題を克服する一助となると思います。

第二次世界大戦後、国連は世界平和のために創設されました。現在、国連決議を無視して、安全保障理事会でイラクを攻撃するための新たな決議が採択されようとしています。私たちはこの問題に対して、政治的暴力ではなく政治的解決の余地がまだあると、信じています。一九九〇年の「砂漠の嵐作戦」で、この戦争の帰還兵の約二五％にあたる一八万三千人が障害者になったのです。そしてこの戦争による障害のために年間一〇億米ドルの費用がかかるのです。また、この戦争では何千人もの民間人が負傷しています。一二億人の人たちが一日一米ドルにも満たない生活費で辛うじて生き延びている一方で、莫大に費用のかかる戦争は世界の人々の人間性をずたずたにしているのです。この世界の市民として、私たちは政治的暴力や戦争に抗議します。この第六回DPI世界会議で、私たち障害者は戦争に反対の声を上げるべきです。

戦時中も戦後も民間人は被害を受け続ける……ケン・ラサフォード

ワシントンDCに拠点を置いている地雷生存者ネットワークの共同設立者です。地雷生存者ネットワークは世界中の戦争障害者を主体とする七つのネットワークで構成されています。一九九三年、私は健常者の民間人として難民とともに活動していたある日、私の車が地雷を踏みました。私は作業文書を読んでいたのですが、その一秒後には両足を失っていました。これが私と戦争との出会いです。私のケースは特別なものではありません。むしろこのようなことは毎年何万回も起きているのです。

二〇〇〇年における戦争被害者のうち、民間人の占める割合は九〇％を超えています。一〇〇年前の一九〇〇年では、戦争被害者の九〇％以上は兵士でしたが、ますます多くの民間人が負傷し戦争の標的になっているのです。いつの日か、ほとんどの戦争の被害者が民間人だけになるときがくるでしょう。戦争は民間人を標的にして争われているのです。年間二万人を超える人々が地雷で障害を負ったり、命を奪われたりしています。二二分ごとに新たな地雷被害者が生まれているのです。そして恐らく九〇％が民間人なのです。二〇〇一年には、世界中で九〇を超える国が地雷を所有していました。これらの国のうち四三を超える国で、二〇〇一年に地雷事故が発生しましたが、これらの国は平和な状態でした。戦争が終わって平和が訪れても民間人は地雷で負傷し続け、これらの地雷被害者のほとんどが障害者になってしまうのです。このように、如何に戦争が世界の障害者人口を増加させているかがわかります。様々なものが兵器になっています。その例が、地雷、ビルに突っ込む航空機、ディスコ内の爆弾です。

戦争と障害の二つを結び付ける第二の要素は、戦時中および終戦直後において障害者がさらに被害を受けるということです。戦時中は、障害者が無視されたり虐待されたりすることが頻繁に起こります。そして多くの場合、障害者たちは命の危険にさらされるのです。一九九四年のルワンダでの大量虐殺発生時には、多くの医師や看護師が病院に精神障害者を残したまま避難してしまい、残された精神障害者たちは殺害されたのです。また、病院にいた患者たちも殺されました。しかし障害者が戦争で生き残って難民キャンプに収容されることになったとしても、そこでも大変な被害を受けるのです。私は西アフリカと東アフリカで難民と一緒に活動しましたが、多くの場合、障害者は十分な食糧や避難場所を確保することができませんでした。

障害と戦争・虐待を結び付けている第三の要素は、紛争後の状況です。例えば、数年前のコソボでは、一般の障害者や施設にいる障害者の多くが性的虐待や暴力を受けました。国連はこの状況を熟知していたのですが、国際社会は施設や病院にいる障害者を保護するための行動をほとんど起こしませんでした。

戦後の状況、戦争および虐待を結び付けるもう一つの要素は、リハビリテーションです。一九九〇年代の地雷廃絶運動で、地雷禁止の支援者たちが障害者について話すときは、義足のことを説明しました。そして私たちは地雷障害者として、障害者ケアの定義の拡大に努めました。義足だけでなく、身体的リハビリテーション、精神的リハビリテーション、車いすや松葉杖、杖などの補助用具、また職業訓練も必要です。もし農業従事者として両足を失ったとしたら、多くの国では農業を続けることはできません。私たちはこの取り組みを教育にまで広げました。そしてその後に経済的・社会的な復帰ができるのです。私たちは現在世界七カ国でこの取り組みを進めています。

二番目に取り上げるトピックは、国際的な障害者のための取り組みにおける問題点で戦争と虐待に関連したものについてです。私とともに地雷生存者ネットワークも二つの大きな問題を認識しています。第一点目の問題は、調整不足です。多くの関係者が紛争後の状況で活動しています。国連、世界保健機関（WHO）、国連難民高等弁務官事務所（UNHCR）のような国際機関は同じような活動をし、管理している書類も重複しているのですが、これらの組織の間では調整や連絡がされていません。世界銀行などの国際開発機関等の関係機関もあります。また、国際的なNGOや地域のNGO、条約モニター団体もあります。そしてこれらの団体がこのような状況でお互いに連絡を取ったり団結したりすることは大変に難しいことなのです。その結果、障害者は無視されるか見逃されてしまうのです。

障害に関する明確な国際法が存在しないので、多くの関係機関が障害者問題を取り扱っていません。障害者に対する規則もNGOや国際開発機関で異なってきます。時には国によって計画が変わることもあります。障害に関するガイドラインを有する国でも、それらは任意のもので拘束力はありません。さらに、存在するガイドラインや法律も、障害者の意見を採り入れず障害者の参加なしで作成された場合もあるので、これらには重要な視点が欠如しているのです。

三番目のトピックは、私たちが取ることができる積極的な手段は何かということについてです。私の意見では五つの手段があります。一番目は障害者政策です。障害者組織は、障害者に焦点を当てた政策やガイドラインの策定、そして最良の実践を擁護しなければなりません。政府や国際社会が従う拘束力のある政策が理想です。具体的に言うと、男女平等の権利や子どもの権利が主流化したような方法で、障害者問題を主流化させなければなりません。そして最も重要なことは、実際の政策が障害者独自の視点を真に反映させたものになるように、すべてのプロセスで障害者の意見を聞くことです。

二番目は、すべての武器条約に被害者支援の規定や政策が盛り込まれていなければならないことです。世界史上において、武器による障害者のための文言を含んだ武器条約がただ一つだけあります。それは一九九七年の地雷禁止条約です。地雷禁止条約第六条第三項の規定に「そのような立場にある国は、地雷による障害者を経済的および社会的に復帰させる支援をするものとする」と記載されています。一九九七年には、地雷生存者ネットワークはこの条約に武器による障害者のための文言を織り込ませるために闘いました。多くの弁護士、国連、その他のNGOなどの擁護者が私たち障害者に言ったことは、これは障害者条約ではなく武器条約なのでこのような文言を入れるべきではない、ということでした。しかし、もし人災としての地雷を禁止したいと願うのなら、総合的な解決策の一部が、世界中に三〇万人以上いる地雷障害者のコミュニティを支援することになると、主張したのです。これが、将来の軍備管理や武器条約に必ずその武器による被害者のための文言を入れるための前例とならなければなりません。

三番目は、対人地雷、仕掛け爆弾などの人間を障害者にするために作られたすべての兵器の禁止、すべての不発弾を除去するための国際法です。多くの場合、戦争が終結し兵士が引き上げた後、民間人が自分たちの土地で通常の生活を送っているときに、これらの兵器が原因で障害を負っているのです。平和条約が締結した後、戦争が終わってから長い期間にわたって、これらの兵器は人々を負傷させ障害者にしているのです。

四番目は障害者のための条約です。障害者のための条約策定に障害者を参加させるプロセスにおいては、障害者組織や個人に、多くの重要な国際的関係機関と建設的に連動するための貴重なチャンスが提供されます。条約は国家以外の関係機関に対する法的拘束力をもちませんが、条約が策定されるそのプロセスで障害者問題に関心が向けられ、その結果、国家以外の関係機関の障害者問題に対する重点度や関心度が高くなるでしょう。加えて、条約モニター団体は、障害者に対する人権侵害をさらに細かく調査するでしょう。

五番目の手段ですが、それは障害者問題を積極的な社会復興問題として見なすことです。障害者問題を中心として様々なグループが団結して相互関係を築き、さらに調停を行うことも可能です。戦争が終結し、平和条約が締結されても、障害は残るのです。障害者問題は、この問題に取り組んでいる人たちにとって政治的に中立な問題なのです。例えば、地雷生存者ネットワークはボスニアで、ボスニア人イスラム教徒、ボスニア系セルビア人、そしてボスニア人カトリック教徒と一緒に彼らの意識を高める活動をしてきましたが、彼らはみんな同じ部屋で障害について語り合ったのです。地雷による障害者の話の中で、彼らはお互いの人間性を認め合い、紛争後の復興期に一緒に活動することを約束しています。

結論として、戦争や虐待は決してなくなりませんが、私たちがすべての兵器を禁止することは可能だということです。私たちがすべきことは、障害者に過大な負担を負わさないようにすることです。効果的に障害者問題を主流化することで、現在虐待を受けている人や紛争下の人々の要求をさらに満たすことができます。そして復興期には、障害を負った被害者を、世界中の障害者のリハビリテーションを要求する力強い発言者へと転身させることによって、彼らを確実に力づけることができるのです。

参加者　原子力発電所の事故を扱っています。被害者が訴訟を起こし、PTSD（心的外傷後ストレス）の発生を指摘しています。政府はそのPTSDについては最初の調査で確認していないので補償する必要はないと主張していますが、それに対して被害者は補償を望んで裁判をしています。このような心理的調査は何回も実施したほうがよいのでしょうか。

ムシャラフ・ホセイン　戦争の時に引き起こされたトラウマは目に見えないものなので、それを診断したり報告したりすることは、ほとんどありません。しかし、そのようなトラウマは、長期間にわたって精神衛生上の問題を引き起こし生活に多大な困難をきたすので、診断されるべきだと思います。

参加者　五〇年前、核爆弾が日本に投下されました。原子爆弾です。そしてこの最悪の兵器が正義の名のもとに近い将来使用される可能性があるのです。私は核爆弾を受けたことはありませんが、私の親戚には実際に被害を受け苦しんでいる人がいます。この核を使用することで、ほんの一瞬のうちにこの世界が消滅することもあり得るのです。日本では、核についての論議はあまり語られなくなってきました。核を所有することで、平和を維持できると考える人も増えてきました。いくつかの核兵器所有国は、戦争を回避することができるとしてその核を保有し続けています。そして実際に核兵器をイラクへ使おうとする動きもあります。一度使用すれば、すべての環境が破壊され、いかなる生命の生存もあり得ません。ですから、私のこの懸念を世界に表明しなければなりません。兵器がなくなることはないと考える人もいるでしょう。しかし、私は兵器を所有する人たちに対して精神戦を挑みたいのです。

メアリー・ミッチェル　発言ありがとうございました。実際、国家というものは、どの国の軍備が強いかを競い合って、人々の命や人々が障害者になることを真剣に考えていないのです。しかし、これらの暴力行為の犠牲者や生存者が十分な力を備え、私たちが暴力行為や兵器を撲滅するために協力して、私たちの意見を聞き入れさせることができるとしたら、兵器をなくすことができるでしょう。これは、今日や明日にでも実現するものではありませんが、絶え間ない対話と協力で、実現できるものなのです。

ケン・ラサフォード　私はあなたの意見に賛成する部分とできない部分があります。生物兵器、核兵器、化学兵器の被害者の合計よりも地雷によって障害を負ったり、亡くなったりした人の数のほうが多いのです。これは事実です。そして核兵器を所有している米国は、核兵器で戦争に勝利することはできないとあなた方に実感させました。私たちはベトナム戦争で負けました。核兵器で、北朝鮮の韓国への侵入を止めることもできませんでした。その一方で、来る日も来る日も人々に障害を与え人々を死に追いやっている兵器があります。日本や米国では見ることはありません。しかしたいてい貧しい国の農村地域でこの地雷の犠牲者が多いのです。こういう国でこそこの問題に焦点を当てなければならないのです。

ムシャラフ・ホセイン　オタワ条約に署名していない国が多くありますが、各国はこの条約に署名するべきで、そのための運動を推進していくべきです。地雷をなくしたいのなら、地雷の製造をやめなければなりません。そして私たちすべてがその運動に取り組むなら、世界的に撲滅ができるのではないでしょうか。私たちは第二次世界大戦の戦禍が大きかった国にいることを認識しているからです。

参加者　私はローマ大学からきました。私は、ここにいるアフガニスタン障害者協会の友人と一緒に、学校の教育プログラムにおけるインテグレーション推進のために、戦争が終わったアフガニスタンの人々や障害者とともに活動する予定です。長年の紛争が終わったアフガニスタンの状況は、世界の他の地域における男女障害児のインクルージョンとは異なったものだと思います。そこで質問なのですが、戦争や紛争後の教育プログラムや初等・中等そして大学レベルの学校でのインテグレーションにおいて何か特別なアドバイスがあれば、またアフガニスタンのように戦争や紛争後の、また災害を受けた人々に何が必要なのか教えていただきたいのです。

ケン・ラサフォード　この質問に対する回答はたくさんありますが、今は二点お答えしましょう。一九九七年、私はボスニアでイタリア人のイエズス会の司祭ロバートに会いました。彼は地雷障害児に取り組んでいる唯一の人物でした。彼は地雷で障害を負った子どもを探してボスニアの農村部へ足を運び、そのような子どもたちのために義足を提供するため、イタリアのイエズス会メンバーから資金を調達していました。そして一九九七年に地雷生存者ネットワークはダイアナ妃をサラエボに招いて、王妃にイエズス会司祭を訪問してもらい、彼の地雷障害児に対する取り組みに光を当てました。

二番目の回答ですが、私は両足を失ってから教授になりました。私は米国の大学で、国際関係を教えています。特に九月十一日のテロ攻撃の後、私の生徒たちは世界について学ぶことにより深い興味を示しています。生徒たちは現在、世界中で三〇件を超える戦争が起きていることを知って驚いています。世界中には数億人もの障害者がいます。教育者の観点から、戦争、虐待、障害に関する問題は、若者に世界を教えるための驚くべき道具となります。さらに教師としても、これらの問題を糧に生徒が自らの人生を構築し、職業の選択肢をつくり出していくことを期待しています。それは、大金を儲けるためではなく、人々を助けるためであって、五体満足であること、資源があること、両親がいること、自分の国が戦争をしていないことなどを神に感謝するためです。

メアリー・ミッチェル　ご意見ありがとうございました。では、この分科会の決議をまとめたいと思います。お二人の発表とフロアからの質疑により、以下の決議があげられると思います。

まず、私たちは、障害者組織が政策や指針を提言していくよう勧告します。第二の勧告は、社会的な課題である地雷被害者のような障害者グループによって国際的に認識されている兵器の禁止を含み、戦争の影響を軽減させるための政治課題に障害者として取り組むことです。第三には、私たちは、障害者のための組織が障害者の人権条約や開発や条約の討議に完全に参加し知識を共有するようキャンペーンを行うことを勧告します。以上の三点の決議を大会本部へ提出いたします。ご参加ありがとうございました。

10月16日午後

障害種別や社会状況を乗り越えた連帯

DPIで活発に取り組んでいない障害をもつ人のグループ

司会者：モニカ・バートレイ（ジャマイカ）

発表者：松本　学/石井政之（日本）

メアリー・オーヘイガン（ニュージーランド）

ラエ・ハレル（オーストラリア）

顔・体の変形をもつことで生き辛さを抱える人への支援……松本　学

ユニークフェイスは、NPO法人で、顔や体に変形のある人の支援に取り組んでいます。二〇〇一年に設立されたこの団体は、もともと一九九九年に自助グループとして始まり、二〇〇一年に法人化しました。現在二二〇名の当事者会員がいます。英国の統計によると、英国には顔や体に変形がある人はおよそ四〇万人いると言われています。英国の人口が六千五百万人で、日本の人口は一億二千万人ですから、日本には顔に変形のある人が英国の二倍いるということになります。そこで、私たちの使命、目標は、私たちのように顔に変形のある人が、生き辛さを感じることなく人生を送れるようにすることです。ユニークフェイスの石井会長の顔には生まれつきアザのような血管腫があります。そして私には、右頬の内側と首が少し腫れていて、耳も変形しています。これは先天的な変形ですが、中には後天的に変形する人もいます。顔に腫瘍を発症した人や火傷を負った人も変形に分類することができます。

いったん顔に変形ができてしまった場合、その人はどのようなしんどさを体験するのでしょうか？　特に他人と会うとき、顔はあなたを映す鏡か窓ガラスのようになります。ですから、変形のある人は、対人関係を築くときに困難を感じる傾向があるのです。私は慣れてしまったのですが、変形のある人が初対面の人に会うときは、たいてい苦痛を感じるので、対人関係が苦手で、自尊心や自信をなくしてしまいがちなのです。

その結果、このような人たちが社会に出たとき、どのようなことが起こり得るでしょうか？ 例えば、仕事では、就職試験に落とされてしまう。顔が原因で営業職に向かないからと就職させてもらえない、ということが起きます。働き出してから人生の途中で、火傷などで体が変形する場合も、変形に対する十分な支援を得ることができないことが多いようです。

また、その次の問題は、いつ誰に会っても、変形について説明を求められることです。私の場合、比較的おたふく風邪といった一時的な病気と間違えられることが多いので、その質問に答えなければならず、これらの質問に答えるしんどさ、というものがあります。そして共通して見られるのが、人からじろじろ見られることや、他の人からおびえられてしまうことなどがあります。これも人によって様々ありますが、基本的に、社会との接点において私たちは困難を生じていると思っていただければと思います。

ではこのような人たちに私たちはどういうことをするべきなのでしょうか？ 大きく三つの目標を掲げました。

一点目は、顔に変形がある人に対して支援を行う活動です。これについては、後で詳しく説明します。

二点目は、私たちが病院に行ったとき、非常に不愉快になることがあります。医者が変形をもっていることのしんどさを理解していないからです。多くの人が、様々な病院に行き、顔の変形を治療して完治しようとします。ですが、医者に相手にしてもらえないという状況が最近までありました。現在でも医者やその他の専門家たちの質は、非常にばらつきがあります。ですから、専門職を教育していかなければいけない、ということがあります。

そして三点目は、今日ここで話させていただいたように、顔の変形による困難というのは、皆さんに知られていません。このDPI世界会議での発表を申し込んで、「DPIで活発に取り組んでいないグループ」にラベリングされてしまったということは、やはり、顔の問題は障害の関心が高いところでも、非常にマイナーな問題として扱われてしまっているということを表していると思います。ですから、私は皆さんに顔の変形について理解して帰っていただきたいと思います。また、私たちはマスメディアを使って、顔の変形に関する問題を訴えることもしています。

三つの目標について説明しましたが、今度は直接的な支援について、少し述べたいと思います。第一の活動は、ピアカウンセリングです。顔に変形がある人とその家族がある場所に集まって、自分たちの体験を他の人たちと共有する場所をセッティングしています。私たちの場合、自分たちの体験を相対化するということが非常に困難な状況があります。社会では私たちの問題が非常にマイナーなものだからです。ですから、私たちには同じような状況の当事者に会うことが必要なのです。例えば、数年前まで私は自分と同じ問題を抱えている当事者に会ったことがありませんでした。石井さんに会って初めて、同じ問題を抱えている人が他にもいることを知ったのです。ですから、そういう場所を提供していこうと考えています。この団体はまだ小さいので、ピアカウンセリングが行われる場所は東京、大阪、名古屋だけです。直接支援という形でピアカウンセリングをやって、お互いに孤立感というのをなくして、自分たちだけではなくて、顔の変形をもっている人が同じような感情に陥るんだ、と認識しています。それを共有することが自信につながっているという現状があります。

オープンミーティングもあります。現在私たちの組織の会員数は二二〇名ですが、日本には同じ困難を抱えている人が数十万人いると言われています。ですから、機会があるたびに、このような活動を人々に知らせ、「正々堂々とやっていいんだよ」という場所をつくろうとやっています。これらの活動が、小さなNPO法人のできる限界だと思います。

例会には三種類あり、一つ目がピアカウンセリングです。これは、当事者だけに限定された非公開の会議です。顔に変形のある人とその家族しか入れません。次に、公開カウンセリングのデモンストレーションで、誰でも参加できます。三つ目の講義ですが、これも誰でも参加できます。

今までは、ピアカウンセリングという形でしか、当事者への支援ができませんでしたが、来年（二〇〇三年）には当事者へ向けてソーシャルスキル・トレーニングというプログラムを始めたいと思います。要するに、対人関係の技術を習得するための訓練だと思って下さい。今までは、ピアカウンセリングで、自分たちが孤立している、自分たちの症状がどのようなものであるかを相対化する場を設けていました。今度は次のステップに進もうと思っています。具体的に当事者に役に立つ技術を提供していこう、という考え方です。

日本にはこの他にも解決しなければならない問題がたくさんあります。一つは、定例会でもよく指摘されていることとして、顔に変形のある人は就職の機会を奪われてしまうということです。営業職には向かないから、履歴書を持って帰ってくれと言われることが多いようです。また、顔に変形のある子どもへの支援も私たちが解決しなければならない課題ですが、まだ余力がありません。通常私たちは、先天的な変形のある人を支援しています。後天的に変形が生じた人たちは、このグループに入会しにくいということがあります。後天的に変形が生じた人たちにとっては、その事実を受け入れることは大変難しく、自認ができないようです。しかし、こういう人たちも潜在的に多いと思いますので、こういう人たちに対してのプログラムを病院等医療機関と協力してやっていけたらと思っています。

これらの問題を解決するために、どういった考え方が必要でしょうか？　私たちは、日本でも障害者差別禁止法のようなものを導入して、変形も障害の一つだと認めてほしいと思います。障害の一つだと認められることで私たちの置かれている状況が改善されるのではないかと思います。英国では、インペアメントとして変形は認められているはずです。専門職との協力も重要なテーマだと思っています。当事者にとっては、専門職を扱うというのは、非常に困難なことです。プライドが高く、医療技術のみを見つめている人に対して、心理的なサポートも必要だということを伝えるのは困難だと思います。

私たちの基本的な考え方は、それぞれが固有の「ユニーク」な顔をもっているということです。これに向かって進んでいこうということです。

専門家こそきちんとした関心をもってもらいたい……

石井政之

ユニークフェイスの会長をしています石井です。三年前、松本氏と一緒にこの組織を設立しました。この三年の間に、変形のある人数百人に会いました。私は生まれつき顔の半分にアザがあります。これまで、私より変形がひどい人にも多く会いました。中には顔にまんじゅうのような肉の塊がついている人にも会いました。適切な治療を受けていないと感じます。また、適切な情報を当事者がつかんでいないことも実感しています。同じように、精神的ダメージが重い現実も明らかになっています。

私たちは当事者グループですが、当事者だけではこの重い現実を受け止めることはできない、という認識があります。松本氏が指摘したように、日本の専門家たちは、まだ「ユニークフェイス」の変形の問題に関心をもっていません。これはよくないことです。このような専門家には変形にもっと関心をもってもらい、適切なケアプログラムを行政レベル、地域社会レベルまでもっていこうと考えています。そうしなければ、このグループをつくった意味がない、と思っています。

異なる文化や独自の問題について、互いに学び合い、団結しよう……………メアリー・オーヘイガン

世界精神医療ユーザー・サバイバーネットワーク（WNUSP）の役員を務めています。

私自身は、以前、精神医療サービスのユーザーでした。障害者運動では、私は精神障害をもつ者になります。若いときに精神病院で数年間過ごして退院しましたが、これは私の人生において最も悲惨な経験でした。私の躁鬱状態もかなり深刻だったのですが、一番大変だったことは、他の人が私に対する反応に対応することでした。しかし、他のユーザーやサバイバーほどひどい虐待や排除は経験しませんでした。多くのユーザーやサバイバーは、施設に監禁された恐怖、強制治療を受けさせられた恐怖、身体的虐待・性的虐待そしてネグレクトの経験を語っています。

抗精神病薬によって引き起こされる恒久的な副作用である遅発性ジスキネジア[1]を発症するなど、無数の人が精神病治療で深刻な被害を受けてきました。電気ショック療法のために一生記憶障害で苦しむ人もいます。一生涯にわたって人格を破壊する脳手術のロボトミー[2]を施される人もいます。十分な精神医療サービスが行き渡っていない、サービスが管理され過ぎている、または必要とされる支援を提供していないといった理由で、必要なときに精神医療サービスを利用できないという人が増えてきています。

職を求めている多くの精神障害者たちが、一般市場で職を見つけることは絶対ありません。彼らはわずかな収入を得るために、作業所で単調な反復作業をしなければならないか、地域社会に貢献する機会もないまま、リビングルームやデイセンターで一生を過ごすかしかないのです。世界中で、精神障害者たちは地域社会の最下層の一員として、貧困、失業、失望、不適切な住居、孤立そして搾取といった、いくつもの耐えがたいストレスを強いられています。

きっと、精神障害とは別の障害をもっている人たちのなかでも、多くの人が精神障害者の話に自分たちの経験とよく似たものがある、と気づかれることと思います。どんな種類であれ障害をもつ人は皆、貧困、失業、低水準の住居や施設、人からの孤立がどのようなものかを知っています。どのような種類であれ障害をもつ人は皆、管理されたパターナリズムのサービスを受けなければならないことがどのようなものなのかを知っています。私たちには共通の問題が本当にたくさんありますが、一方、違いもあるのです。

多くの障害者グループとの一番の相違点は、精神障害者が何かに参加するとき、身体的障壁よりも社会的障壁を経験す

ることです。階段や点字の不備とは異なり、私たちが遭遇する障壁は目に見えないもので、主に人々の心の中に存在するものです。多くの他の障害者グループよりも精神障害者のほうが、人々から恐れられ拒否されていると思います。私たちにとっての障壁は、他の人々の態度や、精神障害者は暴力的で何をするかわからない無能な人間であるという、他の人々の考えなのです。

二点目の相違点は、精神障害者は自分の意思に反して監禁され、強制治療を受けさせられる可能性があるということです。精神障害者運動に携わっている多くの人は、この運動が一九七〇年代初めに始まった当初から、強制治療反対の運動を続けてきました。他の障害者運動のように、私たちの運動も自己決定の追求に基づいているのです。

精神医療ユーザー・サバイバー運動は、幅広い障害者運動と一緒に発展してきました。しかし、私たちには共通の問題や理念が数多くあるという事実にもかかわらず、他の障害者運動と常に一緒に活動してきたわけではありません。いつも一緒に活動してこなかった理由の一つは、異なる障害をもつ人々がお互いにレッテルを貼り、互いの障害を不快に感じることがあるということです。これは克服しなければなりません。私たちが止めさせようとしている、周りの社会の私たちに対する行為と全く同じことを、障害者同士でしてはいけません。

世界のいくつかの国には、精神医療ユーザー・サバイバー運動と障害者運動が協力した素晴らしい例がいくつかあります。最近では、国際レベルで多くの協力がありました。国連障害者の機会均等化に関する基準規則のモニタリングを行っている国連特別報告者ベンクト・リンクビスト氏の専門家パネルの一員として、設立されたばかりのWNUSPが招かれました。一九九五年から二〇〇一年に毎年開かれていた専門家パネルには、いくつかの国際障害者組織が代表を派遣していました。専門家パネルに代表を派遣した組織にはDPIなどがありましたが、これらの組織は一九九八年に国際障害同盟（IDA）を結成しました。WNUSPもそのメンバーです。

精神障害者たちは、強制治療の問題を国際レベルで提起し続けました。そして私たちは強制治療をなくすために他の障害者組織からたくさんの支援をいただきました。現在の大きな目標は、意思に基づいて治療を受けるための普遍的な権利を新しい障害者の権利条約に明記されるようにすることです。精神科医や精神障害と診断された人の家族など、強制治療は精神障害者のためになると考えている影響力をもつ利益団体が多いので、この目標を達成するためには他の障害者運動の支援が必要なのです。

障害者組織の皆さんに、活動の場が地域レベルであろうと、国レベル、国際レベルであろうと、精神障害者に門戸を開いて下さるよう強く要請して、私の話を終わりたいと思います。精神障害者に門戸を開放することには、もっともな理由がたくさんあります。私たちには共通の問題や課題が多くあります。私たちは自己決定と人権に焦点を当てるという共通の理念によってつき動かされています。多くの国で国際的な発展のために奮闘している精神医療ユーザー・サバイバーの運動は、幅広く障害者運動を行えば、さらに強固なものにしていくことができます。また、ユーザー・サバイバー運動は幅の広い障害者運動を強化し、多様性をもたせることができます。

精神障害者を受け入れるためには、気の狂った人は暴力的で、何をするか予想ができなくて、無能だ、という皆さん自身の考えを改める必要があるかもしれません。そして、私たちユーザーやサバイバーは、異なった障害をもつ人たちに対する自らの態度に目を向ける必要があるかもしれません。私たちは異なった文化や直面している独自の問題について、お互いに学び合う必要があります。

古い諺にはこうあります。「団結すれば立ち、分裂すれば倒れる」。私は皆さんに、団結して立つように強く訴えます。

環境乱用の影響で新たに起きている目に見えない障害

……………………………………ラエ・ハレル

国際シンボルマークは、図案化された車いすが描かれています。人々が障害者イコール車いす利用者と見なしていることは無理もありません。障害者という概念の中に視覚障害者や聴覚障害者を入れる人もいますが、これらは目に見える障害です。しかし、環境によって引き起こされた目に見えない障害の形態についてはどうでしょうか。障害は、身体的、知的、感覚的な障害によって引き起こされる機能的な制限です。

産業や進んだ技術がなければ、この世界の人々は原始時代の生活を送っていることでしょう。そこには航空機も、特効薬も、テレビやラジオも、電動車いすもないでしょう。一方、産業の発展によって私たちは、汚染された食物や水で健康を害する恐怖が広がっています。

食品に対して過敏症状を示す人もいます。最近では、オーストラリアの学童がピーナツバターを食べて、初めて死亡しました。この男児はひどいピーナツアレルギーだったのです。保育所や学校では、万が一ピーナツが含まれているものを食べた場合やピーナツ製品に接触した場合に、腕に注射をしてもらう子どもが多くいます。ピーナツに接した後約一五分以内に注射をしないと、重度の疾患になる場合や、さらに死亡する場合さえあるというのは驚くべき現実です。

チーズやシーフード製品も重篤な問題を引き起こす可能性があります。牛乳の影響を受ける人もいます。特に乳糖アレルギーの人はそうです。乳糖は、あらゆる種類の動物の乳に含まれている自然の砂糖です。セリアック病は、シリアル製品の多くに含まれているグルテンアレルギーです。この病気はヨーロッパ系の人に多く見られますが、その他の民族がこの病気にかかるケースももちろんあります。セリアック病の主な症状には、下痢、体重減少、栄養不良などがあります。しかし骨の痛みや腹部膨満などの軽度の症状を識別することは容易ではありません。セリアック病の人がグルテンを摂取し続けると、その人が胃腸癌を発症する確率は、一般の人の四〇倍から一〇〇倍に増えます。重症例では、脳障害も引き起こすこともあります。このような人には、徹底的にグルテンを含まない食事を続ける以外の方法がありません。これは小麦、ライ麦、大麦、これらの派生食品を含む食物はすべて食べてはいけないということを意味するのです。多くの加工食品は、微量のグルテンが使用されているかどうかわからないので、これは簡単なことではありません。オーストラリアのブリスベンのセリアック病に苦しんでいる人たちは、数年前に粉砂糖でつくったアイシングを食べた後に、気分が悪くなりました。この粉砂糖を袋詰めしていた機械が小麦の袋詰めにも使われていて、作業で機械が十分に洗浄されていなかったことが後になってわかったのです。

「どうしてこれが障害なのですか」と尋ねられることでしょう。レストランや友人の家で、もしくは旅行中に外食することが怖いと思うことを、想像してみてください。このような人々は自分の食べ物をほとんどの場合、持参しなければなりません。外食するときはたいてい警戒しますが、それでも何かの間違いが起こるときがあります。

ずいぶん前のことですが、私がよちよち歩きのころ、母はかわいいウール地のスーツを作ってくれました。その服を着た数分後、私は泣き出し、長ズボンの裾をまくりあげたのです。両親は私が癇癪を起こしたものだと思い、私の訴えを無視しました。五分も経つと、私の足は真っ赤になり、両親は私の服を脱がさなければならなかったのです。何年も後になってわかったことですが、この皮膚炎はウールではなく、ウール処理に使われていた化学薬品が原因だったのです。

化学物質過敏症は後天的な病態で、揮発性薬品を長期間、あるいは何度も繰り返し、大量に触れた後に、これらの薬品に対して異常な反応を示します。最も一般的な症状は、ほとんどの人が気づいたとしても不快とは感じることのない匂いに対して、敏感になることです。化学物質過敏症は一九八七年にカレンによって記述・定義されましたが、これがはっきりと臨床のものとして受け入れられるには時間がかかりました。そして、化学物質過敏症を障害者活動の世界へ受け入れることは、検討し始められたばかりです。

現在のところ、神経系の障害は恒久的かを区別する明確な証拠はありません。しかしながら、オーストラリアのこの分野の専門家の意見では、回復することは稀なことです。

一九八〇年代初め、薬物静脈内注射常用者が合成ヘロインを使用したところ、重症なパーキンソン症候を発症し、パーキンソン病の環境要因に関する重要な見識となりました。その後のケースコントロール・スタディ（症例対照研究）で、殺虫剤の使用、農村環境、井戸水の飲料、除草剤、産業工場、印刷工場もしくは採石場に近い住居と関連性をもつ場合、パーキンソン病の発病が増えることが判明しました。現在、ワシントン大学は、パーキンソン病になりやすい遺伝的素因がある個人に、殺虫剤や重金属などの物質との関連性を研究しています。殺虫剤、合成芳香剤、洗浄製品、洗剤などの多くの化学物質について、その人体に対する影響を調べるための研究は事実上行われませんでした。化学物質が安全ではないと証明されるまでは、化学物質は安全だという前提で、産業界は化学物質を環境の中に取り入れました。最も厄介な物質の一つは、香水やその他の香料入りの製品です。香水の材料の多くは、ガソリンの材料と同じなのです。これには皆さん驚かれると思います。恐ろしいことに、この香水業界を規制する規則がないのです。

公害には、多くの人に障害を引き起こすという影響があります。公害が原因で家から出られない人もいます。この公害は、車の排気ガスや産業廃棄物、さらに微粒子、特に煙草の煙粒子による公害、もしくは家具類に含まれる化学物質による汚染の形態をとることもあります。私たちの生活を向上させるために設計された工場、発電所、産業プラント、自動車が大量にある現代経済が、実際は私たちの生活の質を脅かしているということは皮肉なことです。

世界の人口の半数近くが、飲料水を地下水に頼っています。そして農村地域に住む人々の九七％が地下水の井戸から飲料水や灌漑水を汲み出しています。最近まで、地下の目には見えない水源のことを深く考える人はほとんどいませんでした。しかし、有毒な物質が土壌に捨てられると、浸出や浸透のプロセスを経て、これらの物質は土壌に染み込み、深刻な地下水系汚染の可能性が出てくるのです。頭痛、消化器官の障害、かすみ目、関節のこわばりなど、多くの重度の健康障害が、汚染水に端を発していることがあります。障害をもつ人であれば、これらの健康障害によって障害が重くなる場合もあります。また、障害とうまく付き合っていくことに問題を抱えている人にとっては、新たな問題が加わる場合もあるのです。

人体、特に子どもに障害をもたらすその他の有毒物質は、鉛です。以前は塗料や配管に広く使われていたのですが、その後取り除かれました。しかし、ガソリンにはまだ鉛が含まれていることがあるので、ガソリンスタンドや車道で鉛を吸い込んでしまう可能性があります。かなりの鉛濃度は有毒で、脳や神経系の発達を妨げる恐れもあります。

残念なことに、有毒な汚染物質や化学薬品によるトラウマの影響を受けた多くの人たちは、せいぜいよくても神経症と判断され、そしてその人たちが特に女性なら、最悪の場合は精神異常と判断されるのです。これらの問題を抱える被害者のほとんどは、〝彼らの頭の中にある〟痒み、震え、吐き気、頭痛などの症状を解消する方法を誰かが教えることができるのなら、「これはすべてあなたの精神的な問題です」と診断されても満足することでしょう。

障害の一種として身体に特定の機能不全を引き起こす環境的要因について、考察してほしいと思います。障害はもはや車いすに拘束されることだけを指すものではなく、環境乱用の影響で機能的に制限されている人たちも含まれるのです。

参加者　大阪から来た大学院生です。三人の発表それぞれに質問があります。

石井さんの著書を何冊か読む機会があったのですが、私が最初に読んだ本には、顔の変形を化粧品で隠すことを知ったけれども、心理的葛藤から化粧品を燃やしてしまった、ということが書かれていて、このような人たちの葛藤の深さに驚きました。実際に各地を回っているフェイシャルセラピストがいます。彼女は心臓病で、冬になると顔が真っ赤になることが嫌でたまらなかったので、三〇歳のときに心臓の手術を受けて完治した後、同じような悩みをもっている人たちを助けたいと、再びメイク法を学び、生まれつきアザがある人のためのメイク法を編み出しました。ユニークフェイスの人たちはこの顔の手入れということについてどのようにお考えでしょうか。

次に、メアリー・オーへイガンさんに質問です。私には精神障害がありました。入院したことはありませんが、常に薬を服用していました。でも、四年前に他の精神障害者から薬物治療を止めることができると聞き、薬の用量を減らす努力をしてきました。しかし医者に、断薬はできない、と言われました。私は薬をすべて止めたいのですが、周りの人たちも断薬は理解してくれません。脳に作用する薬というのは、非常に屈辱的です。ですから、私は薬を止めたいのですが、「薬を止めるなんてできない」と皆から言われます。そこで、メアリー・オーへイガンさんにお聞きしたいのですが、あなたの周りの人は私と同じように感じているのでしょうか？

そして最後はラエさんへの質問です。環境要因や薬で障害を負う可能性がぐんと増えるとおっしゃっていたと思いますが、たくさん聞かされているうちに、障害をもって生まれることは悪いことなのかな、という違和感を感じました。人為的な要因によるものであれ、先天的な要因であれ、障害をもって生まれるということは、何も不幸なことではなく、私たちにとって不幸なことは、社会が障害をもって生まれてきた子を受け入れてくれないことなんだという立場に立ってものを言っていかなければならないのではないかと思います。奇形児が生まれてくることを理由に、化学物質薬品の恐ろしさを訴えていくことは、障害者に生きてはならないということを言ってしまうのではないかと思います。

石井政之　その本は『顔面漂流記』ですが、その中にメイキャップのことを書きました。化粧品を買ったこともあるし、燃やしたこともありますが、化粧に嫌悪感を抱いているということはありません。私のライフスタイルに化粧品が合わないということがわかったのです。メイクが非常に重要な人もたくさんいますが、その一方でメイクを全く必要としていない人も大勢います。個人差があるので、ユニークフェイスとしては、メイクをしたほうがいいとか、しないほうがいいという主張はしていません。個人の責任で、自分のライフスタイルに合うものを使ったらどうですか、ということを申し上げます。また、フェイシャルセラピストの女性についてですが、ユニークフェイスとしての意見を申し上げると、あらゆるサービスを受け入れるべきです、ということです。メイクアップアーティストのメイクがその人に合う、合わないということもあると思います。ユニークフェイスの各会員たちは、メイクをするか・しないのか、どのようなメイク法を使うのかを自分たちで決定するのです。

メアリー・オーヘイガン　私への質問は、精神障害者の薬物治療についてですが、薬物治療が有益だと感じる人もいれば、そうでない人もいます。しかし重要なことは、薬を服用するかしないのかを、自由に選択できるということです。薬物治療を強制されることがあってはならないと思います。しかし、当然のことながら精神医療システムでは、公然と薬物治療を強制されていなくても、それとなく強要することが多く、医者に薬物治療を止めたいと言っても、患者が薬物治療なしでやってみようとすることを支援してくれません。「精神障害者には常に薬が必要なので服用し続けなさい」と言われますが、これはよくないことだと思います。薬物治療に関するその他の問題は、私たちは薬の副作用について、いつも十分な情報を得ているとは限らないということです。副作用よりも薬の服用による恩恵のほうが大きいので、副作用は薬の服用の邪魔にならないと考える人もいますが、どんな副作用があるのかを教えてもらっていないことも多いです。薬物治療を受けている人が「症状回復に役立ったのは薬物治療だけだった」と言っているのを、今まで聞いたことがありません。実際、多くの人が、「薬物治療は大して関係なかった」と言います。ですから、精神医療システムは薬物治療に頼り過ぎているのであって、回復する方法はこの他にもたくさんあると思います。

ラエ・ハレル　障害が悪いものとして受け止められているかどうかはわかりませんが、環境による障害に苦しんでいる人たちのことを語ることが、すべての障害が悪いと言っていることになるとは思いません。環境とは、自己の可能性を最大限活かし、望みどおりの生活を送ることができる場でなければならないと思います。私たちが環境の中に取り入れるものが、人々の生活をかなり制限する原因となる場合はどうでしょうか。含有化学物質が原因で、買い物に行けない人がいます。また、公害のため公共交通機関で移動できない人もいます。悪いのはこういう状況で、障害が悪いのではないのです。私たちには、障害によって影響を受けている人たちの生活を改善する必要があるのです。

参加者　私は障害者支援グループに所属しています。専門家の教育についてお聞きします。メアリーさんは障害者の連帯について述べられました。それを邪魔するものがあるとすれば、「専門職の援助」が挙げられるのではないかと思います。特に精神福祉分野では、強制治療が合法行為となっています。日本の精神科では専門職は、法律に裏づけされた権力というものをもっています。精神保健福祉士を目指す学生は、専門職のめがねを通して障害者を見ることをします。学生はユーザーから学ぶ機会がありません。

メアリー・オーヘイガン　これはどの国でも問題になっていたと思いますが、状況が変わり始めている国もあり、そこではサービスを利用した経験のある人たちが、実際に訓練に携わっているのです。ところで、この「専門家」という言葉は面白いです。私たちは問題を経験してきた自分たちのことを専門家と呼び、一部のプロフェッショナルのことは専門家とは全く考えていません。確かに彼らの専門知識は、常に私たちの役に立つわけではありませんし、私たちは自分たちが専門家だと思っているのです。プロフェッショナルが、サービスを受ける人たちではなく、自分たちがすべての答えを知っていると考えることは傲慢だと思います。

松本　学　ユニークフェイスの人たちも、顔の変形に対して形成手術を行います。医者は当事者にどのような治療をするのか、治療後どういった顔になるのかを説明することはできます。しかしその結果として、私たちがどのような精神状態に陥るのか、どういう困難を生じるかについて全く無知です。専門職とは医療について言えるかもしれないが、心理的なサポートの面では医者は全く専門職ではない。こういった専門職の無知に対するアプローチは、彼らと一緒に活動することです。後天的に変形をもつようになった人のためには、病院の中に入っていって心理的な支援をしていかなければなりません。そうすると、医者や看護師と協力し合わねばならず、専門職に対して教育をせざるを得ないということになります。実際、私はいくつかの大学病院に行って、心理的なケアをしていますが、医者が当事者の気持ちを理解するような対応ができないということが多くあります。ですから、医者や専門家を教育していく、もしくは別のかたちで、変形について教育できるような場を設けていくことをやっていきたいと考えています。

参加者　大阪から来ました。私たちの活動の一番重要なテーマとして、精神障害をもつ仲間の孤独を防ぎ、ひとりぼっちをなくすための仲間づくりをすると同時に、精神障害者に孤独を感じさせるような社会のシステムや社会を変えるための活動をしています。

日本では、精神科のベッドが三四万床ほどあります。その中の多くの仲間たちが本来なら退院できるのに、帰っていくサービスがないために、病院で暮らしているという現状があります。退院を促進するための問題となってくるのが住む場所の確保です。この点に関して、民間の不動産やアパートのオーナーに対して、私たちはどのように働きかけることができるのか、また、公共の整備についてもどのようなものがあるのかお聞きしたい。

医療については、日本には、「精神科特例」という独特な差別処遇があります。これをどうやって変えていくのかを考えたときに、大阪では、市民団体と連携しながら、悪徳な精神病院を潰していく取り組みをしてきました。今年（二〇〇二年）から病院に対するオンブズマン制度を行政に認めさせることまではやってきましたが、九割が民間企業によって精神病院が経営されているなか、どのようにしたら状況を改善できるでしょうか。

最後に、日本の国会で、「心神喪失者医療観察法案」が審議中です。私たちは、新たな隔離を産む法案だと強く反対をしているのですが、この問題を審議している国会議員たちの中に、精神障害に対して非常に強い偏見をもっている人がいます。ですから、これらの議員へロビー活動をしていても、その運動が進みづらいのです。一方で大きな犯罪が起きると、それと精神障害と因果関係があるかどうかわからないのに、それを結びつけて大々的に報じて、市民感情が「精神障害者は危ない」となるなかで、政治家が新たな隔離施設を造ろうとします。私たちはこれに対して反対をしていますが、こういったことについて、お知恵をお借りできればと思います。

メアリー・オーヘイガン　あなたが取り上げた問題は、程度の差はあれ、どの国でも問題になっていることと思います。人々が精神障害者と暴力を結び付けるこの問題は、ほとんど世界共通です。ニュージーランドで私たちは、実際は精神医療サービスのユーザーが他の人よりも暴力を起こしやすいわけではない、ということを示す証拠を多数もっています。しかし、一般の人にそうではないと説得することは困難なことは理解できます。人々は真実を与えられても、常にその真実に耳を傾けるわけではないので、これは難しい問題なのです。人々は時に感情的に反応し、真実とは別の思い込みをすることもあるのです。

あなたから出された問題点には、精神障害者が暴力に結び付けられる差別や特別な病院への隔離、また住居の問題で病院を退院できないことがあったと思うのですが、これらすべての問題は差別問題と見なすことができます。障害に基づく差別を禁止している法律がある国もあります。私が思うには、法律は人々が差別をしないようにするように連携する役割を果たすのだと思います。

差別に取り組む方法はたくさんあると思います。一つの方法だけでは効果はありません。法律を変えただけでも効果はありません。差別を減らす最も良い方法の一つは、人々に彼らが差別の対象としてきた人たちのグループと接触させることです。病院に閉じ込められている人たちは、外界との接触がなくなります。ですから、人々は精神障害者について非現実的な考えをもつのです。

参加者　精神障害者です。私が通所している作業所は当事者が立ち上げた作業所です。自助グループは米国ではAA（アルコールホリック・アノニマス：アルコール中毒者の自助組織）があります。私はこのAAに助けてもらって、回復の道を進んでいるのだと思います。

メアリー・オーヘイガン　自助グループは大変重要だと思いますし、みんなが自助活動に参加する機会をもつべきだと思います。ユーザーやサバイバーと話していると、自助活動が彼らの回復に大変重要だったと語る人が多いのです。AAは、中毒者自身に悪いところがあり、それを認識するということだと思うので、ユーザー・サバイバーの自助グループとは理念が少し違うかもしれません。ユーザーやサバイバーの場合、「自分は悪くない」と言うことが、彼らの回復の一端であることが多いのです。このように、理念の違いが少し見られることがあります。

参加者　東京から来た精神障害者であり、ゲイ（同性愛者）です。このTシャツは東京で行われたゲイ・レズビアン・パレードのときのものです。そして国籍では、私は日本人と韓国人の親から生まれた子どもです。ゲイの人であったり、精神障害者であったり、それぞれでコミュニティがあります。精神障害者のコミュニティでは、ゲイでもあるので疎外感を感じたり、ゲイのコミュニティでは精神障害があることが言いづらかったり孤独感を感じることがあります。私はゲイであることも、精神障害をもっていることもカミングアウトしています。私には将来の目標があります。それは、社会的マイノリティには身体障害や知的障害の方や、セクシャルマイノリティなどさまざまなタイプがありますが、その架け橋になりたいのです。私のように複数の社会的マイノリティ要素を抱えて孤立感を感じている人はいると思うので、そういったマイノリティのコミュニティをつくりたいと思っています。しかし、私にはそれを実行するためのいい考えが思いつきません。そこで、なにかアドバイスがあれば、よろしくお願いいたします。

メアリー・オーヘイガン　はい。私も同性愛者ですので、あなたと同じ要素を二つもっているわけですね。米国では数年前に精神障害をもつ同性愛者の人たちのネットワークができました。「フルーツ・アンド・ナッツ・バー」と呼ばれています。私の国には精神医療サービス・ユーザーの同性愛者を支援するグループがあります。同性愛者であるのに、同性愛者であることを認めたくないので、どうしていいのかがわからずに問題が深刻化する人もいます。ゲイやレズビアンは、精神医療サービスで十分に、または慎重に治療されなかったり、性的志向は精神病の一部であると言われたりすることもあります。このように特別な問題があると思いますが、特に同性愛者であることをカミングアウトした直後は、一般的には孤独感を感じます。グループとして同じ境遇の人を探すこと、そしてお互いに支援する方法や、自分たちが抱えている問題を指摘する方法を見つけ出すことが重要だと思います。

参加者　私は全盲で難聴です。今日「ユニークフェイス」という団体のことを初めて知りました。私は目が見えないので、皆さんの姿がわかりません。この意味では私は皆さんに対して何の違和感もありません。私には見えないので、視力を取り戻そうとどんなに努力しても見えません。ですから、ユニークフェイスの方々も無理してまで顔をきれいに見せようとする必要はないのではないかと思います。日本社会では昔から偏見や差別がありましたが、何かを隠そうとすることによって余計に差別が生まれるので、恥に思うよりも堂々と行動すべきなのではないかと思います。障害者と呼ばれたくないので障害者手帳をもらわない人も多くいますが、ユニークフェイスの方々は障害者になりたいと言われたのでうれしく思います。

松本　学　あなたは視覚障害があるので全然違和感がないとおっしゃいましたが、私にも盲の友人がいます。彼は、目は見えないけれど、私たちの顔がユニークだと感じ取れると言います。というのは、例えば、道を歩いていて、とても美しい女性が通り過ぎるとします。そして私が彼に「今さっき、きれいな女性が通ったよ」と言うと彼は喜び、「今通り過ぎた女性はあまりきれいじゃなかった」と言うと、あまり喜びません。視覚障害者も、美しさや魅力といったものから離れることはできない、と彼は言っています。ですから必ずしも「違和感を感じない」わけではないと思います。それから、あなたは変形を隠す必要ないとおっしゃいましたが、様々な人がいるので、私は自己決定が一番大切だと思っています。医学的治療で変形が治るものなら、それでいいのです。ほかの方法に頼りたいのであれば、それでいいのです。私たちはある一定の価値観をみんなに押し付けたくはないのです。ですから、障害者に認定されるかどうかについても、これと同じことが言えるのです。

参加者　私は知的障害者です。人を判断する方法は数多くあると思います。私たちの施設が最初に設立されたとき、この施設のことを悪く言ったりする人がいました。しかしその後、このような会議が開催されたり、私たちの声がメディアやテレビなどで流されたりしたので、あまり私たちのことを否定的に言う人はいなくなりましたが、まだそのような意見の人は存在しています。ですから、良い方向へ進むことを願っていますが、自信がありません。この件に関して、私はどちらかと言うと少し遠ざかっていた傾向がありましたが、今このように会議に参加して、自分の意見を発表することができました。私はもうそんなに臆病ではありません。このように人前で喋ることも、そんなに苦にならないので、このような会議がもっと開催されると、他の人も私のようにもっと気楽に発言すると思います。

参加者　私は精神障害者です。分科会の決議に入れてほしい項目があります。家族のＳＳＴ（社会生活技能訓練）が必要だと思います。昔からそうなのですが、現在でも家族の理解を得ることが難しいのです。

モニカ・バートレイ　それでは、この分科会からの決議について、皆さんから出されたことをまとめたいと思います。

まず、私たちは知的障害その他の障害についても考慮していく必要があるということがあげられました。また、退院後の住居の確保など自立生活の支援をすること。隔離された施設から自立するために、新しいシステムが確立されるべきであるということがあげられました。みなさんが述べたことが、きちんと含まれていますか。

松本　学　この分科会からの決議について、若干付け加えさせていただきます。身体障害者が重視されがちで、あらゆる種類の障害に目を向けるべきという提言があったと思います。顔の変形は、身体障害に位置されると思います。これは私たちが障害の概念をもう一度定義し直さなければならないということだと思います。

説明しなければ理解されない障害という意味で、私たちは見た目ではっきりわかります。ですがそれが「しんどさ」とつながらないという点において説明が必要になってきます。精神障害者も同じような境遇に置かれていると思います。ですから、この概念を提言に入れてほしいと思います。

石井政之　多くの皆さんが自分たちの意見を発表することができました。私たちユニークフェイスにも同じことが言えます。数の点では、ユニークフェイスの声は、ほとんど存在しないも同然です。ユニークフェイスを代表してここに来たのはこの二人だけです。この事実を強調したいのです。その一方で、日本には顔に変形をもっている人が少なくとも四〇万人いるのです。外見による様々な社会的差別とハンディキャップがあるということを、ＤＰＩでも取り組んでいただきたい。米国や英国では取り入れられているのだから。

注

1　口、舌、手や他の身体部分が無意識にゆっくりと動いてしまう不可逆的脳障害。永続的に続く抗精神病薬の副作用。

2　精神分裂病などの治療に用いた外科手術の一つ。脳の前頭葉白質の一部を破壊して、神経経路を切断する。

10月17日午前

英連邦

司会者：アレクサンダー・フィリ（ジンバブエ）
発表者：レイチェル・カチャジェ（マラウィ）
スティーブン・エスティ（カナダ）

マラウィでの障害女性・障害児の状況……………レイチェル・カチャジェ

私はアフリカ南部にあるマラウィから来ました。マラウィはアフリカの心臓と呼ばれています。マラウィでの女性障害者や障害児の体験について発表したいと思います。開発の中の女性障害者（The Disabled Women in Development=DIWODE）は一九九六年に結成され、障害女性の社会統合に取り組む非営利、非政府団体の連合体として登録されています。国籍、肌の色、信条に関係なく、様々な障害をもつ女性団体が加盟しています。ＤＩＷＯＤＥは、マラウィの多くの女性に影響を及ぼしている低開発・貧困状況を変えるために、女性がもつ潜在能力に気づき、その能力を発揮する必要性があるという理念をもっています。障害をもつ女性が事業を運営し、経済活動での社会的地位を向上し、女性が自信をつけることができます。

これまでＤＩＷＯＤＥは、三〇人を超える会員に事業を運営する能力訓練を実施し、地元の機関からお金の貸し付けを得られた人もいます。この訓練は南部アフリカ障害者連盟（ＳＡＦＯＤ）から支援を得て行われてきました。

ＤＩＷＯＤＥは、マラウィ障害者連盟が一九九九年から毎年行っている障害に関する意識啓発活動に積極的に参加し、

HIV／エイズについての理解を図り、すでに感染してしまった人たちを支援しています。障害をもち、そしてHIV／エイズに感染しているということは、障害女性の中でも非常に悲劇的な状態になります。DIWODEは、会員にカウンセリングを通じて積極的に生きることができるように支援しています。

マラウィに根ざしている文化は特別なニーズを無視する傾向があるので、すべての人々が社会に参加する機会をもち、意思決定を保障するために努力しています。障害者問題を担当している女性大臣や、エイズやジェンダー問題について国の機関で働く人がこの団体から生まれました。リーダーシップトレーニングは、どこにおいても課題になっていますが、特に地方の女性障害者にとって必要なことです。

マラウィでは、失業が貧困をその結果依存を生み出しているという問題があります。失業率は労働力人口の四七％を超えています。この国の社会や経済が発展する過程において、障害者が果たす役割を積極的に考える人はほとんどいません。こういう状況では、経済・政治政策の負の効果だけでなく、一般的な差別や障害者の参加を阻害する否定的な態度に対しても挑んでいかなければなりません。障害女性は、女性であるだけでなく、障害をもつ母親であるという理由で、非常に困難な状況下で生活しています。さらに、HIV／エイズがあります。

一般に、障害女性が法的に婚姻関係にない人の子どもを生むことは非常に頻繁に起きます。そういう場合には、障害をもつ女性は、家族からの一切の援助を受けずに、毎日毎日子どもの食べ物や着る物を得るために苦闘しています。人権侵害も日常的に発生していますが、これを解消するために何の対策もとられていません。マラウィの地元紙に、わが子を焼いた母親のことが載りました。その母親は、「障害をもつわが子が重荷だった。だから、子どもを焼死させるしか方法がなかった」と言いました。その子どもは死んでしまいましたが、今のところ、その母親は逮捕されていません。彼女は自由に歩き回っているのです。これは生存権の侵害の一つの例です。

最後に、障害者、特に障害女性の地位向上に、英連邦基金が果たしている役割についてお話しします。

南アフリカ、ザンビア、ボツワナ、ナミビア、マラウィなどの英連邦諸国の中では、植民地であったという理由で、多くの女性障害者が他の英連邦諸国と結びつきがあり、共通点も多くあります。英語は、モザンビークを除くこの地域のすべての国で話されています。実効性のある女性プログラムが始められています。SAFODには活動リストがあり、例えば、能力・組織基盤構築戦略、女性地域開発プログラム、障害児プログラム、人権プロジェクト、経済発展のための小規模事業企業プログラムがあります。しかしながら、英連邦では、まだまだ取り組むべきことがたくさんあります。そこで、英連邦基金は何年も前に南アフリカで創設され、それ以来、長年にわたって数多くのプログラムを支援してくれました。

障害は無力ではありません。障害は特別扱いをすることでもありません。それは、生き方の一種なのです。このことを忘れないでください。

英連邦・英連邦基金を使って障害組織が取り組めること

スティーブン・エスティ

DPIカナダのメンバーであるカナダ障害者協議会（CCD）でボランティアをしています。また、CCD国際開発委員会の委員長としてDPIでボランティア活動をしており、さらにDPI世界評議会のカナダ評議員でもあります。

この発表の準備のため調査をしようと思い、英連邦基金のホームページを見ました。英連邦のホームページには、英連邦とは世界の先進国および途上国五四カ国から構成されている独自の団体である、と説明されています。これは各大陸と海洋に広がる独立した主権国家の自主的連合組織なのです。英連邦は一七億人で構成されています。英連邦の構成員はどの大陸にもいますし、宗教、人種、言語、文化もさまざまです。

正直なところ、過去数年間にわたってCCDは英連邦組織とは、あまり関係がありませんでした。しかし、CCDの全国調整担当者がオタワで開催された英連邦保健大臣会議に出席したことがありました。また、CCDの国際開発委員会のメンバーが、効果的に英連邦のことを議題にあげる方法について協議したこともあります。CCDは、英連邦自体よりも、英連邦諸国の障害者組織と一緒に協力して活動に取り組んできました。例えば、英連邦構成国であるバルバドス、ベリーズ、ガイアナ、トリニダードの障害者組織と協力して活動してきました。これらの国は、現在南北交流に取り組んでいます。この交流によって、これらの国の障害者組織は、トリニダードの障害女性ネットワーク（The Disabled Women's Network =DAWN）を訪問することになっています。六カ月の間、彼らには給付金や生活費が支給され、交通費もまかなわれます。DAWNはその代わりに、各個人に職を提供します。

英連邦のホームページに掲載されている内容には、障害関連項目が実際ほとんどありません。英連邦基金の小規模な補助金プログラムの内容に、障害に関する項目を見つけたぐらいでした。英連邦基金は、障害者や開発NGOに補助金を支給する小規模な補助金プログラムを用意しています。この基金の資料に、障害は優先分野である、と書かれています。そしてこれらの情報には、南南交流が優先される、と示されているので、ＤＰＩは自分たちのネットワークにこのような情報を伝えるべきでしょう。

英連邦には事務局があり、その事務局の中に人権課がありま す。そこで、私たちが取り組まなければならない課題の一つは、人権課に障害者の人権条約を策定するように取り組ませることです。

参加者　レイチェルさんに質問です。虐待について話がありましたが、あなたの組織は、何をしましたか？

レイチェル・カチャジェ　私が取り上げた事例、自分の子どもを焼いた女性についてですが、地元新聞に事件が掲載された後すぐに活動を始めました。マラウィには障害児をもつ親たちの組織がありますが、この組織は子どもの権利侵害の問題について調べています。私はこの組織と連携して、裁判手続きが正当に行われるように見守っています。

参加者　二年前にオーストラリアでパラリンピックを開催することができ、幸運でした。このパラリンピックは、おそらく障害者にとってオーストラリアにおける過去最大の障害啓発活動だったと思われます。そしてこのパラリンピックによって、障害者は大変有能で、特定のスポーツの分野ではどの健常者にも劣らないくらい熟練しているということが、オーストラリア国内のみならず、その他の世界各国にも証明できました。私たちは多くのことを学ぶことができるので、学んだことを、恵まれている私たちほどインフラ整備が進んでいない地域や国に伝えることができれば、と思っています。

スティーブン・エスティ　ＨＩＶ／エイズとの関連で障害女性が置かれている特別な状況に関した発表に注目したいと思いました。英連邦の富める国から資金を集めるということが、この分科会からの有益な決議になるかもしれないと思います。

アレクサンダー・フィリ　わかりました。ＨＩＶ／エイズは密かに障害者、特に聴覚障害者や視覚障害者などの障害者グループの人たちを、死に至らしめているのです。このような人たちは、多くの情報を必要としているのですが、彼らが利用できる形態で情報が入手できないのです。ラジオで情報が流されても、聴覚障害者にはこの情報は利用できません。視覚障害者には、書面は利用できません。特に地方では。ですから、このことが重要なのです。

スティーブン・エスティ　実際、英連邦基金には南南交流のための蓄えがあります。マラウィの仲間はＨＩＶ／エイズと障害の分野で活動していますが、この分野で活動している仲間が、このような活動がまだ開始されていないアフリカの他の国々へ行って知識を教え、アフリカにおける障害やＨＩ

Ｖ／エイズに関するネットワークを構築することができるように、英連邦基金から資金が提供されれば、それは大変有益なことだと思います。

レイチェル・カチャジェ　もう一つ、障害者の間に蔓延している貧困について考えていました。アフリカでは貧困層の中でも最も貧困なのが障害者であると話してきました。ですから、障害者の経済的地位向上を可能とする提言をまとめられるかもしれません。その形式は事業経営管理でも何でも、私は障害者が自立できるように、エンパワーすることを考えていました。

アレクサンダー・フィリ　ここにいらっしゃる皆さん、特にご存知でないかもしれない方たちに、覚えておいていただかなければならないことがあります。それは、二〇〇〇年のミレニアムサミットに参加した富める国々は、二〇一五年までに世界の貧困を半減させることに合意した、ということです。しかし、ここで皆さんに話しておかなければならない問題があります。それは、ほとんどの国は貧困削減の段階に達しているところですが、二〇〇〇年のミレニアムサミットによると、それらの国の計画では障害について言及されていないということです。言い換えれば、障害は優先問題ではないのです。今年の五月にドイツを訪れたとき、ドイツの貧困削減行動計画について、どれくらいの割合が障害計画に割り当てられているのかを調べてみました。すると、それは明らかにゼロだったのです。このことについて、彼らに対して何らかの行動をすることが必要です。

10月17日午後

仏語圏

司会者：ゾラ・ラジャ（モーリシャス）
発表者：タンボ・カマラ（モーリタニア）
ジキヌ・ハトウマ・ガコウ（マリ）
エル・カディリ・モハメド（モロッコ）

仏語圏を通じて世界レベルでの連帯を…タンボ・カマラ

モーリタニアから参りました。汎アフリカ障害者連盟（PAFOD）の代表です。

私たちは国際社会に対して、自分たちの主張を通してきました。しかし現在は、他の人のニーズに注意を払い、このことを意識する必要があります。また共通の目標として、世界レベルでの連帯を強めなければなりません。積極的な協力関係を構築した後で、バリアフリーの世界を築く努力をするべきなのです。特にアフリカの国々のような貧しい国に、ネットワークを築く必要があります。その共通の政策は、国連障害者の機会均等化に関する基準規則やその他の国際規則に従っていなければなりません。このような方法を通して、私たちは機会均等を保障しなければなりません。そしてDPIには、障害者がもっと自立するようにその方向性を監視する必要があります。私たちは国内外の政府、NGOの各レベルで協力関係を築いていく必要があります。私たちが障害者の平等な権利獲得に向けたDPIの目標を達成するためには、仏語圏は連帯を強め、世界の更なる発展にもっと貢献できるようにしなくてはなりません。

次回の仏語圏首脳会議はレバノンで行われます。私たちはこの会議で障害者に関する提案をするつもりです。

社会的・制度的困難を抱えた仏語圏の障害者……………ジキヌ・ハトウマ・ガコウ

仏語圏には、母国語もしくはビジネス言語がフランス語の国が含まれます。独立国は現在、フランス語とその他の言語の共存を考えています。仏語圏の議長は現在エジプトから選出されていて、このことは仏語圏の構成に大きな影響を与えています。仏語圏には常任委員会、首脳会議、事務局、文化局があります。

仏語圏のシステムや社会経済的枠組みの点から障害者の位置づけを見ると、アフリカ諸国の特徴の一つは、障害者に対応する法律がないことです。これは法律の問題だけではなく、私たちが行政について知る必要があります。障害者組織はこういった活動のガイドラインであり、政府の圧力団体としての役割を果たしています。私の国のマリでは、一九八二年にこの組織を発足させるというアイディアが出て、二〇〇〇年に実行の可能性について討論する研究会が開かれました。しかし、まだ設立されていません。それゆえ、障害者はいまだに基本的な権利を奪われ、多くの困難に直面しているわけです。障害者は、忌々しい存在と思われ、嫌われることもあります。また人々が障害者に寄付をするときは、侮辱的な態度を示すのです。これではいけません。障害者に必要なものは基本的人権です。仏語圏諸国は、最貧途上国で、社会的にもシステムの点からも、国の状態は良くありません。前途はかなり暗いです。しかし希望もあります。経済的な可能性があります。ですから、南北間協力を通して、私たちは現在の状況を改善することができるのです。

DPIでの仏語圏対象の委員会の活動……………エル・カディリ・モハメド

DPIと仏語圏の関係について紹介します。このネットワークはあらゆる種類の交流を提供し、障害者の基本的な権利を保障するための全国的な協力を推進しています。そしてDPIの枠組みの中で、DPIの目標にふさわしい独自の新しい計画を策定しています。特に仏語圏を対象とした委員会が設立されました。この会議では意見交換を行い、国際会議を開催しています。

最初の会議はメキシコで開催され、仏語圏の代表が集まり、議長を選出し、DPI活動の考えを広めることを決定しました。平和を達成し戦争を防ぐために、私たちは一生懸命活動しています。更に、異なる文化間の交流が促進されています。私たちは交流し、お互いに支援し合っています。

私たちは、障害をもつ人の数を減らす対策をとり、フランス語を話す障害者に支援や情報を提供しています。また障害者にとって必要な特定の技能を育成します。

スポーツとレクリエーションの分野では様々なイベントの企画を行い、リーダートレーニングを実施しています。南アフリカでは、国際競技会が企画されました。

DPIでの私たちの委員会は各地域からの代表を選挙で選出して、障害者の権利を保護し、障害者問題に取り組んでいる様々な機関や組織間の調整をしています。また、障害者のために優れた戦略を考え出し、どのような行動を起こすかを決定するために、これらの機関と連絡を取っています。そして、障害者問題に関する情報を交換して、体験を分かち合っているのです。

私たちには多くの資料と研究が必要と言えます。ですから、データベース作成のための情報や知識の交換は活動の一つです。

参加者　障害者に関連して既に実行された計画がありますか。また委員会では、実際どのようなことが議論されてきたのですか。具体的な成果は何ですか。

参加者　仏語圏諸国が重要だと考える主要な分野は、教育とコミュニケーションでした。障害者の問題は最優先項目ではないため、障害者問題が具体的なレベルで取り扱われることはなかったのです。実際、私たちは英連邦グループに援助を求めました。英連邦グループに財政的援助を求めなければならないことは恥ずかしいことですが、仏語圏グループはこのような行動を強いられてきたのです。

障害者に関するもっと具体的な政策を策定しようと、ベイルートで議論が行われました。仏語圏諸国にとって、アラビア語は文化的にも言語的にも非常に密接な関係があります。フランス、レバノン、エジプトの三カ国間には、お互いに密接な関係があります。障害者のための具体的な行動計画が仏語圏首脳会議で発表されることを、私は切望しています。

この仏語圏首脳会議においては、アルジェリア、チュニジア、エジプト、レバノン、フランスが中心となって障害者の平等な権利を擁護しています。仏語圏諸国はDPIのメンバーです。仏語圏首脳会議で、これらの代表者たちは具体的な提案を策定してこのようなフォーラムに提出し、特別な提言をする必要があります。ですから、具体的な計画を策定しなければならないのです。しかし今までのところ、何も具体化されていません。障害者の問題は多少遅れをとっているのです。「障害者の意見を仏語圏グループに伝達するコミュニケーションの架け橋としての役割を担いたい」という要望がDPIなどの会議で出されています。この仏語圏や英連邦といった連合組織がDPIの活動や成果を深く理解してくれることを願っています。

タンボ・カマラ　仏語圏組織とDPIの両陣営の間には意見

の相違があるようですが、私たちはこういった問題を解決しようとしてきませんでした。今までのところ私たちは何の具体的な成果も上げていません。例えばフランスでは、基本的な合意には達したのですが、計画の実施の段階までには至っていません。障害問題にかかわっている私たちが、国際組織に向けて主張し、彼らの認識を深めなければなりません。仏語圏内でこのような活動を続けることによって、障害問題に取り組むための確固とした構造ができます。そして場所や予算を確保して、具体的な計画や事業ができるのです。

参加者　現在のところ仏語圏委員会はあまり活発に活動していません。どのようにしたら、この状態を終わらせることができるのでしょうか。

参加者　仏語圏の意思決定機関からDPI仏語圏は、分けられました。私たちは忌々しいもののように扱われています。ですから、私たちは委員会に一人前のメンバーとして参加し、行動計画を提案しなければならないでしょう。

そこで提言ですが、最初に、障害児を学校に通わせて教育へのアクセスを与え、障害者の雇用を促進することです。また障害者が大きな組織に参加できるように、DPIと仏語圏の障害者組織もお互いに協力するでしょう。私たちは障害者自身に焦点を当てなければなりません。そして、障害者は自分たちと同じ立場にいる人たちとの間に関係を築かなければなりません。

このことが、仏語圏組織と皆さんのそれぞれの国で、文言に盛り込まれるように望みます。ベイルートで開催される仏語圏首脳会議でこの提言はかなり要約されるかもしれませんが、これが活動を開始するための最初のステップとなり得ます。私たちには断固とした態度が必要なのです。各国の大臣に対して私たちがとることができる行動はこれしかありません。

タンボ・カマラ　ベイルートの仏語圏首脳会議はまだ開催されていませんので、この会議に提案を出すことが可能です。私たちの提案を提出することができるのです。さらに資料を提出する必要もあります。そして私たちの組織の代表が上級機関の人と会うことも可能です。情報を送ることもよいですが、直接人に会うことはもっと素晴らしいことです。

エル・カディリ・モハメド　これは素晴らしい提案だと思います。DPIがこの提言を受け入れるということは、対立ではなく、より良い決議へと私たちを導くということを意味しています。誰かが行動を起こさなくてはいけません。これらの提言を実現させることのできる、かなり活動的な男性または女性を探し出すことが必要です。そうすれば、仏語圏の活動は促進されることでしょう。まず信じることが大切です。お互いの能力を信じ合いましょう。

夜・小グループによる自由討議

自立生活

報告者：中西正司（DPI日本会議常任委員）

十二月十六、十七日の両夜、六時から八時という疲れの残る時間であったにもかかわらず、連夜百名を超える参加者が詰めかけた。初日は「自立生活センターをどのように途上国に広めるか」、二日目はマイケル・ウインター氏を招いて「米国交通局職員とアクセスを語る」という題で行った。ここでは第一日の内容について報告する。

トッポン氏は「タイのような途上国において、日本や米国のような自立生活（IL）センターをつくることは難しい。タイや途上国に合った形のILセンターをつくることが必要だ。今タイでは日本の自立生活センターの支援を受けながら、独自のプロジェクトを進めている。ILセンターの理念やサービスについては十年以上も前から米国で日本の研修生とともに研修も受けてきたが、具体的に国内で活動を始めたのは五年前で、私の住むバンコクの隣りのノンタブリ県で自立生活センターを立ち上げた。三〇〇名の会員がおり、アクセスや権利擁護の活動の他、ボランティアの育成、在宅で土産物の小物を作って収入を得る手助けをしたりしている。昨年からはJICAの支援でチョンブリ、ナコンパトム、ノンタブリ三県で本格的に自立生活センターを立ち上げ、ピアカウンセリングや自立生活プログラムが実施できるリーダーを育成しようというプロジェクトが始まった。三県では重度障害者一〇～一五名を選び、五〇名のボランティアグループを育成し、家庭訪問をし、外に連れ出したり、自立している障害者の写真を家族に見せてそれまで障害者に無関心だった家族を積極的に関与させたりすることに成功したりもしている。

中には二五年間も自宅にこもりっきりでいた障害者が初めて家を出て、権利法のデモ行進に参加したという事例もある。これらの試行プログラムの予算は三カ月間しか取れなかったので今は終了しており、来年一月に開かれるJICAプログラムの初日にバンコクで政府の役人を呼んで報告会を行い、そこで政府を何とかIL運動に巻き込み、予算を取っていきたいと思っている」と語り、非常に具体的な議論ができる段階に他もなってきたものだとの感慨が沸く。

続いて、フィリピンのビーナスさんから、自国の二〇都市で行っているCBR（地域に根ざしたリハビリテーション）プログラムの説明があった。障害者の当事者組織であるKAMPIが理学療法士（PT）、作業療法士（OT）のインターン生を使って幼い障害児の初期リハビリテーションを行い、大きな成果を上げている現状は多いに評価できるものであった。

ここで会場のパキスタンの障害者からCBRと自立生活センターとの関係についての質問が寄せられ、議長のビーナスは中西を指名した。

「CBRはこの二〇年行われているが、ほとんど成果を上げられず、今や行き詰まりを見せており、そのため障害当事者の参加型開発という手法がもてはやされている。しかしこれもうまくいかないと思っている。というのは障害者をグループに参加させなければうまくいかないということに気づいたにすぎず、未だに専門家中心の考え方で、障害当事者のニーズを中心に据え、障害者団体の主導で専門家が側面で支援するというところまでまだ至っていないからである。KAMPIの例は希有の例である。

なぜ地域のサービスはこのようになってきたかというと、かつては農村で周囲の人たちが助け合って障害者の支援をしていた。ところが工業化が進むとともに、核家族化が起こり、障害者は地域社会から疎外され、施設という特殊な入れ物で、集団的に面倒見られる存在となっていった。そこで、PT、OTというような専門家が育ち、地域での障害者支援技術は細分化され、今また、地域で障害者が暮らしたいということになって、CBRやケアマネジメント等の専門家のチームをつくらなければ支援ができなくなってきたのである。

いま地域で総合的な支援システムをもっているのは自立生活センターであり、ここで障害当事者のピアカウンセラーと利用者が対峙することによって、新たなCBRに代わるシステム化ができるのであろう。専門家はそこでは主体者ではなく、あくまでも支援者であろう」。以上が中西の解答であった。

会場を埋めた途上国の障害者たちも、自立生活センターは確かに今は遠い目標のように思われるが、これ以外に方法がないのだ、というふうに述べたパキスタンの仲間の発言に大きくうなずいていた。

夜・小グループによる自由討議

女性

DPI女性委員会

このセッションの出席者は、自分のことや、自国の事情によって生じる女性障害者として特有な困難について話すために集まり、以下のように今後四年の女性委員会の行動計画がつくられた。

一、すべての違う障害をもつ人の平等な参加が求められるように、女性の平等な参加がすべてのDPIの構造とその意思決定の場で保障されるようにDPI憲章を修正する。

二、電子メールを含むコンピューターのトレーニングや企画書の書き方、指導者のためのトレーニングなど、女性のための教育的プログラムをつくることによって、DPI女性委員会のネットワークを強化する。

三、途上国の女性のために、指導者養成、識字やエンパワメントなどの開発プログラムをつくる。これには、女性障害者の経済的エンパワメントを含む。

四、DPIブロック事務所の支援を通じて、各国の女性委員会を強化し、草の根レベルでの女性障害者の人材育成に特に力を入れる。

五、DPIは助言やリーダーシップトレーニングなど、障害をもつ少女たちに適切な支援を提供しよう。

六、DPIは、女性障害者の育児への支援を提供する法制度をつくるように各国内会議が議員に働きかけるように呼びかけよう。障害をもつ母親は、自分自身と子どもとの双方のために基本的な所得保障と支援を必要とする。

七、DPIは、妊娠を望む女性障害者に対するよいイメージを普及させるよう各国内会議に働きかけよう。

八、DPIは、働くことのできない女性障害者に所得保障の基本的権利を認めるように各国内会議が議員に対して働きかけることを強く勧めよう。もし働きかけることができれば、専門的な研修を受ける権利や、所得創出プロジェクトを有するようになるだろう。

九、DPI女性委員会は、女性障害者のネットワークに非障害女性を含めて、女性特有の問題について共に活動することを強く勧める。

一〇、女性障害者のネットワークは、障害のあるレズビアンの権利を尊重することを明確にし、ホモセクシャル、バイセクシャルを含む性の現実を意識しなければならない。

一一、胎児の障害を理由とする中絶は、障害をもつ人々への差別であり、また女性の生殖に関する権利の侵害であって許されるべきではない。障害をもつ人々と女性は、この問題を明らかにし、それを認める法律の撤廃を議員に働きかけなければならない。

一二、すべてのDPIブロックは、DPIヨーロッパによってつくられた生命倫理に関する宣言にあわせて活動しよう。

一三、生命倫理の記事は、「ディスアビリティ・インターナショナル」のすべての号で取り上げるようにしよう。

夜・小グループによる自由討議

家の中・家族の中の障害者

報告者：堀内万起子・土屋　葉

各分科会の議論は目に見える明らかな問題や、それぞれの国の制度整備を含めた現状や、法律の制定についてなど、比較的大きなところが中心であった。これらが重要であるのはもちろんである。しかしもっと身近な、自分自身の体験に基づいた話を聞きたいという思いから、夜のディスカッションの場で、「家族」という、おそらくどの国の人にとっても身近であろうテーマをぶつけてみた。「家族」の存在について、また家族をめぐる問題について、それぞれの国における違いも含めてざっくばらんに語り合おうというのである。当日は韓国と日本からの参加者を中心とする約三〇名が集まった。お互いの顔が見えるよう、一つの大きな円をつくって、それぞれの話に耳を傾けるというかたちをとった。

始めに今年（二〇〇二年）加盟を果たしたサモアからの参加者（肢体障害）が、とりわけ学校に対する運動について語った。家族の中では教育を受けていないことが軽蔑の理由になるということ。サモアでは障害者が普通学校に行くことが非常に難しいが、彼女は普通学校で唯一の障害者として入学し、周囲の人びとに影響を与えることによって状況を変えていったという。

韓国からの参加者（知的障害）は、自分のこれまでの人生は自分の選択ではなく、母親や先生などによって与えられたものであったと語った。また同じ韓国からの参加者は、とくに母親の子どもを愛するという思いが強すぎるため、子どもの自立を妨げる大きな要因となっていると述べた。これに対し、日本の参加者たち（肢体障害）が同感と深く頷く場面もあった。母親の立場から「子どもと共に社会を変えていく」タイプをめざしていきたいと語った参加者もいた。また子どもの障害が軽い場合には、障害自体をないものとして扱う（障害がないふりをする）母親が多いことが日本の参加者（自閉症）によって指摘された。

議論は軽度障害者と重度障害者の問題に及び、どの障害もそれぞれの問題を抱えていることが指摘された。例えば「軽度だからいいよね」といった見方がされがちであるが、軽度障害者にとっては「非障害者のように振る舞わなければならない」というプレッシャーがあり、本人にとっても、また親にとっても「障害を受け入れる」ことが難しい状況がある。こと、自閉症や血友病、うつ病など目に見えない障害に対して正しい理解がなされていないことへの訴えもあった。

　時間も十分ではなく、主に母親と子どもの問題に議論が集中した感もある。しかしこれはそのまま、韓国や日本の状況を表したものであると言えるだろう。最後に家や家族を出てからの人生を、自ら歩んでいくことの大切さが確認されたことは、このディスカッションの大きな意義であった。私たちは国を越え、障害を超え、共感し合うことができた。とても充実した時間であったと思う。

夜・小グループによる自由討議

精神障害者

報告者：西本晃一郎（札幌すみれ会）

　十月十六日の夜、同会は開かれました。五〇名以上の参加があり、ほとんどの日本の人たちが、発言したがっていました。外国の人たちに、自分たちの置かれている現状を知ってほしいという、積極性、熱意を感じました。しかし会のほうは、僕の思惑とは違うように、違うように進んでいってしまいました。まず、ペールさんの歌……これも予想外、そして自分の体験談から語って下さいました。次いで、ビル・コンプトンさんのしゃべり……医療関係者の人たちから質問が出ました。

　私は、議長兼司会兼マイク係で、英語のできるアシスタントが、二、三名いるともっと良い会になるのではないかと思いました。ジュディ・チェンバレンさんから「一体議長は誰なのか知りませんけれど、こういう形態の会議にはしたくない」という発言があり、私はそれで取り乱してしまい、パニクってしまいました。それ以降、マイク係を横式さんにやってもらい、ただ発言をしたい人の中から、発言者を指名する、という役回りだけになってしまいました。申し訳ない。しかし、五〇名の人間集団をまとめてゆくということの難しさもまた同時に思わされました。自分の無力さを思わされ、とても惨めな気分を味わされました。それともいい経験か？

　また、医療関係者から「入院してる人は元気ないのに、退院してここにいる人たちの元気の秘訣は、どこにあるのか」という問いが投げかけられました。入院すると、薬が二、三倍に増えちゃうもんねー。

　数日後、全国精神障害者団体連合会（全精連）顧問の山崎多美子さんより、「たいしたよかったしょ」との電話をいただき、みじめな気持ちで苦しんでいた自分にとって、この一言は値千金でした。電話が来たあと、私は思い切り泣きました……。

夜・小グループによる自由討議

障害学生

報告者：殿岡　翼（全国障害学生支援センター代表）

私たちは、「障害学生と高等教育――当事者活動に求められるもの」という題で十六日夜の自由討議を行いました。

この自由討議は「障害者の高等教育とその支援の必要性を広く世界に訴えるきっかけになること、『障害学生と高等教育』という共通のテーマが、国や地域、障害の種別を超えた、当事者活動の新たな一歩になること」という目的を掲げて、当センターが以下のような内容で企画・進行しました。

①障害学生の高等教育における差別禁止の実現、権利条約への位置づけを目指して（発表：センター代表　殿岡　翼）
②大学での障害学生支援の充実に向けて――当事者ネットワークの可能性（発表：センター事務局長　西村伸子）
③韓国での障害学生の状況・学生の運動について――韓国訪問報告（発表：淑徳大学学生　御園政光）
④指定発言――日本福祉大学学生の取り組み（辻直哉、障害学生・肢体障害）
⑤指定発言――個人体験：障害をもつ教員として（多田伊織、教員・視覚障害）

発表内容の資料は日本語版・英語版・点字版（日本語・英語）を用意し、参加者全員に希望するものを配布しました。また、自由討議は日本語・英語の逐次通訳、日本語手話通訳を付けて進行しました。参加者は約七〇名で、障害をもつ学生当事者をはじめ、障害をもつ教員、大学関係者、さらに外国からの参加者もいました。

発表に時間が多く取られたことで、会場からの発言を得る時間がほとんど取れなかったことが非常に残念でした。しかし、短い休憩時間や自由討議終了後に「発表に興味がもてた」との感想や、障害学生当事者からの現在の自分の状況を含めた意見、また「精神障害についても取り組んでほしい」との要望など反響が寄せられ、この分野に対する関心の高まりがうかがえました。また、同時にポスター発表も行い、ここにはベトナム・中国・アフリカをはじめとする外国からの参加者も立ち寄り、私たちの活動や障害学生の状況について高い関心を示していました。

III

2002年10月18日

DPI世界会議議事

閉会式……………………………………各ブロックの報告

挨拶……………………………………デイビッド・キルガー，エソップ・パパド

閉会の挨拶……………………………………神田直也札幌組織委員長

DPI世界会議議事
各ブロックの報告

アジア太平洋ブロック（ビーナス・イラガン）

皆様おはようございます。最初に、新しい小ブロックオフィスを説明します。オセアニア地域ではフィジーにできました。東南アジアではタイ、南アジアではインドにできました。東アジアには韓国、レバノンには西アジアの小ブロックオフィスができました。それから私たちの資源の大半を投入して、エンパワメント活動を新しい国のＤＰＩのために行いました。五つの新しい国が参加しました。ラオス、バヌアツ、オーストラリア、クック諸島、パプアニューギニアです。タイのバンコクで行われた能力構築活動には、一三カ国から二七人の女性障害者リーダーが参加しました。この女性たちがそれぞれの国に戻ると、直ちにそれぞれの地域におけるエンパワメント、障害をもつ女性や少女たちに障害に対するエンパワメント活動を始めました。それと同時に、国内会議の設定を東ティモールで行いました。

もう一つの実績は、戦争の被害を受けたアフガニスタンの障害をもつ人たちへの活動を起こしたことです。ＤＰＩ日本会議が組織したチームがアフガニスタンに派遣され、活動のための調査をいたしました。

ＤＰＩアジア太平洋ブロック評議会では、アジア太平洋障害者の十年の評価をしました。各国のＤＰＩ並びにブロックの評議員が、国連ESCAP（アジア太平洋経済社会委員会）で行われたアジア太平洋地域の評価会議に参加しました。それから、アジア太平洋障害開発センター設立のための計画や交渉に関与いたしました。これは、日本政府とタイ政府のイニシアティブにより行われているプログラムです。

アフリカブロック（カルファン・カルファン）

アフリカは既に五つの事務所を、東・西・南・北・中央アフリカにつくっています。

第五回のメキシコでのDPI世界会議の後、アフリカブロックは非常に大きな責任を負うこととなりました。それはアフリカ障害者の十年のためのロビー活動という大役です。私たちはその仕事を続け、そして一九九九年十二月三日、現在はアフリカ連合（AU）となっていますが、アフリカ統一機構（OAU）がアフリカ障害者の十年を宣言するに至りました。もう一つのこのブロックの成果として、関係者が一堂に集まり、この「十年」のための計画をつくりました。私たちは定期的に会合を開き、多くの協議を重ね、そしてアフリカ障害者の十年を実施していこうとしています。計画ができあがった直後、私たちは運営委員会をつくり、この「十年」の活動を進めていくことになりました。この委員会には、六つのアフリカの大きな障害者団体が含まれています。汎アフリカ障害連盟（PAFOD）、アフリカ盲人連合などです。

私たちはさらに、新たに女性のためのワークショップを開催いたしました。このワークショップでは、女性の役割に焦点を当てて「十年」をいかに進めていくかを考えました。そして、このワークショップが終わった後、女性の運営委員会もできました。以上のように、アフリカはいかにこのアフリカ障害者の十年を進めていくか、また具体的な方法について主に活動してきました。

小ブロックでは、それぞれ独自の活動を進めてきました。そしていずれも既に、この「十年」のための行動計画の枠組みをつくっていますし、そしてほとんどの小ブロックは、リーダーシッププログラムを成功裏に進めています。

ヨーロッパブロック（ジャンピエロ・グリフォ）

ヨーロッパブロックは現在三二カ国が加盟しています。二つの新たな申請も受けています。東ヨーロッパのセンターもつくりました。事務所はロンドンにありますが、財務関係の問題があり、今は活動を中止しています。ブダペストにも事務所があり、障害者の統合問題について活発に活動しています。特に新たにEU（欧州連合）の加盟国になる予定の国に対して、積極的に活動を進めています。

過去四年間のDPIヨーロッパの目標は、柔軟な活動をすること、相互協力的な活動をすること、障害者の能力を高めること、それぞれの国内会議の役割を強化することです。そして財政強化にも努めています。

私たちは、ヨーロッパ障害フォーラム[1]のメンバーにもなっています。そして人権擁護活動にも努めており、障害者の人権擁護のための法律づくりに中心を置いてきました。今までいましたが、ヨーロッパの人権条約の中では、障害者の人権が侵害されていましたが、こうした私たちの活動により、障害者の人権という視点が入れられるようになりました。また、生命倫理の分野で声明を出したことで、私たち障害者にとっての生命倫理の問題に対して市民社会の目を向けることができたと思います。例えば新しい遺伝子工学の技術がいかに障害者の権利を排除するものか、いかに多様性を排除するものであるかということを、その宣言の中で私たちは訴えてきました。

イタリアでは、ウェブサイトを開いて、イタリアのＤＰＩ国内会議の活動をＣＤ―ＲＯＭでも配布しました。私たちはブロック会議の中で、自立生活は障害者の人権の一つであること、障害者の自立生活を達成することが障害者の機会均等につながるものであると訴えてきました。それから青少年向けの活動として、彼らが障害者の将来を担う世代であることを考え、よりインクルーシブ教育を進めるように求めてきました。イタリアでは障害をもっていても、普通の学校で障害のない子どもたちと一緒に教育を受けています。こういった形の共存が意識の変化につながっています。こうした意識の変化を世界中で達成することが大切だと私は考えます。

また、私たちは世界的にも様々な活動を展開してきました。ＤＰＩの連帯を高めるため、また世界的なつながりを高めるためです。地域であっても世界的であっても、障害者の能力を高めることが大切だと思います。そうすることが私たちの権利を護ることにつながると考えるからです。

北米・カリブブロック（メアリー・ミッチェル）

私の報告は九八年からのものです。私たちは、障害をもつ人たちに対して地域レベルで、権利や人権に関するセミナーを開催しました。また、障害者のための情報技術、他の国とのネットワークの構築にも力をいれました。情報技術のトレーニングがない地域にも活動のネットワークを広げています。

私たちは、車いす製造や失業対策のプログラムをつくりました。また、二〇万の人々への啓発活動として電子メールや活字媒体を使って様々な情報を伝達し、一般の人々が障害者のもつ価値、そして障害者が社会にもたらす貢献について伝えています。社会開発において私たちが貢献できることを伝える努力です。

現在は、他の障害者団体と一緒に、新しい条約のためのワークショップを開催しようとしています。これは北米・カリブブロック全体を対象にしたものとなります。私たちとしては、できる限り当事者が参加し、地域の代表として政策づくりに参加できるよう働きかけていきたいと考えています。

私たちはできる限り統合するよう訴えています。あらゆる教育、初等教育から高等教育までのアクセスを求めています。教育は乳幼児期から始まると考えています。さらにできる限り物理的なアクセスを実現すべく努力しています。私たちは社会の一員として、すべてにアクセスできる権利、自分のことを自らできる権利があると思っています。ですから、道路や公共の建物へのアクセスを要求しています。

また、家族・団体とも一緒に活動し、障害をもつ子どもたちに対し、尊厳をもたせるよう働きかけています。障害児をもつ親の中には、そういったことを受けられないと言う人たちもいます。私たちは、そのような親に対するプログラムも設けています。また障害者のための医療も進めています。

そして、ブロックや各国の国内会議がより強い結束をもち、活動が弱いDPI国内会議に協力するという連携、助け合いを実現しようとしています。この地域における資金調達は、それぞれ政府からの資金が主になっていますが、他の助成金も受けています。今、五カ年計画をつくっています。今後も様々なプログラムをつくっていき、障害をもつ人々がさらに発展できるよう努力を続けます。

ラテンアメリカブロック（テオフィロ・アラルコン）

ラテンアメリカは、非常に貧しい国が多い地域です。そしてある程度のレベルの発展を達しようと努力している国が集まっています。ラテンアメリカブロックの資金源は、それぞれの国内会議から調達されたものです。

私が議長の責任を負うようになって最初に努力をしたことは、それぞれの国内会議を強化することです。それから人権を促進すること、この二つが私たちブロックの活動の重点となってきました。

それぞれの国内会議の強化では、まずそれぞれの国内会議の評価を行いました。そして、すべての国において新しいリーダーの発掘を行いました。その結果として、四つの新しい国内会議が私たちのメンバーになろうとしています。

情報とコミュニケーションを強化することも重要でした。この分野では、障害者向けのデジタル雑誌を発行していますし、ホームページも開設しています。この雑誌は、六カ月ごとに配布されています。

また、それぞれの国内会議のイベントや行事を訪問しました。国連の活動も訪問しました。人材育成のプログラムも強化しましたし、ネットワークづくりも強化してきました。このネットワークをつくることによって、さまざまな障害者団体の活動の連携そして強化ができています。

教育面、保健面、雇用面の強化にも努めました。人権の強化に関して、私たちは政府とコミュニケーションをとることによって広範な活動展開をしてきました。それと同時に、様々なマスメディアやワークショップを通じて、この組織の重要性を広報してきました。

そして、私たちは機会の均等のための活動を行いました。特に女性、それから子どもに向けたものもあります。同時に、(米州機構が採択した)障害者の差別撤廃条約[2]を批准するように働きかけています。

農村地域においても活動してきました。このような活動の成果として、例えばエクアドルの国内会議は、障害分野での成果に対してフランクリン・ルーズベルト賞を受賞しました。

注

1 The European Disability Forum。欧州連合および他のヨーロッパの国々との協議をする上で窓口となる障害者分野のＮＧＯを中心とする連合体。

2 Inter-American Convention on the Elimination of All Forms of Discrimination agaist Persons with Disabilities (1999).

閉　会　式

挨　拶

デイビッド・キルガー
（カナダ・アジア太平洋担当大臣）

エソップ・パハド
（南アフリカ大統領府大臣）

自立生活、障害者権利条約を強く支持します…………デイビッド・キルガー

素晴らしい盛大な障害者の会議にて、カナダ首相の挨拶をお届けすることを大変光栄に存じます。ＤＰＩはカナダで受胎し、シンガポールで生まれ、今や世界で生きています。ＤＰＩは世界で唯一、障害をもつ人々の生存権、衣食住に対する権利、教育に対する権利を求めることを責務とする組織です。皆様は自らの努力によって障害をもつ人々の人権を守り、促進しています。

一九九六年、カナダはまさに今回のテーマ「すべての障壁を取り除き、違いと権利を祝おう」という状況に立たされました。指導者が全国から集まり、多くの障害者がバリアに直面していることを改めて確認しました。彼らは社会的・経済的生活への完全参加を阻害するバリアを指摘し、さらに障害について一般の人々があまりに無知であり、障害者団体への支援があまりにも少ないことを嘆きました。地域社会がしばしば障害による結果を個人のせいにし、社会の不平等に目を向けていないことも指摘しました。貧困の問題にも言及しました。障害をもつカナダの人々は、人並みの生活を営み、障害者が政策や意思決定に参加できる社会、人々の幸せに貢献できる社会、心のニーズに配慮する社会、そして障害に関する問題においてリーダーシップを発揮し、何よりも完全なる市民としての権利を祝うことのできる社会を望んでいました。人々は社会や経済制度に完全に参加することを求めていたのです。政府のプログラムは障害者の問題を取り上げ、障害者のニーズに合ったものをめざし、障害者を中心に置かなければならないし、また、すべての障害者に完全なる市民権が保障されなければならないのです。

カナダ政府はこれらを受け止め、あらゆるレベルの障害者問題の中心は、障害をもつ個人のエンパワメントであるとしました。そして、プログラムに障害者自身が参加するようになりました。カナダの障害者は雇用できない対象ではなく、特別な能力をもった人々と見られるようになり、ついに様々なプログラムが政府だけではなく、障害者たちとのパートナーシップによってつくられるようになりました。政府に依存した障害者ではなく、自立生活を営む障害者へと変化していったのです。「自立生活」は私たちが七〇年代以降親しんできた考え方で、社会の見方、人々の態度、環境を変える必要を訴えるもので、障害者が変わるのではなく環境を変えることが中心です。そして障害者には尊厳をもって生活し、自己決定する権利があるとしています。

DPIは私たちにとって主要なパートナーです。八〇年代初めより、DPIはカナダに深く根ざしています。自立生活のコンセプトを発展させ、それを世界中の障害者たちにもたらすことが、彼らの目的の一つです。カナダ政府はDPIを誇りに思い、支持し続けています。

また私たちはカナダ自立生活センター協会(Canadian Association of Independent Living Centers)と緊密に働いています。ここに会長ポール・C・バルベさんと事務局長のトレイシー・ウォルターさんが出席しています。カナダの自立生活運動は、この二人のおかげで大きな力をもちました。この力に押されて、カナダの首相がアナン国連事務総長に、今年の国際障害者の日、十二月三日を「自立生活」をテーマに祝おうと提案しました。

首相の手紙には、「世界中の障害をもつ数百万の人たちの目的は自立であり、ふさわしい仕事、尊厳、尊重、自己決定です。今年の障害者の日を〝自立生活〟というテーマで祝うことは、国連とその加盟国が障害者の自立を大いに支持していることを国際的に示すものです」とあります。この自立生活が、障害者権利条約に盛り込まれるよう期待されています。

皆様の努力で生み出されようとしている障害者権利条約を、カナダは強く支持します。この条約ができるまでは、国際的な人権文書、社会権規約や自由権規約など既存の国際条約を有効に使っていくことが重要だと思います。

世界中で障害者の数は増えています。理由は戦争や不十分な医者サービスや学校教育などでしょう。障害分野の専門家であるロバート・ステッドワード博士が、最近私に言いました。「世界の障害者数は一九八〇年には世界人口の一〇％だったが二〇〇一年には一七％近くになった。二〇二五年までにその比率は世界人口の二五％になるであろう」。すなわち四人に一人は障害をもって生きるようになるということです。

世界の障害者の三分の二がアジア太平洋地域で生きています。現在、障害をもつ人の八〇％が途上国に住み、その数は、悲劇的なまでに増えています。イギリスの国際開発部の研究には、「障害はアフリカの貧困の隠された顔である」とあります。カナダ政府に対し、対外援助を途上国の障害者に十分に振り向けてこなかったという批判があります。私たちがこの大会に出席していること自体が、障害問題を国際的な問題として取り上げていることの表れではないでしょうか。

障害者は英雄ではありません。皆様は私たちと違いはなく、大きな夢と希望をもった人たちなのです。そしてアイデンティティや基本的なニーズは、人間関係をつくり成長させる地域社会にて満たされます。私たちが共に働き続け、資源や技術、経験を分かち合うならば、そうなっていきます。

この言い伝えをご存じでしょうか。「世界には三種類の人間がいる。行動を起こして結果を出す人、ただそれを眺めている人。また何か起きたのかといぶかしく思う人」。皆様は行動をする人たちです。皆様に神の祝福を。

アパルトヘイトとの闘いは人権のための闘いであり、障害者問題は人権問題である……………エソップ・パハド

南アフリカ共和国を代表してご挨拶申し上げます。議長をはじめ新たに役員に選ばれた皆様のご健闘をお祈りしたいと思います。私たち南アフリカは、ＤＰＩのこれからの四年間を全面的に支持します。

世界の障害者は、市民として経済、社会、文化そして開発に関する権利を未だに完全に享受できないでいます。その原因は偏見です。障害者の闘争がまさにこのような差別との闘いであり、私たちは人権を獲得すべく、闘わなくてはならないのです。障害はどういった内容で話されるのかによってその意味が違います。生物医学的な意味をもつこともあります。哲学的な意味をもつことがあります。社会学的また経済的な意味をもつこともあります。そして一般的には、社会的環境によってつくられたものであると考えられています。障害をもつ人たちは身体的、感覚的、知的な違いをもっているにもかかわらず、これが社会に考慮されないことが問題です。私たちの問題は、社会そのものが非障害者に合わせて設計されているという点にあり、非常に敵対的で自分たちの能力を十分発揮できない世界となっています。これをいち早く変えな

くてはなりません。

このような闘いを進めるに当たって文化的、社会的、物理的な障壁が私たちを阻んでいることを認識しなくてはなりません。そして、私たちが平等や自由、そして人間としての尊厳を享受できないといった障壁を認識しなくてはなりません。私たちは、これを踏まえたうえでもっと広い視野をもつことが必要だと思います。

私たちは、特に障害者の中でも非常に弱い立場にいる人たち、差別や虐待を受けやすい女性、子ども、若者、高齢者を中心に考えなくてはなりません。また、特に貧しい人々、農村など遠隔地の人、暴力、戦争によって家を失った人、精神的に重度の障害をもつ人のことを考えなくてはなりません。

一部の政府そして国際機関は、障壁を取り除き、また法的枠組みを通じ、権利を擁護しようと動いています。法律だけで人権の保障は期待できませんが、法的枠組みというのは私たちを導いてくれるものです。法律があってこそ既存の不平等に対処し、不当な差別に対抗することができるのです。

障害者は、様々な方法で自分たちに対する画一的な見方に対抗してきました。私たちは、そのために必要な技能と知識をもっていなくてはなりません。そして重要なことは、障害に関することに、自ら関与していくことです。南アフリカはその一例になるのではないかと思います。国の機関、公的機関には障害者の代表を置いています。この中には、人権委員会、ジェンダー平等委員会、青少年委員会、南アフリカ放送協会、憲法裁判所等々が含まれています。

アパルトヘイトの伝統に、私たちはかつて何もできませんでした。しかし、今は民主的に選出された政府があります。すべての人たちが平等に人権を享受することができます。人種、性別、宗教や障害に基づいた不平等をなんとかなくさなくてはならないのです。南アフリカにおけるこのような悪との闘いは多くの国際社会によって支持されてきました。歴史的にアパルトヘイトに対する闘争は、世論を動かした最も大きな成功例の一つと見なされています。多くの血が流されました。人々は抑留され、追放されました。しかし、私たちはこの闘いに勝ちました。これは人権のための闘いでした。

南アフリカでは、障害者の問題の解決には人権問題としてあたるべきであるという考えに基づいて多くの努力をしてきました。障害者に基本的人権を与えることです。南アフリカの憲法は、差別を非合法とし、人種、性、ジェンダー、障害に基づく差別は禁止しています。九四年以来の課題は、いかにそれを実行していくかということでした。人々の考え方を変え、民主的な人間を中心とした社会をいかにつくっていくかということです。そして、国民、特に障害者たちが民主的な社会の成功を共有できる、そのための闘いです。

南アフリカ政府は、障害者問題を基本的人権という原則に沿って考え、そこで医療・福祉モデルをやめました。このモデルは、障害者を哀れに思って干渉し、医療や福祉関係の人が障害者の上に立つものでした。障害者の社会への統合のためには、障害者の尊厳の回復、そして、将来に関する自己決定権をもつことが必要です。私たちは、障害者を選挙の候補者に入れるようにしました。国会には、障害をもつ議員の席が最低一〇席は確保されています。これはたいして大きな数字ではありませんが、他の国の議会と比べると、最も高いレベルの数字です。国会だけではなく、州議会の議員にも同じような取り扱いをしています。二〇〇〇年末には地方自治体の選挙にもこれを導入しました。しかしこれで満足しているわけではありません。特に地方自治体で、結果はあまりよくありません。これからも国会または自治体で選挙される障害をもつ人たちの数が増えるまで絶対に頑張ります。妥協はありえないのです。

一九九九年には、南アフリカで民主的な第二回目の選挙を行い、国会に、障害者・青少年のための行動モニタリング委員会をつくりました。この委員会は、政府のプログラムを評価し、モニタリングするものです。この委員会の委員長は障害をもつ女性です。また、大統領府の中に障害者の地位に関する事務所を設けました。この事務所は、政府の政策を進める責任をもちます。官庁に障害者を統合していくという目的をもっていますし、障害者の地位を高める役割をもっています。政府の部局に対して、きちんと報告をするようにと推し進めています。そうでないとモニタリングはできません。政府だけでなく、他の所にも私たちは同じ政策を導入していきます。代表制による南アフリカ連邦障害評議会を設立いたしました。この中には、障害者のグループ、NGOなどが入り、代表的な機関となっています。これまでNGOなどの団体は、障害者の問題を福祉や慈善と考えていましたが、社会環境整備を目的とするようになりました。

多くの法律も導入されています。平等の促進、不公正な差別禁止、そして雇用均等の法律などです。物理的なアクセスを高めるために合理的な環境を整備することとしています。また障害を理由とする差別も禁じています。これらはもちろん障害者との緊密な協力のもとに導入された措置です。しかし、法律を制定したとしても必ずしも差別がなくなるわけではありません。規制や法律を導入したらこれを実施していかなければならないという問題があります。また法律がどう解釈されるか、どの程度効率的に適切なかたちで管理されているかも調べていかなければなりません。また、雇用の平等性を高める法律では、公務員の少なくとも二%は障害者でなければならないとしています。この達成目標は二〇〇五年です。

目標達成のために、多くの努力がなされています。数字だけではなく障害をもつ人たちが、中間管理職、上級管理職にも入るようにという努力がなされています。公務員の場合、たくさんの障害者を受け入れていても、上級職にはいないのです。それではダメです。二％の障害者たちは中堅、または上級管理職に就くべきというのが、私たちの主張なのです。

もう一つ私たちが導入している方法というのは、授産施設を自立した企業にすることです。安全に障害者を働かせておけばいい、忙しくさせておけばよいというのではなく、このような施設を経済的な目的に則したものにしなければなりません。障害者が作った製品が、市場の力に押され、売れないで倉庫に山積みされていることがあります。そういうことではなく、障害者の創造的な労働の成果を評価し、適正な報酬が生産者の手に入るようにしなければなりません。

民主主義が達成されてから私たちは、障害者をすべての活動に統合しようとしています。これは終始一貫した政策と努力によって行われています。障害者をエンパワーすることに力を入れ、障害者を特別な人と考えてはいないのです。特別扱いでは平等な社会とは言えません。この人たちは、社会の主流にいるのです。これはどの国においても同じだと思います。南アフリカで取り組み始めた課題は、まだ解決されておりませんし、この問題は世界中に存在するものです。

皆様には、直ちに解決が必要な問題についてお話ししたいと思います。それはＤＰＩがその問題について大きな役割を果たすと思うからです。私たちはもはや、何もしないで障害をもつ人々の人権が放置されていることを見逃すことはできません。私たちは貧困と開発の遅れに対する闘いが障害者の闘い抜きに進められるわけにはいかないことを認識しなければなりません。紛争や自然災害によって人々が避難民化することが起こっています。このような悲惨な状態が起こったときに、障害者に何が起こるか。この答えはまさに衝撃的です。障害をもつ人たちが消滅させられてしまっているのです。

ＤＰＩはその構造を改革し、平和と紛争解決に関与するプロセスをつくっていかなければなりません。障害者が自ら声を上げることによって、障害をもつ人々の問題を取り上げることができるはずです。ＤＰＩは、必要な権利擁護のメカニズムをつくっていかなければなりません。国際社会においては、国連障害者の十年、あるいは地域的な「十年」が行われてきましたけれども、その成功はごくわずかでした。アフリカ連合は、大陸において社会的、政治的な危機によってたくさんの女性や子どもたちを含む障害者が増えていることを懸念しています。そしてアフリカ連合は、すべての加盟国に対して十分な資金を投じ、障害プログラムを実施することを求めています。また国内の調整委員会をつくることも求めています。南アフリカはアフリカ連合の議長国で、ＰＡＦＯＤ（汎アフリカ障害連盟）やアフリカ障害者の十年実行委員会と協力をして、事務局をつくろうとしています。南アフリカは、このアフリカ障害者の十年を、本当にアフリカの障害者にとって、記憶に残る時代にしたいのです。ＤＰＩは、「十年」導入に指導力を発揮しました。その実行においても大きな役割を果たさなければなりません。

私たちは、貧困の撲滅が開発の場において議題に乗るように求めなければなりません。そして、障害者運動も、できるだけこの活動に取り込んでいかなければなりません。ＤＰＩの支援、コミュニケーション、情報へのアクセスそして能力開発を推し進めていきたいと思っています。アフリカ障害者の十年が本当の意味で、私たちの目標を達成するように支援するという決議が必要です。ＤＰＩは、このメカニズム、そして新しいコミュニケーションをつくり出して、アフリカの各国政府に対して働きかけをすることができるはずです。

アフリカ障害者の十年の行動計画が実施に移されるように働きかけていかなければなりません。アフリカ連合は、新しいアフリカ開発のためのパートナーシップをもっています。これは広くアフリカ全土に知られ、Ｇ８など各国にも認められています。その焦点はアフリカの開発であり、その中には障害者の開発も含まれなければなりません。そして、障害者の権利の促進と保護のための包括的かつ総合的な国際条約の成立を推進しなければなりません。この条約の概念は広く受け入れられているもので、条約を立案していくために必要なメカニズムもでき上がっています。私たちは、この条約に障害者の人権を護る条項を盛り込んで、実施されるよう確保する必要があります。これは非常に長いプロセスになると思います。私たちは、今、行動を起こさなくてはなりません。

ＤＰＩは、この分野において非常に重要な役割を担わなくてはなりません。今の制度を見直して、このような活動に対し効果的な支援を行うべく態勢を整えていかなくてはなりません。官・民が連携し、障害をもつ人々の声が条約に反映されるよう大きな影響力を行使していかなければなりません。私たちは連帯し、各国の政府に対して、声を一つにして訴えていかなければなりません。

最後に、非常に長く難しい闘いの間、アパルトヘイトの人種主義、隔離政策と私たちは闘ってきましたが、その中で国際社会から多大なご支援をいただきました。そして、そのなかで障害をもつ人も大きな役割を果たしてきました。その連帯のご支援に対し心からお礼を申し上げたいと思います。皆様のご支援なくして、南アフリカは民主主義を確立することはできなかったのです。本当にありがとうございました。

閉会の挨拶

神田直也札幌組織委員長

世界から国内から、そして札幌からお集まりの皆様、十月十五日から始まった第六回ＤＰＩ世界会議札幌大会もいよいよ閉会を迎えました。国内外から、ここ札幌にお集まりをいただいだ三千名の仲間たちが、共に過ごした四日間が終わろうとしています。大会では、参加された皆様の間で、さまざまな出会いがあったことだろうと思います。時には笑い、時には熱く語り合ったことでしょう。そうした出会いの一つひとつが、未来への種となってほしいと願っています。

この大会には、三千名を超える仲間たちが集まりました。その意味では、成功したと言えるでしょう。しかし本当の意味で成功だったか、不成功だったかは十年、二十年たったとき初めて問われるものです。国内外の仲間たちが将来、札幌はよかったな、札幌があったから今があるんだなと振り返って語り合えるような大会であってほしいと心より願っています。

大会を通して、「権利条約」という言葉があちらこちらで語られました。権利条約は誰かがお土産のように与えてくれるものではありません。日々の当事者たちの取り組みの上に、初めて成り立つものであると、きっと、この場に集まった皆様が思っておられることでしょう。

私たちは、この大会を通じて、未来の仲間たちに託すことのできる何かを見い出すことができたでしょうか。本日採択された札幌宣言をはじめとする文書が、これからの世代に対するメッセージとなるのでしょうか。今、この場に集まられておられる一人ひとりが、何を考え、自らの地域で何をしていくかが問われています。この大会を支えてくださった、ボランティアの皆様、苦しい資金や準備活動を支えて下さった皆様、そして大会に参加しようと大変な思いをして札幌までいらして下さった一人ひとりの仲間たちに、心から感謝を申し上げます。

最後に、昨年十一月に開かれました一年前プレ大会で紹介した言葉を改めて皆様にご紹介をして、閉会のご挨拶とさせていただきます。四年後にまたお会いいたしましょう。

「やる木はみんなの背中に生えていて誰かが水をあげるとぐんぐん伸びて、誰かがへし折ると成長が止まってしまう。私のやる木も伸びたり、折られたりしているけれど、私は誰かのやる木にお水をあげられる人になりたい」

ありがとうございました。

障害者の権利保障の確立に向けて
——DPI日本会議のめざすもの

DPI日本会議事務局長　三澤　了

はじめに

二〇〇二年十月十五日から十八日までの四日間、第六回DPI世界会議が北海道札幌市にて開催された。日本を入れて一一二の国から三一〇〇人を超える参加者を集めて、盛況のうちに四日間の会議が行われた。この大会のテーマは「Freedom from Barriers : Celebrating Diversity and Rights（障壁からの解放：違いと権利を祝おう）」というものであり、障害をもつ個人の一人ひとりがしっかりと権利を認識し、それが尊重される社会を創り出していこうというものであった。この総合的なテーマのもと、全体会でのシンポジウムならびに一五のテーマで行われた分科会においては、障害者の人権、社会的権利、そして独立した個人として生きるための条件をめぐっての熱い論議がかわされた。こうした論議を受け、「障害者の権利条約」の制定と世界各国に障害者差別禁止法の制定と実施を求める「札幌宣言」を採択し、第六回DPI世界会議の幕を閉じた。

今回の世界会議は本当に多くの人々や団体・組織の協力をいただいて開催することができた。資金面での協力、一人ひとりのもつ力による協力、様々な物資の提供による協力、いろいろな工夫や知恵の提供による協力等々、様々な協力を受けることができた。世界会議の運営に仕事としてかかわって下さった人々も会議の成功に向けて最大限の協力をしていただいた。

航空機の円滑な利用に協力して下さった定期航空協会をはじめ各航空会社、ホテルと会場の移動をはじめ札幌市内の移動、あるいは成田、羽田の空港間を参加者のニーズに沿って対応して下さった移送サービスの皆さん、この中には全国から車を持って駆けつけ移送サービスに従事して下さった方々も大勢いらした。移送と並んで大きな懸念課題であった宿泊の問題も、指定させていただいたホテルの協力で大きなトラブルもなく対応することができた。移送・宿泊にかかわって下さったすべての皆さんに改めて感謝の意を表したい。

今回の会議を成功させた大きな要素として、多くの場面で活躍したボランティアの存在がある。中でも言葉の違いを乗り越えるために活躍された通訳や手話、要約筆記、点字資料などの情報保障に活躍された方々の労は大きなものがあった。会議中の情報保障は専門家の方にお願いしたところも多いが、会議以外のところでも通訳や手話通訳などにボランティアの方々が数多く活躍して下さった。特に英語、フランス語、スペイン語、韓国語等を駆使して各国からの参加者の相談や苦情に対応し、さらに緊急の資料作成や速報づくりの助っ人として大奮闘をして下さった事務局所属の語学チームの皆さんの働きは特筆すべきものであった。このチームの多くの人が国際会議の経験を豊富にもつ人たちで、会議の運営の裏方として大きな力を発揮して下さった。

そして何といっても世界会議を成功させた大きな力は、世界中の様々な国と地域からこの会議に駆けつけた参加者の人々である。障害の種別を超えた当事者運動を目標とするDPIの理念を具体化したのが、今回の世界会議であったと言えよう。精神障害の当事者、知的障害の当事者の皆さんも一人や二人という少数の参加ではなく組織としての参加が見られたことは、今後のDPI運動にとっても大きな意味をもつものであると考える。

DPI日本会議としては長い年月をかけて準備をしてきた世界会議であったが、この会議を盛会のうちに行うことができたということで、これからの障害者運動の中でのDPI日本会議の担うべき役割と責任は自ずと大きく変わってくるものとなろう。従来より以上に障害者の権利の確立という基本的課題に積極的に立ち向かっていくと同時に、真の意味で当事者を主体にすえ、当事者主体でものごとを進めるということはどういうことなのかということを突き詰めていく必要性が増すものと認識する。

障害者の権利の確立に向けて

多くの国に於ける一般的な障害者観は、「障害者は弱く劣ったもの」とか「障害者は誰かの保護がなければ生きていけない存在」といった受け止め方が主流を占めてきた。そして未だに多くの国では障害者は社会の一員としての扱いを受けることなく、社会の外に排除され続けているという状況にある。

わが国においても障害者の基本的な位置づけは、上記の障害者観から脱皮し得ていない。その一方で、障害者は長年にわたって第三者の指導のもとで障害を克服し、自立しなければならない存在として位置づけられてきた。こうした認識や社会的な位置づけが第三者によって押し続けられているうちに、障害者自身をも束縛し、生きることに対しての当事者の自由な選択や決定を阻害してきたという経過がある。この障害者に対する社会的な認識や、社会的な位置づけを変えていこうとする闘いは、様々な場面で、また様々な形をとって過去何十年にもわたって展開されてきた。府中療育センター闘争や国立センター闘争、養護学校義務化反対闘争等の闘い、所得保障を求める運動、介助保障を求める運動、等々多くの闘いが多くの障害者によって展開されてきた。これらの闘いは、障害をもつ者が人として生きることを認めさせる闘いであり、長年にわたって軽んじられ続けてきた障害者の個人としての人権を広く社会に認知させようとする運動であった。

長年にわたる各種の運動を重ねてきた現在においても、私たち日本の障害者は障害をもって生きていく上で、何が権利として保障されるとか、あるいは不当な差別や排除から法的に護られるといった法制度をもち得ていない。今、私たちにとってもっとも必要なものは、障害者が障害をもって生きることを当たり前のものとし、生きるために必要な社会的条件を権利として受け入れ、行使することが可能となり、障害を理由としたすべての差別や排除を法的に禁じることを明らかにした法律、即ち「障害者差別禁止法」を手にすることであり、ＤＰＩ日本会議はその運動の牽引車としての役割を果たしていく。

障害者の人権が尊重され、社会的に正当な位置づけのもとで暮らしていくということは、障害者一人ひとりが他の地域住民と同等な経済的な基盤や労働・教育といった社会参加の機会が完全に保障されることに他ならない。さらに住宅・交通施設、都市環境が安心して利用でき、更に介助の必要な人には必要な介助が保障されるという、基礎的な条件整備がなされてはじめて権利が保障され、権利を正当に行使して生きることが可能となるものである。ＤＰＩ日本会議は一九八六年の結成以来これまで、すべての障害をもつ人の権利の確立と自立した生活を営むことのできる生活条件の確立をめざして運動を進めてきた。交通アクセスの確立を求める運動、各種の欠格条項を撤廃させる運動、さらに当事者主体の生活支援システムの確立など、その時々に必要な行動を行ってきた。

基本的な権利法（障害者差別禁止法）を獲得すると同時に、障害をもつ一人ひとりが正当な社会人として学び、遊び働き、暮らしていくことのできる社会的な条件をより充実し、質の高いものにしていくことをＤＰＩ日本会議の運動の目標にしなければならない。すべての人が豊かさを感じることができ、人それぞれの尺度で自立して生きることができる社会とするために。

ＤＰＩ日本会議の組織

障害者差別禁止法の制定、さらに障害者が真に主体的に生きることのできる社会的な条件を確立させていくためには、当事者運動の力を大きく強いものにしていかなければならない。全国各地で様々に活動する障害当事者運動の結集軸としてＤＰＩ日本会議が存在することが必要である。そのためには、まず日本会議の主張や行動が、全国の多くの障害者から確かな信頼を勝ち得ていくことが重要であり、全国各地で活動する当事者グループと日常的なつながりを深めていく活動を強化していく必要がある。さらに従来から障害者政策研究集会等をとおしてつながりを深めてきた当事者組織とより強い連携をはかることによって「われら自身の声」をより大きく、説得力のあるものにし、誰もが無視できないものにしていかなければならない。障害をもつ当事者の運動を一つにまとめていく作業を可能なところから始め、具体的な流れを創り出す必要がある。

一方で、国内の障害者運動全体の連携強化と拡大をはかろうとする動きがある。従来の「アジア太平洋障害者の十年推進会議」に代わる枠組みとして、新たなネットワークを立ち上げようとするものであり、ＤＰＩ日本会議に対してもそのメンバーとなることを強く求めてきているものである。このネットワークは障害当事者組織と専門家組織等によって構成されようとするものであるが、この動きに対してはあくまでも参加メンバーの対等な関係が保障されることと組織運営が民主的に行われることを原則的な条件としたうえで、一定の協力関係を結んでいくことが必要であると考える。障害者差別禁止法の実現や障害者権利条約の制定、あるいは市町村障害者計画・新障害者プランの着実な実施を監視すること等については、より大きな運動の枠組みのなかで、当事者組織がリーダーシップを発揮できる流れをつくり、効果的な運動を展開していく必要がある。

国際連帯の強化に向けて

世界会議を成功裏に行い、各国の障害者との交流が深まったこと、そして日本会議の組織基盤に対する信頼が高まったこと、更に中西正司日本会議常任委員が世界評議会の役員となり、アジア太平洋ブロックの議長に就任したこと等もあり、日本会議としての国際面での活動はこれまで以上に活発化していくことと思われる。ＤＰＩ日本会議として担うべき国際的な課題としては、障害者権利条約の制定と第二次アジア太平洋障害者の十年に対する取り組みがある。障害者権利条約の制定に関しては、世界のどこの地域で暮らす障害者であっても人としての権利が保障されるものにしていくことが必要であり、そのためには障害当事者が主体となって基礎的な提起を行っていかなければならない。国際的な障害者団体の連携組織である国際障害同盟（ＩＤＡ）が中心となって当事者組織の意見をとりまとめ、各国政府に対して意見提起をしていくことが求められるが、そのリード役としてＤＰＩが積極的な役割を果たしていくべきであると考える。ＤＰＩ日本会議としては、世界各国のＤＰＩ組織と協力しながら障害者権利条約の制定に向けて精力的に取り組んでいく。

DPI札幌宣言二〇〇二年十月

一九八一年シンガポールで行われた第一回世界会議で、我々は連帯し、権利のために闘わなければならないことを確認した。二〇〇二年の今日、我々はこれまでの歩みの中で最も強く団結している。すべての大陸を網羅する一三五カ国に国内会議があり、権利のために闘う準備は整っている。

一〇九カ国から三千人以上が参集した過去最大の札幌大会での発表および討議を通じて、一九八一年の創設以来多くのことが達成されたということを確認している。しかし、まだ多くの課題が残されていることも同時に認識している。国連の統計によると世界には約六億人の障害者がおり、そのうちの八二%は発展途上国に住んでいる。社会の他の市民と異なり障害者は最も惨めな状況にあり、政策、環境意識、人々の態度から生じる障壁のために地域社会から孤立、排除されている。それゆえ我々は戦争と貧困およびあらゆる形態の差別、特に障害者に対する差別の根絶を目指して闘う。

障害者は疑問の余地なく世界で最大の最も差別されているマイノリティグループであり、その人権は構造的に侵害されている。貧しい中でも最も貧しい人々に対する人権侵害は生活状況の悪化、侮辱的な扱い、快適な住宅、保健、教育、雇用、社会的統合の欠如を招き、死に直面することも多い。現存する国連条約のもとで、我々の人権は一般的に無視されるか、モニタリングの過程でも軽視されている。それゆえに、

・我々は、市民的、政治的、経済的、社会的および文化的における全般的な権利を反映した特定の国際権利条約を要求する。そして、条約の信頼性、正当性および効率性を保障するため、障害者の独自な視座を反映させる強力なモニタリング機構を備えることを要求する。

・我々障害者は、この法律の作成にあたり「我ら自身の声」を要求する。我々に関するあらゆるレベルのあらゆる事項に関して意見が反映されることを要求する。

・我々は、国連事務総長が障害者のための「国際人権条約」作成に必要な便宜を継続して提供し、「国連障害者プログラム」を支援するための予算の再配分を要請する。

・我々は、すべての国連加盟国が条約の作成と採択を支持することおよび障害者、特に開発途上国の障害者の参加を支援するための「任意拠出金」の創設を懇請する。

・我々は、すべての障害者および障害者団体が条約のニードと利益について一般市民と政治家を教育することを奨励する。

さらに、

・我々は、すべての国が差別禁止法を採択し実施すること、および障害者への機会均等を保障する政策を実施することを要求する。

(世界会議で採択、その後の評議会にて修正。)

(※原文は英語。DPI日本会議のホームページに全文掲載。)

DPI札幌プラットフォーム【札幌綱領】

二〇〇二年十月

DPIは世界中の障害者に呼びかける

平和

障害者として私たちは戦争、暴力及びあらゆる形態の抑圧に反対する。毎日、男、女や子どもは対人地雷やその他の形態の武力による破壊行為および残虐行為によって障害を負っている。私たちは、すべての人々が平和に暮らし、多様性を尊重し望みが叶えられる世界の実現に向けて努力する。

力強い『我ら自身の声』

DPI（障害者インターナショナル）は力と声をさらに拡大していかなければならない。私たちはこの分野での専門家であり、私たちに関することすべてについて諮問されなければならない。私たちが力強い声を発するためには、活動において団結し、強力な団体を設立しなければならない。私たちの知識、経験、資源は共有されねばならないし、若者が指導者になるように奨励しなければならない。私たち自身の主張や関心事を伝え、議論し、進めるために技術を活用しなければならない。

人権

人権団体として、私たちの人権を保障し尊重する条約への支持を求めなければならない。政治家に対してもれなく周知徹底させるのと同様に、私たち自身や市民社会も教育しなければならない。私たちは、地雷被害生存者や女性から戦術や成功を学ばなければならない。私たちの権利は日々侵害されているため、その証拠を収集し続けなければいけない。

多様性の尊重

私たちの活動では、女性や、若者や他のマイノリティを組織のどの段階においても含めることを確実に行わなければならない。どの言語も平等に扱われることによって、参加を保障しなければならない。DPIの公式言語であるフランス語、スペイン語、英語（これらの手話を含む）の使用をさらに推し進めなければならない。私たちは障害種別を超えた組織であり、すべての資料・データはどのような障害に対しても利用可能な形態を保障しなければならない。

生命倫理

私たちは遺伝学や生命倫理の議論で主要な役割を果たすべきである。私たちは異なったままでいる権利を主張しなければならない。「人間」の能力を一セットの揃いでみる概念やそれに関連した議論を私たちは否定しなければならない。学問の領域において、肯定的な視点から障害のイメージを変えようとしている障害学を推進しなければならない。

自立生活

自己決定と自立生活は私たちの人権にと

って基本である。自立生活の概念について、障害をもつ人々と市民社会を育成するプログラムを計画しなければならない。ある国で自立生活を実施する際に、私たちは文化の違いを考慮に入れなければならない。

インクルーシブ教育

完全参加は子ども時代に教室で、遊び場で、そしてプログラムやサービスで始められる。障害のある子が他の子どもと隣り合って座るとき、すべての子どもを認識し、受け入れることによって地域社会がより豊かになる。世界中の政府に対し隔離教育を根絶し、インクルーシブ教育を政策として確立するように懇請しなければならない。

開発のための国際援助

国際的な開発援助組織は、政策、プログラムおよびサービスにおいて障害者のインクルージョンを確実にしているかどうかを自己評価しなければならない。利用しやすく適切なサービスの提供によって障害者の完全参加を保障するための活動を行う機関に対し、政府が財政的に支援することを、我々は働きかけなければならない。

広報啓発教育

私たちの意見は、所得創出、教育、貧困の衝撃等々多岐にわたる。私たちが関心をもつ課題について、政治家ならびに市民社会も教育していかなければならない。そのために、宣伝や啓発の機会となるあらゆる場面を利用するべきである。障害をもつ人々に対する否定的なイメージを変えることによって、これからの世代は対等な参加者として障害者を受け入れるだろう。

知識の共有

この大会への参加者は、この場でお互いの意見を聞き、見解や意見を議論し、私たちの任務に課されていることを再確認することができた幸運な少数の人々である。それゆえ、ここで行われたことを草の根運動を支えている仲間たちに伝える義務と責任がある。三千人の参加者を集めたこの大会でエンパワーされたと感じている一方で、この大会に参加できなかった人々を今後エンパワーしなければならない。

これは私たちの挑戦である。これは私たちの課題である。

（※原文は英語。ＤＰＩ日本会議のホームページ http://homepage2.nifty.com/dpi-japan に全文掲載。）

ポスタープレゼンテーションリスト

発表者	タイトル
ダンカン・M・ンデカ／ケニア身体障害者協会／ケニア	ケニアのアクセスについて
全国ポリオ連絡会　北のポリオの会	ポストポリオを知っていますか？
坂本浩士・柴田邦臣／仙台市西多賀社会訓練センター	障害者パソコン教室の“これまで”と“これから”―メーリングリスト・掲示板利用による情報と教育を考える
障害者欠格条項をなくす会	欠格条項・法制度のバリア―都道府県指定都市・市町村アンケート調査結果
「アジア・太平洋障害者の十年」最終年記念フォーラム・キャンペーン委員会	「市町村障害者計画」策定・実施状況に関するアンケート調査結果の報告　～中間報告～
スポンタム・モンゴルサワディ／レデンプトール障害者職業学校(RVSD)／タイ	パタヤのアクセスについて
M.C.メンディス（M.C.Mendis）／スリランカ	貧困層の障害者が住むシェルターについて
北海道・弟子屈町身体障害者福祉分会	ユニバーサルデザインを基調とした観光地づくり
全国障害学生支援センター	高等教育における学生支援のありかた
吃音協会	吃音に関する人権
共用品推進機構	共用品・共用サービス
喫茶店　ふらっと	だれでもくつろげる喫茶店
JICA（国際協力事業団）	JICA　障害者リーダー研修事業
JICA（国際協力事業団）	JICA　障害者スポーツ支援事業
財団法人ひろげよう愛の輪運動基金	ダスキン・アジア太平洋障害者リーダー育成事業
JTBバリアフリープラザ	バリアフリー旅行
S.M.マイエン　アメド／バングラデシュ	くる病の子ども　手術の前後
屋代直信	障害を持つ野宿者の生活問題
アフガニスタン障害者支援プロジェクト	アフガニスタンの障害者のパネル展示
島信一郎	バリアフリーニュースポーツ――フロアーバレー
＜日本－在日－韓国＞ユースフォーラム＆DPI日本会議	日韓ワールドカップ開催地＜バリアフリーチェック＞
TON	障害とセクシャルマイノリティー＆ジェンダー
財団法人北海道　難病連	日本の難病患者・長期慢性疾患患者が受けられる支援について―日本の障害者福祉の範囲に入らない重い障害と社会的不利
北海道・無年金障害者をなくす会	すべての障害者に年金を！

小板橋恵美子	脊髄損傷者の住宅内での排泄環境に関する事例的研究
村田卓司	日本における電子投票のアクセシビリティと法政策
全英美	韓国における視覚障害鍼師に対する一般人の意識に関する研究
DPIアジア太平洋ブロック	DPIアジア太平洋ブロック・リーダーシップトレーニング
モビリティー・インターナショナル・USA	モビリティー・インターナショナル・USAの紹介
山口かおる	かおるの描いた絵
スルーティ・モハパトラ／インド	DPIインド
株式会社　廣済堂	スピーチオ（墨字文書読み上げ器）の紹介
オスンデ・ディビット&メアリー・ジョアン／ナイジェリア	ナイジェリアの障害者

ビデオプレゼンテーションリスト（順不同）

発表者	タイトル
スロバキア障害児者児童クラブ連盟／スロバキア	自立生活・パーソナルアシスタント他の支援サービス
＜日本－在日－韓国＞ユースフォーラム&DPI日本会議	日韓ワールドカップ開催地＜バリアフリーチェック＞
財団法人いしずえ（サリドマイド福祉センター）	みんなのくるま2001
花田春兆	えびす曼陀羅
スポンタム・モンゴルサワディ／レデンプトール障害者職業学校／タイ	バリアフリー都市・パタヤ、タイ
ダンカン・シデカ／ケニア身体障害者協会／ケニア	ケニアのアクセスについて
スルーティ・モハパトラ／インド	「アンジャリ」プロジェクト—障害児の美術工芸、ダンス、音楽、演劇講習キャンプ
TON	障害とセクシャルマイノリティー&ジェンダー
カナダ障害学センター（CCDS)	Treat Me As Equal（平等に扱って）
DPI韓国	①移動権保障1周年キャンペーン ②すべての人の平等のために…… ③障害者からの世界的要求 ④フレンズ—I'm Happy ⑤女性障害者のパフォーマンス ⑥TRY2001—日韓障害者 ⑦Pansy&Ivy
ぷくぷくの会	①カリフォルニアからの波にのせて ②ぷくぷく夢がわいてくる ③韓国MBC番組"我々もバスに乗りたい"

札幌から世界へ

——第六回ＤＰＩ世界会議札幌大会開催に向けた取り組み

二〇〇二年第六回ＤＰＩ世界会議札幌大会組織委員会事務局

ＤＰＩを札幌に誘致しようとした起点は約十年前の一九九二年にさかのぼる。当時のＤＰＩ世界会議事務局長だったヘンリー・エンズ氏の来札講演会がきっかけだった。エンズ氏は、「札幌の気候風土はカナダに似ている。比較的に道も広くてフラットだし、食べ物もおいしい、何より市民が親切だ」「いつかＤＰＩの世界大会を開いてみないか？」と当時の講演会実行委員のメンバーに話をされたことから始まった。

メキシコ大会が行われた九八年は、二〇〇二年の札幌開催をめざし、誘致のための正念場の年であった。そして、誘致を実現するためにメキシコへ北海道代表団を派遣することを決め、そのための資金集めや参加者のための介助ボランティア募集等も行った。その甲斐があって九八年の第五回ＤＰＩ世界会議メキシコ大会には北海道派遣団として五一名の仲間を送り出すことができた。団長は、道内の知的障害当事者の運動をリードし、ＤＰＩ札幌大会誘致推進会議の共同代表である三浦正春氏だった。そして、メキシコ大会期間中には、毎日お互いの参加した会議のことや各障害で抱えている問題等についても語り合うよい機会をもつことができた。

現地では代表団のメンバーが手分けをして大会の参加者に向けての札幌のＰＲ活動を行った。具体的には札幌や北海道を紹介したパンフレットや札幌大会ＰＲ缶バッジ等を配ったが、その中でも小規模作業所で作られた和紙のお人形に英語で「二〇〇二年に札幌で会いましょう」というメッセージを入れて会場内で配ったものが、好評だった。これは日本的で、しかも同じ障害をもっている人たちが作っているということで、メキシコ大会参加者の方々には好意をもって受け入れられた。こうしてメキシコ大会の世界評議員会において、正式に次回（二〇〇二年）の開催地が札幌で行われることが決定された。ホテルで待機していたメンバーは、それぞれ歓喜の中で祝杯を上げた。

帰国後、札幌市と北海道へ二〇〇二年の大会開催地として札幌が決定したことを報告することから大会開催の準備作業が始まった。準備から協力、応援をしてくれていた人たちは喜んでくれたが、本当にできるのかという懐疑的な声もなかったわけではない。

札幌大会の開催準備は、正直、暗中模索しながらのものであった。このような大会の開催事例は国内にはなく、国外における過去の大会の準備状況については、十分な情報を得ることが困難であった。また、得た情報も各国の状況の相違により、日本での活用が困難なものもあった。

私たちは、札幌および道内等で、これまで開催された障害者のイベントや国際会議・大会等の情報およびＤＰＩの過去の大会の状況から事務局体制、予算、各種事業を組み立ててきた。とりわけ私たちが重視したものは、DPIの理念を基本としながらの活動と大会開催についての市民、道民へのPR、そしてオール北海道でこの大会をつくりあげていくことであった。そのための取り組みが、結果として多くの市民や団体、企業そして行政の支援の道を徐々にではあるが、確実に広めることができてきたと思う。

中でも事務局スタッフ二人とボランティアによる全道キャンペーン・キャラバン（二〇〇〇年、二〇〇一年）は、手漕ぎ自転車で全道一周をするという過酷なものではあったが、多くの人たちからご声援をいただき、マスコミにも大きく取り上げられた。

こうした一つひとつの取り組みが、二〇〇二年につながっていくこととなる。そして、大会参加者の状況や資金的な目処が確実に見えてきたのは、大会直前の八月頃であった。

札幌大会準備活動のなかで、地元では様々な障害者団体やグループ、個人に呼びかけを行った。障害者団体やグループには、障害の種別をはじめ、様々な考え方や活動の歴史等があり、なかなか一緒に行動できないというのがこれまでも多くあったが、少なくとも北海道の団体においては、そうした心配はなかった。このことが最大の財産であり、原動力になったと自負している。また、一部ではあるが、まちづくりや福祉教育等の人づくりの部分で与えた影響も少なくない。

あるリーダーが、「DPIで議論することはもちろん大切だが、その大会の実現に至る過程や大会を行うことで、そのまちや人が変わる。実はこれが一番大切だ」と話をしていた。今、大会を終えてその言葉を実感し始めている。

（文責：我妻武）

地域集会六六カ所からのカウントダウン
——当事者活動こそ「地域の宝」

DPI世界会議・全国行動委員会

第六回DPI世界会議札幌大会の開催に先立って、二〇〇二年春から世界会議前のイベントとして地域集会の開催を呼びかけてきた。その結果、全国で六六カ所、北海道から沖縄まで全都道府県で地域集会を開催することができた。集会では、DPI世界会議の広報を行い、参加の呼びかけを行うのはもちろんのこと、草の根運動の結集を図る機会にもなった。

全国行動実行委員会を振り返ってみると、いわゆる「地方」での開催が実現した点に大きな意味があったと言える。今回の地域集会で初めて連絡をとった団体の中には、当初、「自立生活や権利といっても、地元の障害者にはピンとこない。そうしたテーマでの集会も、十年以上やっていないし、どれくらい集まるかわからない」という反応が多かった。参加人数は多くて二〇〜三〇人程度という想定で準備を進めたところもある。ところが、そうした中のいくつかの集会は、当初予想の三倍以上の参加者が集まるという「うれしい誤算」が生じた。

参加者が多数集まった要因の一つとして、障害者の福祉サービスが二〇〇三年四月より支援費制度に移行することがあげられる。断片的な支援費制度の情報が、障害者の間に「不安と期待」をもたらしていたのだ。集会当日の討論の中でも、「来年度から利用料は一割負担になる」という誤報に基づく不安や、「定期的に入院が必要な重度障害者は施設を追い出されるのでは」といった危惧する声も聞かれた。またそうした不安をあおるように、「支援費制度になっても税金だし、市町村職員が決定するのだから、措置制度と変わりはない」と障害福祉課長が発言しているという報告もあった。

その一方で、これまで困難な地域事情のなかで障害者の自立生活を拡充するための取り組みを推進してきたグループは、支援費制度をテコに自分たちの活動をさらに広げ、地域を変えていこうとしている意気込みをもって取り組んでいた。

支援費制度への移行に伴って、市町村格差の拡大を懸念する声もある。しかし、その格差は、都市と地方という一般論だけには解消できない。むしろ、支援費制度への移行を前にして、着実に必要な情報をキャッチし準備を進めているグループ（極端に言えば、最初はそうしたことを始める個人）が存在しているかどうかで、その地域の今後はかなり変わるのではないかと思う。

支援費制度移行に伴い、身体・知的・精神（精神の場合は、未だに事業費補助のままではあるが）の障害者福祉サービスは市町村が中心になる。そうした点から、今後、地域レベルでの障害別を超えた連携と当事者グループの活動がより重要であり、それこそ「地域の宝」となるだろう。

二〇〇三年一月になって、厚生労働省が支援費制度移行にあわせてホームヘルパーの利用時間に上限設定を行う方針を検討していることが明らかになり、大騒ぎとなった。日本身体障害者団体連合会、全日本手をつなぐ育成会、日本障害者協議会、DPI日本会議という、日本の代表的な障害者団体が共同で最後まで取り組みを行った。一二〇〇名を超える仲間が厚生労働省前に集まる等、かつてない規模の大衆行動が取り組まれた。連日、抗議行動が繰り広げられるとともに、全国各地で自治体や地元選出議員への働きかけが行われた。その結果、「上限設定は行わない」「現行サービス水準の維持」の回答を得ることができた。

これらの取り組みができたのも、DPI世界会議に向けた取り組みがあったからではないかと思う。まず、「アジア太平洋障害者の十年」最終年記念フォーラム（DPI世界会議を含む）での障害者団体の共働が、共同行動を進める上で大きな役割を果たしたことは間違いない。また、全国各地の上限撤廃行動を支えたのは、六六カ所で開催された地域集会をきっかけにつくられたネットワークであった。この一連の活動のなかで、地域集会で会った人々の顔を見かけることが多かった。また、各地での取り組みの発信元になり、自治体を、議員を動かすことができた。

世界会議で繰り返しその必要性が議論されていたが、国際的には障害者権利条約制定に向けた運動と障害者同士の連帯が必須である時代と言える。日本国内では、障害者差別禁止法制定に向けて、DPI日本会議や日本弁護士連合会で法案づくりに向けた取り組みが進められてきている。

また、障害者基本計画（二〇〇三年度〜

二〇一二年度）が策定されたことに伴い、市町村障害者計画の見直しも進められていくであろう。そうしたなかで、今求められているのは、隔離教育からインクルーシブ教育への転換であり、施設から地域での自立生活への転換である。

さらに、二〇〇〇年に成立した交通バリアフリー法も、各市町村で基本構想づくりが始まっている。その基本構想策定に当たって、当事者の参画が決定的な意味をもつ。

これらの、差別禁止法、自立生活、バリアフリー等をテーマに、各地からの草の根運動がより一層の高まることが求められている。

DPI世界会議地域集会一覧

	日程	時間	場所	テーマ	地元連絡先
鳥取	2001年9月8日	14時～17時	ふれあいの里（米子市総合保健福祉センター）	「どうなる？　どうする！　ポスト障害者プラン～DPI 世界会議と権利法・支援費支給・交通バリアフリー法」	自立生活センター米子
熊本	2001年9月15日	14時～17時	熊本県立劇場	同上	ヒューマンネット熊本
静岡	2002年3月30日	13時30分～14時30分	静岡県総合社会福祉会館	支援費制度でどう変わる？　障害者の暮らし	CIL 静岡
足立区	4月18日	13時30分～16時30分	竹ノ塚障害者福祉館	どうなる！　どうする？　支援費制度!?	NPO法人　ホッとPeer's あだち
山口	4月21日	13時～	下関社会福祉会館4階ホール	どうなる？どうする！障害者の暮らし～新障害者プランと差別禁止法	CIL 下関
渋谷区	4月21日	13時～	ヒルサイドテラスE棟ロビー		柏朋会
神奈川	4月22日	13時30分～15時	横浜市あゆみ荘	DPI 世界会議と障害者運動の課題	神奈川障害者運動団体連絡会・神奈川青い芝の会
中野区	4月27日	15時～18時	中野障害者福祉会館	支援費制度学習会	障害者（児）の自立生活の充実を求める中野連絡会
愛知	4月27日	13時30分～16時30分	あいち国際プラザ	DPI 世界会議と差別禁止法・支援費制度・交通バリアフリー法	愛知県重度障害者団体連絡協議会
三重県・四日市	5月6日			DPI 世界会議と障害者運動の課題	三重県身体障害者団体連合会

山梨	5月11日	13時30分～17時	甲府市障害者センター2階会議室	福祉制度はどうかわる？　支援費制度でどうかわる？	主催　NPO法人自立ネットワーク・山梨
福井県	5月11日	13時～15時30分	福井県国際交流会館	介助保障と自立生活センターの役割～支援費制度を私たちのものに～	自立生活センター　Com－サポートプロジェクト・ふくい愛の実行運動の会
三重県・津市	5月15日	13時～14時30分		DPI 世界会議と障害者運動の課題	三重県身体障害者団体連合会
福島	5月23日	14時～17時	福島市民会館	支援費制度－その問題点・われわれの課題	福島県全身性障碍者連絡会
石川	5月25日	14時～15時30分	石川県地場産業振興センター	どうする！障害者の暮らし～新障害者プランと障害者差別禁止法～	自立生活センターハートいしかわ
豊能豊中	5月25日	13時～17時	豊中障害者福祉センターひまわり	支援費制度と小規模社会福祉法人の行方	国際障害者年豊中連絡会議
福岡	5月26日	14時～17時	福岡市人権啓発センター研修室	これからの交通バリアフリー運動と地域での自立生活を展望する	電車に乗るぞ！　の会
東京・八王子	6月1日	13時～16時30分	八王子・クリエイトホール	韓国の障害者運動と自立生活運動	ヒューマンケア協会
長野	6月1日	13時30分～16時30分	上田創造館・第2会議室	どうなる支援費?　障害者の介護保障	わっこの会
滋賀	6月1日	10時～16時	草津市サンサンホール	障碍をもつ人達の生活を考えるシンポジウム	滋賀自立生活センター
富山	6月2日	13時～16時	富山県総合福祉会館701号室	あんな、こんな生活してみたい!　～障害者の生活支援を考える～	NPO自立生活支援センター富山
神奈川	6月7日	14時～16時30分	神奈川県民センター	支援費制度について	県民のいのちとくらしを守る共同行動委員会
北摂	6月7日	18時～20時	吹田メイシアター	なくそうバリア！　ふやそう心のバリアフリー！	吹田・ぷくぷくの会
愛媛	6月8日	13時30分～17時	愛媛県障害者福祉センター	障害者の人権と自立生活	障害者の自立支援センター
世田谷区	6月9日	13時30分～16時30分	世田谷総合福祉センター	会員向けにDPI 世界会議をアピール	
兵庫	6月9日	14時～16時	西宮市総合福祉センター	さあ、どないする21世紀　まだまだ住みにくいぞ！　この社会	メインストリーム協会他

愛媛	6月9日	13時～16時	松山市ハーモニープラザ	地域でともに学び、ともに生きるために	障害児教育の充実を願う親の会
東大阪市八尾市	6月14日	18時～21時	八尾・プリズムホール	私たちのまち、私たちがつくる	東大阪パートナー・CIL八尾
奈良	6月15日	13時～16時30分	奈良県女性センター	新障害者プランと支援費制度～障害者の自立と社会参加の確立を	サポート24
鹿児島	6月15日	15時～18時	鹿児島県労働者福祉会館	どうなる？　どうする！　障害者の暮らし－2003年支援費制度と障害者運動の課題	鹿児島県議　桐原さん
広島	6月20日	19時30分～21時	新市町中央公民館	支援費支給制度ってなに？―新障害者プラン－みんなが地域で生きるために	みんなが地域で生きるためのがまのほ
茨城	6月22日	13時～16時	つくば市吾妻公民館大会議室	障害者の生活は守られるの?―支援費制度・障害者差別禁止法	CILほにゃら
大阪	6月22日	13時～16時30分	ヒューマインド	新障害者計画・障害者プランと障害者運動の展望	全障連関西ブロック
北海道	6月23日	10時～	釧路市生涯学習センター	ひろげよう心のバリアフリー	DPI 2002世界会議札幌大会プレ釧路フォーラム実行委員会
埼玉	6月26日	18時～21時	浦和中央公民館コミュニティセンター	障害者の社会参加とは？～新障害者プランと就労・教育の問題～	埼玉自立生活協会
岩手	6月27日	13時30分～	ふれあいランド岩手研修室	地域福祉と支援費について	岩手県社協他中央ブロック協議会
埼玉・所沢	6月29日	13時30分～	新所沢公民館	新障害者プラン　脱施設・地域移行のための支援費支給制度って何？	障害者支援費制度を考える実行委員会
新潟	6月29日	13時30分～16時	新潟市総合福祉会館401～403	欠格条項ってなんだろう？（仮）	バリアフリー新潟、自立生活支援センター新潟
広島	6月30日	13時～16時30分	広島市心身障害者福祉センター	地域での自立を支える差別禁止法の制定を（仮）	CILおのみち、てごーす
香川	6月30日	13時～16時	香川リハビリテーションセンター	新障害者プラン（脱施設・地域生活支援）	ピアネットワーク香川・福祉オンブズ香川・自立生活センター高松

愛知・岐阜・三重	6月30日	13時～16時30分	御器所ステーションビル5階ホール	「愛知の障害者の現実から発言し、提案しよう！」	わっぱの会、愛知県重度障害者の生活をよくする会、全障連東海ブロック、つっかいぼう、自治労愛知県本部
千葉	6月30日	13時30分～16時	千葉市蘇我勤労市民プラザ	知ろう・考えよう!!　私たちがイキイキ暮らすために－日本版障害者差別禁止法制定をめざして	DPI 世界会議プレイベント in 千葉実行委員会
宮城	7月6日	14時～16時	仙台市福祉プラザ	支援費制度でどう変わる障害者のくらし	CILたすけっと　障害者生活支援ＴＩＪ
神奈川・横須賀	7月6日	13時～	横須賀三浦教育会館	支援費制度を考える－障害者の地域での自立を目指して－（障害者施策分科会）	「福祉のまちづくりを進める市民集会」実行委
島根	7月7日	13時30分～16時30分	松江市総合福祉センター４階	「当事者主体」ってどういうこと？「自立生活」ってどんな生活なの？	DPI 世界会議松江地域集会実行委員会、自立生活センター松江設立準備会
東京	7月9日	９時30分～15時30分	後楽園会館	日韓交流東京シンポジウム「障害者の権利は今」	DPI 世界会議東京行動委員会
長崎・佐世保	7月28日	13時～17時	中部地区公民館	第8回市民セミナー　どう変わる支援費？　どうつくる障害者の暮らし！	ピア佐世保
宮崎	8月10日	14時～16時	宮崎市民プラザ４階大会議室	「障害者が地域で生きていくために」～支援費制度をどう活用していくか～	宮崎障害者自立支援研究会
京都	8月11日	13時～16時30分	ハートピア京都	支援費制度と障害者の自立生活	支援費制度を問う京都集会実行委員会
群馬	8月16日	10時30分～12時30分	高崎幼稚園	DPI 世界会議札幌大会の意義、支援費制度について	DPI 日本会議・カトリック群馬障害者連絡会
和歌山	8月18日	14時～16時	ふれ愛センター	どうする私たちの暮らし	自立生活応援センター　和歌山　チャレンジ
山形	8月24日	13時30分～16時	山形市総合福祉センター	脱施設・地域生活移行－支援費制度	NPO障がい者自立生活支援センター
佐賀	8月25日	13時30分～16時30分	NTTアイスクエアビル	どうなる、どうする　これからの障害者の生活	福祉で街づくり委員会

沖縄	8月29日	10時～15時	浦添市社会福祉協議会ホール	支援費制度と権利擁護	NPO沖縄県自立生活センター・イルカ
高知	9月1日	10時30分～16時	高知市南部健康福祉センター	「世界的に見る障害者運動の現状と展望」「日本の障害者運動の現状と支援費問題」	高知県肢体障害者協会
大分	9月8日	13時～16時	大分県立生涯教育センター	障害者の地域生活とユニバーサルデザイン	NPO法人　自立支援センターおおいた
愛知・豊田	9月8日・22日	14時～16時30分	豊田市市民活動センター　ホール	支援費制度の概要 かしこく使おう支援費制度	自立生活センターユートピア若宮の会
福岡・筑後	9月19日	13時30分～17時	サンコア２階	どうなる？　支援費制度と障害者の暮らし	NPO法人　自立生活センターちくご
岩手	9月21日	13時～15時	盛岡市上田公民館	知ってますか？　来年からはじまる『障害者の介護保険版』、支援費制度	エンジョイライフ　i
群馬2	9月22日	14時～17時	群馬県社会福祉総合センター　ホール	みんなで考えよう！　みんなの地域	群馬プレイベント実行委員会
奈良2	9月22日	13時30分～16時	奈良県文化会館	交通バリアフリー法～誰もが移動できる交通を目指して～	奈良をバリアフリー化させる会
岡山	9月23日	13時～16時	奉還町りぶら	どうなる、どうする支援費制度	岡山自立生活応援センター
秋田	9月28日	13時～17時	秋田県総合保健センター	秋田で自立したい障害者　この指とーまれ!!!	Ｉ＆Ｕ（NPO法人申請中）
青森	9月29日	13時30分～16時30分	青森市総合福祉センター	車椅子当事者にも利用しやすい青森市営バスを目指して	自立生活センターPingあおもり
徳島	9月29日	13時～16時	藍住町福祉センター	支援費制度でどう変わる障害者の暮らし	DPI 徳島地方集会実行委員会
長崎・長崎市	9月29日	13時30分～16時30分	長崎市障害者福祉センター（もりまちハートセンター）	障害者差別禁止法と交通バリアフリー法	長崎自立生活センター　ヒューマンライフ

新世界評議員（2002～2006年）

世界役員（評議員の中より選出）			
議長	ビーナス・イラガン　Venus M. Ilagan	National Federation of Persons with Disabilities in Philippines, Inc.（KAMPI）	フィリピン
副議長（人権担当）	テオフィロ・アラルコン　Teofilo Alarcon	Federacion Nacional de Discapacitados Domonicanos（FENADID）	ドミニカ
副議長（開発・軽視されるグループ担当）	カルファン・カルファン　Khalfan H Khalfan	Zanzibar Association of the Disabled（UWZ）	タンザニア
書記	フランク・マルケイ　Frank Mulcahy	Kildare Network of People with Disabilities	アイルランド
会計	中西　正司　Shoji Nakanishi	DPI日本会議／ヒューマンケア協会	日本
情報	メアリー・ミッチェル　Mary Mitchell	Combined Disabilities Association（CDA）	ジャマイカ
前議長	ジョシュア・マリンガ　Joshua Malinga	Pan African Federation of the Disabled（PAFOD）	ジンバブエ

アフリカ・ブロック評議員			
	カルファン・カルファン　Khalfan H Khalfan	Zanzibar Association of the Disabled（UWZ）	タンザニア
	レイチェル・カチャジェ　Rachel Kachaje	Pan African Federation of the Disabled（PAFOD）	マラウィ
	マハム・エルコトブ　Maham B. El Kotob	Union Maghrebine des Personnes Handicapees（UMAPH）	モーリタニア
	ガブリエル・オンドウア　Gabreal A. Ondoua	Union Nationale des Associations de et pour Personners handicapees du Cameroun（UNAPHAC）	カメルーン
	アルファ・ディオプ　Alpha Boubacar Diop	Federation Afrique Centrale des Personnes Handicapees（FACAPH）	ガーナ
	ゾラ・ラジャ　Zohra Rajah	Federation of Disabled Persons' Organization Mauritius	モーリシャス
アジア・太平洋・ブロック評議員			
	中西　正司　Shoji Nakanishi	DPI日本会議／ヒューマンケア協会	日本
	サタール・デュラル　M.A. Sattar Dulal	Bangladesh Protibandhi Kaiyan Somity（BPKS）	バングラデシュ
	ビーナス・イラガン　Venus M. Ilagan	National Federation of Persons with Disabilities in Philippines, Inc.（KAMPI）	フィリピン
	フランク・ハルベンティック　Frank Hal-Bentick	Disability Australia LTD.	オーストラリア
	マウラニ・エティンスル　Maalani Rothinsulu	National Assembly of Indonesia Disabled Peoples's Association	インドネシア
	ナワフ・カバラ　Nawaf Kabbara	Arab Organization of Disabled People	レバノン
ヨーロッパ・ブロック評議員			
	ジャンピエロ・グリフォ　Giampiero Griffo	DPI-ITALY	イタリア
	レイチェル・ハースト　Rachel Hurst	Disability Awareness in Action（DAA）	イギリス

	ディナー・ラトケ　Dinah Radtke	ISL　Germany	ドイツ
	ジャン・ルーク・シモン　Jean Luc Simon	Groupement Francais des Personnes Handicapees（GFPH）	フランス
	ローザ・ギマレス　Rosa Guimaraes	National Board of APD	ポルトガル
	フランク・マルケイ　Frank Mulcahy Kildare	Network of People with Disabilities	アイルランド
ラテンアメリカ・ブロック評議員			
	エンリケ・サルファティ　Enrique　Sarfati Ente	Nacional Coordinador de Institucioned de Discapacitados（ENCIDIS）	アルゼンチン
	ポーリン・カヴァダ　Paulina Cavada	Asociacion Nacional de Personas Discapacitadas ANDI	チリ
	イダ・ヒルダ・エスカローナ・デル・トロ Ida Hilda Escalona del Toro	Asociacion Cubana de Limitados Fisicon Motores（ACLIFIM）	キューバ
	テオフィロ・アラルコン　Teofilo Alarcon	Federacion Nacional de Discapacitados Domonicanos（FENADID）	ドミニカ
	アナ・マリア・バーボサ　Ana Maria Lima Barbosa	Organizacion Nacional de Deficinentes Fisicos（ONEDEF）	ブラジル
	ホセ・ラスルイーザ　Jose R. Lasluisa	Federacion Nacional de Ecuatorianos Discapacidad Fisica	エクアドル
北アメリカ=カリブ・ブロック評議員			
	メアリー・ミッチェル　Mary Mitchell	Combined Disabilities Association（CDA）	ジャマイカ
	スティーブン・エスティ　Steven Estey	Canadian Council on Disability Reprensentative（CCD）	カナダ
	マシュー・セントポール　Matthew　St.Paul	National Council of and for Persons with Disabilities Inc.	セント・ルシア
	ジュリー・ルイス　Julie Lewis Cuyana	Coalition of Citizens with Disability（GCCD）	ガイアナ
	デズモンド・ブラウン　Desmond Brown	Disabled Persons Organization of Bahamas	バハマ
	レスリー・エマニュエル　Leslie A Emmanuel	Antigua Barbuda Association of Persons with Disabilities	アンティグア

第6回ＤＰＩ世界会議札幌大会参加者数

参加者数　3,113人
　　4日間参加者　　2,563人（国内：1,722 国外：841人）
　　初日のみ参加者　　550人

参加した国と地域　112カ国
（※大会終了後参加者名簿を精査した結果、国連組織からの参加者の出身国が判明したため、参加した国と地域の数が109より112に増えました。）
　　アジア・太平洋　35カ国
　　アフリカ　37カ国
　　ヨーロッパ　18カ国
　　北米・カリブ　8カ国
　　ラテンアメリカ　14カ国

国名			
アフガニスタン	ギリシャ	中国	米国
アルジェリア	クック諸島	中央アフリカ	ベトナム
アルゼンチン	グレナダ	チリ	ベラルーシ
アルメニア	クロアチア	ドイツ	ベリーズ
アンゴラ	ケニア	トーゴ	ペルー
アンティグア・バーブーダ	コートジボアール	ドミニカ共和国	ボツワナ
イタリア	コスタリカ	ナイジェリア	ボリビア
インド	コロンビア	ナミビア	ポルトガル
インドネシア	コンゴ民主共和国	ニカラグア	香港
ウガンダ	サモア	ニジェール	マダガスカル
ウクライナ	ザンビア	ニュージーランド	マラウィ
英国	ジャマイカ	ネパール	マリ
エクアドル	シンガポール	ノルウェー	マレーシア
エジプト	ジンバブエ	パキスタン	南アフリカ
エルサルバドル	スイス	パナマ	ミャンマー
オーストラリア	スウェーデン	バヌアツ	メキシコ
オランダ	スリランカ	バハマ	モーリシャス
ガーナ	スロバキア	パプア・ニューギニア	モーリタニア
カーボベルデ	セイシェル	ハンガリー	モルディブ
ガイアナ	赤道ギニア	バングラデシュ	モロッコ
カザフスタン	セネガル	東ティモール	モンゴル
カナダ	セントルシア	フィジー	ラオス人民民主共和国
ガボン	ソマリア	フィリピン	リベリア
カメルーン	ソロモン諸島	フィンランド	ルワンダ
韓国	タイ	ブータン	レソト
カンボジア	台湾	ブラジル	レバノン
ギニア	タジキスタン	フランス	ロシア連邦
キューバ	タンザニア	ブルンジ	日本

第6回DPI世界会議札幌大会主催者名簿

DPI日本会議常任委員（2002年度）

今西正義　全国頸髄損傷者連絡会
山崎多美子　全国精神障害者団体連合会
三澤　了　障害者の生活保障を要求する連絡会議
奥山幸博　障害者総合情報ネットワーク
平井誠一　全国障害者解放運動連絡会議
福田文恵　全国青い芝の会
大濱　眞　全国脊髄損傷者連合会
加藤真規子　こらーる・たいとう
中西由起子　アジア･ディスアビリティー･インスティテート（ADI）
池田孝一　第一若駒の家
中西正司　ヒューマンケア協会
青野全宏　CIL静岡
薩川　勇　静岡障害者自立生活センター
山田昭義　AJU自立の家
矢吹文敏　パーフェクトバスを走らせる会
山口博之　大阪精神障害者連絡会
楠　敏雄　障害者の完全参加と自立を目指す大阪連絡会
石橋宏昭　バリアフリー社会を実現する会
大場和正　おおむた障害者応援センター
平野みどり　ヒューマンネットワーク熊本
西村正樹　常任委員会選任
樋口恵子　常任委員会選任
尾上浩二　常任委員会選任
金　政玉　常任委員会選任

2002年第6回DPI世界会議札幌大会組織委員

神田直也　札幌市身体障害者福祉協会
赤坂　勝　北海道身体障害者福祉協会
蠣崎日出雄　北海道ろうあ連盟
渋谷雄幸　札幌聴力障害者協会
小田　隆　北海道難病連
佐々木利昭　北海道手をつなぐ育成会
野宮　幸　札幌市手をつなぐ育成会
河邨文一郎　北海道肢体不自由児者福祉連合協会
供野周夫　北海道精神障害者家族連合会
水口祥次　札幌市精神障害者家族連合会
西村正樹　DPI日本会議
鈴木弘泰　北海道社会福祉協議会
森本正夫　札幌市社会福祉協議会
梶山義夫　北海道共同募金会
鈴木信善　札幌青年会議所
泉　誠二　北海道経済連合会
堀北朋雄　北海道商工会議所連合会
堀北朋雄　札幌商工会議所
武井正直　北海道経営者協会
大森義弘　北海道経済同友会
笠井正行　日本労働組合総連合会北海道連合会
塩谷敏雄　北海道観光連盟
岩間英雄　札幌観光協会
藤江彰彦　日本ホテル協会北海道支部
南　太郎　国際観光旅館連盟北海道支部
菊池正平　北海道バス協会
実光　進　日本旅行業協会北海道支部
安斎　允　札幌ハイヤー協会
東　功　北海道新聞社
佐々木春代　札幌国際プラザ
町田真英　北方圏センター
中村三樹男　国際協力事業団・北海道国際センター
岡　真則　北海道空港(株)
長谷川　岳　YOSAKOIソーラン祭り組織委員会
林　拓　北海道知的障害施設協会
斉藤　績　札幌市視覚障害者福祉協会
忍　博次　吉備国際大学大学院
松井亮輔　北星学園大学

「アジア太平洋障害者の十年」最終年記念フォーラム組織委員会

主唱団体：日本身体障害者団体連合会・日本障害者協議会・全国社会福祉協議会・日本障害者リハビリテーション協会・日本障害者雇用促進協会・DPI日本会議（札幌組織委員会）・大阪フォーラム組織委員会

DPI日本会議事務局協力者

Elon Simon　Walter E. Spillum　秋山愛子
青野知恵美　阿部　司　石川裕一郎　大窪高志
大島重道　折口祐子　柏木牧子　廉田俊二
鎌田真和　小林信子　小林律子　小森　猛
紺野敦志　白石裕里子　鈴木妙子　瀬山紀子
寺本晃久　沼田　眞　東　まなみ　ひろたまゆみ
福島睦子　細野直久　三浦仁士　三宅直子
村山史世　望月宣武　八木順子

DPI世界本部事務局

Moira Horgan-Jones　Anne Le　Thanh Ly
Jorge Aguela

DPI日本会議事務局

三澤　了　金　政玉　斎藤明子　宮本泰輔
蛭川涼子　崔　栄繁　南舘こずえ　内海旬子

2002年第6回DPI世界会議札幌大会組織委員会事務局

神田直也　三澤　了　樋口恵子　西村正樹
宮本泰輔　西村裕広　三上晴男　横尾浩二
我妻　武　宮下高　岡本好隆　佐々木浩一郎
久保智久　平川則男　奥野一秀　東　智樹
斉藤由紀　堀川志保　中村貴子　斉藤雄平

❖特定非営利活動法人DPI（障害者インターナショナル）日本会議
〒101-0062　東京都千代田区神田駿河台3-2-11　総評会館内
電話　03-5256-5365／FAX　03-5256-0414
http://homepage2.nifty.com/dpi-japan
e-mail dpi-japan@nifty.ne.jp

❖2002年第６回DPI世界会議札幌大会組織委員会
（2003年３月31日をもって解散。）

※なお本報告書は、第６回DPI世界会議札幌大会のテープ記録をもとに、
DPI日本会議事務局が編集をしたものである。

世界の障害者 われら自身の声 ―― 第６回DPI世界会議札幌大会報告集 ――

2003年５月30日　第１版第１刷発行

編　者　特定非営利活動法人DPI日本会議
2002年第６回DPI世界会議札幌大会組織委員会
発行者　菊地泰博
組　版　プロスト
印　刷　平河工業社（本文）
東光印刷所（カバー）
製　本　越後堂製本

発行所　株式会社　現代書館
〒102-0072　東京都千代田区飯田橋３-２-５
電話03（3221）1321　FAX03（3262）5906
振替00120-3-83725　http://www.gendaishokan.co.jp/

制作協力・東京出版サービスセンター
　ISBN4-7684-3436-3
定価はカバーに表示してあります。乱丁・落丁本はおとりかえいたします。

「障害者差別禁止法制定」作業チーム 編

当事者がつくる障害者差別禁止法

——保護から権利へ

世界の四二カ国で障害者差別禁止・権利法が法制化されているが、日本の障害者基本法は保護・対策法であって権利法ではない。何が障害に基づく差別で、障害者の権利とは何か。法案要綱、テレジア・デゲナー教授による国連やEUの人権文書の調査報告等、国際的動向の資料も掲載。

1700円＋税

斎藤明子 訳

アメリカ障害者法（原文・全訳）

——Americans With Disabilities Act of 1990

障害者に対する交通・建築・通信サービス・雇用等、包括的な差別を禁じた画期的法律—アメリカ障害者法の原文と全訳文。障害者差別禁止法の国際的な流れをつくった原点として、日本の障害者差別の実態、法制度のあり方をとらえ返すためにも必読の法律。

1000円＋税

二文字理明 編訳

スウェーデンの障害者政策［法律・報告書］

——二十一世紀への福祉改革の思想

高福祉国家スウェーデンが「人間の尊厳の尊重」「自立」「公正」を基本に進めてきた九〇年代の障害者福祉改革の中核をなす三つの主要報告書と、新社会サービス法、機能障害者に対する援助およびサービスに関する法律など五つの法律と各解説。

3800円＋税

ジョセフ・P・シャピロ著／秋山愛子 訳

哀れみはいらない

——全米障害者運動の軌跡

障害者福祉を慈悲と保護から権利と差別禁止へと変えた、歴史的なアメリカ障害者法成立に到る障害者運動のエンパワメントとアメリカの障害観の変化を追う。車イスや人工呼吸器を使う障害者、ろう者、視覚障害者、知的障害者、精神障害者…等が自己の尊厳をかけて闘いとったものは何か。

3300円＋税

カリフォルニア・ピープルファースト 編／秋山愛子・斎藤明子 訳

私たち、遅れているの？

——知的障害者はつくられる

親、施設の職員や教員など、周囲の人々の期待の低さや抑圧的な環境が知的障害者の自立と成長を妨げていることを明らかにし、本当に必要なサービス、制度を当事者参加の下に提言した報告書『遅れを招く環境』の翻訳と現在のカリフォルニア州の知的障害者の制度。

1600円＋税

アドルフ・ラツカ 著／河東田 博他 訳

スウェーデンにおける自立生活とパーソナル・アシスタンス

——当事者管理の論理

アメリカの自立生活運動に学び、福祉先進国スウェーデンにおいて、行政から一律に与えられる介助サービスでなく、サービスの自己決定と当事者管理、介助料の直接給付をシステム化したストックホルム自立生活協同組合（ＳＴＩＬ）の理論と実践の書。

1500円＋税

全国自立生活センター協議会 編

自立生活運動と障害文化

——当事者からの福祉論

親許や施設でしか生きられない、保護と哀れみの対象としての障害者が、地域で自立生活を始め、社会の障害者観、福祉制度のあり方を変えてきた。六〇〜九〇年代の障害者解放運動、自立生活運度の軌跡を一五団体、三〇個人の歴史で綴る、障害学の基本文献。

3500円＋税

（定価は二〇〇三年五月一日現在のものです。）